Bridge Engineering

桥梁工程（下册）

（第三版）

顾安邦　向中富　编著

姚玲森　主审

人民交通出版社股份有限公司

China Communications Press Co.,Ltd.

内 容 提 要

本书为"十二五"普通高等教育本科国家级规划教材,是土木工程专业学生必修的专业课教材。全书共分为两篇:第一篇为混凝土拱桥(圬工、混凝土、钢筋混凝土、钢管混凝土拱桥和组合体系拱桥),第二篇为混凝土斜拉桥。全书系统介绍了混凝土拱桥、混凝土斜拉桥基本概念、结构体系及组成、设计与构造原理、计算理论与方法、施工要点以及工程实例。

本书除作为高等院校土木工程专业教学用书外,亦可供从事桥梁工程的技术人员学习参考。

图书在版编目(CIP)数据

桥梁工程. 下册 / 顾安邦, 向中富编著. — 3 版
. — 北京 : 人民交通出版社股份有限公司, 2017.7
ISBN 978-7-114-13875-1

Ⅰ. ①桥… Ⅱ. ①顾… ②向… Ⅲ. ①桥梁工程—高等学校—教材 Ⅳ. ①U44

中国版本图书馆 CIP 数据核字(2017)第 124318 号

"十二五"普通高等教育本科国家级规划教材
高等学校交通运输与工程类专业教材建设委员会规划教材
Qiaoliang Gongcheng

书　　名:	**桥梁工程**(下册)(第三版)
著 作 者:	顾安邦　向中富
责任编辑:	李　喆　卢俊丽
出版发行:	人民交通出版社股份有限公司
地　　址:	(100011)北京市朝阳区安定门外外馆斜街 3 号
网　　址:	http://www.ccpress.com.cn
销售电话:	(010)59757973
总 经 销:	人民交通出版社股份有限公司发行部
经　　销:	各地新华书店
印　　刷:	北京市密东印刷有限公司
开　　本:	787×1092　1/16
印　　张:	28.25
字　　数:	659 千
版　　次:	2000 年 1 月　第 1 版　2011 年 6 月　第 2 版　2017 年 7 月　第 3 版
印　　次:	2023 年 12 月　第 3 版　第 6 次印刷　总第 22 次印刷
书　　号:	ISBN 978-7-114-13875-1
定　　价:	49.00 元

高等学校交通运输与工程(道路、桥梁、隧道与交通工程)教材建设委员会

第三版前言

《桥梁工程》(下册)第一版教材于2000年1月出版,使用至今已有16年。第二版于2011年出版。在这期间,我国桥梁建设飞速发展,各种新标准、新规范相继颁布,为适应桥梁工程发展及人才培养需要,根据全国公路及交通工程教材编审委员会审定大纲进行《桥梁工程》(下册)第三版的编写工作,并被纳入"'十二五'普通高等教育本科国家级规划教材"。

《桥梁工程》(下册)第三版教材是根据现行《公路工程技术标准》(JTG B01—2014)、《公路桥涵设计通用规范》(JTG D60—2015)、《公路圬工桥涵设计规范》(JTG D61—2005)、《公路钢筋混凝土及预应力混凝土桥涵设计规范》(JTG 3362—2018)、《公路桥涵地基与基础设计规范》(JTG D63—2007)、《公路钢管混凝土拱桥设计规范》(JTG/T D65-06—2015)编写的。其中充实了大跨径混凝土拱桥、钢管混凝土拱桥、组合体系拱桥和大跨径斜拉桥的相关内容,更新了桥梁构造示例,适当增加了有限元分析和利用计算机软件进行计算分析的内容。

本教材共分两篇。第一篇为混凝土拱桥,包括圬工、混凝土、钢筋混凝土、钢管混凝土拱桥和组合体系拱桥。其中,第一章主要介绍了拱桥的发展、拱桥体系及其适用条件,拱桥主要横截面的布置原理和方法。第二章和第三章介绍了普通型上承式拱桥、整体型上承式拱桥、中下承式钢筋混凝土拱桥以及近年来发展较快的钢管混凝土拱桥和组合体系拱桥的设计、构造和计算,是学生学习的重点。

第四章介绍了拱桥施工,包括拱架施工、缆索吊装施工、转体施工等。第五章介绍了几座具有代表性的拱桥实例。

第二篇为混凝土斜拉桥。其中,第一章介绍了斜拉桥的发展、总体布置及结构体系。第二章介绍了斜拉桥的混凝土主梁、钢—混组合主梁、斜拉索、索塔、斜拉索锚固和斜拉桥支承等的结构形式、尺寸拟定和一些构造细节。第三章介绍了斜拉桥的计算,重点介绍以有限元法为主的斜拉桥静力分析以及斜拉桥的抗风和抗震计算要点。第四章重点介绍混凝土斜拉桥主梁、索塔的施工方法,斜拉索的制作、挂索和张拉以及斜拉桥的施工控制。第五章介绍了几座具有代表性的斜拉桥实例。

本教材第一篇第一、五章和第二篇第一、五章由重庆交通大学顾安邦教授编写,第一篇第二章第一、二节和第三章第一、二、三节以及第四章第三、四、五、六节由重庆交通大学向中富教授编写,第一篇第二章第三、四节和第三章第四节以及第四章第二节由重庆交通大学周水兴教授编写,第一篇第三章第五节由重庆交通大学周水兴、向中富教授编写,第一篇第二章的第五、六、七节和第三章的第六、七节由重庆交通大学朱东生教授编写,第一篇第四章第一节和第二篇第四章由重庆交通大学张永水教授编写,第二篇第二章、第三章由重庆交通大学张雪松副教授编写。全书由顾安邦教授、向中富教授主编,同济大学姚玲森教授主审。

教材中如有差错和不当之处,敬请读者批评指正。

编 者

2016 年 4 月

第二版前言

  《桥梁工程》(下册)第一版教材于2000年1月出版,使用至今已有10多年。在这期间,我国桥梁建设飞速发展,各种新标准、新规范相继颁布,为适应桥梁工程发展及人才培养需要,根据全国公路及交通工程教材编审委员会审定大纲进行《桥梁工程》(下册)第二版的编写工作,并被纳入"普通高等教育'十一五'国家级规划教材"。

  《桥梁工程》(下册)第二版教材是根据现行《公路工程技术标准》(JTG B01—2003)、《公路桥涵设计通用规范》(JTG D60—2004)、《公路圬工桥涵设计规范》(JTG D61—2005)、《公路钢筋混凝土及预应力混凝土桥涵设计规范》(JTG D62—2004)、《公路桥涵地基与基础设计规范》(JTG D63—2007)编写的。其中充实了大跨径混凝土拱桥、钢管混凝土拱桥、组合体系拱桥和大跨径斜拉桥的相关内容,更新了桥梁构造示例,适当增加了有限元分析和利用计算机软件进行计算分析的内容。

  本教材共分两篇。第一篇为混凝土拱桥,包括圬工、混凝土、钢筋混凝土、钢管混凝土拱桥和组合体系拱桥。其中,第一章主要介绍了拱桥的发展、拱桥体系及其适用条件,拱桥主要横截面的布置原理和方法。第二章和第三章介绍了普通型上承式拱桥、整体型上承式拱桥、中下承式钢筋混凝土拱桥以及近年来发展较快的钢管混凝土拱桥和组合体系拱桥的设计、构造和计算,是学生学习的重点。

第四章介绍了拱桥施工,包括拱架施工、缆索吊装施工、转体施工等。第五章介绍了几座代表性的拱桥实例。

第二篇为混凝土斜拉桥。其中,第一章介绍了斜拉桥的发展、总体布置及结构体系。第二章介绍了斜拉桥的混凝土主梁、钢—混组合主梁、拉索、索塔、拉索锚固和斜拉桥支承等的结构形式、尺寸拟定和一些构造细节。第三章介绍了斜拉桥的计算,重点介绍以有限元法为主的斜拉桥静力分析以及斜拉桥的抗风和抗震计算要点。第四章重点介绍混凝土斜拉桥主梁、索塔的施工方法,斜拉索的制作、挂索和张拉以及斜拉桥的施工控制。第五章介绍了几座代表性斜拉桥实例。

本教材第一篇第一、五章和第二篇第一、五章由重庆交通大学顾安邦教授编写,第一篇第二章第一、二节和第三章第一、二、三节以及第四章第三、四、五、六节由重庆交通大学向中富教授编写,第一篇第二章第三、四节和第三章第四、五节以及第四章第二节由重庆交通大学周水兴教授编写,第一篇第二章的第五、六、七节和第三章的第六、七节由重庆交通大学朱东生教授编写,第一篇第四章第一节和第二篇第四章由重庆交通大学张永水教授编写,第二篇第二章、第三章由重庆交通大学张雪松副教授编写。全书由顾安邦教授、向中富教授主编,同济大学姚玲森教授主审。

教材中如有差错和不当之处,敬请读者批评指正。

编 者
2011 年 4 月

第一版前言

《桥梁工程》(下册)是土木工程专业的一门专业课。本教材是根据交通部路、桥及交通工程专业教学指导委员会1996年11月审定的《桥梁工程》编写大纲编写的。通过本课程的学习,使学生掌握大、中型混凝土拱桥和斜拉桥的设计和构造原理、计算理论和方法,并熟悉有关施工方面的知识,初步具有解决大跨径、较复杂桥梁问题的能力。

本册教材共有两篇。第一篇为混凝土拱桥,包括圬工、混凝土、钢筋混凝土、钢管混凝土和劲性骨架混凝土拱桥。第一章主要介绍了拱桥的发展、拱桥的各种体系及其适用条件,拱桥立面、横截面的布置原理和方法。第二章详细介绍了国内外最常用的上承式混凝土拱桥的设计、构造和计算原理及方法,包括板拱、肋拱、箱形拱、双曲拱、桁架拱、刚架拱等的主拱、拱上建筑以及墩台的设计、构造和计算。拱桥的设计计算与施工方法紧密相关,故在本章中还介绍了有支架施工、无支架吊装、转体施工和悬臂施工等四种拱桥的主要施工方法。本章还列有国内外较有代表性的实例四个,这一章是学生学习的重点。第三章介绍了中、下承式钢筋混凝土拱桥的总体布置、设计、构造原理和计算方法以及施工要点,对主拱的稳定计算和吊杆、桥面系的设计计算作了重点介绍。第四章介绍近年来发展较快的钢管混凝土拱桥和劲性骨架混凝土拱桥的设计、构造和计算,阐述了钢管混凝土结构的受力特性、验算公式和各施工阶段的受力分析。第五章介绍了拱式组合体系桥的类型、构造和设计施工特点,包括柔性系杆刚性拱、刚性系杆柔性拱、刚性系杆刚性拱以及连续梁与拱组合等拱式组合体系桥,重点介绍了目前用得较多的系杆拱桥的设计计算。

第二篇为混凝土斜拉桥。第一章介绍了斜拉桥的发展、总体布置及结构体系。第二章较详细地介绍了斜拉桥的拉索、混凝土主梁、索塔、拉索锚固和斜拉桥支承等的结构形式、尺寸拟定和一些细部构造,使学生能基本掌握混凝土斜拉桥的构造。第三章介绍了混凝土斜拉桥的施工,着重介绍了主梁和索塔的施工方法以及拉索的制作、挂索和张拉,也简要介绍了斜拉桥施工控制的方法。斜拉桥的施工是较复杂的,本章只给学生一些基本知识,学生还需要到生产实践中去认识。第四章介绍了斜拉桥的设计计算,着重介绍了以有限元法为主的斜拉桥静力分析和动力分析,包括斜拉桥抗风和抗震要点,在本篇中除了构造以外,这一章应是学习的重点。第五章介绍了国内外较有代表性的四个实例,其中法国的诺曼底大桥,是一座钢与混凝土混合的斜拉桥,可给学生开阔眼界,拓宽思路。

本教材第一篇第一章和第二篇第四、五章由重庆交通学院顾安邦教授编写,第一篇第二章由重庆交通学院向中富副教授编写,第二篇第一、二、三章由重庆交通学院陆莲娣副教授编写,第一篇第三、五章由重庆交通学院杨渡军教授编写,第一篇第四章由重庆交通学院周水兴副教授编写。全书由顾安邦教授主编,同济大学范立础教授主审。

由于编写水平有限,教材中不可避免有错误之处,敬请读者批评指正。

编　者
1999 年 6 月

目录

第一篇　混凝土拱桥

第一章　概述 ……………………………………………………………………… 3
  第一节　拱桥的现状和发展 …………………………………………………… 3
  第二节　拱桥的结构体系与分类 …………………………………………… 11
  第三节　拱桥的总体布置 …………………………………………………… 16
第二章　拱桥的设计与构造 ……………………………………………………… 23
  第一节　普通型圬工及钢筋混凝土上承式拱桥设计与构造 ……………… 23
  第二节　整体型上承式钢筋混凝土拱桥的设计与构造 …………………… 56
  第三节　中、下承式钢筋混凝土拱桥的设计与构造 ……………………… 67
  第四节　钢管混凝土拱桥的设计与构造 …………………………………… 77
  第五节　拱式组合体系的设计与构造 ……………………………………… 96
  第六节　拱桥墩、台形式与构造 …………………………………………… 115
  第七节　弯、坡、斜拱桥的构造特点 ……………………………………… 121
  第八节　钢拱桥简介 ………………………………………………………… 125
第三章　拱桥计算 ………………………………………………………………… 130
  第一节　概述 ………………………………………………………………… 130
  第二节　普通型上承式拱桥计算 …………………………………………… 133
  第三节　整体型上承式拱桥计算 …………………………………………… 193
  第四节　中、下承式钢筋混凝土拱桥计算 ………………………………… 201
  第五节　钢管混凝土拱桥计算 ……………………………………………… 207
  第六节　拱式组合体系桥梁计算 …………………………………………… 218
  第七节　拱桥墩台计算 ……………………………………………………… 224

第四章　拱桥施工 ··· 232

　第一节　拱架施工法 ··· 232

　第二节　缆索吊装施工法 ··· 246

　第三节　转体施工法 ··· 256

　第四节　悬臂施工法 ··· 261

　第五节　劲性骨架施工法 ··· 264

　第六节　其他施工方法 ··· 266

第五章　拱桥实例 ··· 277

　第一节　山西晋城丹河大桥 ··· 277

　第二节　四川金沙江大桥 ··· 279

　第三节　重庆万州长江大桥 ··· 285

　第四节　重庆巫山长江大桥 ··· 289

　第五节　湖南益阳茅草街大桥 ·· 293

第二篇　混凝土斜拉桥

第一章　概述 ·· 301

　第一节　斜拉桥的发展 ··· 301

　第二节　斜拉桥的总体布置与结构体系 ······························ 303

第二章　混凝土斜拉桥的构造 ·· 319

　第一节　斜拉索的构造 ··· 319

　第二节　混凝土主梁构造 ··· 327

　第三节　钢—混凝土结合梁构造 ·· 338

　第四节　索塔的构造 ··· 345

　第五节　拉索锚固构造 ··· 351

　第六节　斜拉桥的支承 ··· 356

第三章　混凝土斜拉桥的计算 ·· 360

　第一节　概述 ··· 360

　第二节　斜拉桥的静力计算 ··· 362

　第三节　斜拉桥的稳定性及局部应力分析 ···························· 378

　第四节　斜拉桥的动力计算 ··· 380

第四章　混凝土斜拉桥的施工 ·· 392

　第一节　主梁施工 ··· 392

　第二节　混凝土索塔施工 ··· 395

　第三节　斜拉索施工 ··· 399

　第四节　斜拉桥的施工控制与调整 ····································· 405

第五章　混凝土斜拉桥实例 ·· 411

　第一节　山东济南黄河大桥 ·· 411

　第二节　湖北荆州长江公路大桥 ·· 416

　第三节　宜昌夷陵长江大桥 ·· 419

　第四节　福州青州闽江大桥 ·· 424

　第五节　日本多多罗大桥 ·· 430

参考文献 ··· 433

PART 1 | 第一篇
混凝土拱桥

第一章

概述

第一节　拱桥的现状和发展

拱桥是我国公路上使用很广的一种桥型（图1-1-1）。拱桥在竖向荷载作用下,两端支承处除有竖向反力外,还产生水平推力,正是这个水平推力,使拱内产生轴向压力,并大大减小了跨中弯矩,使它的主拱截面主要承受轴向压力,同时截面上的应力分布比受弯梁要均匀,使主拱截面的材料强度得到充分发挥,跨越能力增大。根据理论推算,混凝土拱桥的极限跨径可达500m,钢拱桥的极限跨径可达1 200m。

由于拱是主要承受压力的结构,因而,可以充分利用抗拉性能差而抗压性能较好的圬工材料(石料、混凝土、砖等)来建造拱桥,这种由圬工材料建造的拱桥,也称为圬工拱桥。这种拱桥具有就地取材、节省钢材和水泥、构造简单、利于普及、承载潜力大、养护费用少等优点,因此在我国修建得比较多。建于2000年、跨径146m的山西晋城丹河大桥,是当今世界上跨径最大的石拱桥。

在混凝土拱中,配置有受力钢筋的,称之为钢筋混凝土拱桥。相对于圬工拱桥,钢筋混凝土拱桥自重小,跨越能力大,充分利用了混凝土与钢材的受力优势,有效地提高了拱桥的经济性能,扩大了拱桥的使用范围。同时,钢筋混凝土拱桥可以通过选择合理的体系及突出结构线条来达到良好的建筑艺术效果。目前世界上跨径最大的钢筋混凝土拱桥,是1997年建成的跨

3

径420m的我国重庆万州长江大桥[图1-1-1b)]。表1-1-1列出了国外一些大跨径钢筋混凝土拱桥的实例,表1-1-2列出了我国部分已建大跨径钢筋混凝土拱桥的实例。需要指出的是,在大跨径钢筋混凝土拱桥中,由于自重大,拱截面中由于恒载引起的压应力数值相当大,因此,由活载弯矩引起的截面应力相对较小,故一般都是混凝土压应力控制设计。拱内钢筋的配置,主要根据拱在无支架施工时的要求进行,一旦拱桥建成,这些钢筋并没有充分发挥作用,故它应该属于混凝土拱桥的范畴,但习惯上也称这类拱桥为钢筋混凝土拱桥。

a)赵州桥（石拱桥）

b)重庆万州长江大桥（混凝土拱桥）

图1-1-1 拱桥

国外大跨径钢筋混凝土拱桥一览表   表1-1-1

桥 名	建造年份	建造国家	跨径（m）	矢跨比	矢高（m）	结构形式	拱圈(肋)截面形式
KRK	1980	前南斯拉夫	390（主跨）	1/6.5	60	空腹无铰拱	三室箱形
KRK	1980	前南斯拉夫	244（副跨）	1/5.2	47	空腹无铰拱	三室箱形
Gladsville	1964	澳大利亚	304.8	1/7.5	40.8	空腹无铰拱	单室箱肋
Parana	1962	巴西	290	1/5.5	53	空腹无铰拱	三室箱形
Infant Hen Yigne	2003	葡萄牙	280	1/11.2		上承式钢梁柔拱	板拱
Bloukrans	1983	南非	272	1/4.1			
Arrabida	1964	葡萄牙	270	1/5.2	51.8	空腹无铰拱	三室箱肋

续上表

桥　名	建造年份	建造国家	跨径（m）	矢跨比	矢高（m）	结构形式	拱圈（肋）截面形式
富士川	2005	日本	265	1/6.5		空腹无铰拱	三室箱肋
Sandö	1943	瑞典	264	1/6.7	39.5	空腹无铰拱	三室箱形
LaRance	1990	法国	261	1/7.5			
天翔大桥	2000	日本	260	1/8		空腹无铰拱	
高松大桥	2000	日本	260	1/8			
ШибеНский	1963	前南斯拉夫	246.4	1/8	30.8	空腹无铰拱	三室箱形
西贝尼克桥	1998	前南斯拉夫	246				
Barelang	1998	印度尼西亚	245			空腹无铰拱	板拱
别府桥	1989	日本	235	1/6.4			
Sheikh Zayed Bridge	2010	阿布扎比	234				
Fiumarella	1961	意大利	231	1/3.5	66.1		
Днепр	1952	前苏联	228	1/6.7	34	空腹无铰拱	三室箱形
Nosi sad	1961	前南斯拉夫	221（主跨）	1/6.5	32.5	中承式无铰拱	单室箱肋
Nosi sad	1961	前南斯拉夫	165.75（副跨）	1/6.3	26.5	中承式无铰拱	单室箱肋
Esla	1940	西班牙	210	1/3.4	62.4	空腹无铰拱	三室箱形
宇佐桥	1982	日本	204		38.677	空腹无铰拱	三室箱形
Van Stundens	1971	南非	198		44	空腹无铰拱	三室箱形
Пашск и	1966	前南斯拉夫	193.2	1/7	27.6	空腹无铰拱	三室箱形
Antans	1955	巴西	186	1/6.6	28	中承式无铰拱	单室箱肋
Plougastel	1930	法国	3×180	1/6.5	27.5	空腹无铰拱	三室箱形
外津桥	1974	日本	170	1/6.4	26.5	空腹两铰拱	双室箱形
Selah	1971	美国	167.5	1/3.1	54.6	空腹无铰拱	三室箱形
Rocheuyon	1934	法国	161	1/7	23	中承式无铰拱	单室箱肋
Suinesund	1942	瑞典挪威交界	155.18	1/3.9	39.95	空腹无铰拱	
Neckar	1977	德国	154.4	1/3.1	49.85	空腹无铰拱	双室箱肋
Canada	1955	法国	153	1/5.9	26.1	中承式无铰拱（敞口桥）	单室箱肋
Caracas	1953	委内瑞拉	152	1/4.6	33	空腹两铰拱	单室箱肋

桥　　名	建造年份	建造国家	跨径 （m）	矢跨比	矢高 （m）	结构形式	拱圈(肋) 截面形式
Podolsko	1942	捷克	150	1/3.6	41.8	空腹无铰拱	矩形
蒂释桥	1978	日本	145	1/4.8	30	空腹无铰拱	双室箱形
Teufelstal	1938	德国	138	1/5.3	26.04	空腹无铰拱	矩形肋
Saint-piee-duvauvray	1923	法国	130	1/5.2	25.3	中承式无铰拱	单室箱肋
Oise	1929	法国	126	1/7.6	16.6	中承式无铰拱	单室箱肋
Krummbach	1977	瑞士	124	1/4	31	空腹无铰拱 （弯桥）	矩形肋
赤谷川桥	1979	日本	116	1/4	29.2	空腹刚梁柔拱 （无铰）	矩形
Fozde Sousa	1952	葡萄牙	115	1/7.8	14.75	空腹无铰拱	I形肋
Stechovice	1939	捷克	114	1/6.3	18	中承式无铰拱	单室箱肋
Mosel	1934	德国	107	1/13.2	8.12	空腹三铰拱	双室箱肋
Rome	1911	意大利	100	1/10	10	实腹无铰拱	箱形

以钢材为主要建筑材料修建的拱桥,称为钢拱桥。钢材轻质高强的优良性能使钢拱桥能够适应更大跨径的要求。2009年建成的跨径552m的我国重庆朝天门大桥和2003年建成的跨径550m的上海卢浦大桥,是目前世界上第一、二跨径的钢拱桥,前者是世界最大跨径拱桥。

拱桥建设的关键问题是施工技术。过去常采用搭架(拱架)施工法。无支架施工技术的发展扩大了拱桥的使用范围,提高了它在大跨径桥梁中的竞争能力。钢筋混凝土拱桥与斜拉桥相比,抗风稳定性强、造价低、维护费用少。目前世界上最大跨径的钢筋混凝土拱桥——重庆万州长江大桥(跨径420m,1997年建成,见图1-1-1)和前南斯拉夫 KRK 桥(1980年建成,跨径390m,见图1-1-2)就是在与其他大跨径桥梁方案做了比较之后而中选的。随着拱桥跨径的不断增大,如何减轻拱桥结构自重、改进施工方法和进行高强混凝土的开发使用,就成为修建和发展拱桥的重要问题。近年来,国内在钢筋混凝土箱形拱桥的基础上,出现了刚架拱桥、预应力混凝土组合桁架拱桥、钢管混凝土拱桥和劲性骨架混凝土拱桥等新型拱桥,特别是钢管混凝土拱桥,由于它是先安装钢管拱,后填充管内混凝土,使得安装重量大大减小,施工十分方便。而管内混凝土又由于钢管的套箍作用,使其强度(特别是抗压强度)得到很大的提高。以上这些优点使得这种拱桥迅速发展,自1990年四川省建成第一座钢管混凝土拱桥以来,全国已相继建成350多座这类拱桥,其中重庆巫山长江大桥(图1-1-3),跨径达460m。2013年建成的四川省合江长江大桥为中承式钢管混凝土拱桥,净跨径达518m,为继巫山长江大桥之后新的钢管混凝土拱桥跨径世界纪录。

国内已建成的钢筋混凝土拱桥（$L > 120m$）一览表

表 1-1-2

序号	桥 名	所在地	竣工年份	结 构	跨径(m)	桥宽(m)	拱宽(m)	矢高(m)	矢跨比	拱轴线	拱圈高度(m) 拱顶	拱圈高度(m) 拱脚	拱圈截面	施工方法	备注
1	重庆万州长江大桥	重庆	1997	上承式箱形拱	420	24	16	84	1/5	悬链线	7	7	三室箱	在钢管混凝土劲性骨架上现浇混凝土箱拱	
2	江界河大桥	贵州	1995	桁式组合拱	330	13.4	10.56	55	1/6	二次抛物线	2.9	2.7	三室箱	悬臂桁架	人字桅杆吊装质量120t
3	邕宁邕江大桥	广西	1996	中承式箱肋拱	312	18	3（肋宽）	52	1/6	悬链线	5	6.8	两单室箱肋	在钢管混凝土劲性骨架上现浇混凝土箱肋	
4	宜宾金沙江大桥	四川	1990	中承式无铰拱	240	19.5	拱顶2.2、拱脚3.2	48	1/5	悬链线	4.3	5.1	两单室箱肋	半刚性骨架	
5	河南许沟大桥	河南	2001	空腹式无铰拱	220	12	9	40	1/5.5	悬链线	3.4	3.4	三室箱	支架浇筑	
6	宁德行对岔特大桥	福建	2007	空腹式无铰拱	205	11	8	51.25	1/4	悬链线	3	3	三室箱	转体施工	
7	涪陵乌江大桥	重庆	1988	空腹式无铰拱	200	12.5	9	50	1/4	悬链线	3	3	三室箱	双箱对称同步转体	
8	攀枝花倮果金沙江大桥	四川	1995	中承式箱肋拱	160	15	2	40	1/4	悬链线	3.4	3.4	两单室箱肋	在钢管混凝土劲性骨架上现浇混凝土箱肋	
9	3007大桥	四川渡口	1983	空腹式无铰拱	160	12.5	10.6	24	1/5	悬链线	2.8	2.8	三室箱	钢拱架	
10	牛佛沱江大桥	四川	1991	中承式无铰拱	156	11.5	7.04	20	1/8	正弦曲线	1.8	1.8	三室箱	悬臂桁架	吊装时箱肋宽0.82m

续上表

序号	桥名	所在地	竣工年份	结构	跨径(m)	桥宽(m)	拱宽(m)	矢高(m)	矢跨比	拱轴线	拱圈高度(m) 拱顶	拱圈高度(m) 拱脚	拱圈截面	施工方法	备注
11	丹东沙河口大桥	辽宁	1982	中承式无铰拱	150	19.5	拱顶3.3,拱脚4.2	26	1/6	悬链线	2	3.6	两单室箱肋	半刚性骨架	无横撑
12	马鸣溪大桥	四川	1979	空腹式无铰拱	150	10.5	7.4	21.4	1/7	悬链线	2	2	五室箱	悬臂扣挂	吊装质量70t
13	前河大桥	河南	1969	双曲拱	150	9.2	7.8	15	1/10	悬链线	1.8	2.7	六肋双层低波	支架	
14	剑河大桥	贵州	1985	桁式组合拱	150	11.8	6.82	18.75	1/8	二次抛物线	2.2	1.5	三室箱	悬臂桁架	吊装时箱肋宽0.82m
15	花鱼洞大桥	贵州	1991	桁式组合拱	150	12.5	6.82	18.75	1/8	二次抛物线	1.8	1.5	三室箱	悬臂桁架	
16	永定河7号铁路桥	北京	1972	中承式无铰拱	150	9	拱顶2	40	1/3.75	悬链线	1.8		两单室箱肋	拱架	
17	3006号大桥	四川渡口	1972	空腹式无铰拱	146	13.5	10.5	36.5	1/4	悬链线	4.0	2.5	三室箱	钢拱架	
18	攀枝花三滩大桥	四川	1989	空腹式无铰拱	140	15	11	17.5	1/8	悬链线	2.8	2.8	三室箱	钢拱架	
19	武隆乌江大桥	重庆	1991	空腹式无铰拱	135	11	7	22.5	1/6	悬链线	1.8	1.8	五室箱	悬臂扣挂(7段)	
20	巴龙桥	广西	1992	空腹式无铰拱	134.22	8	6.2	20.33	1/6	悬链线	1.8	1.8	五室箱	悬臂扣挂	吊装跨径122m
21	王浩溪沅水大桥	湖南	1989	空腹式无铰拱	133	13.5	11.76	21.67	1/6	悬链线	1.8	1.8	七室箱	扣索贝雷拱架拼装	安装跨径130m
22	水口闽江大桥	福建	1988	空腹式无铰拱	2×132	13.5	10.24	16.5	1/8	悬链线	2.2	2.2	六室箱	悬臂扣挂	
23	南部嘉陵江大桥	四川	1993	空腹式无铰拱	130	13.0	8.96	21.67	1/6	悬链线	1.9	1.9	六室箱	悬臂扣挂(7段)	

续上表

序号	桥名	所在地	竣工年份	结构	跨径(m)	桥宽(m)	拱宽(m)	矢高(m)	矢跨比	拱轴线	拱圈高度(m) 拱顶	拱圈高度(m) 拱脚	拱圈截面	施工方法	备注
24	武胜嘉陵江桥	四川	1994	箱肋拱	130	13	2.8	21.67	1/6	悬链线	2	2	两单室箱肋	分五段预制吊装	单片拱箱合龙
25	太白大桥	江西	1992	箱肋刚架拱	130	9	每肋2.15	16.25	1/8		2.2	2.2	两单室箱肋	平转与刚架架组合	骨架高1.95m
26	碧福怒江桥	云南	1992	空腹式无铰拱	130	9	8.46	16.25	1/8	悬链线	2	2	五室箱	悬臂扣挂	
27	长田水库桥	云南	1994	空腹式无铰拱	130	11	10.8	16.25	1/8	悬链线	2.3	2.3	六室箱	悬臂扣挂	
28	旱桥	云南	1994	空腹式无铰拱	130	11	10.8	16.25	1/8	悬链线	2.3	2.3	七室箱	悬臂扣挂	
29	天鹅山大桥	湖南	1985	空腹式无铰拱	125	10.5	7.16	20.8	1/6	悬链线				悬臂扣挂	
30	那桐大桥	广西	1989	空腹式无铰拱	125	11.5	9.6	15.625	1/8	悬链线	1.85	1.85	七室箱	悬臂扣挂	
31	巫山龙门大桥	重庆	1987	空腹式无铰拱	122	11.5	7	17.14	1/4	悬链线	1.9	1.9	三室箱	无平衡重转体	
32	广元宝珠寺桥	四川	1989	空腹式无铰拱	3×120	11.5	9	20	1/6	悬链线	1.9	1.9	五室箱	悬臂扣挂	
33	铜街子大渡河桥	四川	1985	空腹式无铰拱	120	12.5	9	17.14	1/7	悬链线	1.8	1.8	六室箱	悬臂扣挂	
34	平果铝厂右江大桥	广西	1987	空腹式无铰拱	120	19.5	15.6	17.14	1/7	悬链线	1.8	1.8	十二室箱	悬臂扣挂	
35	天峨大桥	广西	1990	空腹式无铰拱	120	10.5	8.5	17.14	1/7	悬链线	2.0	2.0	三室箱	双箱对称同步转体	
36	阜新		1986	中承式无铰拱	120	12.5		24	1/5	悬链线	2.4	2.8	两单室箱肋	半刚性骨架	
37	浑江影虹大桥	吉林	1990	中承式无铰拱	120		每肋2	24	1/5	悬链线	1.5	1.5	两单室箱肋	半刚性骨架	双肋在拱顶连接
38	内江新龙坳桥	四川	1995	中承式无铰拱	120	22		30	1/4	悬链线	3	3	两单室箱肋	吊装钢管混凝土骨架，现浇拱肋	双肋向内侧斜的提篮拱

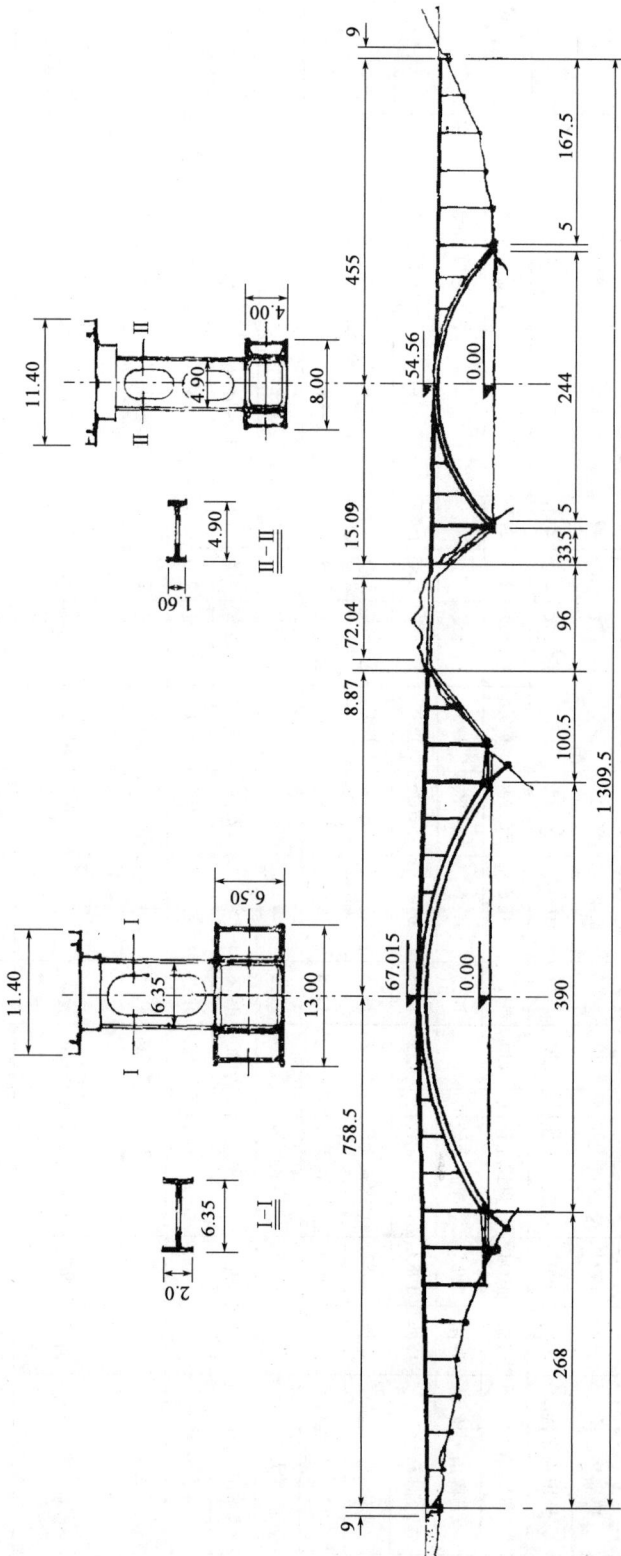

图1-1-2 前南斯拉夫KRK桥 (尺寸单位:m)

$l=390m$的拱跨支反力
恒载:132kN
活载:9kN
总计:141kN

桥面宽度:B=1.00m+0.50m+7.50m+0.50m+1.00m;桥面铺装:5cm厚沥青;公用设备:m=28.00kg/m;管线:ϕ900mm+ϕ600mm; 水管:$3\times\phi$450mm

用钢管混凝土作为劲性骨架,外包混凝土形成主拱截面的劲性骨架混凝土拱桥,可使体积庞大的拱箱混凝土在符合拱的受力方式下逐渐形成,而不需要强劲的支架和强大的吊装能力,使修建特大跨径的混凝土拱桥成为可能。1997年建成的重庆万州长江大桥和1996年建成的广西邕宁邕江大桥(312m)均是这种类型的拱桥。前者为目前世界上跨径最大的钢筋混凝土箱形拱桥,后者为世界跨径最大的钢筋混凝土中承式拱桥。近年来,还修建了多座组合结构的拱桥,它是由拱、梁、刚构多种结构体系以及混凝土与钢几种材料组合而成的拱形桥梁。它能充分发挥桥梁结构体系组合优势,充分利用各种材料性能,而取得改善受力、增大跨径、经济、环保和美观的效果。主跨420m的重庆菜园坝长江大桥(图1-1-4)是一座钢拱、预应力混凝土刚构和钢桁梁完美组合的拱桥。可以预见,围绕着解决修建拱桥所要求的用料省、安装重量小、施工简便、承载能力大的诸多问题,新的拱桥形式和先进的拱桥施工方法会不断地出现。

图1-1-3 重庆巫山长江大桥

图1-1-4 重庆菜园坝长江大桥

拱桥的主要缺点是:由于它是一种推力结构,支承拱的墩台和地基必须承受拱端的强大推力,因而修建拱桥要求有良好的地基和较大的下部结构工程;对于多孔连续拱桥,为防止其中一孔破坏而影响全桥,还要采取特殊的措施,或设置单向推力墩以承受不平衡的推力;在平原区修建拱桥,由于建筑高度较大,使桥两头的接线工程量增大,亦使桥面纵坡加大,对行车不利;混凝土拱桥施工工序和需要劳动力较多,建桥时间较长等。

混凝土拱桥(包括圬工拱桥和钢筋混凝土拱桥)虽然存在以上缺点,但由于其优点突出,修建拱桥往往是经济合理的,因此在我国公路桥梁建设中拱桥得到了广泛的应用,拱桥的缺点也正在得到改善和克服。如在地质条件不好的地区修建拱桥时,可从结构体系和构造形式上采取措施,以及利用轻质材料来减轻结构自重,或采取措施提高地基承载能力。为了节约劳动力、加快施工进度,可采用预制装配及提高工业化、机械化施工程度等方法。这些都有效地扩大了拱桥的适用范围,提高了跨越能力。

第二节 拱桥的结构体系与分类

一、拱桥的基本组成

拱桥和其他桥梁一样,也是由桥跨结构(上部结构)及下部结构两部分组成。

根据行车道的位置,拱桥的桥跨结构可以做成上承式、下承式或中承式三种类型,如图1-1-5所示。

一般的上承式拱桥,桥跨结构是由主拱圈(肋、箱)[简称主拱及拱上建筑(又称拱上结构)]所构成。主拱圈(肋、箱)是主要承载构件,承受桥上的全部荷载,并通过它把荷载传递给墩台及基础。由于主拱圈是曲线形,一般情况下车辆无法直接在弧面上行驶,所以在行车道系与主拱圈之间需要有传递荷载的构件和填充物,这些主拱圈以上的行车道系和传载构件或填充物统称为拱上建筑。拱上建筑可做成实腹式(图1-1-6)或空腹式[图1-1-5a)],相应称为实腹拱桥或空腹拱桥。在图1-1-6中,表示出了拱桥的主要组成部分、主要尺寸和名称:拱顶——拱圈最高处;拱脚——拱圈与墩(台)连接处(或起拱面);拱轴线——拱圈各横截面(或换算截面)的形心连线;拱背——拱圈的上曲面;拱腹——拱圈的下曲面;起拱线——起拱面与拱腹相交的直线;净跨径(l_0)——每孔拱跨的起拱线之间的水平距离;计算跨径(l)——两端的拱脚截面形心点之间的水平距离;净矢高(f_0)——拱顶截面下缘至起拱线连线的垂直距离;计算矢高(f)——拱顶截面形心至相邻的拱脚截面形心的连线的垂直距离;矢跨比($f/l, f_0/l_0$)——计算矢高与计算跨径或净矢高与净跨径之比。

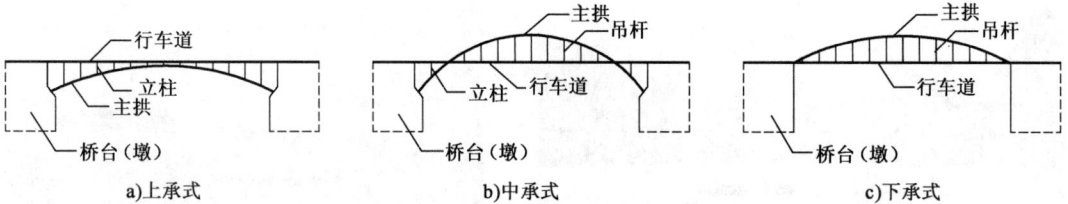

图 1-1-5

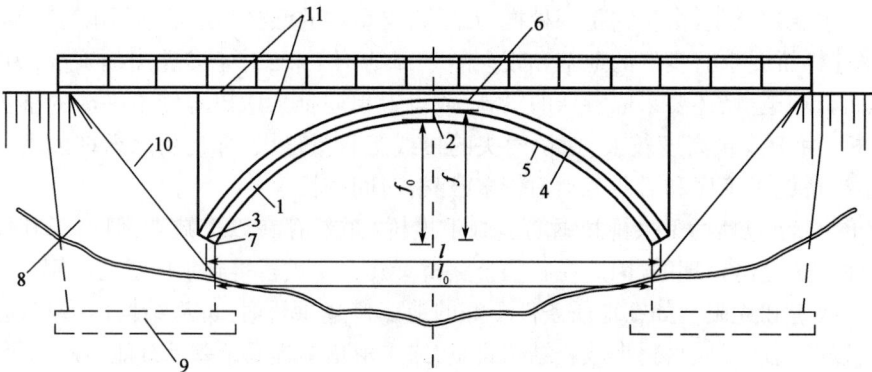

图 1-1-6 实腹拱桥

1-主拱圈;2-拱顶;3-拱脚;4-拱轴线;5-拱腹;6-拱背;7-起拱线;8-桥台;9-桥台基础;10-锥坡;11-拱上建筑;l_0-净跨径;l-计算跨径;f_0-净矢高;f-计算矢高

中、下承式拱桥结构的组成参阅本篇第二章。

拱桥的下部结构包括桥墩、桥台和基础,用以支承桥跨结构,将桥跨结构的全部荷载传至地基。桥台还起与两岸路堤相连接的作用,使路桥形成一个协调的整体。

二、拱桥的分类和体系

拱桥的形式多种多样,构造各有差异,可以按照不同的方式来进行分类。例如:

按照主拱圈(肋、箱)所使用的建筑材料可以分为圬工拱桥、钢筋混凝土拱桥、钢管混凝土拱桥及钢拱桥等;

按照结构体系可分为简单体系拱桥和组合体系拱桥;

按照拱上建筑的形式可以分为实腹式拱桥及空腹式拱桥；

按照拱轴线的形式可将拱桥分为圆弧拱桥、抛物线拱桥、悬链线拱桥等；

按照矢跨比的大小可分为陡拱($f/l \geq 1/5$)、坦拱($f/l < 1/5$)；

按照桥面的位置可分为上承式拱桥、下承式拱桥和中承式拱桥：

按照拱圈截面形成可分为板拱、肋拱、双曲拱和箱形拱等；

按照有无水平推力可分为有推力拱桥和无推力拱桥等。

现仅根据下面两种不同的分类方式对圬工和钢筋混凝土拱桥的主要类型做一些介绍。

（一）按照结构体系分类

拱式桥跨结构按照静力图式可以分为三种类型。

1. 简单体系拱桥

简单体系拱桥，可以做成上承式、下承式(无系杆拱)或中承式(图1-1-5)，均为有推力拱。

在简单体系拱桥中，上承式拱桥的拱上建筑或中、下承式拱桥的拱下悬吊结构(统称为行车道系结构)不与主拱一起承受荷载。桥上的全部荷载由主拱单独承受，它们是桥跨结构的主要承重构件。拱的水平推力直接由墩台或基础承受。

按照主拱的静力特点，简单体系拱桥又可以分成如下三种，见图1-1-7。

a)三铰拱　　　　　　b)两铰拱　　　　　　c)无铰拱

图1-1-7　拱圈(肋)的静力图式

1) 三铰拱

三铰拱属外部静定结构。由于温度变化、支座沉陷等原因引起的变形不会在拱内产生附加内力，计算时无须考虑体系弹性变形对内力的影响。当地基条件不良，又需要采用拱式桥梁时，可以采用三铰拱。但由于铰的存在，使其构造复杂，施工较困难，维护费用增高，而且，减小了结构的整体刚度，降低了抗震能力。又由于拱的挠度曲线在顶铰处有转折，对行车不利。因此，三铰拱一般较少采用。国外三铰拱的最大跨径达107m(表1-1-1)。我国仅在一些较小跨径的桥上有所采用。公路空腹式拱桥拱上建筑中的边腹拱，常用三铰拱。

2) 两铰拱

两铰拱属外部一次超静定结构。由于取消了拱顶铰，使结构整体刚度较三铰拱大。在墩台基础可能发生位移的情况下或坦拱中采用，较之无铰拱可以减小基础位移、温度变化、混凝土收缩和徐变等引起的附加内力。目前，世界最大跨径的两铰拱桥是日本的外津桥，跨径170m。

3) 无铰拱

无铰拱属外部三次超静定结构。在自重及外荷载作用下，拱内的弯矩分布比两铰拱均匀，材料用量省。由于无铰，结构的整体刚度大，构造简单，施工方便，维护费用少，因此在实际中使用最广泛，但由于无铰拱的超静定次数高，温度变化、材料收缩、结构变形，特别是墩台位移会在拱内产生较大的附加内力，所以无铰拱一般较宜修建在地基良好的条件下，这使它的使用范围受到一定限制。不过，随着跨径的增大，附加内力的影响相对地减小，因而钢筋混凝土无铰拱桥仍是国内外拱桥上采用最多的一种构造形式。世界最大跨径已达420m。

除以上三种拱桥外,单铰拱桥在理论上是可能的,但实际建造的很少。法国的 I'artuby 桥是单铰拱桥,跨径110m。

2.组合体系拱桥

在拱式桥跨结构中,行车道系的行车道梁(板)与拱组合,或拱、梁、刚架多种结构体系组合,共同受力,称为组合体系拱桥。

由于行车道系与主拱的组合方式不同,其静力图式也不同。组合体系拱可分成无推力的和有推力的两类。同样,组合体系拱可以做成上承式或下承式。常用的有以下几种形式。

1)无推力的组合体系拱

拱的推力由系杆承受,墩台不承受水平推力。根据拱肋和系杆的刚度大小及吊杆的布置形式可以分为(图1-1-8):

(1)具有竖直吊杆的柔性系杆刚性拱——称系杆拱,见图1-1-8a);

(2)具有竖直吊杆的刚性系杆柔性拱——称蓝格尔拱,见图1-1-8b);

(3)具有竖直吊杆的刚性系杆刚性拱——称洛泽拱,见图1-1-8c)。

以上三种拱,当用斜吊杆来代替竖直吊杆时,称为尼尔森拱,见图1-1-8d)、e)、f)。

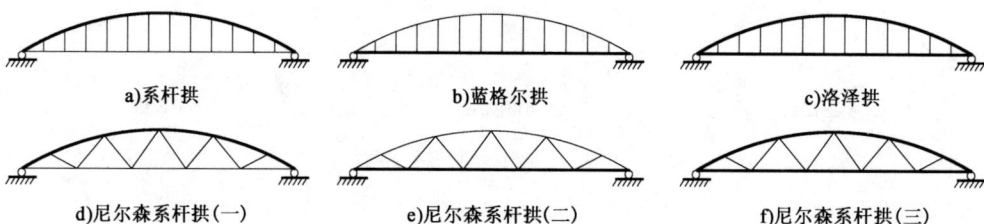

a)系杆拱　　　　b)蓝格尔拱　　　　c)洛泽拱

d)尼尔森系杆拱(一)　　　e)尼尔森系杆拱(二)　　　f)尼尔森系杆拱(三)

图1-1-8　无推力的组合体系拱

2)有推力的组合体系拱

此种组合体系拱没有系杆,由单独的梁和拱共同受力,拱的推力仍由墩台承受。图1-1-9a)是刚性梁柔性拱(倒蓝格尔拱);图1-1-9b)是刚性梁刚性拱(倒洛泽拱)。

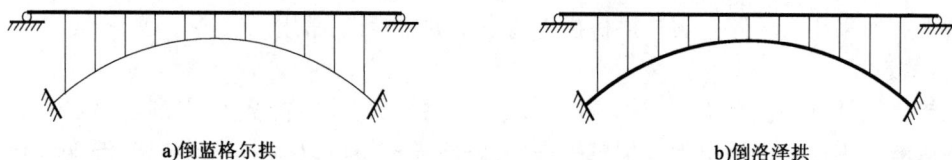

a)倒蓝格尔拱　　　　　　b)倒洛泽拱

图1-1-9　有推力的组合体系拱

3)拱、梁、刚架组合而成的组合体系拱桥

近年来,其他形式组合体系拱桥也得到了广泛应用。常用的形式有悬臂拱梁组合体系拱桥[图1-1-10a)]、连续拱梁组合体系拱桥[图1-1-10b)、c)、d)]和拱、刚架、梁组合体系拱桥[图1-1-10e)、f)]。

这些桥梁结构的外部有静定的或超静定的,拱的水平推力可由行车道梁来承担,或由与行车道盖梁分离的系杆来承受,前者简称为拱梁(或刚架)组合拱桥,后者简称为系杆拱桥。

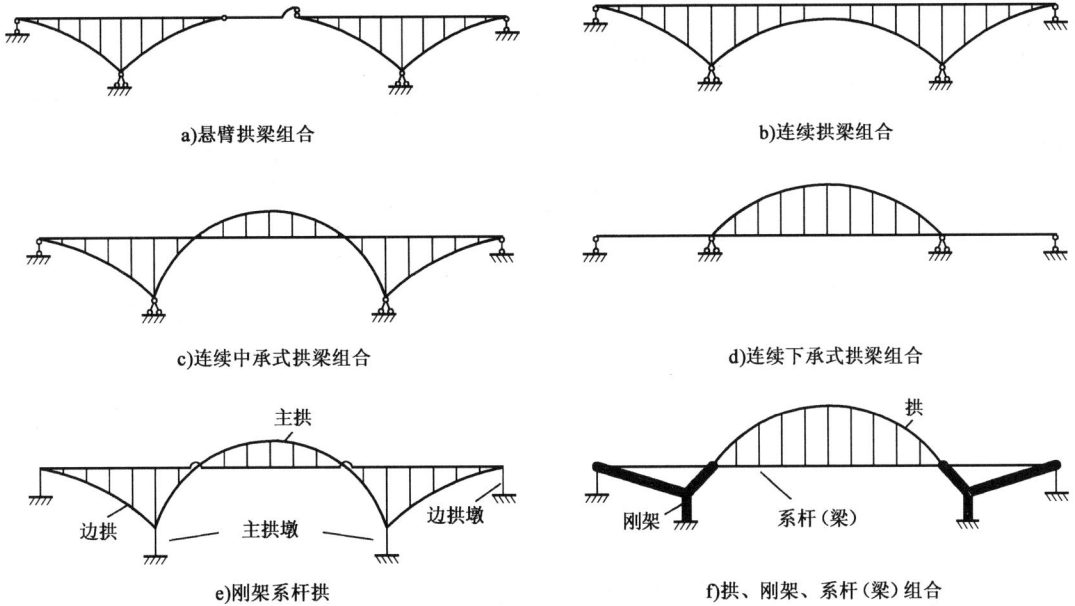

a)悬臂拱梁组合　　　　　　　　　　　　b)连续拱梁组合

c)连续中承式拱梁组合　　　　　　　　　d)连续下承式拱梁组合

e)刚架系杆拱　　　　　　　　　　　　　f)拱、刚架、系杆(梁)组合

图 1-1-10　其他桥型的组合体系拱

3. 拱片桥

上边缘与桥面纵向平行,下边缘是拱形的有推力结构,称为拱片。在拱片中,行车道系与拱肋刚性联成一整体,共同承受荷载,故它仅能用于上承式桥梁。拱片的立面可以做成实体拱片,也可以挖空做成桁架式拱片[桁架拱,图 1-1-11b)]和刚架式拱片[刚架拱,图 1-1-11c)]。根据桥梁宽度的不同,拱片桥由两片以上的拱片组成,并用横向联结系将各拱片连成整体[图1-1-11a)]。行车道板支承在拱片上。拱片桥可以做成无铰、两铰或三铰,它的推力由墩台承受。

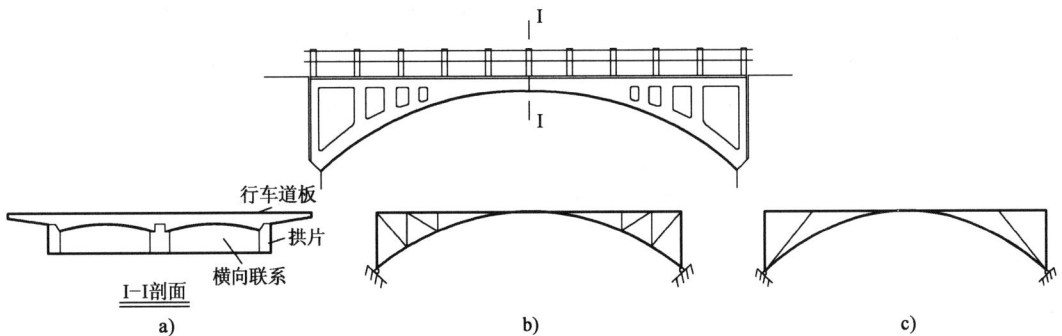

图 1-1-11　拱片桥

(二)按照主拱的截面形式分类

主拱的横截面形式很多,通常可分为下面几种类型(图 1-1-12)。

1. 板拱桥[图 1-1-12a)]

如果主拱的横截面是整块的实体矩形截面,称为板拱桥。板拱桥是最古老的拱桥形式,由于它构造简单,施工方便,至今仍在使用。

由于在截面积相同的条件下,实体矩形截面比其他形式截面的截面抵抗矩小,在有弯矩作用时,材料的强度没有得到充分利用。如果要获得与其他形式截面相同的截面抵抗矩,板拱就必须增大截面积,这就相应地增加了材料用量和结构自重,故采用板拱是不太经济的。

2. 肋拱桥[图 1-1-12b)]

为了节省材料,减轻结构自重,必须充分利用材料的强度,以较小的截面积获得较大的截面抵抗矩,将整块的矩形实体截面划分成两条(或多条)分离式的肋,以加大拱的高度,这就形成了由几条肋组成的拱桥,称为肋拱桥。肋拱桥的拱肋可以是实体截面、箱形截面或桁架截面。肋拱桥材料用量一般比板拱桥经济,但构造比板拱桥复杂。

3. 双曲拱桥[图 1-1-12c)]

主拱圈的横截面是由数个横向小拱组成,使主拱圈在纵向及横向均呈曲线形,故称之为双曲拱桥。

双曲拱截面的抵抗矩比相同截面积的实体板拱圈要大,因此可节省材料,结构自重小,特别是它的预制部件分得细,吊装质量轻。在公路桥梁上获得过较广泛的应用,最大跨径达150m,但由于其截面组成划分过细,整体性能较差,建成后出现裂缝较多。

4. 箱形拱桥[图 1-1-12d)、e)]

将实体的板拱截面挖空成空心箱形截面,则称为箱形拱或空心板拱。由于截面挖空,使箱形拱的截面抵抗矩较相同截面积板拱的截面抵抗矩大得多,从而大大减小弯矩引起的应力,节省材料较多。

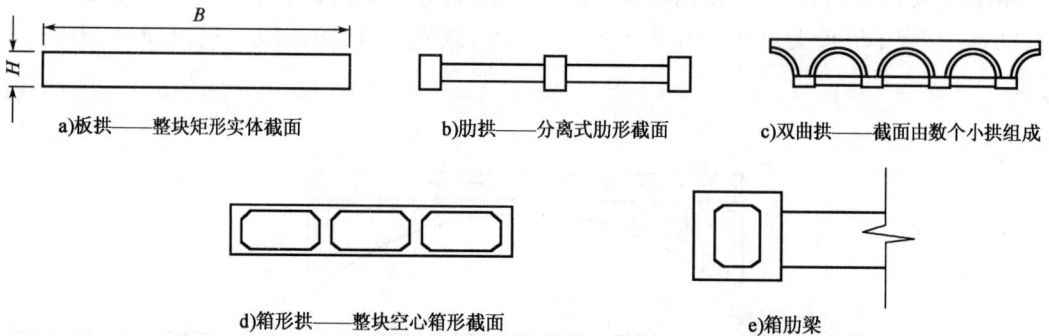

a)板拱——整块矩形实体截面　　b)肋拱——分离式肋形截面　　c)双曲拱——截面由数个小拱组成

d)箱形拱——整块空心箱形截面　　　　e)箱肋梁

图 1-1-12　拱的横截面形式

第三节　拱桥的总体布置

在选定了桥位,进行了必要的水文、水力计算,掌握了桥址处的地质、地形等资料后,即可进行拱桥的总体布置。总体布置是否合理,考虑问题是否周全,不但直接影响桥梁的总造价,而且还给今后桥梁的使用、维护、管理带来直接的影响,因此,拱桥的总体布置十分重要。一个好的设计,往往就体现在总体布置的优劣上。

拱桥的总体布置应按照适用、安全、经济和适当照顾美观的原则进行。总体布置图中阐明的主要内容应包括:拟采用的结构体系及结构形式;桥梁的长度、跨径、孔数;拱的主要几何尺寸,例如矢跨比、宽度、高度、外形等;桥梁的高度;墩台及其基础形式和埋置深度;桥上及桥头引道的纵坡等。

(一)确定桥梁长度及分孔

当通过水文、水力计算和技术经济等方面的比较,确定了两岸桥台台口之间的总长度之后,在纵、平、横三个方向综合考虑桥梁与两头路线的衔接,可以确定桥台的位置和长度,桥梁的全长便被确定下来。

在桥梁全长决定后,再根据桥址处的地形、地质等情况,并结合选用的结构体系和结构形式、施工条件,可以进一步地确定选择单孔还是多孔。

如果采用多孔拱桥,如何进行分孔,是总体布置中一个比较重要的问题。如果跨越通航河流,在确定孔数与跨径时,首先要进行通航净空论证和防洪论证。分孔时,除应保证净孔径之和满足设计洪水通过的需要外,还应确定一孔或两孔作为通航孔。通航孔跨径和通航高程的大小应满足航道等级规定的要求(表1-1-3),并与航道部门协商。通航孔的位置多半布置在常水位时的河床最深处或航行最方便的地方。对于航道可能变迁的河流,必须设置几个通航的桥跨,一旦主流位置变迁时,也能满足航道要求。对于不通航孔或非通航河段,桥孔划分可按经济原则考虑,尽量使上下部结构的总造价最低。

天然和渠化河流水上过河建筑物通航净空尺度(m)　　　　　　　　　　表 1-1-3

航道等级	代表船舶、船队	净高 (m)	单向通航孔			双向通航孔		
			净宽 (m)	上底宽 (m)	侧高 (m)	净宽 (m)	上底宽 (m)	侧高 (m)
I	(1)4 排 4 列	24.0	200	150	7.0	400	350	7.0
	(2)3 排 3 列	18.0	160	120	7.0	320	280	7.0
	(3)2 排 2 列		110	82	8.0	220	192	8.0
II	(1)3 排 3 列	18.0	145	108	6.0	290	253	6.0
	(2)2 排 2 列		105	78	8.0	210	183	8.0
	(3)2 排 1 列	10.0	75	56	6.0	150	131	6.0
III	(1)3 排 2 列	18.0☆ 10.0	100	75	6.0	200	175	6.0
	(2)2 排 2 列	10.0	75	56	6.0	150	131	6.0
	(3)2 排 1 列		55	41	6.0	110	96	6.0
IV	(1)3 排 2 列	8.0	75	61	4.0	150	136	4.0
	(2)2 排 2 列		60	49	4.0	120	109	4.0
	(3)2 排 1 列		45	36	5.0	90	81	5.0
	(4)货船							

航道等级	代表船舶、船队	净高 (m)	单向通航孔			双向通航孔		
			净宽 (m)	上底宽 (m)	侧高 (m)	净宽 (m)	上底宽 (m)	侧高 (m)
V	(1)2排2列	8.0	55	44	4.5	110	99	4.0
	(2)2排1列	8.0 或 5.0▲	40	32	5.5 或 3.5▲	80	72	5.5 或 3.5▲
	(3)货船							
VI	(1)1拖5	4.5	25	18	3.4	40	33	3.4
	(2)货船	6.0			4.0			4.0
VII	(1)1拖5	3.5	20	15	2.8	32	27	2.8
	(2)货船	4.5						

注:1. 标注☆的尺度仅适用于长江。

 2. 标注▲的尺度仅适用于通航拖带船队的河流。

在分孔中,有时为了避开深水区或不良的地质地段(如软土层、溶洞、岩石破碎带等),可能将跨径加大。在水下基础结构复杂、施工困难的地方,为减少基础工程,也可考虑采用较大跨径。

对跨越高山峡谷、水流湍急的河道或宽阔的水库,建造多孔小跨径桥梁不如建造大跨径桥梁经济合理。在条件容许并通过技术经济比较后,可采用单孔大跨拱桥。

分孔时还应考虑施工的方便和可能,以及平战结合的要求。通常,全桥宜采用等跨或分组等跨的分孔方案,并尽量采用标准跨径,以便于施工和修复,又能改善下部结构的受力并节省材料。

多孔拱桥中,连孔数量≥4孔时,设置单向推力墩,以防止一孔坍垮而引起全桥坍垮。

此外,分孔时,还需注重整座桥的造型和美观,有时这可能成为一个主要因素加以考虑。

(二)确定桥梁的设计高程和矢跨比

拱桥的高程主要有四个,即桥面高程、拱顶底面高程、起拱线高程、基础底面高程(图 1-1-13)。这几项高程的合理确定,是拱桥总体布置中的另一个重要问题。

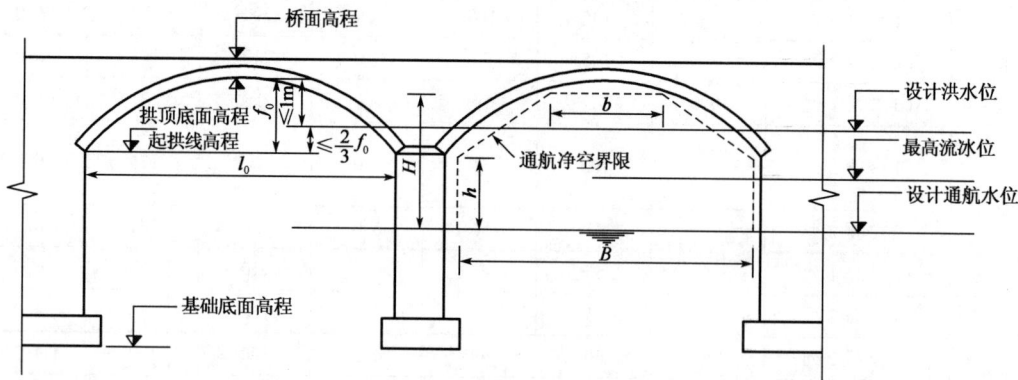

图 1-1-13 拱桥高程及桥下净空图

拱桥的桥面高程代表着建桥的高度,特别在平原区,在相同纵坡情况下,桥高增加会使两端的引桥或引道工程显著增加,将提高桥梁的总造价。反之,如果桥修矮了,不但有遭受洪水冲毁的危险,而且往往影响桥下通航的正常运行,致使桥梁建成后带来难以挽救的缺陷,故桥面高程必须综合考虑有关因素,正确合理地确定。

建在山区河流上的拱桥,由于两岸公路路线的位置一般较高,桥面高程一般由两岸线路的纵面设计所控制。

对跨越平原区河流的拱桥,其桥面最小高度一般由桥下净空所控制。为了保证桥梁的安全,桥下必须留有足够的排泄设计洪水流量的净空。对于无铰拱桥,可以将拱脚置于设计水位以下,但通常淹没深度不得超过矢高的2/3。为了保证漂浮物能通过,在任何情况下,拱顶底面应高出设计洪水位1.0m。

对于有淤积的河床,桥下净空尚应适当加高。

对于通航河流,通航孔的最小桥面高度,除满足以上要求外,还应满足对不同航道等级所规定的桥下净空界限的要求(图1-1-13)。设计通航水位,一般是按照一定的设计洪水频率(1/20)进行计算,并与航运部门具体协商决定。

当桥面高程确定之后,由桥面高程减去拱顶处的建筑高度,就可得到拱顶底面的高程。

拟定起拱线高程时,为了减小墩台基础底面的弯矩,节省墩台的工程数量,一般宜选择低拱脚的设计方案,但对于有铰拱桥,拱脚需高出设计洪水位以上0.25m。为了防止病害,有铰拱或无铰拱拱脚均应高出最高流冰面0.25m。当洪水带有大量漂浮物时,若拱上建筑采用立柱时,宜将起拱线高程提高,使主拱圈不要淹没过多,以防漂浮物对立柱的撞击或挂留。有时为了美观的要求,应避免就地起拱,而应使墩台露出地面一定的高度。

至于基础底面的高程,主要根据冲刷深度、地基承载能力等因素确定。

当拱顶、拱脚高程确定后,根据跨径即可确定拱的矢跨比。矢跨比是拱桥的一个特征数据,它不但影响主拱圈内力,还影响拱桥施工方法的选择。同时,对拱桥的外形能否与周围景物相协调,也有很大影响。

拱的恒载水平推力H_g与垂直反力V_g之比值,随矢跨比的减小而增大。当矢跨比减小时,拱的推力增加,反之则推力减小。众所周知,推力大,相应地在主拱圈内产生的轴向力也大,对主拱圈本身的受力状况是有利的,但对墩台基础不利。同时,矢跨比小,则弹性压缩、混凝土收缩和温度等附加内力均较大,对主拱圈不利。在多孔情况下,矢跨比小的连拱作用较矢跨比大的显著,对主拱圈也不利。然而,矢跨比小却能增加桥下净空,降低桥面纵坡,对拱圈的砌筑和混凝土的浇筑比较方便。因此,在设计时,矢跨比的大小应经过综合比较进行选择。

通常,对于砖、石、混凝土拱桥和双曲拱桥,矢跨比一般为1/8~1/4,不宜小于1/10,钢筋混凝土拱桥的矢跨比一般为1/10~1/5。但拱桥最小矢跨比不宜小于1/12,一般将矢跨比大于或等于1/5的拱称为陡拱,矢跨比小于1/5的称为坦拱。

(三)如何处理不等跨分孔问题

多孔拱桥最好选用等跨分孔的方案。在受地形、地质、通航等条件的限制,或引桥很长,考虑与桥面纵坡协调一致时,可以考虑用不等跨分孔的办法处理。如一座跨越水库的拱桥,全长376m,谷底至桥面高达80余米。根据地形、地质条件和经济比较等综合考虑,以采用不等跨分孔为宜。于是,跨越深谷的主孔跨径采用116m,而两边孔均采用72m(图1-1-14)。

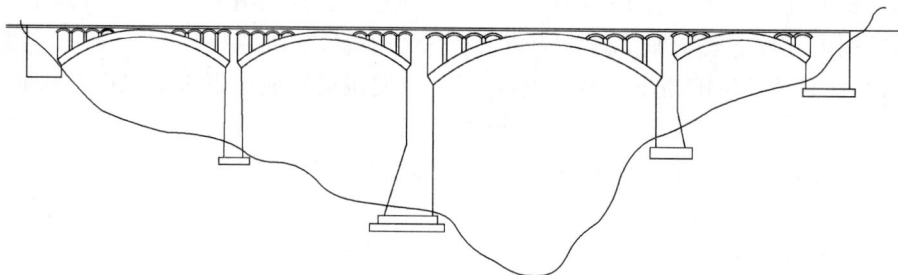

图 1-1-14　不等跨分孔

不等跨拱桥,由于相邻孔的恒载推力不相等,使桥墩和基础增加了恒载的不平衡推力。为了减小这个不平衡推力,改善桥墩基础受力状况,可采用以下措施。

1.采用不同的矢跨比

利用在跨径一定时,矢跨比与推力大小成反比的关系,在相邻两孔中,大跨径用较陡的拱(矢跨比较大),小跨径用较坦的拱(矢跨比较小),使两相邻孔在恒载作用下的不平衡推力尽量减小。

2.采用不同的拱脚高程

由于采用了不同的矢跨比,致使两相邻孔的拱脚高程不在同一水平线上。因大跨径孔的矢跨比大,拱脚降低,减小了拱脚水平推力对基底的力臂,这样可使大跨径与小跨径的恒载水平推力对基底产生的弯矩得到平衡(图 1-1-15)。

3.调整拱上建筑的自重

常常是大跨径用轻质的拱上填料或采用空腹式拱上建筑,小跨径用重质的拱上填料或采用实腹式拱上建筑,用增加小跨径拱的恒载来增大恒载的水平推力。

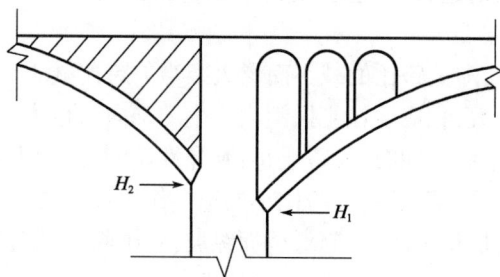

图 1-1-15　大跨径与小跨径的拱脚高程

4.采用不同类型的拱跨结构

常是小跨径用板拱结构,大跨径用分离式肋拱结构,以减轻大跨径拱的恒载来减小恒载的水平推力。有时,为了进一步减小大跨径拱的恒载水平推力,可加大大跨径拱肋的矢高,而做成中承式肋拱桥梁[图 1-1-5b)]。

在具体设计时,也可以将以上几种措施同时采用。如果仍不能达到完全平衡推力的目的,则需设计成体型不对称的或加大尺寸的桥墩和基础来加以解决。

(四)拱桥体系、结构类型和拱轴线的选择

1.拱桥体系的选择

如前所述,拱桥可分为两大体系,即简单体系拱桥与组合体系拱桥。总体设计应在已知桥位自然条件、通航要求、分孔及道路等级等情况下,从经济合理性、技术可行性、耐久适用性等方面进行分析选择。

经济合理是一个基本的设计原则。应根据道路等级、桥梁地位和桥梁所处的环境,因地制宜地选择经济合适的体系。

技术可行性是拱桥体系选择的一个主要因素。首先要考虑技术上是否可行,然后按照技术先进并充分利用成熟的先进技术,结合实际设计和施工能力,选择合理可行的体系。

耐久适用性,涉及拱桥设计性能的长期维持和维护的经济性。在设计寿命期,所选体系的拱桥,经必要的养护、维修,不应出现功能下降,同时,应考虑维护的简便性及经济性。

2. 结构类型的选择

对于简单体系拱桥,一般情况下应首选无铰拱结构,因其刚度大、受力好。在地基较差地区可考虑采用两铰拱结构,来适应不良地基引起的墩台不均匀沉降、水平位移及转动。由于拱顶铰构造复杂、施工困难及整体刚度差,极少采用三铰拱结构。

对于简单体系拱桥,静定与超静定结构均可。当遇到不良地基时,可考虑拱脚设铰的结构形式;对于多跨结构式拱桥,不仅可考虑拱脚设铰,也可将桥墩处拱座与承台间的水平约束释放,使其成为连续梁一样的外部静力图式。

拱桥构造立面形式的选择:拱桥采用上承式、中承式或下承式结构,与拱桥跨中桥面高程、结构底面高程和起拱线高程有关。对于给定的设计跨径,由上述三个控制高程和合理的矢跨比,可判断采用上承式结构的可能性。若桥面与拱脚高差较小,矢跨比不能满足上承式结构要求时,可考虑中、下承式结构。对于平原地区尤其是城市桥梁,由于受到地面建筑物、纵坡等影响,桥面高程是严格控制的,同时桥下净空则受到通航等级、排洪及地面行车等要求的限制,跨中结构底面高程也被控制,采用中承式或下承式拱桥可降低建筑高度,提供较大的桥下净空。

3. 拱轴线的选择

一般来说,拱桥拱轴线的选择应满足以下要求:尽量减小主拱截面的弯矩,并使其在温度、混凝土收缩、徐变等影响下各主要截面的应力相差不大;对于无支架施工的拱桥,应能满足各施工阶段的应力要求,并尽可能减少或不用临时性施工措施;线形美观,且便于施工。

目前,我国拱桥常用的拱轴线形有以下几种。

1)圆弧线

圆弧线简单,施工最方便,易于掌控。但圆弧线拱轴线与恒载压力线偏离较大,拱圈各截面受力不均匀。因此常用于20m以下的小跨径拱桥。少量的大跨径预制装配式钢筋混凝土拱桥,也有采用圆弧形拱轴线的。

2)悬链线

实腹式拱桥拱圈的恒载压力线是一条悬链线。因此实腹式拱桥采用悬链线作为拱轴线,在恒载作用下当不计拱圈弹性压缩影响时,拱圈截面只承受轴向力而无弯矩。

空腹式拱桥拱圈的恒载压力线是一条有转折点的多段曲线。与悬链线有偏离,但此偏离对主拱控制截面的受力有利,而悬链线拱轴对各种空腹式拱上建筑的适应性较强,并有一套完备的计算图表,因此,空腹式拱桥也广泛采用悬链线作为拱轴线。故悬链线是目前我国大、中跨径拱桥采用最普遍的拱轴线形式。

3)抛物线

在竖向均布荷载作用下,拱的压力线是二次抛物线。对于恒载集度比较接近均匀的拱桥,往往可以采用二次抛物线作为拱轴线。而有些大跨径拱桥,由于拱上建筑布置的特殊性,为了使拱轴线尽可能与恒载压力线相吻合,也有采用高次抛物线作为拱轴线的。

　　一般情况下,上承式小跨径拱桥可采用实腹圆弧拱或实腹悬链线拱;大、中跨径上承式拱桥可采用空腹式悬链线拱;轻型拱桥、矢跨比较小的大跨径上承式拱桥、中承式和下承式拱桥及各种组合式拱桥,可采用抛物线或悬链线。在特殊条件下,也有采用压力线的拟合曲线作为拱轴线的。

拱桥的设计与构造

第一节 普通型圬工及钢筋混凝土上承式拱桥设计与构造

拱桥为一个大家族,其结构形式众多。根据行车道布置的位置不同分为上承式拱桥、中承式拱桥和下承式拱桥。

根据结构组成和受力不同,上承式拱桥可分为两大类:一类是普通型上承式拱桥,这类拱桥由主拱(圈)、拱上传载构件或填充物、桥面系组成,主拱(圈)是主要承重结构,如图1-2-1所示;另一类是整体型上承式拱桥,这类拱桥是由主拱片(指由拱圈与拱上传载构件组成的整体结构)、桥面系组成,主拱片是主要承重结构,如图1-2-2所示。

一、主拱圈

普通型上承拱桥根据主拱(圈)截面形式不同主要分为板拱、板肋拱、肋拱、箱形拱、双曲拱等。

(一)板拱

板拱是指主拱(圈)采用整体实心矩形截面的拱。板拱可以是等截面圆弧拱、等截面或变截面悬链线拱以及其他拱轴形式的拱。结构体系上除采用无铰拱外,也可做成两铰拱、三铰拱以及两铰拱。按照主拱所用材料不同,板拱又分为圬工板拱(石板拱)、混凝土板拱、钢筋混凝土板拱等。

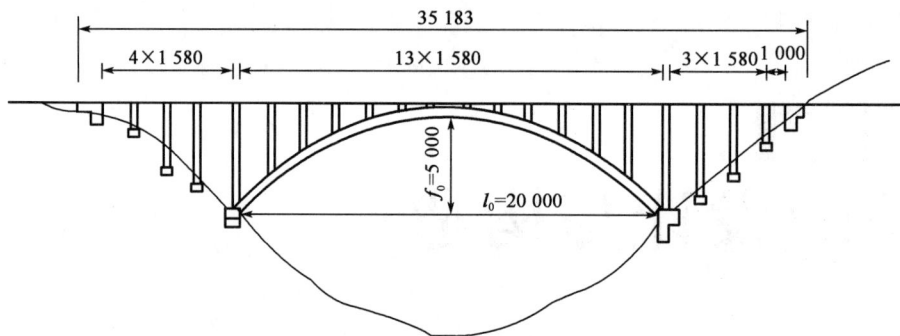

图 1-2-1　普通型上承式拱桥(重庆涪陵乌江大桥,尺寸单位:cm)

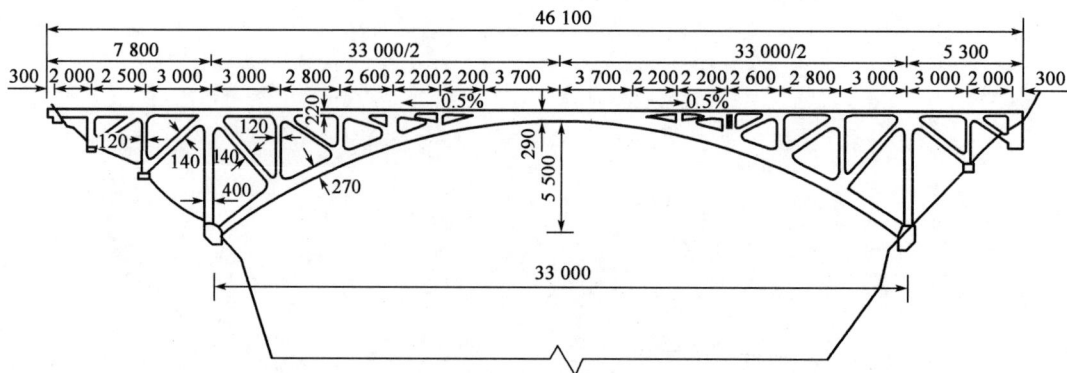

图 1-2-2　整体型上承式拱桥(贵州江界河大桥,尺寸单位:cm)

1. 板拱主拱截面宽度、厚度及变化规律

(1)板拱一般用于实腹式拱桥,其拱圈宽度决定于桥面宽度。当设人行道时,通常将人行道栏杆悬出,如图 1-2-3b)所示;当不设人行道时,则仅将防撞栏杆悬出 5~10cm。

对于多孔或大跨径实腹式拱桥,可将人行道部分或全部布置在钢筋混凝土悬臂上,钢筋混凝土人行道悬臂做法主要有两种:一种是设置单独的悬臂构件,如图 1-2-3c)所示;另一种是采用横贯全桥的横挑梁,在挑梁上安装钢筋混凝土人行道板,如图 1-2-3d)所示。这样,可减小拱圈宽度,进而使其墩台横向尺寸减小。

当板拱用于空腹式拱桥时,拱圈宽度拟定则随拱上腹孔形式的不同而各异。对拱式腹孔,拱圈宽度拟定与实腹式拱相同;对于梁式腹孔,拱圈宽度通常均小于桥面宽度,而通过拱上立柱盖梁将人行道或部分车行道悬挑出拱圈宽度以外,如图 1-2-3e)、f)所示,这样,既减小了拱圈宽度,也减小了墩台尺寸。

拱圈宽度小于桥面宽度的拱圈,称为窄拱圈。在窄拱圈中,由拱圈自重及大部分拱上结构自重所产生的应力变化不大,仅活载和部分恒载所产生的应力略有增加。所以,当拱圈中的恒载应力在其总应力中所占的比例较大时,采用窄拱圈对上部结构和下部结构都比较经济。因此,对多孔或大跨径拱桥一般都采用窄拱圈。如湖南长沙湘江大桥主桥全长 1 250m,桥面宽为 20m,由于采用了图 1-2-3c)所示的预制钢筋混凝土悬臂人行道,两侧各挑出 1.1m,使主拱圈宽度减小到17.8m,桥墩横桥向尺寸随之减小,从而节省了造价,加快了工程进度。

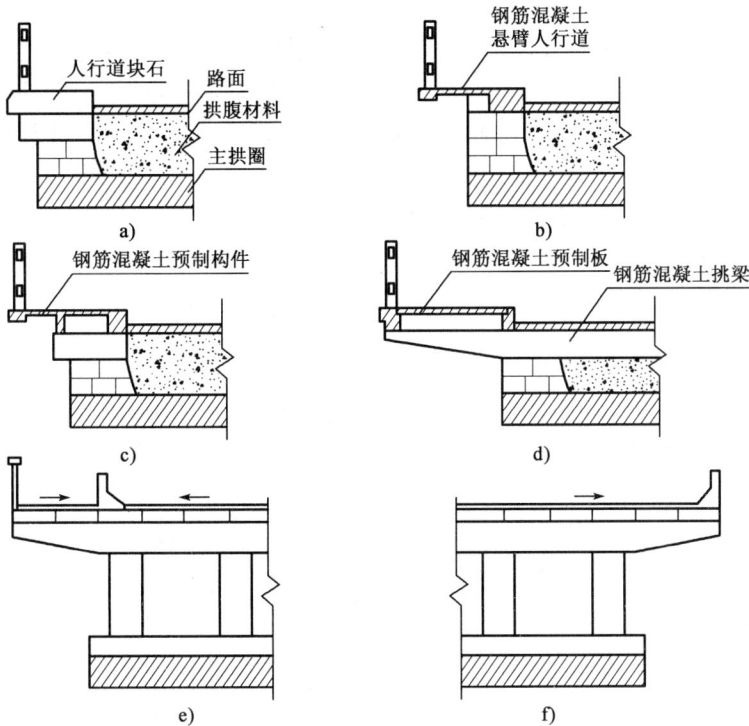

图1-2-3 板拱宽度

在拟定拱圈宽度时,要使桥面悬出长度适当。悬臂太长时,虽减小了拱圈及下构尺寸,但也使悬臂构件用料增大,必要时还需采用预应力混凝土悬挑结构。目前,一般悬出 1.0 ~ 2.5m。近年来也出现了悬臂长度超过4m的大悬臂设计。在考虑采用窄拱圈时,为使拱圈横向稳定性满足要求,拱圈宽度不宜小于跨径的1/20。现行桥规《公路圬工桥涵设计规范》(JTG D61—2005)规定,当拱宽大于或等于1/20计算跨径时,可不考虑其横向稳定性。

(2)拱圈厚度可以是等厚度,也可以是变厚度,其值主要根据桥梁跨径、矢高、建筑材料、荷载大小等因素通过试算确定。

对于等厚度的小跨径石板拱,初拟厚度时可按下列经验公式估算:

$$h = 45mk\sqrt[3]{l_0} \tag{1-2-1}$$

式中:h——拱圈厚度(mm);

l_0——拱圈净跨径(m);

m——系数,一般为 4.5 ~ 6.0,取值随矢跨比的减少而增大;

k——荷载系数,公路—Ⅰ级为1.4,公路—Ⅱ级为1.2。

对变厚度的小跨径石板拱桥,拱顶厚度可按下式估算:

$$h_d = a(1 + \sqrt{l_0}) \tag{1-2-2}$$

式中:h_d——拱顶厚度(m);

l_0——拱圈净跨径(m);

a——系数,一般为 0.13 ~ 0.17,取值随跨径的增大而增大。

拱脚及其他截面厚度的确定见后文所述。

对大跨径石板拱桥及具有特殊要求的石板桥,拱圈厚度拟定可参照已成桥的设计资料及其他经验公式进行。

对钢筋混凝土板拱,初拟时,拱顶厚度 h_d 一般采用跨径的 $1/70 \sim 1/60$,跨径大时取小值。若为变厚度拱,拱脚厚度可按 $h_j = h_d/\cos\varphi_j$ 估算,其中拱脚截面倾角可以近似取相应圆弧拱之值,即 $\varphi_j = 2\arctan(2f/l)$,对中小跨径无铰拱,$h_j$ 可取为 $(1.2 \sim 1.5)h_d$,其他截面厚度确定见式(1-2-4)。

(3)拱圈截面变化规律是确定拱圈截面尺寸的前提。拱圈截面沿拱轴线可以做成等截面或变截面。所谓等截面拱,是指拱圈任一法向截面的横截面形状和尺寸是相同的。而变截面拱的主拱圈法向截面,从拱顶到拱脚是逐渐变化的,可以是拱圈宽度变化,也可以是拱圈厚度变化,如图 1-2-4 所示。

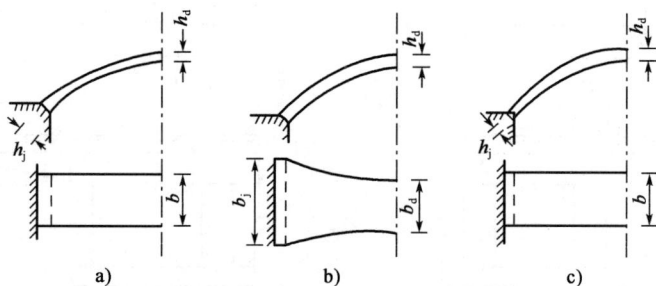

图 1-2-4 变截面拱

拱圈横截面沿跨径变化的规律要能适应拱内内力的变化,这样有利于充分发挥拱的每个截面的材料强度。同时,截面变化形式还应能使其构造简单,便于设计与施工。

拱为偏心受压构件,其截面上的应力可用下式表示:

$$\sigma = \frac{N}{A} \pm \frac{My}{I} \tag{1-2-3}$$

式中第一项为轴力产生的正应力。众所周知,拱内轴力 N 无论在哪种体系下均是自拱顶向拱脚逐渐增大的。若将拱圈截面积 A 自拱顶向拱脚逐渐增大[图 1-2-4a)、b)],则可使轴力产生的正应力沿拱轴方向保持均匀。

式中第二项为拱内弯矩 M 产生的应力。拱内弯矩变化较复杂,它不仅与拱的静力体系有关,在很大程度上还取决于拱截面惯性矩 I 的变化规律。对于无铰拱桥,随着截面惯性矩的增大,截面上的弯矩也将增大。图 1-2-5 示出了跨径为 126m 的拱桥采用不同静力图式和不同截面变化规律时的拱圈弯矩分布图。图中的曲线 1 为惯性矩自拱顶向拱脚逐渐增大的无铰拱。可见,惯性矩 I 逐渐向拱脚方向增大(拱圈截面向拱脚方向逐渐增厚或变宽)并不能极大地减小拱内弯曲应力,因为弯矩 M 随其惯性矩的增大也增大了。考虑到钢筋混凝土或圬工拱桥具有很强的抗压能力,而抵抗由弯矩引起的拉应力的能力较弱,所以,在考虑拱的截面变化规律时,主要还是考虑惯性矩的变化规律。

无铰拱通常采用的一种惯性矩变化规律是从拱顶向拱脚逐渐增大(图 1-2-5 曲线 1),其解析函数式表示为如下的 Ritter 公式(图 1-2-6):

$$\frac{I_d}{I\cos\varphi} = 1 - (1-n)\xi$$

或

$$I = \frac{I_d}{[1 - (1-n)\xi]\cos\varphi} \qquad (1\text{-}2\text{-}4)$$

式中:I——拱圈任意截面的惯性矩;

$\quad I_d$——拱顶截面惯性矩;

$\quad \varphi$——拱圈任意截面的拱轴水平倾角;

$\quad n$——拱厚变化系数,可用拱脚处 $\xi=1$ 的边界条件求得:

$$n = \frac{I_d}{I_j\cos\varphi_j} \qquad (1\text{-}2\text{-}5)$$

I_j、φ_j——拱脚截面的惯性矩和倾角。

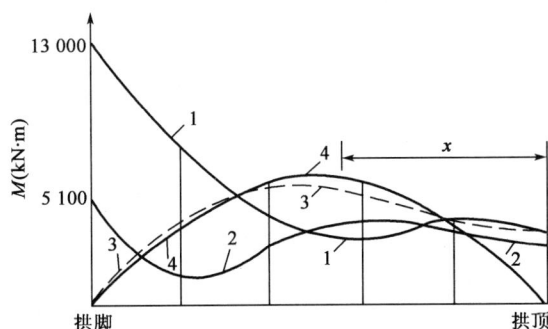

图 1-2-5 跨径 126m 的肋拱弯矩图
1-惯性矩自拱顶向拱脚增大的无铰拱;2-惯性矩自拱顶向拱
脚减少的无铰拱;3-两铰拱;4-三铰拱

图 1-2-6 变截面拱圈的截面变化规律图

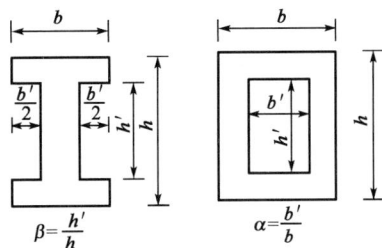

可以看出,n 值越小,截面的变化就越大。

在设计时,可先拟定拱顶和拱脚两截面的尺寸,求出拱厚变化系数,再求其他截面的惯性矩 I;也可先拟定拱顶截面尺寸和拱厚变化系数 n,再求惯性矩 I。对公路及城市桥梁,n 值一般取为 $0.5\sim0.8$。

拱圈截面惯性矩自拱顶向拱脚变化的方式主要有截面自拱顶向拱脚等宽度变厚度和等厚变宽度两种。对实体矩形截面,等宽变厚[图 1-2-4a)]情况下的任意截面高度 h 按下式计算:

$$I = \frac{1}{12}bh^3 \qquad (1\text{-}2\text{-}6)$$

将式(1-2-6)代入式(1-2-4)可得:

$$h = \frac{h_d}{C\sqrt[3]{\cos\varphi}} \qquad (1\text{-}2\text{-}7)$$

式中:$C = \sqrt[3]{1 - (1-n)\xi}$。

对工字形及箱形截面(图 1-2-7),由于截面惯性矩 $I = \frac{1}{2}(1 - \alpha\beta^3)bh^3$,其截面变化较为复杂,但当挖空率 α、β 值不变,腹板厚度沿拱轴相等,仅翼板(工字形)或顶板(箱形)厚度从拱顶向拱脚逐渐增大时,则式(1-2-7)仍然适用。

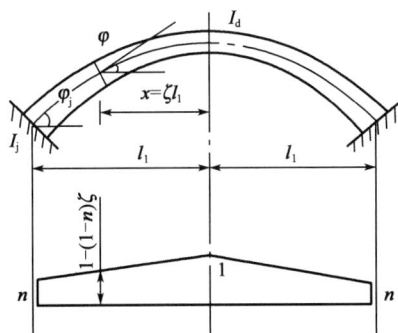

图 1-2-7 工字形及箱形截面尺寸

在大跨径拱桥中,为了抵抗向拱脚逐渐增大的轴力 N,常采用上述第二种惯性矩变化规律[图1-2-4b)],即自拱顶向拱脚等厚变宽方式,它可在截面惯性矩增大并不太多的情况下来增大截面积。此时,任意截面的拱宽仍可用 Ritter 公式求出。这种形式的截面变化能够有效地提高拱的横向稳定性,对大跨径的肋拱或窄拱圈具有重要意义,但同时也增大了下部结构的宽度及造价,在实际中应用并不多,目前主要用于中承式拱桥,即在中承式拱桥中,桥面以上拱肋为使构造简单而采用等宽度,而对桥面以下则采用变宽度。如果向外变宽不便,还可在拱肋外部宽度不变的情况下,向内自桥面至拱脚逐渐增厚截面腹板厚度,必要时还可逐渐增厚顶底板厚度。

上述惯性矩变化均是自拱顶向拱脚增大的,法国工程师巴烈脱曾提出了与此相反的变化方式,即惯性矩自拱顶向拱脚逐渐减小,这种拱被称为镰刀形拱,如图1-2-4c)所示。采用镰刀形拱的目的是尽量减小无铰拱拱脚弯矩,从图1-2-5曲线2可以看出,在镰刀形拱中,拱脚和拱顶截面的弯矩差不多相等,弯矩值减小并趋于均匀分布,具有明显的技术经济意义。镰刀形拱的适用跨径在100m以上,在世界上采用并不多。

从图1-2-5曲线1和2可见,无铰拱在中部约2/3跨径范围内弯矩的变化不大,因此,在中部2/3或3/4跨径范围内可用等截面,而在两端各1/6或1/8跨径范围内的截面根据需要可采用向拱脚逐渐增大的变截面,上面提到的中承式拱可仅在桥面以下变化截面宽度的原因就在于此。

由于变截面拱的构造复杂,施工不便,目前,国内外对一般的大跨径拱桥主要还是采用等截面拱。而对于特大跨径拱桥,仍以变截面(等宽变厚)为宜。例如,世界最大跨径石拱桥——跨径146m的山西晋城丹河大桥主拱圈厚度就从拱顶的2.5m逐渐变化至拱脚的3.5m。日本1974年建成的外津桥为主跨170m的两铰拱,桥面宽9.5m,拱圈采用等高(2.4m)变宽(拱顶8m,拱脚16m)形式,既提高了拱圈横向刚度,增强了横向稳定性,又扩大了拱脚铰支承的面积,有利于铰的设置。而世界最大跨径(420m)的钢筋混凝土拱桥——重庆万州长江大桥主拱圈(劲性骨架现浇单箱三室截面)则采用外轮廓等厚等宽,拱脚段在箱内加厚顶板、底板和腹板的构造形式。

2. 石板拱

石板拱具有悠久的历史,由于其构造简单,施工方便,造价低,是盛产石料地区中、小型桥梁的主要桥型。按照砌筑主拱圈的石料规格不同,分为料石板拱、块石板拱、片石板拱以及乱石板拱等。

用于拱圈砌筑的石料的质量(包括整体性、匀质性、抗压抗弯强度等)直接影响拱圈结构的承载能力及耐久性,所以,要求石料石质均匀,不易风化,无裂纹。石料强度等级不得低于 MU50,拱石形状根据桥梁跨径大小和当地石料供应情况采用。用于料石(一般指粗料石)拱的料石应外形方正,呈六面体,厚度20~30cm,宽度为厚度的1~1.5倍,长度为厚度的2.5~4倍,表面凹陷深度不超过2cm。当拱圈辐射缝上下宽度差超过30%时,宜将料石加工成楔形,如图1-2-8所示,其尺寸应符合下列规定:厚度 t_1 不小于20cm,高度 h 应为 t_1 的1.2~2.0倍。用于块石拱的块

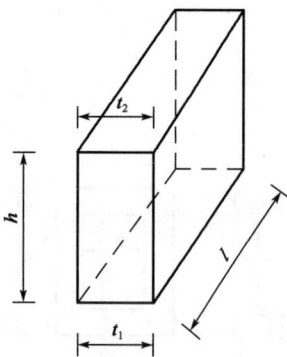
图1-2-8 拱石

石应形状大致方正,上下面大致平整,厚度 20~30cm,宽度为厚度的 1.0~1.5 倍,长度为厚度的 1.5~3.0 倍。用于片石拱的片石是指用爆破或楔劈法开采的石块,厚度不小于 15cm,卵石和薄片都应予以清除,用于乱石拱的石料则是指就近采得的符合材质要求的不规则石料。

砂浆及砌筑工艺直接影响石拱圈的结构性能。用于大、中跨径拱桥拱圈砌筑的砂浆强度等级不得低于 M10,对于小跨径拱桥则不得低于 M7.5。必要时也可用小石子混凝土进行砌筑,其石子粒径一般应控制在 2cm 以内,以便于灌缝。采用小石子混凝土(C15~C40 之间)砌筑的拱圈砌体强度比用砂浆要高,且可节约水泥 1/4~1/3,通常用于高强度等级粗料石大跨径石拱桥以及块、片、乱石拱桥。

根据拱圈主要承受压力,其次是弯矩的特点,拱圈砌筑应满足下列构造要求。

(1)错缝

对料石拱,拱石受压面的砌缝应与拱轴线垂直;当拱圈厚度不大时,可采用单层砌筑[图 1-2-9a)],但其横向砌缝必须错开且不小于 10cm;当拱圈厚度较大时,采用多层砌筑[图 1-2-9b)、c)],但其垂直于受压面的顺桥向砌缝[图 1-2-10a)]、拱圈横截面内拱石竖向砌缝[图 1-2-10b)、c)]以及各层横向砌缝必须错开且不小于 10cm;以免因存在通缝而降低砌体的抗剪强度和削弱其整体性。对块石拱,应使拱石较大的面与拱轴线垂直,拱石大头在上,小头在下,砌缝错开不小于 8cm。对片石拱,应使拱石较大的面与拱轴线垂直,大头在上,砌缝交错。

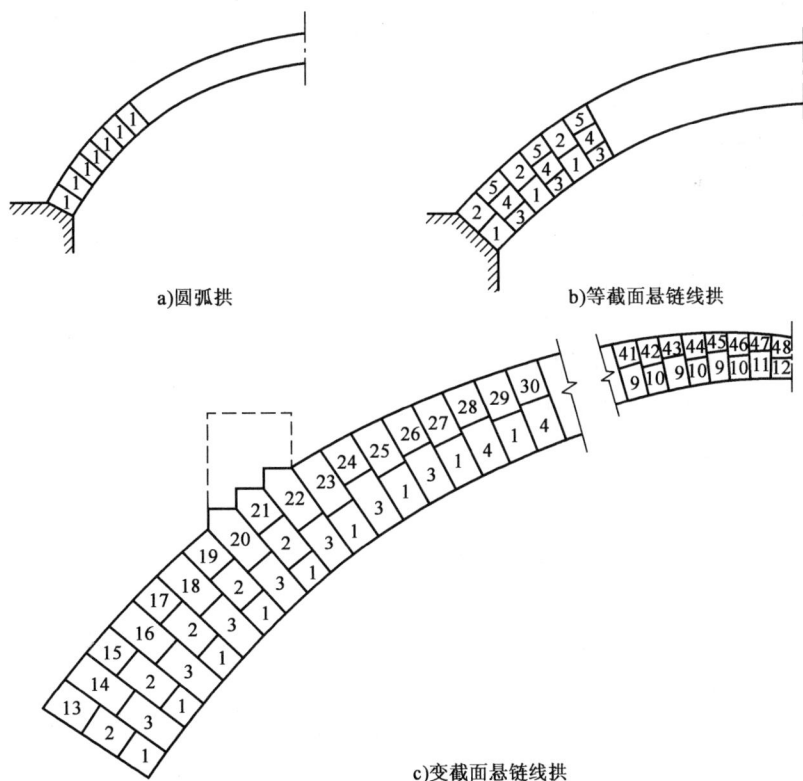

a)圆弧拱   b)等截面悬链线拱

c)变截面悬链线拱

图 1-2-9 拱石编号

（2）限制砌缝宽度

拱石砌缝宽度不能太大（因砂浆强度比拱石低得多，缝太宽时必将影响砌体强度和整体性）。通常，料石拱砌缝宽不大于2cm，块石拱砌缝宽不大于3cm，片石拱砌缝宽不大于4cm。采用小石子混凝土砌筑时，块石砌缝宽不大于5cm，片石砌缝宽为4～7cm。

（3）五角石设置

拱圈与墩台以及拱圈与空腹式拱上建筑的腹孔墩连接处，应设置特别的五角石[图1-2-11a)]构造，以改善该处的受力状况。为避免施工时损坏或被压碎，五角石不得带有锐角。为了简化施工，常采用现浇混凝土拱座及腹孔墩底梁[图1-2-11b)]代替石质五角石。

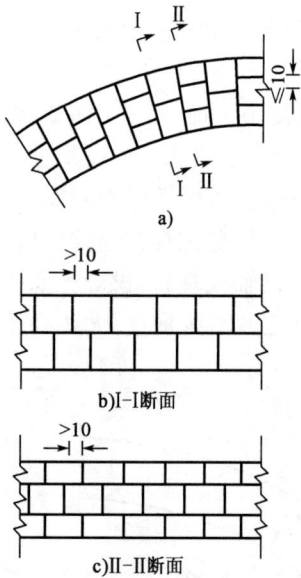

图1-2-10　拱石的错缝要求(尺寸单位:cm)　　　　图1-2-11　拱圈与墩台及腹孔墩连接

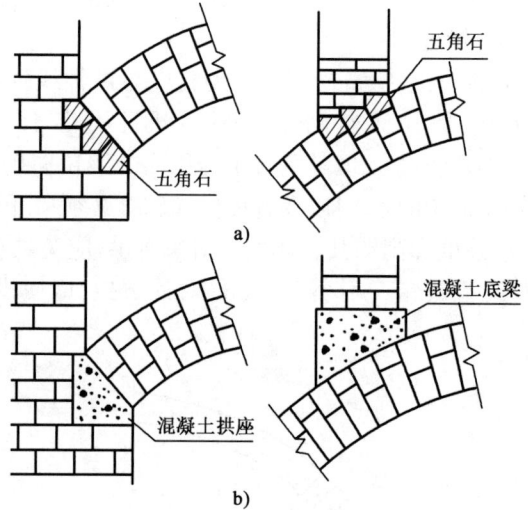

为便于拱石加工和确保砌筑符合构造要求，需对拱石进行编号。对等截面圆弧拱，因截面相等，又是单心圆弧线，拱石规格较少，编号简单，如图1-2-9a)所示；当采用变截面悬链线拱时，由于截面发生变化，曲率半径随之变化，拱石类型多，编号复杂，如图1-2-9c)所示；对等截面悬链线拱，因内外弧线与拱轴线平行，拱石编号大为简化。同时，还可采用多心圆弧线代替悬链线放样，如图1-2-9b)所示。

3.混凝土板拱

在缺乏合格天然石料的地区，可用素混凝土来建造板拱。混凝土板拱可以采用整体现浇，也可以预制砌筑。

整体现浇混凝土拱圈时，拱内收缩应力大，同时，拱架、模板材料用量大，费工多，工期长，但其整体性好，被广泛采用。拱圈混凝土强度等级不得低于C25。

混凝土预制砌筑拱圈，则是先将混凝土板拱划分成若干块件，然后预制混凝土块件，最后进行块件砌筑成拱。预制块混凝土的强度等级不得低于C30，砌筑砌块所用砂浆不得低于M10。预制砌块在砌筑前应有足够的养生期，以消除或减少混凝土收缩的影响。混凝土预制砌块板拱施工以及构造要求与料石板拱相似，所不同的是用混凝土预制块代替料石。

4.钢筋混凝土板拱

与石板拱相比,钢筋混凝土板拱具有构造简单、外表整齐、板厚随需要而定(相对石料,可实现最小厚度)、轻巧美观等特点,如图1-2-12所示。钢筋混凝土板拱根据桥宽需要可做成单条整体拱圈或多条平行板(肋)拱圈(拱圈之间是否设横向联系可根据需要确定),可反复利用一套较窄的拱架与模板来完成施工,既节省材料,也可节省一部分拱板混凝土。

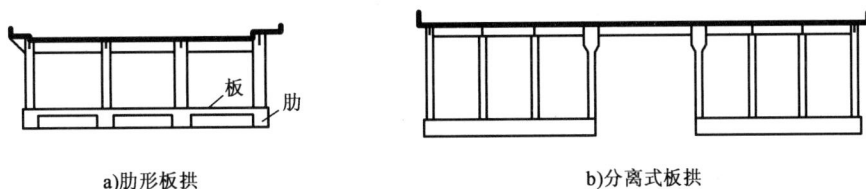

a)肋形板拱   b)分离式板拱

图1-2-12 钢筋混凝土板拱的横截面

由于拱桥主要承受压力,钢筋混凝土拱桥一般按圬工构件进行设计计算,但仍需进行构造配筋,以进一步加强结构。需要按钢筋混凝土构件进行设计计算时,钢筋应满足受力计算要求。拱圈纵向应配置拱形的受力钢筋(主筋),最小配筋率一般为0.2%~0.4%,且上下缘对称通长布置,以适应沿拱圈各截面弯矩的变化;拱圈横向配置与受力钢筋相垂直的分布钢筋及箍筋,分布钢筋设在纵向主筋的内侧,箍筋应将上下缘主筋联系为一体,以防止主筋在受压时发生屈曲和在拱腹受拉时发生外崩,箍筋沿半径方向布置,其在拱背处的间距不大于15cm。如图1-2-13所示,无铰拱的纵向主筋应锚固在墩台帽中,其锚入深度不应小于拱脚截面高度的1.5倍。

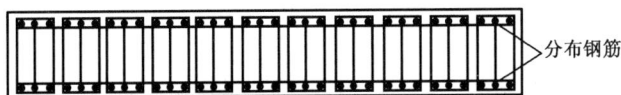

图1-2-13 无铰拱的纵向主筋分布

(二)板肋拱

所谓板肋拱是由板和肋组成整体拱圈截面的拱。石砌板肋拱截面下缘全宽是板,在板拱上另外砌筑石肋,使拱圈具有更大的抗弯刚度。石砌板肋拱施工与石板拱一样,其中应注意肋拱石与板拱石之间的交错。

石砌板肋拱常用小石子混凝土砌块、片石形成,对石料规格要求不高,可节省材料30%左右,其构造要求与石板拱相同,截面尺寸可参考已成桥资料或根据试算确定。湖南普迹大桥跨径47m,桥宽8.6m,其板肋拱圈截面如图1-2-14所示。

钢筋混凝土板肋拱则是为了充分利用混凝土的强度,节省材料,减轻质量,通过将实体板拱截面受拉区混凝土挖去一部分形成。根据主拱圈弯矩的分布情况,跨径中部的肋布置在下面,而拱脚区段的肋布置在上面较为合理。但实际上为了简化模板和钢筋工作,往往沿整个拱跨将肋布置在主拱圈截面的上面或下面,如图1-2-15所示。

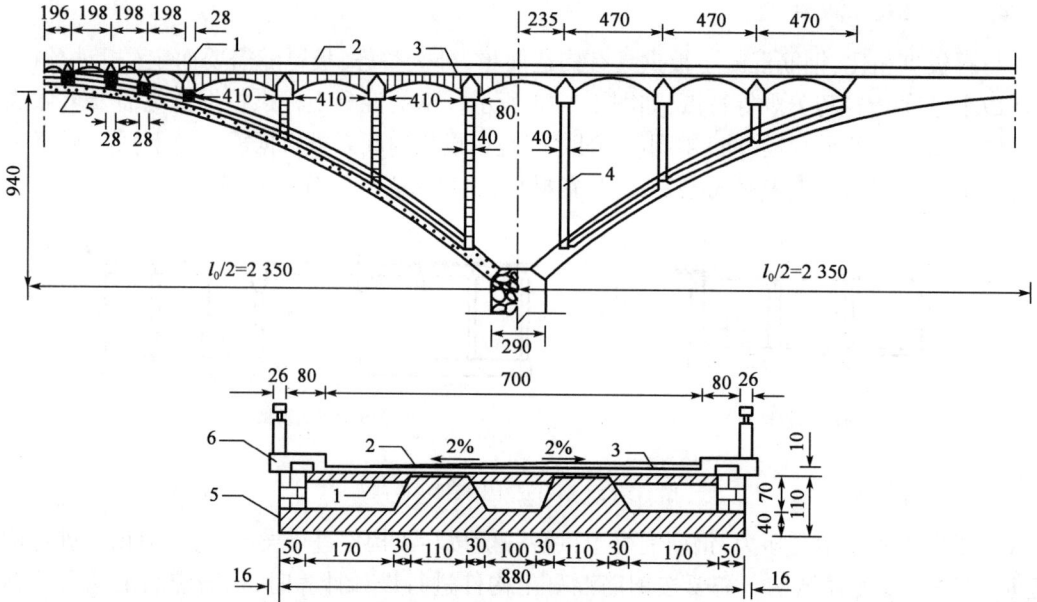

图 1-2-14　3×47m 石砌板肋拱(尺寸单位:cm)

1-小石子混凝土砌块片石暗拱;2-混凝土桥面;3-小石子混凝土砌块片石腹拱;4-砂浆砌块石立柱;5-小石子混凝土砌块片石主拱圈;6-混凝土缘石

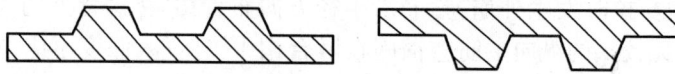

图 1-2-15　板肋拱横截面

(三)肋拱

用两条或多条分离的平行窄拱圈(可以是实体,也可以是空心)即拱肋作为主拱圈的拱称为肋拱,如图 1-2-16 所示。肋拱相当于将板肋拱肋间的板全部挖去而成,为保证各拱肋的横向稳定性和整体性,需在肋间设置足够数量和刚度的横系梁。

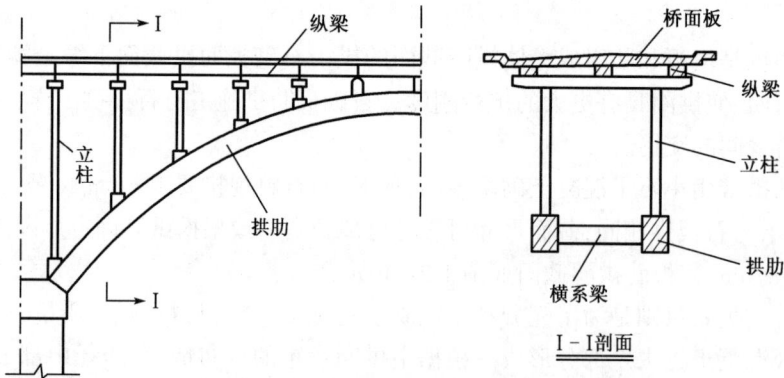

图 1-2-16　肋拱桥

肋拱质量轻,恒载内力随之减小,相应活载内力的比重增大,可充分发挥钢筋等材料的性能,具有较好的经济性,在大中型拱桥中广泛使用。

拱肋是肋拱桥的主要承重结构,其肋数和间距以及截面形式主要根据桥梁宽度、所用材料、施工方法与经济性等方面综合考虑决定。一般在吊装能力满足要求的情况下,宜采用少肋形式,这样,既简化构造,且在外观上也给人以清晰的感觉。通常,桥宽在 20m 以内时均可考虑采用双肋式,当桥宽在 20m 以上时,为避免由于肋中距增大而导致肋间横系梁、拱上结构横向跨度与尺寸增大太多,可采用三肋(多肋)拱或分离的双肋拱。对三肋式拱,由于其受力较复杂,且中肋长期处于高负荷状态,实际已较少采用。肋拱两外侧拱肋最外缘的间距一般不宜小于跨径的 1/15,以保证肋拱的横向整体稳定性。

拱肋的截面形式分为实体矩形、工字形、箱形、管形等,如图 1-2-17 所示。

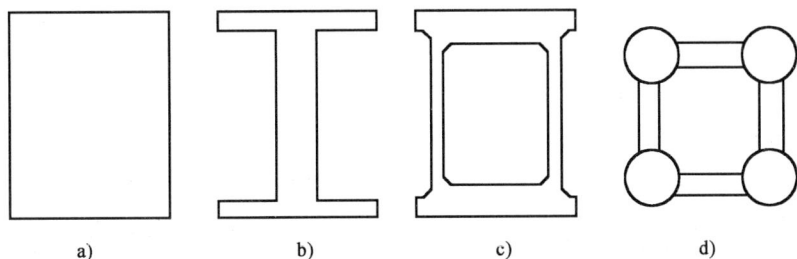

图 1-2-17 肋拱拱肋截面形式

矩形截面具有构造简单、施工方便等优点,但由于截面相对集中于中性轴,受弯矩作用时不能充分发挥材料的作用,经济性差,一般仅用于中小跨径的肋拱。初拟尺寸时,矩形拱肋肋高可取跨径的 1/40 ~ 1/60,肋宽可为肋高的 0.5 ~ 2.0 倍。

工字形截面,由于截面核心距比矩形大,具有更大的抗弯能力,适合于拱内弯矩更大的场合,因而常用于大、中跨径的肋拱桥。工字形拱肋肋高一般为跨径的 1/25 ~ 1/35,肋宽为肋高的 0.4 ~ 0.5,腹板厚度为 30 ~ 50cm。工字形肋拱虽在材料使用上比矩形肋拱经济,但也存在构造复杂、施工麻烦以及拱肋横向刚度小等问题。

管形肋拱是指采用钢管混凝土结构作为拱肋的拱桥。钢管混凝土肋拱断面中钢管直径、钢管根数、布置形式等应根据桥梁跨径、桥宽及受力等具体情况确定,一般有单管式、双管式(哑铃形)和四管式(梯形、矩形),如图 1-2-18 所示。钢管混凝土具有强度高、质量轻、塑性好、耐疲劳和冲击等优点,已广泛使用在中、下承式拱桥中,在上承式肋拱上也已有使用。详见本章第四节。

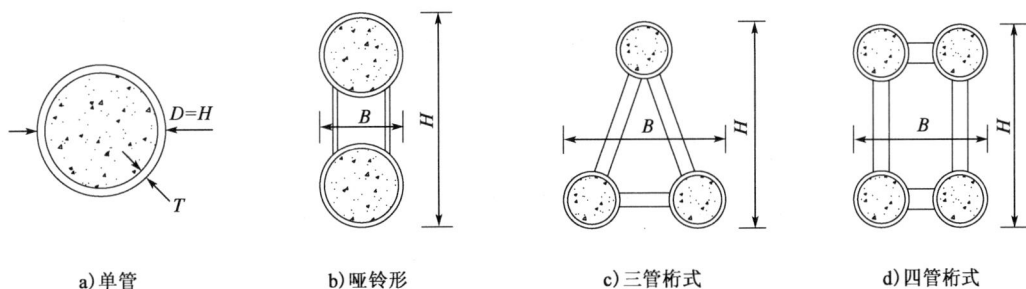

a)单管   b)哑铃形   c)三管桁式   d)四管桁式

图 1-2-18 钢管混凝土拱肋形式

矩形肋拱和工字形肋拱的配筋应综合考虑受力与施工需要。当采用支架现浇时,按素混凝土计算通过后,则仅按构造要求进行配筋,否则,可按钢筋混凝土结构进行计算,从而确定其配筋。当采用无支架吊装、按混凝土拱进行验算已能通过时,纵向受力筋主要根据吊装受力计算确定,否则,应同时考虑吊装和使用阶段的需要。纵向钢筋一般上下对称通长布置,并弯成拱形。对无铰拱,纵向钢筋应与墩台牢固地固接,其锚入深度应满足:矩形肋不小于拱脚截面高度的1.5倍,工字形肋不小于拱脚截面高度的一半。其余钢筋按构造要求设置。特别注意箍筋间距(拱轴方向)不得大于规范要求。另外,工字形断面箍筋应在翼板和腹板内分别设置。图1-2-19给出了肋拱配筋示意。

箱形肋拱在后面将作专门介绍。

除上述钢筋混凝土(钢管混凝土)肋拱外,为就地取材,降低造价,也可采用石肋拱桥。石肋拱一般采用矩形断面,可以是双肋,也可以是多肋,肋间设置足够的钢筋混凝土(预制或现浇)系梁,如图1-2-20所示。如四川广元朝天镇桥跨径为85m,桥宽10m,采用双肋石拱,肋宽2m,高1.6m,肋中距5m;而桥跨为50m、桥宽为18m的重庆忠县红星桥采用四肋式拱,肋宽2.25m,高1.1m。石肋拱比石板拱具有更好的经济性,如四川赤水河跨径78m的双肋拱(肋宽2m,高1.5m)就比相应板拱减轻质量1/2,节省石料50%,节省拱架60%以上。

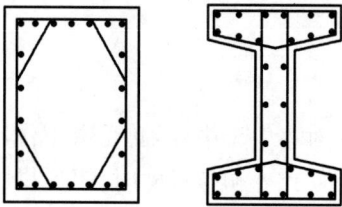

图1-2-19 肋拱配筋

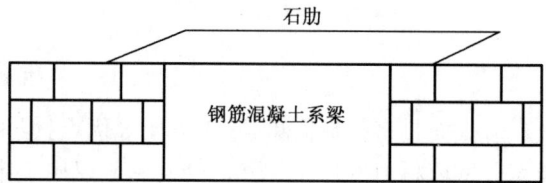

图1-2-20 石肋拱

肋拱拱肋需设置横系梁,应在三铰拱、两铰拱设铰处以及拱上建筑立柱下方必须设置横系梁,其余部位根据受力与构造需求设置。横系梁高度可取为拱肋高度的0.8~1.0,宽度可取为拱肋高度的0.6~0.8,横系梁纵向钢筋及箍筋设置,应符合计算及规范规定的构造要求。

(四)箱形拱

箱形拱的主拱圈截面(图1-2-21)可以由单箱单室或单箱多室[图1-2-21a)]组成,也可由两个或多个分离的单箱单室或单箱多室肋[图1-2-21b)]构成。前者称为箱形板拱(简称箱板拱),后者称为箱形肋拱(简称箱肋拱)。

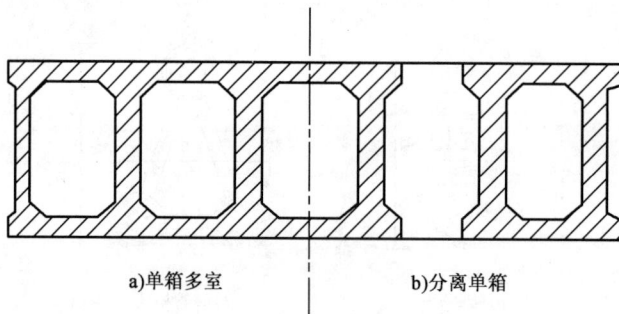

a)单箱多室   b)分离单箱

图1-2-21 箱形拱拱圈断面示意图

箱形拱可通过预制拼装或现浇形成。

预制拼装箱形拱施工方便,其过程为:在横向将拱截面划分为多条箱形肋,在纵向将箱形肋分段,预制各箱肋段,缆索吊装各箱肋段成拱,现浇各箱肋间的填缝混凝土形成箱形拱。现浇箱形拱的整体性更好,采用转体施工时,箱形拱圈在陆地上(或支架上)现浇形成;采用劲性骨架法施工时,箱形拱圈在骨架上分次(分环、分段)现浇形成;采用支架施工时,箱形拱圈则在满堂支架或拱形拱架上分次(分环、分段)现浇形成。

箱形拱具有如下特点:

(1)截面挖空率大。挖空率可达全截面的50%~70%,因此,与板拱相比,可节省大量混凝土体积,减轻结构自重。

(2)箱形截面的中性轴大致居中,对于抵抗正负弯矩具有几乎相等的能力,能较好地适应主拱圈各截面正负弯矩变化的需要。

(3)由于是闭合空心截面,抗弯和抗扭刚度大,拱圈的整体性好,应力分布较均匀。

(4)单条箱肋刚度较大,稳定性较好,能单箱肋成拱,便于无支架吊装。

(5)制作要求较高,吊装设备较多。

(6)随着跨径的增大,箱形拱的自重也增大,对施工的要求也越高。对跨径在200m以上的箱形拱,一般需采用缆索吊装、支架施工、转体施工以外的其他方法才能实现,如当时世界上跨径最大的钢筋混凝土拱桥——重庆万州长江大桥(跨径为420m)就采用较为复杂的钢管混凝土劲性骨架法施工,在重庆万州长江大桥之前保持世界纪录的南斯拉夫KRK桥(跨径为390m)则采用悬臂拼装施工。

1.箱板拱

1)箱板拱的构造

箱板拱的截面有下列组成方式。

(1)由多条U形肋组成多室箱形截面。如图1-2-22a)所示,它是将底板和腹板预制成U形拱肋(沿拱轴方向一定间距设置横隔板),分段预制,吊装合龙后再安装U形断面肋的盖板(预制),最后以预制盖板作为底模现浇顶板和填缝混凝土,从而形成箱形板拱截面。盖板可以是平板,也可以是微弯板。U形肋的优点是预制时不需要顶板模板,只需在拱胎上立侧模板,吊装质量小。缺点是现浇混凝土工作量大,盖板参与拱圈受力作用有限,反而增加自重,纵、横向刚度不够大。U形肋吊装以及单肋合龙的稳定不易满足,目前已较少采用。

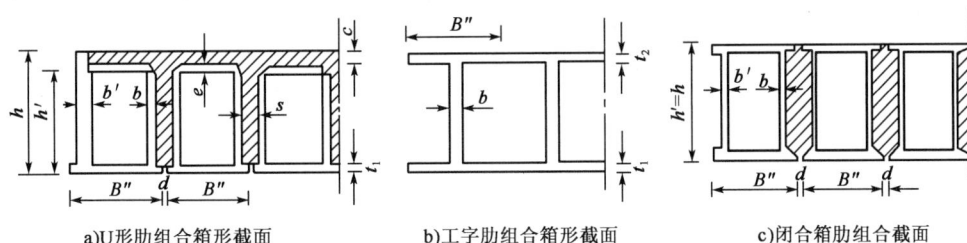

a)U形肋组合箱形截面   b)工字肋组合箱形截面   c)闭合箱肋组合截面

图1-2-22　箱形截面的组合方式

阴影线所示系现浇混凝土部分;h-拱圈总高度;B''-预制拱箱宽度;h'-预制拱箱高度;b-中间腹板厚度,8~10cm;b'-边箱腹板厚度;t_1-底板厚度,10~14cm;t_2-顶板厚度,10~12cm;e-盖板厚度,6~8cm;c-拱箱上现浇混凝土厚度,10~15cm;d-相邻两箱下缘间净空,4~5cm;s-腹板间净距,10~15cm

（2）由多条工字形肋组成多室箱形截面。如图 1-2-22b）所示，这种截面是在工字形预制拱肋段（沿拱轴方向一定间距设置横隔板）吊装合龙后，相邻工字形肋翼缘板直接对接，并对连接钢板施焊后形成的拱圈截面，这种断面省去了现浇混凝土工作，减少了施工工序。工字形拱肋的缺点是横向刚度小，吊装与单肋合龙的稳定性较差，下翼缘和横隔板的连接钢板焊接工作条件差，质量难以保证，耐久性不佳，一般较少采用。

（3）由多条闭合箱肋组成多室箱形截面。如图 1-2-22c）所示，这种箱肋的特点是箱侧板、横隔板采用预制，其后在拱胎上安装箱底板侧模，组拼预制的箱侧板和横隔板，然后现浇箱底板及侧板与横隔板之接头，从而形成开口箱肋段，最后立模现浇箱顶板形成预制的闭合箱肋段，如图1-2-23所示。为了加强块件之间的连接，在腹板和横隔板四周预留环状剪力钢筋及连接钢筋（图 1-2-23）。各闭合箱肋吊装成拱后，浇筑肋间填缝混凝土形成多室箱形截面。这种闭合箱肋构成过程中采用了腹板及横隔板先预制的方式，其优点是预制可采用卧式浇筑，可采用干硬性混凝土，并在振动台上进行施工，节省大量模板，提高工效，即使构件厚度仅为 4~5cm，仍可保证质量［而(1)中所述U形箱肋腹板采用立式浇筑，常常会因构件尺寸较小、振捣不小心而出现蜂窝麻面的情况］。更重要的是闭合箱肋抗弯和抗扭刚度大，吊装稳定性好，已成为箱形拱主要采用截面形式。对于大跨径拱桥设计时，为了减小吊装质量，同时也为了进一步增强缆索吊装箱形拱的整体性，在预制箱肋时，仅浇筑部分厚度的顶板，剩余部分待吊装完成后现浇。

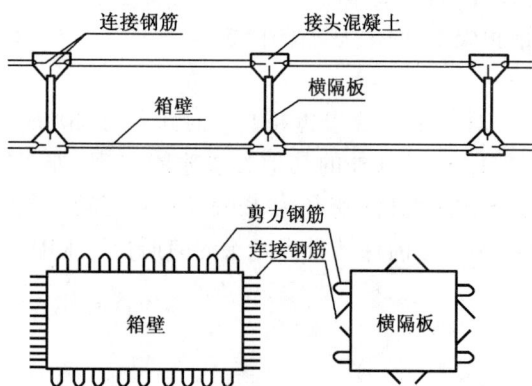

图 1-2-23　腹板横隔板相连接示意图

（4）单箱多室截面。这种截面外形为一箱，箱内具有多个室，图 1-2-24 所示即为四川马鸣溪桥采用的典型单箱多室截面。单箱多室截面主要用于不能采用预制吊装的特大型拱桥，如重庆万州长江大桥就采用了单箱三室截面。单箱多室截面拱的形成与施工方法有关。当采用转体施工时，截面可在拱胎（支架）上组装或现浇形成，在成拱和承载前箱形板拱已经形成；当采用悬臂施工时，与悬臂浇筑梁桥相似，在空中逐块浇筑并合龙，也可采用预制拼装成拱。如拱圈为三室箱的 KRK 大桥（主跨 390m）就是先拼装中室箱（基肋）并成拱，然后再拼装边腹板，从而形成三室箱截面拱圈，如图 1-2-25 所示。当采用劲性骨架施工时，拱箱则是在劲性骨架（钢管混凝土或型钢结构）上分段分环逐步形成的。图 1-2-26 示出了重庆万州长江大桥三室箱的截面形成步骤。这种形成方式具有如下特点：先浇筑部分混凝土，在凝固前其重量全部由骨架承担，凝固后与骨架形成整体，共同承担后续浇筑的混凝土所产生的重量作用。骨架以及拱箱各部位的应力均是分步叠加形成的。另外，各部位混凝土龄期差别大，收缩、徐变对内力影响很大，在拱箱形成过程中必须进行有效的施工过程监控，确保在浇筑期间骨架以及已浇筑混凝土受力安全及变形符合要求。

2）箱板拱截面尺寸拟定

箱板拱截面尺寸如图 1-2-27 所示。

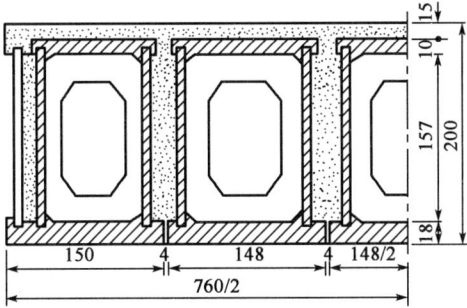

图 1-2-24 四川马鸣溪桥采用的单箱多室
截面(尺寸单位:cm)

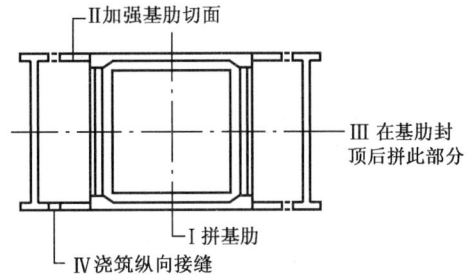

图 1-2-25 KRK 桥主拱截面形成图

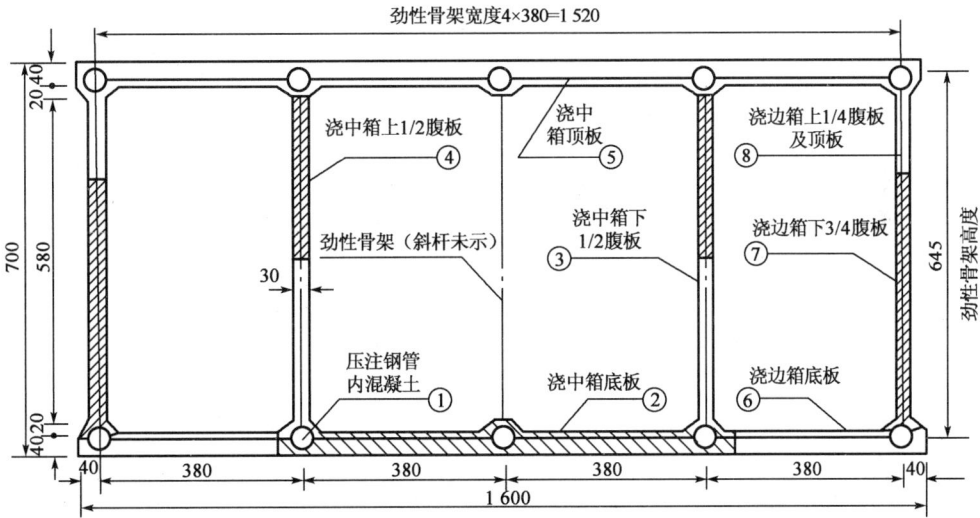

图 1-2-26 重庆万州长江大桥拱圈截面形成步骤(尺寸单位:cm)

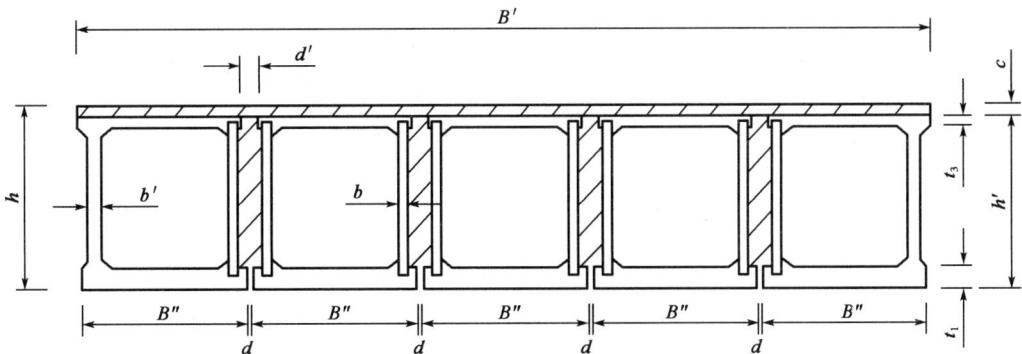

图 1-2-27 箱板拱截面图

(1)拱圈的高度

拱圈的高度主要取决于拱的跨度、桥梁设计荷载等级等,同时还与拱圈所用混凝土强度有很大关系,一般通过试算确定,在初拟时可按如下经验公式估算,或取拱圈高度为跨径的1/75～

1/55。

$$h = \frac{l_0}{100} + \Delta_x$$

式中:h——拱圈高度(m);

l_0——拱圈净跨径(m);

Δ_x——常数,一般为 $0.7 \sim 0.9$m。

部分箱板拱拱圈截面尺寸见表1-2-1。

部分箱板拱拱圈截面尺寸 表1-2-1

桥 名	跨径 l（m）	桥宽 B（m）	拱圈宽 B'（m）	拱圈高 h（m）	B'/l	h/l	B'/B
重庆万州长江大桥	420	24	16	7	1/26.25	1/60.00	0.67
KRK 桥	390	11.4	13	6.5	1/30.00	1/60.00	—
河南许沟特大桥	220	2×12	9	3.4	1/24.44	1/64.70	0.75
四川 3007 桥	170	12.5	10.6	2.8	1/16.04	1/60.70	0.85
四川马鸣溪桥	150	10.5	7.4	2	1/20.27	1/75.00	0.70
四川 3006 桥	146	13.5	10.5	2.5	1/13.90	1/58.40	0.78
重庆武龙乌江二桥	140	13	9.2	1.75	1/15.22	1/80.00	0.71
重庆武隆乌江桥	135	11	7	1.8	1/19.28	1/75.00	0.64
广西巴龙桥	134.22	8	6.2	1.8	1/21.65	1/74.6	0.78
湖南王浩桥	133	13.5	11.76	1.8	1/11.31	1/73.9	0.87
福建水口桥	132	13.5	10.24	2.2	1/12.89	1/60.00	0.76
云南长田桥	130	11	10.8	2.3	1/12.04	1/56.5	0.98
广西那桐桥	125	11.5	9.6	1.85	1/13.02	1/67.5	0.83
四川广元宝珠寺桥	120	11.5	9	1.9	1/13.33	1/63.2	0.78
贵州兴义马别大桥	110	12	9.54	1.75	1/11.53	1/62.86	0.80
四川晨光桥	100	21	12.8	1.7	1/7.8	1/58.8	0.61
重庆文星湾大桥	60	19	15.1	1.3	1/3.97	1/46.15	0.79

提高拱圈混凝土的强度,可减小截面尺寸,从而减轻拱体本身的自重或加大跨径。目前,常用 C30 ~ C40 混凝土,对特大跨径拱桥应尽量采用更高强度等级的混凝土,如重庆万州长江大桥拱圈就采用了 C60 混凝土。

(2)拱圈的宽度

为了节省材料,与板拱相似,箱形拱可以通过采用悬挑桥面减小拱圈宽度,即采用窄拱圈形式。拱圈宽度一般为桥宽的 $0.6 \sim 1.0$ 倍,桥面悬挑可达到 4.0m(参见表1-2-1),但为保证其横向稳定性,拱宽不宜小于跨径的 $1/20$,而特大跨径拱圈宽度通常难以满足该条件,只要横向稳定性能得到保证,如跨径 420m 的万州长江大桥为 $1/26.25$,跨径 390m 的 KRK 桥为 $1/30$。

(3)箱肋的宽度

箱肋是组成预制吊装施工箱形拱桥的基本构件。拱圈宽度确定后,在横向划分为几个箱肋,主要取决于(缆索)吊装能力。拱圈宽度一定时,箱肋宽度大,则箱肋数少,横向接缝少,整体性强,单箱肋安装时的横向稳定性好,但吊装质量增大,设计时必须充分考虑施工设备和起吊能力。目前我国缆索吊机的吊装能力已超过100t,箱肋宽度一般为1.2~1.7m。

(4)顶底板及腹板尺寸拟定

对常用的由多条闭口箱肋组成的箱形拱(图1-2-28),其截面各部分尺寸(t_d、t_{wf}、t_{Nf}等)取值与跨径及荷载大小有关。顶板、底板厚度t_d一般为15~22cm,顶板和底板可以等厚,也可以不等厚,在跨径大、拱圈窄时取大值。两边箱外腹板厚t_{wf}一般为12~15cm,内箱肋腹板厚t_{Nf}常取4~5cm,以尽量减轻吊装质量,但需注意的是,拱圈顶板、底板、腹板太薄可能出现压溃(国内外不乏其实例),其原因除构造尺寸太小外,就是应力允许值用得太大(国际上对压板应力值限制很严),故应对其作必要的压溃及局部弯曲验算。填缝宽度根据受力大小确定(主要考虑轴力大小),一般采用20~35cm。为保证填缝混凝土浇筑质量,图1-2-28中的Δ_1不宜小于20cm,Δ_2为安装缝宽度,通常为4cm。

采用其他方法施工的拱圈截面,其顶、底、腹板尺寸需根据受力与施工需要作特殊考虑,如采用转体施工的重庆涪陵乌江大桥(跨径200m)为单箱三室截面,其顶板、底板及腹板厚均为20cm;采用劲性骨架施工的重庆万州长江大桥(跨径420m)为单箱三室截面,其顶、底板厚为40cm,腹板厚为30cm。

3)拱箱的横隔板及横向联结

为提高箱肋在吊运及使用阶段的抗扭能力,加强腹板的局部稳定性,箱内应每隔一定距离(沿拱轴线)设置一道横隔板,除在预制箱肋段端部、吊装扣点以及拱上腹孔墩(或立柱)处必须设置外,其余部位每隔3~5m设一道,其厚度为6~8cm。为减轻质量并便于施工人员通行,通常将横隔板中间挖空,如图1-2-29所示。

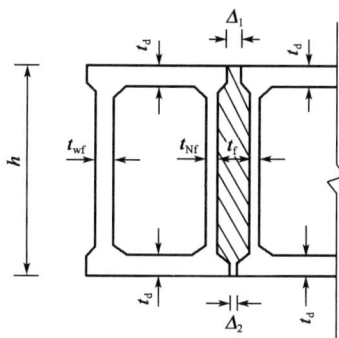

图 1-2-28

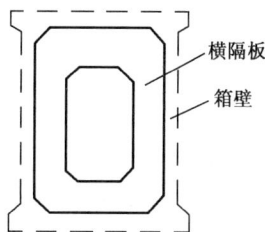

图 1-2-29

对于由多条箱肋组成的箱板拱,为保证其整体性,箱与箱之间要作横向联结。横向联结与箱肋形式有关。

对于开口箱肋,在横隔板两侧的腹板上下缘预留孔洞,用短钢筋穿入,并与横隔板上的预埋钢板焊接,如图1-2-30a)所示,且将填缝混凝土与顶板混凝土一起浇筑成整体,箱肋上的竖向筋外伸,埋入顶板混凝土中,并在顶板混凝土中沿全拱宽布设通长钢筋网。

对闭口箱肋,在横隔板位置的顶板上预埋钢板,用钢筋搭焊连接,并在各箱肋底上(外侧箱的外侧除外)预留沿拱轴方向的分布钢筋,待箱肋合龙后,使预留钢筋交叉勾住,再浇筑填缝混凝土,如图1-2-30b)所示。若为减轻箱肋吊装质量而将箱肋顶板的部分厚度放在拱圈安装完成后现浇时,则不需在箱肋顶预埋钢板和搭焊,而直接在后浇顶板厚度不足部分的混凝土中布设钢筋网即可。

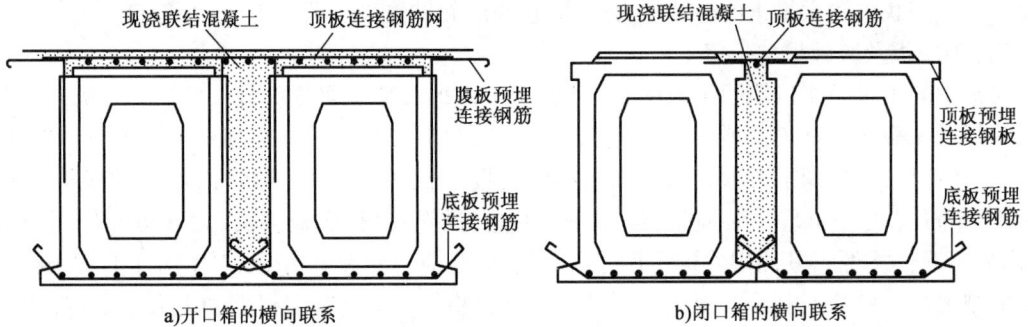

图 1-2-30　箱肋的纵向主筋和横向联结

4)箱肋接头

由于受吊装能力的限制,箱肋在吊装过程中需要沿纵向分段预制(分段数由设计确定,通常为 3 段,当跨径增大时,可以是 5 段或 7 段,分段越多,吊装难度就越大),段与段之间一般采用角钢顶接接头,接头处的腹板、顶板、底板局部加厚,预埋的接头角钢焊接在上下缘箱肋主钢筋上,通过定位角钢临时联结、定位,待全拱合龙后,再在接头角钢上加盖钢板焊接,最后浇筑填封混凝土。常用的闭口箱肋中接头如图 1-2-31a)所示,端接头如图 1-2-31b)所示。

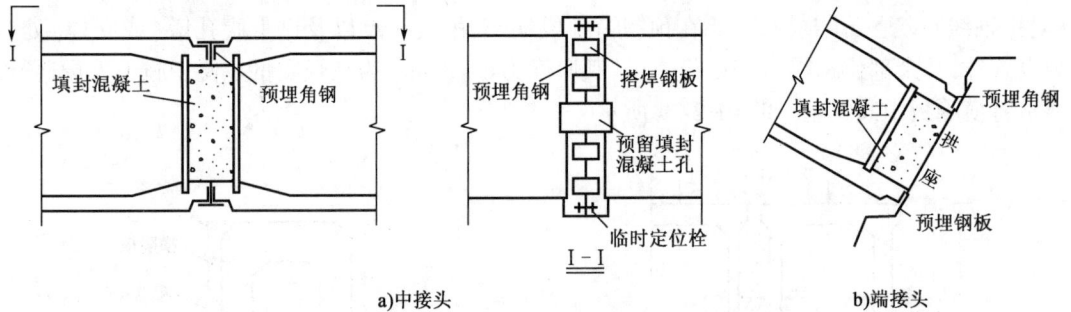

图 1-2-31　箱肋接头示意图

除上述箱肋中部接头外,还有拱脚接头,拱脚接头一般是在墩、台帽上(拱座上)预留凹槽,槽深 30~40cm,并将拱箱端部接头处的腹板、顶板、底板局部加厚(以适应局部应力需要),凹槽内预埋钢板,待箱肋合龙后与箱肋壁、顶板、底板内预埋钢板焊接,然后用混凝土封填凹槽,混凝土强度等级宜适当高于拱座混凝土强度等级。

5)钢筋布置

大跨径箱形拱桥主拱圈在运营阶段一般均为压应力控制设计,混凝土无拉应力或拉应力很小,因此,主拱圈一般不计钢筋作用,而按混凝土拱设计,必须配置构造钢筋以及箱肋在吊装过程中的受力钢筋。对于闭口箱肋,此部分受力筋对称通长布置在顶板、底板上;对开口箱,则布置在腹板上缘和底板上,如图 1-2-32 所示。钢筋数量主要由箱肋段在吊运和悬臂扣挂过程中的受力情况计算确定。成拱后,此部分钢筋如达到最低含筋率的要求,在拱的验算中也可以将其计入。沿腹板的高度方向应布置分布钢筋,其间距不宜大于 20cm。在顶、底板及腹板上沿拱轴方向一定间距分别布置横向与径向钢筋,且横向、径向钢筋必须有效连接。

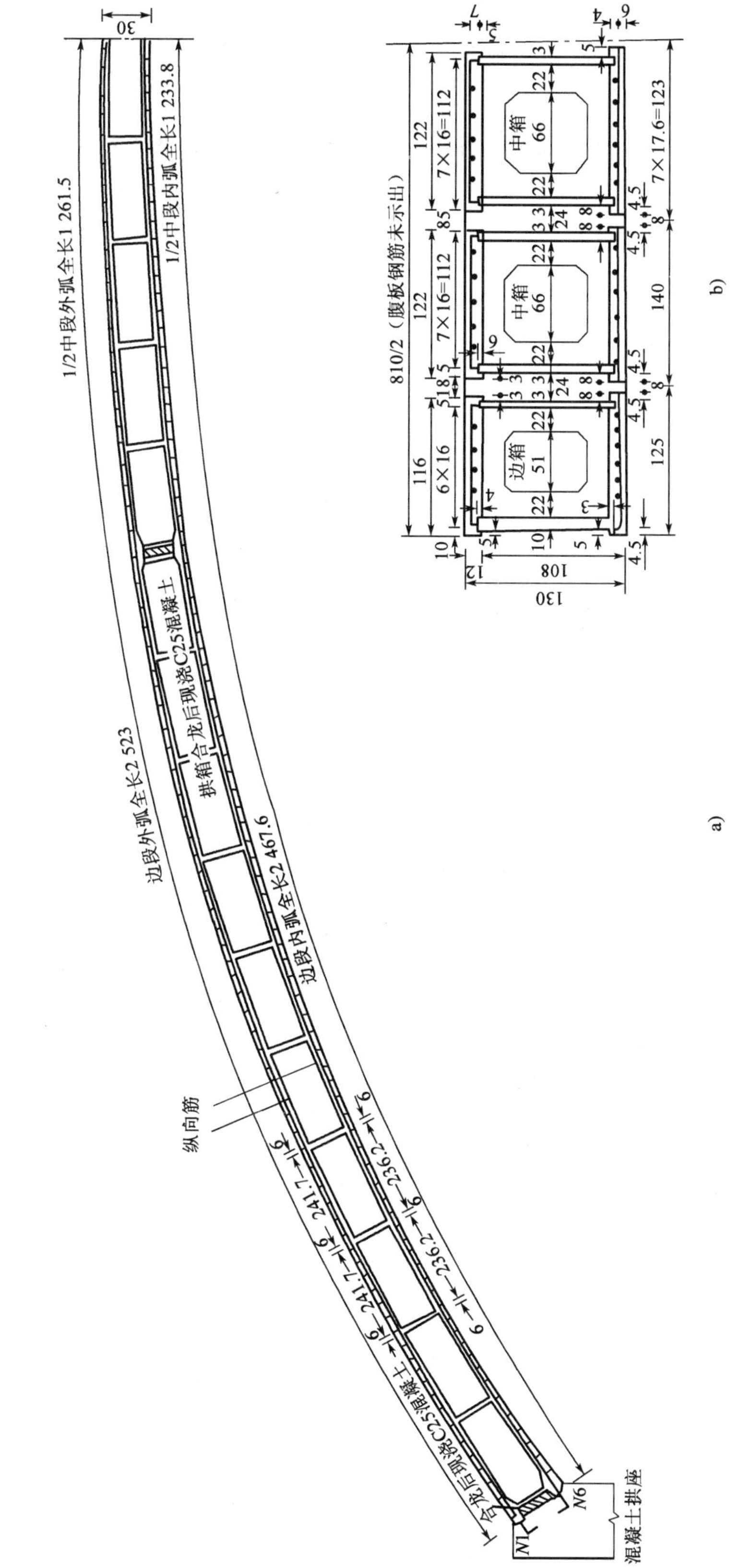

图1-2-32　闭口箱肋钢筋布置（*l*=70m，尺寸单位：cm）

在仅按混凝土构件设计难以通过时,可按钢筋混凝土构件设计,其截面所配纵向受力筋数量,首先要满足使用阶段受力要求,其次则要保证施工(吊装)阶段受力需要。

2. 箱肋拱

拱肋截面采用箱形截面的肋拱称为箱肋拱,如图1-2-33所示。箱肋拱相当于是在箱板拱基础上去掉部分箱肋构成的,除具备箱板拱的优点外,比箱板拱更加节省混凝土数量,减轻恒载重力,减少墩台圬工数量,降低造价。如将1989年建成的四川省第一座跨径100m的钢筋混凝土箱肋拱与箱板拱定型设计相比,重力与水平推力分别减少了48%和40%,相应减少了下部结构圬工数量,从而降低了总造价。另外,在外观上,箱肋拱桥线形清晰明快,轻盈美观,施工也比较方便(既可吊装,又可现浇,或预制与现浇相结合)。箱肋拱由于具有上述特点,已在混凝土拱桥中被普遍采用,但在实践中也发现少数箱肋拱桥存在开裂、振动强烈等问题,这些问题主要源于整体刚度弱,设计中应特别注意。例如,曾经风行一时的横铺桥面板(一般为纵坡桥面板)肋拱桥,由于整体刚度弱,加之横铺桥面板受力不够合理,病害十分严重,目前已全部被改造(或改建),不再采用。

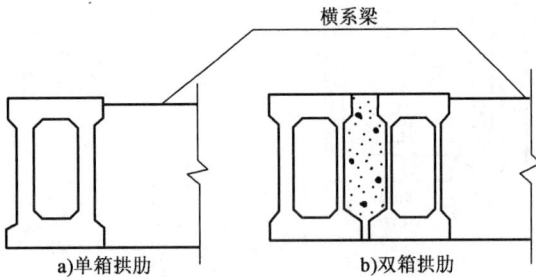

图1-2-33 箱肋拱断面

a)单箱拱肋 b)双箱拱肋

箱肋拱由双肋或多肋组成,肋间设置系梁使之形成整体。对于拱肋,则视其跨径大小、荷载等级、桥宽(或肋数)、施工条件等可考虑由单箱肋构成,也可由双箱肋或多箱肋构成,见图1-2-33。

箱肋拱的肋数主要根据桥梁宽度、肋形、材料性能、荷载等级、施工条件、拱上结构以及技术经济等诸方面考虑决定,通常以采用少肋形式为宜。一般桥宽在20m以内均可采用双肋式;桥宽大于20m时,为避免由于肋中距增大而使肋间系梁、拱上立柱、盖梁尺寸增大太多,可采用三肋或四肋式。由于多肋式拱受力复杂,且中肋长期处于高负荷状态,实际中较少采用。对高速公路上的拱桥,一般桥宽较大,通常都是采用分离的双肋式拱。

箱肋拱拱肋由单箱肋构成时,肋宽较小,与拱上立柱尺寸较为协调,结构更加轻盈美观,一次性预制(或现浇),整体性好,施工方便。其缺点是吊装施工时,吊装质量大。对此,可考虑先预制顶板为6~8cm的箱肋,待吊装成拱后,再现浇顶板不足部分的混凝土,也可采用双箱肋,以减轻箱肋的吊装重量。对由双箱肋或多箱肋构成的拱肋,其构成方法和构造要求与箱板拱基本相同。当其吊装能力有限时,同样先吊装顶板仅为6~8cm的箱肋,待成拱后再现浇顶板厚度不足部分的混凝土。

箱肋拱拱肋尺寸根据受力需要确定,初拟时肋高一般取为跨径的1/50~1/70,也可按如下经验公式估算:

$$h = \frac{l_0}{100} + \Delta_1$$

式中:h——拱圈高度(m);

l_0——拱圈净跨径(m);

Δ_1——常数,一般为0.8~1.0m。

肋宽取为肋高的1.0~2.0倍。在确定拱肋中单箱肋的尺寸时,不仅要考虑使用阶段的受力需要,同时也要考虑单箱肋在施工过程中的单箱肋吊运、悬臂扣挂和成拱时的强度和稳定需要。各细部尺寸拟定参见箱形板拱部分。

箱肋拱通常采用等截面形式,以方便施工。但对于特大跨径的箱肋拱,也可采用更为合理的变截面拱肋(通常采用变高度形式),也可根据其需要同时变化高度和宽度[变化规律见式(1-2-5)]。表1-2-2给出了部分已建成箱肋拱的设计资料。

部分已建成箱肋拱的设计资料

表1-2-2

桥　　名	跨径 (m)	桥宽 (m)	拱肋形式	肋数	单条箱肋宽/高 (cm)	单条箱肋 宽跨比	拱肋宽/ 肋中距 (cm)	拱肋 高跨比
四川武胜嘉陵江大桥	130	13	双箱肋	双肋	140/200	1/92.8	280/不详	1/65
重庆合川涪江大桥	120	26	双箱肋	分离式 双肋	145/220	1/82.7	290/690	1/54.5
四川苍溪嘉陵江大桥	105	13	双箱肋	双肋	145/175	1/72.4	290/640	1/60
四川内江沱江大桥	100	24	四箱肋	双肋	140/170	1/71.4	540/不详	1/58.8
重庆忠县钟溪大桥	100	9	单箱肋	双肋	160/160	1/62.5	160/不详	1/62.5
广西柳州静兰大桥	90	16	双箱肋	双肋	107/170	1/84.4	241/800	1/52.9

注:沱江大桥为汽—超20,挂—120;其余为汽—20,挂—100。

箱肋拱的横隔板构造与拱肋构造参见箱形拱部分。

箱肋拱肋间系梁除具有增强肋拱横向整体稳定性外,还可起到横向分布荷载的作用,要求具有足够的强度和刚度,并与拱肋固接。肋间系梁常用钢筋混凝土材料,目前有三种断面类型,如图1-2-34所示。采用工字形断面系梁,质量轻,预制安装方便,但其在拱轴切平面内的刚度较小。采用桁片式系梁,质量轻,安装方便,但预制较复杂,在拱轴切平面内的刚度也较小。而箱形系梁在拱轴切平面、法平面内的刚度均较大,对提高肋拱横向稳定性很有利。肋间系梁断面尺寸根据构造与拱的横向稳定需要确定。一般系梁高度与拱肋高相同,短边尺寸应不小于其长度的1/15。箱形断面系梁的壁厚常用8~10cm。系梁按构造要求配筋。肋间系梁与拱肋的连接可以采用预埋钢板焊接连接。为确保其连接效果,最好采用湿接头,即分别在拱肋侧面与系梁端留出连接钢筋,待系梁安装就位后焊接钢筋并现浇接缝混凝土(接缝宽度通常为30cm)。对工字形系梁,其腹板与拱肋横隔板对应,上下翼板分别与拱肋顶板、底板对应,两者应在对应位置留出连接钢筋;对箱形系梁,其顶板、底板与拱肋顶板、底板对应,由于具有两个腹板,为使其具有对应的连接位置,要求拱肋在系梁腹板对应位置设置双横隔板,同样应在两者对应位置留出连接钢筋;对桁片式系梁则仅需在系梁上下弦与拱肋顶底板对应位置留出连接钢筋。肋间系梁平面位置应与拱上立柱对应,其空间位置应使系梁纵平面与拱轴该处的法平面一致。

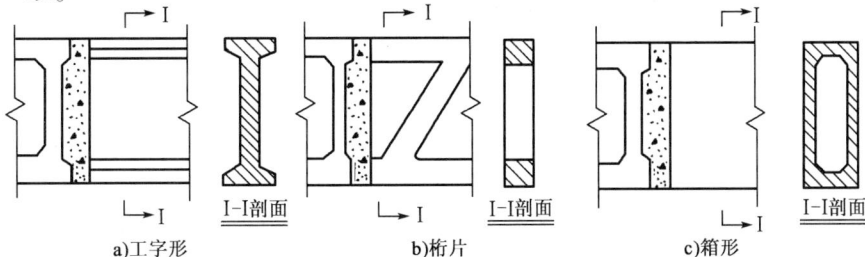

图1-2-34　箱形肋拱横系梁

(五)双曲拱

双曲拱是20世纪60年代中期我国江苏省无锡县的建桥职工首创的一种桥梁形式。由于拱圈在纵、横向均呈拱形而得名。这种拱桥结构充分利用了预制装配的优点,可以不要拱架,节省木材,加快施工进度,所耗费的钢材也不多,因此,在它出现之后,很快得到了广泛采用。双曲拱主拱圈的特点是先化整为零,再集零为整,以适应无支架施工和无大型起吊机具的情况。施工时,先将拱圈划分成拱肋、拱波、拱板及横向联系四部分,并预制拱肋、拱波和横向联系(梁板),即化整为零;然后吊装钢筋混凝土拱肋成拱并与横向联系构件组成拱形框架,在拱肋间安装拱波,随后浇筑拱板混凝土,形成主拱圈,即集零为整。如图1-2-35所示,拱肋断面分为倒T形、L形、工字形、槽形以及开口箱等。拱波一般为预制圆弧板,厚6~8cm,跨度取决于拱肋间距。横向联系有系梁式和横隔板式两种。拱板采用混凝土现浇,使拱肋、拱波结合成整体。拱板有填平式和波形两种。双曲拱从断面上看相当于肋板拱。由于它是由几部分按一定顺序组合而成,其截面受力复杂,整体性差,经过40余年的使用证明,不少双曲拱都出现了较为严重的裂缝,其承载能力受到影响,存在安全隐患,目前已不再新建,已成桥均已被加固、改造或改建。

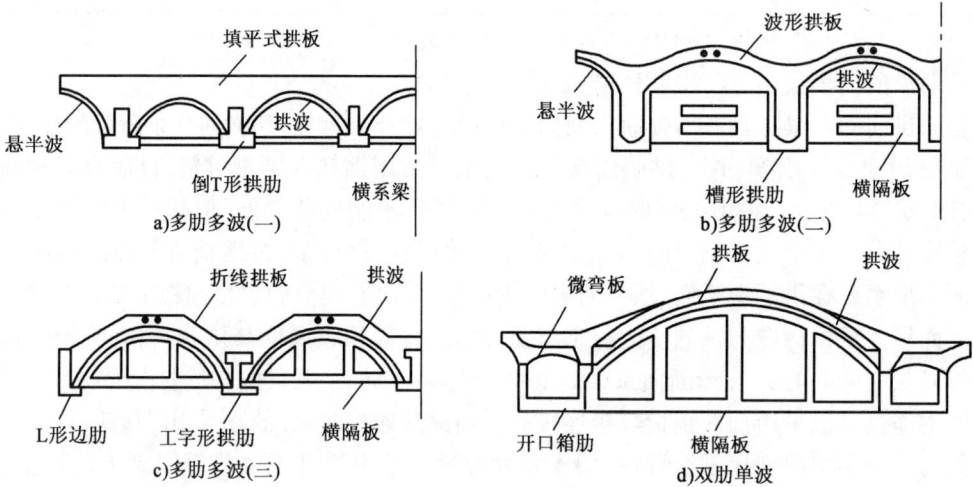

图1-2-35 主拱圈的截面形式(双曲拱)

(六)桁肋式

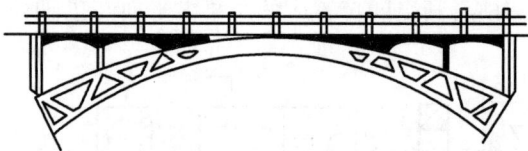

图1-2-36 桁肋拱

如图1-2-36所示为采用桁架拱圈的拱桥,总体桥梁呈现普通上承式拱桥的特性,主拱圈则为拱形桁架(详见本章第二节)。桁肋高度小,吊装方便,适宜于无支架施工,但由于桁架在拱脚处固接,基础变位、温度变化和混凝土徐变引起的附加内力较大,拱脚上弦杆易开裂。在小跨径桥梁中有采用。

二、拱铰

当拱桥主拱圈按两铰拱或三铰拱设计以及空腹式拱桥腹拱按构造要求需采用两铰拱或三铰拱时,需设置永久性的拱铰。当在施工过程中为消除或减小主拱圈的部分附加内力,以及对主拱圈内力作适当调整时,需设置临时性的拱铰。永久性拱铰必须满足设计要求,并能保证长期正常使用,故对其要求较高,构造较复杂,需经常养护,费用较高。临时性拱铰是适应施工需要而暂时设置,待施工结束时,将其封固,故构造较简单,但必须可靠。

拱铰的形式选择应按根据铰所处的位置、作用、受力大小、使用材料等条件综合考虑,目前常用的有弧形铰、铅垫铰、平铰等。

1. 弧形铰

弧形铰一般用钢筋混凝土、混凝土、石料等做成,如图 1-2-37 所示。弧形铰由两个具有不同半径弧形表面的块件组成,一个为凹面(半径为 R_2),一个为凸面(半径为 R_1)。R_2 与 R_1 的比值常在 1.2 ~ 1.5 范围内。铰的宽度应等于构件的宽度,沿拱轴线的长度取为拱厚的 1.15 ~ 1.20 倍。铰的接触面应精加工,以保证紧密结合,避免应力集中。在支承点后的拱铰构造内应设置不少于三层的钢筋网。弧形铰由于构造复杂,加工铰面既费工,又难以保证质量,故主要用于主拱圈的拱铰。另外,在采用转体方法施工时,为使桥体顺利转动,在拱脚需设置球面弧形铰,这种铰虽是施工临时用,但它是桥体转动的关键,要求制作精度高、光滑度好。混凝土球面铰一般用 C40 混凝土制作,球面精度及光滑的关键在于打磨,同时特别注意预留在球铰正中的轴必须与球面保持垂直。

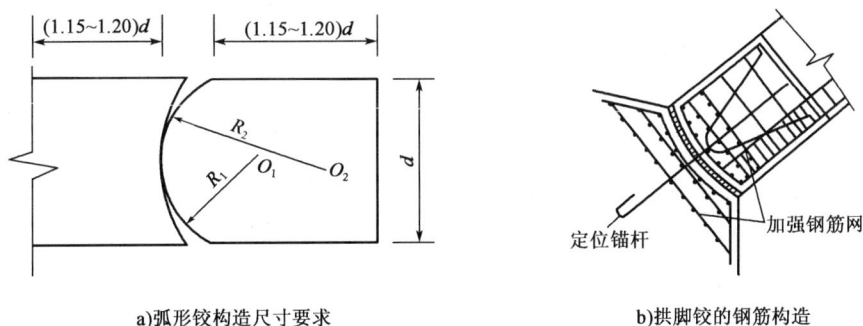

a)弧形铰构造尺寸要求　　　　　　　　b)拱脚铰的钢筋构造

图 1-2-37　弧形铰

2. 铅垫铰

对于中小跨径的板拱或肋拱,可以采用铅垫铰,如图 1-2-38 所示。铅垫铰由厚度 1.5 ~ 2.0cm 的铅垫板外包以锌、铜薄片(1.0 ~ 2.0cm)构成。垫板宽度为拱圈厚度的 1/4 ~ 1/3,在主拱圈的全部宽度上分段设置。铅垫板铰是利用铅的塑性变形达到支承面的自由转动,从而实现铰的功能。同时,为了使压力正对中心,并且能承受剪力,设置有穿过垫板中心而又不妨碍铰转动的锚杆。为承受局部压力,在墩、台帽内以及邻近铰的拱段,需用螺旋钢筋或钢筋网加强。直接贴近铅垫板铰的主拱圈混凝土强度等级应不小于 C30。在计算铅垫板时,其压力为沿铅垫板全宽均匀分布。此外,铅垫铰也可用作临时铰。

3. 平铰

如图 1-2-39 所示,平铰就是构件两端面(平面)直接抵承,其接缝可铺一层砂浆,也可垫衬油毛毡或直接干砌。对空腹式的腹拱圈,由于跨径小,也常用简单的平铰。对于中小跨径钢筋混凝土整体式拱桥,由于上部结构自重较小,为简化拱脚铰构造,通常采用将拱脚直接插入拱座、砂浆填缝的平铰构造。

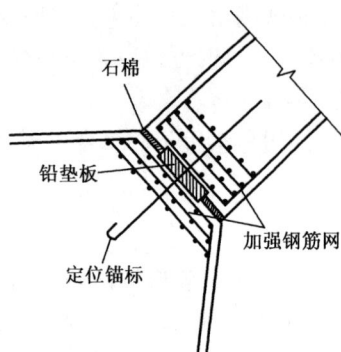

图 1-2-38　拱脚铅垫铰

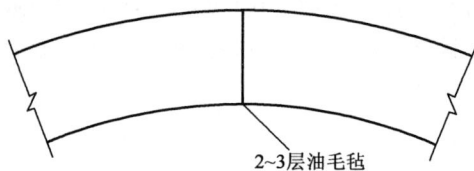

图 1-2-39　平铰

4. 不完全铰

对于小跨径或轻型的拱圈以及空腹式拱桥的腹孔墩柱铰,目前常用不完全铰。图 1-2-40 所示为小跨径拱圈的不完全铰,由于拱截面突然减小,保证了该截面的转动功能。在施工时拱圈不断开,使用时又能起铰的作用。由于截面突然变小而使其应力很大,容易开裂,故必须配以斜钢筋。斜钢筋应根据总的纵向力及剪力来计算。图 1-2-41 所示为拱上立柱的不完全铰,由于该处截面减小(一般为全截面的 $1/3 \sim 2/5$),因此,可以保证支承截面转动需要,支承截面应按照局部承压进行设计和计算。

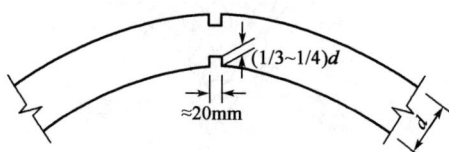

图 1-2-40　拱圈不完全铰构造(钢筋未示)

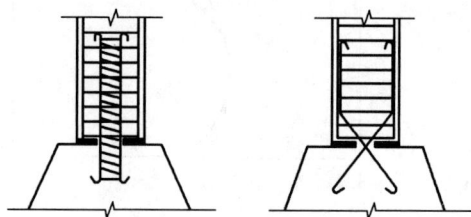

图 1-2-41　腹拱墩或立柱端铰构造

5. 钢铰

钢铰通常做成理想铰。钢铰除用于少数有铰钢拱桥的永久性铰结构外,更多的用于混凝土拱桥施工需要的临时铰,如采用劲性骨架施工混凝土拱桥时,在钢骨架(型钢或钢管制成)吊装过程中拱脚处就常用这种铰。

三、拱上建筑的构造

对于普通型上承式拱桥,其主要承重结构为曲线形主拱圈,车辆无法直接在主拱上行驶,需要在桥面系与主拱之间设置传递载荷的构件或填充物,使车辆能在桥面上行驶。桥面系和传载构件或填充物统称为拱上建筑(又称拱上结构)。对整体型上承式拱桥,其主拱和拱上传载构件或填充物已形成整体并提供了平顺的顶面,仅需设置桥面系即可通车。

拱上建筑是拱桥的重要组成部分,依其结构形式与构造的不同而参与主拱共同受力的程度也不同(主要指在活载作用下),同时,拱上建筑在一定程度上能约束主拱圈由温度变化和混凝土收缩等引起的变形,而主拱圈的变形又使拱上建筑产生附加内力。因此,选择拱上建筑的构造形式不仅要考虑桥型美观,还要考虑与结构的受力及变形的适应性。

普通型上承式拱桥拱上建筑的形式一般分为实腹式和空腹式两大类,如图 1-2-42 ~ 图 1-2-44所示。

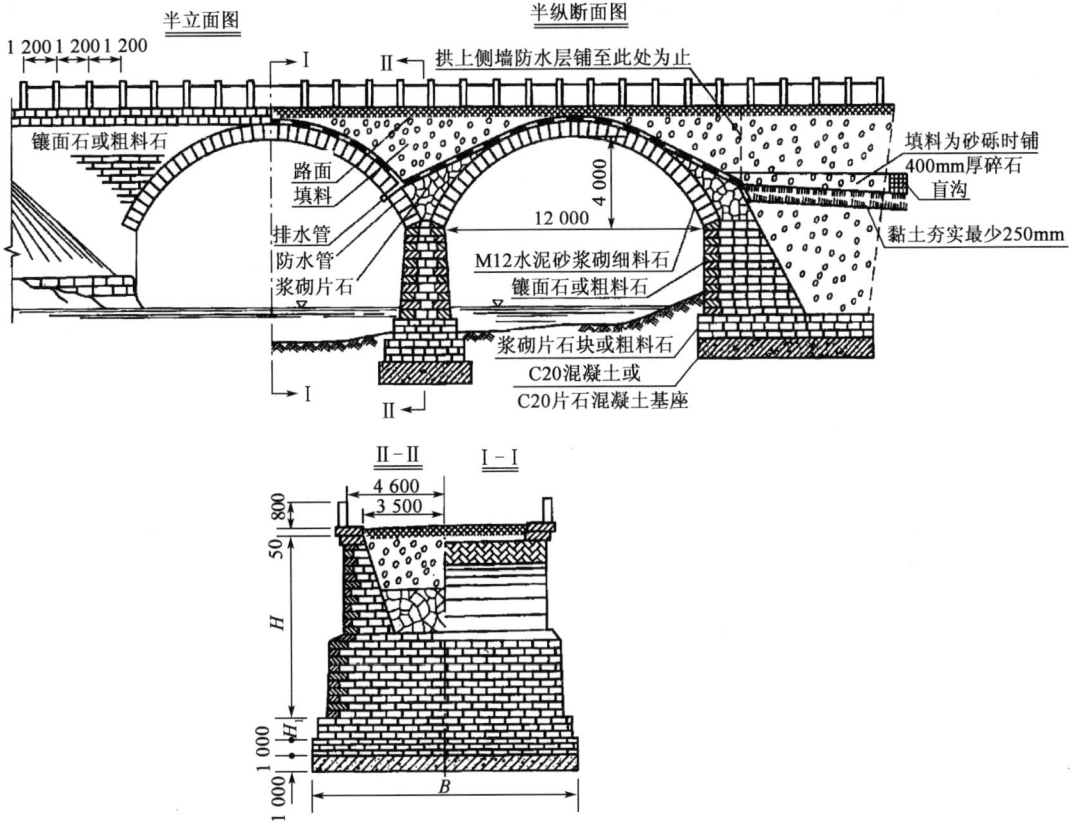

图 1-2-42　实腹式拱桥(尺寸单位:mm)

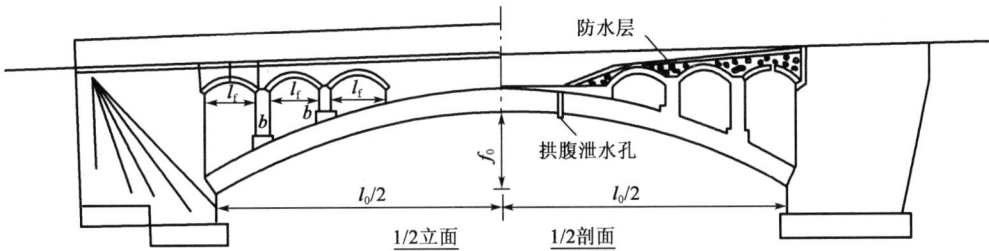

图 1-2-43　空腹式(拱式空腹)拱上建筑

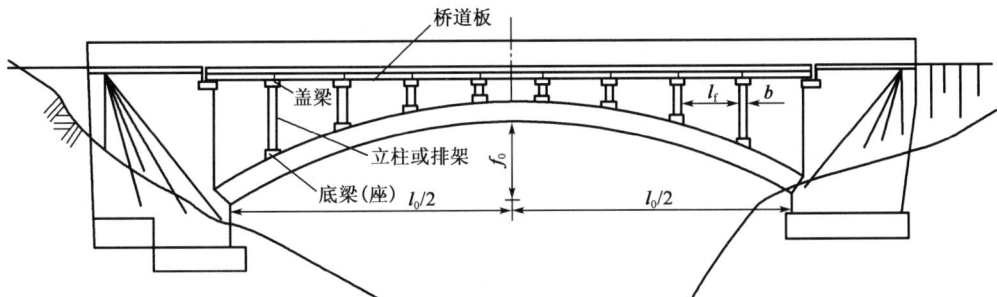

图 1-2-44　空腹式(梁式空腹)拱上建筑

(一)实腹式拱上建筑

实腹式拱上建筑由拱腹填料、侧墙、护拱、变形缝、防水层、泄水管以及桥面系组成(图1-2-42)。实腹式拱上建筑的结构特点是构造简单,施工方便,填料数量较多,恒载较重,受力特点是拱上建筑与拱圈共同受力。实腹式拱上建筑一般用于小跨径的板拱桥。

拱腹填料分为填充式和砌筑式两种。填充式拱腹填料应尽量做到就地取材,通常采用透水性好、土侧压力小的砾石、碎石、粗砂或卵石类黏土等材料,分层夯实。当地质条件较差,要求减轻拱上建筑质量时,可采用其他轻质材料,如炉渣与黏土的混合物、陶粒混凝土(其重度可小到$10kN/m^3$)等。砌筑式拱腹就是在散粒料不易取得时采用的一种干砌圬工方式。

侧墙的作用是围护拱腹上的散粒填料,设置在拱圈两侧,通常采用浆砌块、片石,若有特殊的美观要求,可用料石镶面。对混凝土或钢筋混凝土板拱,也可用钢筋混凝土护壁式侧墙。这种侧墙可以与主拱浇筑为一体,其内配置的竖向受力钢筋应伸入拱圈内一定长度(规定的锚固长度)。侧墙一般要求承受填料土侧压力和车辆作用下的土侧压力,故按挡土墙进行设计。对浆砌圬工侧墙,顶面厚度一般为50~70cm,向下逐渐增厚,墙脚厚度取用该处墙高的0.4倍。

护拱设于拱脚段,以便加强拱脚段的拱圈,同时,便于在多孔拱桥拱腹上设置防水层和泄水管,通常采用浆砌块石、片石结构。

(二)空腹式拱上建筑

空腹式拱上建筑由多孔腹孔结构和桥面系组成。由于腹孔结构可以做成拱式腹孔(图1-2-43)或梁式腹孔(图1-2-44),故空腹式拱上建筑又分为拱式和梁式两种。

1.拱式拱上建筑

拱式拱上建筑的结构特点是构造简单,外形美观,其质量相对梁式腹拱较大,受力特点是拱上建筑与拱圈共同受力,一般用于圬工拱桥。

如图1-2-45a)所示,腹孔对称布置在拱上建筑高度所容许的自拱脚向拱顶一定范围内。在半跨内的空腹范围一般以跨径的1/4~1/3为宜。腹孔跨数(或跨径)随桥跨大小不同而不同,对中小跨径的拱桥,一般以3~6孔为宜。大跨径拱桥以采用全空腹形式为宜,即在全拱内用腹拱连续跨越,不存在跨中实腹段,以便结构在温度等荷载作用下的受力更加明确。在确定了腹孔跨径后即可确定其孔数,一般以奇数孔为宜(不宜在弯矩加大的跨中截面设置腹孔墩),如图1-2-45b)所示。

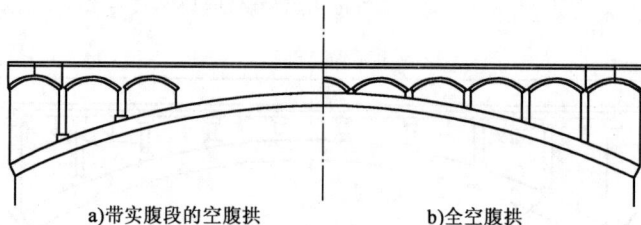

a)带实腹段的空腹拱　　　　　　b)全空腹拱

图1-2-45　拱式拱上建筑

腹孔跨径的确定主要应考虑主拱的受力需要。腹孔跨径过大时,腹孔墩处的集中力就大,对主拱受力不利。腹孔跨径过小时,对减轻拱上结构质量不利,构造也较复杂。中小跨径拱桥

一般以采用 $2.5 \sim 5.5m$ 为宜。对大跨径拱桥则控制在主拱跨径的 $1/15 \sim 1/8$ 。腹孔构造宜统一,以便于施工和有利于腹孔墩的受力。

　　腹孔墩由底梁、墩身和墩帽组成。腹孔墩可采用横墙式或排架式两种。横墙式腹孔墩采用横墙式墩身,施工简便,节省钢材,通常用圬工材料砌筑或现浇混凝土形成,主要用于圬工拱桥。为了节省材料,减轻质量,可在横向挖一个或几个孔,如图 1-2-46 所示。浆砌块片石横墙厚度一般不小于60cm,现浇混凝土横墙时,其厚度一般应大于腹拱圈厚度。底梁能使横墙传下来的压力较均匀地分布到主拱圈全宽上,其每边尺寸较横墙宽5cm,其高度则以使较矮一侧为 $5 \sim 10cm$ 为原则来确定。圬工拱桥底梁常采用素混凝土结构。墩帽宽度宜大于墙宽5cm,也采用素混凝土。排架式腹孔墩采用钢筋混凝土立柱式墩身,以倒角的矩形断面钢筋混凝土盖梁作为墩帽,如图 1-2-47 所示,常用于钢筋混凝土拱桥。排架一般由 2 根或多根钢筋混凝土柱组成,立柱较高时在各柱间应设置横系梁,以确保立柱的稳定。立柱下设置贯通拱圈全宽的底梁。立柱、盖梁按计算要求配筋,底梁按构造要求配筋,并设置足够的埋入拱圈填缝混凝土内的锚固筋。

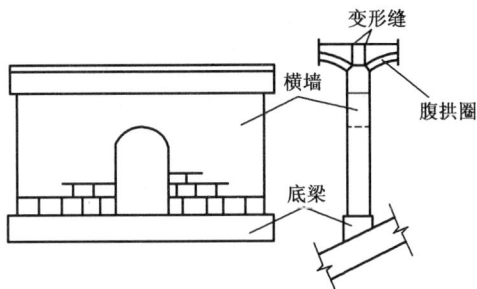

图 1-2-46　横墙式腹孔墩

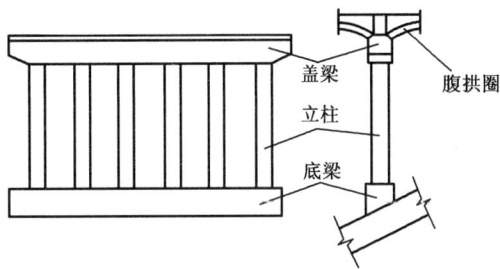

图 1-2-47　排架式腹孔墩

　　腹孔墩立面一般做成竖直的,以方便施工。

　　腹拱圈一般采用板式结构,石拱桥采用石砌腹拱圈,混凝土拱桥多采用混凝土腹拱圈,矢跨比常用 $1/5 \sim 1/2$,拱轴线常用圆弧线,有时也采用矢跨比为 $1/12 \sim 1/10$ 的钢筋混凝土微弯板或扁壳结构作为腹拱拱跨结构。

　　腹拱圈厚度根据腹孔跨径以及受力等需要确定。当跨径小于 4m 时,石板腹拱不宜小于30cm,混凝土板腹拱不宜小于 15cm(采用钢筋混凝土拱时厚度可更薄),微弯板为 14cm(其中预制6cm,现浇8cm)。当跨径大于 4m 时,腹拱圈厚度则可按板拱厚度经验公式或参考已成桥的资料确定。

　　腹孔与墩台的连接有两种做法:一种是直接支承在墩台上;另一种是跨过墩顶,使桥墩两侧的腹孔相连,如图 1-2-48 所示。

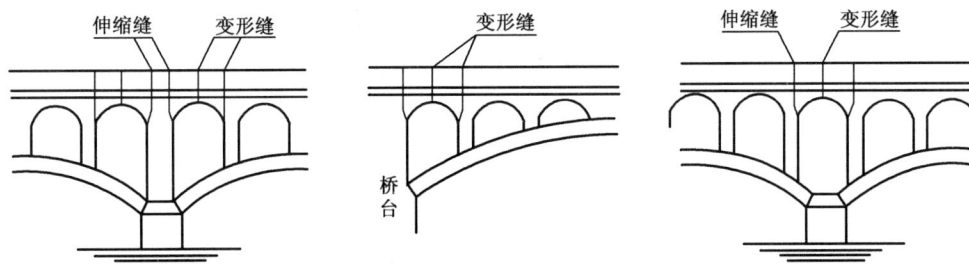

图 1-2-48　腹拱与墩(台)的连接

腹拱圈在拱上建筑需要设置伸缩缝或变形缝的地方应设铰(三铰或两铰),其余为无铰拱。腹拱拱腹填料与实腹拱相同。

2. 梁式拱上建筑

采用梁式腹孔拱上建筑可使桥梁造型更加轻巧美观,减轻拱上重力和地基承压力,以便获得更好的技术经济效果。大跨径混凝土拱桥一般都采用梁式腹孔拱上建筑。梁式腹孔结构有简支、连续或框架式多种,如图1-2-49所示。不同的腹孔结构形式使拱上建筑参与主拱联合作用的程度也不相同。

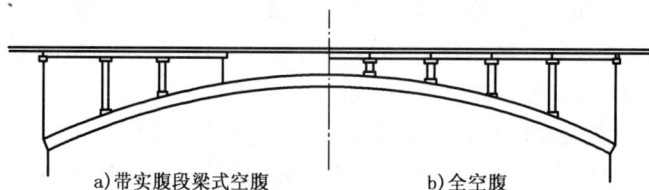

a)带实腹段梁式空腹   b)全空腹

图1-2-49 梁式腹孔

(1)简支腹孔(纵铺桥道板梁)

简支腹孔由底梁(座)、立柱、盖梁和纵向简支桥道板(梁)组成,其特点是结构体系简单,基本上不存在主拱与拱上建筑(结构)的联合作用,受力明确,是大跨径拱桥拱上建筑主要采用的形式。

拱上简支腹孔的范围与拱式腹孔相似,对称布置在每半跨自拱脚至拱顶 $L/4 \sim L/3$ 范围内,图1-2-50a)所示为主拱为板拱时的布置示意图。这时,拱顶段为实腹段,其构造与拱式腹拱相似。腹孔墩采用由立柱与盖梁组成的排架形式,立柱可采用现浇或预制钢筋混凝土结构;当立柱过高时,应设置横系梁,并满足压屈稳定验算要求。当立柱断面过大时,也有采用空心柱的情况,如重庆万州长江大桥立柱最高者达60m,设计采用了 $1.4m \times 2.5m$(纵×横)、壁厚为25cm、纵向设有1:100向下坡度的空心柱。立柱下端应设置底梁(座),以分散立柱传下来的压力[图1-2-50b)]。桥道板(梁)纵向简支于腹孔墩上,其形式根据腹孔跨径大小确定。当跨径在 $10 \sim 20m$ 之间时,常用预应力空心板梁结构,当跨径在10m以下时,常用钢筋混凝土实心或空心板结构;当跨径大于20m时,一般采用预应力T梁结构,如重庆万州长江大桥腹孔跨径就取为主跨的1/13.7,即采用30.67m的后张预应力T梁。

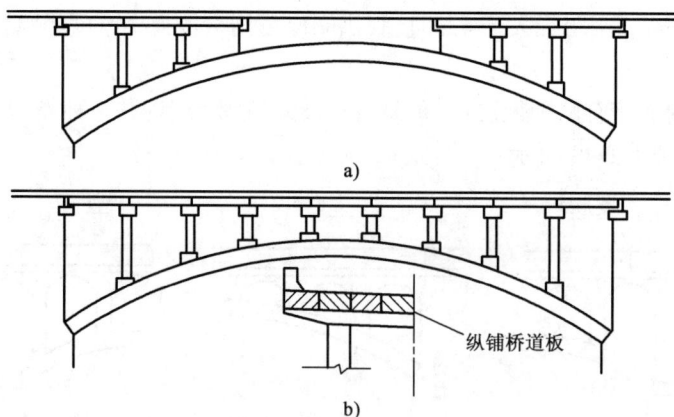

a)

纵铺桥道板

b)

图1-2-50 简支腹孔的布置

上述具有拱顶实腹段的梁式腹孔形式一般用于板拱。由于拱顶段上面全被覆盖,温度变化等因素对拱圈受力不利。目前,大跨径拱桥的梁式拱上建筑一般都取消拱顶实腹段,而采用全空腹式拱上建筑,如图1-2-50b)所示。对肋拱则必须采用全空腹。拱上腹孔数可为偶数或奇数。因拱顶弯矩较大,一般不希望拱顶设有立柱,即宜采用奇数腹孔数。通常先确定两拱脚的立柱位置,然后将其间距除以某个奇数后,即可确定各立柱位置和腹孔跨径,若得出的腹孔跨径不恰当,可调整孔数,必要时也可采用偶数孔。

(2)连续腹孔(横铺桥道板梁)

连续腹孔由立柱、纵梁、实腹段垫墙及桥道板组成,即在拱上立柱上设置连续纵梁,然后再在纵梁上和拱顶段垫墙上沿横桥向铺设桥道板,形成拱上传载结构,如图1-2-51所示。这种形式的拱上建筑主要用于肋拱桥。1985年首先在四川省采用。腹孔跨径确定与简支腹孔相似,拱顶段垫墙位于拱肋中部,拱顶处高度一般为10~15cm,向两边随拱轴变化逐渐增厚至腹孔处,其宽度与立柱、纵梁相同。立柱与纵梁通常采用钢筋混凝土预制装配结构,也可采用现浇。纵梁在支承处(立柱顶或桥台、垫墙尾)设1cm厚油毛毡。当腹孔跨径在10m以上时则需设置专门支座(一般为板式橡胶支座)。桥道板梁可根据肋距以及受力大小选择不同的形式(参见简支腹孔部分),但需按带悬臂的简支(双肋)或连续(三肋)板设计。

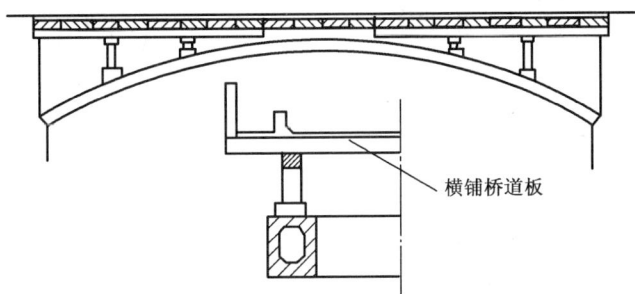

图1-2-51 连续腹孔布置

这种形式的拱上建筑特点是桥道板横置,拱上建筑与主拱共同作用明显,拱顶上只有一个板厚(含垫墙)及桥面铺装厚,建筑高度较小,适合于建筑高度受限制的拱桥,但结构整体性及其刚度较低,容易形成单板受力,在长期动荷载作用下容易开裂且振感强烈,现已不再新建。

(3)框架腹孔

框架腹孔是在横桥向根据需要设置多片与主拱连为一体的连续框架,横向通过系梁形成整体,如图1-2-52所示。框架腹孔与主拱的联合作用特别明显,受力不够明确,目前已很少采用。

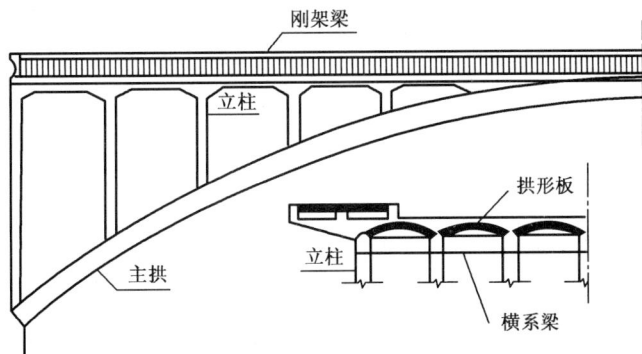

图1-2-52 框架腹孔布置

（三）拱上立柱与主拱圈、盖梁的连接

拱上立柱是拱上建筑(结构)的重要组成部分,立柱与主拱圈和盖梁之间的连接必须牢固可靠。通常,立柱钢筋应向上伸入盖梁(应满足锚固要求),向下伸入底梁(座)乃至主拱圈(肋)的内部,并有足够的锚固长度(对箱形截面一般指填缝混凝土内)。当采用现浇施工时,立柱与主拱圈和盖梁的连接如图 1-2-53 所示。由于现浇立柱与盖梁需进行高空作业,支模、浇筑不便,质量较难保证,施工进度慢,故通常采用预制安装。采用预制安装时,接头质量更需注意。最简便的方法是在接头处预埋钢板,焊接装配。这种接头进度快,但在空中焊接,质量不易控制,故一般采用钢筋接头。图 1-2-54 示出了既简便又可靠的接头方法,即将立柱下端预制成磨芯状[图 1-2-54a)],使其纵向(受力)钢筋从磨芯周边伸出,在立柱竖起后将所伸出的钢筋与立柱底梁上伸出的相应钢筋焊接,然后用混凝土浇筑接头部分。对立柱上端则因用大量混凝土浇筑不便,所以,将其预制成槽口状[图 1-2-54b)],使柱内钢筋从槽口内伸出,待盖梁放在立柱上后,将槽口内钢筋与盖梁底面上伸出的相应钢筋焊接,然后用特制的高强度砂浆封固即可。

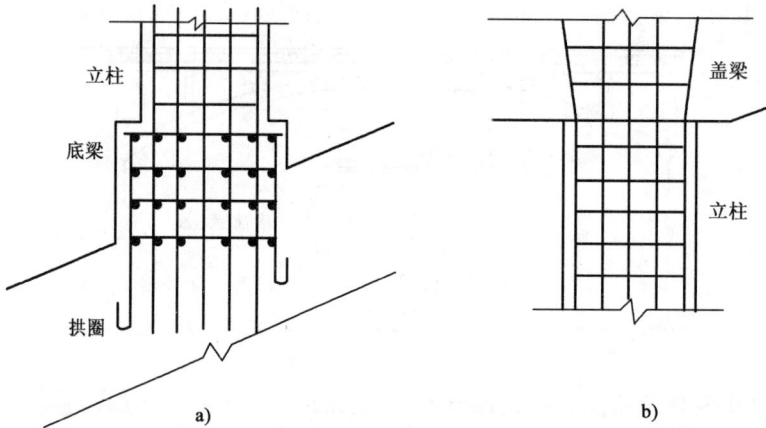

图 1-2-53　立柱现浇接头

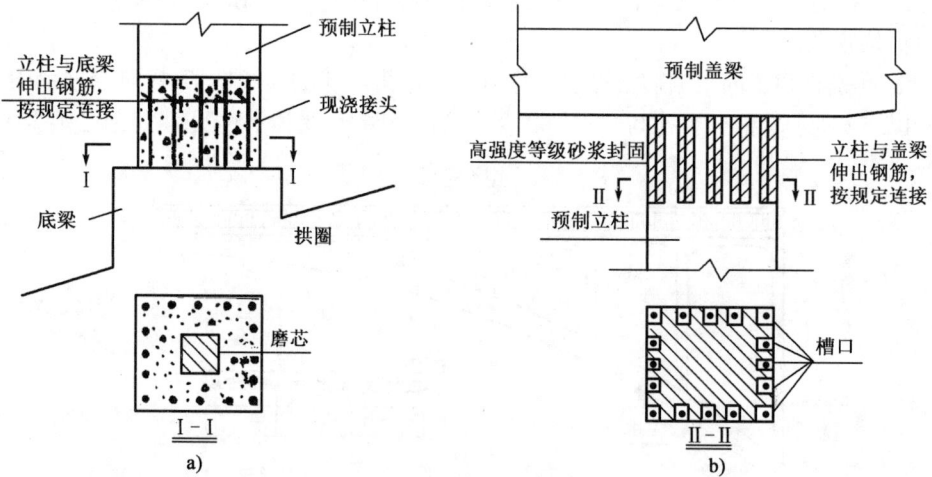

图 1-2-54　立柱预制拼装接头

(四)拱顶填料、桥面铺装及人行道

无论是实腹拱,还是拱式空腹拱,在拱顶截面上缘以上都需作拱腹填充处理,以使拱圈与桥头(单孔)或相邻两拱圈之间同拱顶截面上缘齐平,形成桥面。在进行上述填充后,通常还需设置一层填料,即拱顶填料(如图1-2-55所示阴影部分),在该填料以上才是桥面铺装。

拱顶填料的设置可以扩大车辆荷载作用的面积,同时还可以减小车辆荷载对拱圈的冲击。现行《公路桥涵设计通用规范》(JTG D60—2015)就规定,当拱上填料厚度(包括桥面铺装厚度)等于或大于50cm时,设计计算中可不计汽车荷载的冲击力。在地基条件很差的情况下,为了最大限度地减轻拱上建筑质量,可减薄拱上填料厚度,甚至可以不设拱上填料,直接在拱顶截面上缘以上铺筑混凝土桥面,此时,其行车道边缘的厚度至少为8cm。为了分布车轮重力,拱顶部分的混凝土桥面内可设置钢筋网。不设拱上填料时应计入汽车荷载的冲击力。拱顶填料用料选择与拱腹相同。

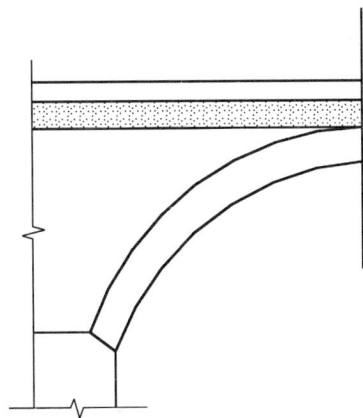

图 1-2-55 拱顶填料示意

对具有拱顶实腹段的梁式空腹拱(肋拱除外),拱顶实腹段的拱上填料与上述相同。全空腹梁式空腹拱不存在拱上填料问题。

拱桥桥面铺装应根据桥梁所在的公路等级、使用要求、交通量大小以及桥型等条件综合考虑确定。低等级农村公路上的中、小跨径实腹或拱式空腹拱桥一般采用混凝土桥面,有条件时应采用沥青混凝土桥面,以降低噪声和扬尘,保护环境。大跨径拱桥以及高等级公路上的拱桥均应采用沥青混凝土桥面。对梁式空腹拱桥,其桥面铺装与梁桥相似。为便于桥面排水,桥面应根据需要设1.5%~3.0%的横坡(整体式单幅桥为双向,分离式双幅桥为单向)。

城市拱桥和有人行需求的公路拱桥应设置与梁桥相似的人行道,其构造布置参见图1-2-3及梁桥的有关部分。

(五)伸缩缝与变形缝

对普通型上承式拱桥,主拱圈是主要承重结构,拱上建筑主要起传递荷载的作用。在外荷载作用下,存在不同程度的主拱与拱上建筑联合作用。在设计计算时,其计算图式必须与实际受力情况相符,否则将出现拱上建筑开裂,影响桥梁安全使用。要保证受力计算与实际情况相符,就必须采用可行的构造措施,在拱上建筑上设置伸缩缝与变形缝正是缘于此。

在荷载作用、材料收缩及温度变化等影响下,主拱圈将产生上升或下降,拱上建筑也将随之变形,图1-2-56所示为温度下降时拱与拱上建筑的变形情况,图1-2-57所示则是半跨加载时的相应变形情况。

从图1-2-57中可见,除简支腹孔可适应主拱变形外,其余形式拱上结构都将因主拱变形而产生局部变形,当其与墩、台整体相连时,则拱上建筑受墩、台约束而不能自由变形,从而因产生过大的拉应力而开裂。为避免开裂,需将拱上建筑与墩、台分开,即设置伸缩缝或变形缝。

伸缩缝宽 2 ~ 3cm,缝内填料可用锯末沥青按 1:1 的质量比制成预制板,在施工时嵌入,并在上缘设置能活动而不透水的覆盖层,也可采用沥青砂等其他材料填塞伸缩缝。变形缝不留缝宽,其缝可干砌、用油毛毡隔开或用等强度砂浆砌筑。通常,对小跨径实腹拱,伸缩缝设在两拱脚的上方,并在横桥向贯通(包括侧墙、行车道、人行道、栏杆等),伸缩缝多做成直线形,如图1-2-58a)所示,以使构造简单,施工方便。对拱式空腹拱桥,通常将紧靠墩(台)的第一个腹拱做成三铰拱,并在紧靠墩(台)的拱铰上方设置伸缩缝,且应贯通全桥宽,如图 1-2-58b)所示,而其余两拱铰上方设置变形缝。另外,对特大跨径拱桥,还应将靠拱顶的腹拱做成两铰或三铰拱,并在拱铰上方也设置变形缝,如图 1-2-58b)所示,以使拱上建筑更好地适应主拱的变形。对梁式腹孔,通常是在桥台和墩顶立柱处设置标准伸缩缝(板式或毛勒伸缩缝),而在其余立柱处采用桥面连续,见图 1-2-50a)。

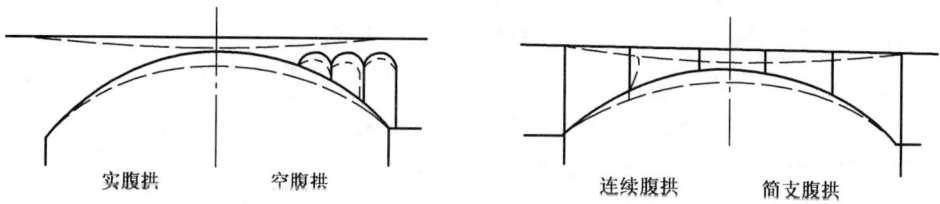

图 1-2-56　温度作用下拱桥的变形

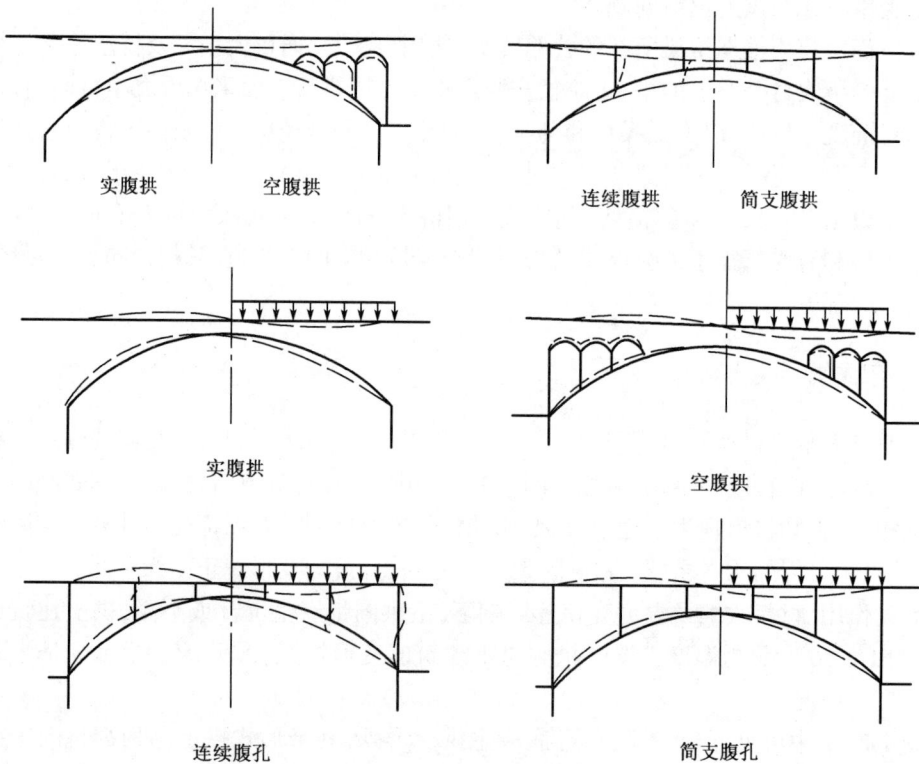

图 1-2-57　半跨加载时的变形

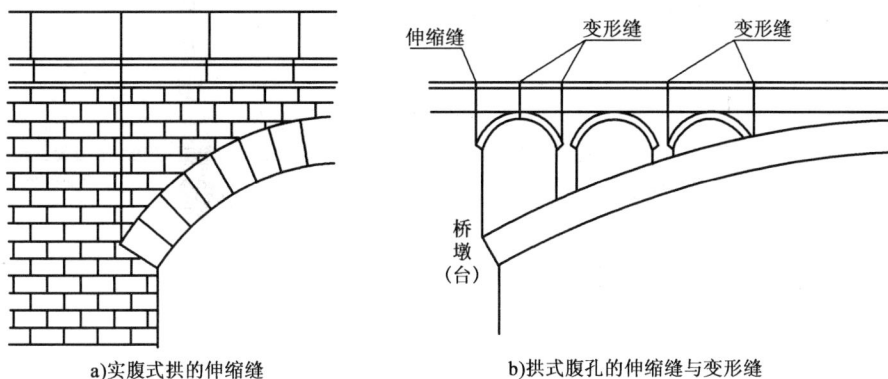

a)实腹式拱的伸缩缝　　　　　　　　b)拱式腹孔的伸缩缝与变形缝

图1-2-58　伸缩缝与变形缝

(六)排水与防水

与梁桥不同,拱桥不仅要求将桥面雨水及时排除,而且要求将透过桥面铺装渗入到拱腹的雨水及时排除。桥面排水方式分为竖向直排和横向排水两种,排除桥面雨水的构造参见图1-2-59。值得注意的是:无论竖向直排还是横向排水,排水管进口处均应有积水坑,特别是横向排水管管底应低于桥面一定距离,以便于及时将积水排出。

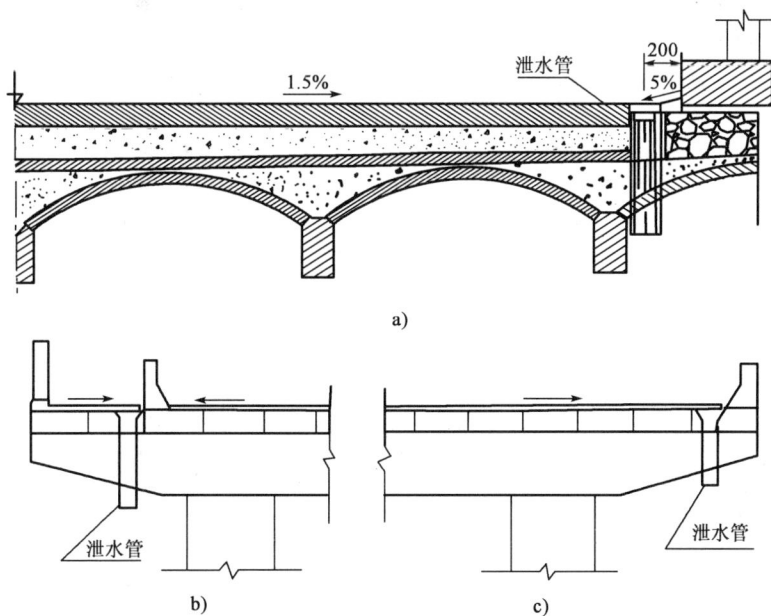

图1-2-59　桥面雨水的排除(尺寸单位:mm)

透过桥面铺装渗入拱腹内的雨水由防水层汇集于预埋在拱腹内的泄水管排出,防水层和泄水管的敷设方式与上部结构的形式有关。

实腹式拱桥防水层应沿拱背护拱、侧墙铺设。如果是单孔,可以不设泄水管,积水沿防水层流至两个桥台后面的盲沟,然后沿盲沟横向排出路堤。如果是多孔拱桥,可在1/4跨径处(腹孔与主拱拱上填料底部最低点)设泄水管(泄水管应伸出拱腹10cm以上)〔图1-2-60a)〕。

带实腹段的拱式腹拱空腹拱桥防水层及泄水管布置如图1-2-60b)所示。拱式全空腹拱桥,其防水层及泄水管参照多孔实腹拱进行设置。

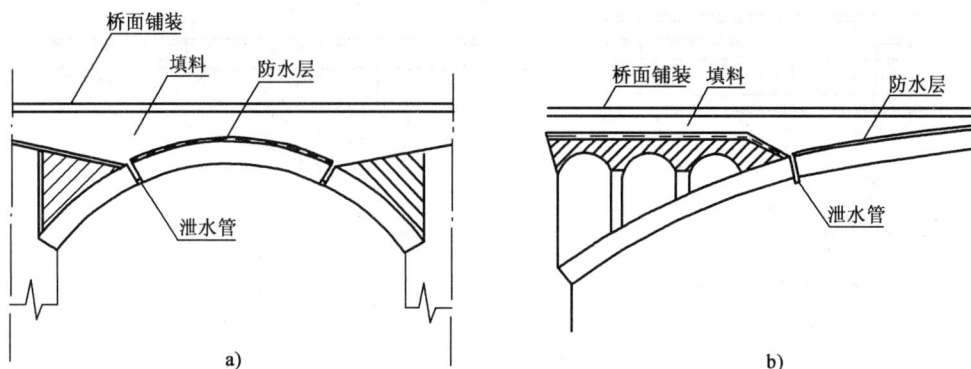

图 1-2-60　渗入水的排除

对跨线桥、城市桥或其他特殊桥梁,需设置全封闭式排水系统。

泄水管可以采用铸铁管、混凝土管或陶瓷(瓦)管以及塑料管。泄水管的内径应以是否能及时排除桥面积水为原则进行计算,一般为 6～10cm,在严寒地区需适当加大(但宜小于15cm)。泄水管应伸出结构表面 5～10cm,以免雨水顺着结构物的表面流下。为了便于泄水,泄水管尽可能采用直管,并减少管节的长度。

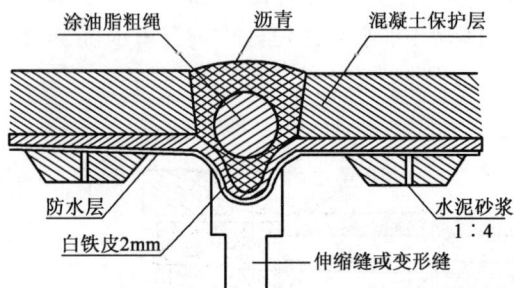

图 1-2-61　伸缩缝处的防水层

防水层在全桥范围内不得断续,在通过伸缩缝或变形缝处应妥善处理,使其既能防水又可以适应变形,其构造可参见图 1-2-61。

防水层有粘贴式与涂抹式两种,前者是由 2～3 层油毛毡与沥青胶交替贴铺而成,效果较好,但造价较高;后者采用沥青涂抹,施工简便,造价低廉,但效果较差,适合于在雨水较少的地区采用。

第二节　整体型上承式钢筋混凝土拱桥的设计与构造

随着钢筋混凝土拱桥的逐步发展,为进一步减轻拱桥自重、增强结构的整体性、发挥装配式施工的优势及扩大使用范围,从 20 世纪 70 年代开始,桁架拱桥(trussed arch bridge)、刚架拱桥(rigid frame bridge)、两铰平板拱等整体型上承式钢筋混凝土拱桥(图 1-2-62)在我国得到推广应用。建于1977 年的江津仁沱大桥,采用钢筋混凝土预应力桁架拱桥,是国内第一座预应力混凝土桁架拱桥。结合我国当时桥梁建设在技术、经济等方面的实际情况发展起来的整体型上承式拱桥,从小型农桥推广到大型公路桥、城市桥;由全部采用钢筋混凝土结构发展到主体结构采用预应力混凝土;由小型构件拼装发展到采用大型块件(整片)吊装施工。经过几十年的发展,整体型上承式拱桥的优势得到了充分发挥,同时,整体型上承式拱桥的缺点也不断暴露,有的得到克服和改善,有的难以彻底解决,所以,整体型上承式拱桥的使用范围并不大。

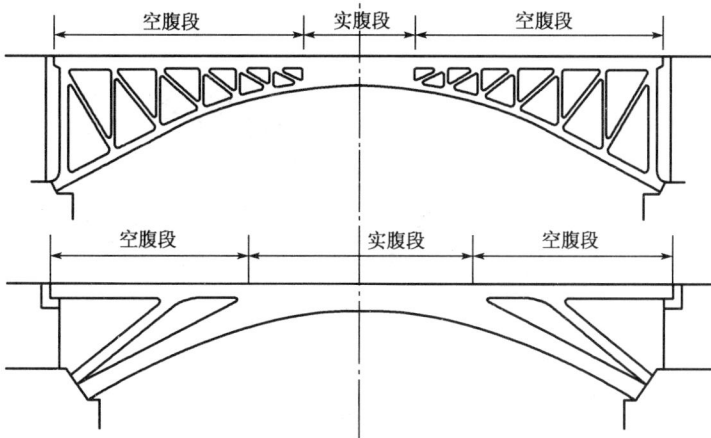

图 1-2-62 钢筋混凝土整体式拱桥的主要形式示意图

整体型上承式拱桥由拱片(指由拱圈与拱上传载构件组成的整体结构)与桥面系组成的整体,不能像普通上承式拱桥那样分出主拱圈和拱上结构,主拱片是主要承重结构。下面重点介绍其中的桁架拱桥和刚架拱桥。

一、桁架拱桥

桁架拱桥也称拱形桁架桥。根据其构造不同分为普通桁架拱和桁式组合拱两种。

(一)普通桁架拱

普通桁架拱桥由桁架拱片、横向联结系和桥面板三部分组成(图 1-2-63)。其主拱是拱形桁架与桥面板组成的整体结构,如图 1-2-64 所示。桁架拱片是主要承重结构,由上下弦杆、腹杆、实腹段组成,主要组成如图 1-2-65 所示。它在施工期间单独受力,在竣工后与桥面板共同受力。桁架拱在荷载作用下具有水平推力,使跨间弯矩减小,跨中实腹段以受压为主,具有拱的受力特点。同时,由于它相当于把普通型上承式拱的传载构件(拱上结构)与拱肋连成整体,拱与拱上结构共同受力,各杆件主要承受轴力,所以又具有桁架的受力特点。因此,桁架拱桥可采用钢筋混凝

图 1-2-63 浙江三门上叶桁架拱桥

土和预应力混凝土材料建造,且结构刚度大、质量轻、节省材料,是一种受力合理、结构轻盈和较为经济的桥型。另外,由于桁架拱外部通常采用两铰体系,因而基础位移、温度变化等产生的附加内力相对于无铰要小,适合于软弱地基。钢筋混凝土普通桁架拱跨径一般为 20~50m。

普通桁架拱施工主要采用预制装配,工序少,工期短,桥梁重量轻。其主要缺点是杆件纤细、模板复杂、浇筑和吊运要求高。若为钢筋混凝土桁架,其受弯部位和刚节点常有开裂,其原

因主要是结构整体性及其刚度较低,目前已较少采用,仅在地基不便采用其他形式拱桥的小跨径桥梁上还有使用。

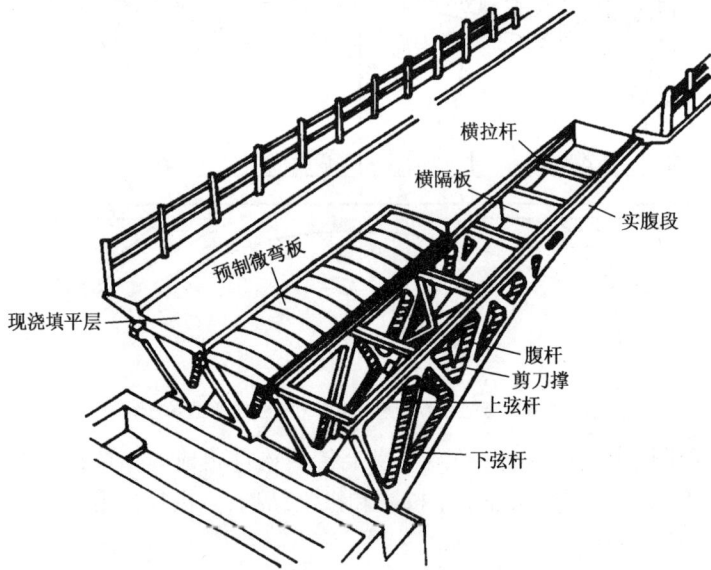

图 1-2-64　桁架拱桥上部构造示意图

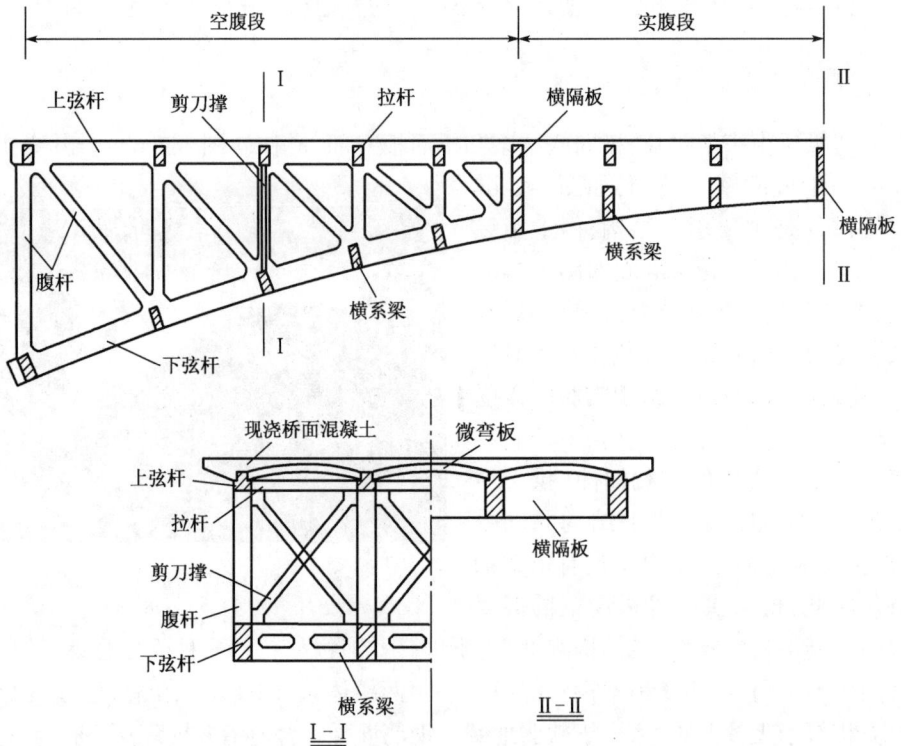

图 1-2-65　桁架拱桥上部结构主要组成

1.普通桁架拱立面布置

普通桁架拱立面布置有以下两种形式。

1)斜(腹)杆式(图1-2-66)

其中三角形腹杆的桁架拱片腹杆根数
少,杆件的总长度也最短,因此腹杆用料省,
整体刚度相对较大[图1-2-66a)]。但是当拱
跨较大,矢高较高时,三角形体系的节间就会
过大。为了承受桥面荷载,就需增加桥面构件
钢筋用量,因此宜增设竖杆来减少节间长度,
成为带竖杆的三角形桁架拱[图1-2-66b)]。
根据斜杆倾斜方向不同,又有斜压杆和斜拉
杆两种[图1-2-66c)、d)]。前者斜杆受压,
竖杆受拉,且斜杆的长度随矢高和节间长度

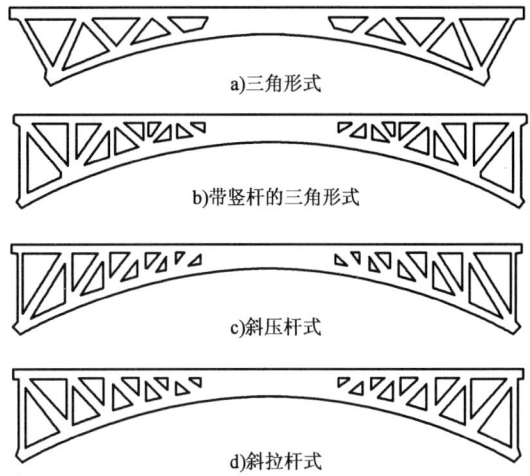

a)三角形式

b)带竖杆的三角形式

c)斜压杆式

d)斜拉杆式

图1-2-66 斜杆式桁架拱桥

的增大而显著增大,尤其是第一个节间内的斜杆长度更大。为了防止斜杆失稳而需增大截面
尺寸,可采用不同截面尺寸的斜杆,以节省材料,但施工麻烦。同时,这种斜压杆式的桁架拱外
形不太美观,故目前较少采用。后者则相反,斜杆受拉而竖杆受压。为避免拉杆及节点开裂,
并减小截面尺寸,节省材料,可采用预应力混凝土斜拉杆,外形也较美观,是常用的一种形式。

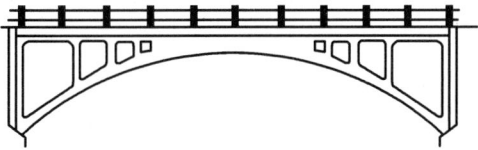

图1-2-67 竖(腹)杆式桁架拱

2)竖(腹)杆式(图1-2-67)

竖杆式桁架拱片外形较整齐美观,节点构造
简单,施工方便,但整体刚度相对较小,竖杆与
上、下弦杆连接点易开裂,适用于荷载小、跨径较
小的桥梁。

2.普通桁架拱主要构造及尺寸拟定

普通桁架拱各组成部分及主要尺寸如图1-2-68所示。

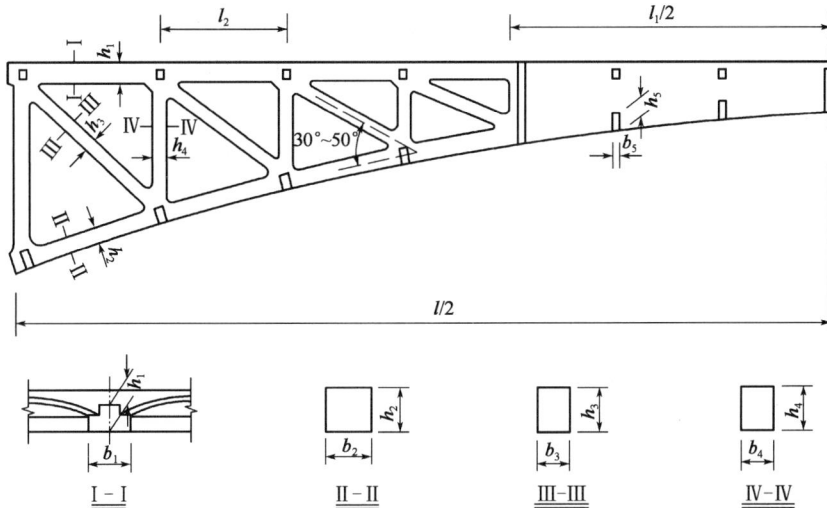

图1-2-68 桁架拱杆件尺寸示意图

桁架拱片矢跨比的确定应从桥址情况、桥下净空、桥面高程、构造形式、受力与施工诸方面综合考虑。当矢跨比较小时，立面外形较轻巧美观，腹杆较短，节省材料，吊装质量轻。对竖杆式拱还由于竖杆短而使上、下弦杆与竖杆共同承受荷载的能力增强，刚度增大。但矢跨比越小，水平推力就越大，墩台负担增大。当矢跨比较大时，则情况相反。其净矢跨比一般在 $1/10 \sim 1/6$ 之间选用。

桁架拱片各杆件的轴线应于节点处相交于一点，以免产生附加弯矩。上弦杆轴线平行于桥面，考虑到桥面板参与受力，上弦杆和实腹段轴线应是包括桥面板在内的截面重心之连线。下弦杆相当于桁架拱的拱肋，其轴线可采用圆弧线、二次抛物线或悬链线。由于桁架拱为有推力体系，腹杆内力与桁架拱下弦杆轴线有关，通常是恒载压力线越接近下弦轴线，腹杆内力越小。当恒载压力线在下弦杆轴线下方通过时，腹杆基本都受压，而当其在上方通过时，则下伸斜杆受拉。从受力上看，下弦杆的合理轴线应是在恒载作用下能使下伸斜杆的拉应力为零或在容许范围内的轴线。对实腹段则希望采用曲率较大的轴线（如圆弧线），以减小荷载下拱顶的弯矩。一般情况下，不存在既满足桁架部分，也满足实腹段要求的单一曲线。为使全拱底曲线连续，可采用抛物线，使之与两部分的合理曲线均较接近。

桁架拱片的节间长度 l_2 与上弦杆局部受力、腹杆受力和桥梁外观有关。节间大，节点就少，结构简化，但上弦杆在局部荷载下的强度、刚度要求高，可能增大截面和自重力，所以，节间长度一般不宜大于计算跨径的 $1/12 \sim 1/8$，且不超过 5m。对斜杆式桁架拱，还应使其与上弦杆的夹角在 $30° \sim 50°$ 之间，以避免产生过大的内力和变形，这就要求节间长度自端部向拱顶递减。

桁架拱片的片数及间距与桥宽、跨径、荷载、材料、施工、桥面板构造及经济性有关。一般来说，片数越少，用料越少，但（拱片间距）桥面板跨度增大。反之，桁片用材增多，但桥面板跨度减小。在跨径较大时，采用较少片数较为经济，同时可减少预制安装工程量，且外形美观，但需考虑到桥面板的跨越能力。对于跨径在 $20 \sim 50m$ 的桁架拱桥，拱片间距以 $2 \sim 3.5m$ 为宜。采用微弯板桥面时，双车道可采用 $3 \sim 4$ 片，采用空心板桥面时，则可采用 $2 \sim 3$ 片。

桁架拱片实腹段是由于在拱顶范围内上、下弦杆太靠近而形成的实体段，其长度 l_1 与拱体底曲线有关。陡拱时，实腹段就短，坦拱时则长。在确定其长度时还应考虑实腹段与桁架段之间强度与刚度的差别（差别过大对结构受力不利）、外观上的协调，以及便于施工的要求。通常，实腹段长度 l_1 在计算跨径的 $0.3 \sim 0.5$ 之间选用。

桁架拱片中下弦杆为主要受压杆件，应保证有足够的截面积，全桥下弦杆总截面积初拟时可用下列经验公式估算：

$$A = \frac{kB_0 l_0}{2.2 \dfrac{f_0}{l_0} R_a}$$ (1-2-8)

式中：A——全桥下弦杆总截面积（m^2）；

f_0、l_0——桁架拱净矢高和净跨径（m）；

B_0——桥面净宽（m）；

R_a——混凝土抗压设计强度（MPa）；

k——荷载系数，公路—Ⅰ级荷载时可取 1.4，公路—Ⅱ级荷载时可取 1.2。

实腹段中央截面(跨中截面)高度 h(包括桥面板在内)与跨径、矢跨比、拱片数(或间距)等有关,初拟时可取为净跨径的 $1/50 \sim 1/40$,也可采用下列经验公式估算:

$$h = k\left(200 + \frac{l_0}{70}\right)$$

式中: h——跨中截面高度(mm);

   l_0——拱的净跨径(mm);

   k——荷载系数,公路 — Ⅰ级荷载时可取 1.4,公路 — Ⅱ级荷载时可取 1.2。

对于桥墩刚度较小的多跨桁架拱桥,还需考虑连拱作用的影响,桁架拱片跨中截面的高度通常在跨径的 $1/50 \sim 1/30$ 之间取值。

上弦杆与桥面板组合后的高度 h_1 由上弦杆最大节间长度决定,一般为最大节间长度的 $1/8 \sim 1/6$。为简化施工,下弦杆常用等截面,且多用矩形截面,其高度 h_2 可为净跨径的 $1/100 \sim 1/80$,中小跨径取较大值,大跨径取较小值。

桁拱片宽度 b 在 $25 \sim 50$ cm 之间,跨径较小、拱片片数较多时取较小值。拱片可为等截面,也可是变截面(此时上下弦最宽,受压腹杆次之,受拉腹杆最窄)。上弦杆除作为桁架的一部分受力外,还要满足恒载和施工(预制拱片的平吊、翻身等)需要,其断面形式与桥面板构造有关。当采用空心板时,上弦可采用矩形截面;当采用微弯板时,则需采用凸形[边肋为 L 形,见图 1-2-69a)]。

斜杆和竖杆等腹杆常用矩形截面,宽度分别为 b_3 和 b_4,一般小于或等于拱片宽度。高度分别为 h_3 和 h_4,一般为下弦杆高度的 $1/2 \sim 1/1.5$,通常取 $20 \sim 40$ cm。为使杆件尺寸比例协调,腹杆截面高度随杆长的增加而增大。为使拱片在吊运过程中免受破坏,端腹杆截面尺寸可适当增大。

受压腹杆宜用工字形截面。实腹段的截面在采用等宽桁架拱片时,一般用矩形截面,在采用不等宽桁片时,用工字形截面,其上、下翼板分别与上、下弦杆同宽,腹板与腹杆同宽,高度随拱底曲线而变,如图 1-2-69b)所示。杆件配筋按结构设计原理和规范进行。

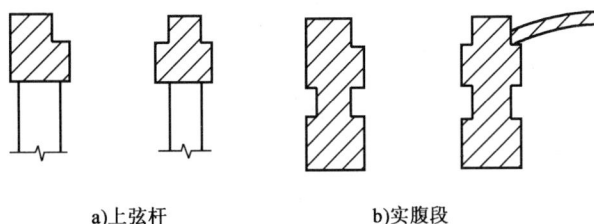

a)上弦杆   b)实腹段

图 1-2-69 上弦杆和实腹段截面

桁架拱片中的节点构造在整个构造中占有重要位置,其形式与腹杆布置有关。需特别注意的是:

(1)各杆件应在节点处交于一点,以免产生附加弯矩。不能交于一点时,应在计算中考虑偏心的影响。

(2)相邻杆件外缘交角应以圆弧或直线过渡,如图 1-2-70 所示,过渡段内不得出现锐角与直角,避免应力集中。

(3)设置节点块包络筋(图 1-2-70),其伸入弦杆的锚固长度应满足要求,节点块范围的箍筋应加密(间距不小于10cm)。

(4)腹杆主筋应伸过杆件轴线交点一定长度(图1-2-70),对拉杆应≥30d,并带弯钩,对压杆应≥20d。

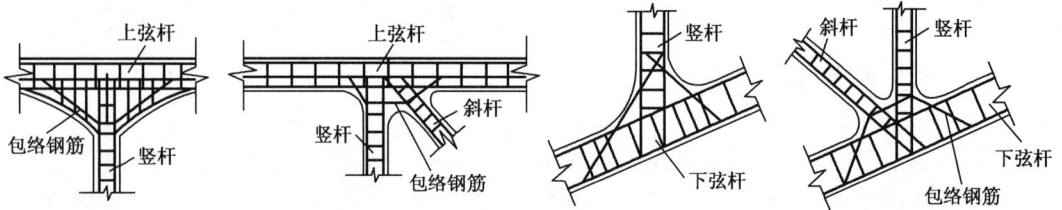

图1-2-70 节点配筋构造示意图

(5)采用预制装配时,现浇节点块应将预制杆端面包入不小于4cm。

桁架拱片与墩台的连接形式分别如图1-2-71、图1-2-72所示,包括上、下弦杆与墩(台)的连接和多孔桁架拱桥桥跨之间的连接。对下弦杆与墩(台)的连接,一般是在墩(台)帽上预留深10cm左右(或与肋高相同)的槽孔,将下弦杆插入并封以砂浆。在跨径较大时,由于墩(台)位移等原因,往往造成支承面局部承压,引起反力偏心和结构内力变化,故宜采用较完善的铰接。桁架拱上部分与墩以及多跨拱间的连接有悬臂式[图1-2-71a)、b)]、过梁式[图1-2-71c)、d)]和伸入式[图1-2-71e)、f)]三种,一般以过梁式为好。与桥台的连接有过梁式和伸入式(图1-2-72)。

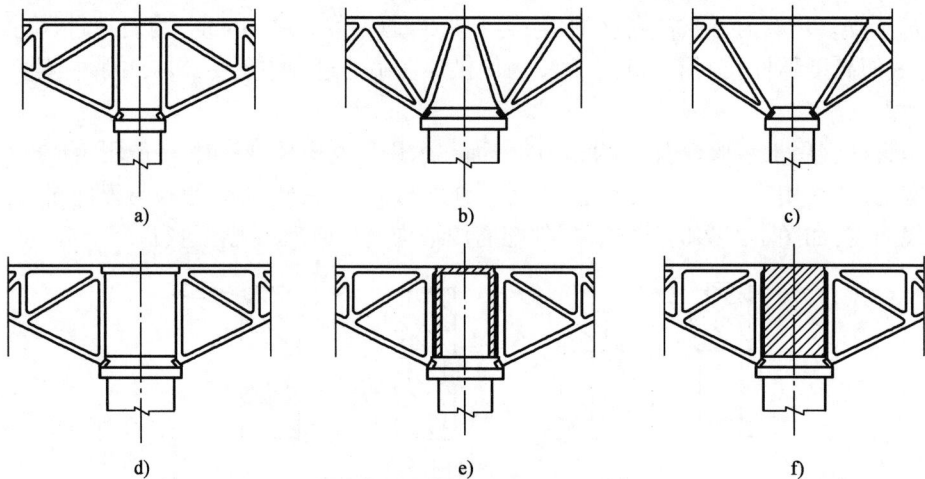

图1-2-71 桁架拱桥墩的连接形式

桁架拱横向联系的作用是把各桁拱片连成整体,使之共同受力。根据设置部位不同分为横系梁、横拉杆、横隔板和剪刀撑几种形式,如图1-2-73所示。横拉杆和横系梁分别设置在上、下弦杆节点处,拱顶实腹段每隔3~5m也应设置横系梁。当跨径较小时,横系梁也可用拉杆代替。而对于城市宽桥,拱顶实腹段的横向联系宜加强,有利于活载横向分布。横隔板一般设在实腹段与桁架部分连接处及跨中,它在高度方向直抵桥面板。横桥向的剪刀撑一般设在四分之一跨径附近的上、下节点之间及跨径端部。对大跨径桁架拱,还可在下弦杆平面内设置一些联结系杆件,以加强桥梁横向刚度。横拉杆常用矩形截面,高度与上弦杆根部(翼缘)相同,宽为15～20cm,内设钢筋不少于4根。横系梁也用矩形截面,高同下弦杆,并不小于其长度的1/15,宽15～20cm。横隔板高度直抵桥面板,与横系梁同厚。剪刀撑杆件常用边长为10～18cm的正方形截面,内设不少于4ϕ12的构造钢筋。

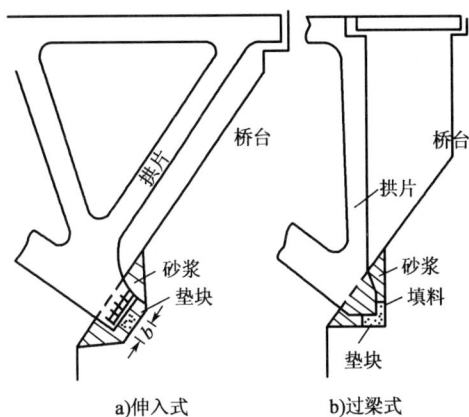

图 1-2-72　下弦杆与桥台连接形式

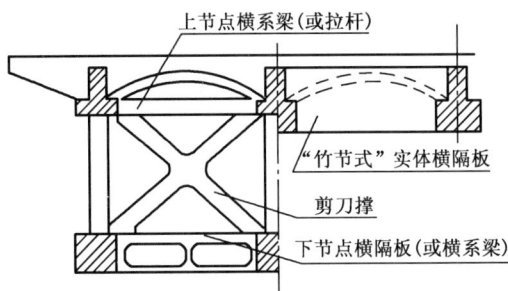

图 1-2-73　横向联结系构造

桥面板既承受局部荷载,又与桁架拱片形成整体,共同受力。桥面板种类较多,常用的是预制微弯板加混凝土填平层形式[图1-2-74a)],其矢跨比为1/15～1/10,跨中厚度为跨径的1/15～1/13,预制微弯板厚 d 与桥面填平层在板顶处的厚度 c 可取相同值,后者也可略大于前者,一般为6～8cm。为加强结构强度和整体性,避免板顶纵向裂缝,可采用图1-2-74b)所示的上平下拱少筋板。桥面板与上弦杆的连接质量需特别注意。

微弯板沿桥横向搁置在桁架拱片的上弦杆和实腹段上。为了加强微弯板与桁架拱片间的联结,一般将上弦杆和实腹段设计成凸形,并在肋顶伸出连接钢筋,凸肩宽可取拱片宽度的1/5,但不宜小于5cm。

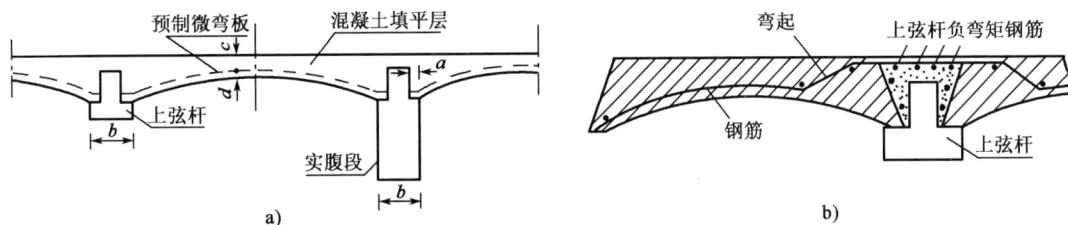

图 1-2-74　微弯板桥面结构

普通桁架拱在跨径较大或桥面很宽时,也可局部采用预应力结构,一般可在受拉腹杆、上弦杆、跨中实腹段、桥面板(空心板)内施加预应力,从而避免杆件裂缝,减少用钢量。

(二)桁式组合拱桥

桁式组合拱是我国首创的一种新桥型。

桁式组合拱一般为三跨布置,采用预应力结构。边跨可采用设置下弦杆的连续(桁架)结构,如图1-2-75a)所示。在两岸地形不高的情况下,可以利用地形构成边跨,即不用下弦杆,直接将腹杆支承在地基上,如图1-2-75b)所示。

a)边跨设下弦杆的连续结构

b)边跨不设下弦杆的连续结构

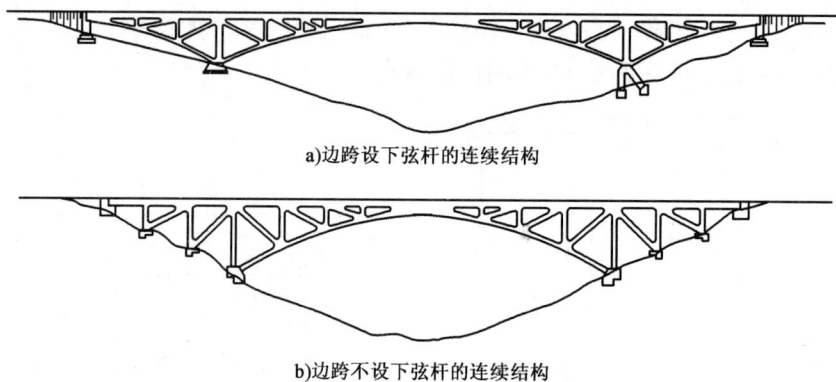

图1-2-75 桁式组合拱桥总体布置

桁式组合拱与普通桁架拱的主要区别在于主孔上弦杆断点位置不同。普通桁架拱的上弦杆简支于墩(台)上,相当于上弦杆与墩(台)之间设有断缝(断点),而桁式组合拱上弦杆却是在墩(台)顶部至拱顶之间适当位置断开(断点),从断点至墩(台)顶部形成一个悬臂桁架[与墩(台)固结],主孔跨间两断点之间为一普通桁架拱,全桥下弦杆保持连续,如图1-2-76所示。

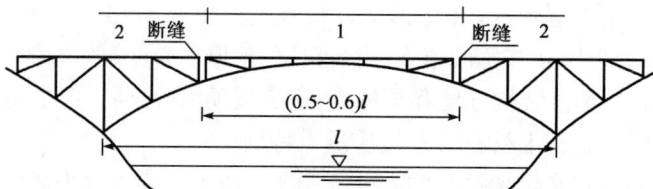

图1-2-76 桁架组合拱桥的组成
1-桁架拱部分;2-悬臂桁梁部分

桁式组合拱中跨与边跨之比一般为0.2~0.4。主跨上弦杆断点位置离拱脚的距离一般为跨径 l 的0.25~0.2,换句话说,主跨中部"普通桁架拱"部分长度为主跨径 l 的0.5~0.6。下弦杆一般采用二次抛物线。

桁式组合拱桥上弦在墩顶与拱顶之间的适当位置断开后,使上弦放松,可以调节各杆件的内力,使结构受力趋于合理,主要受力特点在于:①将全桥明显地分为两个受力区段,即断缝至拱顶区段是拱式受力体系,上弦及实腹段均受压;断缝至桥墩(或边孔桥台)区段是梁式受力体系,上弦受拉,下弦受压。可见,这类桥型兼有拱和梁的受力特点,是一个拱、梁式组合体系结构。②桁式组合拱的下弦、斜杆、上弦的承载能力均得以充分发挥,全桥受力趋于均匀、合理。③上弦断缝位置对全桥内力的分配起着重要的作用。在跨径、拱矢度等确定的前提下,可以通过选择断点的位置,人为地调节各杆件内力,以使全桥各杆件受力均衡,材料利用更加充分、合理。

桁式组合拱桥的良好受力特性决定了各杆件均可采用较小的断面尺寸,从而减小工程数量和结构自重,在相同跨径的各式桥梁中,桁式组合拱桥的经济指标是最低的。桁式组合拱桥与桁架伸臂的施工方法相配合,结构杆件和材料的利用充分。桁式组合拱桥在悬拼施工中,稳定结构所需的斜杆也就是结构的永久性构件,无须过多设置临时构件,施工阶段和使用阶段结构构件保持一致,预应力钢筋也得到了充分利用。桁式组合拱桥采用常见的起重机械——钢人字桅杆吊机即可完成桁架悬拼架设。以150m跨径的桥梁为例,采用人字桅杆吊机比缆索吊机可以减少施工用钢80%以上。

理论分析表明,桁式组合拱保留了普通桁架拱的优点,纵、横刚度较大,稳定性较好,拱顶正弯矩比同跨径普通桁架拱减少30%以上,构造简单,由于上弦断开,其拉力比同跨径普通桁架拱减少50%以上,总体经济性较好。建于1995年的贵州江界河大桥至今仍为世界同类桥跨径之冠,桥梁主跨330m,宽13.4m,下弦高度仅2.7m,为计算跨径的1/122.2,这在世界各国跨径330m左右的拱桥中是很小的。

桁式组合拱常用于100m以上的特大型预应力混凝土拱桥。实践表明,预应力桁式组合拱桥始于20世纪80年代,使用时间并不长,但出现的问题却不少,如构件、节点开裂严重,结构整体受力性能劣化迅速,已建的大部分桥梁均已被加固或重建。出现上述问题主要在于结构接头过多、构件连接薄弱、施工质量控制难度大、整体刚度偏低、安全储备不足、耐久性差等,所以,在新建桥梁中已很少采用。

二、刚架拱桥

刚架拱桥于1978年在江苏省无锡县首先建成,它是钢筋混凝土拱式结构,是在双曲拱、刚架拱、肋拱和斜腿刚构等结构形式基础上发展起来的一种新桥型。图1-2-77所示为建于20世纪70年代的跨径60m的广东清远大桥。刚架拱属于有推力的高次超静定结构(图1-2-78)。由于它具有构件少、质量轻、整体性及刚度相对较大、施工简便、造价低、造型美观等优点,常用于跨径25~70m的桥梁。

图1-2-77 清远大桥

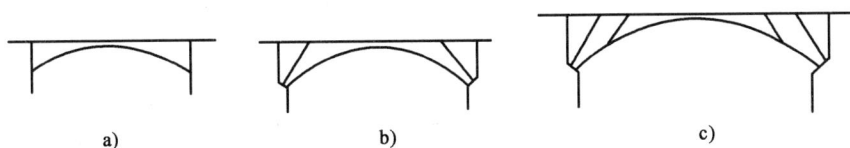

a)   b)   c)

图1-2-78 刚架拱桥的基本图式

1. 刚架拱的构造

刚架拱桥的上部结构由刚架拱片、横向联结系和桥面等部分组成(图1-2-79)。

刚架拱片是刚架拱桥的主要承重结构,一般由跨中实腹段的主梁、空腹段的次梁、主拱腿(主斜撑)、次拱腿(斜撑)等构成(图1-2-79),与桥面板一起形成刚架拱的主拱。总体布置形式主要与桥梁跨径、荷载大小等有关。当跨径小于30m时,可采用只设主拱腿,不设次拱腿的最简单形式[图1-2-80a)]。当跨径在30~50m时,为了减小腹孔段次梁和斜撑的内力,可以设置一根次拱腿[图1-2-80b)]。随着跨径增大,为减小次梁和斜撑的内力,可设置多根斜撑。

这些斜撑都可以直接支承在桥梁墩(台)上,也可以将次拱腿支承在主拱腿上,以减小次拱腿的长度[图1-2-80c)]。

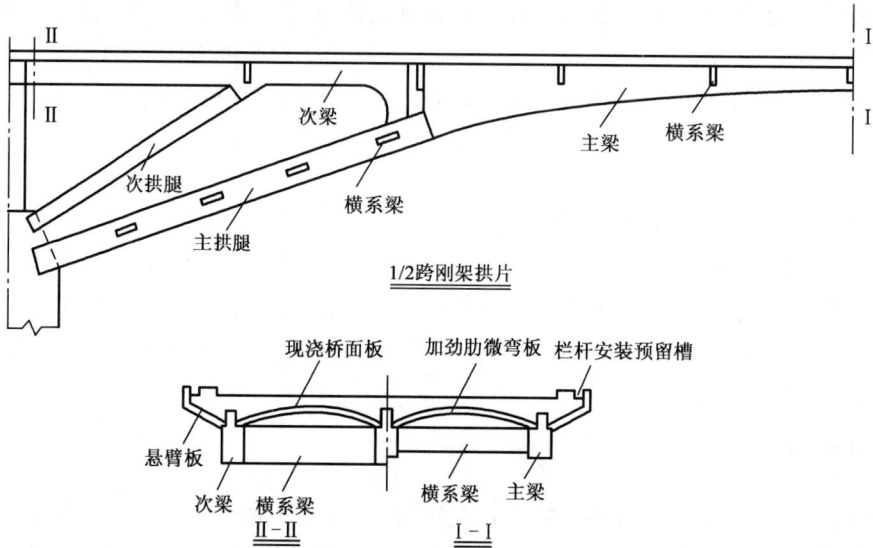

图1-2-79 刚架拱桥构造图

主梁和主拱腿的交接处称为主节点,次梁和次拱腿的交接处称为次节点。节点构造一般均按固接设计,主拱腿和次拱腿的支座分别称为主支座和次支座,根据构造形式和所选计算图式不同,可以采用固接和铰接(平铰或较完善的弧形铰等)。

主梁和主拱腿构成的拱形结构的几何形状是否合理,对全桥结构的受力有显著的影响。设计原则是在恒载作用下弯矩最小。主梁和次梁的梁肋上缘线一般与桥面纵向平行,主梁下边缘线一般可采用二次抛物线、圆弧线或悬链线,使主梁成为变截面构件。主拱腿可根据跨径大小和施工方法等不同,设计成等截面直杆或微曲杆。有时从美观考虑,也可采用与主梁同一曲线的弧形杆,这样可改善梁、拱腿的受力性能。

刚架拱片可以采用现浇或预制安装的方法施工,应根据运输条件和安装能力确定,目前大多数采用后者。为了减小吊装质量,可将主梁和次梁、斜撑等分别预制,用现浇混凝土接头连接。当跨径较大时,次梁还可分段预制(图1-2-81)。

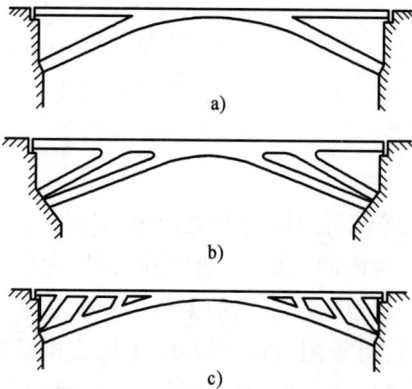

图1-2-80 刚架拱总体布置

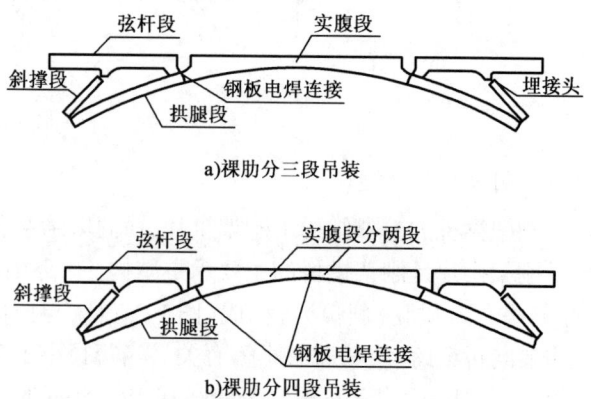

图1-2-81 刚架拱片的分段

横向联系是为使刚架拱片连成整体共同受力,并保证其横向稳定而设置的。为了简化构造,横向联系可采用预制装配式的横系梁或横隔板形式,其间距视跨径大小确定,一般在刚架拱片的跨中、主次梁端部等处应设置横系梁。当跨径较大或者跨径小但桥面很宽时,为了加强跨中实腹段刚架拱片间的横向整体性,有利于荷载的横向分布,可增设直抵桥面板的横隔板。桥面板可由预制微弯板、现浇混凝土填平层等部分组成,也可采用预制空心板。

2. 刚架拱主要尺寸拟定

刚架拱跨中截面高度与跨径、刚架片数(或间距)等有关,初拟时可采用下列经验公式估算:

$$h = k\left(350 + \frac{l_0}{100}\right) \tag{1-2-9}$$

式中:h——跨中截面高度(mm);

$\quad l_0$——拱的净跨径(mm);

$\quad k$——荷载系数,公路—Ⅰ级荷载时可取 1.4,公路—Ⅱ级荷载时可取 1.2。

对于桥墩刚度较小的多跨刚架拱桥,跨中截面的高度通常在跨径的 1/50~1/30 之间取值。

刚架拱片的数量也与桥宽、跨径等有关。拱片间距一般为 2.0~3.5m,但采用预应力混凝土空心板和预应力刚架拱片时,拱片间距可适当加大,以减少拱片,获得更好的经济效果。

刚架拱片各主要节点的位置与结构受力及外形美观直接相关。主节点位置由实腹段长度和拱腿斜度确定。一般情况下,实腹段长度为桥梁跨径 l 的 0.4~0.5,拱腿与水平线夹角在 30°左右,主节点位于(0.25~0.3)l 附近。

次节点的位置则与主节点位置和空腹段边纵梁(墩或台至第一根斜撑之间)跨度的大小有关,当仅有一根斜撑时,宜将次节点布置在纵梁中点,以改善纵梁受力。

实腹段一般采用变截面构件,其底缘弧线可采用矢跨比为 1/20~1/16 的二次抛物线或其他曲线,此时拱腿可采用直杆或微曲杆。为改善拱片受力,增强美观性,拱腿与实腹段宜采用同一曲线。

刚架拱片的厚度一般采用 20~40cm。为简化施工,实腹段与斜撑采用同一厚度。纵梁的高度由边纵梁(无水平斜撑分压力作用)的受力需要确定,一般不高于跨中截面高度。实腹段、纵梁采用凸形截面,斜撑采用矩形截面。斜撑高度为其宽度的 2.5~3.5 倍。

上述尺寸在初步拟定后,经分析计算后再进行调整。其他相似构造尺寸参见桁架拱。

第三节 中、下承式钢筋混凝土拱桥的设计与构造

中承式拱桥的行车道位于拱肋的中部[图 1-2-82a)],桥面系(行车道、人行道、栏杆等)一部分用吊杆悬挂在拱肋下,一部分用门式刚架立柱支承在拱肋上。下承式拱桥通过吊杆将所有纵梁和横梁系统悬挂在拱肋下,在纵梁、横梁上设置行车道板,组成桥面系[图 1-2-82b)]。

一、适用场合及总体布置

1.适用场合

在目前的桥梁方案设计中,中、下承式拱桥已成为优先选择的桥型之一,它们不仅保持了上承式拱桥的基本力学特性,而且构件简洁明快,特别是多孔连续的中、下承式拱桥,以其波浪起伏、构件轻巧给人以美感,具有广泛的适用场合:当桥梁的建筑高度受到严格限制,采用上承式拱桥有困难或矢跨比过小时,采用中、下承式拱桥可满足桥下净空要求;在不等跨的多孔连续拱桥中[图1-2-82c)],为了平衡左右桥墩的水平推力,将较大跨径的桥孔矢跨比加大,做成中承式拱桥,以减小大跨的水平推力;在平坦地形的河流上,采用中、下承式拱桥可以降低桥面高度,有利于改善桥梁两端引道的纵面线形,减少引道的工程数量;有时为了满足当地景观和美学需要而采用中、下承式拱桥。

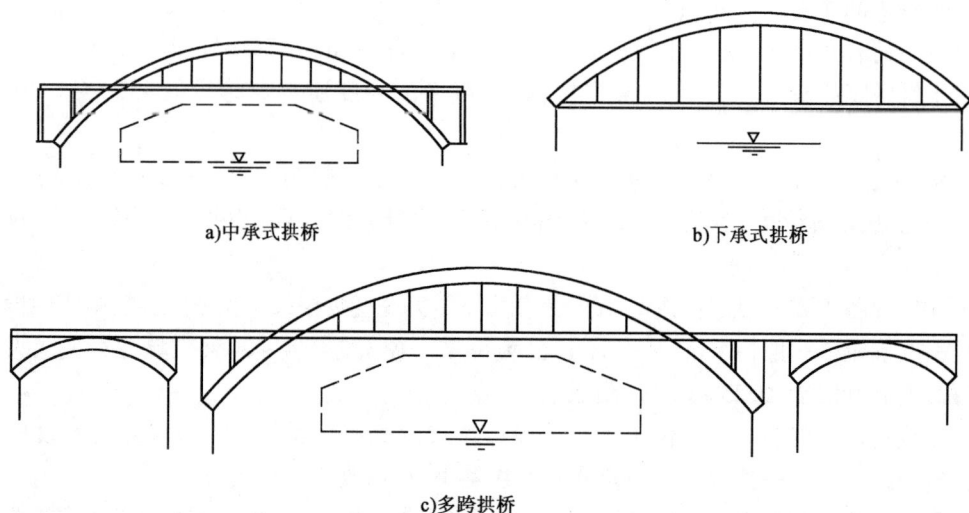

a)中承式拱桥

b)下承式拱桥

c)多跨拱桥

图1-2-82 中承式和下承式拱桥

2.总体布置

中承式拱桥的总体布置见图1-2-83,下承式拱桥的总体布置见图1-2-84。

中、下承式拱桥的桥跨结构由拱肋、横向联结系和悬挂结构三部分组成。拱肋是主要的承重构件;横向联结系设置在两片拱肋之间,用以增强两片分离式拱肋的横向刚度和稳定性;悬挂结构包括吊杆和桥面系等,桥面荷载通过它们将作用力传递到拱肋上。

中、下承式拱桥的两片拱肋一般在两个相互平行的平面内,有时为了提高拱肋的横向稳定性和承载力,也可使两拱肋顶部互相内倾,水平面上的投影呈"X"(提篮式拱),如图1-2-83a)所示。由于拱肋的自重分布比较均匀,因此拱轴线形宜采用悬链线或二次抛物线。拱肋截面沿拱轴线变化规律可以是等截面或变截面,有时为了增加拱肋的横向刚度和稳定性,可将拱脚段的肋宽加大。在中、下承式拱桥中,通过加大拱肋矢高来减小水平推力,常用矢跨比在1/7 ~ 1/4 之间,依当地条件而定。

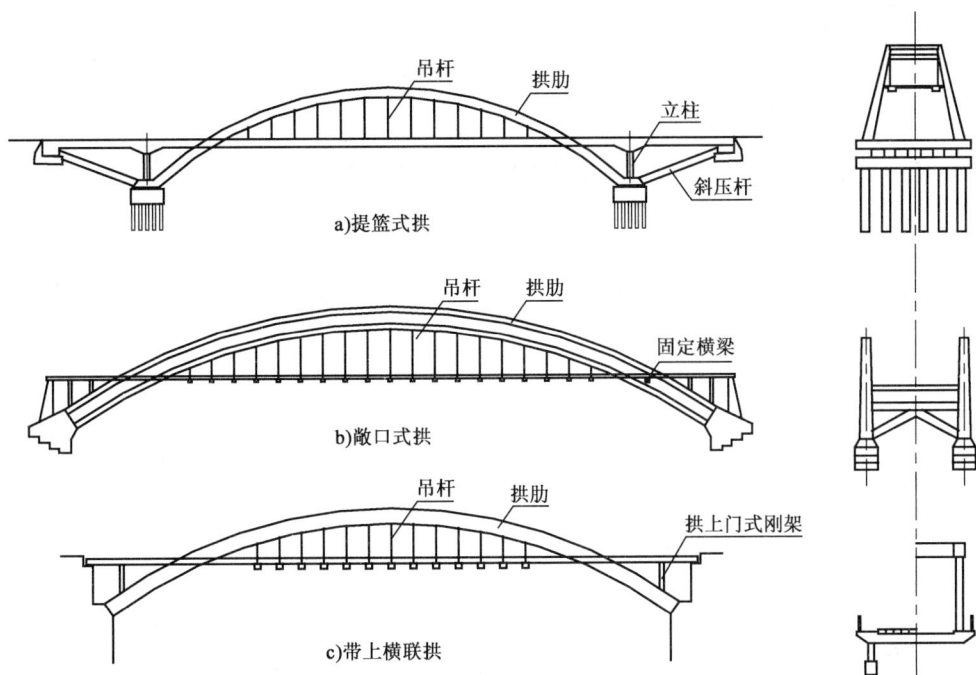

图 1-2-83　中承式钢筋混凝土拱桥总体布置

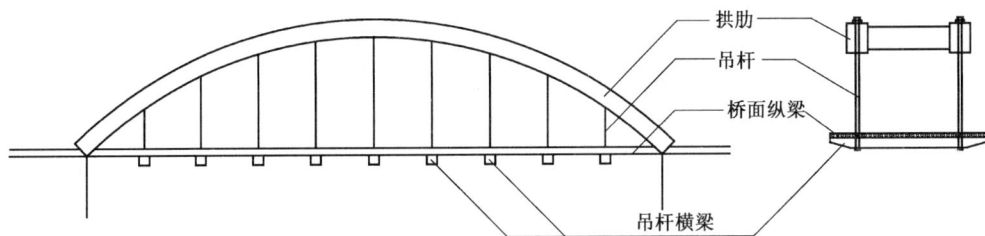

图 1-2-84　下承式钢筋混凝土拱桥总体布置

　　横向联结系对中、下承式拱桥的整体性和稳定性至关重要,横向联结系有横系梁、K 形撑、X 形撑和格构式构造等形式,如图 1-2-85 所示。横向联结系的设置常受桥面净空高度的限制,只容许设置在桥面净空高度范围之外的拱段。一般地,桥面以上拱顶处设置横系梁,拱顶两侧弯矩影响线零点附近设置横系梁或 K 形撑。对中承式拱桥形状,拱肋与桥面系交叉处设置桥面横梁(也称肋间横梁),桥面以下设置 K 形撑或 X 形撑。有时为了满足规定的桥面净空高度要求,而不得不将拱肋矢高加大来设置横向构件。高悬在桥面以上的横向构件,对结构物的外观和行车都是不利的。有时为了满足桥面净空要求和改善桥上的视野而取消桥面以上的横向构件,做成敞口式拱桥[图 1-2-83b)]。为了保证敞口式拱桥的横向刚度和稳定性,可以采取以下措施:采用刚性吊杆,使吊杆与横梁形成一个刚性半框架,给拱肋提供足够刚劲的侧向弹性支承,以承受拱肋上的横向水平力;加大拱肋的截面尺寸,加强其自身的横向刚度。

　　吊杆分刚性吊杆和柔性吊杆两类,刚性吊杆用钢筋混凝土或预应力混凝土制作;柔性吊杆用冷轧粗钢筋、高强钢丝或钢绞线等高强钢材制作。刚性吊杆可以增强拱肋的横向刚度,但用钢量较大,施工程序多,工艺复杂;柔性吊杆可以部分消除拱肋和桥面系之间的相互影响,且节省钢材。吊杆的间距应根据构造要求和经济美观等因素决定。间距大时,吊杆的数目减少,但纵、横梁的用料增多;反之,吊杆数目增多,纵、横梁的用料减少。通常,吊杆间距在 4 ~ 10m 之间,随跨度增大而取大值,通常吊杆取等间距。

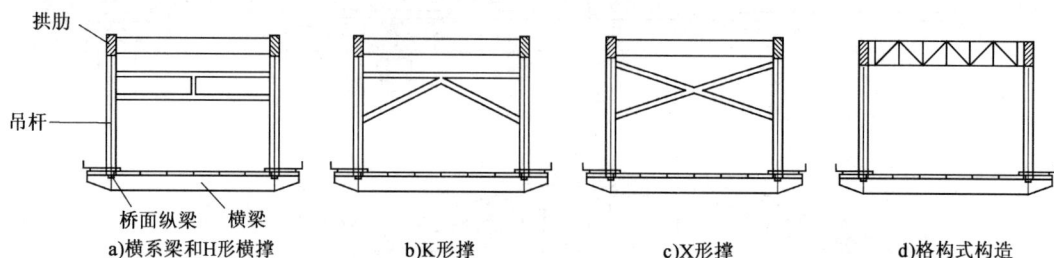

图 1-2-85　横向联结系类型

a)横系梁和H形横撑　　b)K形撑　　c)X形撑　　d)格构式构造

行车道布置在两拱肋之间,在桥面净空相同的条件下,中、下承式拱桥的拱肋横向间距比上承式肋拱桥大,横向联系设置困难,因此常将人行道布置在吊杆的外侧。高速公路上的桥也有仅在中央分隔带上设置一片拱肋的单承重结构,行车道分设在两侧,有利安全行车,且造型美观、轻巧、施工方便。

行车道系由桥面板和纵、横梁组成。桥面板有时与纵梁连成整体,形成 T 梁或 Π 梁;也可在预制的纵梁上现浇桥面板形成组合梁。另一种方案是采用在横梁上密铺预制空心板或实心板来取代桥面板和纵梁两者的作用。桥面板一般为普通钢筋混凝土结构,也可采用预应力或部分预应力结构。桥面板上铺设桥面铺装、安设人行道和栏杆等。

为避免桥面系受拱肋变形作用而受到附加拉伸,导致桥面、防水层和混凝土被拉裂,在桥面系与拱肋相交的地方要设置断缝。一般设在桥面系与拱肋交会处的桥面横梁上,或拱跨端部的桥台(墩)上,也可设在拱跨中间,如在中间两横梁之间设一简支挂孔,或设置双吊杆和双横梁,并将桥面系于断缝处在水平面内做成企口。

二、中、下承式钢筋混凝土拱桥的构造

1.拱肋

钢筋混凝土拱肋的截面形状根据跨径大小、荷载等级、材料强度等级和结构总体尺寸,可以选用矩形、工字形或箱形,其构造形式见图 1-2-86(图中配筋仅为示意,其构造应符合受力及相关规范要求)。截面尺寸的比例及配筋方法与上承式肋拱桥基本一样。钢管混凝土拱肋的截面形状应采用圆管形,详见本章第四节钢管混凝土拱桥部分。

矩形截面构造简单,施工方便,多用于中、小跨径的拱桥。拱肋高度为跨径的 1/70 ~ 1/40,拱肋宽度为肋高的 0.5 ~ 1.0。工字形和箱形截面常用于大跨径拱肋中,拱顶截面高度可参照类似桥梁拟定,在缺乏资料时,按下列经验公式拟定:

(1)跨径≤100m 时

$$h_c = \frac{1}{100}l_0 + \Delta \tag{1-2-10}$$

式中:l_0——拱的净跨径;

Δ——常数,取 0.6 ~ 1.0,跨径大时,选用上限。

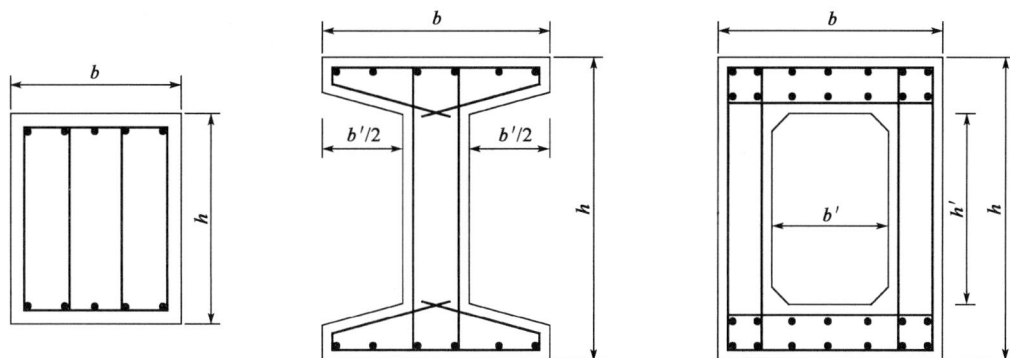

图 1-2-86　常用拱肋截面形状

（2）跨径在 100~300m 时

$$h_c = \frac{1}{100}l_0 + \alpha \cdot \Delta \qquad (1\text{-}2\text{-}11)$$

式中：l_0——拱的净跨径；

α——高度修正系数，取值范围为 0.6~1.0；

Δ——常数，取 2.0~2.5。

如果钢筋混凝土拱肋采用变截面悬链线形式，则拱肋截面的惯性矩常用 Ritter 公式来确定，详见第二章上承式拱桥截面变化规律部分。

拱肋既可在拱架上立模现浇，也可采用预制拼装。

2. 横向联结系

不论是横梁、K 形撑、X 形撑还是格构式撑，其构件的截面形状有矩形、工字形和箱形三种。矩形截面抗扭刚度较小，多用于中小跨径拱桥中。横向联结系应沿拱轴切线方向布置。横系梁高度可取（0.8~1.0）拱肋高度，宽度可取（0.6~0.8）拱肋高度。横系梁四角应设置不小于 $\phi16$mm 的纵向钢筋，并设直径不小于 $\phi8$mm 的箍筋，箍筋间距不应大于横系梁的短边尺寸或 400mm。

3. 吊杆

采用刚性吊杆时，其两端的钢筋应扣牢在拱肋与横梁中。刚性吊杆一般设计为矩形，它除了承担轴向拉力之外，还须抵抗上下节点处的局部弯曲。为了减小刚性吊杆承受的弯矩，其截面尺寸在顺桥向应设计得小一些，而横桥向为了增强拱肋的稳定性，尺寸应设计得大一些。它与拱肋或横梁的连接见图 1-2-87。

柔性吊杆一般用高强钢丝索、钢绞线或冷轧粗圆钢制作。高强钢丝索做的吊杆通常采用镦头锚（图 1-2-88），而粗钢筋则采用轧丝锚与拱肋、横梁相连（图 1-2-89）。

为提高吊杆的耐久性，必须对钢索进行有效防护，防止钢索锈蚀而丧失承载力。防护层要有足够的强度、良好的附着性和耐候性。钢索的防护方法很多，早期采用缠包法和套管法。缠包法采用耐候性防水涂料、树脂对钢丝进行多层涂覆，采用玻璃丝布或聚酯带缠包，最外层还可以用玻璃布或金属套管护罩。这种防护方法层次多，工序复杂，施工不便。套管法是在钢索上外套钢管、铝管、不锈钢管或塑料套管，在套管内压注水泥浆或黄油等其他防锈材料。大量实践表明，这两种方法防护效果差，现已经淘汰。目前主要应用 PE 热挤索套防护工艺，它直接将 PE 材料挤压在钢束表面制成成品索，简单、可靠和经济。

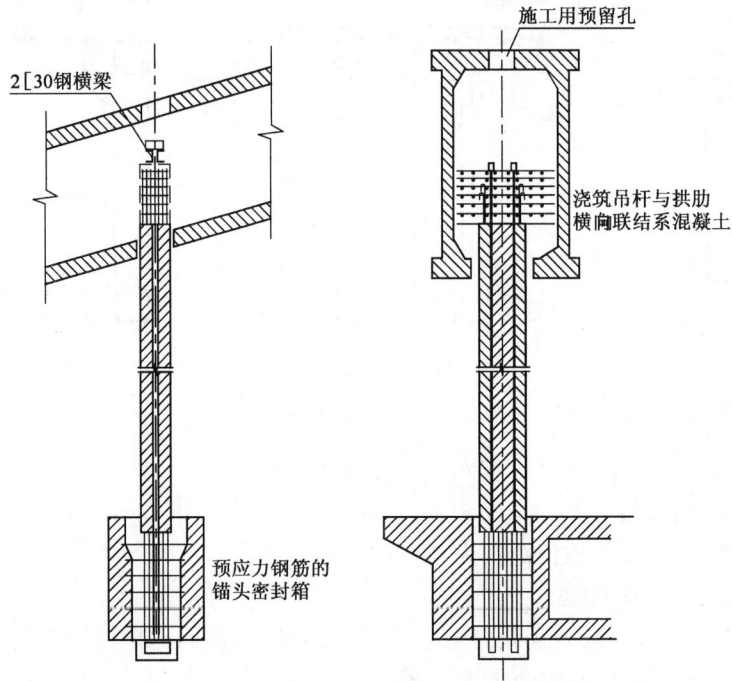

图 1-2-87　预应力混凝土刚性吊杆构造图

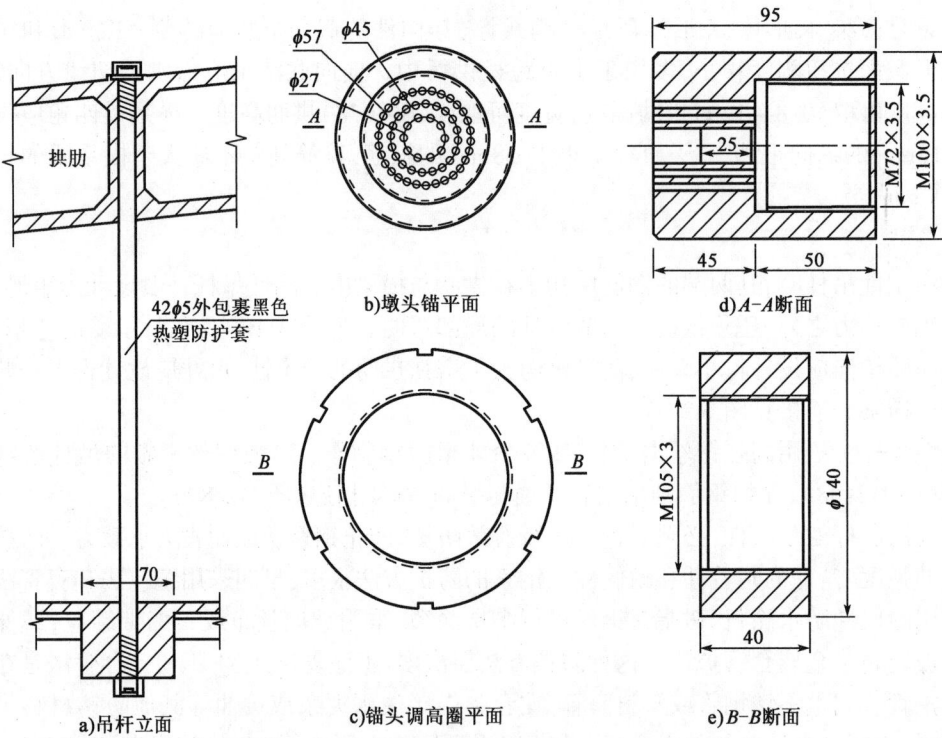

图 1-2-88　高强钢丝吊杆构造图(尺寸单位:mm)

为防止车辆撞击吊杆,可在靠行车道一侧设置防撞栏杆、防撞墙或在吊杆外套 2m 高度的不锈钢管。

由于吊杆的设计使用寿命与主体结构(拱肋)的设计使用年限不一样,在使用过程中需要更换吊杆,在设计时应有便于更换吊杆的构造措施。

此外,中、下承式拱桥还存在所谓的短吊杆问题,这些吊杆长度较短,其相对刚度较大,相应地,它比长杆承受更大的活载及活载冲击力,因此,短吊杆的内应力和应力变幅均较大,需适当增大短吊杆截面积;另一方面在温度变化的作用下,桥面产生的水平位移,大部分集中在端部短吊杆处,造成短吊杆倾斜,护套破裂,钢丝受力不均,腐蚀断裂。为此,可将短吊杆一端锚固在拱肋的顶部,以增加短吊杆长度,并在短吊杆两端设计成铰接(图 1-2-90)。

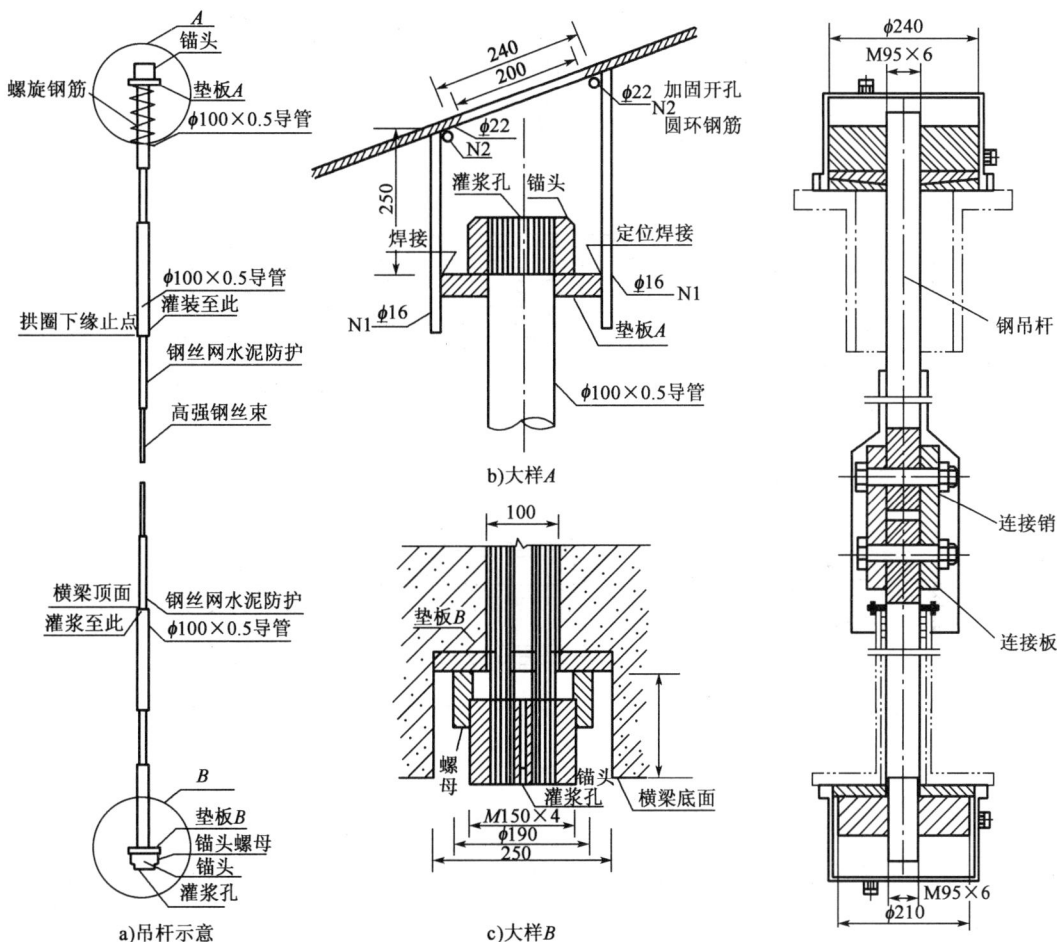

图 1-2-89　冷轧钢筋柔性吊杆构造图(尺寸单位:mm)

图 1-2-90　销接式短吊杆构造示意图(尺寸单位:mm)

4. 横梁

中承式拱桥的横梁包括桥面横梁、吊杆横梁及刚架横梁三类。桥面横梁(又称肋间横梁)位于桥面系与拱肋相交处,与拱肋刚性联结;通过吊杆悬挂在拱肋下的横梁称为吊杆横梁;通过立柱支承在拱肋上的横梁称为刚架横梁(又称立柱横梁)。

桥面横梁由于所处的位置特殊,它既要传递垂直荷载,又要传递水平横向荷载,有时还要传递纵向制动力,承担从拱肋和桥面传来的很大的弯矩、扭矩和剪力,因此受力情况复杂,其截面尺寸与刚度要比其他横梁大。此外,其外形还必须与拱肋及桥面系相适应。

在桥面与拱肋相交处附近,通行空间受拱肋的干扰,故桥面横梁比吊杆横梁要长,常用的截面形式有矩形、箱形、工字形(图1-2-91)。

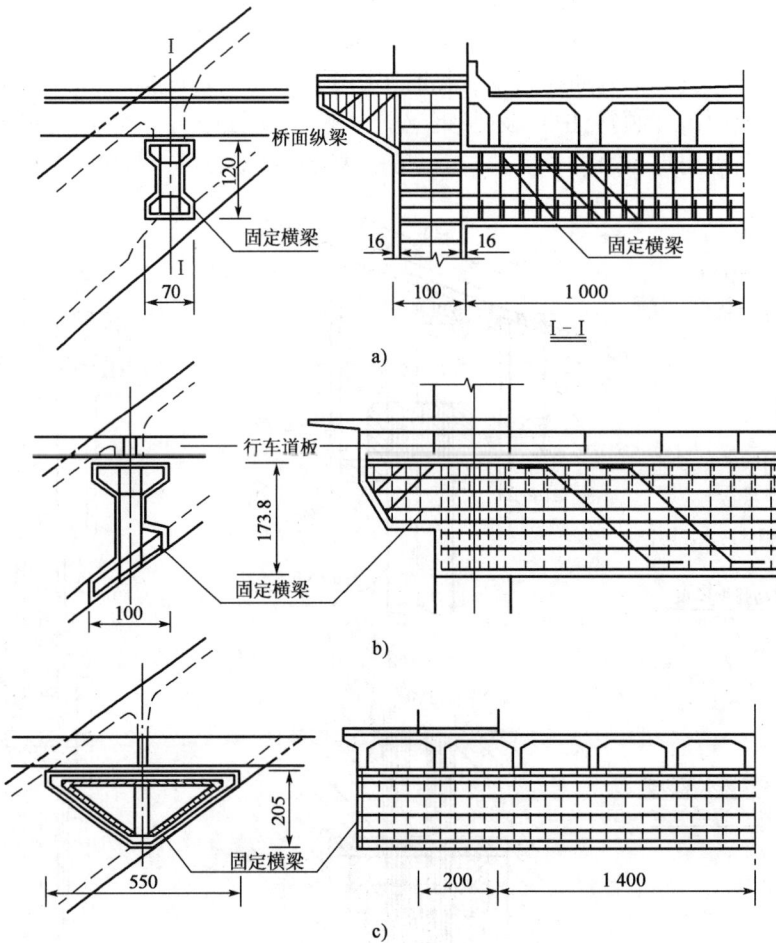

图1-2-91　固定横梁构造图(尺寸单位:cm)

吊杆横梁的截面形式常用矩形、工字形、凸字形和带凸字形的工字梁,大型横梁也可采用箱形截面,其尺寸取决于横梁的跨度(拱肋中距)和承担桥面荷载的长度(吊杆间距),一般为钢筋混凝土构件;当跨度较大时,也可采用预应力混凝土构件(图1-2-92)或钢构件。

刚架横梁与拱上立柱联结,形成门式刚架,见图1-2-93。

中承式拱桥桥面纵梁的固定支座一般不设在拱上门式刚架上,以减小刚架所受的纵向水平力。拱上立柱与拱肋的连接可分为刚接和铰接。刚接时立柱底部的钢筋应插入拱肋且与拱肋主筋绑扎牢固,铰接时一般采用混凝土铰。拱脚区段拱轴高程变化剧烈,相邻两拱上立柱高度有悬殊的高差,当立柱高度超出其纵向厚度20倍时,即使与拱肋刚接,立柱内的纵向弯矩值也将很小,可忽略不计,而对靠近固定横梁的矮立柱,则宜做成铰接。

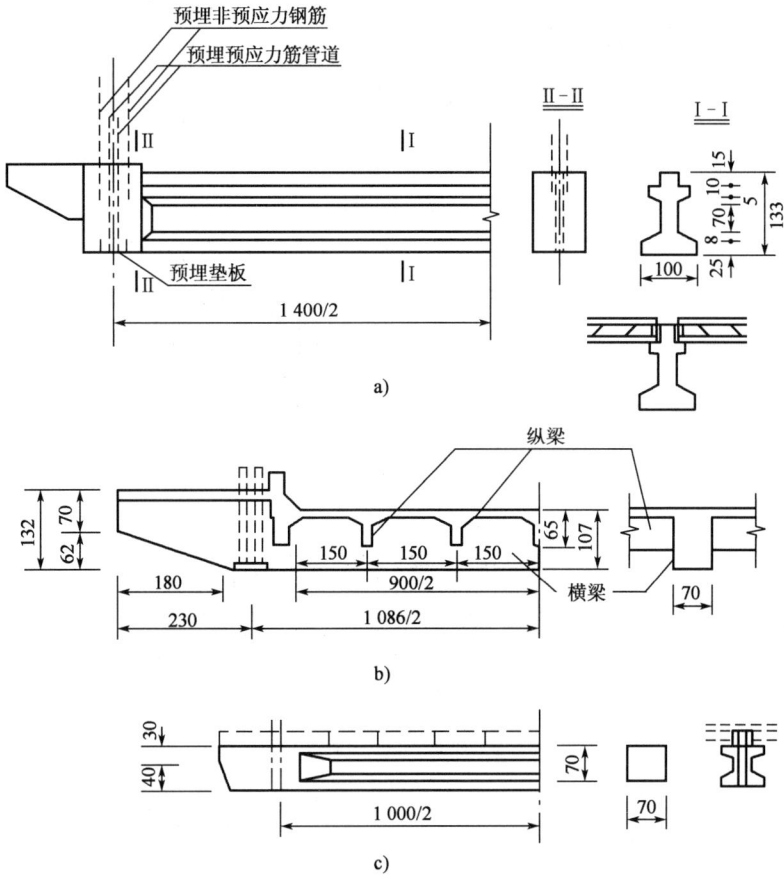

a)

b)

c)

图 1-2-92　普通横梁构造图(尺寸单位:cm)

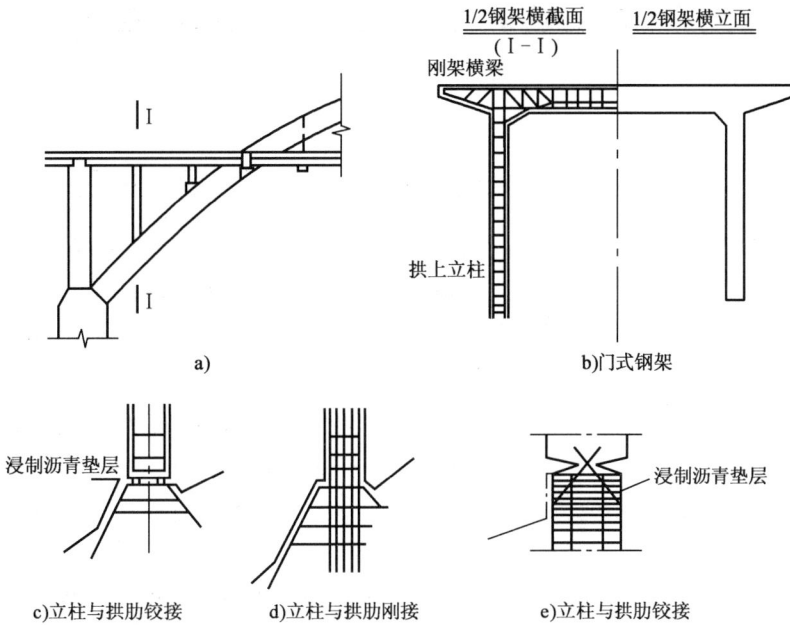

1/2钢架横截面
(Ⅰ-Ⅰ)

1/2钢架横立面

刚架横梁

拱上立柱

a)

b)门式钢架

浸制沥青垫层

c)立柱与拱肋铰接　　　d)立柱与拱肋刚接　　　e)立柱与拱肋铰接

图 1-2-93　拱上门式刚架构造图

5. 纵梁

中下承式钢筋混凝土拱桥跨度一般不大,横梁间距在 4～10m 之间,桥面纵梁大多采用钢筋混凝土空心板、实心板、T 形或 Ⅱ 形小梁,形成简支梁结构或连续梁结构,详见图 1-2-94～图 1-2-96。

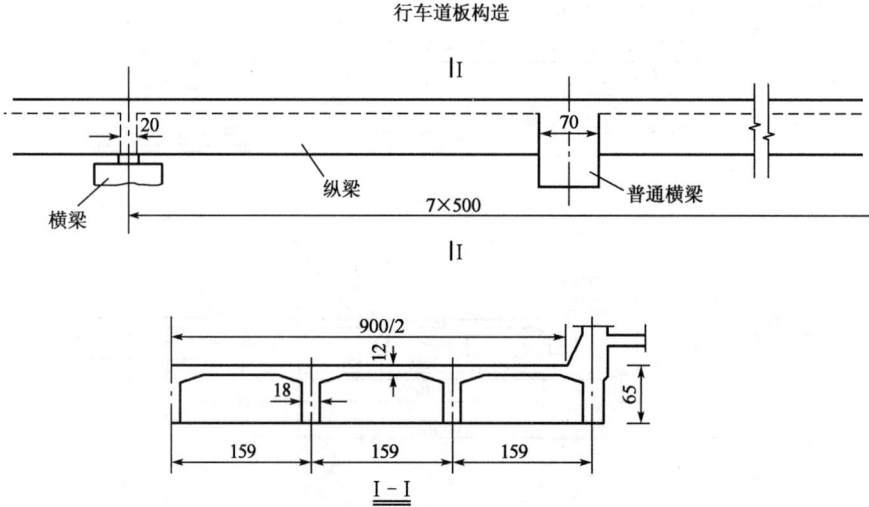

图 1-2-94　T 形桥面简支纵梁构造图(尺寸单位:cm)

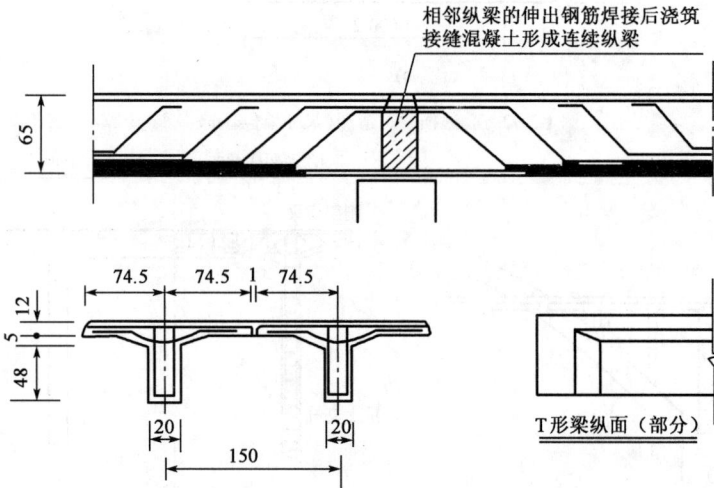

图 1-2-95　T 形桥面纵梁半纵面图(尺寸单位:cm)

简支梁结构构造简单,受力相对明确,但吊杆失效就会导致桥面垮塌,这种构造形式已很少采用,现主要采用连续梁结构。根据纵梁与吊杆横梁的连接方式,又有两种:一种是纵梁连续,下设支座,与吊杆横梁分离;另一种是纵梁与横梁固接。为方便施工,大多采用先简支后连续结构。

对于特大跨径的中、下承式拱桥,还可在由预制的纵、横梁形成的梁格体系上现浇桥面板形成组合梁。由于钢筋混凝土梁格体系设计与施工比较复杂,故纵、横梁多用钢结构制作,桥面板预制安装,在桥面板接缝处浇筑混凝土。

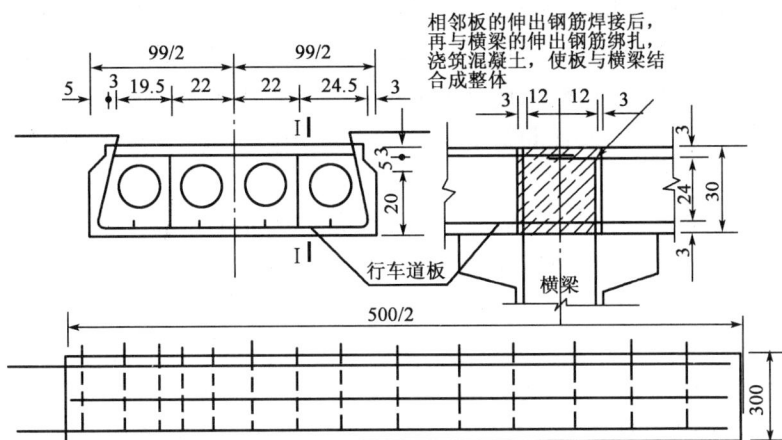

图 1-2-96 空心板桥面构造图(尺寸单位:cm)

6.行车道系

中承式拱桥行车道系部分放置于立柱横梁上,部分被悬挂在拱肋上的吊杆横梁所支承,刚性立柱与柔性吊杆在桥面横梁处有一个刚度变化区,荷载作用和温度变化不但使拱肋发生变形,而且温度变化还会引起桥面系沿桥跨方向的伸缩,为避免桥面系受上述因素影响导致桥面、防水层和混凝土被拉裂,需要在桥面系与拱肋相交之处设置断缝。断缝一般设置在桥面横梁上,或拱跨端部的桥台(墩)上,也可设在拱跨中间,如在中间两横梁之间设一简支挂孔,或设置双吊杆和双横梁,并将桥面系于断缝处在水平面内做成企口。

第四节 钢管混凝土拱桥的设计与构造

一、概述

钢管混凝土是在薄壁圆形钢管内填充混凝土而形成的一种组合材料,它一方面借助内填混凝土增强钢管壁的稳定性,同时又利用钢管对核心混凝土的套箍作用,使核心混凝土处于三向受压状态,从而使其具有更高的抗压强度和变形能力。

钢管混凝土本质上属于套箍混凝土,因此,除具有一般套箍混凝土强度高、塑性好、重量轻、耐疲劳、耐冲击等特点外,尚具有以下几方面的独特优点:

(1)钢管本身就是耐侧压的模板,因而灌注混凝土时,可省去支模、拆模等工序,并可适应先进的泵送混凝土工艺。

(2)钢管本身就是钢筋,它兼有纵向钢筋和横向箍筋的作用,既能受压,又能受拉。

(3)钢管本身又是劲性承重骨架,在施工阶段可起劲性钢骨架的作用,在使用阶段又是主要的承重结构,因此可以节省脚手架,缩短工期,减少施工用地,降低工程造价。

(4)在受压构件中采用钢管混凝土,可大幅度节省材料。理论分析和工程实践都表明,钢管混凝土与钢结构相比,在保持结构自重相近和承载能力相同的条件下,可节省钢材约50%,

焊接工作量显著减少;与普通钢筋混凝土相比,在保持钢材用量相似和承载能力相同的条件下,可减少构件横截面积约50%,混凝土和水泥用量以及构件自重相应减少一半。

钢管混凝土在桥梁工程中的应用已有一百多年的历史。早在1879年,英国的Severn铁路桥建设中就采用了钢管桥墩,当时在管中灌注混凝土,主要用来防止内部锈蚀并承受压力。20世纪30年代末期,前苏联用钢管混凝土建造了跨径101m的公路拱桥和跨径140m的铁路拱桥。

我国从1959年开始研究钢管混凝土的基本性能和应用,进入20世纪80年代,钢管混凝土在桥梁工程中的应用开始得到研究,1990年建成国内第一座钢管混凝土拱桥——四川旺苍净跨115m的下承式钢管混凝土系杆拱桥,同年年底,又建成两孔净跨100m的中承式拱桥(广东高明大桥)。据不完全统计,在短短20年时间内,建成了200余座不同跨径、不同结构体系的钢管混凝土拱桥,2005年建成的重庆巫山长江大桥,主跨达460m,为同类桥梁跨径世界之最。2013年建成的四川合江长江大桥净跨径达到518m,成为新的钢管混凝土拱桥跨径世界纪录。钢管混凝土拱桥之所以得到如此快的发展,归结起来有以下几个方面的原因:

(1)跨径适应能力强。实践证明,钢管混凝土拱桥跨径在100~500m以内具有很强的适应性和竞争力。钢管混凝土拱桥出现以前,主要是斜拉桥、连续刚构桥、预应力混凝土连续梁桥和钢筋混凝土拱桥,钢拱桥因受到当时国内钢产量和防护技术限制很少建造。斜拉桥、连续刚构桥和预应力混凝土连续梁桥工程造价高,上下部结构不能同时施工,建设工期长;普通钢筋混凝土拱桥在跨径超过130m后,因吊装质量大、节段数过多(超过7段)、拱轴线形控制差等原因而受到限制。

(2)承载能力大,施工快捷。钢管混凝土充分发挥了钢和混凝土各自的优越性能,具有很高的抗压强度和抗变形能力,非常适合以偏心受压为主的拱桥。施工时,钢管充当很好的模板,又起到劲性骨架的作用。另一方面,桥梁基坑开挖、基础与混凝土浇筑、钢管加工、吊杆制作、横梁和桥面板预制可同时进行,模块化程度高,节省了施工工期,与同等跨径的其他体系桥梁相比,可节省工期30%以上。

(3)地基适应性好。普通钢筋混凝土拱桥水平推力大,对桥址处的地质要求高,限制了应用范围。钢管混凝土拱桥与同跨径的钢筋混凝土拱桥相比重量轻、推力小,降低了地基承载力要求,同时也可根据不同的地质条件和桥位,比较容易地设计成有推力的拱桥(上承式和中承式拱)和无推力的系杆拱桥(下承式或带半跨边孔的飞燕式组合拱)。

(4)造型优美。钢管混凝土拱桥外形美观,色彩搭配容易与周围环境协调,再配以恰当的灯光设计,令人赏心悦目。

(5)有较成熟的施工技术作支撑。中国是建造拱桥最多的国家,经过长期的探索,已掌握了成套的施工技术,如无支架缆索吊装法、转体施工法,前者配合千斤顶低松弛高强钢绞线做扣索,具有索力调整方便、张拉行程准、拱轴线形控制精度高的优点,完全解除了只适用于7段以内的限制,能用于多节段拱肋吊装;后者的平转和竖转技术也已相当谙熟,已成功用于多座钢管混凝土拱桥的安装。

由于钢管混凝土拱桥较好地解决了拱桥施工中所需安装重量轻和承载能力大的矛盾,因此,一经出现便得到迅速推广,成为大跨径拱桥一种比较理想的结构形式(表1-2-3)。此外,大直径钢管卷制工厂化,也有力地促进了中国钢管混凝土拱桥的发展。在工程实践中,钢管混凝土拱桥也出现了管内混凝土脱空和管节点处焊缝裂纹等病害,尚需作进一步的研究。

中国跨径 200m 以上钢管混凝土拱桥   表 1-2-3

序 号	桥 名	建成时间	主跨(m)	矢跨比	结构形式
1	四川泸州合江长江一桥	2013	518		中承式
2	重庆巫山长江大桥	2005	460	1/3.8	中承式
3	湖北宜昌支井河大桥	2009	430	1/6	上承式
4	湖南湘潭莲城大桥	2006	388	1/5.19	中承式
5	湖南茅草街大桥	2006	368	1/5	中承式
6	广州丫髻沙(珠江)大桥	2000	360	1/4.5	中承式
7	安徽太平湖大桥	2008	352	1/4.94	中承式
8	广西南宁永和大桥	2004	338	1/5	中承式
9	沪蓉西高速小河大桥	2009	338	1/5	上承式
10	浙江千岛湖南浦大桥	2003	308	1/5.5	下承式
11	重庆奉节梅溪河大桥	2001	288	1/5	上承式
12	武汉江汉三桥	2001	280	1/5	下承式
13	广东东莞水道大桥	2005	280	1/5	下承式
14	宜万铁路宜昌长江大桥	2008	2×275	1/5.5	下承式
15	广西三岸邕江大桥	1998	270	1/5	中承式
16	浙江宁波三门跨海大桥中间桥	2003	270	1/5	中承式
17	浙江宁波三门跨海大桥北门桥	2005	270	1/5	中承式
18	四川宜宾戎州金沙江大桥	2005	260	1/4.5	中承式
19	湖北秭归青干河大桥	2002	256	1/4	中承式
20	浙江金竹牌大桥(千岛湖1号桥)	2006	252	1/5.5	上承式
21	浙江三门健跳大桥	2001	245	1/5	中承式
22	武汉江汉五桥	2000	240	1/5	中承式
23	贵州落脚河大桥	2001	240	—	中承式
24	湖北恩施南里渡大桥	2002	240	1/5	上承式
25	巫山新龙门大桥	2010	240	1/5	中承式
26	浙江象山铜瓦门大桥	2002	238	1/4.82	中承式
27	贵州水柏铁路北盘江大桥	2001	236	1/4	上承式
28	江苏邳州京杭运河大桥	2002	235	1/4	中承式
29	江西南昌生米大桥	2005	2×228	1/4.5	中承式
30	广西六景郁江大桥	1999	220	1/5	中承式
31	湖北恩施南泥渡大桥	2003	220	1/5	上承式
32	太澳线蒲山大桥	2009	219	—	下承式
33	湖北秭归龙潭河大桥	2000	208	1/5	中承式
34	湖南湘西王村特大桥	2000	208	1/5	中承式
35	四川眉山岷江大桥	2010	206	1/6	中承式
36	四川绵阳涪江三桥	1997	202	1/4.5	中承式

序　号	桥　　名	建成时间	主跨(m)	矢跨比	结构形式
37	辽宁丹东月亮岛大桥	2003	202	1/5.47	下承式
38	广东南海三山西大桥	1995	200	1/4.5	中承式
39	重庆合川合阳嘉陵江大桥	2002	200	1/4	中承式

钢管混凝土在拱桥上的应用有两种形式:一种是直接用作主拱结构,即钢管混凝土拱桥;另一种是利用钢管混凝土作为劲性骨架。劲性骨架是伴随着大跨径拱桥修建而出现的,即先用无支架方法架设拱形劲性骨架,然后围绕劲性骨架浇筑混凝土形成拱箱,把骨架作为拱箱的钢筋骨架不再拆卸收回,因此又叫埋入式钢拱架。1909年德国用此法修建了一座130m的Echelsbach大桥,但因用钢量大、费用高,以后很少使用。我国在劲性骨架基础上,发展了半劲性骨架锚索加载施工法,减少骨架用钢量达2/3,1980年辽宁省用此法建造了一座70m的箱肋拱桥。进入20世纪90年代,劲性骨架混凝土拱桥无论在设计理论还是在施工工艺上都得到了迅速发展,先后建成几座特大跨拱桥(表1-2-4),如广西邕宁邕江大桥(312m,中承式拱桥),重庆万州长江大桥(420m,上承式拱桥)。

国内部分劲性骨架混凝土拱桥一览表　　　　　　　　　表1-2-4

桥　　名	跨度	矢跨比	拱肋(箱)尺寸(m)		用钢量(kg/m²)	结构形式	建成年份
			高	宽			
重庆万州长江大桥	420	1/5	7.0	16.0	316.68	上承式	1997
广西邕宁邕江大桥	312	1/6	5.0~6.8	3.0~4.0	192.0	中承式	1996
四川宜宾小南门大桥	243	1/5	4.3-5.1	2.2-3.2		中承式	1990
四川攀枝花裸果大桥	160	1/4	5.4	2×2.0	146.95	中承式	1995
辽宁丹东沙河口大桥	156	1/6	3.2-4.2	2×2.0	108	中承式	1982
江西德兴太白大桥	130	1/8	2.2	2×1.5		中承式	1993
吉林影虹大桥	120	1/5	1.5			中承式	1990
四川新龙坳大桥	120	1/4	3.0	2×2.0	78.0	中承式	1997
辽宁清河门大桥	3×120	1/6			68.0	中承式	1986
辽宁丹东英那河大桥	90	1/6			68.0	中承式	1984

注:表中每平方米用钢量未计入桥面系吊杆等结构用材。

二、基本组成与总体布置

(一)基本组成

钢管混凝土拱桥均为肋拱桥,它由钢管混凝土拱肋、立柱或吊杆、横联、行车道系、下部结构等组成。钢管混凝土拱肋是主要承重结构。它承受拱上的全部荷载,并将荷载传递给墩台和基础。

(二)总体布置

1.桥型布置

钢管混凝土拱桥常用的结构形式有上承式拱桥、中承式拱桥、飞燕式拱桥、拱梁组合体系桥和下承式刚架系杆拱桥,其中后三种均为组合体系拱桥。

上承式拱桥(图1-2-97)、中承式拱桥均为有推力结构,适合地基条件较好时采用。上承式拱桥拱肋可采用双肋或多肋形式,拱肋截面采用哑铃形或桁式截面,为使拱肋之间的受力均匀,宜在每个拱上立柱处布置横向联结系。其常用跨径在60~300m之间。目前,国内最大的上承式钢管混凝土拱桥是沪渝高速公路上的支井河大桥,主跨430m,每条拱肋由四肢直径为 $\phi1\,200\times24$mm钢管组成,拱肋高度由拱顶的6.5m变化到拱脚的13.0m,拱肋高度按Ritter公式变化,两肢钢管的中心距离为4.0m,全桥有20个拱上立柱,设置了20道"X"形撑。

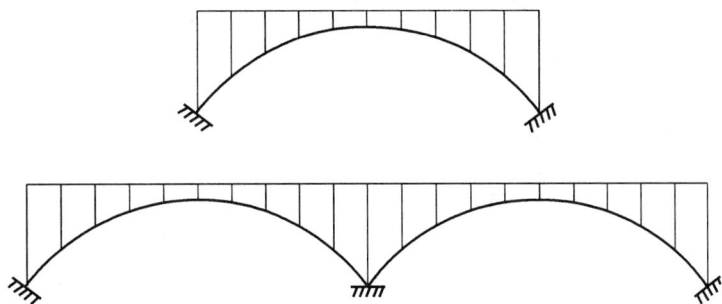

图 1-2-97 上承式拱桥图式

中承式钢管混凝土拱桥是最常用的桥型之一,如图1-2-98所示,又以单跨式布置居多。在多跨布置中,可以设计成等跨或不等跨形式,边跨可根据地形、地貌布置成中承式拱或上承式拱,以平衡中承式拱的水平推力,增强桥梁美感。中承式拱桥拱肋截面多采用哑铃形或四肢桁式截面,设置的横向联结系相对较少。目前,国内外最大的中承式钢管混凝土拱桥是主跨518m的四川合江长江大桥。

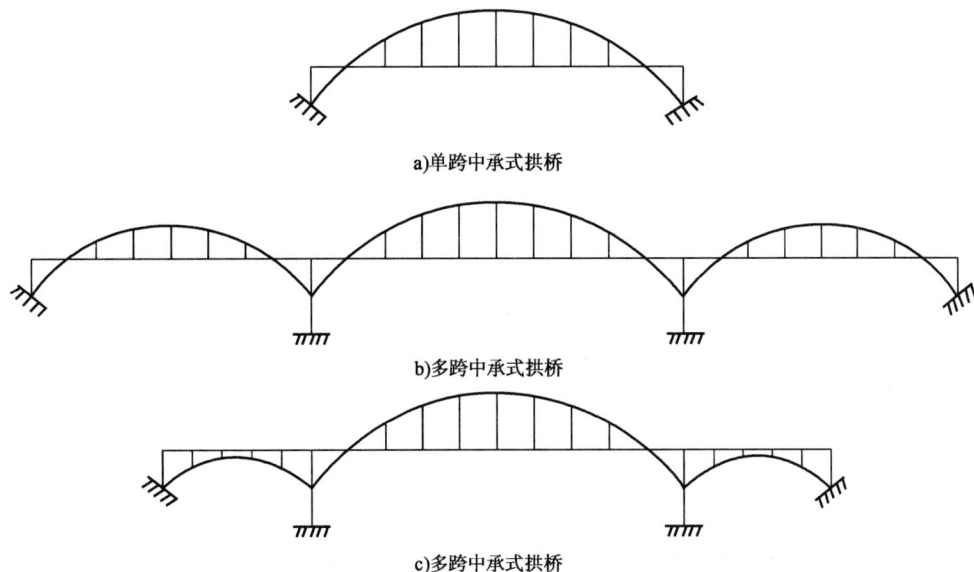

a)单跨中承式拱桥

b)多跨中承式拱桥

c)多跨中承式拱桥

图 1-2-98 中承式拱桥图式

飞燕式系杆拱桥包括中承式拱梁组合体系拱和中承式刚架系杆拱,是一种无推力或少推力的结构,拱的水平推力由设置在行车道系中的系杆来承担,桥墩主要用于承受竖向荷载和少量的水平推力,因此,飞燕式拱桥不但适用于地基条件良好的桥址建造,也可在软弱地基上建造,从而推广了大跨径拱桥的适用范围。这种结构一般为三跨式布置[图 1-2-99a)、b)],也有四跨式布置[图 1-2-99c)]。飞燕式系杆拱桥,由两个边跨曲梁和中承式拱桥组成,边跨曲梁通常采用半拱结构,可以是钢筋混凝土结构,也可以是钢管混凝土结构。边跨和主跨的矢跨比宜通过优化分析后确定,使其在结构自重作用下两拱脚端水平推力大致相等。国内建造的飞燕式拱桥大多采用柔性系杆和拱、墩固接的刚架系杆拱形式。

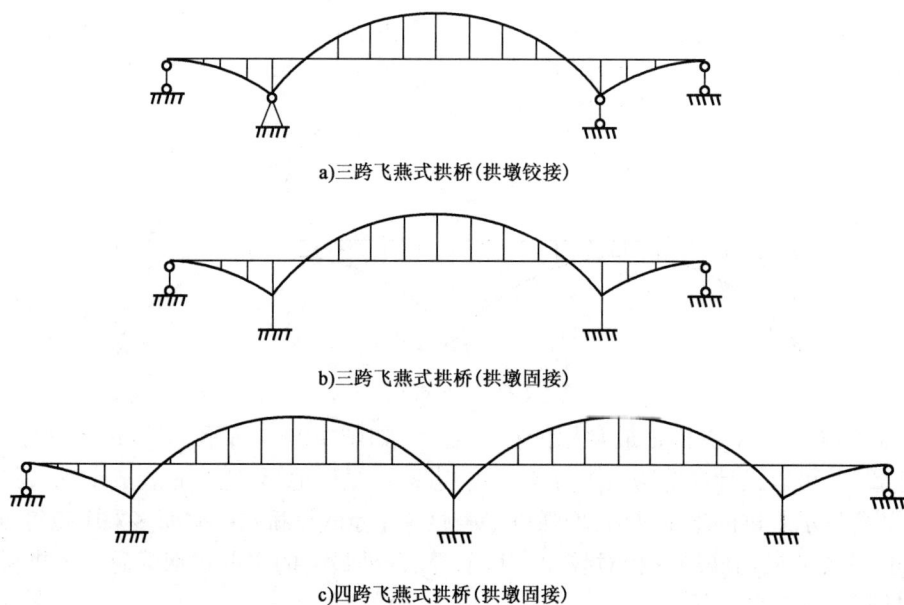

a)三跨飞燕式拱桥(拱墩铰接)

b)三跨飞燕式拱桥(拱墩固接)

c)四跨飞燕式拱桥(拱墩固接)

图 1-2-99 飞燕式拱桥图式

飞燕式拱桥施工比较复杂,需要根据桥梁施工进度,分阶段张拉系杆拉力,以平衡拱的不平衡水平推力。

另外,也有采用下承式系杆拱、下承式刚架系杆拱体系。

对于跨径,单管主拱不宜大于80m,哑铃形载面主拱一般在150m以下,跨径大于150m时通常采用桁式主拱,跨径更大(如达到300m)时,以采用变截面桁式主拱为宜。飞燕式拱边、中跨跨径比为0.18~0.3。

2. 拱轴线形与矢跨比

钢管混凝土拱桥的拱轴系数宜通过优化设计后确定,使拱在荷载作用下轴向力的偏心距较小。上承式钢管混凝土拱桥,因拱脚附近的拱上立柱较高,结构自重差异较大,拱轴线宜采用悬链线,拱轴系数宜适当偏大,一般取1.4~2.8;中承式拱、飞燕式拱因结构自重分布比较均衡,对应的合理拱轴线为二次抛物线或低拱轴系数的悬链线,拱轴系数一般不超过1.9,跨径小者宜采用二次抛物线,跨径大者宜选用悬链线;下承式刚架系杆拱、拱梁组合体系拱桥的拱轴线宜采用二次抛物线或悬链线,拱轴系数一般不大于1.5。

矢跨比方面,上承式拱桥一般采用1/6~1/4,中承式拱桥和飞燕式拱桥一般采用1/5~1/3.5,下承式刚架系杆拱、拱梁组合体系拱桥一般采用1/5.5~1/4.5。

3. 拱肋高度

钢管混凝土拱桥拱肋截面形式主要有单管形、哑铃形、三管桁式和四管桁式截面四种,拱肋截面形式、高度、宽度、弦管直径的拟定,应充分考虑主拱跨径、桥梁宽度、拱肋片数和荷载等级等因素。

钢管混凝土拱肋高度沿拱轴线可做成等高度,也可做成变高度,考虑到拱肋的加工制作,拱肋宽度一般不变。采用变高度的拱肋,其截面高度变化规律也可按 Ritter 公式计算。

根据 Ritter 公式,任意截面的惯性矩按下式计算:

$$I = \frac{I_c}{[1 - (1 - n)\xi]\cos\varphi}$$

式中符号含义见本章第一节。

对桁式截面,上、下钢管及其缀板(条)对自身轴的惯性矩很小,当忽略竖、斜腹杆对截面惯性矩影响时,拱顶和拱脚截面的惯性矩近似表示为:

$$I_d = \frac{Ah_d^2}{4}, I_j = \frac{Ah_j^2}{4}$$

式中:h_d、h_j——分别为拱顶和拱脚处钢管中心的截面高度;

　　　A——上、下弦钢管与缀板(条)的总面积,通常上、下钢管直径和缀板(条)保持不变,因此,可认为 A 是常量。

将惯性矩代入上式后,得

$$h = \frac{h_c}{\sqrt{[1 - (1 - n)\xi]\cos\varphi}} \tag{1-2-12}$$

设计时,可先拟定拱顶和拱脚截面高度,由 $n = \dfrac{I_c}{I_j\cos\varphi_j}$ 计算出拱厚系数,再代入式(1-2-12),就可计算出拱肋各个截面位置的高度。

拱肋钢管外径常取为定值,钢管壁厚则可根据截面位置和受力要求做成等厚度或变厚度。考虑壁厚变化对焊接施工影响,壁厚厚度种类不宜太多,宜控制在 4 种规格以内,最小厚度应不小于 10mm。

采用等截面桁式拱时,拱肋截面高度可按下式进行估算:

$$H_c = k_1 \cdot k_2 \left[0.2\left(\frac{L_0}{100}\right)^2 + \frac{L_0}{100} + 1.2 \right] \tag{1-2-13}$$

式中:H_c——截面高度(m);

　　　L_0——净跨径(m);

　　　k_1——荷载系数,对公路—Ⅰ级,取 1.0,对公路—Ⅱ级,取 0.9;

　　　k_2——桥宽系数,对 6 车道取 1.1,对 4 车道取 1.0,对 2~3 车道,取 0.9。

拱肋宽度可采用 $B = (0.28 \sim 0.45)H_c$,弦管外径可取为 $D = (0.08 \sim 0.14)H$,随拱肋高度的增大而取用较低值。

采用变截面桁式拱时,初步拟定拱顶截面中心高度时,可取式(1-2-13)计算值的 0.6~0.9,拱脚截面高度可取为式(1-2-13)计算值的 1.4~1.6 倍。表 1-2-5 为国内几座变截面钢管混凝土拱桥拱顶和拱脚截面上、下钢管中心高度。

国内几座变截面钢管混凝土拱桥拱顶、拱脚截面中心高度一览表 表 1-2-5

桥　名	跨径 (m)	荷载等级	桥面宽度 (m)	拱顶高度 (m)	拱脚高度 (m)
四川合江长江一桥	518	公路—Ⅰ级	净28	8.0	16.0
重庆巫山长江大桥	460	汽—超20,挂—120	净15+2×2.0	7.0	14.0
湖北宜昌支井河大桥	430	公路—Ⅰ级	2×(0.5+11.5+0.5)	6.5	13.0
沪蓉西高速小河大桥	338	公路—Ⅰ级	2×(0.5+11.5+0.5)	4.9	7.9
广州丫髻沙(珠江)大桥	76+360+76	汽—超20,挂—120	2×(0.45+3.0+3×3.75+0.5+2.0/2),总宽32.4m	4.0	8.039
湖南茅草街大桥	80+368+80		净15.0+2×0.5	4.0	8.0
重庆奉节梅溪河大桥	288	汽—20,挂—100	净—14+2×1.75	5.0	8.0

哑铃形截面主拱一般采用等截面,截面高度可取为 $(0.8\sim1.0)H$,通常不大于3m。钢管直径一般在 $600\sim1\,500$mm 之间。

单管圆形截面的小跨径拱桥,拱肋高度可按下式进行估算:

$$h_c = 0.58 \cdot k_1 \cdot k_2 \cdot e^{\frac{L_0}{94}} \tag{1-2-14}$$

式中符号含义同式(1-2-13)。

4.拱上立柱与吊杆的间距

上承式钢管混凝土拱桥拱上立柱间距应从主拱受力、行车道系的构造和外形方面综合考虑,立柱间距越大,拱上立柱的集中力也越大,对主拱受力不利,而过小的间距影响到桥梁的美观。从国内已经建造的几座上承式钢管混凝土拱桥看,拱上立柱间距在 $L_0/15\sim L_0/8$ 之间。

中承式拱桥和系杆拱桥的吊杆间距,总体上与钢筋混凝土中、下承式拱桥一致,成等间距布置,具体与拱肋截面形式、主拱跨径、腹杆节间长度等有关。对单管和哑铃形截面的拱桥,主拱跨径相对较小,吊杆间距通常在6.0m以内;采用桁式截面的拱桥,跨度大,吊杆间距也相应增大。为使吊杆力尽快传递给主拱,吊杆应布置在桁架节间的竖腹杆附近,通常每隔两个桁架节间布置一个吊杆,吊杆间距一般在 $L_0/38\sim L_0/24$ 范围内。

三、主拱圈构造

1.截面形式

钢管混凝土拱肋横截面形式,按钢管的根数及布置形式,常有单管形、哑铃形、四肢桁架式三种,此外还有三肢桁架式和集束形等,如图1-2-100所示。

单管形截面按其截面形式,有圆形、椭圆形、矩形等几种。椭圆形和矩形截面,在外力作用下管壁容易变形,其套箍约束作用远小于圆形钢管,因此不多采用。

单管形截面是最简单的拱肋截面,其构造简单,受力明确,但跨径大时相应要求增大钢管的直径和壁厚,这既不经济又不合理。适用于跨径80m以内的拱桥。

哑铃形截面由上、下两个钢管通过缀板连接而成,与单管拱肋相比,其纵向抗弯刚度大,是中等跨径拱桥一种较为理想的截面形式,国内早期建造的钢管混凝土拱桥,如四川旺苍大桥和广东高明大桥均采用哑铃形截面。

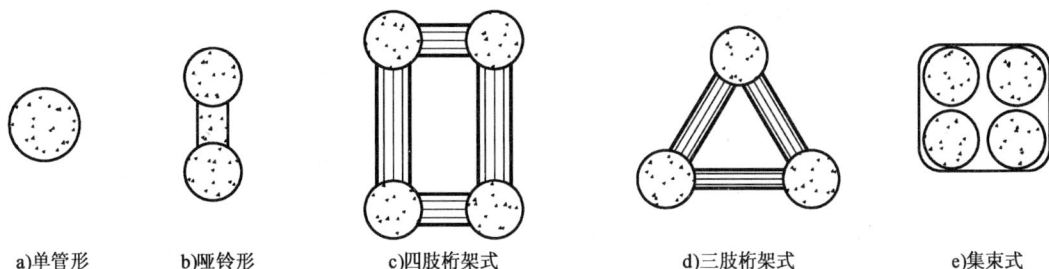

图 1-2-100　拱肋横截面形式

但哑铃形截面两块平行的缀板并不能对混凝土产生套箍效应,这一部分不能按套箍理论进行构件承载力验算。另外,在缀板内灌注混凝土时,缀板容易变形和爆裂。为此,在采用哑铃形截面时,必须关注缀板的横向受力,也可通过设置缀板拉杆或缀板内部不灌注混凝土而直接对缀板进行加劲等措施予以加强。

此外,哑铃形截面的侧向刚度较小,应在桥面系上、下设置足够的风撑,确保其侧向稳定性,哑铃形钢管混凝土拱桥,其跨径不宜超过 150m。

哑铃形截面通常用于中承式拱桥和下承式系杆拱桥,也可用于上承式拱桥,如位于三峡库区的黄柏河大桥和下牢溪大桥,两座大桥均为 160m 上承式拱桥,由 4 个哑铃形截面组成钢管混凝土拱肋。

桁架式截面由上、下肢钢管(又称弦杆、弦管)与腹杆(空钢管)连接而成。桁架式截面根据弦管肢数的不同,有单片桁式、三肢桁式、四肢桁式、六肢桁式等,其中以四肢桁式应用最广,其他形式应用相对较少。

桁架式截面将承受弯矩的上、下弦杆布置于远离截面中性轴位置,能够用较小的钢管直径取得较大的纵、横向抗弯刚度,同时,桁架式结构杆件以承受轴向力为主,能够充分发挥钢管混凝土这种材料的受力特性,因此,桁式截面是大跨径钢管混凝土拱桥常用的截面形式。当跨径超过 150m 后应采用桁架式截面。

由两个相互平行的单片桁架通过横向联结系连接而成的矩形四肢桁式截面,设在中性轴位置的轴向力和弯矩为 N 和 M,截面上、下弦杆中心距离为 h,则上、下每个弦杆承受的轴向力分别为:

$$\begin{matrix} N_\text{上} \\ N_\text{下} \end{matrix} = \frac{N}{4} \pm \frac{M}{2h} \qquad (1\text{-}2\text{-}15)$$

从式(1-2-15)可以看出,随着截面上、下弦杆中心距离 h 的增大,由弯矩引起的拉压轴力将减小,上、下弦管承受的轴向力趋于均匀,因此,在拱肋高度不受限制的情况下,宜选用较大的拱肋高度,以获取较大的抗弯刚度和较均匀的轴向力。

在结构自重作用下,拱顶承受正弯矩,拱脚承受负弯矩,根据式(1-2-15),拱顶上弦杆承受的轴向力要大于下弦杆,而拱脚截面刚好相反,下弦杆承受的轴向力大于上弦杆,因此当以钢管应力控制设计时,应根据截面受力,适当调整上、下钢管壁厚,减小钢管应力。

四肢桁式截面,按上下平联的构造形式,有横哑铃形桁式截面[图 1-2-101a)]、全桁式截面[图 1-2-101c)]和混合式桁式截面[图 1-2-101b)]三种。

横哑铃形桁式截面是在两片桁架的上弦杆之间和下弦杆之间设置上、下缀板,缀板之间充填混凝土形成上下两个横放的哑铃形截面,是较早出现的桁式截面。横哑铃形缀板中的混凝土对加大抗弯刚度有较大作用,但这种截面的钢—混凝土横腹板的受力特性与圆钢管混凝土相差很大,同时也存在设计计算上不能采用套箍理论的问题。

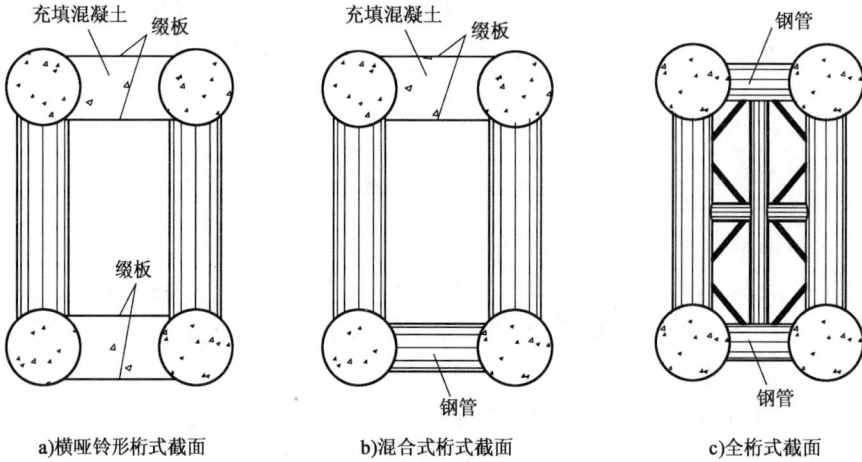

图 1-2-101 四肢桁式截面构造

对中、下承式拱桥,吊杆多布置于下弦管的缀板上,吊杆套管穿过下缀板及腹腔内混凝土,在混凝土灌注过程中容易堵管而压爆。相对于钢管混凝土截面,缀板及其腹腔内混凝土对整个刚度的贡献较小,因此,后发展为混合式桁式截面,即上弦杆采用横哑铃形,下弦杆采用钢管平联连接。如重庆彭水高谷乌江大桥,为净跨 150m 的钢管混凝土中承式拱桥,拱肋由 4 根 $\phi600 \times 10mm$ 钢管作上、下弦管,上弦两根钢管间用 12mm 厚钢板做缀板横联,下弦两根钢管间用 $\phi219 \times 8mm$ 钢管作缀条横联,上、下弦管之间用 $\phi219 \times 8mm$ 作腹杆,组成横截面为上宽 1.4m、下宽 2.0m、高 3.2m 的梯形桁式组合拱肋。

全桁式截面的上、下平联和腹杆均采用钢管,形成格构形截面,这种截面较横哑铃形桁式截面,由于取消了钢管间的横向缀板和腹腔内混凝土而采用钢管,节省了用钢量和混凝土用量,减轻了自重,使钢管混凝土拱桥具有更大跨越能力。由于各管均以轴向力为主,受力明确,更易于采用钢管混凝土理论进行计算。

除了四肢桁式截面外,到目前为止,仅有广州丫髻沙大桥和沪渝高速湖北恩施段小河大桥采用了六肢桁式截面。六肢截面构造相对复杂,加工制作难度大,受力比较复杂,较少采用。

采用桁式截面的钢管混凝土拱肋,跨径 250m 以内时可采用等高度,超过 250m 时,宜采用变高度。

三肢桁架式截面纵向刚度大和横向刚度较大,适用于无风撑钢管混凝土拱桥,但受力不尽合理,国内使用较少。黑龙江牡丹江大桥采用该截面形式,该桥净跨 100m,由三根 $\phi600mm$ 钢管混凝土弦杆和 $\phi180mm$ 的竖杆及 $\phi500mm$ 的水平横杆组成。

集束型是将钢管桁架改成集束钢管,钢管间采用螺栓、电焊以及钢板箍(间距 2 ~ 3m)连成整体形成拱肋,与钢管桁架相比,可节省腹杆,但纵向刚度减弱[图 1-2-100e)],集成在一起的钢管抗弯刚度小,不利于钢管混凝土性能的发挥,同时钢管防腐较困难,不宜采用。

当拱脚段处于下列情形时,可将拱脚段做成钢管混凝土实体结构:淹没于水中,或拱脚段受力较大,或有防撞要求等。

2. 钢管

选定截面形式后,钢管直径及壁厚尺寸将直接影响结构的强度,考虑到钢材防腐要求,壁厚不宜小于 12mm,但也不能太厚,因为对厚钢板的材质要求更高,钢管卷制加工难度大,一般在 12 ~ 24mm。

钢管应根据荷载特征、结构形式、应力状态、连接方法、钢板厚度和工作环境等因素综合考虑,宜采用 Q235、Q345、Q390 钢或者桥钢,既可采用成品无缝钢管,也可由钢板卷制加工而成。当钢管直径在 800mm 以内,且壁厚满足要求时,宜优先选用无缝钢管,对管径较大或壁厚超过成品钢管规格时,可用钢板冷卷或热压后焊接成相应的空钢管。焊缝可以采用螺旋焊接,也可以采用直缝焊接,但都应符合现行《钢结构设计规范》(GB 50017—2003)及《公路钢结构桥梁设计规范》(JTG D64—2015)的有关质量检验标准。由于焊接质量直接关系到大桥的安全,焊缝必须进行超声波检测,重点部位还需 X 射线检测。

弦管直径应根据拱肋横截面形式、跨径大小、桥面宽度、荷载等级等因素综合确定,一般在 600 ~ 1 300mm。

腹杆、平联(通称为支管)采用空钢管,但为了从构造上保证支管有一定的刚度,必须对支管面积、直径和壁厚做出必要的限制,即支管面积不小于 1/4 弦管面积,支管直径与弦管直径的比例应控制在 0.35 ~ 0.60,支管壁厚与弦管壁厚的比例宜大于 0.55。通常,平联钢管直径要大于腹杆钢管直径20% ~ 30%,以满足设置吊点构造和与横向联结系钢管相匹配的需要。对四肢桁式截面,由于平联钢管、腹杆钢管在同一截面与弦管焊接,为预留出焊接所必需的间隙,支管最大直径将受到限制,一般只能达到弦管直径的 0.58 ~ 0.61。通常,支管与主管直径比可控制在 0.3 ~ 0.8。

为防止空钢管受力时管壁局部失稳,还须对最大径厚比进行限制,最大径厚比不应超过 90(235/f_y),同时钢管的最小径厚比也不宜小于 35,以避免制作工艺出现困难。由于腹杆、平联钢管管径较小,更多采用了无缝钢管,其最小径厚比允许适当放宽,但其最大径厚比不应超过 60。

3. 混凝土

钢管混凝土的显著优点之一是在构件受压时,钢管对混凝土的紧箍力作用使混凝土的受压强度得到提高,因此,含钢率和钢材强度应与混凝土强度等级相匹配(表 1-2-6),通常用约束效应系数(套箍系数)ξ_0 来反映,其表达式为:

$$\xi_0 = \frac{A_s f_{sd}}{A_c f_{cd}} = \alpha \cdot \frac{f_{sd}}{f_{cd}} \tag{1-2-16}$$

式中:A_s、A_c——钢管与混凝土的截面积,两者之比为截面含钢率 α,$\alpha = A_s/A_c$;

f_{sd}、f_{cd}——钢管抗拉与混凝土轴心抗压的强度设计值。

钢管混凝土与钢管强度等级匹配表   表 1-2-6

钢 材	Q235		Q345					Q390			
混凝土	C30	C40	C40	C50	C60	C70	C80	C50	C60	C70	C80

为保证管内混凝土有足够的延性,防止套箍能力不足而引起脆性破坏,约束效应系数不宜小于0.6,同时,为防止混凝土强度等级过低而使结构在使用荷载下即产生塑形变形,约束效应系数也不能太高,如《钢管混凝土结构设计与施工规程》(CECS 28:90)规定,约束效应系数不超过3.0。若以钢管直径D和壁厚t之比为参数,则D/t应小于100。《公路钢管混凝土拱桥设计规范》(JTG/T D65-06—2015)要求D/t不宜大于90,而卷制焊接管则不宜小于40。

截面含钢率α是反映约束效应系数的一个指标,含钢率太小,钢管对混凝土的紧箍作用不明显,含钢率过大,则不经济,因为钢管壁厚较厚时,钢管的局部屈曲问题不突出,但势必增大用钢量,造成浪费。通过对国内200余座钢管混凝土拱桥的统计分析,含钢率一般在5%~12%。《公路钢管混凝土拱桥设计规范》(JTG/T D65-06—2015)规定含钢率为0.04~0.2。

从式(1-2-16)可以看出,在选定了约束效应系数、钢材和截面含钢率后,便可计算得到一个混凝土强度等级范围,考虑到混凝土应与钢管材料匹配,混凝土强度等级不应低于C30,国内绝大部分钢管内混凝土的强度等级在C40~C60。《公路钢管混凝土拱桥设计规范》(JTG/T D65-06—2015)建议采用C30~C80。

四、桁式拱肋的构造

在确定了桁式截面的截面形式、拱肋高度和宽度后,即可沿桥跨方向布置直腹杆和斜腹杆,以及上下平联。

腹杆多采用空钢管,与弦管直接焊接。相邻两根直腹杆的距离d与吊杆布置、斜腹杆与直腹杆之间的夹角有关,宜在35°~55°。腹杆与弦杆轴线宜交于一点,或腹杆轴线交点与弦杆轴线的偏心距e满足$-0.55 \leqslant e/d_0 \leqslant 0.25$条件时($d_0$为弦管外径),可忽略偏心影响,否则应考虑其偏心影响。

腹杆节间长度d宜按等间距划分,使吊杆间距保持一致。节间长度d受到拱肋高度和斜腹杆与直腹杆之间的夹角控制,一般为3~6m。节间间距与主桁高度之比宜为0.5~1.5。钢管混凝土拱肋大多采用节段吊装法施工,拱肋节段划分除控制节段吊装质量外,还应考虑拱肋分段位置斜腹杆的安装。按图1-2-102a)节段划分,节段两端的斜腹杆只能在节段吊装完成后再安装,施工比较麻烦,图1-2-102b)在拱肋节段的竖腹杆处分段,节段安装后只需焊接两个水平支管即可,重量轻,施工方便。

腹杆与弦管、腹杆与腹杆、腹杆与横系梁之间的连接采用直接焊接连接的方式,弦杆与腹杆的连接不得将腹杆穿入弦杆内,K形节点或N形节点宜采用腹杆间的间隙大于50mm的间隙接头,腹杆与弦杆间的连接焊缝应沿腹杆四周连接焊接,并平滑过渡。

横哑铃形桁式拱肋上下平联用缀板(钢板)连接,如图1-2-103a)所示,全桁式拱肋上下横联缀条连接构造如图1-2-103b)所示。缀板和缀条应采用与弦管相同的钢材。

缀板厚度t一般在10~14mm,相邻两缀板之间的高度h为弦管外径D的0.6~0.8,以利于缀板混凝土的灌注和吊杆锚头布置。缀条直径d为钢管外径D的0.45~0.75。

采用全桁式截面的拱肋,应在每个竖腹杆对应的上、下弦管中心布置缀条,如图1-2-103b)所示。

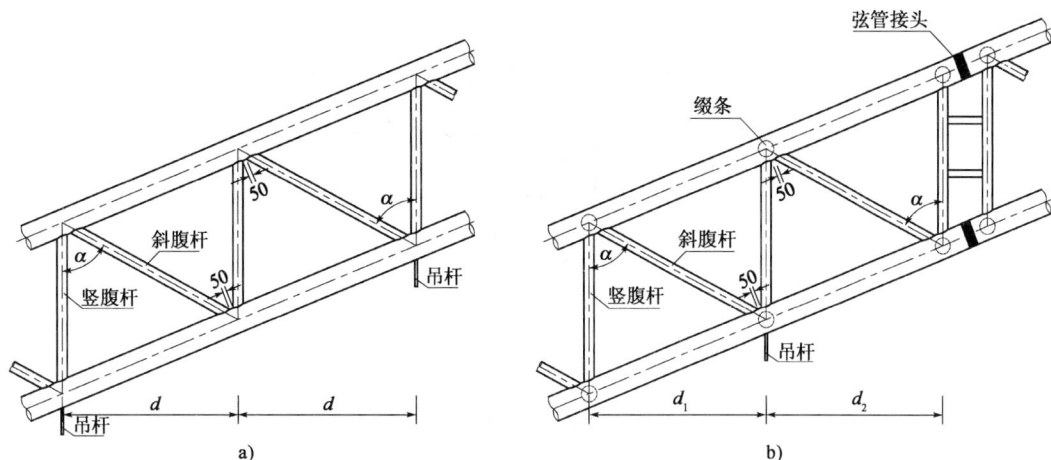

图 1-2-102　拱肋腹杆布置(尺寸单位:mm)

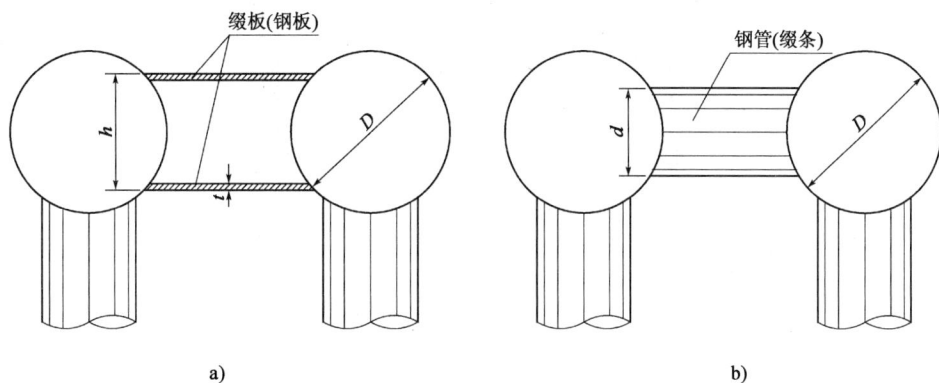

图 1-2-103　桁式断面上下平联连接构造

五、拱铰临时构造

采用缆索吊装法施工的钢管混凝土拱桥,为了使拱肋在吊装过程中便于调整高程,释放拱脚在施工过程中产生的弯矩,都需要设置临时铰接装置。拱脚临时铰所需满足的转动位移量通常都不需要很大。

转体施工法施工的钢管混凝土拱桥,因拱肋采用在低位拼装,通过绕转轴转动较大角度才能达到设计位置,拱脚临时铰所需的转动位移量通常都比较大,所以通常采用能满足较大转动角度的钢管铰及销铰,其基本形式与缆索吊装法施工中对应的拱脚临时铰形式大致相同。

拱铰临时铰构造形式较多,大致分为钢管转轴铰、销轴铰和平面铰三种构造形式,其具体构造见图 1-2-104。

钢管转轴铰受力明确,承载能力大,能满足大跨径钢管混凝土拱桥施工的要求。在近年施工的大跨径钢管混凝土拱桥中被普遍使用。但由于钢管转轴铰需在拱脚断面的中心位置设置体积较大的钢管铰轴,并在拱座中预埋较为复杂的铰座装置。当钢管混凝土桥梁跨径较小(<120m),拱脚截面较矮(<250cm)时,设置和预埋相应铰装置在空间布置上就显得比较困难。

a)转轴铰一般构造示意图

b)销轴铰一般构造示意图

c)平面铰一般构造示意图

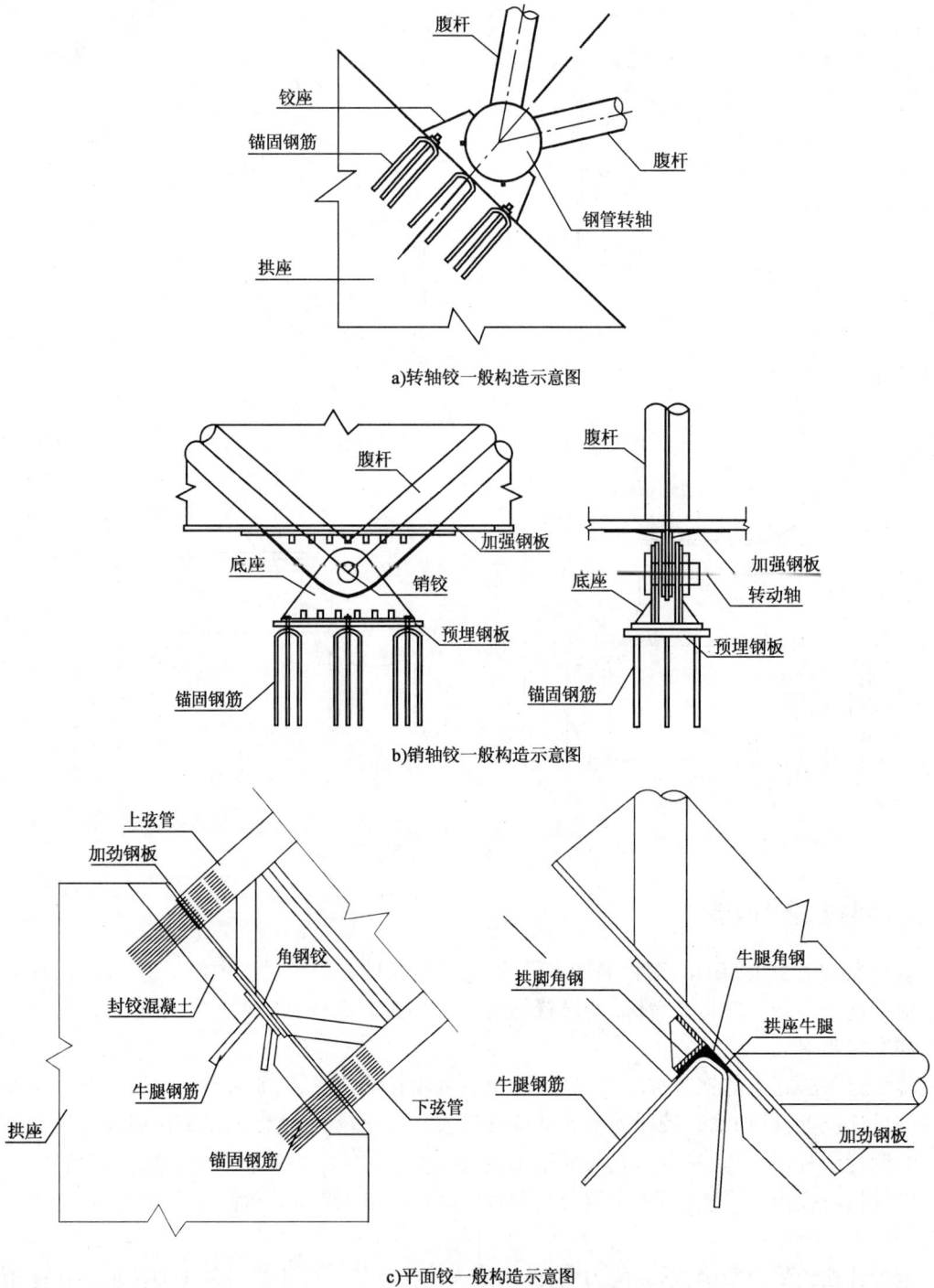

图 1-2-104　拱脚铰的一般构造图

　　拱轴角钢平面铰是通过在拱座上设置一个临时牛腿,拱圈施工中传至拱脚的荷载均通过牛腿传给拱座。牛腿顶面预埋角钢,牛腿角钢与拱圈拱脚中心对应角钢的角点为该铰的转动中心。施工过程中可利用角钢平面铰对拱圈的位移进行调整,适用于拱脚转动较小和施工中拱脚荷载较小的钢管混凝土拱桥施工。但这种临时铰形式以其结构简单、施工简便，在采用缆索吊装节段悬拼法施工、跨径不大于200m的钢管混凝土拱桥施工中是一种实用的结构形式。

销轴铰是完全铰接形式，拱肋中心销铰受力明确，承载能力大，能满足大跨径钢管混凝土拱桥施工的要求，同时转动中心位置准确，可以适应较大的转动位移量。

六、拱肋节段接头及合龙接头构造

钢管混凝土拱肋接头连接设计的关键在于如何确保可靠地传递内力。

1. 拱脚接头

拱脚接头的构造形式与临时铰构造有关，当采用钢管转轴铰、拱肋中心销铰和拱轴角钢平面铰时，在上、下弦管对应的拱座中预埋不小于弦管直径的弦管，并在对应弦管间留有一道约20cm的断缝，如图1-2-105所示。拱肋合龙后或在设计要求时，焊接断缝弦管，拱肋由两铰拱转为无铰拱，实现体系转换。

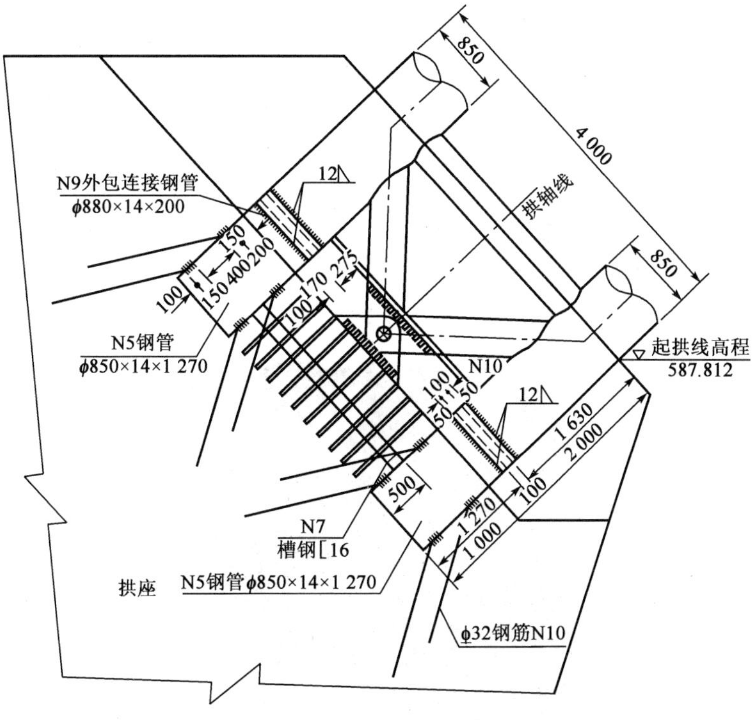

图 1-2-105 拱脚接头构造图(尺寸单位:cm)

当采用上(或下)弦管处销接或球形铰构造时，只需在下(或上)弦管对应的拱座中预埋不小于弦管直径的弦管，其余构造措施相同。

2. 节段接头

拱肋节段间的连接宜采用法兰连接法。

根据法兰盘位置的不同，有外法兰和内法兰两种，早期钢管拱肋大多采用外法兰连接，如图1-2-106所示。法兰布置在弦管外缘，钢管对接后，用高强螺栓连接，调整拱轴线形后，焊接法兰完成固接。这种构造的优点在于构造简单，不阻碍混凝土的灌注，但影响钢管外观，目前

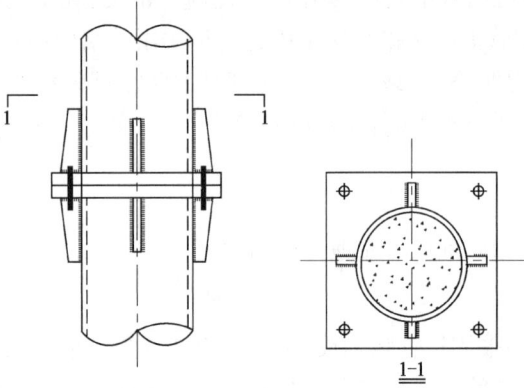

图 1-2-106 外法兰接头连接构造

已很少采用。

内法兰是在管内焊接肋板和法兰盘,法兰盘间用高强螺栓等强度连接。待安装就位并连接好法兰后,焊接搭接套管。搭接套管由与弦管等直径和等厚度的两个半圆组成,如图 1-2-107 所示。这种构造的最大优点在于美观,从外形上看不出拱肋接头位置。但由于法兰设置在管内,会局部影响到接头位置混凝土的灌注和密实,因此,一般当钢管直径大于 800mm 时采用内法兰连接,管径小于 800mm 时,可采用外法兰或外包钢板围焊连接。

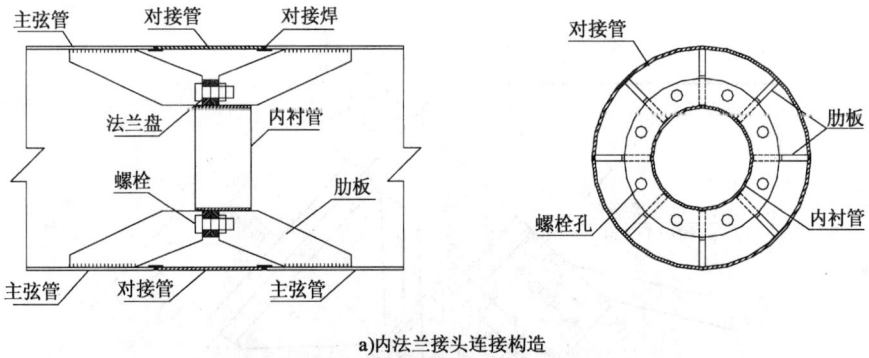

a)内法兰接头连接构造

b)内法兰构造图片

图 1-2-107 内法兰接头连接构造

3. 合龙接头构造

拱肋应在设计合龙温度下瞬时合龙(锁定),由于合龙段弦管必须在无应力状态下焊接,因此,要求合龙接头构造简单,便于操作。通常在拱顶预留 50 ~ 60cm 的合龙段长度。当拱肋线形与控制线形有较大差异时,须在合龙段锁定前调整拱肋线形。为消除扣索张拉引起的拱肋弹性变形、制作误差,在气温稳定时现场量取合龙段长度并下料。

拱顶合龙接头构造较多,有型钢接头、内置式法兰接头等。型钢接头是在合龙段弦管内壁沿四个方向焊接型钢(如槽钢),如图1-2-108所示。合龙前,预先将型钢放置在合龙段内,并与一侧弦管事先焊接,等调整好线形和高程后,焊接另一侧型钢,完成合龙段锁定。这种接头构造简单,操作方便,用于跨径在250m以内的钢管混凝土拱桥。

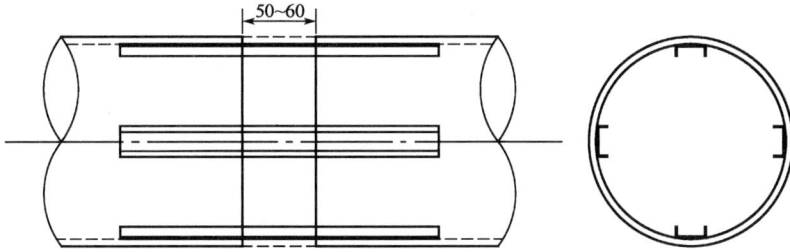

图1-2-108 槽钢接头(尺寸单位:cm)

合龙段锁定后,即可焊接搭接套管,完成合龙段施工。

对于桁式主拱,应有瞬时合龙构造措施,详见图1-2-109。

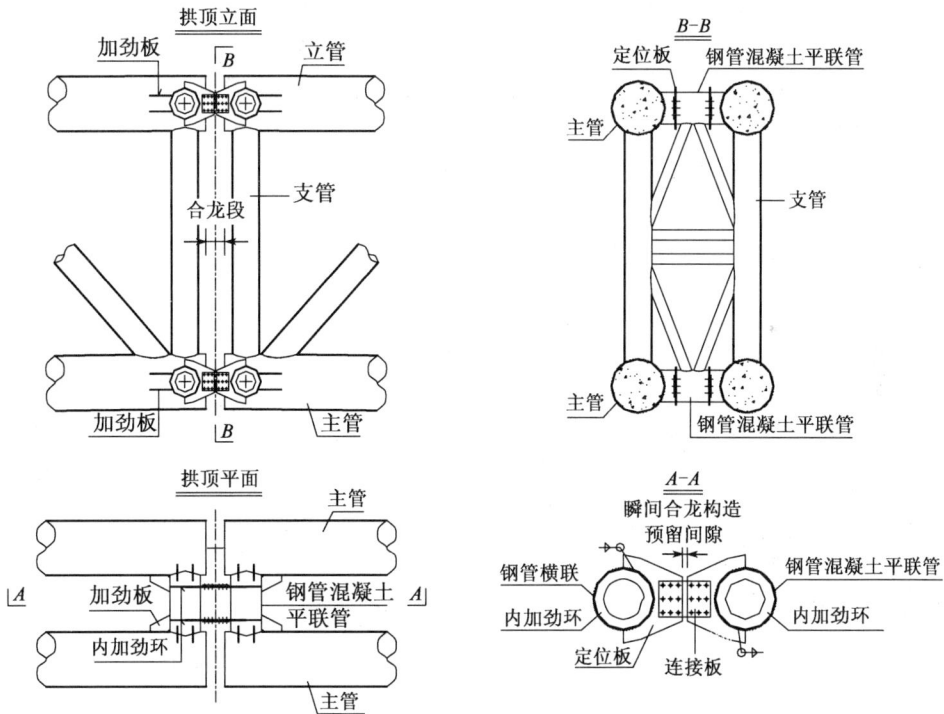

图1-2-109 桁式主拱合龙构造

图1-2-110所示则为重庆巫山长江大桥拱顶瞬时合龙构造及拱顶合龙段的顶平面和立面布置形式。在拱顶处设置了加强的横向连接钢管,并内灌混凝土、增加加劲肋板,以保证该构造具有足够的刚度来充当瞬时合龙构造的反力装置。合龙施工时将线形调整到位后即可安装瞬时合龙构造,完成桥梁从最大悬臂状态到成拱状态的体系转换,再完成拱圈合龙段的对接连接。施工完成后可拆除瞬时连接构造。

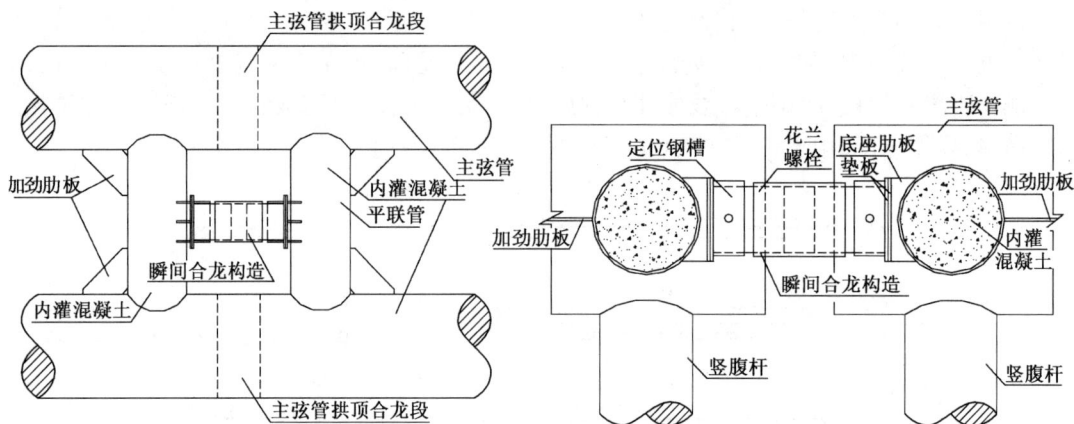

图 1-2-110　重庆巫山长江大桥拱顶瞬时合龙构造

七、拱肋的横向联结系构造

横向联结系的主要作用是将钢管混凝土拱肋联结成整体,并确保结构稳定。横向联结系有沿着拱肋横截面设置的横撑或剪刀撑,以及沿上、下弦杆顺桥向设置的 K 撑、X 撑和米形撑等(也称上、下平联)。为便于与拱肋弦管联结,横向联结系多采用空钢管桁架。

上承式拱桥,横向联结系通常在立柱横向之间设置 K 撑、剪刀撑或米形撑,在靠近拱脚第一排立柱的拱肋横向之间应设置剪刀撑或米形撑。

中、下承式拱桥,横向联结系在桥面附近受到行车空间的限制,同时对横向动力特性和美观也有很大影响,因此其合理布置十分重要。

横向联结系既可沿拱轴线径向布置[图 1-2-111a)],也可沿拱轴线切向布置[图 1-2-111b)]。

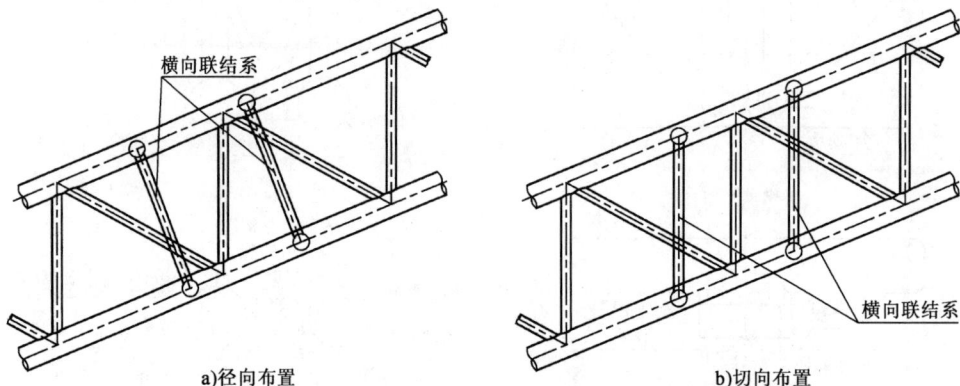

a)径向布置　　　　　　　　　　　　　b)切向布置

图 1-2-111　横向联结系布置方式

研究表明,拱顶附近横向联结系布置成与拱轴线正交(径向)、其他地方与拱轴线相切,对提高横向稳定效果较好,这是由于拱肋横向失稳向面外侧倾时,拱顶处的横向联结系主要承受拱肋的扭转变形,采用竖向布置的联结系增强了对拱肋在拱顶处扭转变形的约束,提高了拱的面外稳定性。在其他地方,尤其是 1/4 跨附近拱肋侧倾时,横向联结系要承受拱肋的相对错动,对联结系是横向弯矩,因此,采用切向布置(如 K 撑),对约束拱肋的相对错动有较大的作用。

通常,横向联结系的宽度不应小于其长度的 1/15。

对大跨径宽桥,为加强整体稳定性和缩短横向联结系杆件的自由长度,多在拱顶布置米形撑,其两侧布置 K 撑。

八、吊杆、系杆及其锚固构造

1. 吊杆构造

中、下承式钢管混凝土拱桥需设置吊杆。吊杆应优先采用柔性吊杆,一般用冷轧粗钢筋、高强钢丝或钢绞线等材料制作,分别用轧丝锚、墩头锚和夹片锚与拱肋、横梁相连。受到桥面不平整的影响,汽车行驶引起的冲击容易使夹片退锚,因此,对夹片锚应有防退锚措施。靠近拱肋与桥面系交汇附近的短吊杆,受力复杂,约束变形大,应将两端设计成铰接,并设法增大其长度,对桁式拱肋,应将短吊杆锚具布置在上缀板或上缀条上。

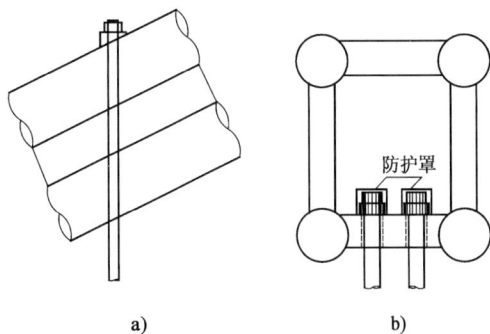

图 1-2-112 拱肋吊杆锚具布置

吊杆可布置成单吊杆形式和双吊杆形式(图 1-2-112)。单吊杆受力明确,它对主拱和桥道系中吊杆锚固的尺寸空间要求小,施工方便,但后期吊杆更换时需额外施加一些更换辅助措施。双吊杆有横向双吊杆和纵向双吊杆两种布置方式,横向双吊杆是在横桥向同一吊杆布置双吊杆,纵向双吊杆则是在纵桥向同一吊杆位置布置成双吊杆。双吊杆存在吊杆受力不均的问题,结构构造也较单吊杆复杂,但后期更换吊杆时比较方便,可在不中断交通或短暂封闭交通下逐根进行,无需额外的临时措施,对桥梁运行影响较小,因此,在设计时应综合比较、权衡利弊。

对单管和哑铃形拱肋,吊杆锚具只能布置在钢管顶部,桁式拱肋除短吊杆布置在上缀板或上缀条外,其余可布置在下缀板或下缀条上;吊杆下锚具布置在横梁底部,做成承压式锚具连接。这种锚固方式是以拱肋或吊杆横梁体受压为受力特点,优点在于使连接件受压,构造简单,特别是对于混凝土梁体的连接有益,缺点在于锚固连接件超出梁底界线,不利于美观,同时,梁底锚固区的运营检查也不方便。浙江义乌丹溪大桥把桥道系锚固区布置在横梁顶面,做成受拉式锚具连接,其优点在于梁顶锚固区运营检查方便,但连接件受拉,构造较为复杂。

通常将张拉端设置在拱肋,下端为固定端,以方便拆卸更换。锚头要求防护严密,不能外露在大气中,防止锈蚀。

锚固在拱肋上的吊杆锚具,为避免直接暴露在大气中,应有完善的防水、防护罩措施,防止雨水和灰尘渗入锚头,锈蚀锚具。吊杆的使用寿命一般只有 20～30 年,在使用期间需要更换吊杆,设计时应充分考虑到今后更换的可操作性。

2. 系杆构造

拱梁组合体系桥和系杆拱桥,需要设置系杆来平衡结构自重产生的水平推力。系杆宜采用抗弯刚度较小的柔性构件,并且与桥道系不产生共同作用。

系杆的构造方式有:在横梁顶面设置纵向可滑动的系杆箱,穿入高强度钢丝或钢绞线成品索;在横梁顶面设置滚轮,其上放置高强度钢丝或钢绞线成品索;在横梁上预设纵向可自由滑动的系杆孔,内穿高强钢丝或钢绞线成品索。

系杆与吊杆相似,其使用寿命也只有 20～30 年,通常存在系杆更换问题,设计时应留有系杆更换的构造措施。

3. 吊杆与系杆的安全系数取值

为确保结构安全,吊杆和系杆的安全系数取值一般为 2.5 ~ 3.0,短吊杆的自由长度不应小于 2.0m,并适当增大安全系数。

九、拱上立柱及拱座构造

上承式钢管混凝土拱桥的拱上立柱,根据对其自重的要求,可采用钢管、钢管混凝土或钢箱立柱。中承式拱桥相对拱上立柱的高度要低些,可采用钢管、钢管混凝土或钢筋混凝土立柱。对于钢管(箱)、钢管混凝土立柱,其下端可直接与拱肋钢管焊接形成固接,立柱上端周边应有钢筋分别伸入立柱和盖梁,其长度应满足锚固长度要求。钢筋截面积应不小于立柱混凝土(钢管混凝土立柱)计算截面积的 0.4%。

为保证主柱与盖梁连接可靠性,钢管伸入盖梁长度应大于 1.5 倍的主柱外径并最少不小于 1m。

对于钢筋混凝土立柱,其下端应通过其主筋与焊接于主拱肋上的钢板焊接,形成固接,上端与盖梁的连接,按钢筋混凝土构件处理。常用的钢管混凝土主柱与盖梁以及拱上立柱与主拱连接构造详见《公路钢管混凝土拱桥设计规范》(JTG/T D65—2015)中图 8.4.2 和图 8.4.3。

拱座是支承整个拱桥并将结构自重和活载引起的内力传递给墩台的重要构造,拱座构造与土拱构造和施工期间的临时铰构造有关。

拱座应采用 C30 或 C30 以上钢筋混凝土。拱座混凝土通常分两次浇筑,第一次浇筑将拱肋弦管接头和临时铰埋设于拱座混凝土中,待拱肋合龙、焊接拱脚弦管和临时铰后,再浇筑剩余部分混凝土,将钢管接头和临时铰永久性埋置于拱座中。

大跨径拱桥在拱座处产生巨大的水平推力和竖向力,国内不少拱桥在拱座上出现了裂缝,因此,拱座中的钢筋布置十分重要。

十、桥道系构造

钢管混凝土拱桥的桥道系构造与钢筋混凝土肋拱桥的桥道系基本一致。下面就钢管混凝土拱桥中一些特殊构造加以说明。

上承式钢管混凝土拱桥,拱上立柱间距通常在 20 ~ 30m 之间,跨度较大,因此,桥道系纵梁应采用预应力混凝土 T 梁或箱形梁,也可采用钢—混凝土结合梁构造。

中承式拱桥的吊杆横梁,应根据两吊杆的纵向间距和横向间距,采用钢筋混凝土、预应力混凝土或钢梁,截面形式有矩形、工字形、T 形、凸字形、带凸字形的工字形和箱形。横梁应采用变高度以形成横坡,使桥面铺装做成等厚度,减轻铺装层重量。横梁顶作为桥面板的支承面,并与预制桥面板通过现浇混凝土结合成桥面结构。钢管混凝土拱桥桥道系部分结构形式可采用简支体系、先简支后连续和连续体系,从受力和行车条件考虑,连续体系较好。

第五节　拱式组合体系的设计与构造

一、拱式组合体系桥的类型、基本组成和特点

拱与其他基本结构相组合,可以形成不同形式的拱式组合体系桥,如拱梁组合体系拱桥、斜拉拱桥和悬索拱桥等。在拱式组合体系桥中,以拱梁组合体系桥数量最多、技术最成熟。拱

梁组合体系桥是指将梁或系杆和拱组合后形成的组合体系桥梁,两者共同工作,将跨径范围内的荷载传递到下部结构上。拱的优点是主要受压、结构刚度大、材料利用率高、能充分发挥圬工材料优势,缺点是简单体系拱桥有很大的水平推力,对地基条件要求高,且施工周期长、施工复杂;梁的优点是能够直接承担活载,并能承担较大的弯矩和轴向力。因此两者合理组合所形成的结构体系既能发挥它们各自的优点,又能克服它们各自的缺点。由于拱梁组合体系桥的诸多优点,近二十年来得到了长足发展。近年来修建的拱式桥梁中,拱梁组合体系桥占了相当比例,特别是城市及平原地区,近年修建的拱式桥梁多数为拱梁组合体系桥。

与一般拱桥相比,拱梁组合体系桥中拱脚的水平推力可以由其中的系梁或系杆完全平衡或平衡大部分,从而形成拱脚没有水平推力或拱脚水平推力较相同条件下的简单体系拱水平推力小很多的结构,这使得在软土地区或地基条件较差地区修建大跨径拱桥的费用大大减小。与一般梁桥相比,拱的存在可以减小梁的弯矩和建筑高度,提高结构整体竖向刚度,因此,在平原地区、建筑高度受限地区,拱梁组合桥也显示出极大的优越性。

在对桥梁刚度有严格要求的高速铁路桥梁中,当桥梁跨径较大或梁高度受限时,为在有限的梁高下确保桥梁刚度满足要求,也经常采用拱梁组合体系桥。

拱梁组合体系桥的形式非常多,现有梁桥的各种结构形式几乎都可与拱组合,形成不同结构形式、不同造型的拱式组合体系桥,这为人们设计结构形式独特、美观新颖的桥梁提供了便利。拱梁组合体系桥中竖向荷载由主梁和拱肋共同承担,拱肋与主梁竖向抗弯刚度比、矢跨比、吊杆轴向刚度、主梁及拱肋轴向刚度等因素对竖向荷载的分配都有影响,但主要影响因素是拱肋与主梁的竖向抗弯刚度比。实际使用中,梁和拱的相对刚度比可以采用不同的组合,设计选择余地较大。

拱梁组合体系桥可以是下承式、中承式、上承式,也可以修建为双层桥面,如钱江四桥为双层桥面,包括了下承式与中承式、下承式与上承式的组合(图1-2-113)。拱梁组合体系桥中拱和梁可以是同一种建筑材料,也可采用不同的建筑材料。施工随桥式不同,有多种施工方法,可以是先拱后梁,也可以先梁后拱。先梁后拱时,若梁较弱,一般采用少支架完成纵梁的施工,然后在此基础上进行拱肋的安装,这种施工方法对航道有一定的影响,若梁较强时,可以采用顶推或悬臂施工方法完成梁的施工;另一种方法是先拱后梁,多为无支架施工,先架设拱肋,张拉临时系杆或依靠墩台承担施工阶段水平力,然后架设纵梁和横梁、现浇桥面板等,也有拱梁拼装完成后,再整体顶推施工的。

图1-2-113 杭州钱江四桥

根据拱梁组合体系桥中拱、系梁(或系杆)、墩之间的连接关系以及结构受力特点,常见的拱梁组合体系桥可以归纳为以下几类:简支拱梁组合桥、悬臂拱梁组合桥、连续拱梁组合桥、刚架系杆拱桥、连续刚构拱梁组合桥等。

1. 简支拱梁组合桥

简支拱梁组合桥也常称为系杆拱桥,只适用于下承式,其上部结构简支于墩台上,为外部静定、内部超静定的无推力结构,主要承重结构为拱肋和系梁(或系杆),另外还有吊杆、横撑及桥面系等,拱和系梁在两端固接,中间用吊杆连接,如图 1-2-114 所示的郑州二桥。

图 1-2-114　郑州二桥

根据拱肋与系梁相对刚度大小,简支拱梁组合桥可分为三类:刚拱柔梁、柔拱刚梁以及刚拱刚梁,无论哪一类,拱脚水平推力都由系梁或系杆平衡,墩台与基础的受力和简支梁相同。

一般认为,满足 $(EI)_拱/(EI)_系 > 100$ 时为刚拱柔梁,满足 $(EI)_拱/(EI)_系 < 1/100$ 时为柔拱刚梁,满足 $1/100 < (EI)_拱/(EI)_系 < 100$ 为刚拱刚梁。

刚拱柔梁是组合体系拱桥中较早使用的一种形式,曾得到较多应用。其柔性系梁主要用来平衡拱脚的水平拉力,分担的竖向荷载很小,所受的弯矩也相对较小,竖向荷载一般由桥面板传递到横梁上,然后再通过吊杆传递到拱肋上。刚拱柔梁形式在向更大跨径发展时,就必须加大拱肋截面尺寸,使得柔性系梁和拱肋联结部位更趋复杂化。另外,跨径增大后,由于系梁刚度相对很小,加之目前多采用柔性吊杆,使得整个桥面系的竖向刚度也很小,车辆通过时桥面系振动较大,这对桥面系及吊杆的耐久性都不利。

柔拱刚梁实际上以梁为受力主体,拱肋借助吊杆对主梁提供弹性支撑,在跨径较大时,可以显著减小梁的高度,并在较小的梁高下获得较大的整体竖向刚度。这种形式常采用先梁后拱施工方法,当跨径较大且梁高较小时,须采用支架施工,在有些场合不便采用。

目前修建的简支拱梁组合桥多采用刚拱刚梁,由于拱肋和系梁是刚性的,拱肋和系梁的端部是刚性连接,其整体刚度较大。竖向荷载由拱肋和系梁共同承担,拱肋分担的恒载大小为成桥时吊杆内力之和,活载在两者之间的分配主要取决于拱和梁的竖向刚度比。由于拱肋和系梁受力比较均匀,其尺寸可按适当比例配合而达到外形协调,增强美学效果。

简支拱梁组合桥中,系梁处于与拱肋同等重要的位置。系梁可采用预应力混凝土构件,也可采用钢构件或系杆可采用钢绞线。根据桥梁特点及施工顺序,系梁中的预应力可以在主拱圈施工前张拉完成,也可按照施工顺序分阶段分批张拉。

简支拱梁组合桥中的吊杆可以是刚性吊杆,也可以是柔性吊杆。刚性吊杆由于施工不便,与系梁及拱肋相连节点的构造复杂,现在较少使用,目前多采用柔性吊杆。一般情况下,吊杆在系梁和拱圈施工完成后安装,安装后需要通过张拉调整吊杆力,吊杆的张拉次数、张拉顺序需根据施工过程计算确定。在确保拱圈与系梁安全的前提下,张拉次数应尽量减少。

拱梁组合桥中,吊杆可以是直吊杆,也可以是斜吊杆。斜吊杆简支拱梁组合体系也称为尼尔森体系。斜吊杆布置方式可以有多种,如图 1-2-115 所示的单华伦桁式吊杆、双华伦桁式吊杆、复合华伦桁式吊杆等。直吊杆整齐美观,吊杆锚固点处构造简单,施工方便,斜吊杆锚固点处构造复杂。计算分析发现,相同条件下,采用斜吊杆与采用直吊杆相比,拱圈及系梁的轴力普遍略有增大,除拱圈拱脚附近及系梁端部附近弯矩增大外,其他位置处拱圈及系梁的弯矩显著减小。采用斜吊杆时,结构的竖向刚度提高很多,竖向挠度明显减小,但斜吊杆对于结构的横向刚度影响很小。由于铁路和城市轨道交通对桥梁的刚度要求较高,此时,斜吊杆就具有优势。如宣杭铁路东苕溪特大桥(图1-2-116)主孔采用了尼尔森体系的提篮式简支拱梁组合体系。该桥为双线铁路桥,主跨112m,系梁为等高度的单箱三室箱形截面,宽15m,梁高只有2.5m。需要注意的是斜吊杆情况下吊杆的应力幅比直吊杆大很多,因此,斜吊杆情况下需要注意吊杆的疲劳问题。采用复合华伦桁式吊杆时,吊杆的应力幅相对较小,其疲劳性能要优于其他两种斜吊杆布置方式。

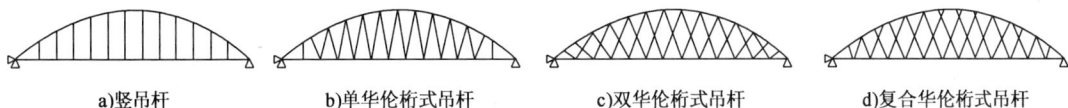

a)竖吊杆   b)单华伦桁式吊杆   c)双华伦桁式吊杆   d)复合华伦桁式吊杆

图1-2-115 简支拱梁组合桥吊杆布置方式

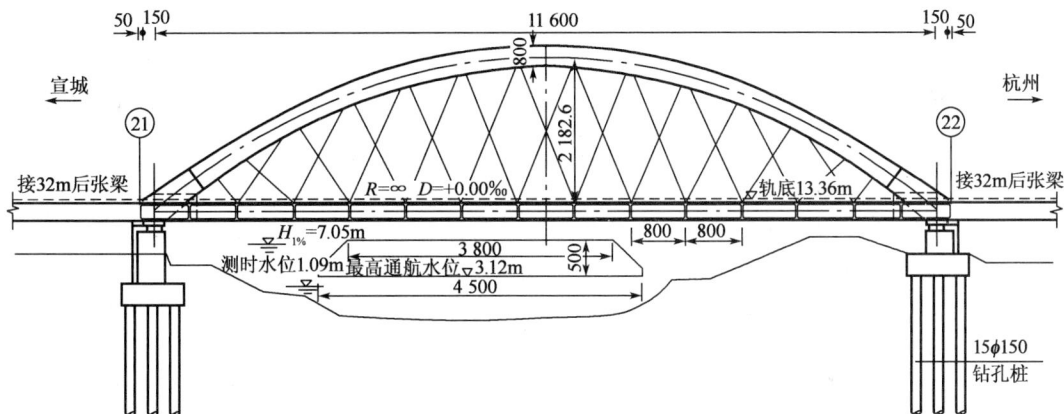

图1-2-116 斜吊杆简支拱梁组合桥(宣杭铁路东苕溪桥)(尺寸单位:cm)

多孔简支拱梁组合桥同普通简支梁桥一样,存在伸缩缝多、行车不舒服的缺点。为减少伸缩缝,改善行车条件,同时为张拉系梁预应力束留下空间,可将两跨的固定支座设置在同一个桥墩上,并将两孔的桥面铺装连接,其缺点是设置固定支座的桥墩所受的水平力(制动力、地震力)较大。

近年来国内部分城市中还修建了一些斜靠式拱桥(图1-2-117),斜靠式拱桥拱肋由4片组成,内侧为两片竖直或略向外倾斜的拱肋,称为主拱肋,主拱肋外侧各有一片向内倾斜的斜靠拱肋(称为稳定拱或斜拱),每侧向内倾斜的稳定拱肋与相邻的主拱肋构成人行桥的空间。斜靠式拱桥的主要特点是在两主拱肋之间不设横向联系,而是用稳定拱撑住主拱,利用稳定拱与主拱之间的相互支撑形成空间稳定体系。其常用的结构体系有两种:一种是主拱肋采用无推力体系,斜靠的稳定拱肋采用有推力体系,这种体系适合用于地质条件较好的地区,若应用于软土地基,一方面要解决斜靠拱的水平推力问题,另一方面地基的不均匀沉降也将在结构中产生附加内力,使得结构受力更加复杂,尤其是桥梁跨径较大时,这种体系缺点就更显突出。另一种是结构体系的主拱肋及稳定拱肋均采用无推力体系,这种形式比较适合于软土地基,但主肋与稳定拱肋体系之间的变形协调问题是这一体系的关键。斜靠式拱桥造型独特,但结构受力复杂,空间效应明显,构件联结复杂,施工难度大,综合优势不明显。

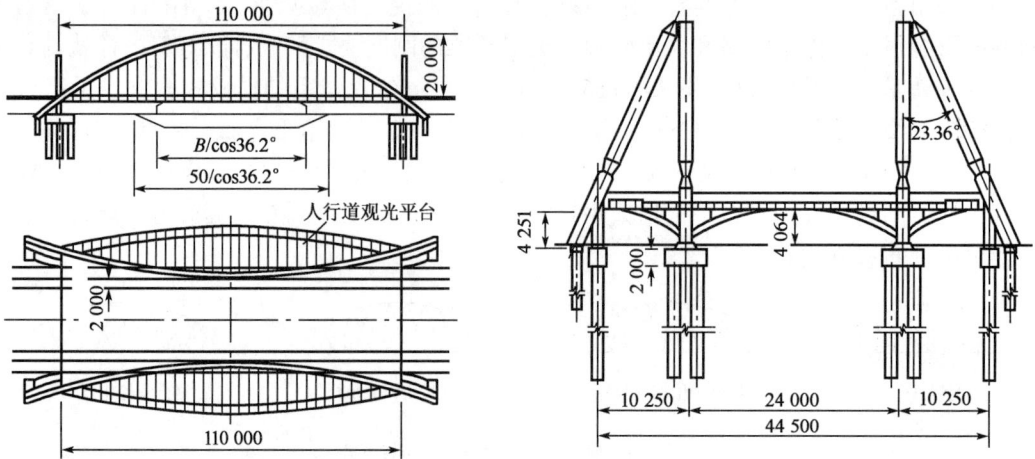

图 1-2-117　斜靠式拱桥(玉峰大桥)(尺寸单位:mm)

2. 悬臂拱梁组合桥

悬臂拱梁组合桥只适用于上承式,一般为三跨(图 1-2-118)。其基本组成包括拱肋、立柱、纵梁、挂孔、横向联系与桥面板等。这种形式实质上是变截面桁式带挂梁的 T 构桥,即将变截面梁式 T 构桥腹板挖空,用立柱代替实腹梁的腹板。为减小节点应力,立柱与拱肋一般设计为铰接。这种结构纵梁受拉弯作用,拱肋受压弯作用,纵梁采用预应力混凝土,拱肋采用钢筋混凝土。其优点是造价低、施工简便,可采用转体或悬臂拼装施工方法,跨径一般不大。由于结构整体上为一个悬臂结构加简支梁,活载作用下悬臂梁的变形与简支梁的变形不连续,存在转折点,导致桥面不平顺,容易跳车。特别是在预拱度不足的情况下,悬臂端局部下挠,使跳车加剧。因此,这类桥梁必须注意预拱度的设置。这种结构体系优势不明显,又存在天然缺陷,故总体上修建数量较少。

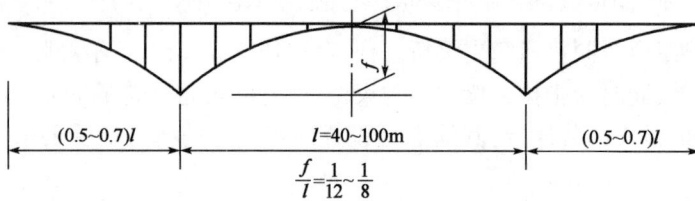

图 1-2-118　悬臂拱梁组合桥

3. 连续拱梁组合桥

连续拱梁组合桥与简支拱梁组合桥有很多共同之处,区别主要在于其系梁为刚性连续梁。连续拱梁组合桥可以是上承式、中承式或下承式(图 1-2-119)。下承式连续拱梁组合桥一般无冗余水平约束,上承式和中承式在构造上可以处理成完全无水平冗余约束或成桥后才存在水平冗余约束两种形式。因此,即使有冗余水平约束,也只在桥梁建成后起作用,而大部分永久荷载作用下并不引起拱脚水平推力,反映出连续梁桥的外部受力特点。对于有冗余水平约束的上、中承式连续拱梁组合桥,仍然具有连拱的某些受力特点,拱脚处还有一定的水平推力。当跨径较大时,活载引起的拱脚水平推力也较大,这时连续梁的受力特点不再明显,更多地呈现出连续刚构的受力特点。

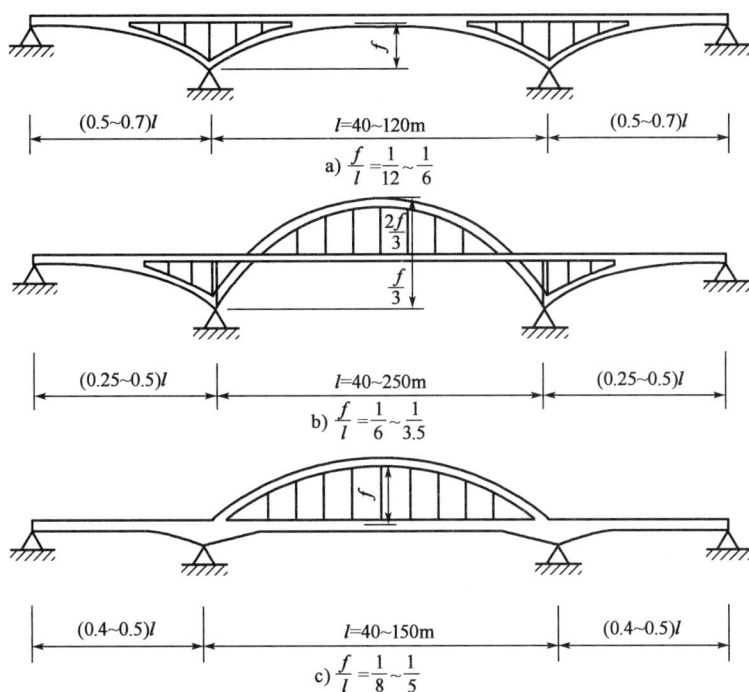

$$a)\ \frac{f}{l} = \frac{1}{12} \sim \frac{1}{6}$$

$$b)\ \frac{f}{l} = \frac{1}{6} \sim \frac{1}{3.5}$$

$$c)\ \frac{f}{l} = \frac{1}{8} \sim \frac{1}{5}$$

图 1-2-119 连续拱梁组合桥

上承式连续拱梁组合桥上部结构主要受力构件包括上弦加劲梁和下弦拱肋,上弦加劲梁受拉弯作用,下弦拱肋受压弯作用。跨数一般为三跨,中跨拱肋为一完整拱,两边跨拱肋各有半拱,每跨沿纵向布置分实腹段与空腹段,加劲梁与拱肋在拱顶合为一体,刚性连接,属超静定结构。与悬臂拱梁的主要区别在于中间跨为连续的,跨中没有挂梁或铰。施工一般采用转体或悬臂施工。恒载作用下的水平推力主要由加劲梁承担,桥墩上的推力相互平衡而对桥墩不产生推力,活载作用下中间墩有较小的水平推力。

上承式连续拱梁组合桥拱肋可以是肋拱,也可以是箱板拱,多采用肋拱。采用肋拱时,一般为双肋或多肋,肋间距 $4 \sim 8m$,肋拱与加劲纵系梁数量相对应。拱肋与梁之间设立柱,为了避免加劲梁张拉预应力时柱两端因位移差而引起较大弯矩,导致柱端开裂,应将柱端设计成铰接,空腹部分由此形成桁架。对应立柱位置处纵梁之间设横梁,拱肋之间设横撑。实腹范围内以与空腹段相同的间距设横梁。这种形式比简单体系上承式拱桥修建复杂,除拱脚处基本没有水平推力外,没有其他显著优点,所以修建数量较少。

下承式连续拱梁组合式桥实际上为 3 跨或多跨连续梁桥,中孔用拱来加强,以降低中孔纵梁的建筑高度。在一些特殊场合,如平原地区跨线或跨越有通航要求的河流时,既需要保证桥下净空,又不希望桥面高程太高,且要求桥梁竖向刚度大、整体性好时,下承式连续拱梁组合桥就显出了其优越性。此时当一联为 3 跨及以上时,一般中跨为主跨,跨径较大,如果采用一般连续梁桥,则中墩处梁较高,为满足桥下净空要求,需增加桥面高程,导致桥梁长度增加。如果在中孔采用下承式拱梁组合形式,通过主梁承担拱圈的水平推力,吊杆对中跨主梁形成弹性支承,减小中墩支点处的负弯矩,进而减小梁高,降低桥面高程。同时,相同条件下,拱式结构的竖向刚度比梁式结构大很多,利用拱圈及吊杆对中跨主梁加劲,可以保证中跨在梁高降低的同时,竖向刚度不降低。

采用箱形加劲梁的拱梁组合桥刚度大、整体性好,近年来,在对桥梁刚度要求比较严格的铁路及高速铁路大跨径桥梁中,连续拱梁组合桥得到了较多的应用。如青藏铁路拉萨河主桥为 $36m + 72m + 108m + 72m + 36m$ 的五跨三拱钢管混凝土连续拱梁组合结构,其主梁为双主梁,梁底等高,梁高变化通过主梁顶面高度的变化实现;韶关市五里亭大桥主桥为 $35m + 120m + 36m$ 的三跨一拱钢管混凝土连续拱梁组合结构(图1-2-120、图1-2-121),桥面宽33m,主梁为等高度梁,采用箱形截面,施工采用先梁后拱的施工方法,主梁采用顶推施工。由于主梁高度较小,中跨跨度大,故施工时中间设置了2个临时墩。

对于下承式拱梁组合桥,拱对中跨梁的加劲作用与拱梁组合的相对封闭作用,在很大程度上阻止了中跨与边跨之间荷载的相互传递,中支点几乎成了中跨与边跨的隔离点。中跨与边跨内力的相互影响大为减弱,边跨出现负反力的可能性也大大减小,因此边跨与中跨之比可以较小。

连续拱梁组合体系桥中梁的恒载内力与施工方法关系密切。目前钢筋混凝土连续拱梁组合体系桥多采用先梁后拱的施工顺序,如果梁采用悬臂施工方法,则支点处梁的负弯矩将很人,这必然导致支点处梁的高度增大,使得连续拱梁组合体系桥失去主梁高度相对较小的优势。

中承式连续拱梁组合桥由拱肋、系梁、吊杆、立柱、横向联系及桥面板等组成。拱和梁共同承担竖向荷载,且由梁承担拱的水平推力。当跨径较大时,若采用刚性系梁,则存在许多困难。首先是施工困难,如果采用先拱后梁施工方法,则为了平衡拱脚水平推力,需要设置临时系杆,如果采用先梁后拱施工方法,修建系梁需要较多的支架,这使得建设成本增加较多;其次跨径增大后,拱和系梁相交处的构造和受力也比较复杂,另外系梁温度变化引起的次内力对结构整体受力也不利。因此,跨径增大后,一般不采用刚性系梁,而多采用柔性系杆,这就形成了后面要介绍的飞燕式系杆拱桥。

4. 刚架系杆拱桥

刚架系杆拱桥是随着钢管混凝土拱桥的发展而迅速发展起来的一种桥型。其特点是拱肋与桥墩固接,不设支座,采用预应力钢绞线作为系杆平衡拱的推力;系杆独立于桥面系之外,不参与桥面系受力,桥面系为局部受力构件。这种结构由于拱和墩连接处为刚节点,属刚架结构,又带有系杆,故称之为刚架系杆拱(图1-2-122)。

刚架系杆拱桥为超静定结构,桥梁上部、下部以及基础连成一体,结构的超静定次数较多,受力复杂。由于钢绞线系杆轴向刚度很小,系杆拉力的增加会引起系杆较大的伸长,特别是对于大跨径桥梁。由于拱肋、系杆和墩柱固接在一起,根据位移变形协调条件,活载作用下拱的水平推力增量主要由桥墩和拱肋自身承受,系杆承担的很少,因而刚架系杆拱桥是有推力的结构。系杆的作用是对拱施加预应力以抵消拱的大部分水平推力(主要是恒载产生的水平推力,也包括活载产生的部分水平推力),因此也常把系杆看成预应力体外索。由于恒载水平推力已被系杆平衡,而活载产生的水平推力一般并不大,特别是大跨径桥,且还可以通过对系杆的适当超张拉将不平衡水平推力给予最大限度地减小,因此刚架系杆拱桥由于系杆的存在,作用在桥墩上的水平推力相对大大减小,降低了对下部结构和基础的要求。

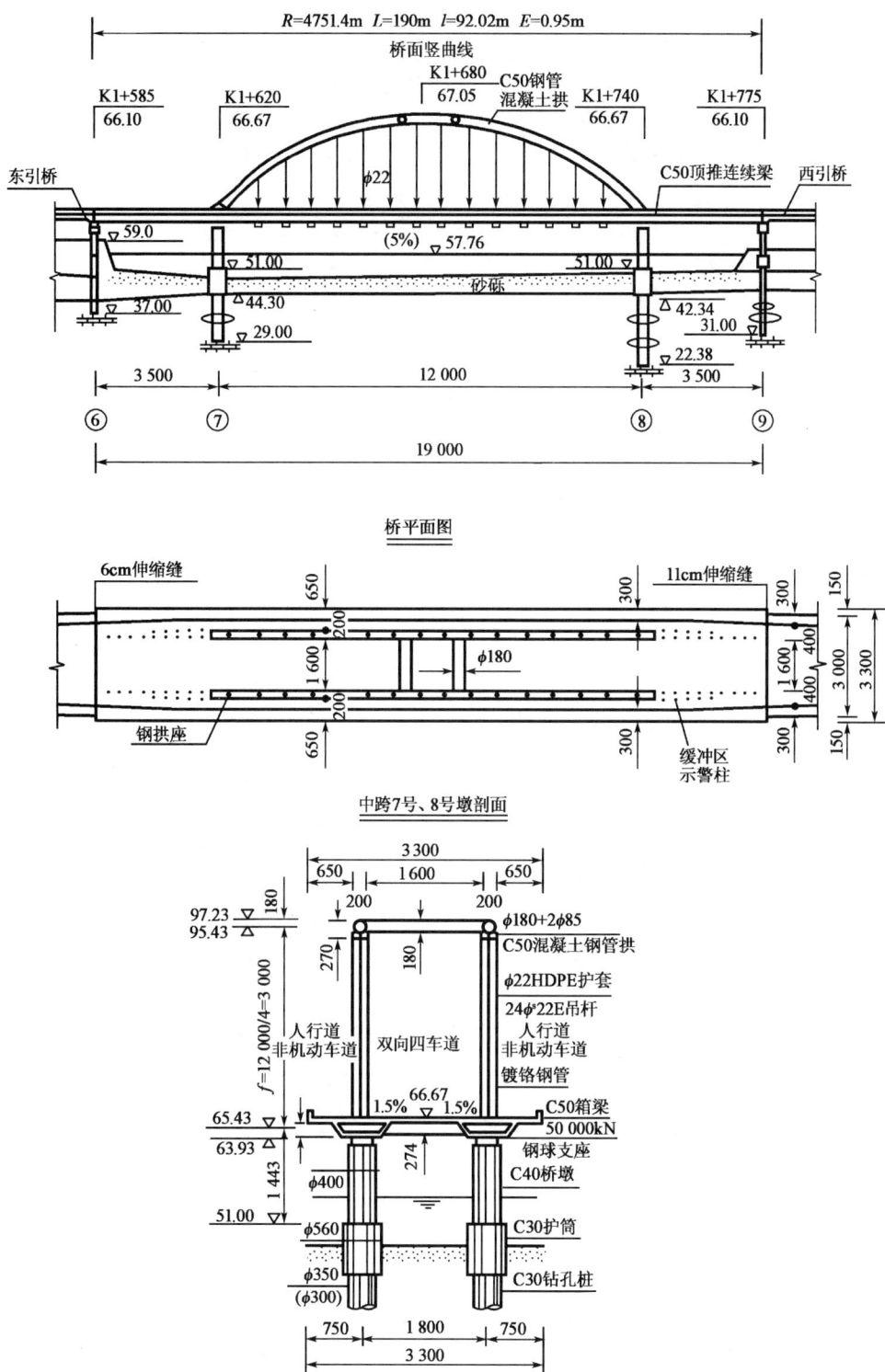

图 1-2-120 韶关市五里亭大桥主桥总体布置图(尺寸单位:cm;高程单位:m)

103

图 1-2-121　韶关市五里亭大桥

　　刚架系杆拱拱墩固接点的构造较为复杂,特别是下承式,拱肋、桥墩、盖梁交汇在这里,一般为不规则的几何体。固接点处的受力也较复杂,各方向的力都集中于此点,且受系杆强大的集中力作用,容易在主拉应力方向发生开裂,应引起重视。

　　刚架系杆拱的施工由于可以像固定拱一样采用无支架施工,因而桥梁的跨越能力较大,也能够充分发挥钢管混凝土拱桥施工方便的优越性,所以这种结构形式出现以后得到较广泛的应用。刚架系杆拱桥有中承式和下承式。下承式刚架拱一般为单跨,但也有两跨或三跨连续的(图 1-2-122)。多跨时,各跨的系杆一般是独立的。

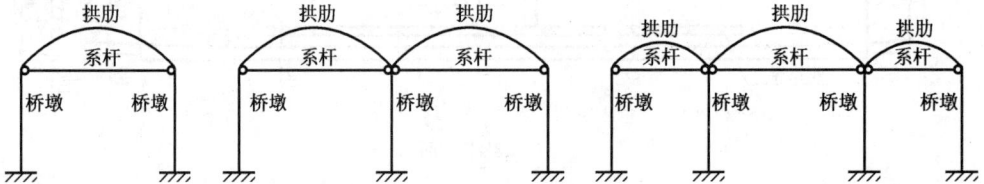

图 1-2-122　下承式刚架系杆拱桥

　　中承式刚架系杆拱桥也称为飞燕式或飞鸟式(图 1-2-123、图 1-2-124),两边跨为半跨悬臂上承式拱,主跨为中承式拱,通过锚固于两边跨端部的系杆来平衡大部分水平推力,边跨的拱肋之间通过强大的端横梁连成整体,为系杆的锚固提供空间。主跨一般为一跨,也有主跨为两跨或三跨的。边跨自重能平衡主跨部分水平推力,故中跨常采用自重较轻的钢管混凝土拱,而

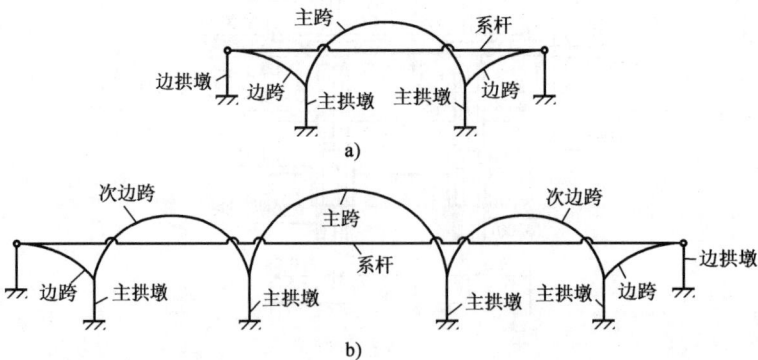

图 1-2-123　中承式刚架系杆拱桥

边跨采用自重较大的钢筋混凝土拱。主跨矢跨比较大,一般为 1/6 ~ 1/4;边跨矢跨比较小,一般为 1/10 ~ 1/7。

图 1-2-124　丫髻沙大桥

四跨或五跨中承式刚架系杆拱的系杆很长,作用在两边跨的系杆张力平衡各跨的水平推力,传力路径很长,结构受力复杂,构造也不易处理。另外,施工时各跨之间恒载要基本保持平衡,因此工作面多,施工组织困难。

5. 连续刚构拱梁组合桥

连续刚构拱梁组合体系桥近年来逐渐得到采用,这种桥式主要有两类:连续刚构拱梁组合桥和斜腿刚构拱梁组合桥。连续刚构拱梁组合体系桥与刚架系杆拱桥的区别是连续刚构拱梁组合桥是梁与墩固接,拱与梁刚性连接,梁为刚性梁。连续刚构拱梁组合结构具有预应力混凝土连续刚构桥和拱桥两者的受力特点。结构内力受温度、收缩徐变影响较大,同时还受到拱梁上部结构施工方法的影响,结构受力很复杂。连续刚构拱梁组合体系桥的竖向荷载由梁、拱共同承担,各自承担荷载的大小受梁、拱刚度和吊杆轴向刚度大小的影响。

在建及已建成的桥梁中,广珠城际快速轨道交通小榄水道大桥则采用预应力混凝土 V 形刚构拱组合体系(图 1-2-125),V 形斜腿和主梁均采用单箱双室截面,拱肋采用 N 形桁架钢管混凝土结构。宜昌长江铁路大桥采用 130m + 2 × 275m + 130m 预应力混凝土连续刚构与钢管混凝土柔性拱组合式结构(图 1-2-126);福州湾边大桥为 5 跨连续刚构拱梁组合体系桥(图 1-2-127),下部桥墩为 V 形桥墩,拱为单肋拱,上部结构以连续刚构为主体,配以单肋拱对主梁进行加劲。

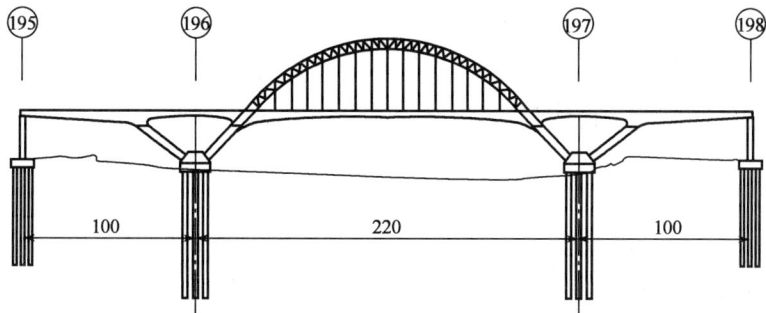

图 1-2-125　小榄水道大桥(尺寸单位:m)

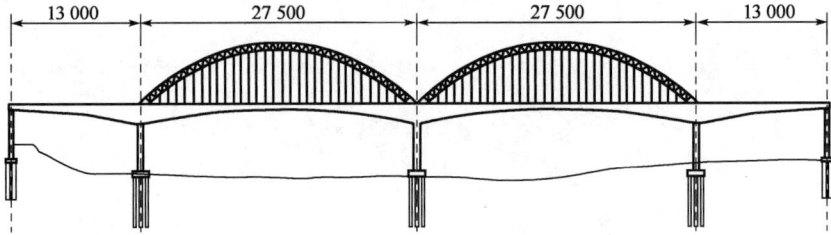

图 1-2-126 宜昌长江铁路大桥(尺寸单位:cm)

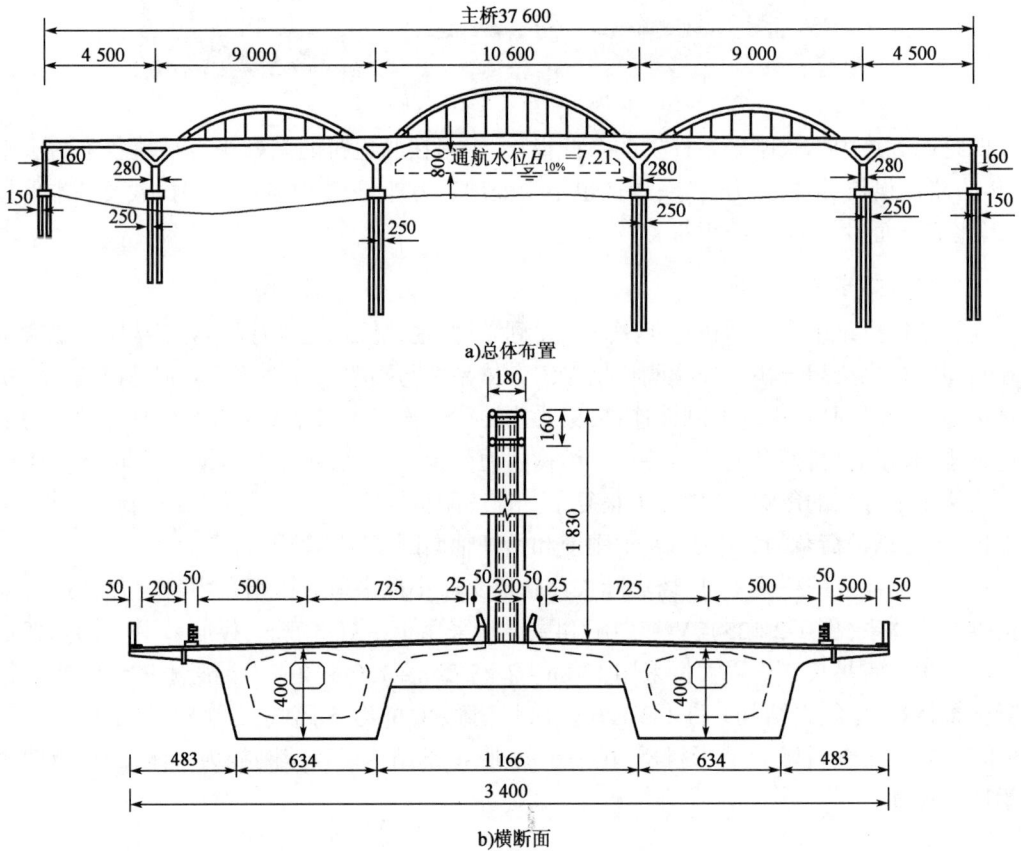

a)总体布置

b)横断面

图 1-2-127 福州湾边大桥(尺寸单位:cm)

二、拱式组合体系桥的构造

(一)总体构造

拱式组合体系桥类型很多,设计选择余地大,不同类型的构造及尺寸变化也较大。这里重点介绍常用的中下承式拱梁组合桥的构造及主要尺寸。

矢跨比对结构整体受力与变形影响很大,研究发现,随着矢跨比的减小,拱肋和系梁的轴力线性增大,且变化很大,弯矩变化无明显规律,且变化较小。由于过小的矢跨比会导致拱圈压力急剧增大,拱圈必须取用更大的截面,主梁内巨大的拉力必须配以更多的预应力钢筋,同时过小的矢跨比使拱梁组合结构整体竖向刚度下降。考虑到拱梁组合桥多采用先梁后拱的施工方法,系梁建成后,为拱圈的施工提供了便利,因此,在拱梁组合桥中,矢跨比宜取较大值。中下承式组合拱桥的矢跨比一般较大,多数介于 1/6 ~ 1/4 之间,其以 1/5 居多。上承式拱梁组合桥的矢跨比较小,为 1/12 ~ 1/8。取较大矢跨比时,应注意拱圈的横向稳定性。拱轴线一般采用抛物线或拱轴系数较小的悬链线。对于中承式组合拱桥,拱的布置分为桥面以上和桥面以下两部分,从美观的角度,桥面上、下矢高的分配一般是桥上占 2/3,桥下占 1/3。

连续拱梁组合桥的边跨与中跨之比较小,上承式一般为 0.5 ~ 0.7,中、下承式则可以较小,最小可达到 0.3。连续拱梁组合桥取较小的边中跨比值,不仅可最大限度地提供通航空间、缩短桥长,而且也使主要受负弯矩的边跨受力与构造相适应,并便于预应力钢筋的布置。中承式刚架连续拱梁组合桥边跨与中跨之比相对更小,一般介于 0.2 ~ 0.4 之间,国内已建的多数在 0.25 附近。

拱肋材料常用钢筋混凝土、钢管混凝土或钢拱肋,近年来使用钢管混凝土拱肋较多。拱肋一般多采用双肋拱,也可以是单肋或多肋,双拱肋可采用平行拱肋,也可采用提篮拱。单肋拱抗扭及承担偏心荷载的能力差,因此一般须配合截面整体性好、刚度大的箱形截面使用。多肋拱适合于桥面较宽的城市桥梁,多肋时中间肋受力大于边肋,若拱肋采用相同截面,则浪费材料,而采用不同截面,则不够美观,所以采用较少。平行拱肋施工方便,提篮拱能提高结构的横向稳定性。

对于桥面较宽的城市或公路桥梁,为缩短横梁跨径,减小横梁跨中弯矩,横梁可设计为成悬臂式,将非机动车道与人行道外挑,拱肋与桥面相交处将占据一定的桥面宽度,这部分区域正好形成保护吊杆及分离机动车道与非机动车道的隔离带(图 1-2-128)。

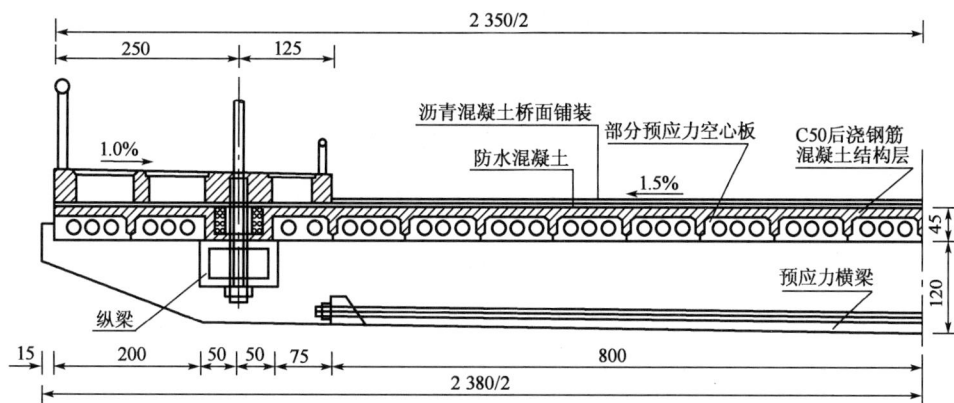

图 1-2-128 拱梁组合桥典型横向布置(尺寸单位:cm)

(二)细部构造

1. 拱肋

拱肋的设计参数受组合类型、跨径、桥宽、建筑材料等多种因素影响。柔梁刚拱拱肋的设计参数与简单体系中下承式拱桥设计参数接近。钢筋混凝土拱肋截面一般为矩形、工字形或箱形。跨径为 50 ~ 60m 时,多采用矩形拱肋;跨径在 80m 左右时,可用工字形拱肋;跨径更大时,可采用箱形拱肋。拱肋高度一般为跨径的 1/70 ~ 1/25,拱肋宽度对于单肋拱一般等于或大于拱肋高度,双肋拱肋宽一般为其高度的0.5~1。箱形截面拱肋必须在吊杆处和一定间距内设置横隔板,横隔板厚度一般为20~30cm。拱肋纵向受力钢筋按计算确定,一般沿上下缘对称布置。钢管混凝土拱肋的截面形状及设计参数可参考简单体系中下承式钢管混凝土拱桥确定。

2.系梁及系杆

在拱梁组合桥中,拱肋产生的推力全部或大部分由系梁或系杆承担,它们是拱梁组合桥的关键构件之一。系杆只承担拱肋的水平推力,为轴心受拉构件,不承担桥面局部荷载,也不参与拱肋抗弯作用,系杆与横梁、吊杆或立柱之间没有相互作用。系杆多采用配夹片群锚的平行钢绞线索,其面积根据所受拉力大小及材料强度确定。

需要注意的是系杆为柔性结构,横向刚度较小,长度较长时,其在环境因素影响下的振动问题不容忽视,须采取可靠措施控制其横向振动。目前系杆常采用的布置方式有三种(图1-2-129):一是在横梁顶面设置纵向可自由滑动的系杆箱,内分割成多室,穿入高强钢丝或钢绞线成品索;二是在横梁顶面设置滚轮,其上放置高强钢丝或钢绞线成品索;三是在横梁上预设纵向可自由滑动的系杆孔,内穿高强钢丝或钢绞线成品索。系杆承担了拱的全部或大部分推力,其耐久性对全桥的安全至关重要,因此不论系杆是置于系杆箱中还是暴露于大气中,其防腐问题均应得到充分重视。系杆防腐通常采用PE防护,系杆箱中可以灌以防腐密封材料,如石蜡、黄油、沥青麻絮等,暴露于大气中的系杆应采用多层防护技术。

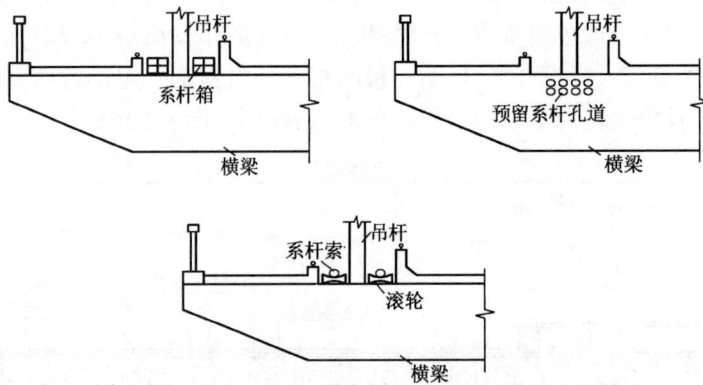

图1-2-129 系杆布置方式

系梁受拉弯作用,构造上与拱肋、横梁及吊杆或立柱连接在一起。系梁可以是有黏结预应力混凝土系梁、无黏结预应力混凝土系梁和钢系梁,一般多采用有黏结预应力混凝土系梁。预应力混凝土纵系梁多采用矩形、工字形或箱形截面(图1-2-130),根据跨径、梁高、拱肋截面形式等情况选用系梁截面形式。

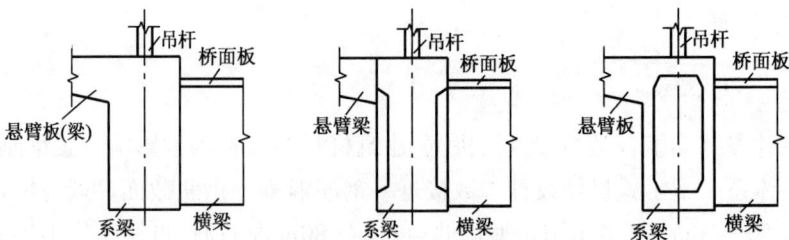

图1-2-130 预应力混凝土系梁

系梁的宽度一般与拱肋同宽或比拱肋宽,高度受拱梁刚度比的影响较大。对于目前常用的刚拱刚梁形式,桥较宽时,系梁的高度常取决于横梁的高度,系梁的高度等于或大于横梁高度。系梁上方一般为隔离带,故系梁高度常取横梁高度、铺装厚度和护轮带高度之和。系梁横截面尺寸沿桥纵向基本不变,在拱肋与系梁相交的节点附近,根据需要系梁截面可适当增大。

系梁的轴力通常远大于弯矩,故系梁中的预应力钢筋一般可直线配置,基本上下对称分布,同时沿截面高度应布置一定数量的分布钢筋,防止裂缝的扩展。系梁采用箱形截面时,对应于横梁及吊杆位置处要设置横隔板(图1-2-131)。预应力混凝土系梁上下缘须配置普通钢筋,数量需满足规范抗裂性验算的相关要求。

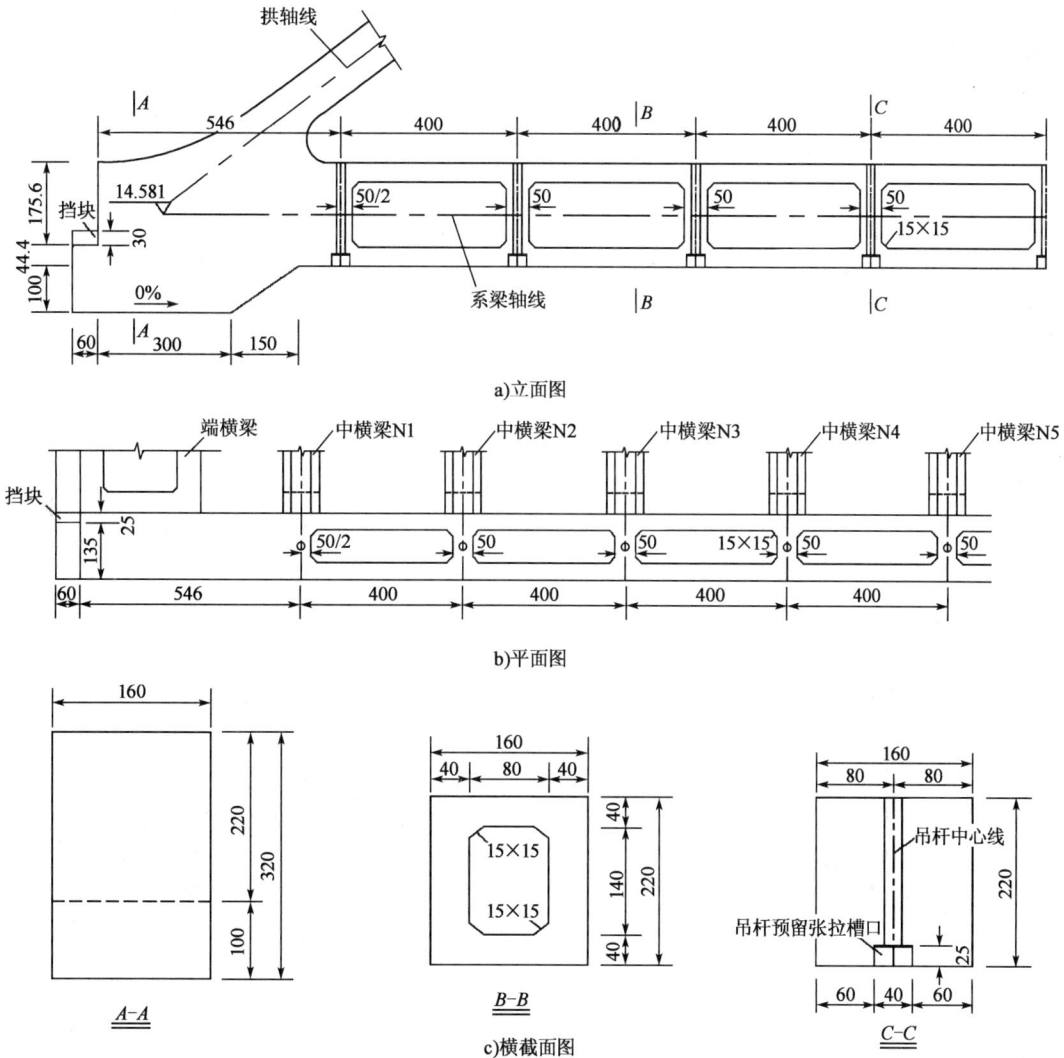

a)立面图

b)平面图

c)横截面图

图1-2-131 预应力混凝土系梁(尺寸单位:cm)

3.吊杆

吊杆为局部受力构件,其受力大小与主桥的跨径关系不大,吊杆间距一般为跨径的1/16~1/10,多数在4~8m。对于常用的梁格式桥面系统,横梁是与吊杆相对应的,吊杆的间距确定了桥面板的跨径。横梁间距增大,可减少全桥的横梁及吊杆数量,但桥面板跨径增大后,桥面板厚度一般也需要增加,同时,一根横梁所分担的恒载与活载数量相应增加,横梁尺寸也需要增大,因此吊杆的间距须综合考虑后确定。一般主拱跨径在 50 ~ 60m 时,吊杆间距在 4m 左右;主拱跨径在 60 ~ 80m 时,吊杆间距在 5m 附近;主拱跨径在 80 ~ 250m 时,吊杆间距在 5 ~ 8m。

吊杆目前一般用柔性吊杆,多选用成品索。吊杆的横截面面积受桥宽、吊杆间距等影响。

吊杆受力中活载占有较大的比例,应力幅较大,易疲劳。特别是短吊杆实际承受一定的弯曲作用,活载作用下受拉受弯,且短吊杆频率高,相同时间内振动往复次数多,最易疲劳。因此吊杆最好设计成可更换的形式,短吊杆锚固端宜设置可转动的铰。

吊杆分张拉端和锚固端(图 1-2-132),一般张拉端在纵横梁底部,锚固端在拱肋上。为了便于吊杆安装及张拉,拱肋及系梁或横梁上需开孔,这对拱肋及梁有较大的削弱。吊杆同样存在防腐问题,其处理措施与斜拉桥斜拉索类似。

4. 桥面系

拱梁组合桥中常见的桥面系形式可以大致分为三种类型。

最常见的桥面系形式是图 1-2-133 所示的格构式桥面系统,由连续纵向系梁(或纵梁)和端横梁、中横梁刚性连接,形成平面框架结构,预制的桥面板沿纵向放置在横梁上。桥面板根据其跨径大小可选用实心板、空心板、Ⅱ 形板、T 形板等。桥面板与横梁之间可以设置支座,也可现浇连接。设置支座时,为减少伸缩缝,桥面板可做成结构简支、桥面连续形式,也可形成结构连续(先简支后连续)。由于桥面板较轻,在汽车荷载作用下,桥面板和支座之间易发生相对变形,引起桥面的不平整,进而加剧车辆振动。为加强桥面系整体性,桥面板可直接搁置在横梁上,并通过现浇混凝土相互连接,但在端横梁或固定横梁处,桥面板一般不与横梁固接(图 1-2-134)。如果条件许可,为增强桥面系整体性,桥面板也可全部现浇。桥面较宽时,还可在中间增设若干小纵梁,以增加桥面系刚度和整体性。这种形式的桥面系统施工相对简便,桥面系的整体性也好。

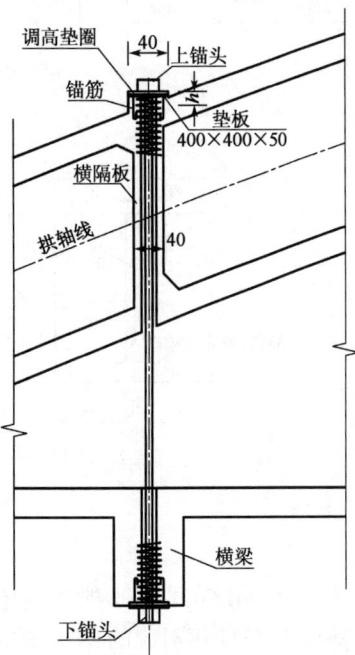

图 1-2-132 吊杆锚固构造(尺寸单位:mm)

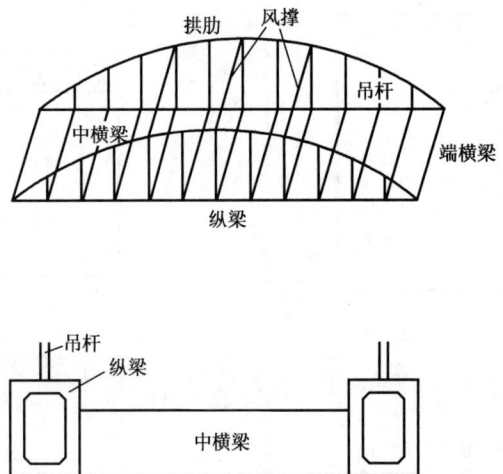

图 1-2-133 梁格式桥面系

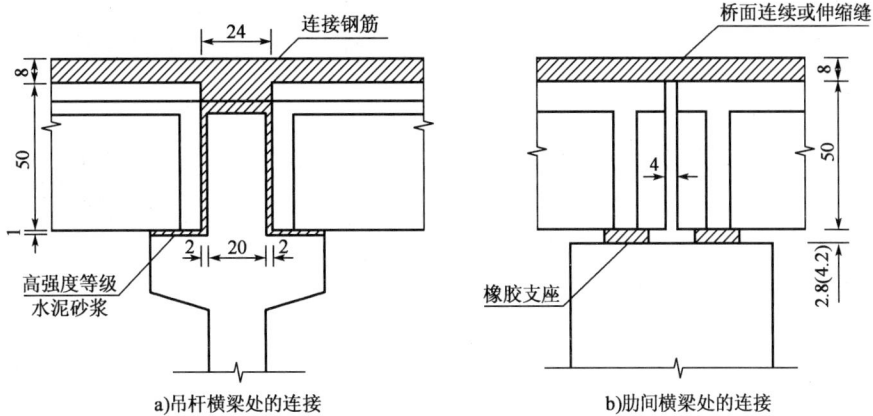

a)吊杆横梁处的连接　　　　　　　　　　b)肋间横梁处的连接

图 1-2-134　横梁处桥面板连接处构造(尺寸单位:cm)

　　另一种是箱梁或双主梁式整体型桥面系统。这时箱梁也是承受拱脚水平推力的系梁,箱梁与普通梁式桥的箱形截面基本类似,只是横隔梁数量较多。这种桥面形式整体性好、刚度大,抗扭能力强,后期养护成本低,在便于搭设支架施工的场合,这种形式具有明显的优势。当跨径较大且不便于搭设支架施工时,由于箱形系梁截面尺寸大,不便于预制吊装,一般需要悬臂施工。如果采用悬臂施工,则为了满足施工安全需要,箱梁的高度必须设计得较大。施工结束后,由于拱梁共同受力,过大的梁高又显得富余,失去了拱梁组合体系桥的优越性。因此,对于活载较小的公路桥,这种桥面形式使用较少。而铁路桥活载大、对桥梁刚度要求高,故近年来在铁路桥梁中使用较多。另外单肋拱式拱梁组合桥为抵抗偏心荷载,必须采用箱梁式桥面系。这种形式一般是柔拱刚梁或刚拱刚梁。

　　箱梁跨中梁高受吊点处横梁横向受力的控制,与桥面宽度,吊杆顺桥向、横桥向间距有关。加劲梁中支点梁高选择余地较大,取决于设计者对拱肋参与全桥受力程度的定位。如果中支点梁高设计接近中跨跨径的1/18 左右,则拱梁组合体系桥退化为连续梁桥,拱肋退化为景观装饰品。如杭钢河大桥加劲梁采用单箱五室大悬臂变高度箱形截面(图 1-2-135),跨中梁高2.5m,高跨比 1/52 ,中支点梁高4m,高跨比1/32.5,边支点梁高2m,梁底曲线按二次抛物线变化。箱梁顶宽37m,单侧悬臂长 4.8m,箱梁底宽27.4m。加劲梁中跨布置横隔梁,间距与吊杆位置一一对应,横隔梁厚35cm。边跨不设置横隔梁,其构造类似于常规梁桥。

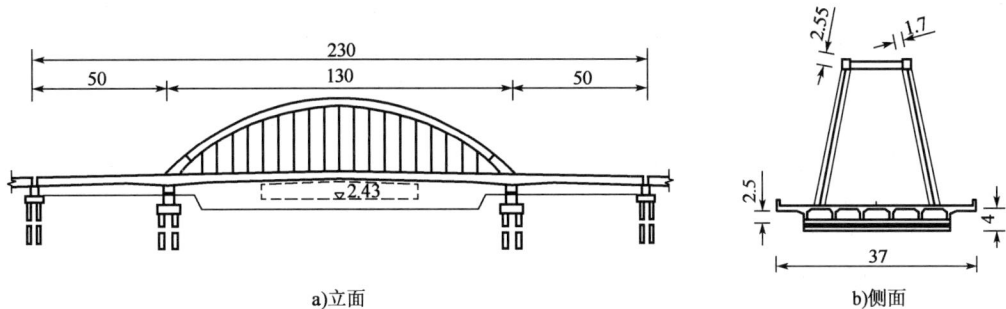

a)立面　　　　　　　　　　　　　　　　b)侧面

图 1-2-135　箱梁桥面系(尺寸单位:m)

　　第三种桥面系统是适用于柔性系杆的桥面系,这种桥面系是一种飘浮桥面系,桥面板支承于横梁上(图1-2-136),横梁通过吊杆吊挂到拱肋上,其构造与一般中下承式拱桥的基本相同。

通常用于系杆为钢绞线系杆的情况,一般不设置跨内连续的加劲纵梁,为保护系杆和装饰,有时设置边纵梁,边纵梁为不连续的节间简支梁。这种桥面系的优点是施工方便,但整体性及耐久性并不理想。

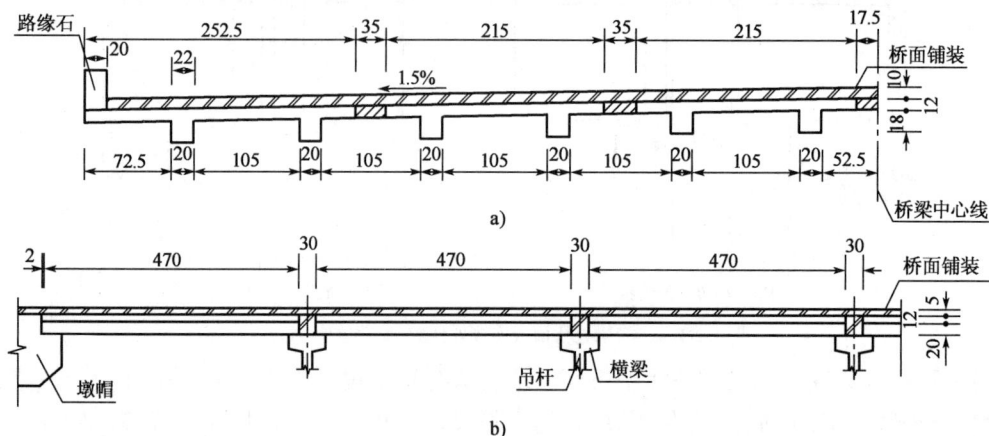

图 1-2-136　飘浮式桥面系

5. 横梁

横梁设计参数由拱肋横向间距、吊杆纵向间距等因素确定,可以采用钢筋混凝土或预应力混凝土结构。当桥较宽、横梁跨径较大时,采用预应力结构。横梁截面形式有矩形、工字形、T 形、箱形、凸字形及带凸头工字形等(图 1-2-137)。桥面横坡可以通过横梁高度的变化形成。带有人行道且人行道置于吊杆外侧时,吊杆外侧横梁的高度可以逐渐减小,截面形式也可变化。

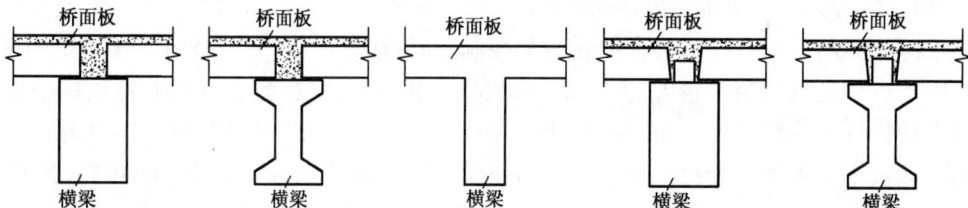

图 1-2-137　横梁截面形式

当桥宽度不大时,可采用预制的矩形、工字形、凸字形及带凸头工字形等截面形式的横梁,其两端与系梁连接后,横梁顶面作为桥面板的支承面,与预制桥面板通过现浇混凝土形成桥面结构,使两者成为整体,但此种截面重心偏低,需要更多的预应力;也可采用 T 梁形式,其上翼缘就是桥面板的一部分,在两根横梁间再现浇一段桥面板,使桥面成为整体。为了约束现浇的混凝土收缩可能出现的裂缝,现浇部分应采用微膨胀混凝土,并设置纵向预应力。这种断面的重心较高,有利于节约预应力,但预制吊装的重力较大。当桥较宽、拱肋横向间距较大时,横梁一般采用工字形或箱形截面,其上铺预制桥面板并现浇接头。

端横梁及拱肋间的固定横梁受力比中横梁复杂,构造上要与拱肋刚性连接,因此一般比中横梁强大(图 1-2-138)。强大的端横梁及固定横梁还可提高拱肋的横向稳定性,因为拱肋间设横撑时,上横撑与端横梁及拱肋组成空间框架,无横撑时,拱肋与端横梁形成开口框架,强大的端横梁能使拱肋嵌固,限制拱肋变形。其次,在活载作用下,中横梁将发生转动,带动加劲梁扭转,设置强大的端横梁将可减小加劲梁的扭转变形,进而减小中横梁的变形和内力,最后强大的端横梁还可提高拱脚节点的抗裂性。

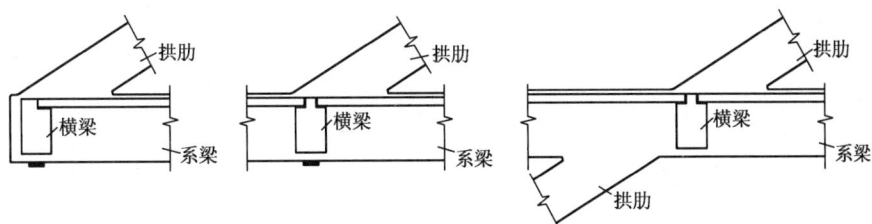

图 1-2-138 端横梁及肋间横梁

6. 立柱

上承式和中承式结构的立柱,通常为钢筋混凝土结构,采用矩形截面。立柱内钢筋应按受压构件要求配置。在拱梁组合部分,预应力引起的拱、梁不协调变形,以及车辆荷载作用下系梁的局部弯曲变形,都将在立柱的两端尤其是上端引起较大的弯矩。这些因素往往会造成立柱端部开裂,主要是近实腹段的短柱。因此,靠近实腹段的几根短柱的上端一般需要设铰。

7. 横向联结系

拱肋间横向联结系主要用于提高横向稳定性,增强整体性。横向联结系包括桥面以上的横撑、拱肋与桥面交叉处的横梁、中承式拱桥面以下的横系梁。横向联结系可采用钢筋混凝土构件,也可采用钢构件。横撑平面上可布置成一字形、K 形、X 形,数量以单数布置居多,即拱顶布置一根,两侧对称布置。拱肋与横撑相交处应设置横隔板或浇筑成实心段。桥面以下拱肋之间的横系梁应设置在立柱处,以有效抵抗立柱压力对拱肋横向失稳的不利效应。横系梁截面的长边一般沿拱轴线方向布置,以加强拱肋纵向变形的整体性。对于中承式与上承式结构,在拱座顶立柱之间应设置斜撑或剪刀撑,拱脚与靠近拱脚第一排立柱的拱肋横向之间应设置剪刀撑,以保证桥梁横向及拱肋纵向相对的整体性。

当桥面系为格子梁式或箱梁式桥面系统时,由于有较大的横向刚度,因此能显著增强拱肋的空间稳定性。吊杆对拱肋可施加非保向力作用,即当拱肋侧向失稳时,桥面结构横向基本不动,吊杆倾斜,吊杆的轴力分解成垂直力及水平力,此时水平力的指向与拱肋平移方向相反,具有对拱肋减缓侧向破坏变位的趋势。由于这个非保向力的作用,横撑可以采用非常简单的形式,跨径不大时,也可以不设横撑。

横撑高度可取 0.8 ~ 1.0 拱肋高度,宽度可取 0.6 ~ 0.8 拱肋高度。钢筋混凝土横撑应设置直径不小于 16mm 的纵向钢筋,并设直径不小于 8mm 的箍筋,其间距不应大于横撑短边尺寸或 400mm。横撑短边尺寸不宜小于支承点或交点间长度的 1/15。

8. 系梁、横梁及吊杆的联结

系梁、横梁及吊杆联结处构造的关键是处理好纵向、横向预应力筋和普通钢筋,以及吊杆及其锚固点的相互干扰。为此,纵向预应力筋可避开吊杆及其节点布置范围,并让出横向预应力筋的锚固空间;横梁端部扩大,横向预应力筋在进入系梁前向两侧分开,让出吊杆布置及锚固空间;横梁的普通钢筋避开纵梁钢筋。

9. 端节点构造

简支拱梁组合桥端节点、中承式拱梁桥的尾端节点是系梁、拱肋、端横梁的相交点(图 1-2-139),它们不仅是拱梁的联结点、纵向预应力束的锚固点,同时也是强大端横梁的嵌固点,并在其下设支座,承受较大的集中反力,受力复杂,配筋量大,制作不便。一旦此联结点

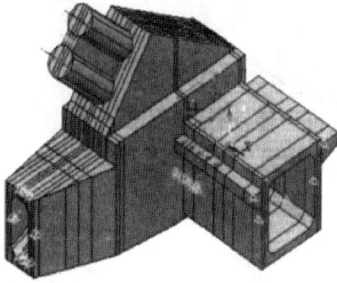

图 1-2-139　简支拱梁组合
桥端节点构造

出现破坏,将危及全桥的安全,设计及施工中应特别注意,采取有效的构造措施,防止开裂。端节点构造形式随拱肋和系梁截面尺寸的不同而不同。采用钢筋混凝土拱肋时,应注意钢筋的配置(图 1-2-140)。拱梁结合点内的钢筋大致可分为五类,即拱肋的纵向钢筋和箍筋,主梁的纵向钢筋和箍筋,垂直于拱肋的斜拉筋,端横梁的纵向钢筋和箍筋,支座和角隅的加强钢筋网。必要时可在节点区域设置多方向的预应力钢筋。拱肋与系梁连接处的内外侧角隅应力较集中,设计时应使内外侧角隅平顺连接,同时用小直径钢筋加密。在支座上方,局部应力非常大,设计时宜放置钢板,同时布置多层钢筋网。钢管混凝土拱肋还可在拱座内通过设型钢劲性骨架连接(图 1-2-141)。

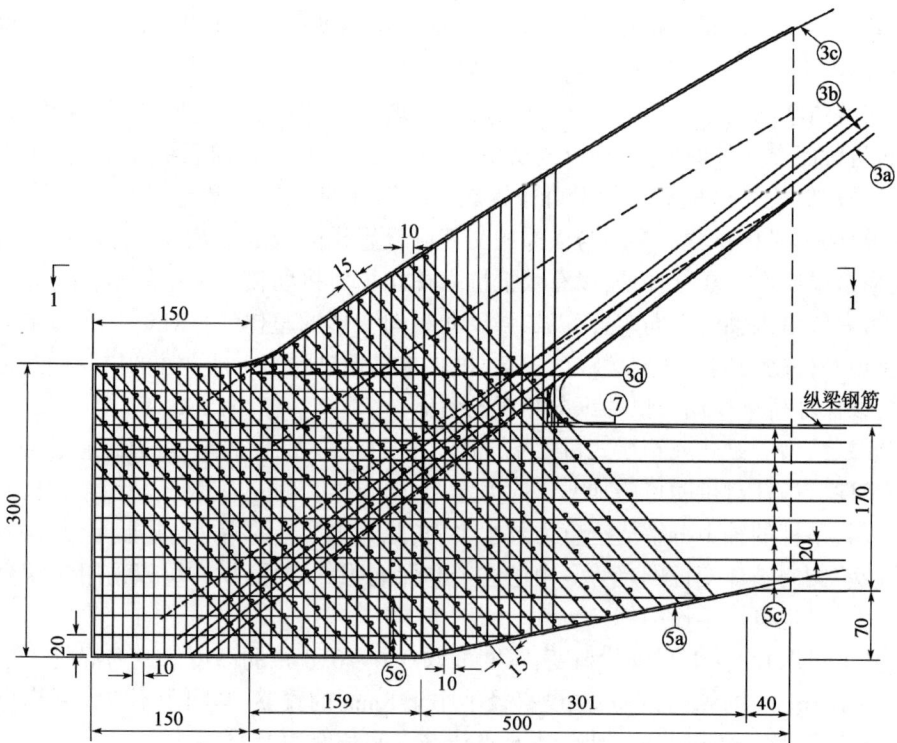

a)立面图

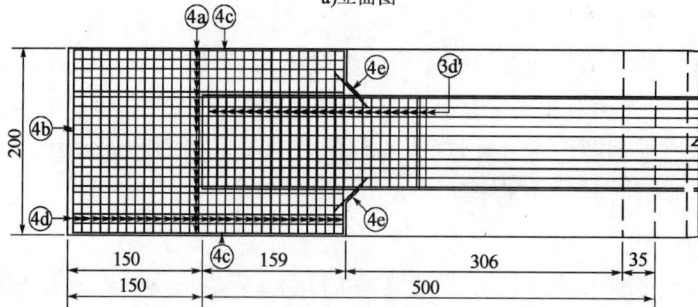

b)1-1断面

图 1-2-140　简支拱梁组合桥端节点钢筋构造(尺寸单位:cm)

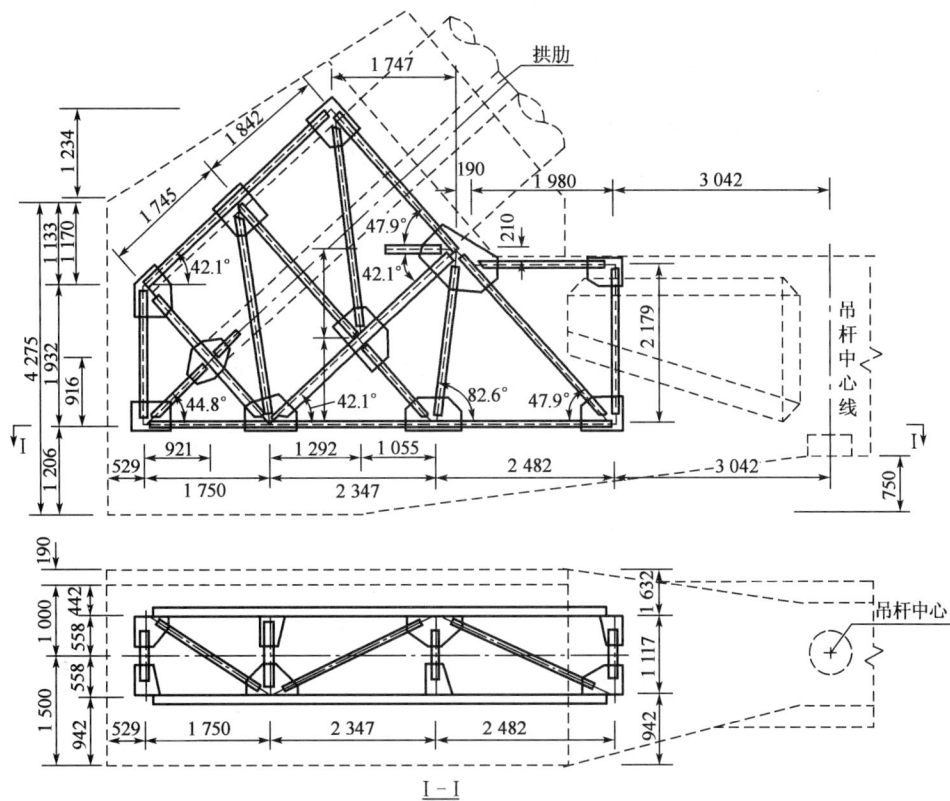

图 1-2-141　拱座内的劲性骨架(尺寸单位:mm)

第六节　拱桥墩、台形式与构造

　　拱桥墩台的作用是承受拱跨结构传来的荷载,并通过基础传递给地基。由于拱圈(肋)对墩台的作用除有竖向压力外,还有水平推力和弯矩,故拱桥墩台的尺寸一般比梁桥大。桥台在台背上还承受路基填土的土压力。因而,拱桥墩台必须具有足够的强度和稳定性。拱桥墩台的构造和形式的选择,应结合桥位处的地质、水文、结构体系、跨径、矢跨比、荷载大小及施工情况等因素综合考虑。墩台常用石料、混凝土、钢筋混凝土建造。大中桥砌筑墩台的石材强度等级不得低于 MU40,现浇混凝土的强度等级不得低于 C25,砂浆强度等级不得低于 M7.5。小桥涵砌筑墩台的石材强度等级不得低于 MU30,现浇混凝土的强度等级不得低于 C20,砂浆强度等级不得低于 M5。为了节约水泥,可在混凝土中掺入不多于 25% 的片石。在软土地区,为了减小墩台的质量及尺寸,可用钢筋混凝土墩台。

一、重力式桥墩

　　拱桥是一种推力结构,拱圈传给桥墩上的力,除垂直力以外,还有较大的水平推力,这是与梁桥的最大不同之处。从抵御恒载水平力的能力来看,拱桥桥墩又可以分为普通墩和单向推力墩两种。普通墩除了承受相邻两跨结构传来的垂直反力外,一般不承受恒载水平推力,或者当相邻孔不同时,只承受经过相互抵消后尚余的不平衡推力。单向推力墩又称制动墩,它的主要作用是在它一侧的桥孔因为某种原因遭到毁坏时,能承受住单向的恒载水平推力,以保证其另一侧的拱桥不发生倾塌。有时在施工时为了拱架的多次周转,或者当缆索吊装设备的工作跨径受到限制时,为了能按桥台与某墩之间或者按某两个桥墩之间作为一个施工段进行分段施工,也要设置能承受部分恒载单向推力的制动墩。由此可见,为了满足结构强度和稳定的要求,普通墩的墩身可以做得薄一些[图 1-2-142a)、b)、c)],单向推力墩则做得厚实一些[图 1-2-142d)、e)]。

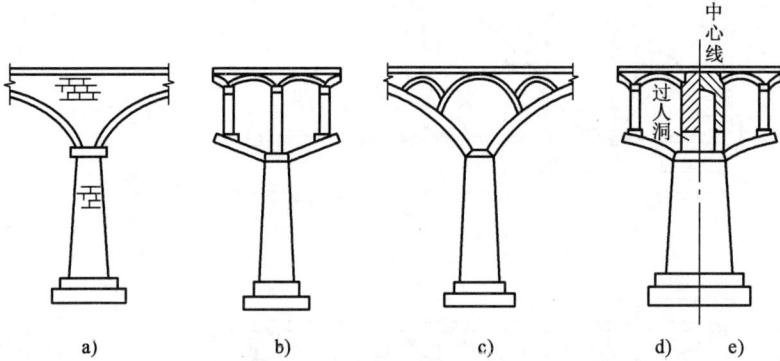

图 1-2-142　拱桥普通墩与单向推力墩

重力式桥墩由墩帽、墩身及基础三部分组成(图 1-2-143)。

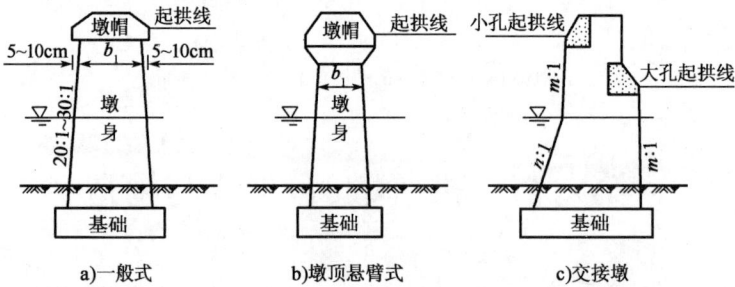

图 1-2-143　重力式桥墩

墩帽在桥墩的顶部。直接支承拱脚的部分称为拱座。墩帽一般挑出墩顶 5～10cm,做成滴水檐口[图 1-2-143a)]。为了减少整体体积,可将墩顶部分做成悬臂式[图 1-2-143b)]。墩帽一般采用 C25 以上的混凝土整体浇筑。由于拱座承受着较大的拱圈压力,故一般采用 C30 以上整体混凝土或混凝土预制块或 MU40 以上的块石砌筑(图 1-2-144)。肋拱桥的拱座由于压力比较集中,故应用高强度等级混凝土及数层钢筋网加固。

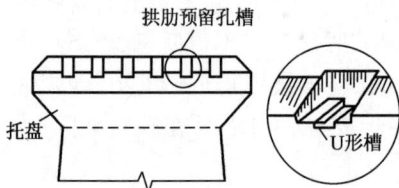

图 1-2-144　拱座构造

墩身是桥墩的主体部分,它除承受墩帽传来的全部荷载外,还要承受水流、船只等的冲击力,所以要具有足够强度及稳定性。对于等跨双向墩的顶宽 b_1,当采用石砌墩时,可按拱跨的 $1/20～1/10$ 估算,并不宜小于 80cm,随跨径的增大而采用较小的比值。混凝土墩可按拱跨的 $1/25～1/15$ 估算,墩身两侧的坡比一般为 $20:1～30:1$(竖:横),墩身的平面形状在其两端常做成圆端形或尖端形,无水的岸墩也可以做成矩形,以便于施工。单向推力墩墩顶宽 b_1 的尺寸应通过计算确定。此种形式的单向推力墩圬工体积大,用料多,增加了阻水面积,立面美观也较差。

重力式墩的基础可根据具体情况采用扩大基础、桩基础、沉井基础或管道基础等。

重力式桥墩的优点是承载能力大,能就地取材,节约钢材;缺点是圬工体积大,自重大。一般用于地基较好、冲刷不大、覆盖层不厚的情况下。

在不等跨的拱桥中,相邻孔跨径不等的桥墩称为交接墩。为了承受不平衡的恒载推力,常将交接墩做成不对称的形式[图 1-2-143c)]。

二、轻型桥墩

拱桥上所用的轻型桥墩,一般为配合钻孔灌注桩基础的桩柱式桥墩(图 1-2-145)。

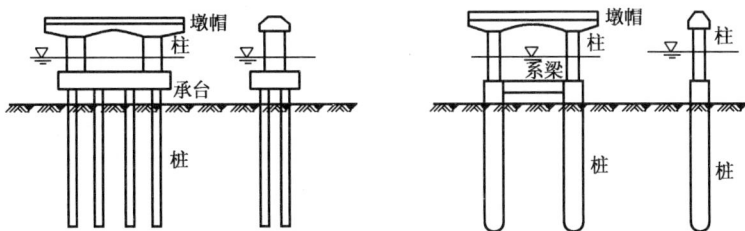

图 1-2-145 桩柱式桥墩

桩柱式桥墩的墩身由一根或数根立柱组成。柱身直径一般为 $0.6 \sim 2.0m$,当柱高大于 $6 \sim 8m$ 时,柱的中部应设置横系梁。柱的顶端应设置墩帽,柱的下端支承于桩或承台上。当柱与桩直接相连时,又称为桩式桥墩。桩式桥墩在桩、柱的结合处设置横系梁。柱、墩帽及横系梁应根据计算要求配置受力钢筋和构造钢筋。承台的配筋应符合基础设计要求。

在采用轻型桥墩的多孔拱桥中,每隔 $3 \sim 5$ 孔应设单向推力墩。当桥墩较矮或单向推力不大时,可以考虑一些轻型的单向推力墩,其优点是阻水面积小,并可节约圬工体积。轻型单向推力墩形式有以下几种类型。

(1)带三角杆件的单向推力墩

此种桥墩的特点是在普通墩的墩柱上从两侧对称地增设钢筋混凝土斜撑和水平拉杆,用来提高抵抗水平推力的能力[图 1-2-146a)]。为了提高构件的抗裂性,可以采用预应力混凝土结构。这种桥墩只在桥不太高的旱地上采用。

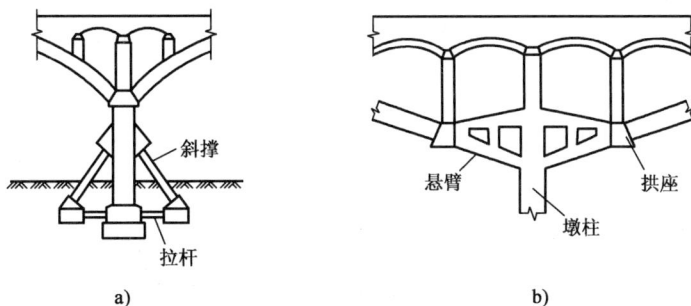

a) b)

图 1-2-146 拱桥轻型单向推力墩

（2）悬臂式单向推力墩

悬臂式单向推力墩的工作原理是：当该桥墩的一侧桥孔遭到破坏以后，可通过另一侧拱座竖向分力与悬臂长所构成的稳定力矩来平衡由拱的水平推力所导致的倾覆力矩［图1-2-146b)］。但由于墩身较薄，在受力后悬臂端会有一定位移，因而对于无铰拱会产生附加内力。

三、重力式桥台

U 形桥台由前墙和平行于行车方向的侧翼组成，因它的水平截面呈 U 字形而得名。常采用锥形护坡与路堤连接，锥坡的坡度根据加固形式和地形等确定，一般为 1:1.5~1:1。

现行桥规规定，无论是梁桥还是拱桥，桥台前墙任一水平截面的宽度，不宜小于该截面至墙顶高度的 0.4 倍；对于块石、料石砌体或者混凝土则不小于 0.35 倍。如果桥台内填料为透水性良好的中、粗砂或砂砾时，则上述两项分别减为 0.35 倍和 0.30 倍。桥台前墙及侧墙顶面宽度不宜小于 0.5m(图 1-2-147)。侧墙顶宽一般为 60~100cm。前墙宽可用经验公式 $B = 0.15l_0$ 估算(B 为起拱线至前墙背坡顶间的水平距离)。前墙背坡一般采用 2:1~4:1，前坡为 20:1~30:1 或直立。侧墙尾端伸入路堤内的长度不应小于 0.75m，以保证与路堤有良好的衔接，台身的宽度通常与路堤的宽度相同。

两个侧墙之间应填以渗透性较好的填料。为了排除桥台前墙后面的积水，应于侧墙间在略高于高水位的平面上铺一层向路堤方向设有斜坡的夯实黏土作为不透水层，并在黏土层上再铺一层碎石，将积水引向设于台后横穿路堤的盲沟内(图 1-2-148)。

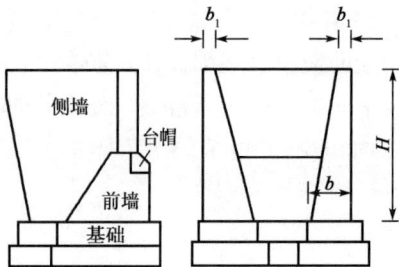

图 1-2-147　重力式 U 形桥台

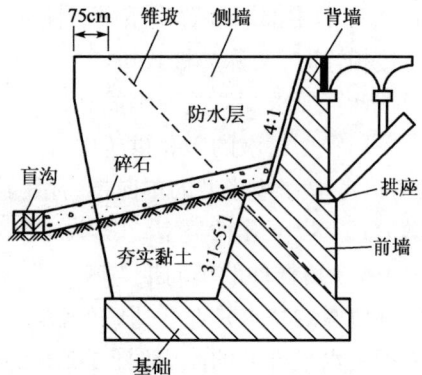

图 1-2-148　桥台排水示意图

锥坡的平面形状为 1/4 椭圆。锥坡用土夯实，其表面用片石砌筑或采用镶面。拱座和基础尺寸的拟定可参照桥墩进行。

四、轻型桥台

轻型桥台是相对于重力式桥台而言，适用于小跨径拱桥。常用的形式有一字台、Ⅱ 形台、E 形台、U 形台、前倾一字台等。轻型桥台的工作原理是：桥台受拱的推力后，桥台发生绕基底形心轴向路堤方向的转动，台后土将产生弹性抗力平衡拱的推力，故轻型桥台尺寸小于重力式桥台很多。采用轻型桥台时，要注意保证台后填土的质量。台后填土应严格按照规定分层夯实，并做好台后填土的防护工作，防止受水流的侵蚀和冲刷。

下面分别介绍一些常用的轻型桥台。

(一)八字形桥台

八字形桥台的构造简单,台身由前墙和两侧的八字翼墙构成[图1-2-149a)]。两者之间通常留有沉降缝。前墙可以是等厚度的,也可以是变厚度的。变厚度台身的背坡为2:1~4:1。翼墙的顶宽一般为40cm,前坡为10:1,后坡为5:1。为了防止基底向河心滑动,基础应有一定的埋置深度。台后填土必须分层夯实,做好防护措施,防止受流水的侵蚀、冲刷。

(二)U字形桥台

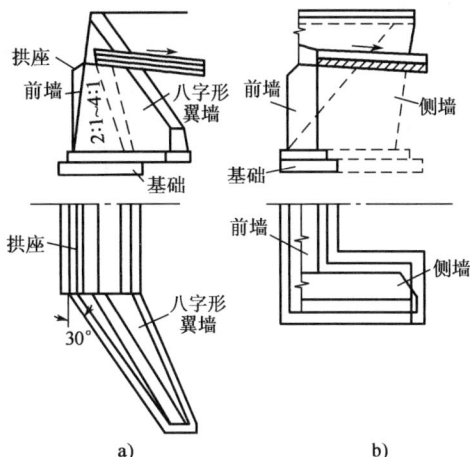

图1-2-149 八字形台和U字形轻型桥台

U字形轻型桥台是由前墙和平行于车行方向的侧墙组成,构成U字形的水平截面[图1-2-149b)]。它与U形重力式桥台的差异是,后者是靠扩大桥台底面积,以减少基底压力,并利用基底与地基的摩阻力和适当利用台背侧土压力,以平衡拱的水平推力,因此基础底面积较轻型桥台要大。通常从前墙一直延伸到侧墙尾端,侧墙与前墙连成整体,而与拱上侧墙断开。U字形轻型桥台前墙的构造与八字形桥台的相同,但侧墙却是拱上侧墙的延伸,它们之间应设变形缝。轻型桥台侧墙的顶宽一般为50cm,内侧坡度为5:1。若有人行道,则上端做成等厚直墙,直到与按5:1内坡相交为止,以下仍用5:1的坡度。

(三)背撑式桥台

当桥台较宽时,为了保证结构的强度和稳定性,可以在八字形和U字形桥台的前墙背后加一道或几道背撑,构成水平截面形状为Ⅱ字形、E字形等形式的桥台(图1-2-150)。背撑顶宽为30~60cm,厚度也为30~60cm,背坡为3:1~5:1。这种桥台比八字形桥台的稳定性要好,但土方开挖量及圬工体积都大,然而加背撑的U字形桥台能适用于较大跨径的高桥和宽桥。

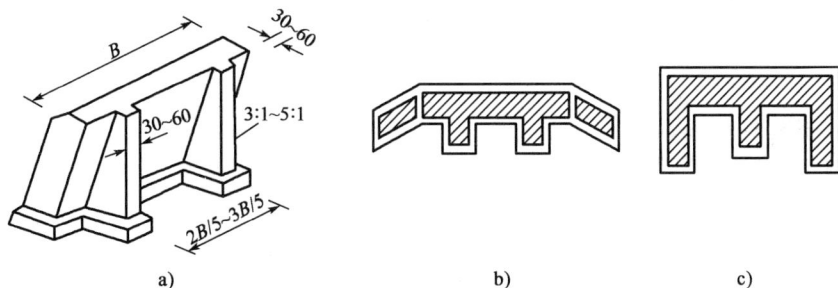

图1-2-150 背撑式桥台(尺寸单位:cm)

五、其他形式的桥台

常用的其他形式的桥台有下述几种。

1.组合式桥台

组合式桥台适用于以桩基或沉井作为基础的中小跨径拱桥。组合式桥台由前台和后座两

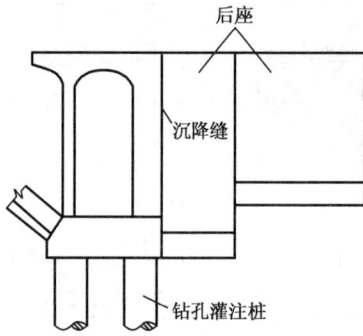

图 1-2-151 组合式桥台

部分组成(图1-2-151)。前台桩基础或沉井基础承受竖向力,拱的水平推力则由后座基底摩阻力及台后的主动土压力来平衡。在计算土侧压力时,其作用分项系数取为1.0,计算摩阻力时,取为0.9。拱的推力和竖向分项系数按《公路桥涵设计通用规范》(JTG D60—2015)的规定取用。

组合式桥台的前台与后座之间必须密切贴合,其间应设置两侧既密贴又可相互自由沉降的隔离缝,以适应两者的不均匀沉降。后座的基底高程在考虑沉降后应低于拱脚截面下缘的高程。在地基土质较差时,后座基础也应适当处理,防止后座的不均匀沉降引起前台向后倾斜,而导致前台和拱圈开裂。

2. 空腹式桥台

空腹式桥台由前墙、后墙、基础板和撑墙等部分组成(图1-2-152)。前墙承受拱圈传来的荷载,后墙支承台后的土压力。在前后墙之间设置撑墙3~4道,作为传力构件,并对后墙起到护壁和对基础板起到加劲作用。最外边的撑墙可以做成阶梯踏步,供人们上下河岸。空腹可以是敞口的,也可以是封闭的。如地基承载力许可时,也可在腹内填土。这种桥台一般在软土地基,河床无冲刷或冲刷轻微、水位变化小的河道上采用。

3. 齿槛式桥台

齿槛式桥台是由前墙、侧墙、底板和撑墙几个部分组成(图1-2-153)。其结构特点是:基底面积较大,可以支承一定的垂直压力;底板下的齿槛可以增加摩阻力和抗滑的稳定性;台背做成斜挡板,利用它背面的原状土和前墙背面的新填土,共同平衡拱的水平推力;前墙与后墙板之间的撑墙可以提高结构的刚度。齿槛的宽度和深度一般不小于50cm。这种桥台适用于软土地基和路堤较低的中小跨径拱桥。

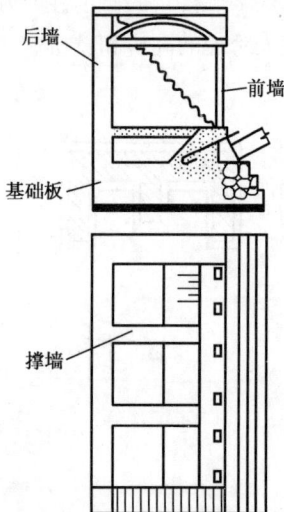

图 1-2-152 空腹式桥台

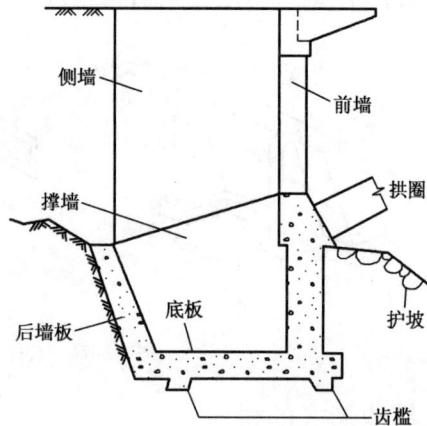

图 1-2-153 齿槛式桥台

第七节　弯、坡、斜拱桥的构造特点

一、弯拱桥

桥面中心线在平面上为曲线的拱桥,称为弯拱桥。弯拱桥除本身应具有和弯道相适应的曲度外,桥面的行车道还需加宽并设置单向横坡及超高。

1. 弯拱桥的平面布置

根据桥梁墩台设置平面形式的不同,可分为三种情况(图 1-2-154)。

(1)全桥都在弯道内,墩(台)两侧边线与桥面弯道轴线正交。即两侧边线均在桥面弯道半径上,或两侧拱脚线与桥面弯道半径叠合[图 1-2-154a)]。由于拱脚线不平行,拱圈成为锥面拱形式。

(2)全桥都在弯道内,两桥墩(台)相邻边线平行,各与弯道半径略成角度,同跨内拱脚线与通过拱跨中心的桥面弯道半径平行[图 1-2-154b)]。由于拱脚线平行,拱圈成为圆面拱形式。

(3)平面曲线伸进桥台内[图 1-2-154c)]。

通过比较,图 1-2-154a)型墩(台)体积较小,但施工较复杂,图 1-2-154b)型墩(台)体积较大,但接近于一般正桥的平面几何形状,施工较易。

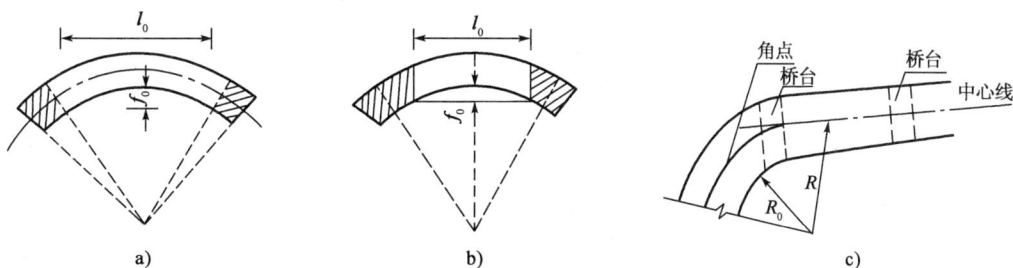

图 1-2-154　弯桥的平面布置形式

对多孔弯拱桥的平面线形,可以作为曲线形,也可以作为折线形(折线的转折点在桥墩的中心点)。平面为曲线的弯拱桥,具有较好的行车条件,但施工比较复杂;平面为折线的弯拱桥,仅适用于较大曲线半径和较小的跨径,其优点是施工比较简单,缺点是墩台及拱圈的圬工体积较大。两者相比较,曲线形平面的适用范围较广。目前已有的弯石拱桥通用设计图纸采用曲线形平面,但规定拱圈平曲线图形的内弧矢高不大于60cm,使施工不致过于复杂。

中小跨径圬工拱桥的设计,可按图 1-2-155 所示的简化方法处置,取图中直线部分(阴影线部分)作为承重结构,按正拱计算。其余部分的重力作为恒载近似地验算其对纵轴的扭曲作用。活载垂直力对纵轴的扭矩则略去不计。汽车活载的离心力,近似将其作为一个水平荷载作用在桥面上。

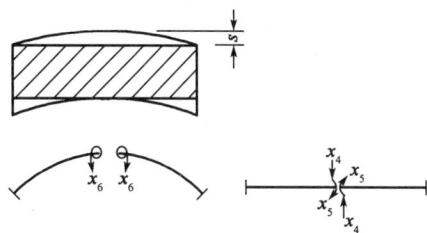

图 1-2-155　弯拱桥的简化计算

取上述正拱部分,分别计算其在垂直力及水平力(离心力)作用下的内力,然后叠加。

2. 弯拱桥的上部构造

弯拱桥的上部构造参见图 1-2-156,尺寸资料参考《公路桥涵设计手册　拱桥(上)》(1995年版)表 1-15。

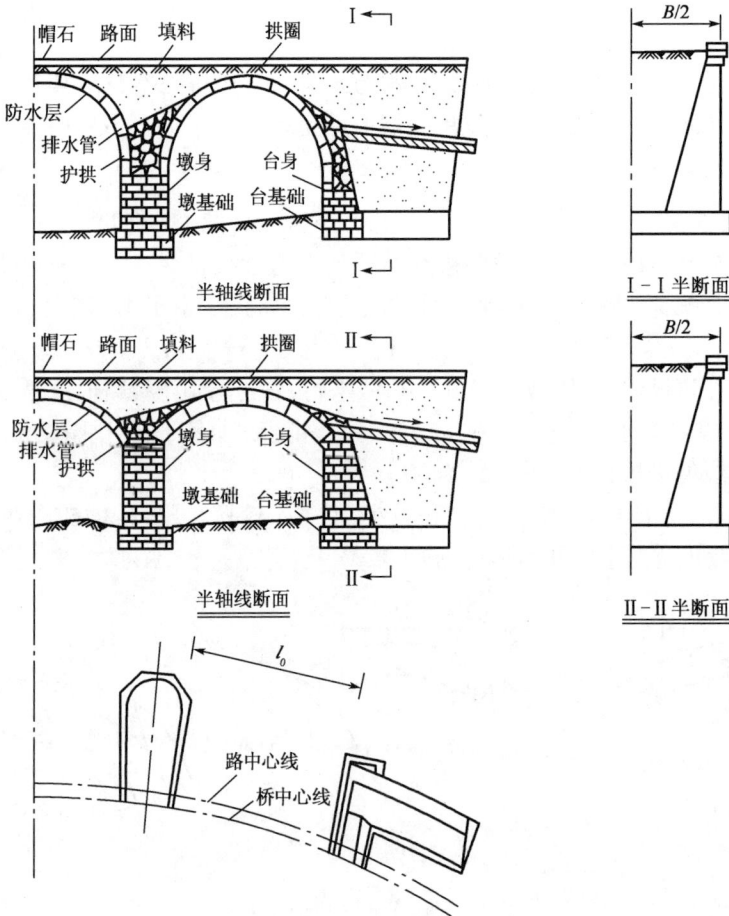

图 1-2-156　弯石拱桥一般构造

二、坡拱桥

在山岭地区,为了避免路线的起伏过多,有时在有纵坡的路线上建坡拱桥。在平原地区,坡拱桥可以降低桥头填土高度,减少桥台圬工体积,并使桥面排水顺畅。

坡拱桥的构造及设置方式如下。

(1)拱圈正置,拱上填土倾斜而形成纵坡。一般每个拱圈左右起拱线在同一水平线上,但在每一个桥墩上相邻拱圈的起拱线不在同一高度(图 1-2-157)。

$$l_0 = 6\text{m}、8\text{m},\frac{l_0}{f_0} = \frac{1}{2}、\frac{1}{3}、\frac{1}{4}$$

$$l_0 = 10\text{m}、16\text{m}、20\text{m},\frac{l_0}{f_0} = \frac{1}{2}、\frac{1}{3}、\frac{1}{4}、\frac{1}{5}$$

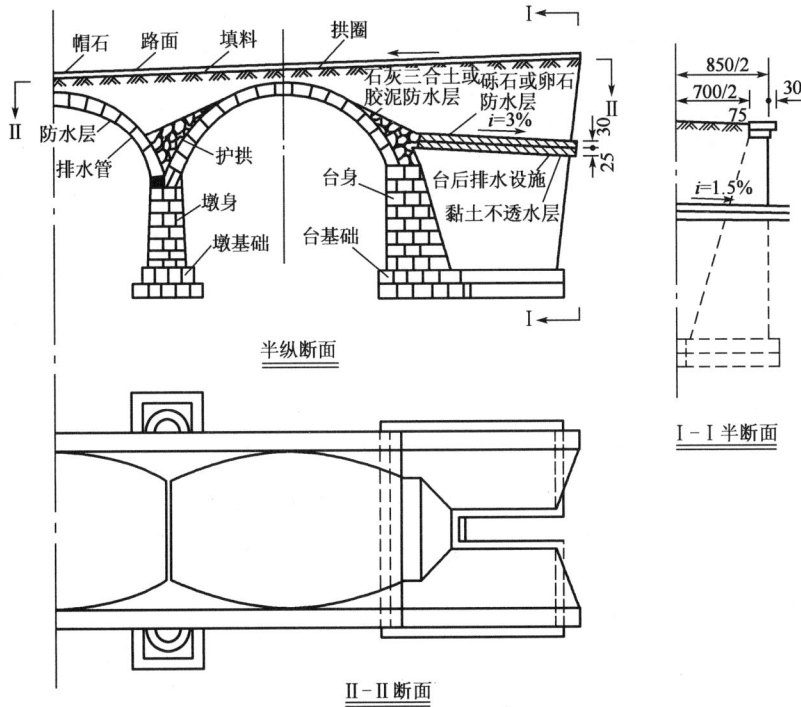

图 1-2-157 斜填土坡石拱桥构造(尺寸单位:cm)

有关斜填土坡石拱桥的拱圈尺寸,可参见《公路桥涵设计手册 拱桥(上)》表 1-17。一般主拱跨径小于 10m。

(2)正拱斜置,拱上填土对称(图 1-2-158),其做法是将平坡的正拱,绕跨径中心旋转 α 角,使桥面和路线纵坡一致。

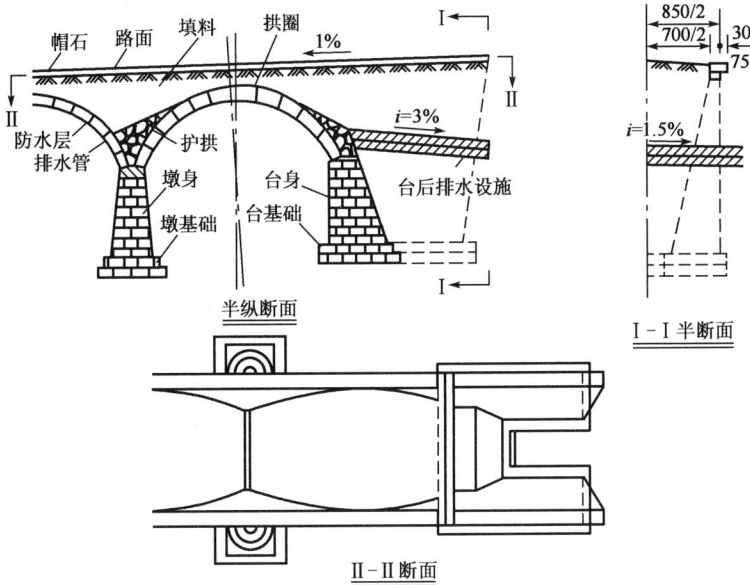

图 1-2-158 正拱斜置石拱桥构造(尺寸单位:cm)

由于拱上恒载对称,将恒载与活载分为垂直与平行于桥面的两种力系,分别计算其作用,然后叠加校核,其计算图式见图1-2-159。

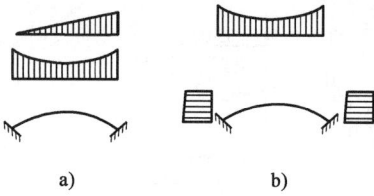

图1-2-159 坡拱桥的计算图式

正拱斜置能降低桥台高度,减少工程数量,使各孔拱圈几何尺寸相同,桥梁外表美观。拱圈尺寸参考《公路桥涵设计手册 拱桥(上)》表1-19。

从使用角度考虑,桥上纵坡不宜超过4%,桥头引道纵坡不宜大于5%。在市镇混合交通繁忙处,桥上纵坡和桥头引道纵坡均不宜大于3%。

三、斜拱桥

当路线与水流斜交时(图1-2-160),对中、小桥为了适应路线顺直,水流畅通,常需要修建斜桥。斜桥的净跨径 l_0 以垂直于水流方向的两墩(台)间的最短距离为准。路线中线与水流中线相交的角,称为斜交角。其余角称为斜度 α。斜拱桥计算比较复杂,为了简化计算,斜桥以斜跨长 L_0 为准。

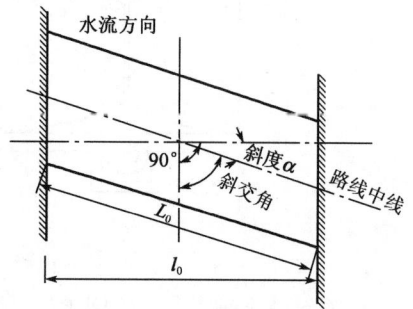

图1-2-160 斜拱桥的平面布置

斜石拱桥根据施工方法的不同,可分为整体式及分离式两种。

1. 整体式斜石拱桥

整体式斜石拱桥在平面投影上为平行四边形,在垂直于河流的立面投影为等截面拱圈,其跨径、拱度与正交拱相同。采用一般石拱桥常用的横向分条砌筑法,整体性好,但备料及施工放样均较复杂。横向分条砌筑又分为正交平行砌法及外露拱石作特殊加工的正砌法两种(图1-2-161)。前者比较复杂,后者与一般正桥砌法相同,仅外圈拱石作特殊的安置和加工。对就地浇筑的混凝土斜拱桥,采用整体式较为适宜。

横向分条砌筑的整体式拱桥,由于在三角形范围内有落空拱力,故在钝角处容易产生裂缝(图1-2-162)。

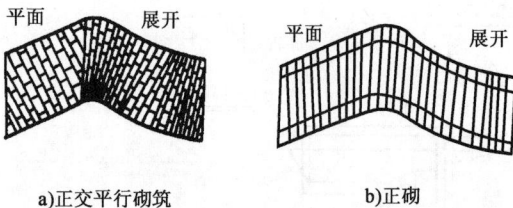

图1-2-161 整体式斜石拱桥的砌筑方法

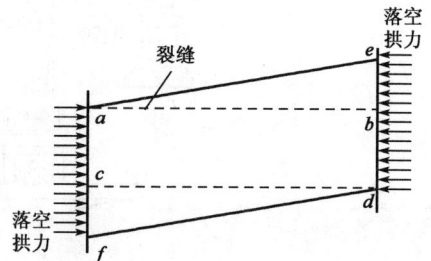

图1-2-162 斜石拱桥"落空拱力"示意图

2. 分条正置式斜石拱桥(图1-2-163)

采用若干条平行但又互相错开的正置式拱条组成斜石拱桥,施工时纵向分条砌筑。这种方法施工简单,但分条(条宽 $1.0\sim1.4m$)后对拱石的要求较高,以保证条与条之间的干裂缝。由于各纵条之间独立受力,故上、下游的外边纵条受力较大。分条式斜拱桥纵向拱条的拱脚处均匀在同一水平线上,拱座在平面上呈锯齿形,故各拱条之间前后互相错开,而各纵条的拱背及拱腹都是不平的,成为阶梯形。

斜拱桥由于有一个斜扭力的作用,常造成板拱由锐角方向爬出,因此需设置防爬装置(图1-2-164)。

防爬装置一般采用钢筋混凝土键,键的数量和钢筋布置根据计算决定。拱的锐角部位承受剪力,故需要设置钢筋。

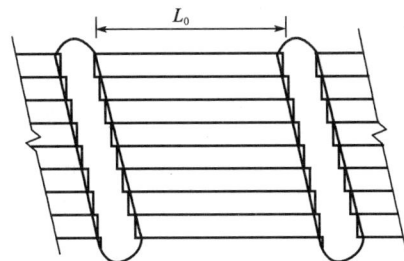

图 1-2-163 分条式斜石拱桥的拱圈砌筑方法

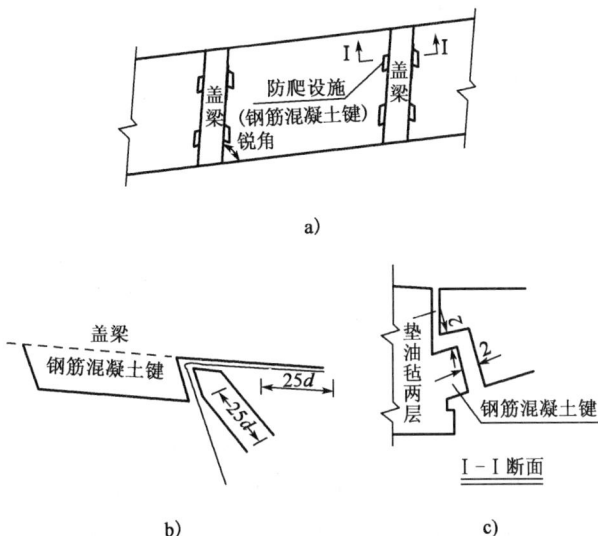

图 1-2-164 斜板拱桥的防爬装置(尺寸单位:cm)

上述弯、坡、斜拱桥的计算,如有条件时宜用空间有限元法进行电算。

第八节 钢拱桥简介

钢拱桥是指拱肋以钢材为主的拱桥。钢拱桥以其造型美观、用钢量少的特点,曾经在大跨径桥梁中占有重要地位。20世纪30年代钢拱桥的跨径就达到了500m。过去,受我国钢材产量的限制,钢结构桥梁修建很少,钢拱桥的发展也相对滞后。1966年,在攀枝花渡口曾修建了两座钢拱桥,两座桥主跨均为180m,一座为上承式钢箱拱桥,另一座为钢桁拱桥。主跨为216m的九江长江大桥是刚梁柔拱的公铁两用桥梁。近年来,随着我国钢材产量和质量的不断提高,在国家鼓励建筑用钢产业政策的推动下,我国钢结构桥梁得到快速发展,钢拱桥也同样得到了较大发展,陆续建成了上海卢浦大桥(550m)、广州新光大桥(428m)、重庆菜园坝长江大桥(420m)、重庆朝天门长江大桥(552m)等。目前,世界跨径前10位的钢拱桥中的5座在中国(表1-2-7)。

世界大跨径钢桁拱桥(前10位)　　　　　　　表 1-2-7

序　号	桥　名	国　家	建成年份	跨径(m)
1	重庆朝天门长江大桥	中国	2009	552
2	上海卢浦大桥	中国	2003	550
3	新河谷桥	美国	1977	518.3
4	贝永桥	美国	1931	504
5	悉尼港湾大桥	澳大利亚	1932	503
6	广州新光大桥	中国	2006	428
7	重庆菜园坝长江大桥	中国	2007	420
8	弗里芒特桥	美国	1973	383
9	曼港桥	加拿大	1964	366
10	重庆宜万铁路万州长江大桥	中国	2005	360

钢拱桥可以是简单体系拱,也可以是组合体系拱,国内建成的钢拱桥多数为拱梁组合体系桥。钢拱桥采用简单体系拱时,除了采用无铰拱外,也常选用两铰拱。拱肋通常采用钢桁式或钢箱式,以钢桁式居多。

拱桥的主拱结构在成桥后主要受压,施工时除了支架施工方法外,其他施工方法都需经过悬臂状态,在大悬臂情况下,如果不采取其他措施,拱脚处的弯矩非常大,将产生很大的拉应力,而圬工材料抗拉性能差,施工过程中悬臂状态下主结构拱的安全就成了限制圬工拱桥向大跨径发展的主要困难。而钢材的强度高,且拉压性能基本相同,故钢拱桥可以承受较大的弯矩,解决了大跨径拱桥施工中的主要困难。同时由于钢材强度高,主拱自重也可大大减小,因此钢拱桥比圬工拱桥具有更大的跨越能力。

钢拱桥的主要问题是为减小主拱自重,钢拱多采用薄壁构件,而拱以受压为主,拱的稳定(包括整体稳定与局部稳定)又成为主要矛盾,钢材的高强性能不仅不能充分发挥,还需耗费大量的材料用在增强结构的稳定上。另外,钢结构的防腐问题也增加了后期的养护成本。

重庆菜园坝长江大桥为特大公路与轨道交通两用无推力式拱与刚构组合桥(图 1-2-165)。大桥由 420m 中跨和两侧对称布置的 102m + 88m 边跨组成。该桥结构体系三个相对分离的子结构(320m 的钢箱提篮拱;正交异性桥面板钢桁梁;Y 形预应力混凝土刚构)通过中跨系杆及边跨系杆连接成整体。

重庆朝天门长江大桥是中承式连续钢桁系杆拱桥(图 1-2-166),跨径布置为 190m + 552m + 190m,目前为世界最大跨拱桥。该桥为双层桥面布置,上层桥面桁内为城市主干道双向 6 车道,宽 26m ,主桁外两侧各设宽 2.5m 的人行道,桥面全宽 36.5m,下层桥面中间为双线城市轻轨交通。

哈大客运专线新开河特大桥为简支拱梁组合桥(图 1-2-167),其系梁及拱肋均采用钢箱,跨径138m。由于该桥为客运专线上的桥梁,其刚度要求很高,但受桥下净空和线路高程控制,允许建筑高度又较小,且桥梁位于长春市区,为满足使用中的刚度需求和美观要求,采用了双层叠拱桥方案,上下层拱肋均采用钢箱,两层拱肋之间主要通过$\phi100$mm的圆钢相连,同时还在拱顶及1/4跨等设横撑处设置了三道钢板连接上下层拱肋,这种拱肋形式不仅保证了拱肋的竖向刚度,也简洁美观,避免了一般钢桁架拱桥拱肋过于凌乱的外观。本桥的另外一个特点是吊杆采用了$\phi130$mm的圆钢,与柔性吊杆相比,圆钢吊杆不仅耐疲劳性能好,便于养护,且圆钢吊杆轴向刚度大,提高了桥面的竖向刚度,为避免吊杆受弯,吊杆与系梁之间采用销孔连接。

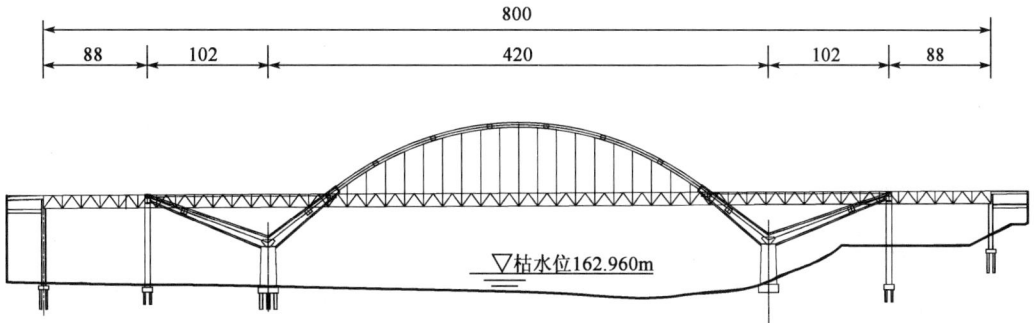

图1-2-165 重庆菜园坝长江大桥总体布置(尺寸单位:m)

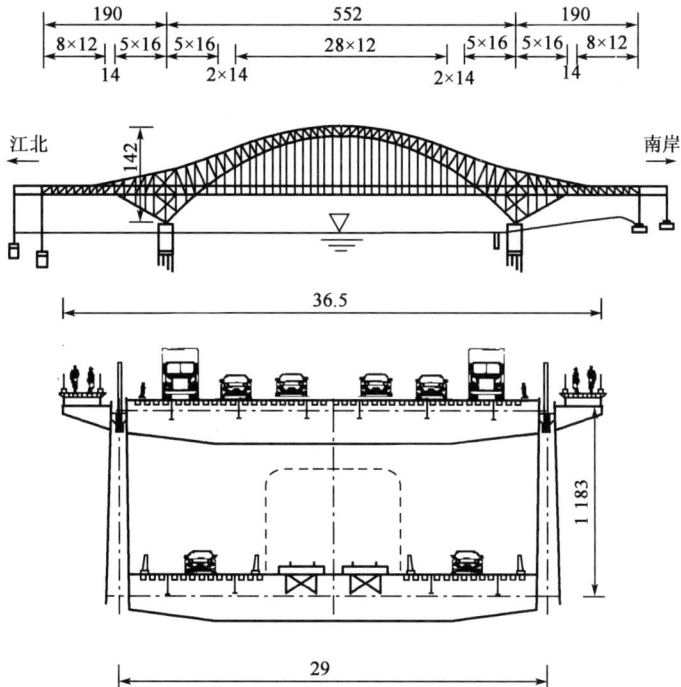

图1-2-166 朝天门大桥总体布置(尺寸单位:m)

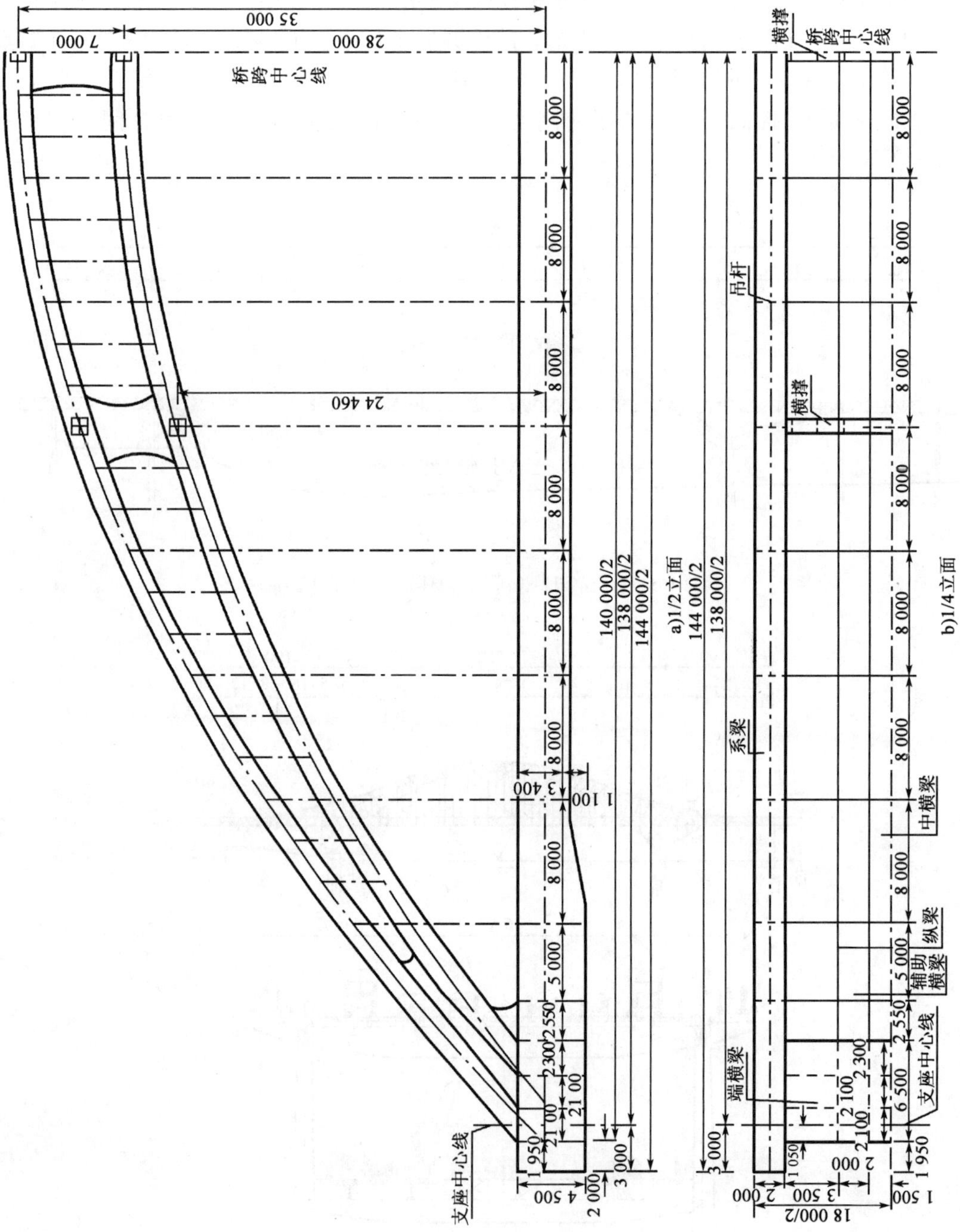

a)1/2立面

b)1/4立面

图 1-2-167

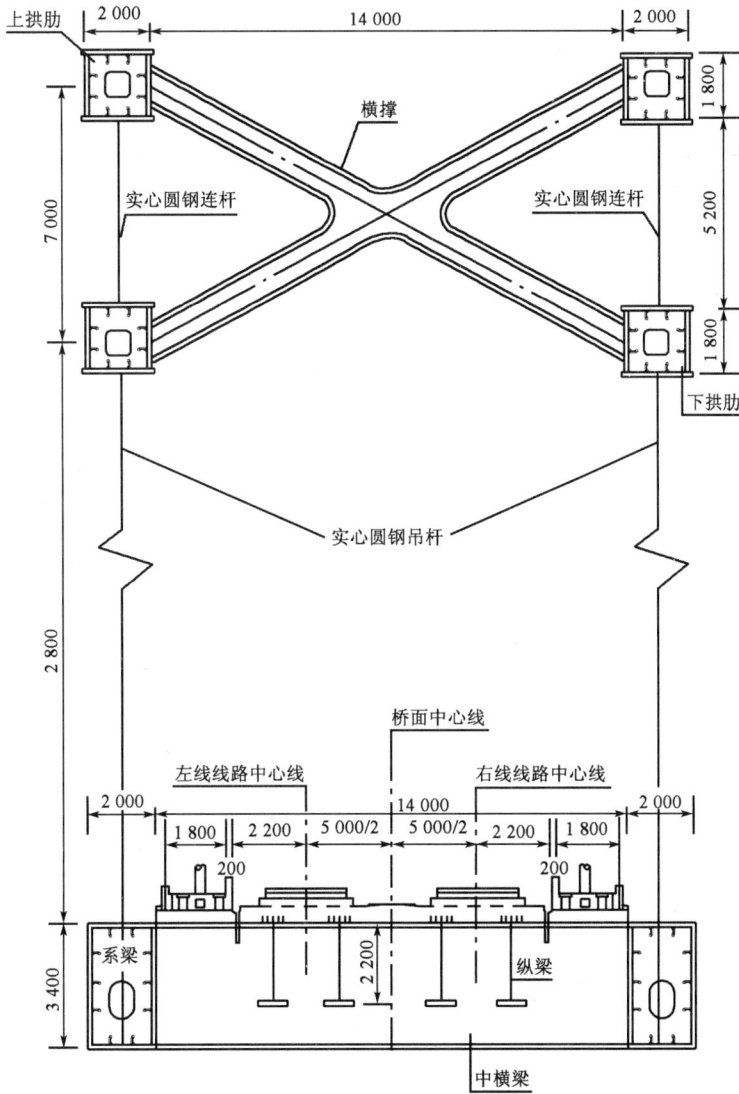

c)断面

图 1-2-167 新开河大桥总体布置图(尺寸单位:mm)

拱桥计算

第一节　概　　述

在拱桥总体布置、细部尺寸、施工方案等确定后,需进行计算。拱桥计算包括成桥状态受力分析和强度、刚度、稳定性验算以及必要的动力分析,施工阶段结构受力分析和验算。拱桥计算是在结构尺寸确定后按照一定顺序进行的,例如,对不计联合作用的拱桥,应先对拱上结构进行受力分析与验算,在拱上结构计算通过后方能进行主拱或墩台计算,否则可能会由于拱上结构的尺寸改变(自重改变)而需对主拱圈进行重新计算。拱桥计算方法包括解析法和有限元法两种。本章主要介绍圬工及钢筋混凝土拱桥计算。

1. 拱上建筑与拱圈的联合作用问题的考虑

拱桥通常为超静定的空间结构,当活载作用于桥跨结构时,拱上建筑参与主拱圈受力,共同承受活载的作用,这种现象被称为"拱上建筑与拱的联合作用",简称"联合作用"。

研究表明,普通型上承式拱桥的联合作用程度大小与拱上建筑的形式与构造以及施工程序有关。通常,拱式拱上建筑的联合作用较大,梁式拱上建筑的联合作用较小。在拱式拱上建筑中,联合作用程度大小又与许多因素有关,例如,腹拱圈、腹孔墩对主拱圈的相对刚度越大,联合作用就越显著。拱上腹拱全部采用无铰结构时,其联合作用亦较有铰结构大得多。梁式拱上建筑联合作用程度大小则与其构造形式以及刚度有关。对简支腹孔,由于其对主拱的约束很小,联合作用亦很小;对连续或框架式腹孔,其联合作用随其连续纵梁、立柱的刚度增大而增大。联合作用与施工程序也有关,例如,有支架施工中,若在主拱合龙后即落架,然后再建拱上建筑,则拱与拱上建筑的自重及材料收缩影响的大部分由主拱单独承受,只有后加恒载(如腹孔拱上恒载)、活载以及温度变化等影响时才存在联合作用;若拱架是在拱上建筑完成后才拆除,则在所有影响力作用下都存在联合作用。此外,在同一拱桥中,对不同的截面(主拱),其受到联合作用的影响程度也不一样。例如,拱脚、l/8 等截面受联合作用的影响较大,而拱顶则较小。在拱桥计算时,应根据拱上建筑联合作用的大小,选择不同的计算图式进行受力分析。例如,对简支梁式拱上建筑可选择不计联合作用的裸拱圈作为计算图式;而对于其他形式拱上建筑,应选择拱圈与拱上结构整体受力的图式。多孔连续拱桥计算时还应计入连拱的影响。

实际上,由于主拱在不计拱上建筑的联合作用时是偏安全的,所以,多数情况下都以单拱为计算对象,《公路圬工桥涵设计规范》(JTG D61—2005)就规定:拱上建筑为梁(板)式结构的拱桥计算中不应考虑拱上建筑与拱圈的联合作用;拱上建筑为拱式结构的拱桥计算中可考虑拱上建筑与拱圈的联合作用,但拱上结构的计算则不同,不考虑联合作用(不考虑主拱变形对其产生的影响)是不合理、不安全的,必须以共同受力的图式进行拱上结构分析。整体型上承式拱桥则必须考虑其整体受力。

2. 拱桥活载的横向分布问题

在横桥方向,不论活载是否作用在桥面的中心,在桥梁的横断面上都会出现应力分布的不均匀现象,称为"活载的横向分布"。

活载的横向分布也与许多因素有关,主要与桥梁横向构造形式有直接关系。例如,对石(混凝土)板拱、箱(板)拱,一般可忽略活载横向分布的影响,认为活载由主拱圈全宽均匀承担。事实上,不同主拱截面受活载横向分布的影响也不一样,拱脚、l/8、l/4 截面不计横向分布影响一般是安全的,而对拱顶截面则偏于不安全,在设计时应予以注意。对横向由多个构件(部分)组成的肋拱、桁架拱、刚架拱等,必须考虑活载的横向分布影响,一般简化为平面结构进行计算,或进行整体分析(电算)。桥梁恒载横向分布不均匀时,也需考虑其横向分布的影响。

3. 关于内力叠加与应力叠加

大跨径拱桥拱圈截面是分次形成的(如分环砌筑的石拱桥、截面分次浇筑的钢筋混凝土箱形拱桥等),因而各部分根据施工工序不同而受力先后不一。通常用于强度验算有两种方法,即应力叠加法和内力叠加法,这两种方法计算的结果差距很大。

应力叠加法是考虑拱圈在形成过程中各个阶段的截面特性及荷载情况而分别计算其内力和应力增量,然后累计截面上各点的应力。内力叠加法则不考虑应力的累计历史,只累计各截面内力,再按当前计算阶段的复合截面计算各构件应力。若不计施工中拱的弹性压缩和体系转换,内力叠加就是验算阶段的所有荷载和当前的截面特性,按一次形成、一次加载直接计算当前的内力。

应力叠加法认为结构承载条件是在弹性限度以内,因而拱圈形成过程中产生于各组合截面的施工应力仍继续存在。各阶段控制截面上下缘的计算应力可以通过弹性理论公式求得:

$$\sigma_i = \frac{P_i}{A_i} \pm \frac{M_i y_i}{I_i}$$

式中:σ_i——控制截面上下缘的应力,加号适用于上缘,减号适用于下缘;

P_i、M_i——控制截面的轴力与弯矩;

A_i、I_i、y_i——控制截面的面积、截面惯性矩以及下缘距中性轴的距离。

对于大跨径钢筋混凝土拱桥来说,非线性影响是不可忽略不计的。均采用弹性理论计算公式的应力叠加法在材料弹性阶段可以准确地描述出各构件各阶段截面应力的实际状况,而当应力值超过了弹性范围,应力叠加法就不能准确地反映截面的实际受力状况,有可能导致计算应力过高,如果要满足要求,势必增加截面几何尺寸或配筋。因此,考虑到非线性影响因素的应力叠加才能真实地反映构件工作状况。

内力叠加法不考虑应力的累计历史,是按验算阶段的所有荷载和当前的截面特性,直接计算当前的应力状态。内力叠加法则认为拱圈材料是弹塑性材料,拱圈在无支架吊装、砌筑形成后,施工过程中各组合截面的施工应力,可由材料塑性变形的影响得到重分布,而成为与有支架施工的拱圈截面应力一样。内力叠加法没有很好地反映结构实际的工作状态,会出现某些部件的强度安全储备不足。但在近似计算中,内力叠加法也可以用来分析复合拱桥的弹性稳定性和估计桥梁建成后承受荷载的能力。

对于大跨径钢筋混凝土拱桥这种多道施工工序完成的结构,是存在应力累积的过程的,因此应力叠加(尤其是考虑非线性的应力叠加)比内力叠加更能反映实际结构应力过程,是这种结构分析中的推荐方法。但在一些精度要求不高的分析中,内力叠加可以用来预计弹性稳定安全系数,成桥以后的承载能力。目前设计方法一般是施工采用应力叠加,成桥以后采用内力叠加,是合理可行的。

4. 关于非线性影响的考虑

以弹性理论为基础的主拱内力分析中存在下列问题:①没有考虑拱脚推力与拱轴挠度相互作用对拱内力的影响。当拱在荷载作用下产生挠度 w 时,拱脚推力 H 与 w 的相互作用对拱的内力也产生一定影响,使拱的内力增大,即弹性理论有不安全的一面。②简单地将轴力从变位微分方程中分离出来即单独考虑"弹性压缩"的影响,但拱的各种变形应是同时发生的,不可单独分离独立计算。弹性理论的不足之处表现在:单独考虑弹性压缩的影响,未考虑轴向力对转角变位的影响。弹性理论计算方法应用于中小跨径的拱桥是可行的,不会引起太大的偏差,但对于大跨径拱桥,这些影响引起的误差可达20%以上,是偏于不安全的。尤其是大跨径混凝土拱桥还应计入由于时间因素(如混凝土徐变)等非线性因素引起的不容忽视的影响。除此之外,材料非线性也将对大跨径拱桥产生较大影响。因此,对于大跨径拱桥,几何非线性和材料非线性的影响成为拱桥承载力计算不可忽视的因素。

拱结构在受力下会产生变形,而这种变形又会使轴力产生附加内力,附加内力会使结构产生附加变形,同时还有可能发生失稳破坏,因此结构分析应该采用二阶分析方法。

对于钢筋混凝土拱结构的二阶效应问题,自20世纪70年代以来,国际公认可以用"精确法"及"近似法"来处理这一问题。所谓"精确法"是指在给定荷载的类型、作用方式和数值、结构及构件截面的几何参数(含配筋方式和配筋量)和材料强度参数的情况下,用考虑材料非线性及几何非线性特征的非线性有限元分析程序,对结构进行二阶弹塑性全过程分析,跟踪荷载—位移曲线,直接得到包括一阶及二阶内力在内的各截面内力值。采用这种方法不必专门分离出二阶内力,但因计算量大,且必须事先假定结构杆件包括配筋在内的所有几何参数,并需要对每种荷载情况分别进行计算,因此,它虽然是理论上唯一最接近结构实际受力行为的计算方法,但目前在工程设计中仍不可能被广泛使用。"近似法"是在一阶弹性分析基础上,考虑二阶效应的简化方法即弯矩增大系数法(也称为偏心距增大系数法)。国内外结构设计规范在对一般中等长细比的钢筋混凝土偏压构件强度设计时,可按此"近似法"来处理二阶效应问题。这种近似方法的具体做法是:考虑荷载组合,在弹性范围内进行内力计算,找出最不利内力,确定结构承载力时,引入弯矩增大系数来考虑结构的二阶弯矩,力求通过弯矩增大系数将弹性计算得到的一阶弯矩放大后,与实际构件控制截面中存在的弯矩相等。在各国规范中,二阶弯矩一般是通过它与标准柱中一阶弯矩的比值来体现的。将两端铰支偏心压杆作为"标准杆",并根据试验结果及非线性杆系有限元数值模拟结果建立能较准确计算标准柱高度中点二阶弯矩的计算公式。

5.拱桥稳定性分析

拱桥的稳定性验算,主要是针对以受压为主的承重构件拱圈或拱肋进行的。若拱的长细比较大,则当其承受的荷载达到某一临界值时,拱的稳定平衡状态将不能保持:在竖平面内轴线可能离开原来的稳定位置(纵向失稳),或者轴线可能侧倾离开原竖平面(横向失稳),结果导致拱的承载能力丧失。这两种离开原来稳定平衡状态而丧失承载能力的现象,称为第一类稳定(失稳)问题。对于轴压偏心的拱,当承受的荷载逐步增大时,其变形将沿着初始方向从几乎线性到非线性的规律逐渐发展,直至最后丧失承载能力。这种平衡状态不发生变化的承载能力丧失问题,称为第二类稳定(失稳)问题。事实上,一般拱桥都属于第二类稳定问题,因为纯轴向受压的拱是不存在的。但从实用角度来看,拱桥失稳的事故主要发生在施工阶段(成桥也有发生),第一类失稳一旦发生往往先于第二类失稳,且很快使拱丧失承载能力,故在拱桥设计中应验算第一类稳定。拱桥的第二类失稳问题属于考虑非线性影响的强度问题,这在常规设计计算中已考虑。

在拱桥设计计算中,拱圈或拱肋的稳定性验算分为纵向与横向两个方面。小跨径上承式实腹拱桥,可以不验算拱圈的纵、横向稳定性;在拱上建筑合龙后再卸落拱架的大、中跨径拱桥,由于拱上建筑与拱圈的共同作用,也无须验算拱圈或拱肋的纵向稳定性。采用无支架施工或拱上建筑合龙前就脱架的上承式拱桥,应验算拱圈或拱肋的纵、横向稳定性。拱圈宽度小于1/20跨径的上承式拱桥,应验算横向稳定性。

第二节 普通型上承式拱桥计算

一、拱轴线的选择与确定

拱轴线是指主拱圈截面形心间的连线。拱轴线的形状不仅直接影响主拱内力及截面应力分布,而且与施工安全性、结构耐久性、经济合理性等密切相关。所以,选择合理的拱轴线是拱桥设计中最重要的工作之一。

最理想的拱轴线是与拱上各种荷载下的拱圈压力线(拱圈相邻截面压力合力点之连线)

相吻合的拱轴线,这时主拱截面上只有轴向压力,而无弯矩及剪力作用,应力均匀,能充分利用圬工等材料的抗压性能,通常将这样的拱轴线称为合理拱轴线。但事实上不可能有这样的拱轴线存在,因为主拱受到恒载、使用荷载(车辆等)、温度变化和材料收缩、徐变等的作用,即使是在恒载作用下压力线与拱轴线吻合,一旦活载作用于拱圈,其压力线就将随之改变,相应于活载的各种不同类型和不同布置,其压力线是各不相同的,因此,与压力线始终吻合的拱轴线是不存在的,拱轴线选择也只能是尽量将主拱截面的弯矩减小而已。

虽然合理拱轴线难以找到,但可以通过综合考虑确定出相对合理的拱轴线。事实上,公路拱桥恒载占全部荷载的比重较大,仅以一座30m跨径的双车道公路拱桥为例,恒载就占到全部荷载的80%左右,随着跨径的增大,恒载所占比重更大。将拱圈恒载压力线作为设计拱轴线是可以实现车辆等荷载作用下拱圈截面弯矩最小化,是适宜的,对于活载较大的铁路混凝土拱桥,可考虑采用恒载加一半活载(全桥均布)的压力线作为设计拱轴线。其实,就是在恒载作用下,拱本身的轴线还将因材料的弹性压缩而变形,致使其实际压力线与设计拱轴线发生偏离,在超静定拱中产生附加弯矩,因此,在主拱设计时,要选择一条能够使恒载作用下截面弯矩均为零的拱轴线是不可能。

基于上述原因,并结合拱的力学特性与常用材料的性能,选择拱轴线的原则就是尽可能降低由于荷载作用下主拱内的弯矩值,具体体现在:①拱圈在计入弹性压缩、温度变化、混凝土收缩徐变等影响下拱圈截面应力尽可能均匀,尽可能保证拱圈截面不出现拉应力;②对无支架施工的拱桥,应能满足各施工阶段的结构受力要求,并尽量少用或不用临时性施工措施;③拱圈线形应优美;④与施工方法相适应,且便于施工。

目前,拱轴线主要有圆弧线、抛物线、悬链线以及通过数值分析拟合的拱轴线。

(一)圆弧线

圆弧线拱轴线线形简单,全拱曲率相同,施工方便。圆弧线拱轴方程为[图1-3-1a)]:
当计算矢高f和计算跨径l已知时,根据上述关系可算出各几何量。

$$\left.\begin{array}{c} x^2 + y_1^2 - 2Ry_1 = 0 \\ x = R\sin\varphi \\ y_1 = R(1 - \cos\varphi) \\ R = \dfrac{l}{2}\left(\dfrac{1}{4f/l} + \dfrac{f}{l}\right) \end{array}\right\}$$ (1-3-1)

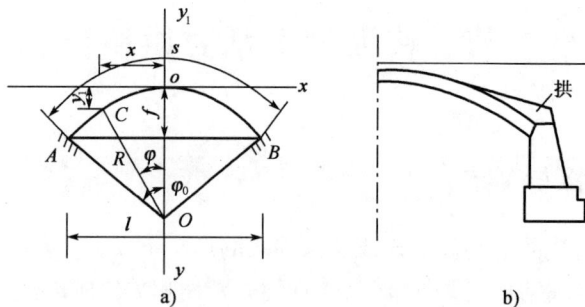

图1-3-1　圆弧线拱轴线

在不计材料弹性压缩影响的情况下，圆弧形拱轴线是对应于拱圈沿跨径承受均匀的径向压力(相当于同一深度静水压力)下的压力线，然而，实际的恒载布置与作用并非如此，拱轴线与压力线存在偏离。当 f/l 较小时，两者相差还不算大，但当 f/l 接近 1/2 时，恒载压力线的两端将位于拱脚截面中心以上相当远[实践中常在拱脚处设置护拱，如图 1-3-1b)所示，以帮助拱圈受力]。因此一般常用于 20m 以下的小跨径拱桥。有些大跨径钢筋混凝土拱桥，为了方便各拱节段的预制拼装，简化施工，也采用圆弧线作为拱轴线。例如 1961 年建成的法国 Serriere 桥，跨径 125m，采用了等截面圆弧线拱圈。我国亦有 200m 跨径拱桥采用等截面圆弧拱轴线的设计方案。

(二)抛物线

从结构力学可知，在均匀荷载作用下，拱的合理拱轴线是二次抛物线。故对于恒载分布比较接近均匀的拱桥，可以采用二次抛物线作为拱轴线。其拱轴线方程为(图 1-3-2)：

$$y_1 = \frac{4f}{l^2}x^2 \tag{1-3-2}$$

全空腹的拱桥荷载分布相对均匀，采用二次抛物线作为拱轴线是可行的。

在一些大跨径拱桥中，由于拱上建筑的特殊性(如腹孔跨径特别大等)，为了使拱轴线尽量与恒载压力线相吻合，也常采用高次抛物线(三次、四次或六次抛物线)作为拱轴线，例如主跨 390m 的钢筋混凝土拱桥——前南斯拉夫 KRK 桥

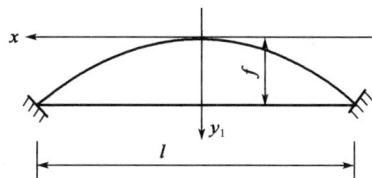

图 1-3-2　抛物线拱轴线

采用的拱轴线即为三次抛物线，我国湖南省某跨径 107m 的双曲拱桥采用六次抛物线作为拱轴线。

(三)悬链线

对于恒载集度(单位长度上的重力)由拱顶向拱脚连续分布、逐渐增大[图 1-3-3b)]的拱，其恒载压力线为悬链线，在恒载作用下不计材料弹性压缩影响等因素时，拱圈中仅有轴力，不存在弯矩与剪力。

在普通型上承式拱桥中，实腹式拱桥就属于上述情况，所以，一般以悬链线作为实腹拱桥的拱轴线。

对于空腹式拱桥，由于拱上建筑结构形式与布置发生变化，其恒载从拱顶到拱脚不再是连续分布的[图 1-3-3a)]，它既承受拱圈的自重，又承受拱上立柱(横墙)传来的集中恒载。直接采用其恒载压力线作为拱轴线时，其线形不是一条光滑顺畅的曲线，难于用连续函数来表达，对设计计算、施工及美观均不利，在实际中也有采用，但很少，例如建于 1942 年的跨径为 150m 的捷克 Podolsdo 桥以及 1930 年的法国 plougastel 桥就采用了与压力线一致的有转折点的弧线(在转折点处使之圆滑)作为拱轴线。目前最普遍的做法还是采用悬链线作为空腹拱的拱轴线，虽然恒载压力线与拱轴线间存在偏离，但计算表明该偏离通常对拱圈控制截面受力是有利的，并且，仅需使拱轴线与恒载压力线在拱顶、跨径四分之一点和拱脚五个点相重合(称为"五点重合法")即可实现拱内弯矩的最小化。另外，悬链线拱轴线对各种空腹式拱上建筑的适应性较强，并有现成完备的计算图表可以利用。因此，悬链线是目前大、中跨径拱桥采用最普遍

的拱轴线形。

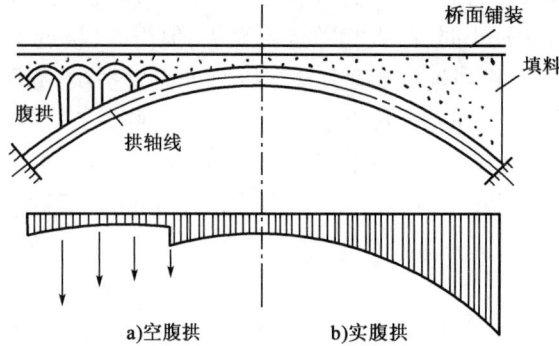

图 1-3-3　悬链线拱桥

下面介绍悬链线拱轴方程及几何性质。

1. 拱轴方程的建立

取图 1-3-4 所示坐标系,设拱轴线即为恒载压力线,故在恒载作用下,拱顶截面的弯矩 $M_d = 0$,由丁对称性,剪力 $Q_d = 0$,于是拱顶截面仅有恒载推力 H_g。对拱脚截面取矩,则有:

$$H_g = \frac{\sum M_j}{f} \tag{1-3-3}$$

式中:$\sum M_j$——半拱恒载对拱脚截面的弯矩;

　　　H_g——拱的恒载水平推力(不考虑弹性压缩);

　　　f——拱的计算矢高。

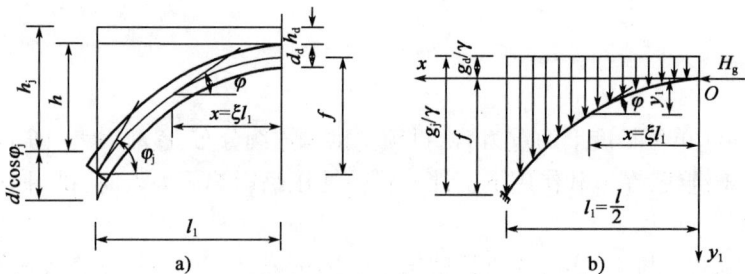

图 1-3-4　悬链线拱轴计算图式

对任意截面取矩,可得:

$$y_1 = \frac{M_x}{H_g} \tag{1-3-4}$$

式中:M_x——任意截面以右的全部恒载对该截面的弯矩值;

　　　y_1——以拱顶为坐标原点,拱轴上任意点的坐标。

式(1-3-4)即为求算恒载压力线的基本方程。将上式两边对 x 两次取导数得:

$$\frac{d^2 y_1}{dx^2} = \frac{1}{H_g} \times \frac{d^2 M_x}{dx^2} = \frac{g_x}{H_g} \tag{1-3-5}$$

式(1-3-5)为求算恒载压力线的基本微分方程。为了得到拱轴线(恒载压力线)的一般方程,必须知道恒载的分布规律。

由图 1-3-4b),任意点的恒载集度 g_x 可以下式表示:

$$g_x = g_d + \gamma y_1 \qquad (1\text{-}3\text{-}6)$$

式中:g_d——拱顶处恒载集度;

γ——拱上材料的重度。

由式(1-3-6)得:

$$g_j = g_d + \gamma f = m g_d \qquad (1\text{-}3\text{-}7)$$

式中:g_j——拱脚处恒载集度;

m——拱轴系数(或称拱轴曲线系数)。

$$m = \frac{g_j}{g_d} \qquad (1\text{-}3\text{-}8)$$

由式(1-3-7)得:

$$\gamma = \frac{(m-1)g_d}{f} \qquad (1\text{-}3\text{-}9)$$

将式(1-3-9)代入式(1-3-6)可得:

$$g_x = g_d + (m-1)\frac{g_d}{f}y_1 = g_d\left[1 + (m-1)\frac{y_1}{f}\right] \qquad (1\text{-}3\text{-}10)$$

再将上式代入基本微分方程(1-3-5),为使最终结果简单,引入参数:

$$x = l_1 \xi$$

则 $dx = l_1 d\xi$,可得:

$$\frac{d^2 y_1}{d\xi^2} = \frac{l_1^2 g_d}{H_g}\left[1 + (m-1)\frac{y_1}{f}\right]$$

令

$$k^2 = \frac{l_1^2 g_d}{H_g f}(m-1) \qquad (1\text{-}3\text{-}11)$$

则

$$\frac{d^2 y_1}{d\xi^2} = \frac{l_1^2 g_d}{H_g} + k^2 y_1 \qquad (1\text{-}3\text{-}12)$$

上式为二阶非齐次常系数线性微分方程。解此方程,则得拱轴线方程为:

$$y_1 = \frac{f}{m-1}(\mathrm{ch}k\xi - 1) \qquad (1\text{-}3\text{-}13)$$

上式即为悬链线方程。

以拱脚截面 $\xi = 1$、$y_1 = f$ 代入上式得:

$$\mathrm{ch}k = m$$

通常 m 为已知值,则 k 值可由下式求得:

$$k = \mathrm{ch}^{-1}m = \ln(m + \sqrt{m^2 - 1}) \qquad (1\text{-}3\text{-}14)$$

当 $m = 1$ 时,则 $g_x = g_d$,表示恒载是均布荷载。不难理解,在均布荷载作用下的压力线为二次抛物线,其方程为:

$$y_1 = f\xi^2$$

由悬链线方程(1-3-13)可以看出,当拱的矢跨比确定后,拱轴线各点的纵坐标将取决于拱轴系数 m。各种 m 值的拱轴线坐标可直接由《公路桥涵设计手册 拱桥(上)》附录Ⅲ 表(Ⅲ)-1 查出,一般无须按式(1-3-13)计算。

当拱的跨径和矢高确定之后,悬链线的形状取决于拱轴系数 m 。其线形特征可用 $l/4$ 点纵坐标 $y_{1/4}$ 的大小表示(图 1-3-5)。

拱跨 $l/4$ 点的纵坐标 $y_{1/4}$ 与 m 有下述关系:

当 $\xi = \dfrac{1}{2}$ 时, $y_1 = y_{1/4}$,代入式(1-3-13)得:

$$\frac{y_{1/4}}{f} = \frac{1}{m-1}\left(\operatorname{ch}\frac{k}{2} - 1\right)$$

$$\operatorname{ch}\frac{k}{2} = \sqrt{\frac{\operatorname{ch}k + 1}{2}} = \sqrt{\frac{m+1}{2}}$$

$$\frac{y_{1/4}}{f} = \frac{\sqrt{\dfrac{m+1}{2}} - 1}{m-1} = \frac{1}{\sqrt{2(m+1)} + 2} \tag{1-3-15}$$

由上式可见, $y_{1/4}$ 随 m 的增大而减小(拱轴线抬高),随 m 减小而增大(拱轴线降低)(图 1-3-5)。

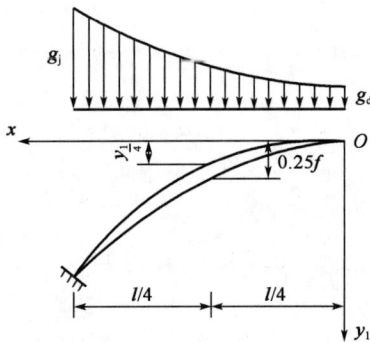

图 1-3-5 拱跨 $1/4$ 点纵坐标与 m 的关系

在一般的悬链线拱桥中,恒载从拱顶向拱脚增加, $g_j > g_d$,因而 $m > 1$ 。只有在均布荷载作用下,即 $g_j = g_d$ 时,方能出现 $m = 1$ 的情况。由式(1-3-15)可得,在这种情况下, $y_{1/4} = 0.25f$ (图 1-3-5)。

在《公路桥涵设计手册 拱桥(上)》附录的计算用表中,除了可以根据拱轴系数 m 查得所需的表值之外,亦可借助相应的 $\dfrac{y_{1/4}}{f}$ 查得同样的表值。 $\dfrac{y_{1/4}}{f}$ 与 m 的对应关系见表 1-3-1,读者可以根据计算的方便,利用 m 值或者 $\dfrac{y_{1/4}}{f}$ 的数值查表,其结果是一致的。

拱轴系数 m 与 $\dfrac{y_{1/4}}{f}$ 的关系 表 1-3-1

m	1.000	1.167	1.347	1.543	1.756	1.988	2.240	2.514	2.814	…	5.321
$\dfrac{y_{1/4}}{f}$	0.250	0.245	0.240	0.235	0.230	0.225	0.220	0.215	0.210	…	1.180

2. 拱轴系数 m 的确定

如前所述,悬链线拱轴方程的主要参数是拱轴系数 m 。 m 确定后,悬链线拱轴的各点纵坐标即可求得。确定拱轴线一般采用无矩法,即认为拱圈截面仅承受轴力。

(1)实腹拱拱轴系数 m 的确定

实腹拱的恒载分布规律完全符合推导拱轴方程时关于荷载的基本假定。其拱顶及拱脚处的恒载分布集度分别为(图 1-3-6):

$$\left.\begin{array}{l} g_d = \gamma_1 h_d + \gamma_2 d \\ g_j = \gamma_1 h_d + \gamma_2 \dfrac{d}{\cos\varphi_j} + \gamma_3 h \end{array}\right\} \tag{1-3-16}$$

$$h = f + \frac{d}{2} - \frac{d}{2\cos\varphi_j}$$

式中：γ_1、γ_2、γ_3——拱顶填料、拱圈及拱腹填料的重度；

$\quad\quad\quad h_d$——拱顶填料厚度；

$\quad\quad\quad d$——拱圈厚度；

$\quad\quad\quad \varphi_j$——拱脚处拱轴线的水平倾角。

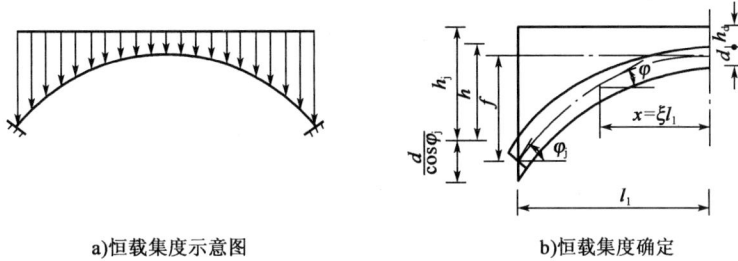

a)恒载集度示意图　　　　　　b)恒载集度确定

图 1-3-6　实腹拱拱顶和拱脚恒载集度

拱轴系数：

$$m = \frac{g_j}{g_d}$$

从式(1-3-16)可以看出，除了 φ_j 为未知数外，其余数值均为已知。我们可以先假定 m 值，由《公路桥涵设计手册　拱桥(上)》附录Ⅲ表(Ⅲ)-20 查得 $\cos\varphi_j$ 值，代入式(1-3-16)求得 g_j 后，即可求出 m 值。然后与假定的 m 值比较，如两者相符，即假定的 m 即为真实值；如两者出入较大，则以计算得出的 m 值作为假定值，重新进行计算，直到两者接近为止。

（2）空腹拱拱轴系数 m 的确定

空腹式拱桥桥跨结构的恒载可视为由两部分组成，即主拱圈与实腹段自重的分布力与空腹部分通过腹孔墩传下的集中力［图 1-3-7a)］。由于集中力的存在，拱的恒载压力线是一条在集中力作用点处有转折的曲线，它不是悬链线，甚至也不是一条光滑的曲线。在采用悬链线作为拱轴线时，为使悬链线拱轴与其恒载压力线接近，一般采用"五点重合法"确定悬链线拱轴的 m 值，即要求拱轴线在全拱有五点(拱顶、两 $l/4$ 点和两拱脚)与相对应的三铰拱恒载压力线重合［图 1-3-7b)］。

欲达此目的，可以根据上述五点弯矩为零的条件确定 m 值。

由拱顶弯矩为零及恒载的对称条件知，拱顶仅有通过截面重心的恒载推力 H_g，即拱的恒载弯矩及剪力为零。

在图 1-3-7a)、b)中，由 $\sum M_A = 0$ 得：

$$H_g = \frac{\sum M_j}{f} \quad\quad (1\text{-}3\text{-}17)$$

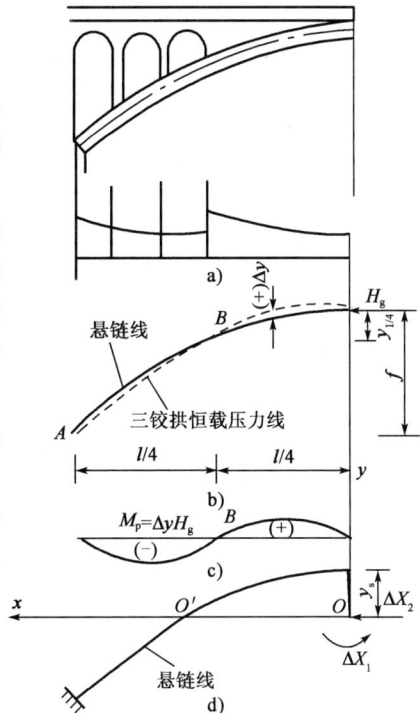

图 1-3-7　空腹式悬链线拱轴计算图式

由 $\sum M_{\mathrm{B}} = 0$ 得:

$$H_{\mathrm{g}} y_{1/4} - \sum M_{1/4} = 0$$

$$H_{\mathrm{g}} = \frac{\sum M_{1/4}}{y_{1/4}}$$

将式(1-3-17)代入上式可得:

$$\frac{y_{1/4}}{f} = \frac{\sum M_{1/4}}{\sum M_{\mathrm{j}}} \tag{1-3-18}$$

式中:$\sum M_{1/4}$——自拱顶至拱跨 $1/4$ 点的恒载对 $l/4$ 截面的力矩。

等截面悬链线拱主拱圈恒载对 $l/4$ 及拱脚截面的弯矩 $M_{1/4}$、M_{j} 可由《公路桥涵设计手册 拱桥(上)》附录Ⅲ表(Ⅲ)-19 查得。

求得 $\dfrac{y_{1/4}}{f}$ 之后,可由式(1-3-15)反求 m,即:

$$m = \frac{1}{2}\left(\frac{f}{y_{1/4}} - 2\right)^2 - 1 \tag{1-3-19}$$

空腹式拱桥的 m 值,仍可按逐次渐近法确定,即先假定一个 m 值,定出拱轴线,作图布置拱上建筑,然后计算拱圈和拱上建筑恒载对 $l/4$ 和拱脚截面的力矩 $\sum M_{1/4}$ 和 $\sum M_{\mathrm{j}}$,利用式(1-3-19)算出 m 值,如与假定的 m 值不符,则以求得的 m 值作为假定值,重新计算,直至两者接近为止。

用上述方法确定的空腹拱拱轴线,仅保证了全拱有五点与恒载压力线(不计弹性压缩)相吻合,在其他各点上两者均存在着偏离[图 1-3-7b)]。实际上结构重力的分布及其压力线均可视为由两段组成,即实腹段和空腹段。由实腹段结构重力决定的拱轴系数 $m_{\mathrm{实}}$ 比由空腹段结构重力决定的 $m_{\mathrm{空}}$ 要大。而用"五点重合法"确定拱轴线,实际采用的拱轴系数 $m_{\mathrm{轴}}$ 要兼顾实腹和空腹两部分,故 $m_{\mathrm{轴}}$ 必然介于 $m_{\mathrm{实}}$ 与 $m_{\mathrm{空}}$ 之间,即 $m_{\mathrm{空}} < m_{\mathrm{轴}} < m_{\mathrm{实}}$。鉴于从拱顶到 $l/4$ 点附近恒载压力线是与实腹段部分的恒载相对应的,其拱轴系数比 $m_{\mathrm{轴}}$ 大,故此段压力线在拱轴线之上;而从 $l/4$ 点到拱脚的恒载压力线是与空腹段部分的恒载相对应的,其拱轴系数比 $m_{\mathrm{轴}}$ 小,故此段压力线在拱轴线之下。

由结构力学知,压力线与拱轴线的偏离会在拱中产生附加内力。对于静定三铰拱,各截面的偏离弯矩值 M_{p} 可以三铰拱压力线与拱轴线在该截面的偏离值 Δy 表示($M_{\mathrm{p}} = H_{\mathrm{g}} \Delta y$),见图 1-3-7c)。对于无铰拱,偏离弯矩的大小不能以三铰拱压力线与拱轴线的偏离值表示,而应以该偏离值 M_{p} 作为荷载,算出无铰拱的偏离弯矩值。

根据力学原理,荷载作用在基本结构[图 1-3-7d)]上引起弹性中心的赘余力为:

$$\Delta X_1 = -\frac{\Delta_{\mathrm{1p}}}{\delta_{11}} = -\frac{\displaystyle\int_s \frac{\overline{M}_1 M_{\mathrm{p}} \mathrm{d}s}{EI}}{\displaystyle\int \frac{\overline{M}_1^2}{EI} \mathrm{d}s} = -\frac{\displaystyle\int_s \frac{M_{\mathrm{p}} \mathrm{d}s}{I}}{\displaystyle\int_s \frac{\mathrm{d}s}{I}} = -H_{\mathrm{g}} \frac{\displaystyle\int_s \frac{\Delta y}{I} \mathrm{d}s}{\displaystyle\int_s \frac{\mathrm{d}s}{I}} \tag{1-3-20}$$

$$\Delta X_2 = -\frac{\Delta_{2p}}{\delta_{22}} = -\frac{\int_s \dfrac{\overline{M}_2 M_p}{EI} \mathrm{d}s}{\int_s \dfrac{\overline{M}_2^2 \mathrm{d}s}{EI}} = H_g \frac{\int_s \dfrac{y\Delta y}{I} \mathrm{d}s}{\int_s \dfrac{y^2 \mathrm{d}s}{I}} \tag{1-3-21}$$

$$\overline{M}_1 = 1, \overline{M}_2 = -y$$

式中：ΔX_1、ΔX_2——压力线与拱轴线偏离引起的在弹性中心处的弯矩和轴力；

  M_p——三铰拱恒载压力线偏离拱轴所产生的弯矩，$M_p = H_g \Delta y$；

  Δy——三铰拱恒载压力线与拱轴线的偏离值[图 1-3-7b)]。

由图 1-3-7b)可见，Δy 有正有负，沿全拱积分 $\int \dfrac{\Delta y \mathrm{d}s}{I}$ 的数值不大，由式(1-3-20)知，ΔX_1 数值较小。若 $\int \dfrac{\Delta y \mathrm{d}s}{I} = 0$，则 $\Delta X_1 = 0$。

大量计算表明，由式(1-3-21)决定的 ΔX_2 恒为正值(压力)。

任意截面的偏离弯矩为：

$$\Delta M = \Delta X_1 - \Delta X_2 y + M_p \tag{1-3-22}$$

式中：y——以弹性中心为原点(向上为正)的拱轴纵坐标。

对于拱顶、拱脚截面，$M_p = 0$，偏离弯矩为：

$$\left. \begin{array}{l} \Delta M_d = \Delta X_1 - \Delta X_2 y_s < 0 \\ \Delta M_j = \Delta X_1 + \Delta X_2 (f - y_s) > 0 \end{array} \right\} \tag{1-3-23}$$

式中：y_s——弹性中心至拱顶的距离。

空腹式无铰拱桥采用"五点重合法"确定的拱轴线，与相应的三铰拱的恒载压力线在拱顶、两 $l/4$ 点和两拱脚五点重合，而与无铰拱的恒载压力线(简称恒载压力线)实际上并不存在五点重合的关系。由式(1-3-23)可见，由于拱轴线与恒载压力线有偏离，在拱顶、拱脚都产生了偏离弯矩。研究证明，拱顶的偏离弯矩 ΔM_d 为负，拱脚的偏离弯矩 ΔM_j 为正，恰好与这两截面控制弯矩的符号相反。这一事实说明，在空腹式拱桥中，用"五点重合法"确定的悬链线拱轴，其偏离弯矩对拱顶、拱脚都是有利的。因此，在现行设计中，不计偏离弯矩的影响一般是偏于安全的。对于大跨径空腹拱桥，压力线与拱轴线偏离较大，则应计入此项弯矩影响，这时实际压力线将不通过上述五点。

(3)拱轴系数 m 的初步选定原则

对实腹拱而言，拱轴系数 m 值的大小决定于拱脚处荷载集度与拱顶处荷载集度之比。当拱顶填土厚度不变，即拱顶荷载及集度不变时，要增加 m 值，必须增加拱脚处荷载集度，即增加拱脚处的填土厚度，这样势必需要增加矢高。因此，坦拱的拱轴系数可以选得小一些，陡拱的拱轴系数可以选得大一些。当矢跨比不变，随着拱上填土厚度的增加，拱顶荷载集度增加的速度比拱脚快。因此，高填土拱的拱轴系数可以选得小一些，低填土拱的拱轴系数可以选得大一些。

对于空腹拱，由于拱脚至拱跨 $1/4$ 点之间拱上建筑挖空，结构重力对拱脚处的力矩减少，$\sum M_j / \sum M_{1/4}$ 值随之减少，所以空腹拱的拱轴系数比实腹拱小。如果拱桥采用无支架施工，裸拱的拱轴系数接近于 1。一般在设计拱桥时，拱轴系数 m 值并不是根据裸拱重力选定，而是根据全桥恒载确定的，因此，裸拱在重力作用下，拱轴线将与压力线发生偏离。随着设计 m 值的增大,偏离弯矩也就越大。为了兼顾裸拱阶段的受力状态,在设计时宜选用较小的 m 值(对无支架或早期脱架施工的拱桥,拱轴系数一般不宜大于3.5)。

3.拱轴线的水平倾角 φ

将式(1-3-13)对 ξ 求导数得:

$$\frac{\mathrm{d}y_1}{\mathrm{d}\xi} = \frac{fk}{m-1}\mathrm{sh}k\xi \qquad (1\text{-}3\text{-}24)$$

因为:

$$\tan\varphi = \frac{\mathrm{d}y_1}{\mathrm{d}x} = \frac{\mathrm{d}y_1}{l_1\mathrm{d}\xi} = \frac{2\mathrm{d}y_1}{l\mathrm{d}\xi}$$

将式(1-3-24)代入上式得:

$$\tan\varphi = \frac{2fk\mathrm{sh}k\xi}{l(m-1)} = \eta\mathrm{sh}k\xi \qquad (1\text{-}3\text{-}25)$$

式中: $\eta = \dfrac{2kf}{l(m-1)}$ 。

由上式可见,拱轴水平倾角与拱轴系数 m 有关。拱轴线上各点的水平倾角 $\tan\varphi$,可直接出《公路桥涵设计手册 拱桥(上)》附录Ⅲ表(Ⅲ)-2查出。

4.悬链线无铰拱的弹性中心

在计算无铰拱的内力(恒载、活载、温度变化、混凝土收缩和拱脚变位等)时,为了简化计算,常利用拱的弹性中心。对于具有结构对称性的拱,弹性中心在对称轴上。基本结构的取法有两种:以悬臂曲梁为基本结构[图1-3-8a)]和以简支曲梁为基本结构[图1-3-8b)]。在计算无铰拱的内力影响线时,为了简化计算手续,常用简支曲梁为基本结构。

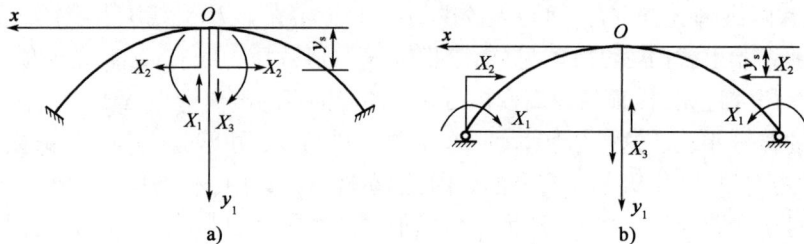

图1-3-8 拱的弹性中心

由结构力学可得出弹性中心距拱顶的距离为:

$$y_s = \frac{\displaystyle\int_s \frac{y_1\mathrm{d}s}{EI}}{\displaystyle\int_s \frac{\mathrm{d}s}{EI}} \qquad (1\text{-}3\text{-}26)$$

式中: $y_1 = \dfrac{f}{m-1}(\mathrm{ch}k\xi - 1)$;

$\mathrm{d}s = \dfrac{\mathrm{d}x}{\cos\varphi} = \dfrac{l}{2} \times \dfrac{1}{\cos\varphi}\mathrm{d}\xi$ 。

其中, $\cos\varphi = \dfrac{1}{\sqrt{1+\tan^2\varphi}} = \dfrac{1}{\sqrt{1+\eta^2\mathrm{sh}^2k\xi}}$,则有:

$$\mathrm{d}s = \frac{1}{2}\sqrt{1 + \eta^2 \mathrm{sh}^2 k\xi}\,\mathrm{d}\xi \qquad (1\text{-}3\text{-}27)$$

将 y_1 及 $\mathrm{d}s$ 代入式(1-3-26),并注意到等截面拱的截面惯性矩 I 为常数,则:

$$y_s = \frac{\displaystyle\int_s y_1 \mathrm{d}s}{\displaystyle\int_s \mathrm{d}s} = \frac{f}{m-1} \frac{\displaystyle\int_0^1 (\mathrm{ch}k\xi - 1)\sqrt{1 + \eta^2 \mathrm{sh}^2 k\xi}\,\mathrm{d}\xi}{\displaystyle\int_0^1 \sqrt{1 + \eta^2 \mathrm{sh}^2 k\xi}\,\mathrm{d}\xi}$$

$$= a_1 f \qquad (1\text{-}3\text{-}28)$$

式中的系数 a_1 可由《公路桥涵设计手册 拱桥(上)》附录Ⅲ表(Ⅲ)-3 查得。

(四)拟合拱轴线

从上述分析可见,通过少数几个点(如拱脚、$l/4$、拱顶等)来逼近恒载压力线可能存在拱圈在荷载(如活载)作用下某些截面的压力线与拱轴线偏差太大的情况,从而引起过大的偏离弯矩,对拱圈不利,随着拱桥跨径的不断增大,对其拱轴线合理性的要求越来越高。目前,由于结构分析理论的发展和计算机在桥梁设计中的广泛应用,使其在拱桥设计中采用通过优化拟合而成的某条合理曲线作为拱轴线成为可能。拱桥在荷载(如活载)作用下的压力线是不定的,但总存在两条压力包络线,拱轴线优化拟合的基本思想就是找出一条在一定约束条件下与压力包络线偏差最小的曲线作为拱轴线,从方法上讲就是一种有约束条件的函数逼近,在这方面有许多学者做过研究,如可采用最小二乘法进行拟合,或采用建立内力与拱轴线变化函数的关系,以恒载压力线五点重合法拟合的曲线为初始曲线,叠加调整曲线,使截面合力偏心趋于均匀的方法进行拱轴线优化,或采用样条函数逼近压力线。拟合拱轴线时可任意假设初始拱轴线,但一个好的初始拱轴线可以减少拱轴线优化拟合中的结构分析次数。拟合拱轴线已在现代特大跨径拱桥中得到采用。拟合过程包括确定函数逼近准则、确定约束条件、建立拟合数学模型并求解,如图 1-3-9 所示。

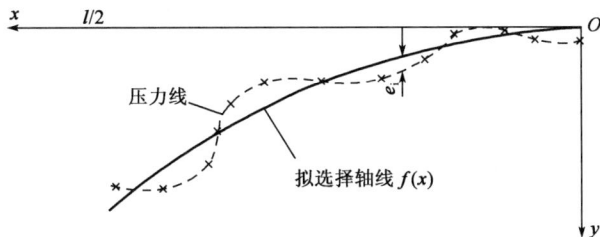

图 1-3-9 拟合拱轴线

二、主拱圈结构恒载与使用荷载内力计算

(一)解析法计算主拱圈内力

解析法计算就是直接采用力学方法进行主拱圈内力分析,其中,对于常规拱桥,可利用已有表格进行计算,即手册法计算,以减轻工作量。

1.等截面悬链线拱恒载(自重)内力计算

当采用恒载压力线作拱轴线时,且认为拱是绝对刚性的,即拱轴长度是不变的,此时,拱轴线处于理想状态,在恒载作用下拱内仅产生轴向压力而无弯矩和剪力。但事实上拱并非绝对刚性,主拱圈在轴向压力作用下,将产生弹性压缩变形,拱轴要缩短,由此会在无铰拱中产生弯矩和剪力,这就是所谓弹性压缩影响。拱圈的轴向力主要是由恒载和活载作用产生的,因此,拱圈弹性压缩对内力的影响也要在恒载和活载内力计算中分别计入。拱圈弹性压缩影响与恒载、活载作用下产生的内力是同时发生的。但为了计算上的方便,先计算不考虑弹性压缩时的内力,再计算弹性压缩引起的内力,然后将两者叠加。如果拱轴线和恒载压力线有偏离,则还要计算拱轴偏离引起的恒载内力。

上述叠加法计算主要是针对解析法而言的。当采用有限元分析时,由于已考虑弹性压缩等影响,内力计算则不需分步进行。

1)不计弹性压缩的恒载内力——无矩法计算恒载内力

(1)实腹拱

如前所述,不计弹性压缩影响时,实腹式悬链线拱的拱轴线与压力线完全吻合,所以,在恒载作用下,拱圈任何截面上都只存在轴向力而无弯矩,此时,拱中的内力可按纯压拱的公式计算。

由式(1-3-11)得恒载水平推力为:

$$H_g = \frac{m-1}{4k^2} \cdot \frac{g_d l^2}{f} = k_g \frac{g_d l^2}{f} \tag{1-3-29}$$

式中: $k_g = \dfrac{m-1}{4k^2}$。

在恒载作用下,拱脚的竖向反力为半拱的恒载重力,即:

$$V_g = \int_0^{l_1} g_x dx = \int_0^1 g_x l_1 d\xi$$

将式(1-3-10)、式(1-3-13)代入上式积分得:

$$V_g = \frac{\sqrt{m^2-1}}{2\ln(m+\sqrt{m^2-1})} g_d l = k_g' g_d l \tag{1-3-30}$$

式中: $k_g' = \dfrac{\sqrt{m^2-1}}{2\ln(m+\sqrt{m^2-1})}$。

系数 k_g、k_g' 可自《公路桥涵设计手册 拱桥(上)》附录Ⅲ表(Ⅲ)-4查得。

拱圈各截面的轴向力 N 按式(1-3-31)计算,恒载弯矩和剪力均为零。

$$N = \frac{H_g}{\cos\varphi} \tag{1-3-31}$$

(2)空腹拱

对于空腹式悬链线无铰拱,由于拱轴线与恒载压力线间存在偏离,拱顶、拱脚和 $l/4$ 点都有恒载弯矩[式(1-3-23)]。在设计中,为了计算方便,空腹式无铰拱的恒载内力又可分为两部分,即先不考虑偏离的影响,按照拱轴线与恒载压力线完全吻合的情况进行计算,然后再考虑偏离的影响,按式(1-3-20)~式(1-3-22)计算由偏离引起的恒载内力,两者叠加即可得空腹式无铰拱不考虑弹性压缩时的恒载内力。

不考虑偏离的影响时,空腹拱的恒载内力亦按纯压拱计算。此时,由式(1-3-17)可知,拱的恒载推力:

$$H_g = \frac{\sum M_j}{f}$$

拱脚竖向反力 V_g 可直接由静力平衡条件按下式求得:

$$V_g = \sum P(半拱恒载重力) \qquad (1\text{-}3\text{-}32)$$

算出 H_g 之后,即可利用纯压拱内力公式(1-3-31)计算各截面的轴向力。此时,认为拱中的弯矩和剪力均为零。

在设计中小跨径的空腹式拱桥时,可偏安全地不考虑偏离弯矩的影响。大跨径空腹式拱桥,恒载压力线与拱轴线的偏离一般比中、小跨径大,且恒载偏离弯矩是一种可供利用的有利因素,因此,应当计入偏离弯矩的影响。计算恒载偏离弯矩的影响时,除了计算偏离弯矩对拱顶、拱脚的有利影响之外,还应计入偏离弯矩对 $l/8$ / 和 $3l/8$ 截面的不利影响,尤其是 $3l/8$ 截面,往往成为正弯矩的控制截面。恒载压力线与拱轴线的偏离引起的弯矩 ΔM、轴力 ΔN 及剪力 ΔQ 根据式(1-3-20)、式(1-3-21)按静力平衡条件求得:

$$\left.\begin{array}{l} \Delta N = \Delta X_2 \cos\varphi \\ \Delta M = \Delta X_1 + \Delta X_2(y_1 - y_s) + H_g \Delta y \\ \Delta Q = \Delta X_2 \sin\varphi \end{array}\right\} \qquad (1\text{-}3\text{-}33)$$

偏离附加内力的大小与荷载的具体布置有关,一般是拱上腹孔跨度越大,偏离影响也越大。

将式(1-3-33)叠加到式(1-3-31)上去,即可得出不计弹性压缩时的恒载内力。

2)弹性压缩引起的内力

在恒载产生的轴向压力作用下,拱圈的弹性压缩表现为拱轴长度的缩短。对于无铰拱,拱圈的这种变形会在拱中产生相应的内力。按照结构力学分析方法,将拱顶切开,取悬臂曲梁为基本结构,弹性压缩会使拱轴在跨径方向缩短 Δl。由于实际结构中,拱顶并没有相对水平变位,因此,在弹性中心必有一水平拉力 ΔH_g,以使拱顶的相对水平变位变为零,如图1-3-10a)所示。

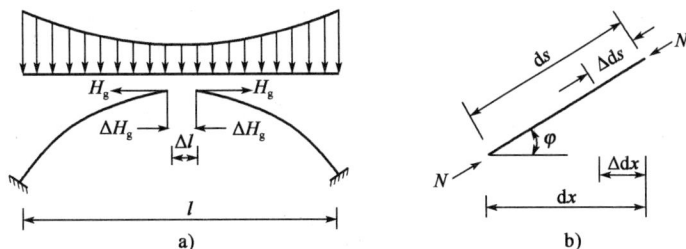

图1-3-10 拱圈弹性压缩计算图式

弹性压缩产生的赘余力 ΔH_g 可由拱顶的变形协调条件求得,即:

$$\Delta H_g \delta'_{22} - \Delta l = 0 \qquad (1\text{-}3\text{-}34)$$

$$\Delta H_g = \frac{\Delta l}{\delta'_{22}}$$

从拱中取出一微段 ds[图1-3-10b)],在轴向力 N 作用下缩短 Δds,其水平分量为 $\Delta dx =$

$\Delta ds\cos\varphi$,则整个拱轴缩短的水平分量为:

$$\Delta l = \int_0^l \Delta \mathrm{d}x = \int_s \Delta ds\cos\varphi = \int_s \frac{N\mathrm{d}s}{EA}\cos\varphi \tag{1-3-35}$$

将式(1-3-31)代入上式:

$$\Delta l = \int_0^l \frac{H_\mathrm{g}\mathrm{d}x}{EA\cos\varphi} = H_\mathrm{g}\int_0^l \frac{\mathrm{d}x}{EA\cos\varphi} \tag{1-3-36}$$

由于单位水平力作用在弹性中心的水平位移(考虑轴向力影响)为:

$$\delta_{22}' = \int_s \frac{\overline{M}_2^2\mathrm{d}s}{EI} = \int_s \frac{\overline{N}_2^2\mathrm{d}s}{EA} = \int_s \frac{y_2\mathrm{d}s}{EI} + \int_s \frac{\cos^2\varphi\mathrm{d}s}{EA}$$

$$= (1 + \mu)\int_s \frac{y_2\mathrm{d}s}{EI}$$

其中:
$$y = y_\mathrm{s} - y_1 \tag{1-3-37}$$

$$\mu = \frac{\displaystyle\int_s \frac{\cos^2\varphi\mathrm{d}s}{EA}}{\displaystyle\int_s \frac{y^2\mathrm{d}s}{EI}} \tag{1-3-38}$$

将式(1-3-36)、式(1-3-37)代入式(1-3-34)得:

$$\Delta H_\mathrm{g} = H_\mathrm{g}\frac{1}{1+\mu}\frac{\displaystyle\int_0^l \frac{\mathrm{d}x}{EA\cos\varphi}}{\displaystyle\int_s \frac{y^2\mathrm{d}s}{EI}} = H_\mathrm{g}\frac{\mu_1}{1+\mu} \tag{1-3-39}$$

其中:

$$\mu_1 = \frac{\displaystyle\int_0^l \frac{\mathrm{d}x}{EA\cos\varphi}}{\displaystyle\int_s \frac{y^2\mathrm{d}s}{EI}} \tag{1-3-40}$$

为了便于制表计算,对于等截面拱,可将式(1-3-38)、式(1-3-39)的分子项改写为:

$$\int_s \frac{\cos^2\varphi\mathrm{d}s}{EA} = \frac{l}{EA}\int_0^l \cos\varphi\frac{\mathrm{d}x}{l} = \frac{1}{EA}\int_0^1 \frac{\mathrm{d}\xi}{\sqrt{1+\eta^2\mathrm{sh}^2k\xi}} = \frac{1}{Ev A}$$

$$\int_0^l \frac{\mathrm{d}x}{EA\cos\varphi} = \frac{l}{EA}\int_0^l \frac{1}{\cos\varphi}\frac{\mathrm{d}x}{l} = \frac{1}{EA}\int_0^1 \sqrt{1+\eta^2\mathrm{sh}^2k\xi}\mathrm{d}\xi = \frac{1}{Ev_1 A}$$

于是:
$$\mu = \frac{l}{Ev A\displaystyle\int_s \frac{y^2\mathrm{d}s}{EI}} \tag{1-3-41}$$

$$\mu_1 = \frac{l}{Ev_1 A\displaystyle\int_s \frac{y^2\mathrm{d}s}{EI}} \tag{1-3-42}$$

以上诸式中,$\int_s \frac{y^2\mathrm{d}s}{EI}$ 可由《公路桥涵设计手册 拱桥(上)》附录Ⅲ表(Ⅲ)-5 查得,$\frac{1}{v_1}$、v 可自表(Ⅲ)-8、表(Ⅲ)-10 查得。等截面拱的 μ_1 和 μ 可直接由表(Ⅲ)-9、表(Ⅲ)-11 查得。

由于 ΔH_g 的作用而在拱内产生弯矩、剪力和轴力，各内力的正向如图 1-3-11 所示。所以，在恒载作用下，弹性压缩在拱内引起的内力为：

$$
\left.\begin{array}{ll}
\text{轴向力：} & N = -\dfrac{\mu_1}{1+\mu}H_g\cos\varphi \\[3mm]
\text{弯矩：} & M = \dfrac{\mu_1}{1+\mu}H_g(y_s - y_1) \\[3mm]
\text{剪力：} & Q = \mp\dfrac{\mu_1}{1+\mu}H_g\sin\varphi
\end{array}\right\}
\quad (1\text{-}3\text{-}43)
$$

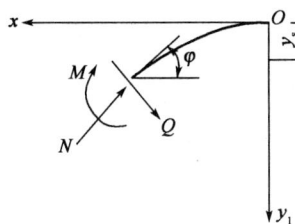

图 1-3-11　弹性压缩产生的内力

（上式中上边符号适用于左半拱，下边符号适用于右半拱）

从上式可见，考虑了弹性压缩后，主拱各截面将产生弯矩。例如在拱顶段产生正弯矩，该处压力线上移，在拱脚段产生负弯矩，压力线下移。即实际的恒载压力线将不可能与拱轴线重合了。

3）恒载作用下拱圈截面的总内力

当不考虑空腹拱恒载压力线偏离拱轴线的影响时，拱圈各截面的恒载内力见式（1-3-44），即不计弹性压缩的恒载内力［仅有按式（1-3-31）计算的轴向力 N ］加上弹性压缩产生的内力［式（1-3-43）］。

$$
\left.\begin{array}{ll}
\text{轴向力：} & N = \dfrac{H_g}{\cos\varphi} - \dfrac{\mu_1}{1+\mu}H_g\cos\varphi \\[3mm]
\text{弯矩：} & M = \dfrac{\mu_1}{1+\mu}H_g(y_s - y_1) \\[3mm]
\text{剪力：} & Q = \mp\dfrac{\mu_1}{1+\mu}H_g\sin\varphi
\end{array}\right\}
\quad (1\text{-}3\text{-}44)
$$

（上式中上边符号适用于左半拱，下边符号适用于右半拱）

由式（1-3-44）可见，考虑了恒载弹性压缩之后，即使是不计偏离弯矩的影响，拱中仍有恒载弯矩。这就说明，不论是空腹式拱还是实腹式拱，考虑弹性压缩后的恒载压力线将不可能和拱轴线重合。

在式（1-3-44）中按式（1-3-20）～式（1-3-22）计入偏离的影响之后，拱圈各截面的总内力公式为：

$$
\left.\begin{array}{l}
N = \dfrac{H_g}{\cos\varphi} + \Delta X_2\cos\varphi - \dfrac{\mu_1}{1+\mu}(H_g + \Delta X_2)\cos\varphi \\[3mm]
M = \dfrac{\mu_1}{1+\mu}(H_g + \Delta X_2)(y_s - y_1) + \Delta M \\[3mm]
Q = \mp\dfrac{\mu_1}{1+\mu}(H_g + \Delta X_2)\sin\varphi \pm \Delta X_2\sin\varphi
\end{array}\right\}
\quad (1\text{-}3\text{-}45)
$$

上式中的 ΔX_2、ΔM 按式（1-3-21）、式（1-3-22）计算。

4）在内力影响线上加载计算恒载内力

为简化计算，可用拱的内力影响线加载法计算恒载内力。通过影响线和恒载布置形式可制成计算系数表格查用［见《公路桥涵设计手册　拱桥（上）》附录Ⅲ表（Ⅲ）-17］。

本方法分两步完成恒载内力计算：第一步，在不计弹性压缩的内力影响线上加载计算恒载内力,得出不计弹性压缩内力;第二步,在不计弹性压缩内力的基础上计算弹性压缩内力。上述两部分内力叠加即为完整的恒载内力。

为简化第一步计算工作,通常把拱桥恒载分解为空腹段结构(集中力)、实腹段结构(分布力)和拱圈三大部分。再把实腹段结构重力分解为路面均布重力(图1-3-12)、实腹段填料重力(图1-3-13曲线三角形部分)、设置单向纵坡填料的修正重力[反对称三角形荷载(图1-3-14)和集中荷载(图1-3-15)]等。

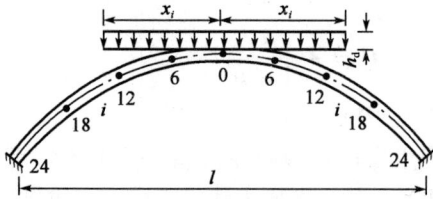

图1-3-12　路面均匀布置重力作用示意图

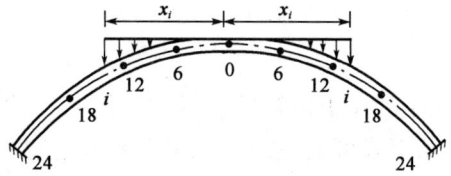

图1-3-13　实腹段填料重力作用示意图

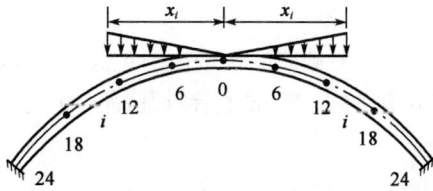

图1-3-14　设置单向纵坡填料的修正重力作用示意图

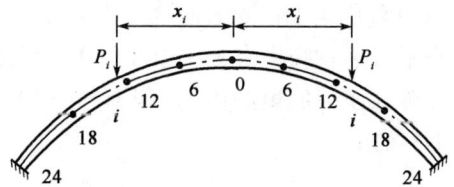

图1-3-15　空腹墩传下来的重力作用示意图

不计弹性压缩时恒载内力计算如下:

路面荷载

$$M = k_{M} h_{d} B \gamma_1 \frac{l^2}{1\,000}$$

$$N = k_{N} h_{d} B \gamma_1 \frac{l}{1\,000}$$

填料荷载

$$M = k_{M} B \gamma_2 \frac{l^3}{1\,000}$$

$$N = k_{N} B \gamma_2 \frac{l^2}{1\,000}$$

拱圈重力

$$M = k_{M} A \gamma_3 \frac{l^2}{1\,000}$$

$$N = k_{N} A \gamma_3 l$$

空腹段集中力

$$M = k'_{M} l P_i$$

$$N = k'_{N} P_i$$

式中:γ_1、γ_2、γ_3——路面、填料、拱圈材料重度;

　　　B——拱圈宽度;

　　　A——拱圈截面积;

k_M、k_N——拱圈内力系数,查《公路桥涵设计手册 拱桥(上)》附录Ⅲ表(Ⅲ)-17;

k'_M、k'_N——两半拱相应立柱处内力影响线坐标之和。

将上述算出的内力叠加即得截面总内力。

在《公路桥涵设计手册 拱桥(上)》附录Ⅲ表(Ⅲ)-17中,实腹段填料是按桥面纵坡为零计算的。若拱顶设置竖曲线,则实腹段填料厚度将发生变化,因而表中实腹段填料对应的内力系数还应乘以修正系数:

$$k = \frac{y'_1}{y_1}$$

式中:y_1——实腹段拱轴线的最大纵坐标;

y'_1——考虑拱顶设置竖曲线后实腹段的最大填料厚度。

在《公路桥涵设计手册 拱桥(上)》附录Ⅲ表(Ⅲ)-17中,设置单向纵坡的填料修正重力,是在桥面纵坡为零的基础上,按一侧增加填料另一侧减少填料,即按反对称三角形荷载计算。由于荷载和内力成反对称形式,所以在表中仅列出左半跨内力系数。若需考虑右半跨受力状态时,与左半跨对应的截面仍可查取本表内力系数,但要注意改变内力符号。

弹性压缩内力则用不计弹压时拱顶水平推力 H_g,按式(1-3-31)计算。当仅考虑拱圈重力时,即可得裸拱内力。

5)裸拱自重内力

采用早脱架施工(拱圈合龙后即卸落支架)及无支架施工的拱桥,须计算裸拱自重产生的内力,以便进行裸拱强度和稳定性验算。

取悬臂曲梁为基本结构(图1-3-16)。对于等截面拱,任意截面 i 的恒载集度 g_i 为:

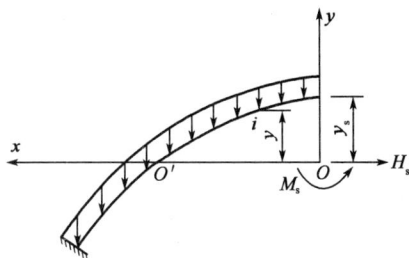
图1-3-16 拱圈自重作用下的内力计算图式

$$g_i = \frac{g_d}{\cos\varphi_i} \tag{1-3-46}$$

式中符号意义同前。

由于结构和荷载均为正对称,在弹性中心仅有两个正对称的赘余力:弯矩 M_s 和水平力 H_s,采用力法可得:

$$\left.\begin{array}{l} M_s = \dfrac{A\gamma l^2}{4}V_1 \\[3mm] H_s = \dfrac{A\gamma l^2}{4(1+\mu)f}V_2 \end{array}\right\} \tag{1-3-47}$$

式中:γ——拱圈材料重度;

A——裸拱圈截面积;

V_1、V_2——系数,可从《公路桥涵设计手册 拱桥(上)》附录Ⅲ表(Ⅲ)-15、表(Ⅲ)-16查得;

其余符号意义同前。

由静力平衡条件得任意截面 i 的弯矩和轴向力为:

$$M_i = M_s - H_s y - \sum_n^i M$$

$$N_i = H_s \cos\varphi_i + \sin\varphi_i \sum_n^i P \qquad (1\text{-}3\text{-}48)$$

式中:$\sum_n^i M$——拱顶至 i 截面裸拱自重对 i 截面产生的弯矩,可查《公路桥涵设计手册 拱桥(上)》附录Ⅲ表(Ⅲ)-19 得;

$\sum_n^i P$——拱顶至 i 截面裸拱自重之和,可查《公路桥涵设计手册 拱桥(上)》附录Ⅲ表(Ⅲ)-19 得;

n——拱顶截面的编号,在设计中 n 常采用 12 或 24;

其余符号意义同前。

当拱的矢跨比为 1/10 ~ 1/5 时,裸拱恒载压力线的拱轴系数 m_0 = 1.305 ~ 1.079,通常比拱轴线采用的 m 值小。计算表明,在裸拱的自重作用下,拱顶、拱脚一般都产生正弯矩。拱轴线的 m 与 m_0 差得越多,拱顶、拱脚的正弯矩就越大。因而,采用无支架施工或早脱架施工的拱桥,宜适当降低拱轴系数。

裸拱内力求出后,即可按照现行桥规进行强度、稳定等计算。

2. 等截面悬链线拱活载内力计算

拱桥属于空间结构,在活载作用下受力比较复杂,在解析法计算中常常通过荷载横向分布系数形式将空间结构简化为平面结构进行计算(必须进行空间分析者除外)。由于活载在桥梁上的作用位置不同,拱圈各截面产生的内力也不同,所以,计算活载内力最方便的方法就是影响线法。

1)荷载横向分布系数

以往,通常把活载在主拱圈全宽上的作用视为均匀分布,即拱圈每米宽度(或每个单元,如一个箱肋)所受的活载作用相同。对于拱圈宽度较小、横向刚度较大的石拱、混凝土箱板拱来说,这种假定基本上还是符合实际情况的。然而,对于主拱横向刚度较小的肋拱桥或宽度很大的板拱桥,这种假定是不符合实际情况的。在活载作用下,主拱各单元所受的活载不同,桥面越宽,偏差也就越大。因此必须考虑荷载横向分布的不均匀性。

(1)石拱桥、混凝土箱板拱桥荷载横向分布系数

石拱桥的拱圈横向刚度较大,活载通过拱上建筑传至拱圈的作用在横向比较均匀,横向分布系数计算可假定荷载均匀分布于拱圈全部宽度上。

对于矩形截面拱圈,常取单位拱圈宽度进行计算,则横向分布系数为:

$$\eta = \frac{C}{B} \qquad (1\text{-}3\text{-}49)$$

箱板拱一般取单个拱箱肋为计算单元,则横向分布系数为:

$$\eta = \frac{C}{n} \qquad (1\text{-}3\text{-}50)$$

式中:η——荷载横向分布系数;

C——车列数;

B——拱圈宽度;

n——拱箱个数。

（2）肋拱桥荷载横向分布系数

对双肋拱桥,一般偏安全地用杠杆法计算。对多肋拱,拱上建筑为排架式时,其荷载横向分布系数类似于普通梁式桥。比较简单的计算方法是按弹性支承连续梁(横梁)计算荷载横向分布系数,计算结果与实际误差平均在10%左右。

2）内力影响线

（1）赘余力影响线

为了便于编制影响线表,在求拱中内力影响线时,常采用简支曲梁为基本结构[图1-3-17a)],赘余力为X_1、X_2、X_3。根据结构力学原理和弹性中心的特性知,图1-3-17a)中所有副变位均为零。设图1-3-17a)、b)所示内、外力方向及与内力同向之变位均为正值,则典型方程为:

$$X_1\delta_{11} + \Delta_{1p} = 0, \quad X_1 = -\frac{\Delta_{1p}}{\delta_{11}} \\ X_2\delta_{22} + \Delta_{2p} = 0, \quad X_2 = -\frac{\Delta_{2p}}{\delta_{22}} \\ X_3\delta_{33} + \Delta_{3p} = 0, \quad X_3 = -\frac{\Delta_{3p}}{\delta_{33}} \left.\right\} \tag{1-3-51}$$

上式中,分母部分为弹性中心的常变位值,分子部分为载变位值。

在不考虑轴向力、剪力及曲率对变位的影响时,有:

$$\delta_{11} = \int_s \frac{\overline{M_1}^2}{EI}ds \\ \delta_{22} = \int_s \frac{\overline{M_2}^2}{EI}ds \\ \delta_{33} = \int_s \frac{\overline{M_3}^2}{EI}ds \left.\right\} \tag{1-3-52}$$

$$\Delta_{1p} = \int_s \frac{\overline{M_1}M_p}{EI}ds \\ \Delta_{2p} = \int_s \frac{\overline{M_2}M_p}{EI}ds \\ \Delta_{3p} = \int_s \frac{\overline{M_3}M_p}{EI}ds \left.\right\} \tag{1-3-53}$$

式中:$\overline{M_1}$——当$X_1=1$时在基本结构任意截面上所产生的弯矩,$\overline{M_1}=1$;

$\overline{M_2}$——当$X_2=1$时在基本结构任意截面上所产生的弯矩,$\overline{M_2}= y_1 - y_s$;

$\overline{M_3}$——当$X_3=1$时在基本结构任意截面上所产生的弯矩,$\overline{M_2}= \pm x$;

M_p——单位荷载作用在基本结构上时,任意截面所产生的弯矩[图1-3-18a)]。

为了便于计算载变位,在计算M_p时,可利用对称性,将图1-3-18a)中的单位荷载分解成正对称和反对称两组荷载[图1-3-18b)、c)],并设荷载作用在右半拱。

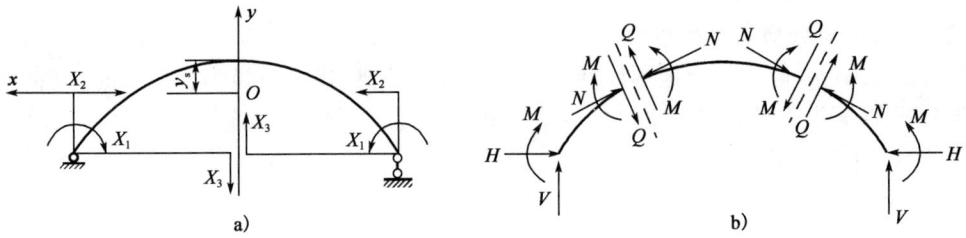

图 1-3-17　利用简支梁式结构求解内力

由于结构的对称性,在计算载变位 Δ_{1p}、Δ_{2p} 时,只需考虑正对称荷载作用的情况(反对称为零);而计算 Δ_{3p} 则只考虑反对称荷载的情况(正对称为零)。

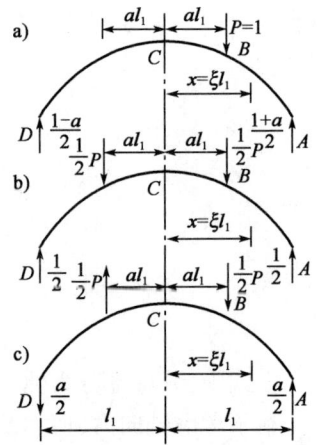

正对称时:

AB 段　　　　　$M_p = \dfrac{1}{2}(l_1 - x)$

BC 段　　　　　$M_p = \dfrac{l_1}{2}(1 - a)$

反对称时:

AB 段　　　　　$M_p = \mp \dfrac{a}{2}(l_1 - x)$

BC 段　　　　　$M_p = \mp \dfrac{x}{2}(1 - a)$

式中上边符号适用于左半拱,下边符号适用于右半拱。

图 1-3-18　常变位与载变位的计算图式

将 $\overline{M}_1$、$\overline{M}_2$、$\overline{M}_3$ 及 M_p 代入常变位及载变位公式(1-3-52)、式(1-3-53)可得:

$$\delta_{11} = \int_s \frac{\overline{M}_1^2}{EI} ds = \int_s \frac{ds}{EI} = \frac{l}{EI}\int_0^1 \sqrt{1 + \eta^2 \mathrm{sh}^2 k\xi}\, d\xi$$

$$= \frac{l}{EI}\frac{1}{\gamma_1}$$

$$\delta_{22} = \int_s \frac{\overline{M}_2^2 ds}{EI} = \int_s \frac{(y_1 - y_s)^2}{EI} ds$$

根据弹性中心的特性: $\int_s (y_1 - y_s)\dfrac{ds}{EI} = 0$,则 $\left(y_s + \dfrac{f}{m-1}\right)\int_s (y_1 - y_s)\dfrac{ds}{EI} = 0$,故:

$$\delta_{22} = \int_s \left[(y_1 - y_s)^2 + (y_1 - y_s)\left(y_s + \frac{f}{m-1}\right)\right]\frac{ds}{EI}$$

$$= \int_s (y_1 - y_s)\left(y_1 - y_s + y_s + \frac{f}{m-1}\right)\frac{ds}{EI}$$

$$= \int_s (y_1 - y_s)\left(y_1 + \frac{f}{m-1}\right)\frac{ds}{EI}$$

$$= \int_s \left[\frac{f}{m-1}(\mathrm{ch}k\xi - 1) - y_s\right]\left[\frac{f}{m-1}(\mathrm{ch}k\xi - 1) + \frac{f}{m-1}\right]\frac{ds}{EI}$$

$$= \frac{l}{EI}\int_0^1 \left[\frac{f}{m-1}(\mathrm{ch}k\xi - 1) - y_s\right]\left(\frac{f}{m-1}\mathrm{ch}k\xi\right)\sqrt{1 + \eta^2 \mathrm{sh}^2 k\xi}\, d\xi$$

$$= \theta \frac{lf^2}{EI}$$

$$\delta_{33} = \int_s \frac{\overline{M}_3^2 \mathrm{d}s}{EI} = \int_s \frac{x^2 \mathrm{d}s}{EI} = \frac{l^3}{EI} \int_0^1 \xi^2 \sqrt{1 + \eta^2 \mathrm{sh}^2 k\xi} \mathrm{d}\xi$$

$$= \gamma \frac{l^3}{EI}$$

以上三式中,系数 $\frac{1}{\gamma_1}$、θ、γ 的值可分别由《公路桥涵设计手册 拱桥(上)》附录Ⅲ表(Ⅲ)-8、表(Ⅲ)-5 和表(Ⅲ)-6 查得。显而易见,$l \frac{1}{\gamma_1}$ 即为拱轴线的弧长 s。

$$\Delta_{1p} = \int_s \frac{\overline{M}_1 M_p}{EI} \mathrm{d}s = \frac{(1-a)l^2}{4EI} \int_0^a \sqrt{1 + \eta^2 \mathrm{sh}^2 k\xi} \mathrm{d}\xi + \frac{l^2}{4EI} \int_a^1 (1-\xi) \sqrt{1 + \eta^2 \mathrm{sh}^2 k\xi} \mathrm{d}\xi$$

$$\Delta_{2p} = \int_s \frac{\overline{M}_2 M_p}{EI} \mathrm{d}s = \frac{l^2}{4EI} \left\{ (1-a) \int_0^a \left[\frac{f}{m-1}(\mathrm{ch}k\xi - 1) - y_s \right] \sqrt{1 + \eta^2 \mathrm{sh}^2 k\xi} \mathrm{d}\xi + \right.$$

$$\left. \int_a^1 \left[\frac{f}{m-1}(\mathrm{ch}k\xi - 1) - y_s \right] (1-\xi) \sqrt{1 + \eta^2 \mathrm{sh}^2 k\xi} \mathrm{d}\xi \right\}$$

$$\Delta_{3p} = \int_s \frac{\overline{M}_3 M_p}{EI} \mathrm{d}s$$

$$= -\frac{l^3(1-a)}{8EI} \int_0^a \xi^2 \sqrt{1 + \eta^2 \mathrm{sh}^2 k\xi} \mathrm{d}\xi - \frac{l^3 a}{8EI} \int_a^1 \xi(1-\xi) \sqrt{1 + \eta^2 \mathrm{sh}^2 k\xi} d\xi$$

将上述常变位值与载变位值代入式(1-3-51)后,即得 $p=1$ 作用在 B 点时赘余力 X_1、X_2、X_3 的值。

为了计算赘余力的影响线,一般将拱圈沿跨径方向分成 48(或 24)等分。相邻两分点的水平距离为 $\Delta l = l/48$(或 $l/24$),当 $P=1$ 从图 1-3-19a)中的左拱脚($a = -24 \times \Delta l$)以 Δl 为步长移到右拱脚($a = 24 \times \Delta l$)时,即可利用式(1-3-51)算出 P 在各个分点上 X_1、X_2、X_3 的影响线竖标。三项赘余力影响线图形见图 1-3-19b)、c)、d)。

(2)内力影响线

有了赘余力的影响线之后,拱中任何截面的内力影响线均可利用静力平衡条件建立计算公式并借助叠加法求得。

①拱中水平推力 H_1 的影响线

由 $\sum X = 0$ 知,拱中任意截面的水平推力 $H_1 = X_2$,因此,H_1 的影响线与赘余力 X_2 的影响线是完全一致的。H_1 影响线的图形见图 1-3-19c),各点的影响线竖坐标可由《公路桥涵设计手册 拱桥(上)》附录Ⅲ表(Ⅲ)-12 查得。

②拱脚竖向反力 V 的影响线

将 X_3 移至两支点后,由 $\sum y = 0$ 得:

$$V = V_0 \mp X_3 \tag{1-3-54}$$

式中:V_0——相应简支梁的反力影响线(上边符号适用于左半拱,下边符号适用于右半拱)。

由 V_0 与 X_3 两条影响线叠加而成的竖向反力影响线 V 如图 1-3-19e)所示(图中虚线为左拱脚的竖向反力影响线),显而易见,拱脚竖向反力 V 影响线之总面积为 $l/2$。

③任意截面的弯矩影响线

由图 1-3-20a)可得任意截面的弯矩为:

$$M = M_0 - H_1 y \pm X_3 x + X_1 \qquad (1\text{-}3\text{-}55)$$

式中:M_0——相应简支梁弯矩影响线。

式中上边符号适用于左半拱,下边符号适用于右半拱。

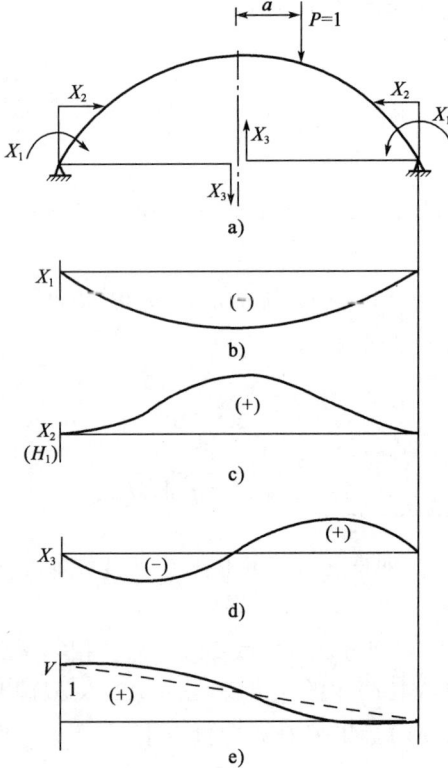

图 1-3-19 拱中赘余力的影响线

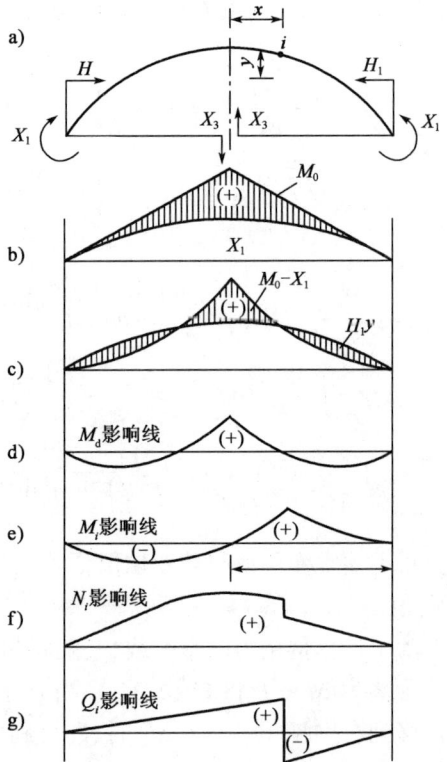

图 1-3-20 拱中内力影响线

现以拱顶弯矩 M_d 影响线为例,说明利用已知影响线相叠加求解未知影响线的方法。

在式(1-3-55)中,因拱顶截面 $x = 0$,故 $X_3 x = 0$。拱顶截面弯矩 M_d 为:

$$M_d = M_0 - H_1 y + X_1 \qquad (1\text{-}3\text{-}56)$$

首先绘制出相应简支梁跨中弯矩影响线 M_0,然后叠加上 X_1 影响线,得出 $M_0 + X_1$ 影响线[图 1-3-20b)阴影线部分]。在图 1-3-20c)中,以水平线为基线绘出 $M_0 + X_1$ 影响线,再将此图与 $H_1 y$ 影响线叠加,图中阴影部分即为拱顶弯矩影响线。再以水平线为基线,绘出 $M_0 + X_1 - H_1 y$ 影响线,即 M_d 影响线,如图 1-3-20d)所示。

同理可得拱中任意截面 i 的弯矩影响线 M_i,如图 1-3-20e)所示。

拱中各截面不考虑弹性压缩的弯矩影响线坐标可由《公路桥涵设计手册 拱桥(上)》附录Ⅲ表(Ⅲ)-13 查得。

任一截面 i 的轴向力 N_i 及剪力 Q_i 的影响线,在截面 i 处均有突变[图 1-3-20f)、g)]。故当集中荷载作用在截面 i 的左、右两边时,轴向力 N 及剪力 Q 均有较大的差异,利用影响线计算其内力有些不便。通常,先算出该截面的水平力 H_1 和拱脚的竖向反力 V,再按下式计算轴向力 N 和剪力 Q:

$$\text{轴向力}\begin{cases}\text{拱顶} & N = H_1 \\ \text{拱脚} & N = H_1\cos\varphi_j + V\sin\varphi_j \\ \text{其他截面} & N \approx \dfrac{H_1}{\cos\varphi}\end{cases} \quad (1\text{-}3\text{-}57)$$

$$\text{剪力}\begin{cases}\text{拱顶} & \text{数值很小,一般不计算} \\ \text{拱脚} & Q = H_1\sin\varphi_j - V\cos\varphi_j \\ \text{其他截面} & \text{数值较小,一般不计算}\end{cases} \quad (1\text{-}3\text{-}58)$$

拱的内力影响线坐标也可直接通过电算求得。

3)内力计算

主拱是偏心受压构件,最大正应力是弯矩 M 和轴向力 N 共同决定的,但荷载布置往往不可能使 M 和 N 同时达到最大,严格地讲,应当绘制核心弯矩影响线,求出最大和最小核心弯矩值,但计算核心弯矩影响线十分烦琐。在实际计算中,考虑到拱桥的抗弯性能远差于抗压性能这一特点,一般在弯矩影响线上按最不利情况加载,求得最大(或最小)弯矩,然后求出与这种加载情况相应的水平推力 H_1 和竖向反力 V 的数值,以便求得与最大(或最小)弯矩相应的轴向力。

值得指出的是,在下部结构计算中,常以最大水平推力控制设计。与上述相反,计算中系在水平推力影响线上按最不利情况加载,然后按 H_{min} 的布载方式计算主拱相应弯矩、轴力、剪力及反力。

在影响线上按最不利情况加载计算内力的方法可分为直接布载法和等代荷载法。直接布载法就是以单个荷载值乘以相应位置的内力影响线坐标求得,一般用于特殊车辆作用下的计算。等代荷载法则是将单个荷载产生的作用等代为一均布荷载,通过将这一均布荷载乘以相应的影响线面积求得。过去,桥梁设计采用车列荷载,为便于利用影响线,特编制了相应荷载等级的等代荷载。

现行《公路桥涵设计通用规范》(JTG D60—2015)已将用于桥梁结构整体计算的设计车辆荷载由车列荷载改为车道荷载,即均布荷载 q_k 加一个集中荷载 P_k,无须再编制专门的等代荷载,直接将荷载布置在影响线正弯矩区段或负弯矩区段,即可求得最大正弯矩或负弯矩及其相应的轴力,如图 1-3-21 所示。

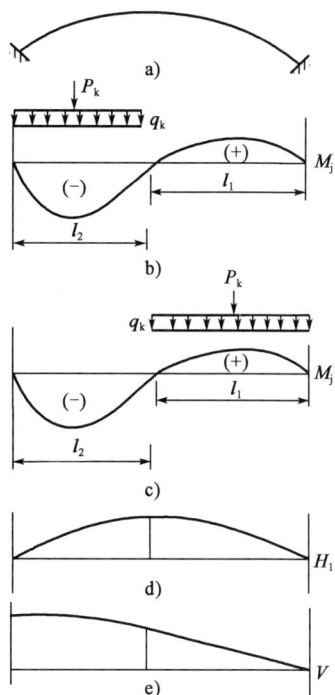

图 1-3-21 求拱脚最大正弯矩或最大负弯矩及其相应轴向力的加载方式示意图

从上述拱的内力影响线分析过程看,并没有考虑弹性压缩的影响,与计算恒载一样,可通过不计弹压的结果求出弹压影响引起的内力。

活载弹性压缩与恒载弹性压缩相似,亦在弹性中心产生赘余水平力 ΔH(拉力),参见图 1-3-10a)。由典型方程得:

$$\Delta H = \frac{\Delta l}{\delta'_{22}} = \frac{\int_s \frac{N \mathrm{d}s}{EA} \cos\varphi}{\delta'_{22}} \tag{1-3-59}$$

取脱离体如图 1-3-22 所示,拱脚作用有三个已知力:弯矩 M、竖向反力 V 和通过弹性中心的水平力 H_1。将各力投影到水平方向上得:

$$N = \frac{H_1 - Q\sin\varphi}{\cos\varphi} = \frac{H_1}{\cos\varphi}\left(1 - \frac{Q}{H_1}\sin\varphi\right)$$

在上式中,第二项的数值常比第一项小很多,可以略去 $\frac{Q}{H_1}\sin\varphi$ 一项,则:

$$N = \frac{H_1}{\cos\varphi}$$

于是:

$$\Delta l = \int_s \frac{N \mathrm{d}s}{EA}\cos\varphi = H_1 \int_0^l \frac{\mathrm{d}x}{EA\cos\varphi}$$

将上式代入式(1-3-59)得:

$$\Delta H = -\frac{H_1 \int_0^l \frac{\mathrm{d}x}{EA\cos\varphi}}{\delta'_{22}} = -\frac{H_1 \int_0^l \frac{\mathrm{d}x}{EA\cos\varphi}}{(1+\mu)\int_s \frac{y^2 \mathrm{d}s}{EI}} = H_1 \frac{-\mu_1}{1+\mu} \tag{1-3-60}$$

考虑弹性压缩后的活载推力(总推力)为(引入规定正负号后):

$$H = H_1 + \Delta H = H_1 - H_1 \frac{\mu_1}{1+\mu} = H_1 \frac{1+\mu-\mu_1}{1+\mu} \tag{1-3-61}$$

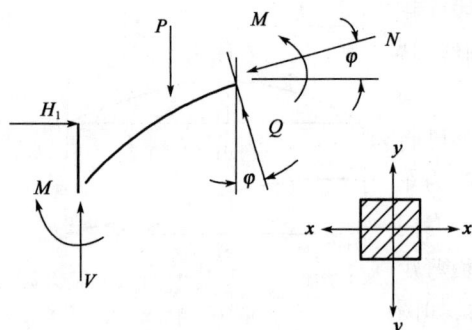

图 1-3-22 活载弹性压缩引起的内力

设 $\Delta\mu = \mu_1 - \mu$,并考虑到 $\Delta\mu$ 远比 μ_1 要小,上式进一步简化为:

$$H = \frac{H_1(1+\mu-\mu_1)}{1+\mu} = H_1 \frac{1-\Delta\mu}{1+\mu_1-\Delta\mu} \approx \frac{H_1}{1+\mu_1} \tag{1-3-62}$$

所以,活载弹性压缩引起的内力为:

$$
\left.\begin{array}{lll}
\text{弯矩} & \Delta M = -\Delta H y = \dfrac{\mu_1}{1+\mu}H_1 y \\[3mm]
\text{轴向力} & \Delta N = \Delta H \cos\varphi = -\dfrac{\mu_1}{1+\mu}H_1 \cos\varphi \\[3mm]
\text{剪力} & \Delta Q = \pm\Delta H \sin\varphi = \mp\dfrac{\mu_1}{1+\mu}H_1 \sin\varphi
\end{array}\right\}
\qquad (1\text{-}3\text{-}63)
$$

将不考虑弹性压缩的活载内力与活载弹性压缩产生的内力叠加起来,即得活载作用下的总内力。不考虑弹性压缩的活载内力可以很方便地利用影响线计算,活载弹性压缩产生的内力可根据 μ 与 μ_1,由式(1-3-63)直接求出。

在影响线分析时也可将弹性压缩的影响一并考虑,只是在计算内力影响线时须考虑 μ 与 μ_1 的影响,绘制内力影响线表的工作量大大增加。采用电算求出结构内力影响线并用直接布载法求出的内力,因考虑了弹压影响,故此内力即为最终活载内力。

下面以拱顶、拱脚截面为例加以说明。

对于拱顶截面正弯矩,将荷载布置在影响线正弯矩区段。对于均布荷载 q_k,从《公路桥涵设计手册 拱桥(上)》附录Ⅲ表(Ⅲ)-14 查得拱脚截面考虑弹性压缩的弯矩影响线面积 ω_M 及与其相应的轴向力的影响线面积 ω_N。对于集中荷载 p_k,由于暂无考虑弹性压缩的影响线面积用表,所以,从《公路桥涵设计手册 拱桥(上)》附录Ⅲ表(Ⅲ)-13 和附录Ⅲ表(Ⅲ)-12 分别查得最大正负弯矩(绝对值)影响线坐标 η_M、相应的水平推力影响线坐标 η_H,弹性压缩影响另计。

均布荷载作用下考虑弹性压缩弯矩:$M_{min} = q_k \omega_M$,相应轴力:$N = q_k \omega_N$。

集中荷载作用下不计弹性压缩的弯矩:$M_{min}^1 = p_k \eta_M$,相应水平推力:$H_1 = p_k \eta_H$。

集中荷载作用下弹性压缩附加水平推力:$\Delta H = \dfrac{-\mu_1}{1+\mu}H_1$,附加弯矩:$\Delta M = (y_1 + y_s)\Delta H$。

考虑弹性压缩后水平推力:$H = H_1 + \Delta H$。

考虑弹性压缩后弯矩:$M_{min} = M_{min}^1 + \Delta M$。

对于拱脚截面正弯矩,将荷载布置在影响线正弯矩区段[图 1-3-21c]。对于均布荷载 q_k,从《公路桥涵设计手册 拱桥(上)》附录Ⅲ表(Ⅲ)-14 查得拱脚截面考虑弹性压缩的弯矩影响线面积 ω_M 及与其相应的轴向力的影响线面积 ω_N。对于集中荷载 p_k,由于暂无考虑弹性压缩的影响线面积用表,所以,从《公路桥涵设计手册 拱桥(上)》附录Ⅲ表(Ⅲ)-13 和附录Ⅲ表(Ⅲ)-12 和附录Ⅲ表(Ⅲ)-7 分别查得最大正负弯矩(绝对值)影响线坐标 η_M、相应的水平推力影响线坐标 η_H 和左拱脚反力影响线坐标 η_V,弹性压缩影响另计。

均布荷载作用下考虑弹性压缩弯矩:$M_{min} = q_k \omega_M$,相应轴力:$N = q_k \omega_N$。

集中荷载作用下不计弹性压缩的弯矩:$M_{min}^1 = p_k \eta_M$,相应水平推力:$H_1 = p_k \eta_H$。

集中荷载作用下弹性压缩附加水平推力:$\Delta H = \dfrac{-\mu_1}{1+\mu}H_1$,附加弯矩:$\Delta M = (y_1 + y_s)\Delta H$。

考虑弹性压缩后水平推力:$H = H_1 + \Delta H$。

考虑弹性压缩后弯矩:$M_{min} = M_{min}^1 + \Delta M$。

与 $M_{\min}$ 相应的左拱脚反力: $V_1 = 1.2 p_k \eta_V$,《公路桥涵设计通用规范》(JTG D60—2015)规定:集中荷载计算剪力时乘以 1.2。

拱脚轴向力: $N = H\cos\varphi_s + V_1\sin\varphi_s$。

拱顶截面负弯矩、拱脚截面负弯矩以及其他截面内力计算与上述相似,仅所采用的影响线及布载不同。

上述内力计算均是在不计主拱圈与拱上建筑联合作用的前提下进行的。对于拱式建筑,可考虑主拱圈与拱上建筑联合作用。根据现行规范建议,可直接将汽车荷载产生的正弯矩进行折减:拱顶、1/4 跨及其之间的截面折减 0.7,拱脚折减 0.9,1/4 跨至拱脚间截面直线内插。

(二)利用有限元法计算主拱内力

1. 有限元法在拱桥计算上的应用

有限元法是为适应使用计算机而发展起来的一种有效的数值方法。如今,工程师们已广泛采用有限元法进行拱桥结构分析与计算,究其原因:一是计算机使用已经普及,采用计算机程序进行结构分析可大大减轻劳动强度,缩短计算时间,提高工作效率;二是桥梁结构属于空间结构,且结构越来越复杂,超静定次数也越来越高,如采用解析法计算,就必须进行结构简化,而这些简化与实际结构之间往往存在一定差别,在有的情况下,这些差别还会给结构分析结果产生不可允许的误差,只有采用有限元法才能得到较为精确的结果,特别是一些必须进行的局部、空间分析只有采用有限元法才能实施;三是随着建桥材料性能的提高,拱桥跨径越来越大,对大跨拱桥也采用中小跨径拱桥分析计算所用的弹性结构线性分析法,已不能反映结构的真实受力情况,而必须考虑非线性的影响(包括材料非线性、几何非线性),要进行结构非线性分析,解析法是难以完成的,必须采用有限元法借助于计算机来完成;四是大跨径拱桥除必须满足强度、刚度要求外,结构的稳定性、动力性能往往成为控制因素,大跨径拱桥的稳定与动力分析也必须依靠电算;五是拱桥施工方法多种多样,在许多情况下,结构分析计算(包括静、动力及稳定性等)必须考虑结构形成过程(如劲性骨架施工的箱形拱桥主拱圈就是逐渐形成过程)、施工加载程序、时间因素(如混凝土徐变)、温度变化、荷载变异等的影响,这些分析计算复杂、量大,且需在施工过程中适时进行,这对手算来说是无法实现的;六是大跨拱桥施工必须进行专门的控制,为满足施工需要,也只有采用计算机才能实现。

拱桥结构分析计算一般使用商业化的桥梁分析专用软件,也可根据需要编制专门的结构有限元分析程序,例如桥博、MIDAS/Civil,也可使用如 SAP、ANSYS、ADINA、NASTRAN 等通用结构分析软件(特别是在需要局部分析时)。

2. 数据准备

数据是将拱桥结构与计算机联系起来的纽带,计算机只有通过数据才能"认识"结构。采用有限元程序分析拱桥需要大量的数据,如节点坐标、单元信息、荷载信息、边界条件信息等。

数据准备大致分四步进行:

(1)把实际结构理想化为有限单元的集合(模型化)。拱桥结构形式多种多样,无论哪种结构形式,在分析计算时必须用某种单元的集合模型来替代原型结构。显然,计算模型建立的优劣将直接影响分析结果反映实际情况的好坏。如果计算模型建立不好,甚至有误,无论后续分析多么精确都是毫无意义的,有时还可能得出错误结论,使结构安全受到威胁。所以,必须对实际结构的受力情况有一个正确认识,并做出正确的定性结构分析(必要时还需进行试验研究),用能反映实际情况的模型来模拟原型结构。只有计算模型建立正确,才能做出正确的分析计算。

有限元分析中有多种单元形式,如杆单元(分直杆、曲杆、等截面与变截面杆等)、梁单元、板单元、实体单元、空间复合梁单元等。在进行拱桥整体分析时,通常可将其看成是由多个杆单元或梁单元组成的杆系结构,如果只考虑节点在结构平面内的位移(转角 θ、水平位移 u、垂直位移 v),就可按平面结构进行分析计算(化空间结构为平面结构)。如果考虑空间作用,则每个节点都有六个自由度,这就需按空间结构进行分析。

对普通型上承式拱桥,当进行裸拱分析时,其计算模型如图 1-3-23 所示,可分别作为平面和空间结构看待,其单元可以是直杆,也可以是曲杆,可以是等截面,也可以是变截面。当考虑拱式拱上结构与主拱的联合

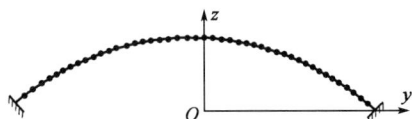

图 1-3-23 裸拱计算模型

作用进行整体分析时,计算图式如图 1-3-24a)所示。由于腹拱圈与腹孔墩不交于一点,所以需在该处增加刚臂(域)。至于梁式拱上结构,一般不计拱上结构与主拱的联合作用,计算模型中将拱上结构计入时,对简支腹孔需将这部分单元约束作用略去,如图 1-3-24b)所示。当进行肋拱桥的空间分析时,其计算模型如图 1-3-25 所示。

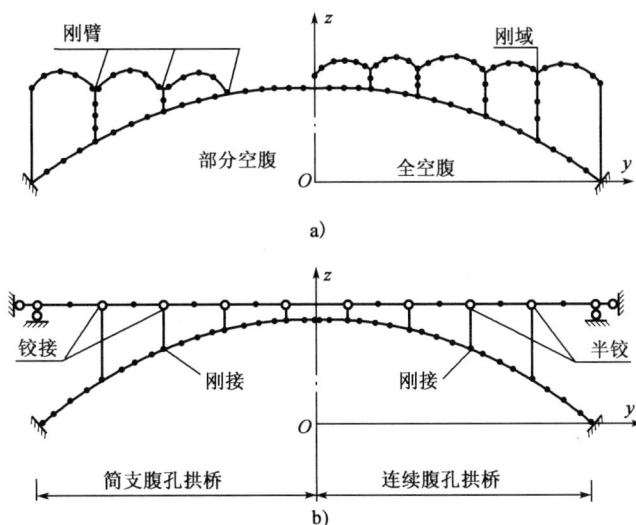

a)

b)

图 1-3-24 普通上承式拱桥计算模型

在分析实体板拱及箱拱时,可根据实际情况将其视为板壳结构,采用板单元进行分析计算,如图 1-3-26 所示。对厚度较大的实体板拱,还可采用实体单元作更为精确的分析,如图 1-3-27 所示。

图 1-3-25 肋拱空间分析模型

图 1-3-26 板单元模型

空间复合梁单元是指单元的组成部分是变化的,单元的形心、扭心不固定且不重合。它是描述主拱圈逐步形成的结构分析所必需的,如劲性骨架施工拱桥分析等。

(2)准备结构数据(离散化)。通过上面模型化处理,将拱桥离散成带有有限个自由度的结构。结构数据主要包括节点数、单元数、约束数、节点坐标、单元编号、材料特性、单元几何特性、边界条件、荷载(工况)等。有了上述数据,就能从几何、物理、力学、边界(约束)等方面对结构进行正确描述。单元的划分可大可小,主要应根据计算精度要求、计算机容量等确定。通常在应力与位移变化比较剧烈的区域、杆件截面发生突变、原结构的杆件自然交接点以及边界比较曲折的部位,单元的划分应当加密或将其离散成节点。

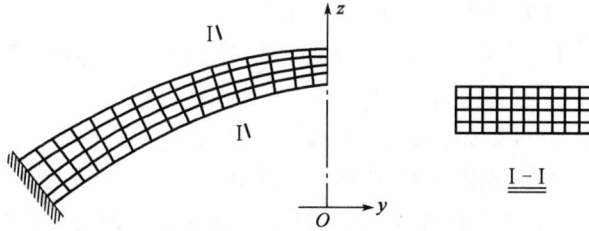

图1-3-27　实体单元模型

(3)按所用计算软件的输入要求形成数据文件。

(4)检查和校正数据。上面已提到,建立一个正确的计算模型是保证分析结果符合实际的关键。而建立一个正确的数据文件则是保证计算模型正确的关键。所以,对用于结构分析计算的数据,必须严格检查与校正。

3.运行程序

在数据文件准备无误后,就可执行程序进行结构分析计算。

4.计算结果分析

计算结果的输出对不同的软件有不同的形式。我们首先要根据分析计算的目的整理出计算结果,包括数据、图形等,然后对结果进行分析,提出最终成果,从而完成分析计算工作。

三、主拱附加内力计算

在超静定拱中,温度变化、混凝土收缩和拱脚变位都会产生附加内力。我国许多地区温度变化幅度大,温度变化产生的附加内力不容忽视。尤其是就地浇筑的混凝土在结硬过程中由于收缩变形可使拱桥开裂。在软土地基上建造圬工拱桥时,墩台变位的影响比较突出,水平位移的影响更为严重。

1.温度变化产生的附加内力计算

根据拱圈材料的物理性能,当大气温度高于拱圈合龙温度(拱圈施工合龙时的温度)时,称为温度上升,将引起拱体膨胀;反之,当大气温度低于合龙温度低时,称为温度下降,将引起拱体收缩。不论是拱体膨胀(表现为拱轴伸长)还是拱体收缩(表现为拱轴缩短),都会在无铰拱中产生内力。

在图1-3-28中,设温度变化引起拱轴在水平方向的变位为 Δl_t,与弹性压缩同样道理,必然在弹性中心产生一对水平力 H_t(图1-3-29)。由典型方程得:

$$H_t = \frac{\Delta l_t}{\delta_{22}^1} = \frac{\Delta l_t}{(1 + \mu)\int_s \frac{y^2 ds}{-EI}}$$

$$\Delta l_t = \alpha l \Delta t$$

式中：Δt——温度变化值，即最高（或最低）温度与合龙温度之差，温度上升时，Δt 和 H_t 均为正，温度下降时，Δt 及 H_t 均为负；

α——材料的线膨胀系数，混凝土或钢筋混凝土结构，$\alpha = 0.000\,010$，混凝土预制块砌体，$\alpha = 0.000\,009$，石砌体，$\alpha = 0.000\,008$。

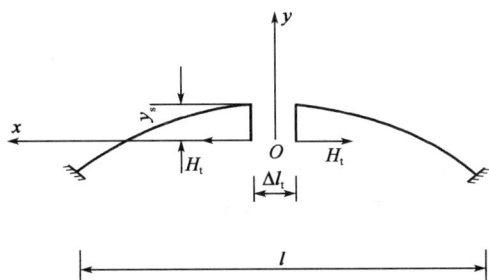

图 1-3-28　温度变化引起赘余力计算图式

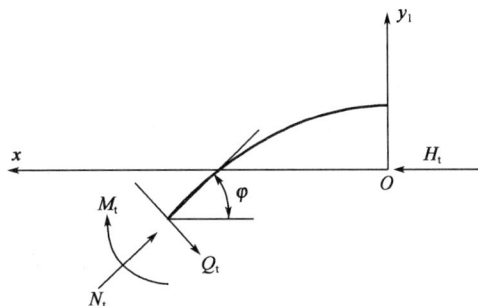

图 1-3-29　温度变化引起拱中的内力

由温度变化引起拱中任意截面的附加内力为（图 1-3-28）：

$$\left.\begin{array}{ll} \text{弯矩} & M_1 = -H_t y = -H_t(y_s - y_1) \\ \text{轴力} & N_t = H_t \cos\varphi \\ \text{剪力} & Q_t = \pm H_t \sin\varphi \end{array}\right\} \tag{1-3-64}$$

对于箱形拱桥，温度影响计算中还应计入箱室内外温差效应的影响。当无可靠资料时，箱室内外温差可按不低于 5℃计算。计算方法与箱梁桥相似。

2.混凝土收缩引起的内力

混凝土在结硬过程中的收缩变形，其作用与温度下降相似。通常将混凝土收缩影响折算为温度的额外降低。主拱形成方式与成桥后的混凝土收缩程度密切相关，在无实测资料时，可按下列建议进行取值：

（1）整体浇筑混凝土：一般地区相当于降低温度 20℃，干燥地区相当于降低温度 30℃；整体浇筑的钢筋混凝土：相当于降低温度 15～20℃。

（2）分段浇筑的混凝土或钢筋混凝土：相当于降低温度 10～15℃。

（3）装配式钢筋混凝土：相当于降低温度 5～10℃。

计算拱圈的温度变化和混凝土收缩影响时，可根据实际资料考虑混凝土徐变的影响，如缺乏实际资料，计算内力时可通过乘以下列系数来考虑徐变对混凝土收缩效应和温度变化效应的影响。

温度变化影响力：0.7；

混凝土收缩影响力：0.45。

3.拱脚变位引起的内力计算

在软土地基上修建的拱桥以及桥墩较柔的多孔拱桥，拱脚变位是难以避免的。拱脚的变位包括拱脚水平位移、垂直位移（沉降）和转动（角变），每一种变位都会在拱中产生内力。用力法求解内力如下(忽略轴向力的影响)。

(1)拱脚相对水平位移引起的内力

在图 1-3-30 中,两拱脚发生的相对水平位移为:

$$\Delta_H = \Delta_{HB} - \Delta_{HA}$$

式中:Δ_{HA}、Δ_{HB}——左、右拱脚的水平位移,自原位置右移为正、左移为负。

由于两拱脚发生相对水平位移 Δ_H,在弹性中心将产生赘余力:

$$X_2 = -\frac{\Delta_H}{\delta_{22}} = -\frac{\Delta_H}{\int_s \frac{y^2 \mathrm{d}s}{EI}} \tag{1-3-65}$$

如两拱脚相对靠拢(Δ_H 为负),X_2 为正,反之为负。

(2)拱脚相对垂直位移引起的内力

在图 1-3-31 中,拱脚相对垂直位移为:

$$\Delta_V = \Delta_{VB} - \Delta_{VA}$$

式中:Δ_{VA}、Δ_{VB}——左、右拱脚的垂直位移,均以自原位置下移为正,上移为负。

由两拱脚相对垂直位移引起弹性中心的赘余力为:

$$X_3 = -\frac{\Delta_V}{\delta_{33}} = -\frac{\Delta_V}{\int_s \frac{x^2 \mathrm{d}s}{EI}} \tag{1-3-66}$$

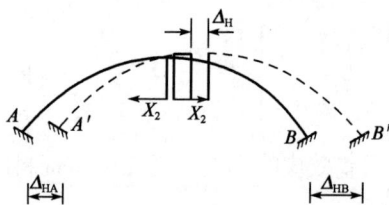

图 1-3-30 拱脚水平位移引起内力计算图式

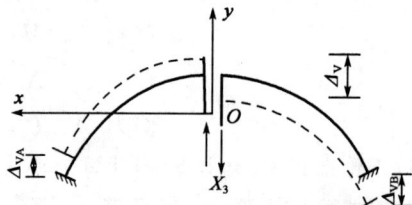

图 1-3-31 拱脚相对垂直位移引起的内力

等截面悬链线拱的 $\int_s \frac{x^2 \mathrm{d}x}{EI}$ 可由《公路桥涵设计手册 拱桥(上)》附录Ⅲ表(Ⅲ)-6 查得。

(3)拱脚相对角变位引起的内力

在图 1-3-32 中,拱脚 B 发生转角 θ_B(θ_B 顺时针为正)之后,在弹性中心除产生相同的转角 θ_B 之外,还会引起相对水平位移 Δ_H 和垂直位移 Δ_V。因此,在弹性中心会产生三个赘余力 X_1、X_2、X_3,其典型方程为:

$$\left. \begin{aligned} X_1 \delta_{11} + \theta_B &= 0 \\ X_2 \delta_{22} + \Delta_H &= 0 \\ X_3 \delta_{33} - \Delta_V &= 0 \end{aligned} \right\} \tag{1-3-67}$$

上式中 θ_B 为已知,Δ_H、Δ_V 不难根据图 1-3-32b)的几何关系求出。

由
$$\Delta = \frac{\theta_B l}{2\cos\alpha'}$$

$$\tan\alpha' = \frac{f - y_s}{\frac{l}{2}}$$

可得

$$\Delta_H = \Delta\sin\alpha' = \theta_B(f - y_s)$$

$$\Delta_V = \Delta\cos\alpha' = \theta_B\frac{l}{2}$$

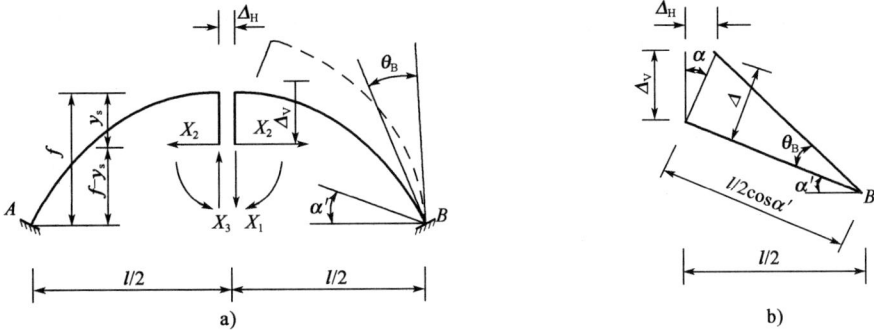

图 1-3-32 拱脚相对角变位引起的赘余力

将 Δ_H 及 Δ_V 代入式(1-3-67)得:

$$\left.\begin{array}{l} X_1 = -\dfrac{\theta_B}{\delta_{11}} \\[4mm] X_2 = -\dfrac{\theta_B(f - y_s)}{\displaystyle\int_s \dfrac{y^2\mathrm{d}s}{EI}} \\[6mm] X_3 = -\dfrac{\theta_B l}{2\displaystyle\int_s \dfrac{x^2\mathrm{d}s}{EI}} \end{array}\right\} \tag{1-3-68}$$

式中: $\delta_{11} = \displaystyle\int_s \frac{\overline{M_1}^2\mathrm{d}s}{EI} = \int_s \frac{\mathrm{d}s}{EI} = \frac{l}{EI}\int_0^1 \frac{\mathrm{d}\xi}{\cos\varphi} = \frac{l}{EI}\cdot\frac{1}{\gamma_1}$, $\dfrac{1}{\gamma_1}$ 可自《公路桥涵设计手册 拱桥(上)》

附录Ⅲ表(Ⅲ)-8 查得。

拱脚相对角变位引起拱圈各截面的内力为(图 1-3-33):

$$\left.\begin{array}{l} M = X_1 - X_2 y \pm X_3 x \\[1mm] N = \mp X_3\sin\varphi + X_2\cos\varphi \\[1mm] Q = X_3\cos\varphi \pm X_2\sin\varphi \end{array}\right\} \tag{1-3-69}$$

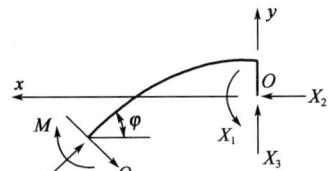

图 1-3-33 拱脚相对角变位引起的拱圈各截面内力

以上公式是假设左半拱顺时针转动 θ_B 推导出来的,若反时针转动 θ_B ,则式(1-3-68)中的 θ_B 均应以负值代入。如左拱脚顺时针转动 θ_A ,则式(1-3-68)应改为:

$$\left.\begin{array}{l} X_1 = \dfrac{\theta_A}{\delta_{11}} \\[4mm] X_2 = \dfrac{\theta_A(f - y_s)}{\displaystyle\int_s \dfrac{y^2\mathrm{d}s}{EI}} \\[6mm] X_3 = \dfrac{\theta_A l}{2\displaystyle\int_s \dfrac{x^2\mathrm{d}s}{EI}} \end{array}\right\} \tag{1-3-70}$$

由于混凝土徐变效应的影响,计算无铰拱桥由墩台不均匀沉降或桥台水平位移引起的作用效应时,可以乘以0.5的折减系数。

(4)水的浮力引起的内力计算

当拱圈有一部分被水淹没时,在设计中应考虑浮力对拱圈的作用(图1-3-34)。若水位变化较小,则浮力对拱圈的作用作为"永久荷载"来考虑;若水位变化幅度较大,即拱圈仅在一段时间内被水淹没,那么,浮力对拱圈的作用可作为"其他可变荷载"来考虑。

不计弹压时,浮力产生的弯矩和轴力分别为:

$$M = k_M A \gamma_4 \frac{l^2}{1\,000}$$

$$N = k_N A \gamma_4 \frac{l}{1\,000}$$

式中:k_M、k_N——弯矩及轴力系数,可自《公路桥涵设计手册 拱桥(上)》附录Ⅲ表(Ⅲ)-17中查用;

　　　A ——拱圈外轮廓面积;

　　　γ_4 ——水的重度;

　　　l ——拱圈计算跨径。

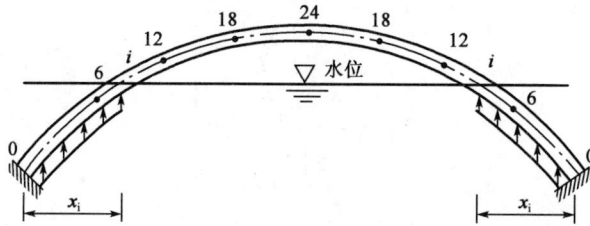

图1-3-34 浮力作用

对变截面悬链线拱和圆弧拱,请参考《公路桥涵设计手册 拱桥(上)》《公路桥涵设计手册 拱桥(下)》及有关资料进行计算。

四、主拱在横向水平力及偏心荷载作用下的计算

除上述作用外,主拱还会受到横向风力、离心力、横向地震力、漂浮物及流水、流冰压力等横向水平力的作用,使拱产生平面外的弯曲和扭转。偏心的垂直荷载也会引起拱的空间扭曲。在较大跨径的拱桥中,上述因素对内力的影响可能很大,因此必须加以计算。

1. 横向水平力引起的内力

当桥梁结构及横向水平力对称于跨径中央时,拱顶截面纵向位置相对不变。将拱顶切开,取两个曲线形的悬臂半拱作为基本结构,由于对称关系,拱顶截面不产生水平剪力、竖直剪力和扭矩。垂直面内的赘余弯矩 X_b 和赘余推力 X_c 也等于零(图1-3-35)。水平面内的赘余弯矩 X_a 为:

$$X_a = -\frac{\Delta_{ap}}{\delta_{aa}} \tag{1-3-71}$$

式中:Δ_{ap}——在基本结构中由于外荷载引起的沿 X_a 方向的变位;

　　　δ_{aa}——在基本结构中由 $X_a = 1$ 作用引起的沿 X_a 方向的变位。

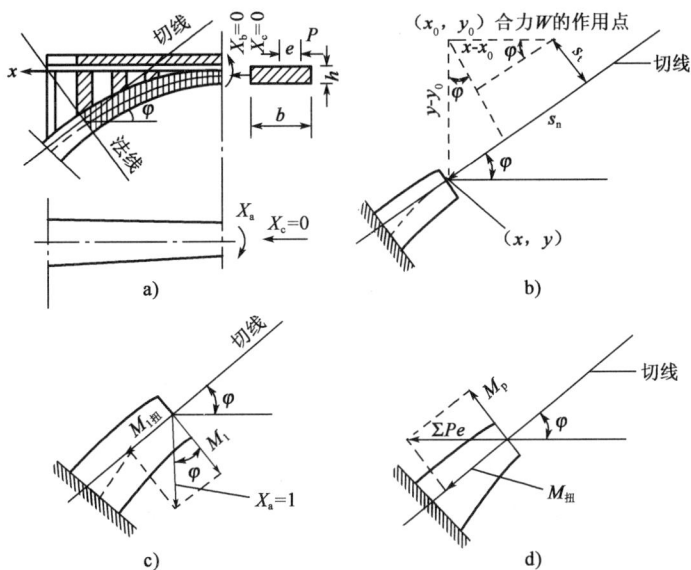

图 1-3-35　在横向水平力作用下的内力计算

$$\Delta_{ap} = -\int_s \frac{M_p M_1}{EI}ds + \int_s M_{扭}\,\theta_1\,ds$$

$$\delta_{aa} = -\int_s \frac{M_1^2}{EI}ds + \int_s M_{1扭}\theta_1\,ds$$

式中：I——平面外拱截面惯性矩；

M_p、$M_{扭}$——基本结构中由于横向外力所引起的弯矩和扭矩；

M_1、$M_{1扭}$——基本结构中由于 $X_a = 1$ 所引起的弯矩和扭矩；

θ_1——拱的两个距离为 1 的截面之间由于单位扭矩引起的扭角，对于实体板拱，

$$\theta_1 = \frac{M_{1扭}}{GI_k}, I_k \approx \frac{b^3 h^3}{3.6(b^2 + h^2)}$$

I_k——扭转惯矩；

G——剪切弹性模量。

由图 1-3-35b）、c）得知：

$$M_p = Ws_n, M_{扭} = Ws_t$$

$$M_1 = 1 \times \cos\varphi, M_{1扭} = 1 \times \sin\varphi$$

式中：W——作用在计算截面和拱顶之间桥跨上的横向分力的合力；

s_n、s_t——由计算截面处的拱轴法线和切线至合力作用点的距离。

将求得的各量代入式（1-3-71）得：

$$X_a = \frac{\displaystyle\int_s \frac{Ws_n}{EI}\cos\varphi ds + \int_s Ws_t\theta_1 ds}{\displaystyle\int_s \frac{\cos^2\varphi}{EI}ds + \int_s \sin\varphi\theta_1 ds}$$

具体计算时，常将桥梁分为拱圈部分、拱上立柱和行车道部分，并用分项总和法代替积分法。

设 x 和 y 为截面的坐标，W 为横向外力的合力，x_0 和 y_0 为合力 W 作用点的坐标，则由图 1-3-35b）得：

$$s_n = (x - x_0)\cos\varphi + (y - y_0)\sin\varphi$$
$$s_t = (y - y_0)\cos\varphi - (x - x_0)\sin\varphi$$

拱任意截面的内力为:

弯矩 $\qquad M_x = X_a\cos\varphi - Ws_n$

扭矩 $\qquad M_{x扭} = X_a\sin\varphi + Ws_t$ $\qquad\qquad$ (1-3-72)

横向剪力 $\qquad Q_x = \sum_0^x P_w$

式中:P_w——每延米桥长的横向力。

拱在横向力作用下的内力亦可近似计算,并只需对拱脚截面进行验算。这时,先把无铰拱看作是两端固定的水平梁[图1-3-36b)],跨径等于拱的跨径,荷载均匀分布在梁的全长上,求出其支点弯矩 M_1。然后再把拱看作是下端固定的垂直悬臂梁[图1-3-36c)],悬臂长度等于拱的矢高,所受荷载为半跨拱上的横向力,且均匀分布于梁上,作用于行车道上的风力和离心力等则作为集中力加在悬臂端,求出固端弯矩 M_2。拱脚截面上的计算弯矩则为该两弯矩在拱脚处拱轴切线上的投影之和[图1-3-36d)],即:

$$M = M_1\cos\varphi_j + M_2\sin\varphi_j$$

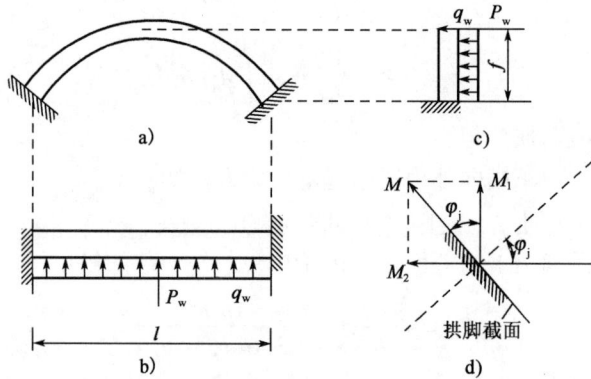

图1-3-36 在横向力作用下拱脚截面内力计算

例如,当拱圈宽度小于跨径的1/20时,应验算风力的作用,对于弯桥也应验算离心力的作用。计算风力或离心力等横向力引起的内力时,拱脚截面内力可近似按以下假定计算。

(1)把拱圈视作两端固定的水平梁,其跨径等于拱的计算跨径,全梁平均承受风力或离心力。

拱脚弯矩计算公式如下:

$$M_1 = \frac{P_1 l^2}{12} \qquad\qquad (1-3-73)$$

式中:P_1——单位长度上的风力,$P_1 = P/l$,或单位长度上的离心力,$P_1 = P'$,其中 P 为整孔拱上构造(包括栏杆、侧墙、拱圈等)迎风面上的总风力,风力取值按照《公路桥梁抗风设计规范》(JTG/T D60-1—2004)规定进行;

l——拱的计算跨径。

(2)把拱圈视作下端固定的竖向悬臂梁,其跨径等于拱的计算矢高 f,悬臂梁平均承受1/2

拱跨的风力,在梁的自由端承受集中的1/2拱跨的离心力。

在风力作用下,拱脚弯矩计算公式如下:

$$M_2 = \frac{1}{2}P_2 f^2 \tag{1-3-74}$$

在离心力作用下,拱脚弯矩计算公式如下:

$$M_2 = P_2' f \tag{1-3-75}$$

式中:P_2——单位长度上的风力,$P_2 = P/2f$,P 为整孔拱上构造迎风面积的总压力,根据 JTG/T D60-1—2004 取值;

$\quad\quad P_2'$——集中的离心力,$P_2' = P'/2$,P' 为作用在桥面上的总离心力。

(3)计算上述两项弯矩在拱平面外且垂直于拱脚截面的投影之和(图1-3-37),即:

$$M_j = M_1\cos\varphi_j + M_2\sin\varphi_j \tag{1-3-76}$$

式中:φ_j——拱轴线在拱脚的水平倾角。

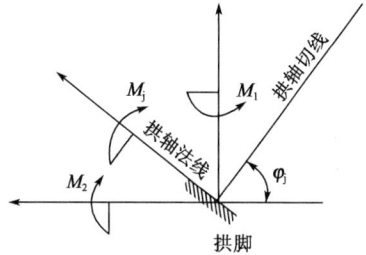

图 1-3-37　拱平面外拱脚弯矩计算图式

2. 偏心荷载引起的内力

普通型上承式拱桥在偏心荷载 P 作用下,可简化为一个中心荷载 P 和一个扭矩 Pe 的作用[图1-3-35a)]。其中扭矩 Pe 将使拱圈挠出其平面。如果荷载对称于拱顶的横轴,则基本结构中只有拱顶的一个赘余弯矩 X_a。求 X_a 时,外力在计算截面上引起的横向弯矩将为 $\sum Pe$ 的矢量在计算截面的法线上的投影[图1-3-35d)],即

$$M_p = \sum Pe\sin\varphi$$

而计算截面上的扭矩将为该矢量在切线上的投影,即

$$M_{扭} = \sum Pe\cos\varphi$$

则:

$$X_a = -\frac{\Delta_{2p}}{\delta_{aa}} = -\frac{\int_s \dfrac{\sin\varphi \sum Pe}{EI}\cos\varphi\,\mathrm{d}s + \int_s \cos\varphi \sum Pe\theta_j\,\mathrm{d}s}{\int_s \dfrac{\cos^2\varphi}{EI}\,\mathrm{d}s + \int_s \sin\varphi\theta_1\,\mathrm{d}s}$$

求得 X_a 后,即可按照式(1-3-72)计算任意截面的内力 M_x 和 $M_{x扭}$,此时 $Q_x = 0$。

3. 斜弯曲时拱圈中的应力计算

(1)斜弯曲和压缩所引起的法向应力为:

$$\sigma = \pm\sigma_x \pm \sigma_y + \sigma_N = \pm\frac{M_竖}{W_x} \pm \frac{M_横}{W_y} + \frac{N}{A} \tag{1-3-77}$$

式中:$M_竖$——竖平面内的弯矩(竖向弯矩);

$\quad\quad M_横$——水平面内的弯矩(横向弯矩);

$\quad\quad N$——拱圈内的轴向力。

（2）剪力和扭矩共同作用时的剪应力为：

$$\tau = \tau_{扭} + \tau_{剪} \tag{1-3-78}$$

式中：$\tau_{扭}$——扭矩引起的最大剪应力，$\tau_{扭} \approx M_{扭}/W_{扭}$；

$\tau_{剪}$——横向剪力所引起的剪应力。

如 τ 超过容许值，则须设置交叉箍筋网。

剪应力 τ 与竖向荷载所引起的法向应力 $\sigma_{max} = \sigma_x + \sigma_N$ 或 $\sigma_{min} = -\sigma_x + \sigma_N$ 组合成主应力，即：

$$\left.\begin{aligned}
\sigma_{主压} &= \frac{\sigma_{max}}{2} - \sqrt{\frac{\sigma_{max}^2}{4} + \tau^2} \\
\sigma_{主拉} &= \frac{\sigma_{min}}{2} - \sqrt{\frac{\sigma_{min}^2}{4} + \tau^2}
\end{aligned}\right\} \tag{1-3-79}$$

4. 肋拱在横向水平力作用下的计算

用横系梁联结的肋拱在横向水平力作用下的精确计算是一个解高次超静定空间结构的问题，计算甚繁，一般利用空间杆系计算程序进行计算。

对于较坦的拱，可将拱肋和横系梁投影在水平面上而按同跨径的平面刚架来做近似计算〔图1-3-38a)〕。假定横向荷载作用在节点上，结构图式和荷载布置都是对称的，所有构件的反弯点都在该构件的中点。

拱肋构件中点处的轴向力 N_k 和剪力 T_k 可按下式求得：

$$\left.\begin{aligned}
N_k &= \frac{M_k}{h} \\
T_k &= \frac{Q_k}{2}
\end{aligned}\right\} \tag{1-3-80}$$

式中：M_k——$k-k$ 截面的梁式弯矩（把平面刚架当作实体梁所求得的弯矩）；

Q_k——$k-k$ 截面的梁式剪力。

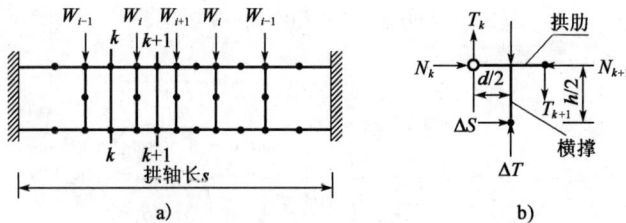

图 1-3-38　在横向力作用下拱肋内力近似计算

在节点处的拱肋还受到弯矩的作用，其值为：

$$M_i = T_k \frac{d}{2}$$

系梁中的内力为〔图1-3-38b)〕：

轴向力　　　　$\Delta T = W_i - T_k + T_{k+1} = W_i - \frac{1}{2}(Q_k - Q_{k+1}) = \frac{W_i}{2}$

剪力　　　　　$\Delta S = N_{k+1} - N_k$

节点处的弯矩　$\Delta M = \Delta S \frac{h}{2}$

$$\left.\begin{aligned}
\end{aligned}\right\} \tag{1-3-81}$$

五、拱上建筑的计算

普通型上承式拱桥计算一般分解为主拱计算与拱上建筑计算,并假定全部外荷载由主拱承受,而把拱上建筑当作将使用荷载传递给拱的局部受力构件,不与主拱共同工作。这种假定的目的是简化结构物的计算图式。但在实际上,主拱与拱上建筑会程度不同地联合在一起受力。主拱的弹性变形影响到拱上建筑的内力,而拱上建筑又约束着主拱的变位。拱的实际内力显然不同于拱的一般计算结果。

理论分析与试验表明,计入拱上建筑联合作用影响后,主拱所受弯矩会降低,其降低值随桥道梁与主拱抗弯刚度的比值增大而增大,随拱上建筑与主拱连接情况不同而不同。

拱与拱上建筑的联合作用显著影响拱上建筑的内力。拱上建筑刚度越大,影响就越大。考虑与拱共同工作计算所得内力与分开计算的结果迥然不同,弯矩可能变号。如构造处理不妥而又分别计算配筋,则拱上建筑可能严重开裂甚至破坏。

基于上述分析,主拱计算中不考虑拱上建筑的联合作用是偏于安全的,而拱上建筑计算中不考虑联合作用的影响则是偏于不安全的。

联合作用的计算必须与拱桥的施工程序相适应。对于支架施工拱桥,若在主拱合龙后拆架,然后再建拱上建筑,则拱与拱上建筑的自重及混凝土收缩影响的大部分仍由拱单独承受,只有后加的那部分恒载和活载及温度变化影响才由拱与拱上建筑共同承担。如果拱架是在拱上建筑建成后才拆除,那么大部分恒载和活载以及其他影响力可考虑由拱与拱上建筑共同承受。对于无支架施工的拱桥,情况更复杂些。

拱与拱上建筑联合作用的计算属解高次超静定结构的问题,一般针对拱及拱上建筑整体模型进行有限元分析。为了得出拱上建筑相关最不利内力值,可以应用有限元软件计算出拱与拱上建筑各截面的弯矩、轴力和剪力影响线,然后通过在影响线上加载求得相应最不利内力。

必要时也可对拱与拱上建筑联合作用进行近似计算。

1. 拱上建筑与拱分开各自单独计算

当拱上建筑刚度较小,腹孔部分用横断缝与拱隔开,且腹孔墩顶部和底部均设铰,或腹孔墩较柔,则可近似地认为主拱为主要承重结构,拱上建筑只承受局部荷载,拱与拱上建筑可分解为两部分各自单独计算。

对于拱式拱上建筑[图 1-3-39b)],可视为刚性支承在主拱上的多跨连续拱,按 2~3 跨连拱计算。

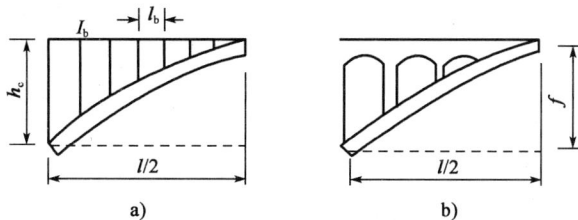

图 1-3-39 拱上建筑计算图式

对于连续梁板式拱上建筑[图 1-3-39a)],拱上建筑纵向是一个支承在拱上的多跨刚架。近似计算中可忽略拱变形的影响,行车道梁可视为在刚性支承上的多跨连续梁,并进一步简化为三跨连续梁计算。所有的中间节间均按三跨连续梁的中跨弯矩配筋。至于横向墙式刚架，由于它们和行车道梁之间多少有些刚性联系，为稳妥起见，在墙或刚架支柱顶部截面计算中，除了考虑由桥面荷载所产生的轴向压力外，还应考虑桥面传来的弯矩 M_c，并近似地认为：

$$M_c = \left(0.2 - \frac{k-1}{30}\right)M_0 \qquad (1\text{-}3\text{-}82)$$

$$k = I_b \frac{h_c}{I_c l_b}$$

式中：I_b、l_b——行车道梁(板)的惯性矩和跨径；

　　　　I_c、h_c——横向墙(支柱)的惯性矩和高度；

　　　　M_0——按三跨连续梁计算所得的行车道梁支点截面处的最大负弯矩。

当 $k \leq 1$ 时，取 $M_c = 0.2M_0$，当 $k \geq 4$ 时，取 $M_c = 0.1M_0$。

对于拱脚附近的边缘横向墙或支柱，其顶部弯矩可近似地取为：

$$M = \frac{3}{4}\frac{M_0'}{1+k}$$

式中：M_0'——跨径等于 l_b 的简支梁中的最大弯矩；

　　　　k——意义同前。

当拱上立柱为刚架时，还应该考虑在竖向荷载作用下所发生的横向刚架作用[图1-3-40b)]，按刚架进行分析。

除了按竖向荷载计算外，还应按横向荷载计算拱上建筑。最简单的近似方法是：假定每个横向刚架只负担相邻的两个桥面节间上的横向力的一半，以及该刚架本身上面的全部横向力[图1-3-40b)]，并认为刚架支柱底部是固定的，由此可算出各个刚架中各个构件的内力，以及刚架支柱在与拱连接处的反力。在作主拱的横向受力分析时再考虑这部分反力。

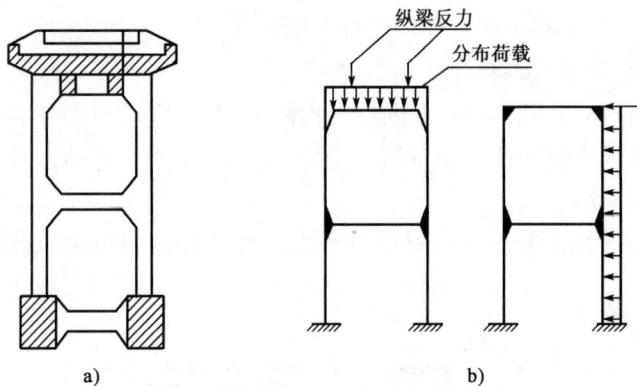

图1-3-40　拱上建筑横向按刚架分析

2. 拱式拱上建筑与主拱联合作用近似计算

(1)活载内力计算图式

试验表明，拱式拱上建筑能显著降低主拱的活载弯矩。即使在拱上建筑开裂之后，主拱活载弯矩值虽比不开裂时略有增加，但比裸拱仍有较显著的降低。为简化计算，忽略腹拱填料和侧墙的影响，边腹拱不按抗推刚度等于零的三铰拱对待，而按平铰处理，将边腹拱近似当作具有一定抗推刚度的双铰拱。因此,可以采用图1-3-41a)作为计算图式。为了安全可靠,可采用边腹拱为双铰拱,其余腹拱为单铰拱的图式[图1-3-41b)]作为最后的计算图式。

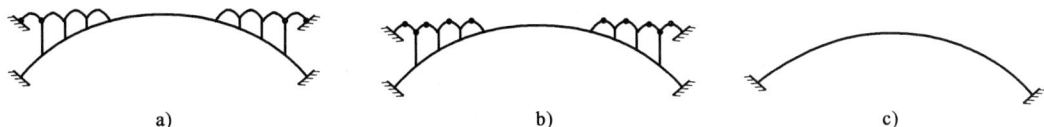

图1-3-41 拱式拱上建筑计算图式

(2)附加力计算图式

试验表明,当拱座产生向外的水平位移时,设有平铰的边腹拱不传递拉力,主拱的弯矩与裸拱基本一致。但当拱座向内水平位移时,边腹拱却能传递推力,主拱的弯矩与裸拱有所不同。因此,在计算均匀降温、材料收缩和拱座向外水平位移的附加内力时,可不考虑拱上建筑的联合作用,仍采用裸拱图式。当升温时,由于边腹拱能传递推力,应考虑联合作用计算图式[图1-3-41b)]。这时,主拱脚正弯矩小于裸拱,拱顶负弯矩大于裸拱。

(3)恒载内力计算图式

采用无支架施工的拱桥拱上立柱和腹拱的重力是由裸拱承担的,但在腹拱安装完成后,侧墙、填料和路面的重力则由主拱和腹拱组合结构共同承担。为简化计算和偏安全计,这部分恒载仍可按裸拱计算。

(4)考虑拱上建筑与主拱联合作用的活载内力简化计算法——弯矩折减系数法

根据上述分析,采用图1-3-41b)、c),用杆件系统有限单元法计算弯矩图纵坐标和面积,求得带拱上建筑和裸拱的最大弯矩纵坐标比值和面积比值,从而求得一个活载弯矩折减系数 β , β 乘以相应的裸拱弯矩,即得考虑联合作用的主拱活载弯矩。活载轴向力仍采用裸拱的计算值,不必修正。

弯矩折减系数与腹拱的矢跨比以及腹拱和腹拱墩的刚度有关。腹拱越坦,其抗推刚度越大,联合作用越显著, β 值越小。腹拱、立柱或横墙对主拱的相对刚度越大, β 值越小。

3. 梁板式拱上建筑与主拱联合作用近似计算

梁板式拱上建筑与主拱联合作用分析(图1-3-42)表明,联合作用可使主拱的拱脚活载弯矩较裸拱有所减小,但同时由于抗推刚度增加,在温度变化、材料收缩和桥台位移等产生的附加力的作用下,拱脚弯矩反而有所增加,使联合作用的效益减弱。在控制截面的总弯矩中,活载弯矩比例越大,附加力弯矩比例越小,考虑联合作用才有意义。而拱上建筑由于考虑联合作用,产生了附加弯矩,需要加强钢筋构造。由于主拱所获的收益不大,而拱上建筑却要付出代价,因此,对连续板梁式拱上建筑,考虑其与主拱的联合作用经济意义并不大,故一般梁板式拱上建筑常采用简支体系,不计其联合作用。

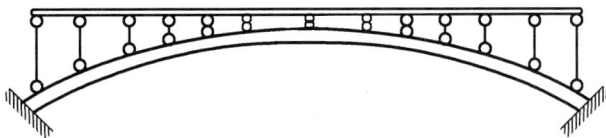

图1-3-42 梁板式拱上建筑纵向计算图式

六、连拱计算简介

(一)连拱作用的基本概念

多跨连续拱桥在荷载作用下,当其中一孔承受荷载时,受载孔拱脚推力和弯矩将引起拱与墩的节点水平位移和转角[图 1-3-43a)],从而导致非受载孔结构产生内力。多孔连拱结构与桥墩联合作用称为"连拱作用",考虑拱与墩节点产生变位的计算,称为连拱计算。研究表明:在拱墩节点的两个变位未知数中,节点水平位移 Δ 对拱、墩内力的影响大,而转角 θ 对拱、墩内力的影响一般较小,因而,从定性上可以用节点水平位移的大小来近似地反映连拱影响的程度,但在计算拱、墩内力时,仍不能忽略节点转角的影响。

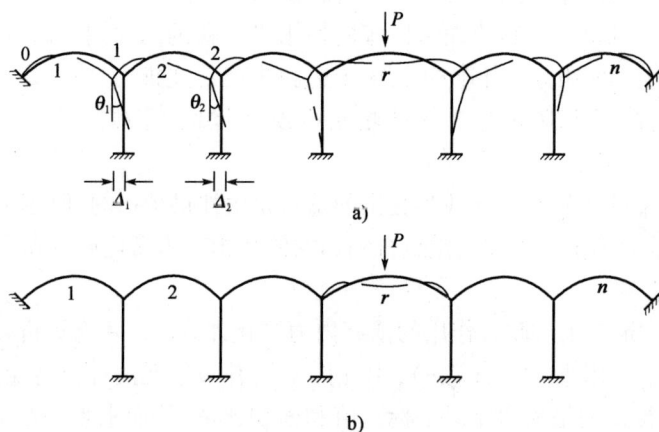

图 1-3-43　连拱与固定拱的变位比较

一般而言,桥墩相对拱圈越细柔,拱墩结点的水平位移越显著。当桥墩相对拱圈的刚度接近无限大时,即可忽略连拱作用时,多跨拱桥可各自按拱脚固定的单跨拱计算[图 1-3-43b)],称为按固定拱计算,由此算得的内力称为"固定拱内力"。

但实际拱桥中,桥墩相对拱圈的刚度不可能无限大。即使是采用刚度较大的重力式墩,桥墩的抗推刚度一般也不超过拱圈抗推刚度的 37 倍(现行规范规定的不计连拱作用的界限值)连拱作用是存在的。而广泛应用的桩柱式桥墩(特别是钻孔灌注桩)和轻型桥墩的连拱作用则相当显著。为了更准确地反映桥梁的实际受力情况,多跨拱桥应考虑连拱影响。

鉴于按连拱计算与按固定拱计算的根本区别在于墩顶(拱脚)是否产生变位,因而,按连拱计算的内力,可视为按固定拱计算的内力加上连拱影响产生的内力。对上部结构而言,连拱影响主要是拱脚水平位移的影响,因而,连拱的内力也可视为固定拱内力加上拱脚水平位移产生的内力。

图 1-3-44b)～g)所示为 3 孔连拱与相应固定拱的几种主要影响线。根据各截面连拱及相应固定拱影响线,可以看出连拱内力与固定拱内力的特性如下:

(1)连拱内力影响线与相应固定拱内力影响线不同。除了影响线的荷载长度和最大竖标位置不同[图 1-3-44b)～e)]之外,还具有连续梁影响线的特点。也就是说在按固定拱计算时,1 孔布载,1 孔受力,而按连拱计算时,1 孔布载,多孔(全桥)受力。

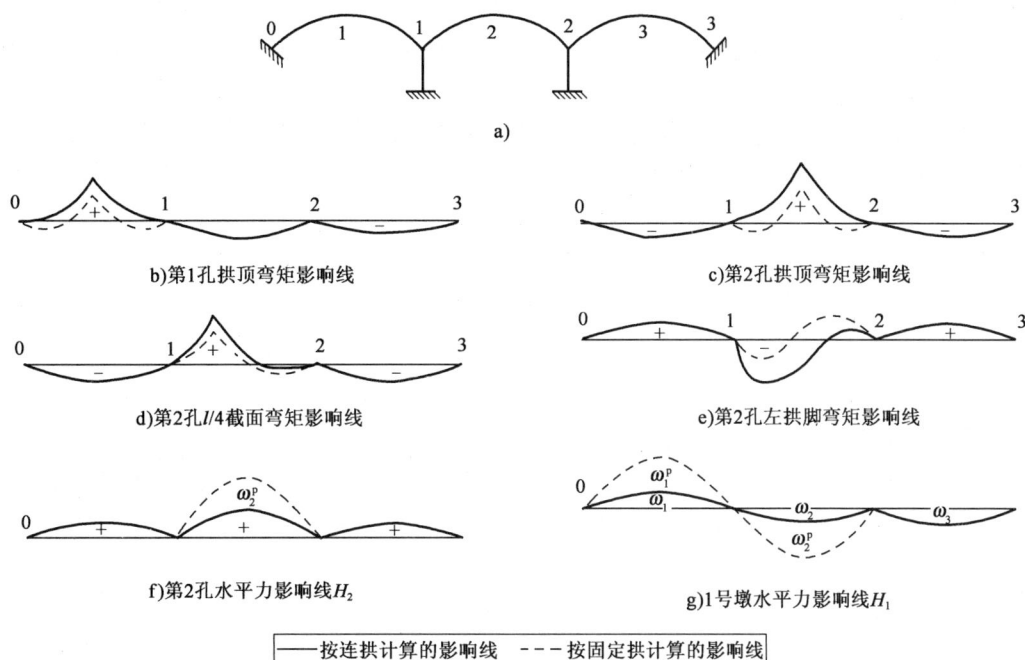

a)

b)第1孔拱顶弯矩影响线　　　　　　　　　c)第2孔拱顶弯矩影响线

d)第2孔$l/4$截面弯矩影响线　　　　　　　e)第2孔左拱脚弯矩影响线

f)第2孔水平力影响线H_2　　　　　　　　g)1号墩水平力影响线H_1

——按连拱计算的影响线　－－－按固定拱计算的影响线

图1-3-44　连拱内力影响线

理论与实践证明,在多孔拱桥中,连拱作用影响最大的是荷载孔。离荷载孔越远,拱墩结点的变位越小,因而,连拱作用的影响也越小,远到一定程度时,连拱的影响可以略去不计。

（2）计算拱脚、$l/8$ 截面最大负弯矩及拱中其他截面的最大正弯矩时,均以 1 孔(计算截面所在孔)布载不利[图 1-3-44b)~e)];计算拱脚、$l/8$ 截面的最大正弯矩及拱中其他截面的最大负弯矩时,以多孔布载不利。计算表明,多孔布载的情况一般不控制设计,控制设计的通常是荷载孔拱脚的负弯矩和拱顶的正弯矩。

对于荷载孔而言,两拱脚均产生向外的水平位移,它的影响是在拱的弹性中心产生一对水平拉力,因而按连拱计算时拱中水平力(图 1-3-44)比按固定拱计算的小,而控制设计的拱脚负弯矩和拱顶正弯矩则比按固定拱计算的大。因而按连拱设计时,需要适当地增强拱圈以承受比固定拱更大的弯矩值。

（3）按连拱计算时,墩顶水平力影响线的正、负面积均比固定拱小[图 1-3-44g)],而桥墩又常以墩顶水平力控制设计,故按连拱计算时桥墩承受的水平力比固定拱小,可以节省桥墩的材料。

假使在图 1-3-44a)中,三跨拱桥跨径相等、拱轴线又相同,则在图 1-3-44 g)必有:

$$\omega_1 + \omega_2 + \omega_3 = 0 \quad 或 \quad \omega_1 = |\omega_2 + \omega_3| \tag{1-3-83}$$

要证明上式的正确性,只需将图 1-3-44a)中的 3 孔等跨连拱同时布以均布荷载,则因 1 号墩墩顶水平力自相平衡($\overline{H}_3 = 0$)而使式(1-3-83)得证。

由式(1-3-83)知,计算 1 号墩墩顶最大水平力时,以荷载作用在第 1 孔(按 $\overline{H}_1$ 最大布载)为不利。同样,对于任意多孔等跨连拱,计算边墩最大水平力时,以荷载作用在边孔为不利;而计算拱中最大弯矩时,则以荷载作用在中孔不利(当荷载作用在中孔时,两拱脚均产生向外的水平位移,左、右拱脚的相对水平位移为两拱脚水平位移之和;而当荷载作用在边孔时,仅一个拱脚产生水平位移,其位移值比中孔布载时两拱脚的相对水平位移值小)。

　　不难证明,计算中墩的最大水平力时,不论是等跨还是不等跨,连拱均以多孔按 $\bar{H}_{\max}$ 布载不利。最不利布载情况一般有两种可能性:①墩左各孔布载,墩右各孔无载;②墩右各孔布载,墩左各孔无载。

　　计算连拱的方法有精确法和简化法(近似法)两大类。结构力学教材中介绍的"直接刚度法"属于精确法。采用这类方法分析无铰连拱时,每个拱墩结点有两个变位未知数(水平位移和转角)。当连拱的计算孔数在 3 孔以上时,由于未知数较多,若无电算条件,计算连拱内力影响线相当烦琐,必要时可采用简化计算法。

(二)连拱的简化计算方法

1. 计算简图

　　这种简化计算方法是根据桥墩的抗推刚度 K' (按下端固接,上端铰接计算)与拱的抗推刚度 K 的不同比值,而采用不同的简化计算图式。经过计算对比分析,根据 K'/K 的不同比值,采用三种不同的简化计算图式(表 1-3-2)。

连拱简化计算图式　　　　　　　　　　　　　　表 1-3-2

简化计算方式	计算简图	适用范围
I		$K'/K \leqslant 2/3$
II		$2/3 < K'/K \leqslant 7$
III		$K'/K > 7$

　　(1)当 $K'/K \leqslant 2/3$ 时,无铰连拱可按表 1-3-2 第 I 种连拱简化图式计算。此时,由于拱的抗推刚度较大,而墩的抗推刚度较小,在拱墩节点变位中,拱对墩有较大的约束作用,阻碍了墩顶的转动。在这种情况下,拱墩节点采用固接的图式,并假定节点的转角为零。

　　(2)当 $2/3 < K'/K \leqslant 7$ 时,无铰连拱可按表 1-3-2 中第 II 种连拱简化图式计算,即将墩顶视为铰接,并假定拱脚的转角为零。

　　(3)当 $K'/K > 7$ 时,无铰连拱可按表 1-3-2 中第 III 种连拱简化图式计算。此时,由于墩顶抗推刚度 K' 比拱的抗推刚度 K 大了许多倍,拱圈已不能制止墩顶的转动,略去墩顶的约束使用,则墩顶呈铰接状态。

　　表 1-3-2 中的三种连拱简化计算图式,从结构力学角度讲,它们有着明显的共性,即在位移法的基本未知数中,只有水平位移一个未知数。因而,可用位移法建立统一的计算公式,计算节点变位和拱、墩内力。

2. 内力计算

　　根据上述分析,连拱的内力可视为固定拱的内力加上连拱作用产生的内力。由于这种简化计算方法只考虑了节点水平位移的影响,故连拱作用的附加力仅由拱脚产生的水平位移所引起。对于荷载跨而言,两拱脚所产生的水平位移都是向外的,由此引起的附加力将在拱的弹性中心产生一对水平拉力 ΔH(图 1-3-45)。

采用结构力学力法可计算得到 ΔH 引起的附加内力 ΔN 和 ΔM，与固定拱的内力叠加后即可得连拱的内力。

连拱作用(加载孔)引起的附加内力为：

$$\left.\begin{array}{ll} \text{轴向力} & \Delta N = - \Delta H\cos\varphi \\ \text{弯矩} & \Delta M = \Delta Hy \end{array}\right\}$$

连拱内力 = 固定拱内力 + 附加内力：

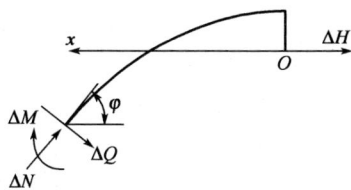

图 1-3-45　连拱作用引起的附加内力

$$\left.\begin{array}{lll} \text{水平力} & & H = H^{\mathrm{F}} - \Delta H \\ \text{轴向力} & & N = N^{\mathrm{F}} - \Delta H\cos\varphi \\ \text{弯矩} & & M = M^{\mathrm{F}} + \Delta Hy \end{array}\right\} \tag{1-3-84}$$

式中：H^{F}、N^{F}、M^{F}——按固定拱计算的水平力、轴向力和弯矩。

考虑连拱作用后，桥墩承受的水平力 $\overline{H}$ 为：

$$\overline{H} = \overline{\xi}H^{\mathrm{F}}_{\max} < H^{\mathrm{F}}_{\max} \tag{1-3-85}$$

式中：$H^{\mathrm{F}}_{\max}$——按固定拱计算的活载最大水平力；

$\overline{\xi}$——小于 1 的系数。

上述连拱简化计算方法的优点是未知数少，计算比较简单，但由于忽略了结点转角的影响，拱、墩内力特别是墩顶与拱脚截面内力计算精度不太理想。

上述连拱计算方法仅为简化计算方法中的一种，另外还有同时考虑墩顶结点位移和转角影响的总和法(简称∑法)、换算刚度法等。

需要指出的是，本节介绍的连拱简化计算方法曾为手算带来了较大方便，然而随着结构有限元计算方法的普及而使用越来越少了，但对读者理解连拱作用的基本概念、连拱结构的受力特点与性能非常重要。

七、拱桥动力及抗震计算要点

1. 拱桥动力计算

拱桥动力计算主要在于结构的自振频率和振型，一般采用有限元方法进行计算。

(1)动力计算模型一般采用空间模型，模型不仅要包括拱圈、拱上建筑等构件，当桥墩较高时，也应包括桥墩。模型应正确模拟刚度和质量的分布，用梁单元模拟拱圈、桥墩、立柱、桥面板等构件，用杆单元模拟系杆、吊杆、支座等只受轴向力的构件。

(2)边界条件对动力计算结果影响较大，应正确模拟。当桥梁基础为刚性基础时，墩底或拱脚可按固定约束处理；当基础为柔性基础时，应考虑基础弹性的影响。

(3)构件之间的连接关系须根据实际构造合理模拟，特别是桥面系与盖梁或横梁之间的连接。

图 1-3-46 是一简单体系上承式肋拱桥的动力计算模型，其中拱肋、立柱、横系梁、桥面板等均采用空间梁单元模拟。该桥为扩大基础，地基条件较好，故计算模型没有考虑基础的弹性影响。拱脚及端部立柱的底部均采用固定约束。该桥桥面板纵向连续，桥面板与盖梁之间通过板式橡胶支座连接，故计算模型中桥面系单元节点与盖梁单元对应节点之间的变形协调关

系如下:竖向平动自由度变形相同,水平平动自由度之间通过弹簧单元连接,弹簧刚度参照《公路桥梁抗震设计细则》(JTG/T B02-01—2008)(以下简称《细则》)的相关规定确定,两个节点之间的转动自由度相互无约束。

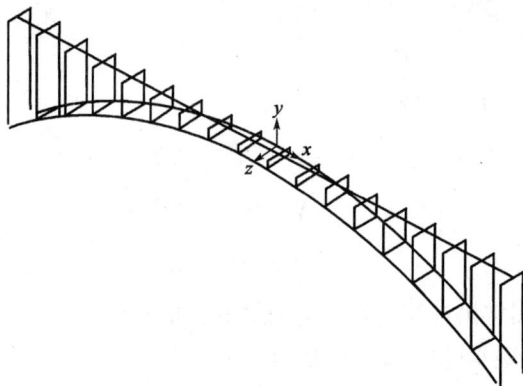

图 1-3-46　肋拱桥动力计算模型

2.拱桥抗震计算

对于跨径小于 150m 的拱桥,抗震计算及验算应按《细则》的有关规定进行,跨径大于 150m 的拱桥,其抗震设计应做专项研究。

(1)对于进行了地震安全性评价的桥址,地震波或反应谱可根据场地地震安全性评价结果确定,没有进行安全性评价的桥址,按"细则"的规定确定地震作用。

(2)拱桥地震反应可按反应谱法或动力时程法计算。采用时程法计算时,应注意输入地震波的选择,所选的地震波频谱特性应与桥梁所在场地的场地条件、地震环境相符。时程法计算时至少应选 3 组地震波分别计算,选择 3 组波计算时,应取 3 组波结果的最大值,选择 7 组波计算时,可取 7 组波计算结果的平均值。地震波可以采用实际地震波,也可采用与设计反应谱一致的人工地震波。

(3)采用反应谱法计算时,应注意选择足够的振型进行组合,特别是采用柔性吊杆的中、下承式拱桥,其前若干阶振型往往是桥面系的振型,组合时如果不选择足够的振型,则得到的结果不真实。

(4)拱桥抗震计算时应考虑顺桥向、横桥向和竖向三个方向的地震作用,其他形式桥梁抗震计算可以不考虑竖向地震作用,但拱桥抗震计算时必须考虑竖向地震作用。

(5)非一致激励对拱桥的地震反应影响较大,对于大跨径拱桥,宜考虑不同支承点地震动的非一致性。

(6)对于肋拱桥,应注意横向联结系的抗震验算,这类构件在常规设计中,由于横向荷载很小,一般不进行验算,而地震作用时,横向地震作用可能很大,横向联结系的受力也较大,容易在地震中损坏。

(7)试验及分析表明,当轴压比超过一定范围后,随着轴压比的增大,构件的延性性能迅速减小,由于主拱圈的轴压比一般较大,因此《细则》规定,主拱圈按强度准则进行设计。拱桥桥墩和拱上立柱可按梁式桥桥墩进行抗震设计,根据桥墩或立柱具体情况,对钢筋混凝土桥墩和立柱,按延性设计准则设计,对重力式或圬工桥墩,按强度设计准则设计。

(8)对 D 类拱桥(三、四级公路上的中、小桥)、圬工拱桥的拱圈可根据 E1 地震作用计算结果进行强度验算,B、C 类拱桥根据 E2 地震作用结果进行拱圈的强度验算。

八、主拱内力调整

悬链线无铰拱桥在最不利荷载组合时,常出现拱脚负弯矩或拱顶正弯矩过大,同时其他截面内力较小的情况。为了减小拱脚、拱顶过大的弯矩,可从设计或施工方面采取一些措施调整拱圈内力,使之分布更合理。

1. 假载法调整内力

所谓假载法调整内力,就是在计算跨径、计算矢高和拱圈厚度保持不变的情况下,通过改变拱轴系数 m 的数值来改变拱轴线形状,使拱轴线与压力线偏离所产生的效应有利于拱顶或拱脚截面的受力,从而达到改变拱内内力分布的目的。理论分析表明,拱脚负弯矩过大时,可适当提高 m 值(图 1-3-47),使拱轴线与压力线发生相对偏离,拱顶与拱脚都将产生正弯矩,从而可减少拱脚的负弯矩。反之,则可通过降低 m 值,使拱顶与拱脚都将产生附加负弯矩,从而改善拱顶截面的受力。m 的调整幅度,一般为半级或一级。

(1)实腹拱的内力调整

设调整前的拱轴系数 $m = g_j/g_d$,调整后的拱轴系数 $m' = g_j'/g_d'$。必须注意:拱轴系数调整前后,拱顶截面的实际荷载集度没有变化。对于拱脚截面,由于几何尺寸略有变化,荷载集度有变化,但影响甚微,可认为不变。那么,调整后的拱轴系数 m' 亦可认为是从调整前的荷载集度减去或增加一层均布的虚荷载 q_x(图 1-3-48),荷载 q_x 是虚构的,实际上并不存在,仅在计算过程中计入,所以称为"假载"。于是有:

$$m' = \frac{g_j'}{g_d'} = \frac{g_j \mp q_x}{g_d \mp q_x} \qquad (1\text{-}3\text{-}86)$$

由于 m'、g_j、g_d 均为已知值,假想的均布荷载 q_x 可由式(1-3-86)求得。

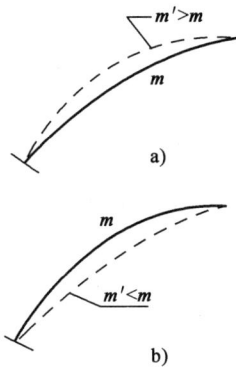

图 1-3-47　拱轴随 m 变化的情况

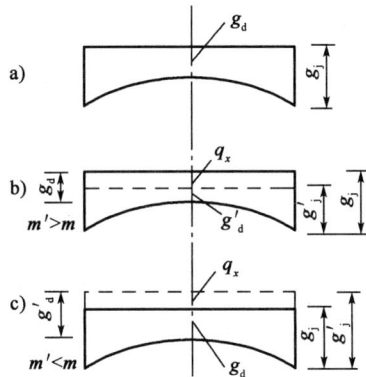

图 1-3-48　实腹拱的假载内力计算

当 q_x 取负值时,g_j' 和 g_d' 值均减少,不过 g_d' 值减少的比例比 g_j' 值大,因此,$m' > m$;当 q_x 取正值时,g_j' 和 g_d' 值均增加,不过 g_d' 值增加的比例比 g_j' 值大,因此 $m' < m$。

可见,把假载视为一种荷载,便于理解其调整内力的作用。由于拱顶、拱脚弯矩影响线均是正面积大于负面积,因而增加一层假载在拱顶、拱脚均产生正弯矩,而减少一层假载在拱顶、拱脚均产生负弯矩。

采用假载法调整内力时,调整后的拱轴线与实际结构恒载压力线是不重合的。为了简化计算,先将 q_x 视为实际荷载,于是在结构恒载和假载的共同作用下,拱轴线与压力线重合,因而可根据 m' 查表计算内力(包括弹性压缩),这时拱顶产生正弯矩,拱脚产生负弯矩。然后加上($m' > m$ 时)或减去($m' < m$ 时)用均布假想荷载 q_x 乘以用 m' 绘制的影响线所算得的内力值(包括弹性压缩),即得真实的结构恒载内力。当 $m' > m$ 时, q_x 在拱顶、拱脚处产生的弯矩为正值(因为拱顶、拱脚的影响线面积和均为正值),可以抵消拱脚的负弯矩,但会加大拱顶的正弯矩;当 $m' < m$ 时, q_x 在拱顶、拱脚处产生的弯矩为负值,可以抵消拱顶的正弯矩,但会加大拱脚的负弯矩(图1-3-47)。

由于拱轴线发生变化,活载、温度变化等产生的内力也和调整前不同,必须重新计算,方法同前。

(2)空腹拱的内力调整

对于空腹拱,拱轴线的变化是通过改变 $l/4$ 截面处的纵坐标 $y_{1/4}$ 来实现的。设拱轴系数为 m, $l/4$ 截面处的纵坐标为 $y_{1/4}$,拱轴系数为 m' 时, $l/4$ 截面处的纵坐标为 $y_{1/4}$,于是有:

$$\frac{y'_{1/4}}{f} = \frac{\sum M_{1/4} \mp \dfrac{q_x l^2}{32}}{\sum M_j \mp \dfrac{q_x l^2}{8}} \tag{1-3-87}$$

对于 q_x 前的符号,当 $m' > m$ 时为负,当 $m' < m$ 时为正。

拱轴系数调整后,拱的几何尺寸和内力计算应根据 m' 确定。空腹拱的恒载内力计算方法和实腹拱相同。先计算结构恒载和假载 q_x 共同作用下的不计弹性压缩的水平推力 H_g 和拱圈截面内力以及计入弹性压缩的水平推力 H'_g,然后加上或减去假载 q_x 作用下的内力(包括弹性压缩),即得调整拱轴系数后的拱圈截面内力。活载、温度变化内力必须重新计算,方法同前。其中:

$$H_g = \frac{\sum M_j \mp \dfrac{q_x l^2}{8}}{f} \tag{1-3-88}$$

$$H'_g = \left(1 - \frac{\mu_1}{1 + \mu}\right) H_g \tag{1-3-89}$$

应当指出,用假载法调整拱轴线,不能同时改善拱顶、拱脚两个控制截面的内力,同时,对其他截面内力也产生影响,如提高 m 值时,拱脚负弯矩减小,而拱顶正弯矩增大;反之,拱顶正弯矩减小,而拱脚负弯矩增大。因此在调整拱轴系数时应综合考虑被改善截面受力需要及其对其他截面受力不利的影响。

2. 用临时铰调整内力

拱圈施工时,在拱顶、拱脚先用铅垫板做成临时铰,拆除拱架后,由于临时铰的存在,拱圈成为静定的三铰拱,待拱上建筑完成后,再用高强度水泥砂浆封固,成为无铰拱。由于拱圈在恒载作用下是静定三铰拱,拱的恒载弹性压缩以及封铰前已发生的墩台变位均不产生附加内力,从而减小了拱中的弯矩。

如将临时铰偏心布置,尚可进一步消除日后因混凝土收缩引起的附加内力。设混凝土收缩在拱顶引起正弯矩 M_d，在拱脚引起负弯矩 M_j，为了消除此项弯矩，可将临时铰偏心布置（图1-3-49），即拱顶截面的临时铰布置在拱轴线以下（距拱轴为 e_d），而拱脚截面的临时铰则布置在拱轴线以上（距拱轴为 e_j）。使恒载作用时在拱顶产生负弯矩 M_d，而在拱脚产生正弯矩 M_j，欲达此目的，偏心距 e_d、e_j 可按下述方法确定。

设置临时铰后压力线的矢高为（图1-3-49）：

$$f_1 = f - e_d - e_j \cos\varphi_j$$

此时，拱的恒载推力值变为：

$$H'_g = H_g \frac{f}{f_1} \qquad (1\text{-}3\text{-}90)$$

式中：H_g——不设置临时铰时拱的恒载推力。

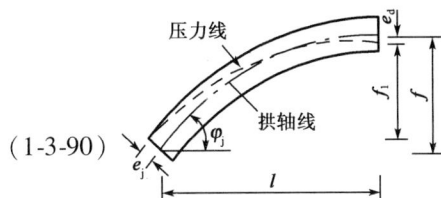

图1-3-49 临时铰调整内力

根据需要调整的弯矩值 M_d、M_j 可求偏心距：

$$e_d = \frac{M_d}{H'_g} = \frac{M_d}{H_g} \frac{f_1}{f}$$

$$e_j \cong \frac{M_j}{H'_g} \cos\varphi_j = \frac{M_j}{H_g} \cdot \frac{f_1}{f} \cos\varphi_j$$

故：

$$f_1 = f - \frac{M_d f_1}{H_g f} - \frac{M_j f_1}{H_g f} \cos^2\varphi_j$$

$$f_1 = \frac{H_g f^2}{H_g f + M_d + M_j \cos^2\varphi_j}$$

采用临时铰调整应力的实质是人为改变拱中压力线，使恒载压力线对拱轴线造成有利的偏离，消除拱顶与拱脚不利弯矩，达到调整拱圈内力的目的。

国外大跨径钢筋混凝土拱桥，大多采用千斤顶调整内力，即在砌筑拱上建筑之前，在拱顶预留接头处设置上、下两排千斤顶，形成偏心力，使拱顶产生负弯矩，拱脚产生正弯矩，达到消除弹性压缩、收缩及徐变产生的内力的目的。

用临时铰或千斤顶调整内力，效果相当显著，但其施工比较复杂。

3. 改变拱轴线调整内力

除用临时铰人为改变压力线外，还可以有意识地改变拱轴线，使拱轴线与恒载压力线造成有利的偏离，同样也可以消除拱顶、拱脚截面的不利弯矩，以调整拱圈内力。

在前面图1-3-7中，由于悬链线拱轴线与三铰拱恒载压力线存在近似正弦波形的自然偏离，可以不同程度地减小拱顶、拱脚截面的过大弯矩。根据这个道理，可在三铰拱恒载压力线的基础上，根据桥梁的实际需要叠加一个正弦波形的调整曲线作为拱轴线（图1-3-50），采用逐次渐近法调整，使恒载、弹性压缩和混凝土收缩等固定因素作用下，拱顶、拱脚两截面的总弯矩趋近于零。为了达到上述目的，要求调整曲线的零点通过 o' 点，并使拱轴线与三铰拱恒载压力线具有相同的弹性中心。根据弹性中心的定义有：

$$\int_s \frac{y - \Delta y}{EI} ds = \int_s \frac{y ds}{EI} - \int_s \frac{\Delta y ds}{EI} = 0$$

因：

$$\int_s \frac{y ds}{EI} = 0$$

179

故：

$$\int_s \frac{\Delta y \mathrm{d}s}{EI} = 0$$

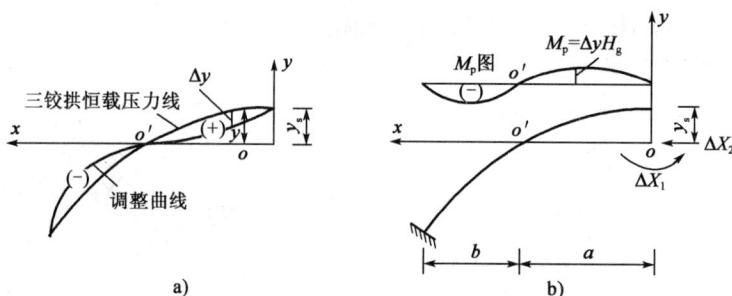

图 1-3-50　改变拱轴线调整内力

由式(1-3-20)、式(1-3-21)知,拱轴线偏离三铰拱恒载压力线在弹性中心产生的赘余力为[图 1-3-7b)]：

$$\Delta X_1 = 0$$
$$\Delta X_2 = H_g \left. \frac{\displaystyle\int_s \frac{y\Delta y \mathrm{d}s}{EI}}{\displaystyle\int_s \frac{y^2 \mathrm{d}s}{EI}} \right\} \qquad (1-3-91)$$

由图 1-3-7b)知,上式中的 y 与 Δy 总是同号的,因而,上式中的 ΔX_2 必为正值(压力)。众所周知,弹性压缩和混凝土收缩在弹性中心产生一对水平拉力。通过适当选取调整曲线竖标 Δy ,使按式(1-3-91)算得的水平力 ΔX_2 与弹性压缩所产生的水平力大小相等,方向相反,即可抵消弹性压缩和混凝土收缩在拱顶、拱脚产生的弯矩值,起到类似于临时铰调整内力的作用。

九、考虑几何非线性的主拱内力计算简介

以上所讲的计算均是以弹性理论为基础的,这对一般跨径的拱桥内力、变形等分析计算是合适的。对于大跨径拱,如果仍沿用传统的线弹性分析方法,就会产生较大的误差,因为以弹性理论为基础的分析方法没有考虑拱脚推力与拱轴挠度相互作用产生的附加内力的影响,也没有在变位微分方程中计入轴向力的影响,而将轴力产生的拱圈弹性压缩变形对内力的影响分割出来计算。研究表明,随着跨径的增大,上述被忽略的影响引起的误差可达 20% 以上,且偏于不安全。尤其是大跨径混凝土拱桥还应计入由于时间(如混凝土徐变)等非线性因素引起的不容忽视的影响。除此之外,材料非线性也将对大跨径拱桥产生影响。下面主要介绍拱的几何非线性影响,即按挠度理论求解拱的内力。

1. 考虑轴向力影响的拱的平衡方程

(1)基本假定

为分析方便,在建立平衡方程时做如下假定：

①拱圈截面变形按平面变形考虑,截面法线方向的夹角在变形前后保持不变,且变形符合虎克定律;

②弹性中心在变形前后的位置不变,即将拱轴变形引起的弹性中心位置的改变忽略不计。

（2）几何方程

如图 1-3-51 所示,在拱轴线上取一微段 $\mathrm{d}s$,它在 x、y 坐标轴上的投影分别为 $\mathrm{d}x$、$\mathrm{d}y$,微段与水平轴的夹角为 φ。设拱轴变形后微段起点处在 x、y 方向上的位移分别为 u 及 w,终点为 $u + \mathrm{d}u$ 及 $w + \mathrm{d}w$,变形后微段倾角改变为 φ_1,令 ε 表示微段轴向正应变,则微段变形后的几何关系为:

$$[(1 + \varepsilon)\mathrm{d}s]^2 = (\mathrm{d}x + \mathrm{d}u)^2 + (\mathrm{d}y + \mathrm{d}w)^2$$

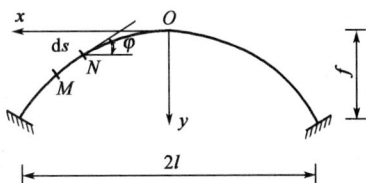

图 1-3-51

展开上式,并引入 $\dfrac{\mathrm{d}x}{\mathrm{d}s} = \cos\varphi$,$\dfrac{\mathrm{d}y}{\mathrm{d}s} = \sin\varphi$,略去二阶微量,则可得:

$$\varepsilon = \frac{\mathrm{d}u}{\mathrm{d}s}\cos\varphi + \frac{\mathrm{d}w}{\mathrm{d}s}\sin\varphi \qquad (1\text{-}3\text{-}92)$$

设微段角变位为 θ,则有:

$$\sin\theta = \sin(\varphi_1 - \varphi) = \sin\varphi_1\cos\varphi - \cos\varphi_1\sin\varphi$$

因 ε 为微量,$1/(1 + \varepsilon) \approx 1 - \varepsilon$,则:

$$\sin\varphi_1 = \frac{\mathrm{d}y + \mathrm{d}w}{(1 + \varepsilon)\mathrm{d}s} = (1 - \varepsilon)\left(\sin\varphi + \frac{\mathrm{d}w}{\mathrm{d}s}\right)$$

$$\cos\varphi_1 = \frac{\mathrm{d}x + \mathrm{d}u}{(1 + \varepsilon)\mathrm{d}s} = (1 + \varepsilon)\left(\cos\varphi + \frac{\mathrm{d}u}{\mathrm{d}s}\right)$$

则:

$$\sin\theta = (1 - \varepsilon)\left(\frac{\mathrm{d}w}{\mathrm{d}s}\cos\varphi + \frac{\mathrm{d}u}{\mathrm{d}s}\right)$$

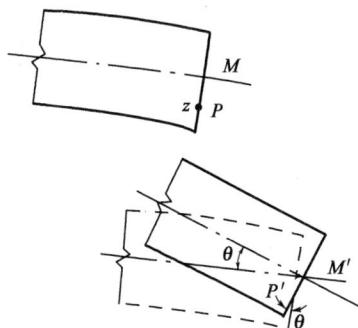

由于是小变形,故 $\varepsilon \leqslant 1$,近似取 $1 - \varepsilon = 1$,$\sin\theta = \theta$,于是有:

$$\theta = \frac{\mathrm{d}w}{\mathrm{d}s}\cos\varphi - \frac{\mathrm{d}u}{\mathrm{d}s}\sin\varphi \qquad (1\text{-}3\text{-}93)$$

沿法线方向距轴线为 z 的任意点 P,在拱轴变形后沿 x、y 轴的位移分量为 u_z、w_z,由图 1-3-52 可知:

$$w_z = w - z\theta\sin\varphi$$

图 1-3-52　几何关系

则由式(1-3-93)得到 P 点的正应变为:

$$\varepsilon_P = \frac{\mathrm{d}u_z}{\mathrm{d}s}\cos\varphi + \frac{\mathrm{d}w_z}{\mathrm{d}s}\sin\varphi = \frac{\mathrm{d}u}{\mathrm{d}s}\cos\varphi + \frac{\mathrm{d}w}{\mathrm{d}s}\sin\varphi - z\frac{\mathrm{d}\theta}{\mathrm{d}s}$$

$$= \varepsilon - z\frac{\mathrm{d}\theta}{\mathrm{d}s} \qquad (1\text{-}3\text{-}94)$$

（3）广义力与广义位移的关系

根据虎克定律,截面上任一点的正应力为:

$$\sigma_P = E\varepsilon_P$$

则截面轴力为:

$$N = -\int_A \sigma_P \mathrm{d}A(受压为正) = -E\int_A \left(\varepsilon - z\frac{\mathrm{d}\theta}{\mathrm{d}s}\right)\mathrm{d}A = -EA\varepsilon \qquad (1\text{-}3\text{-}95)$$

截面弯矩为：

$$M = \int_A \sigma_p z \mathrm{d}A（下缘受拉为正）$$

$$= E\int_A \left(\varepsilon - z\frac{\mathrm{d}\theta}{\mathrm{d}s}\right)z\mathrm{d}A$$

$$= -EI\frac{\mathrm{d}\theta}{\mathrm{d}s} \tag{1-3-96}$$

联立解式(1-3-92)及式(1-3-93)可得：

$$\frac{\mathrm{d}u}{\mathrm{d}x} = \varepsilon - \theta\frac{\mathrm{d}y}{\mathrm{d}x}$$

$$\frac{\mathrm{d}w}{\mathrm{d}x} = \varepsilon\frac{\mathrm{d}y}{\mathrm{d}x} + \theta$$

将式(1-3-92)及式(1-3-93)中的 $\varepsilon = -\dfrac{N}{EA}$ 及 $\dfrac{\mathrm{d}\theta}{\mathrm{d}s} = -\dfrac{M}{EI}$ 代入上式，并引入 $\tan\varphi = \dfrac{\mathrm{d}y}{\mathrm{d}x}$，可得广义力与广义位移的关系式：

$$\theta = \frac{\mathrm{d}w}{\mathrm{d}x} + \frac{N}{EA}\tan\varphi \tag{1-3-97}$$

$$\frac{\mathrm{d}u}{\mathrm{d}x} = -\frac{\mathrm{d}w}{\mathrm{d}x}\cdot\frac{\mathrm{d}y}{\mathrm{d}x} - \frac{N}{EA}(1 + \tan^2\varphi) \tag{1-3-98}$$

$$\frac{\mathrm{d}^2 w}{\mathrm{d}x^2} = -\frac{M}{EI}\cdot\frac{1}{\cos\varphi} - \frac{\mathrm{d}}{\mathrm{d}x}\left(\frac{N}{EA}\tan\varphi\right) \tag{1-3-99}$$

展开式(1-3-94)即得：

$$\frac{\mathrm{d}^2 w}{\mathrm{d}x^2} = -\frac{M}{EI}\sec\varphi - \frac{\mathrm{d}}{\mathrm{d}x}\left(\frac{N}{EA}\right)\frac{\mathrm{d}y}{\mathrm{d}x} - \frac{N}{EA}\frac{\mathrm{d}^2 y}{\mathrm{d}x^2} \tag{1-3-100}$$

2. 挠度理论的控制方程

取简支曲梁为无铰拱的基本结构，将赘余力简化到弹性中心上（图1-3-53），在恒载作用下，拱任一截面的弯矩：

$$M = M_g^0 + M_g - H_g[y_0 - (y + w_g)] \tag{1-3-101}$$

将式(1-3-101)代入式(1-3-100)可得：

$$\frac{\mathrm{d}^2 w_g}{\mathrm{d}x^2} + \frac{H_g}{EI}w_g\sec\varphi = f_g(x) \tag{1-3-102}$$

式中：$f_g(x) = -\dfrac{\sec\varphi}{EI}[M_g^0 + M_g + H_g(y - y_0)] - \dfrac{\mathrm{d}}{\mathrm{d}u}\left(\dfrac{N_g}{EA}\tan\varphi\right)$。

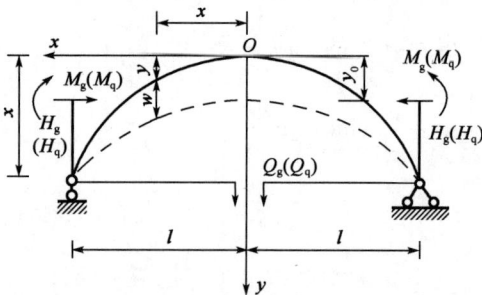

图1-3-53　基本计算结构

其边界条件为：

$$w_g(l) = w_g(-l) = \frac{\mathrm{d}w_g}{\mathrm{d}x}\bigg|_{x=0} = 0 \tag{1-3-103}$$

在活载作用下,拱任一截面的弯矩:

$$M = M_g^0 + M_q^0 + M_g + M_q + Q_q x + H_g(y - y_0) +$$
$$H_g(y + y_0) + (H_g + H_q)w_g + (H_g + H_q)w_q \tag{1-3-104}$$

将式(1-3-104)代入式(1-3-100),并注意到式(1-3-102),则有:

$$\frac{d^2 w_q}{dx^2} + \frac{\sec\varphi}{EI}(H_g + H_q)w_q = f_g(x) \tag{1-3-105}$$

式中:$f_g(x) = -\frac{\sec\varphi}{EI}[M_q^0 + M_q + Q_q x + H_q(y - y_0)] - \frac{d}{dx}\left(\frac{N_q}{EA}\tan\varphi\right) - \frac{H_q}{EI}w_g\sec\varphi$。

其边界条件为:

$$w_q(l) = w_q(-l) = 0 \tag{1-3-106}$$

以上各式中:M^0 ——简支曲梁上的荷载弯矩;

M、H、Q ——弹性中心赘余力,角标含义:g 为恒载,q 为活载;

y_0 ——弹性中心至坐标原点的距离;

l ——拱轴计算跨径之半。

式(1-3-102)及式(1-3-105)分别为恒载和活载作用时考虑水平推力与挠度相互作用对拱内力影响的控制方程。

3. 约束方程

无铰拱在取简支曲梁作为基本结构时,拱脚三个位移(相对水平位移、左右拱脚转动)均受限。将这三个位移约束条件用拱的挠度及轴力来表示,即得求解控制方程的约束方程。在恒载时,约束方程为:

$$\int_0^l w_g \frac{d^2 y}{dx^2}dx - \int_0^l \frac{N_g}{EA}(1 + \tan^2\varphi)dx = 0 \tag{1-3-107}$$

$$\frac{dw_g}{dx} + \frac{N_{gj}}{EA_j}\tan\varphi_j = 0 \tag{1-3-108}$$

在活载时,约束方程为:

$$\int_{-l}^l w_g \frac{d^2 y}{dx^2}dx - \int_{-l}^l \frac{N_g}{EA}(1 + \tan^2\varphi)dx = 0 \tag{1-3-109}$$

$$\frac{dw(l)}{dx} + \frac{N_{ql}}{EA_j}\tan\varphi_j = 0 \tag{1-3-110}$$

$$\frac{dw(-l)}{dx} + \frac{N_{qr}}{EA_j}\tan\varphi_j = 0 \tag{1-3-111}$$

式中:N_{gj}、A_j、φ_j、N_{ql}、N_{qr}——分别为左拱脚恒载轴力、拱脚截面积、拱轴倾角、左拱脚活载轴力、右拱脚活载轴力。

4. 求解

求解仍分恒载与活载两部分进行。即先将拱的截面变化规律代入控制方程,解微分方程得控制方程的全解,然后将其代入边界条件和约束方程即可得到求解弹性中心处赘余力的方程及其解,通过赘余力就可求得各截面计入拱的变形后的内力值。

拱的挠度理论是非线性理论,拱的推力与挠度耦合在一起,因此,只能通过迭代法逐步逼近,直至先后两次迭代结果的误差达到精度要求为止。计算工作可通过电算完成,其初始推力值可取弹性理论时的推力值或任一大于零的数。

十、主拱圈结构验算

求出各种荷载作用下的内力后,即可进行最不利情况下的荷载组合,进而验算主拱圈结构强度、刚度以及稳定性。对大跨径拱桥,必要时还需进行动力性能验算。

我国 1975 年版《公路桥涵设计规范》,关于中心受压和偏心受压分为多种情况进行计算,按允许应力法给出计算式。其中,有的形式上为弹性理论而实质上考虑了材料塑性对承载力的影响,也有考虑塑性影响按极限承载力计算的经验公式,因而方法不够统一。

1985 年版《公路砖石及混凝土桥涵设计规范》采用极限状态法进行设计。为适应极限状态设计并将中心受压与偏心受压构件验算予以统一,以砖石结构设计规范的计算公式为基础提出了分别针对强度和稳定的计算式。

作为等截面或变截面曲杆的拱圈,截面弯矩、轴力、偏心距(弯矩与轴力之比)均是变数,为了借用直杆偏心受压相关公式,现行《公路圬工桥涵设计规范》(JTG D61—2005)在 1985 年版《公路砖石及混凝土桥涵设计规范》相关规定基础上,经修正提出拱的截面强度验算和拱的整体"强度—稳定"验算要求。在拱的截面强度验算中,对砌体和混凝土结构分别对待,其中砌体拱截面强度验算基本沿用 1985 年版的规定。对于混凝土拱,由于混凝土匀质性、整体性均较砌体更好,在进入塑性状态后,砌体承载力计算公式就不再适用于混凝土结构,因而提出了专门公式。现行《公路钢筋混凝土及预应力混凝土桥涵设计规范》(JTG 3362—2018)也对钢筋混凝土拱的纵向稳定性、横向稳定性做出了规定。

圬工拱桥结构主要按照承载力极限状态进行设计,并要求满足正常使用极限状态的要求。钢筋混凝土拱桥结构则按照承载力和正常使用两类极限状态进行设计。圬工及钢筋混凝土拱桥均需考虑持久状态以及必要的短暂状态和偶然状态验算。下面介绍持久状态设计验算。

按照现行《公路工程结构可靠度设计统一标准》,拱桥结构设计采用概率极限状态设计方法,并采用分项系数表达法。即荷载效应不利组合的设计值小于或等于结构(截面)抗力效应的设计值,以方程式表示为:

$$\gamma_0 S \leqslant R(f_{\mathrm{d}}, a_{\mathrm{d}}) \tag{1-3-112}$$

式中:γ_0——结构重要性系数,现行《公路圬工桥涵设计规范》(JTG D61—2005)规定,公路桥梁安全设计等级分为一、二、三级,对应的结构重要性系数为 1.1、1.0 和 0.9;

S——作用效应组合设计值,即在上述内力分析结果基础上,按照现行《公路桥涵设计通用规范》(JTG D60—2015)相关规定进行计算;

$R(f_{\mathrm{d}}, a_{\mathrm{d}})$——构件承载力设计函数,其中,$f_{\mathrm{d}}$ 为构件材料强度设计值,a_{d} 为构件几何参数设计值,当无可靠数据时,可采用几何参数标准值 a_{k},也就是设计文件规定值。

(一)强度验算

拱圈强度验算针对控制截面进行。小跨径无铰拱桥控制截面通常为拱脚、$L/4$、拱顶;大中跨径无铰拱桥除拱脚、$L/4$、拱顶截面以外,$L/8$、$3L/8$ 等截面也可能成为控制截面,有必要进行验算。对于采用无支架施工的大跨径以及其他大跨径拱桥,$L/4$ 截面往往不是控制截面,相反,$L/8$、$3L/8$ 等截面常常是控制截面,故必须对拱脚、$L/8$、$L/4$、$3L/8$、拱顶以及其他不利截面进行验算。

1. 拱圈截面抗压强度验算

拱圈截面强度验算与受压偏心距有关。

(1)对于砌体拱圈,当截面偏心距在表1-3-3所示限值范围内时,其截面强度应满足式(1-3-113)的要求:

$$\gamma_0 N_d \leqslant \varphi A f_{cd} \tag{1-3-113}$$

式中:γ_0——结构重要性系数,对应桥梁设计安全等级一、二、三级分别取用1.1、1.0、0.9;

N_d——轴向力设计值,根据现行《公路桥涵设计通用规范》(JTG D60—2015)相关规定确定,其中,活载利用影响线进行弯矩最不利加载,进而求得相应的轴力;

A——构件截面面积,对组合截面按强度比换算[详见《公路圬工桥涵设计规范》(JTG D61—2005)第4.0.5条];

f_{cd}——砌体或混凝土轴心抗压强度设计值[详见《公路圬工桥涵设计规范》(JTG D61—2005)第3.3.2条、第3.3.3条],对组合截面采用标准层轴心抗压强度设计值;

φ——构件轴向力的偏心距e和长细比β对受压构件承载力的影响系数,按《公路圬工桥涵设计规范》(JTG D61—2005)第4.0.6条、第4.0.7条计算。

砌体和混凝土拱圈轴向力偏心距限值 表1-3-3

作 用 组 合	偏心距限值 e	备 注
基本组合	≤0.6 s	单向偏心的受拉边或双向偏心的两边设有不小于截面面积0.05%的纵筋时,偏心
偶然组合	≤0.7 s	距限值e可增大0.1s,s为截面或换算截面重心轴至偏心方向截面边缘的距离

(2)对于混凝土拱圈,当截面偏心距在表1-3-3所示限值范围内时,其截面强度应满足式(1-3-114)的要求:

$$\gamma_0 N_d \leqslant \varphi f_{cd} A_c \tag{1-3-114}$$

式中:A_c——混凝土受压面积,对于单向偏心受压或双向偏心受压,分别按《公路圬工桥涵设计规范》(JTG D61—2005)第4.0.8条1、2款规定采用;

φ——弯曲平面内轴心受压构件弯曲系数,按《公路圬工桥涵设计规范》(JTG D61—2005)表4.0.8采用;

f_{cd}——砌体或混凝土轴心抗压强度设计值,按《公路圬工桥涵设计规范》(JTG D61—2005)第3.3.2条规定采用;

其余符号意义同前。

(3)当截面受压偏心距超过表1-3-3所示限值范围内时,对于单向偏心受压或双向偏心受压,分别按式(1-3-115)、式(1-3-116)进行截面强度验算:

$$\gamma_0 N_d \leqslant \varphi \frac{A f_{tmd}}{\dfrac{Ae}{W} - 1} \tag{1-3-115}$$

$$\gamma_0 N_d \leqslant \varphi \frac{A f_{tmd}}{\dfrac{Ae_x}{W_y} + \dfrac{Ae_y}{W_x} - 1} \tag{1-3-116}$$

式中:W——单向偏心时,截面受拉边缘的弹性抵抗矩,对组合截面按弹性模量比换算为换算截面弹性抵抗矩;

W_x、W_y——双向偏心距时,截面 x 方向受拉边缘绕 y 轴的截面弹性抵抗矩和 y 方向受拉边缘绕 x 轴的截面弹性抵抗矩,对组合截面按弹性模量比换算为换算截面弹性抵抗矩;

f_{tmd}——截面受拉边的弯曲抗拉强度设计值,按《公路圬工桥涵设计规范》(JTG D61—2005)表3.3.2、表3.3.3-4 和表3.3.4-3 规定采用;

e——单向偏心时的轴向力偏心距;

e_x、e_y——双向偏心时轴向力在 x 方向和 y 方向的偏心距;

φ——砌体偏心受压构件承载力影响系数和混凝土轴心受压构件承载力影响系数,分别按《公路圬工桥涵设计规范》(JTG D61—2005)第4.0.6条、第4.0.8条计算;

其余符号意义同前。

2. 拱圈截面直接抗剪强度验算

砌体或混凝土拱圈截面直接抗剪强度用式(1-3-117)验算:

$$\gamma_0 V_d \leqslant A f_{vd} + \frac{1}{1.4}\mu_f N_k \tag{1-3-117}$$

式中:V_d——剪力设计值,根据现行《公路桥涵设计通用规范》(JTG D60—2015)相关规定确定,其中,活载利用影响线进行弯矩最不利加载,进而求得相应的轴力;

A——受剪截面面积;

f_{vd}——砌体或混凝土抗剪强度设计值,按《公路圬工桥涵设计规范》(JTG D61—2005)表3.3.2、表3.3.3-4 和表3.3.4-3 规定采用;

μ_f——摩擦系数,取为0.7;

N_k——与受剪截面垂直的压力标准值。

(二)稳定性验算

拱是以受压为主的结构,无论是施工过程中,还是成桥运营阶段,除要求其强度满足要求外,还必须对其稳定性进行验算。拱的稳定性验算分为纵向(面内)和横向(面外)两方面。

实腹式拱桥,跨径一般较小,常采用有支架施工法,其纵、横向稳定性可不验算。

大、中跨径拱桥是否验算纵、横向稳定性应视施工等具体情况而定。如果采用有支架施工,其稳定验算与落架时间有关。当拱上建筑砌完后再落架,则认为拱上建筑参与主拱共同受力,主拱的纵向稳定性可不验算(这种落架方式对拱上结构受力可能不利)。当主拱圈宽度较大(如大于跨径的1/20),则可不验算拱的横向稳定性。如果采用无支架施工或早脱架(拱上建筑尚未砌完就拆除拱架)施工,则对其纵、横向稳定性均应进行验算。

随着拱桥所用材料性能的改善和施工技术的提高,其跨径不断增大,致使主拱的长细比越来越大,从而使其施工阶段以及成桥运营状态的稳定问题非常突出,常常控制其设计,必须引起高度重视。

1. 纵向稳定性验算

在验算拱的纵向稳定性时,当长细比不大且矢跨比较小时,可将拱圈相当稳定计算长度的压杆,以验算抗压承载力的形式验算其稳定性;当长细比超过一定范围后,可以验算临界轴向力的方式验算其稳定性。

(1)对于中、小跨径砌体或混凝土拱圈(肋),当轴向力偏心距小于《公路圬工桥涵设计规范》(JTG D61—2005)的限值,长细比在表1-3-4所列范围时,可将拱换算为直杆,按直杆承载力计算公式验算拱的整体"强度—稳定"性。该方法属于近似的模拟方法,所以需考虑偏心距和长细比的双重影响。对于模拟的直杆,全拱只能取用同一轴向力、同一截面及偏心距,所以,验算中轴向力近似采用各截面"平均"值,偏心距根据与最大水平推力相应的1/4跨弯矩与"平均"轴向力求得,相当于各截面平均轴向力的平均偏心距。

混凝土拱圈(肋)纵向弯曲系数 φ

表1-3-4

l_0/b	<4	4	6	8	10	12	14	16	18	20	22	24	26	28	30
l_0/i	<14	14	21	28	35	42	49	56	63	70	76	83	90	97	104
φ	1.00	0.98	0.96	0.91	0.86	0.82	0.77	0.72	0.68	0.63	0.59	0.55	0.51	0.47	0.44

注:表中 b 为弯曲平面内拱圈或拱肋截面高度,其余符号意义同前。

整体强度—稳定验算式为:

$$\gamma_0 N_d \leqslant \varphi A f_{cd} \tag{1-3-118}$$

式中:N_d——拱圈或拱肋轴向力设计值,可近似表示成 $N_d = H_d/\cos\varphi_m$,其中 H_d 为拱圈水平推力的设计值(通过在推力影响线上最不利布载求得),φ_m 如图1-3-54所示;

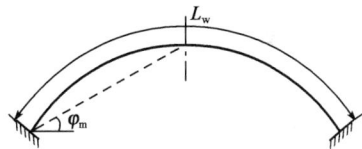

φ——轴向力偏心距和长细比对受压构件承载力的影响系数,对于混凝土拱,按表1-3-4取值。对于砌体拱圈或拱肋,按下列公式计算:

图1-3-54 φ_m 计算示意图

$$\varphi = \frac{1}{\dfrac{1}{\varphi_x} + \dfrac{1}{\varphi_y} - 1} \tag{1-3-119a}$$

$$\varphi_x = \frac{1 - \left(\dfrac{e_x}{x}\right)^m}{1 + \left(\dfrac{e_x}{i_y}\right)^2} \cdot \frac{1}{1 + \alpha\beta_x(\beta_x - 3)\left[1 + 1.33\left(\dfrac{e_x}{i_y}\right)^2\right]} \tag{1-3-119b}$$

$$\varphi_y = \frac{1 - \left(\dfrac{e_y}{y}\right)^m}{1 + \left(\dfrac{e_y}{i_x}\right)^2} \cdot \frac{1}{1 + \alpha\beta_y(\beta_y - 3)\left[1 + 1.33\left(\dfrac{e_y}{i_x}\right)^2\right]} \tag{1-3-119c}$$

$$\beta_x = \frac{\gamma_\beta l_0}{3.5 i_y} \tag{1-3-119d}$$

$$\beta_y = \frac{\gamma_\beta l_0}{3.5 i_x} \tag{1-3-119e}$$

φ_x、φ_y——截面 x 轴方向和 y 轴方向纵向弯曲与偏心影响系数;

e_x、e_y——作用(或荷载)设计值产生的轴向力在截面(或换算截面)x 轴方向和 y 轴方向的偏心距,其值应小于表1-3-3的限值;

x、y——截面 x 轴方向和 y 轴方向的形心(或换算截面形心)至轴向力偏心侧截面边缘的距离;

i_x、i_y——弯曲平面内拱圈或拱肋截面的回转半径;

m——截面形状系数,圆形截面取 2.5,T 形或 U 形截面取 3.5,箱形或矩形截面取 8.0;

α——与砂浆强度有关的系数,当砂浆强度等级大于或等于 M5 时 α 取 0.002,当砂浆强度低于 M5 时 α 取 0.013;

β_x、β_y——拱圈或拱肋换算压杆在截面 x 轴方向和 y 轴方向的长细比,当 β_x、β_y 小于 3 时取 3;

γ_β——长细比修正系数,对于混凝土预制块砌体或组合构件取 1.0,对于细料石、半细料石砌体取 1.1,对于粗料石、块石、片石砌体取 1.3;

l_0——拱圈或拱肋稳定计算长度,拱圈或拱肋纵向稳定计算长度为:无铰拱 $l_0 = 0.36L_a$,双铰拱 $l_0 = 0.54L_a$,三铰拱 $l_0 = 0.58L_a$,其中 L_a 为拱轴线的弧长;

其余符号意义同前。

(2)对于钢筋混凝土拱圈(肋),当其长细比在表 1-3-5 所列范围时,也将其换算为相当计算长度的压杆,按下列承载力计算公式验算稳定性:

$$\gamma_0 N_d \leq 0.9\varphi(f_{cd}A + f'_{sd}A'_s) \tag{1-3-120}$$

式中:φ——拱圈或拱肋换算压杆的纵向弯曲系数,按表 1-3-5 取用;

f_{cd}——拱圈或拱肋混凝土材料抗压强度设计值;

A——拱圈或拱肋截面面积,当纵向钢筋配筋率大于 3% 时,取混凝土净截面面积;

f'_{sd}——纵向钢筋抗压强度设计值;

A'_s——纵向钢筋截面面积;

其余符号意义同前。

钢筋混凝土拱圈(肋)纵向弯曲系数 φ 表 1-3-5

l_0/b	≤8	10	12	14	16	18	20	22	24	26	28
l_0/d_i	≤7	8.5	10.5	12	14	15.5	17	19	21	22.5	24
l_0/i	≤28	35	42	48	55	62	69	76	83	90	97
φ	1.00	0.98	0.95	0.92	0.87	0.81	0.75	0.70	0.65	0.60	0.56
l_0/b	30	32	34	36	38	40	42	44	46	48	50
l_0/d_i	26	28	29.5	31	33	34.5	36.5	38	40	41.5	43
l_0/i	104	111	118	125	132	139	146	153	160	167	174
φ	0.52	0.48	0.44	0.40	0.36	0.32	0.29	0.26	0.23	0.21	0.19

注:表中 b 为矩形截面拱圈或拱肋的短边长度;d_i 为圆形截面或拱肋的直径;i 为截面最小回转半径;其余符号意义同前。

(3)当拱圈(肋)换算压杆的长细比超出表 1-3-4 或表 1-3-5 的范围时,可近似采用欧拉临界力验算稳定性,即

$$N_d \leq \frac{N_{L1}}{K_1} \tag{1-3-121}$$

式中:N_d——拱的轴向力设计值;

K_1——纵向稳定安全系数,一般取 4~5;

N_{L1}——纵向失稳的临界轴向力,表示为:

$$N_{\text{L1}} \leqslant \frac{H_{\text{L1}}}{\cos\varphi_{\text{m}}} \qquad (1\text{-}3\text{-}122)$$

H_{L1}——纵向失稳的临界水平推力，按下式计算：

$$H_{\text{L1}} = k_1 \frac{E_{\text{a}} I_x}{l^2} \qquad (1\text{-}3\text{-}123)$$

E_{a}——拱圈(肋)材料的弹性模量；

I_x——拱圈(肋)截面对自身水平轴的惯性矩；

k_1——纵向失稳的临界推力系数，等截面悬链线和抛物线拱在均布荷载下的 k_1 值见表 1-3-6、表 1-3-7；

其余符号意义同前。

悬链线拱临界推力系数 k_1 表 1-3-6

f/l	0.1	0.2	0.3	0.4	0.5
无铰拱	74.2	63.5	51.0	33.7	15.0
两铰拱	36.0	28.5	19.0	12.9	8.5

抛物线拱临界推力系数 k_1 表 1-3-7

f/l	1/10	1/9	1/8	1/7	1/6	1/5	1/4
无铰拱	35.6	35.0	34.1	32.9	31.0	28.4	23.5
两铰拱	75.8	74.8	73.3	71.1	68.0	63.0	55.5

对于变截面拱圈(肋)，可近似地用其 $l/4$ 截面的惯性矩来估算临界力。

当连续式拱上建筑与主拱共同受力时，拱的稳定性比裸拱时有所提高。纵向稳定临界水平推力可近似地按拱、梁两者截面抗弯刚度之和与拱的截面抗弯刚度之比例增大，即将上述 k_1 增大 $(1 + EI_{\text{b}}/EI_{\text{a}})$ 倍，其中 EI_{a} 和 EI_{b} 分别为拱和桥道梁的面内抗弯刚度。

2. 横向稳定性验算

宽跨比小于 1/20 的上承式拱桥、肋拱桥、特大跨径拱桥以及无支架施工过程中的拱圈(肋)均存在横向稳定问题，设计时必须进行验算。目前，常用与纵向稳定性相似的公式来验算拱的横向稳定性，其关键是确定换算压杆的计算长度。

考虑弹性稳定情况的验算式如下：

$$K_{\text{h}} = \frac{N_{\text{L2}}}{N_{\text{j}}} \geqslant 4 \sim 5 \qquad (1\text{-}3\text{-}124)$$

式中：K_{h}——横向稳定安全系数；

N_{L2}——拱丧失横向稳定时的临界轴向力；

N_{j}——计算轴向力。

(1)对于等截面圆弧线形无铰板拱圈(或单肋)，在径向均布荷载作用下，横向稳定临界轴向力可简化为欧拉公式：

$$N_{\text{L2}} = \frac{\pi^2 E_{\text{a}} I_y}{l_0^2} \qquad (1\text{-}3\text{-}125)$$

式中：N_{L2}——横向稳定临界轴向力；

I_y——拱圈(肋)截面对自身竖轴的惯性矩；

l_0——拱圈(肋)横向稳定计算长度，$l_0 = \mu r$，μ 按表1-3-8取值；

r——圆弧拱的轴线半径，其他线形拱按下式近似换算：

$$r = \frac{l}{2}\left(\frac{l}{4f} + \frac{f}{l}\right)$$

其余符号意义同前。

无铰板拱圈或单肋横向稳定计算长度 l_0 确定所需 μ 值 表1-3-8

f/l	1/3	1/4	1/5	1/6	1/7	1/8	1/9	1/20
μ	1.166 5	0.962 2	0.796 7	0.575 9	0.495 0	0.451 9	0.424 8	0.406 1

由表1-3-8确定横向稳定计算长度 l_0 后，若可由式(1-3-119)(砌体拱)、表1-3-4(混凝土拱)或表1-3-5(钢筋混凝土拱)确定纵向弯曲系数 φ，则横向稳定验算就能简化地按式(1-3-118)或式(1-3-120)进行验算。

(2)对于等截面抛物线形双铰拱圈(肋)合龙时的拱肋，在竖向均布荷载作用下，横向稳定临界水平推力的计算公式为：

$$H_{L2} = k_2 \frac{E_a I_y}{8f l} \qquad (1\text{-}3\text{-}126)$$

式中：k_2——横向失稳时的临界推力系数，可按表1-3-9取用，表中 γ 为截面抗弯刚度与抗扭刚度之比，即

$$\gamma = \frac{E_a I_y}{G_a I_k}$$

G_a——拱圈(肋)材料的剪切弹性模量，可取 $G_a = 0.43 E_a$；

I_k——拱圈(肋)截面的抗扭惯性矩；

其余符号意义同前。

临界推力系数 k_2 表1-3-9

γ		0.7	1.0	2.0
	0.1	28.5	28.5	28.0
f/l	0.2	41.5	41.0	40.0
	0.3	40.0	38.5	36.5

参照图1-3-54，临界轴向力的计算公式为：

$$N_{L2} = \frac{H_{L2}}{\cos\varphi_m} = \frac{1}{\cos\varphi_m} k_2 \frac{E_a I_y}{8f l} \qquad (1\text{-}3\text{-}127)$$

将其表示成欧拉临界力公式：

$$N_{L2} = \frac{\pi^2 E_a I_y}{l_0^2}$$

其中：

$$l_0 = \pi \sqrt{\frac{8f l\cos\varphi_m}{k_2}} \qquad (1\text{-}3\text{-}128)$$

以上式中其余符号意义同前。

按式(1-3-128)确定横向稳定计算长度 l_0 后,如能由式(1-3-119)(砌体拱)、表1-3-4(混凝土拱)或表1-3-5(钢筋混凝土拱)确定纵向弯曲系数 φ,则可按式(1-3-118)或式(1-3-120)进行横向稳定验算。

(3)具有横向联结系的肋拱桥横向稳定性计算较为复杂。对于双肋拱或无支架施工时采用双肋合龙的拱肋,在验算横向稳定性时,可视为组合压杆(图1-3-55),组合压杆的长度等于拱轴长度 L_a,临界轴向力计算也简化为欧拉公式:

$$N_{L2} = \frac{\pi^2 E_a I_y}{l_0^2}$$

其中:
$$l_0 = \psi \mu L_a \tag{1-3-129}$$

对于图1-3-55a)所示横向联系:

$$\psi = \sqrt{1 + \frac{\pi^2 E_a I_y}{(\mu L_a)^2}\left(\frac{1}{E_c A_c \sin\theta\cos^2\theta} + \frac{b}{a E_b A_b}\right)} \tag{1-3-130a}$$

对于图1-3-55b)~d)所示横向联系:

$$\psi = \sqrt{1 + \frac{\pi^2 E_a I_y}{(\mu L_a)^2} \cdot \frac{1}{E_c A_c \sin\theta\cos^2\theta}} \tag{1-3-130b}$$

对于图1-3-55e)所示横向联系:

$$\psi = \sqrt{1 + \frac{\pi^2 E_a I_y}{(\mu L_a)^2}\left(\frac{ab}{12 E_b I_b} + \frac{a^2}{24 E_a I_a} \cdot \frac{1}{1-x} + \frac{na}{bGAb}\right)} \tag{1-3-130c}$$

$$x = \frac{a^2 N_{L2}}{2\pi^2 E_a I_a} \tag{1-3-131}$$

式中:I_y——两拱肋对竖轴的组合惯性矩,$I_y = 2\left[I_a + A_a(b/2)^2\right]$;

$\quad \psi$——考虑剪力对稳定的影响系数;

$\quad \mu$——计算长度系数,无铰拱为0.5,两铰拱为1.0;

$\quad a$——横系梁或夹木的间距;

$\quad b$——两拱肋中距,即横系梁或夹木的计算长度;

$\quad \theta$——斜撑与横系梁或夹木的交角;

$\quad E_b$——横系梁或夹木材料的弹性模量;

$\quad E_c$——斜撑材料的弹性模量;

$\quad A_b$——横系梁或夹木的截面面积;

$\quad A_c$——斜撑的截面面积,如为交叉撑,则为其面积之和;

$\quad I_a$——单根拱肋对自身竖轴的惯性矩;

$\quad I_b$——单根横系梁或夹木对竖轴的惯性矩;

$\quad x$——考虑节间局部稳定性的系数;

其余符号意义同前或见图1-3-55。

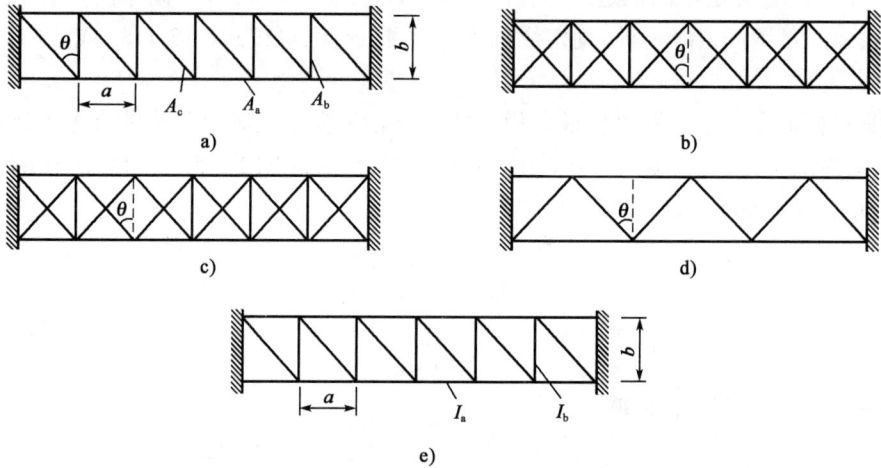

图 1-3-55　组合压杆计算图式

在横向稳定计算长度确定时,对于图 1-3-55e)所示横向联系,先由假定的 x 代入式(1-3-130c)计算 φ,然后由式(1-3-129)计算 l_0,再由欧拉公式计算 N_{12},最后将此 N_{12} 代入式(1-3-131)求出 x。若此 x 与原先假定值差异较大,则应重新假定 x 后再试算。经试算得到 x 后就能最终确定横向稳定计算长度 l_0。横向稳定计算长度 l_0 确定后,如能由式(1-3-119)(砌体拱)、表 1-3-4(混凝土拱)或表 1-3-5(钢筋混凝土拱)确定纵向弯曲系数 φ,则可按式(1-3-118)或式(1-3-121)进行横向稳定验算。

(4)除组合压杆法外,还可采用能量方法进行横向联结系的肋拱桥的横向失稳临界力分析,该法进一步考虑了拱肋扭曲效应和矢跨比的效应。

对于圆弧拱,其临界轴力实用表达式为:

$$N_{12} = \left[\beta + m\left(\frac{l}{d}\right)^2\right]\frac{E_v I_v}{l^2} \qquad (1\text{-}3\text{-}132)$$

$$\beta = \left(\frac{8k}{1 + 4k^2}\right)^2\left[\left(\frac{\pi}{a}\right)^2 + k_1\right]$$

$$m = \frac{6}{a}\int_{-a}^{a}\left[k_2\frac{d\cos\varphi\sin^2\dfrac{\pi\varphi}{a}}{b\left(1 + \dfrac{dk_2}{2b\cos\varphi}\right)^2} + \frac{2\cos^2\varphi\sin^2\dfrac{\pi\varphi}{a}}{\left(1 + \dfrac{2b\cos\varphi}{dk_2}\right)^2}\right]\mathrm{d}\varphi$$

$$k = \frac{f}{l}, k_1 = \frac{GT}{E_v I_v}, k_2 = \frac{E_{bt} I_{bt}}{E_v I_v}$$

式中:$E_v I_v$——拱肋侧向抗弯刚度;

　　　　f、l——矢高和跨径;

　　　　b、d——肋中距和横系梁平距;

　　　　a——拱圈或拱肋半跨对应圆心角;

　　　　GT——拱肋抗扭刚度;

$E_{bt}I_{bt}$——横系梁在切平面内的抗弯刚度。

值得注意的是：由于拱桥实用结构材料并非理想弹性，在到达弹性稳定临界荷载之前，材料也可能已进入塑性阶段；同时，在拱平面内拱圈或拱肋本来就是具有初始偏心的受压构件，加之拱轴在荷载作用下的变形影响，拱圈（肋）在平面内的实际失稳形态大部分属于第二类失稳。对于坦拱和大跨径拱的稳定性分析，应考虑非线性（几何与材料）的影响，并采用有限元法求解非线性稳定系数 K_z（一般在 2.0 以上即可）。

由于有限元分析中涉及混凝土材料本构关系、破坏准则等一些处于研究阶段的问题，作为实用设计分析方法还有一定困难，因此。在目前情况下，近似采用理想弹性的空间稳定有限元法分析大跨径、复杂拱桥稳定性还是一种可行的方法。

第三节 整体型上承式拱桥计算

桁架拱、刚架拱等整体型拱桥的结构特点是"拱圈"与拱上建筑一体化，受力特点是"拱圈"与拱上建筑共同受力。结合桁架拱、刚架拱是先形成拱片，然后再与桥面板形成组合截面的形成实际过程，无论采用解析法还是有限元法分析，均需与其施工过程紧密结合。

一、桁架拱

理论与实践表明，桁架拱拱形桁架部分的杆件主要承受轴向力，与普通桁架的受力相似；实腹段部分承受轴向力和弯矩，与普通拱的受力相似；拱形桁架部分的上弦杆除承受轴向压力外，还直接承受外荷载所产生的弯矩和剪力。桁架拱桥上部结构属高次超静定结构，其计算方法有解析法和有限元法。

从施工过程来看，由于桁架拱的桥面板是在预制的桁架拱片上逐步形成的，桥面板最初不参与预制上弦杆、实腹段承受恒载，随着混凝土徐变内力重分布，桥面板逐步参与承担恒载；而在成桥后的活载及附加荷载作用下，桥面板将与上弦杆、实腹段共同受力。

因此，桁架拱桥计算可按下述程序进行。

1. 基本假定及计算模型

当采用力法计算时，为简化计算，突出受力特点，在试验研究的基础上，可采取下列假定：

(1)以 1 片桁架拱片作为计算单元，将空间桁架简化为平面桁架。荷载在横桥向的不均匀分布以荷载横向分布系数来体现。

(2)以各杆件的轴线构成图式为计算模型，对于桁架与实腹段联结截面，按平截面假定利用刚臂将各杆件联系起来。

(3)考虑到桁架拱片两端仅有一小段截面不大的下弦杆插入墩台预留孔中，故假定桁架拱片两端与墩台的连接为铰接。此时，桁架拱可按外部一次超静定结构计算，在支点处（拱脚）仅产生水平反力和竖向反力，不产生弯矩。

(4)结构分析中，假定桁架拱的杆件节点为理想铰接（试验研究表明，采用铰接的假定是合理的，同时，由于节点固接产生的次弯矩除下弦杆外可以不计）。

根据以上假定，桁架拱被简化为外部一次超静定、内部静定的双铰桁架拱式结构，其计算图式如图 1-3-56 所示。

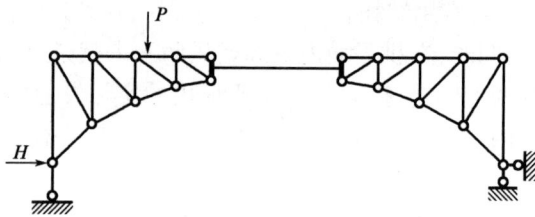

图 1-3-56　桁架拱计算图式

2. 杆件截面及其轴线位置

计算桁架拱时,下弦杆与腹杆截面按实际采用。对上弦杆和实腹段采用两种不同的截面:一种是桁架拱片预制时的截面(不计桥面),如图 1-3-57a)所示;另一种是成桥后桥面板参与共同作用时的截面(计及桥面),见图 1-3-57b)。这时,桥面如为微弯板,就以两片桁架拱片之间的跨中线为分界线,分别以桥面截面的一半计入相连的上弦杆及实腹段截面;如为空心板桥面,且桁架拱片间距较大时,则可参考 T 梁上翼缘的有效分布宽度取一部分桥面参与上弦杆和实腹段受力。上述两种截面中,前者是在计算桁架拱施工到刚竣工时的结构内力时采用;后者是在计算运营阶段的结构内力时采用,不考虑磨耗层和人行道截面,截面特性采用预制部分和桥面部分的换算值。

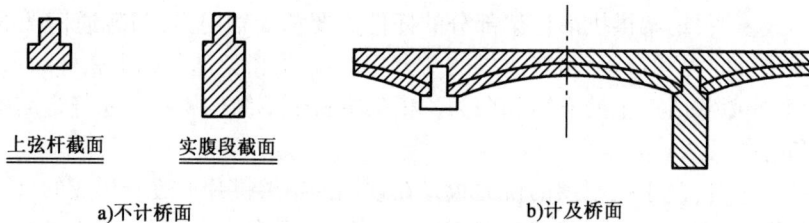

图 1-3-57　上弦杆和实腹段的两种截面

铰接桁架的上弦杆轴线,即上弦杆内的斜、竖轴线交点之连线,采用计及桥面的上弦杆截面重心线,故预制桁架拱片上弦杆截面(不计桥面)重心线不在上述轴线上,而是略低一些(图 1-3-58)。实腹段的轴向力作用线则假定在施工阶段为不计桥面的截面重心线上,在运营阶段为计及桥面的截面重心线上,在两阶段均不偏心。

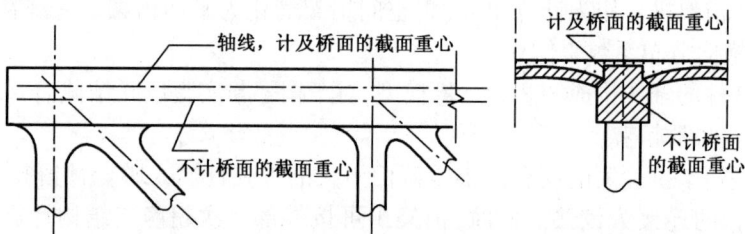

图 1-3-58　上弦杆轴线位置

3. 荷载横向分布系数

对于恒载,各桁架片假定均匀受力。对活载沿横向在各片之间的分布,一般采用偏心受压法或杠杆法分析[参见《桥梁工程(上册)》有关部分]。当桥梁由三片以上桁片组成而跨宽比又大于 3 以上时,宜用偏心受压法计算横向分布系数,其他情况则可按杠杆法计算,并以受力最大的边片作为计算单元。

4.结构内力计算

计算桁架拱时,常以水平推力 H 作为赘余力(图 1-3-56)。力法计算的基本结构为简支拱形桁架。水平推力 H 影响线计算如下。

由典型方程式求得在单位荷载 $P=1$ 作用下的水平推力为:

$$H = -\frac{\delta_{HP}}{\delta_{HH}} \tag{1-3-133}$$

式中:δ_{HP}——基本结构在外荷载 $P=1$ 作用下的支点水平变位;

δ_{HH}——基本结构在赘余力 $H=1$ 作用下的支点水平变位。

计算 δ_{HP}、δ_{HH} 时,桁架部分的杆件只考虑轴向力,实腹段部分只考虑弯矩(轴向力影响很小,可不考虑),因此:

$$\left.\begin{array}{l} \delta_{HH} = \sum \frac{N_H^2 l}{EA} + \sum \frac{M_H^2 \Delta}{EI} \\ \delta_{HP} = \sum \frac{N_H N_P}{EA}l + \sum \frac{N_H M_P}{EI}\Delta l \end{array}\right\} \tag{1-3-134}$$

式中:N_H、N_P——$H=1$、$P=1$ 作用于基本结构时,桁架杆件的轴向力;

M_H、M_P——$H=1$、$P=1$ 作用于基本结构时,实腹段的截面弯矩;

l、A——桁架杆件长度和截面积;

Δl、I——用分段总和法计算实腹段变位时,实腹段各分段的长度和截面惯性矩。用分段总和法计算时,实腹段一般分为 6~8 段。

计算 H 影响线时,只要使 $P=1$ 依次作用于桁架拱上弦各节点与跨中实腹段各分段中点,按式(1-3-133)求出相应 H 值,即得 H 的影响线坐标。

上述方法求 H 影响线比较烦琐,有条件时可尽量采用电算,对中小跨径的桁架拱也可用简化方法计算。

求得水平推力影响线后,即可进一步通过静力平衡条件求得各杆件和实腹段内力影响线。因实腹段截面上的法向压力等于水平推力,故无须另求影响线。在影响线上直接加载即可求得杆件轴力和实腹段轴力与弯矩等内力。桁架拱内力计算包括恒载和活载内力等。

对恒载内力可用影响线求解,也可利用推力 H 影响线求出恒载推力后直接求解桁架内力。计算时分别考虑施工阶段(不计桥面作用)和运营阶段(计入桥面作用)两种情况。前者是考虑桁架拱片除承受自重外,另外承受桥面部分恒载(均布);后者则是考虑所有恒载由桥面板参与共同作用的整体桁架拱承受。从上述两种情况求得的内力中选取最不利者作为设计内力,以避免进行复杂的徐变内力重分布计算。

对活载内力通常通过内力影响线求得。

以图 1-3-59 第 2 个桁架节间为例,对上弦杆 1-2:

当 $P=1$ 作用于节点 2 以右时,对节点 2′取

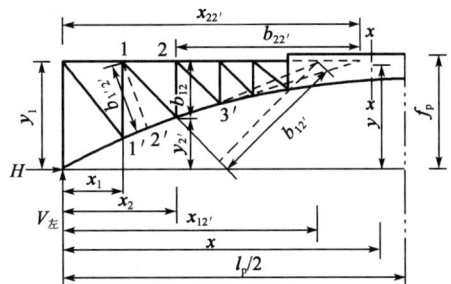

图 1-3-59　桁架拱内力影响线计算图式

矩得：

$$N_{12} = \frac{y_{2'}}{b_{12}}\left(H - \frac{x_2}{y_{2'}}V_{左}\right) \qquad (1\text{-}3\text{-}135)$$

当 $P=1$ 作用于节点 2 以左时,对节点 2′ 取矩得:

$$N_{12} = \frac{y_{2'}}{b_{12}}\left(H - \frac{l_p - x_2}{y_{2'}}V_{右}\right) \qquad (1\text{-}3\text{-}136)$$

式中: l_p——桁架拱的计算跨径。

对下弦杆 1′-2′:

当 $P=1$ 作用于节点 1 以右时,对节点 1 取矩得:

$$N_{1'2'} = \frac{y_1}{b_{1'2'}}\left(\frac{x_1}{y_1}V_{左} - H\right) \qquad (1\text{-}3\text{-}137)$$

当 $P=1$ 作用于节点 1 以左时,对节点 1 取矩得:

$$N_{1'2'} = \frac{y_1}{b_{1'2'}}\left(\frac{l_p - x_1}{y_1}V_{右} - H\right) \qquad (1\text{-}3\text{-}138)$$

对斜杆 1-2′:

当 $P=1$ 作用于节点 2 以右时,对杆 1 2 与杆 1′-2′切线交点取矩得:

$$N_{12'} = \frac{y_1}{b_{12'}}\left(\frac{x_{12'}}{y_1}V_{左} - H\right) \qquad (1\text{-}3\text{-}139)$$

当 $P=1$ 作用于节点 2 以左时,对杆 1-2 与杆 1′-2′切线交点取矩得:

$$N_{12'} = \frac{y_1}{b_{12'}}\left(\frac{l_p - x_{12'}}{y_1}V_{右} - H\right) \qquad (1\text{-}3\text{-}140)$$

对竖杆 2-2′:

当 $P=1$ 作用于节点 2 以右时,对杆 1-2 与杆 2′-3′切线交点取矩得:

$$N_{22'} = \frac{y_1}{b_{22'}}\left(H - \frac{x_{22'}}{y_1}V_{左}\right) \qquad (1\text{-}3\text{-}141)$$

当 $P=1$ 作用于节点 2 以左时,对杆 1-2 与杆 2′-3′切线交点取矩得:

$$N_{22'} = \frac{y_1}{b_{22'}}\left(\frac{l_p - x_{22'}}{y_1}V_{右} - H\right) \qquad (1\text{-}3\text{-}142)$$

实腹段截面 $x\text{-}x$ 弯矩 M_x:

$$M_x = M_x^0 - Hy \qquad (1\text{-}3\text{-}143)$$

式中: M_x^0——与桁架拱跨径 l_p 相应的简支梁在 $x-x$ 截面处的弯矩;

y—— $x\text{-}x$ 截面重心到桁架拱两铰连线间的距离。

在式(1-3-135) ~ 式(1-3-142)中,正号表示轴向力为拉力,负号表示轴向力为压力。在式(1-3-143)中,正号表示 $x\text{-}x$ 截面下边缘受拉,负号表示下边缘受压。

求得各杆件轴向力影响线和实腹段弯矩影响线后,按最不利情况布置,可得活载内力。

应当指出,桁架拱桥的上弦杆除作为整体桁架杆件承受轴向力外,在运营时还直接承受节点之间局部荷载产生的弯矩。由于桁架第一节间上弦杆跨径最大,局部荷载产生的弯矩亦最大,在所有的上弦杆中,常以第一节间上弦杆控制设计。上弦杆的杆端弯矩和跨中弯矩可用下式估算:

$$杆端弯矩 \qquad M_A = -0.7M_P - 0.06gl^2 \left.\right\}$$
$$跨中弯矩 \qquad M_C = 0.8M_P + 0.06gl^2$$

$$(1\text{-}3\text{-}144)$$

式中:M_P——相应简支梁的活载弯矩;

$\quad g$——单位长度恒载重力;

$\quad l$——节点块间距离(上弦杆扣除节点块后的净长)。

在上述假定节点铰接的手算结果中,忽略了节点固接(实际情况)产生的次弯矩影响,通过分析比较,除下弦杆轴向力偏小以外,其余杆件内力与考虑固接时相接近,属容许范围,故在具体设计时,可仅将下弦杆由假定节点铰接计算出的轴向力提高20%。

除此之外,还应根据实际情况计算支承变位、温度变化以及相当于温度额外降低(一般为 $3\sim5$℃)的混凝土收缩徐变、连拱作用等引起的内力。

5. 配筋验算

桁架拱各杆件(截面)内力组合、配筋及验算详见《公路钢筋混凝土及预应力混凝土桥涵设计规范》(JTG 3362—2018)。

6. 桁架拱桥电算要点

目前,桁架拱桥的结构分析更多的是采用有限单元法进行电算。电算桁架拱桥时应注意考虑如下几个问题。

(1)为简化分析工作,电算一般仅取用一个拱片,各拱片间的横向受力分配仍采用横向分布系数。因此,桁架拱桥电算最常用的结构分析软件是平面杆系有限元分析软件。对于代表桁架拱桥进行计算的拱片,仍以各构件的轴线构成的图形作为力学分析图式,各杆件之间的连接不再假定为铰接,即视为刚接,但拱脚与墩台的连接因其构造特点仍取为铰接。

(2)桁架拱桥的实腹段截面和空腹段的上弦杆截面在施工中逐渐由预制截面变成与桥面板组合的组合截面[图1-3-60a)],同时截面形心、杆件轴线的位置上移[图1-3-60b)]。这样,腹杆与上弦杆轴线的连接方式将随构造与施工过程变化而变化,计算模型处理方法如图1-3-61a)所示。

(3)在桁架拱桥的空腹段,各杆件在节点处重叠,形成了一个刚度很大的区域,称为"刚性域"。为了减少使用杆系有限元分析软件而产生的误差,结构计算模型可按图1-3-61b)处理。

(4)计算分析时应考虑结构施工过程的影响,并同步计算混凝土徐变内力重分布。

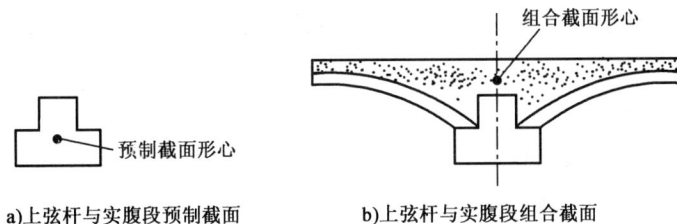

a)上弦杆与实腹段预制截面　　　　　　　b)上弦杆与实腹段组合截面

图1-3-60　桁架拱桥实腹段与空腹段上弦杆组合截面

二、刚架拱

刚架拱除两边腹孔纵梁为受弯构件外,拱腿、内腹孔纵梁、斜撑及实腹段均属于压弯构件。桁架拱为高次超静定结构,部分具有桁架的受力特点。

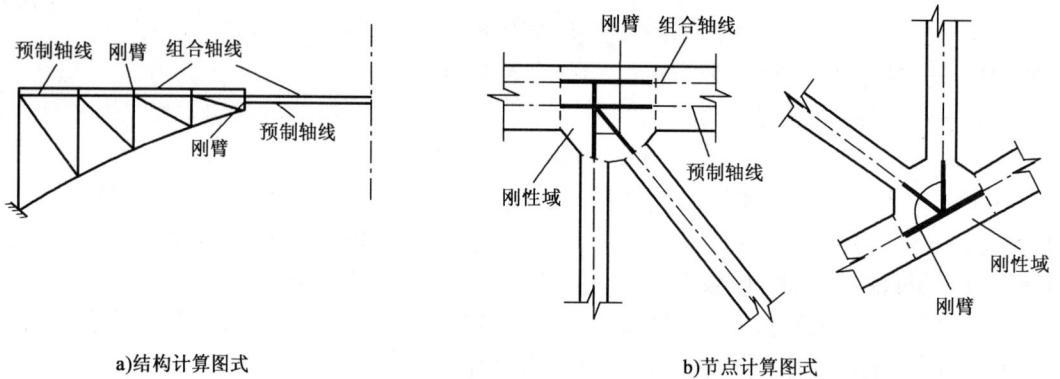

a)结构计算图式

b)节点计算图式

图1-3-61　桁架拱结构和杆件节点计算图式

刚架拱内力一般采用平面杆系有限元法计算,也可采用解析法计算。

与桁架拱类似,刚架拱桥形成过程是:由最初的裸拱(预制拱腿及实腹段)→逐步形成裸刚架片(拱腿、实腹段、空腹段纵梁、斜撑及横系梁组成的结构)→安装桥面板形成最终的刚架拱桥。在恒载作用下,桥面板最初不参与纵梁、实腹段承受恒载,在经混凝土徐变内力重分布后逐步参与受力;而在成桥后活载及附加荷载作用下,桥面板与纵梁和实腹段共同受力。刚架拱内力分析以上述施工与受力特点为依据。

(一)采用力法计算

1.基本假定与计算模型

采用力法计算刚架拱桥时,为简化计算工作、反映结构受力特点,可采取如下假定:

(1)取单片刚架拱片为计算对象,将空间刚架拱简化为平面结构。以荷载横向分布系数,反映荷载在横桥向的分配。荷载横向分布系数可按弹性支承连续梁简化法或其他方法计算。

(2)以刚架拱各杆件的轴线构成的图式为计算模型,在空、实腹交界的截面处利用刚臂将各构件相连。

(3)考虑到拱脚和斜撑脚仅插入墩台预留孔中,故均假定为铰接。

(4)假定斜撑以半铰的方式与空腹段纵梁连接(实验证明,半铰假定合理)。

2.结构计算

(1)恒载内力计算

由于刚架拱桥通常采用预制组装的施工方法,结构将产生徐变内力重分布,为了避免用解析法解决这种复杂问题,恒载内力计算可采用与桁架拱相似的方法,即按两种情况考虑:一种是恒载全部由裸刚架拱(拱腿、实腹段、空腹段纵梁、斜撑及横系梁组成的结构)单独承受,另一种是考虑恒载由桥面板参与纵梁和实腹段共同作用的整体刚架拱承受。刚架拱桥的恒载内力分别按以上两种情况进行计算,从中选取最不利的内力作为设计内力。

以图1-3-62为例,对恒载,在裸肋自重力作用下(图1-3-62阶段1、2),其计算图式为一次超静定的两铰拱,但其拱轴线并非光滑,计算恒载内力时,同样取主拱脚水平推力为赘余力。求出赘余力之后就不难利用静力平衡条件求解各截面的内力。当桥面恒载作用于裸拱片时,各支承均按铰接处理(图1-3-62阶段3),此时,刚架拱为7次超静定结构,利用对称性后实际只有4个未知数。

施工阶段	计算模型与荷载	内力
1	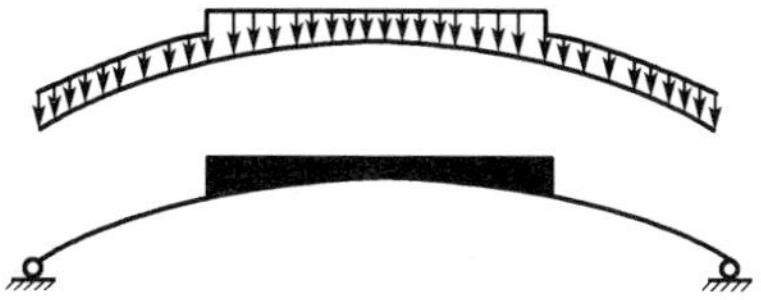	裸拱自重产生的内力
2		弦杆和斜撑在裸拱上产生的内力
3	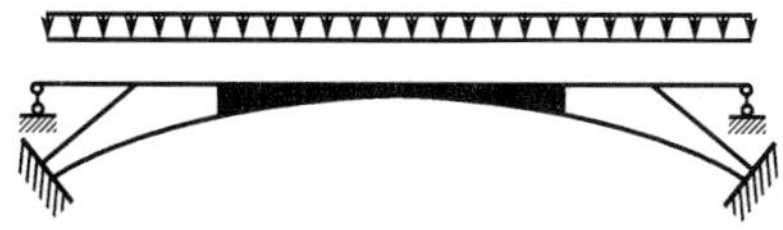	桥面系恒载在裸拱上产生的内力
4	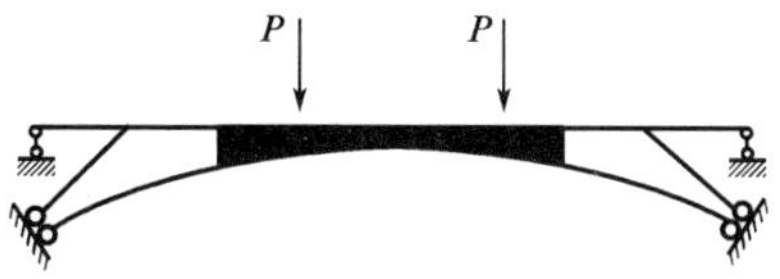	活载和附加力在裸拱、弦杆、斜撑、桥面板组合而成的整体刚架拱桥上产生的内力

图1-3-62 刚架拱分阶段结构计算图式

以成桥状态为例,考虑对称性后的刚架拱上部结构计算模型如图1-3-63,为三次超静定结构。按照结构力学,取图1-3-63所示的基本结构,其赘余力方向的变形协调方程为:

$$\left.\begin{array}{l}\delta_{11}X_1 + \delta_{12}X_2 + \delta_{13}X_3 + \Delta_{1P} = 0 \\ \delta_{21}X_1 + \delta_{22}X_2 + \delta_{23}X_3 + \Delta_{2P} = 0 \\ \delta_{31}X_1 + \delta_{32}X_2 + \delta_{33}X_3 + \Delta_{3P} = 0\end{array}\right\} \quad (1\text{-}3\text{-}145)$$

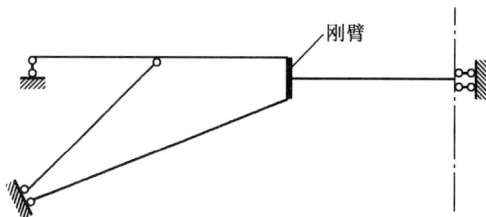

图1-3-63 对称刚架拱简化计算模型

式中: $X_i(i=1,2,3)$——刚架拱结构赘余力;
$\delta_{ij}(i=1,2,3;j=1,2,3)$——单位力在基本结构赘余力方向产生的变位;
$\Delta_{iP}(i=1,2,3)$——外荷载在基本结构赘余力方向产生的变位。

方程(1-3-145)中各项位移计算参见结构力学。根据刚架拱受力特点,为简化计算,位移计算中可忽略轴向力的影响。赘余力求出后即可利用静力平衡条件求解各截面内力。

(2)活载内力计算

在得到截面轴力和弯矩影响线后,活载内力可用设计荷载直接在影响线上按最不利情况布载求得。由于刚架拱主要由偏心受压构件组成,因此这些构件每个截面的活载内力应至少按两种方式加载,即最大(小)弯矩与对应轴力、最大(小)轴力与对应弯矩。

(二)采用有限元法电算

1.基本假定与计算模型

刚架拱桥的电算同样多采用平面杆系有限元分析软件,根据实际施工过程,模型建立时考虑如下假定:

(1)恒载作用时,假定主拱脚和斜撑脚均为铰接(施工中不封固);活载作用时,主拱脚已封固,假定主拱脚为固接,斜撑脚为铰接,弦杆支座无论恒载、活载作用均作为允许水平位移的竖向链杆。

(2)恒载全部由裸(刚架)拱(指除桥面以外的刚架拱片和横系梁组成的结构)承担,考虑到施工过程中结构体系的变化,应按图1-3-62的次序分阶段计算恒载内力,然后进行叠加;活载和附加力由裸拱与桥面组成的整体结构承担(不计桥面磨耗层),见图1-3-62阶段4;与桁架拱相似,刚架拱桥的实腹段截面和空腹段的纵梁截面同样由预制截面变成与桥面板组合的组合截面,轴线的位置上移,计算模型如图1-3-64所示。

(3)计算中可通过考虑荷载横向分布,将空间刚架拱结构简化为平面结构,即取一片刚架拱片作为计算对象。

(4)计算分析时考虑结构在施工中的变化过程,并同步计算混凝土徐变内力重分布。

(5)计算中,按单元全截面特征进行计算,在配筋计算时,考虑剪力滞效应,采用有效宽度进行配筋计算,即弯矩由有效宽度承担,轴力由单元全截面承担。

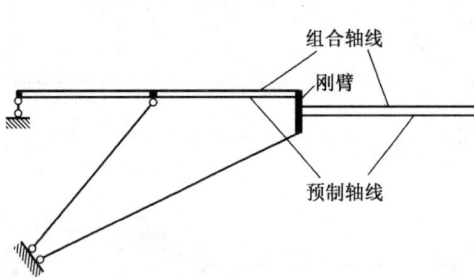

图1-3-64 刚架拱上部结构计入组合截面影响的简化计算模型

2.结构计算

(1)内力计算

如上所述,刚架拱可取一片拱片作为平面杆系结构来计算。结构离散(单元划分),需根据实际问题的需要及精度要求进行。其节点一般应包括构件的转折点、铰接点、截面变化点和所有支承点。对等截面直杆,其中间节点多少可根据验算截面以及求算影响线时单位力作用点的需要确定。而对曲线形拱腿及变截面实腹段,在处理成折线形并以分段等截面直杆代替时,其节点多少应考虑精度要求,见图1-3-65。

恒载内力根据施工过程分析得出。活载内力通过内力影响线求得。另外还需计算温度变化、混凝土收缩徐变、支座变位等产生的作用。

(2)配筋与验算

在求出恒载、活载(必要时计入连拱作用)、温度变化与混凝土收缩徐变(相当于温度的额外降低)等内力后,即可按《公路钢筋混凝土及预应力混凝土桥涵设计规范》(JTG 3362—2018)的规定进行荷载组合,进而进行配筋与强度验算。

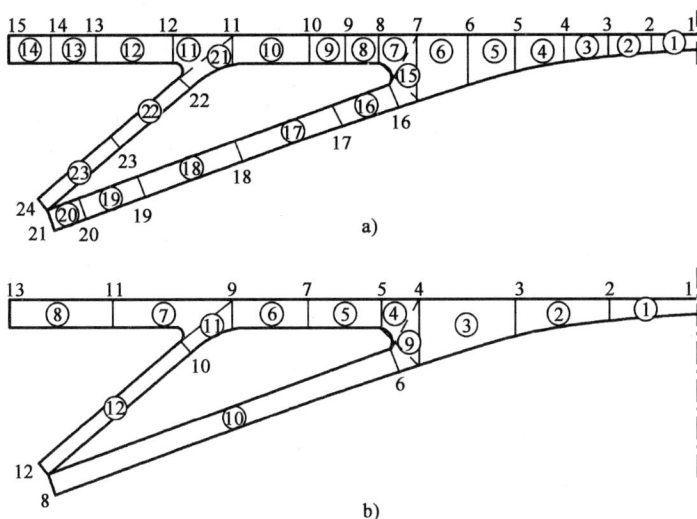

图 1-3-65　刚架拱桥单元划分

（3）稳定性验算

采用无支架施工刚架拱时,与普通钢筋混凝土拱桥一样,需对各施工阶段以及成桥的纵、横向稳定性进行验算。

第四节　中、下承式钢筋混凝土拱桥计算

中、下承式钢筋混凝土拱桥计算的主要内容有:

（1）主拱内力计算及截面强度验算;

（2）主拱纵横向稳定计算;

（3）吊杆计算;

（4）桥面系计算。

主拱内力计算和截面强度验算的具体方法与普通型上承式拱桥并无太大差别,只是在进行内力计算和作用效应组合时,在车辆荷载的内力中必须计入荷载横向分布系数,这是因为在它们上面没有拱上结构联合作用的有利影响。荷载横向分布系数计算方法一般采用杠杆法或偏心受压法。这也是与上承式拱桥计算的差别。

其次,由于没有拱上联合作用,中、下承式拱肋的稳定性验算要比上承拱肋显得更为重要。尤其是单拱肋和无横向风撑的敞口式拱桥,其横向稳定性验算更不容忽视。而目前关于中、下承式拱桥的纵向稳定性验算,基本上与上承受式拱桥的验算方法相同。

一、钢筋混凝土主拱抗压承载力验算

1. 矩形截面（图 1-3-66）

对于钢筋混凝土矩形截面偏心受压构件的正截面抗压承载力,可按下列公式计算:

$$\gamma_0 N_d \le f_{cd} bx + f'_{sd} A'_s - \sigma_s A_s \qquad (1\text{-}3\text{-}146)$$

$$\gamma_0 M_d \le f_{cd} bx \left(h_0 - \frac{x}{2} \right) + f'_{sd} A'_s (h_0 - a') \qquad (1\text{-}3\text{-}147)$$

$$e = \eta e_0 + \frac{h}{2} - a \qquad (1\text{-}3\text{-}148)$$

式中:N_d——轴向力组合设计值;

γ_0——结构重要性系数,对应于一、二、三级设计安全等级,分别取 1.0、1.0、0.9;

f_{cd}——混凝土轴心抗压强度设计值;

f'_{sd}——纵向受压钢筋抗压强度设计值;

σ_s——小偏心受压构件位于截面受拉或受压较小边纵向钢筋应力;

e_0——轴向力对界面重心轴的偏心距,$e_0 = \dfrac{M_d}{N_d}$;

M_d——相应于轴向力的弯矩组合设计值;

η——偏心受压构件轴向力偏心距增大系数;

A'_s、A_s——纵向受压和受拉钢筋截面面积。

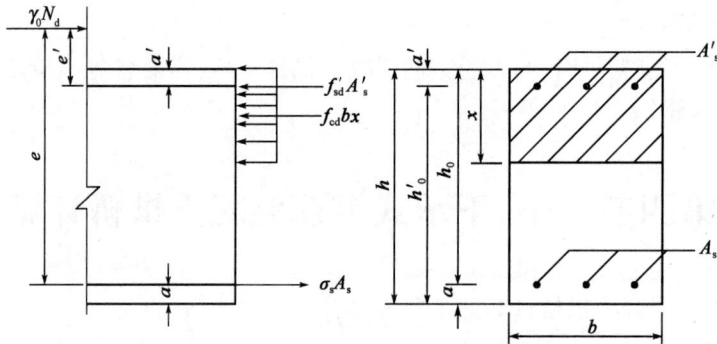

图 1-3-66 矩形截面偏心受压构件正截面抗压承载力度计算

中性轴位置按下式确定:

$$f_{cd} bx \left(e - h_0 + \frac{x}{2} \right) = \sigma_s A_s e \mp f'_{sd} A'_s e' \qquad (1\text{-}3\text{-}149)$$

式中:h_0——截面受压较大边边缘至受拉边或受压较小边纵向钢筋合力点的距离,$h_0 = h - a$;

e、e'——轴向力作用点至截面受拉边或受压较小边纵向钢筋 A_s 合力点的距离。

当轴向力 N_d 作用于受压与受拉钢筋合力点之间时,式(1-3-149)等号右边第二项取正号;反之,取负号。

当 $\xi = \dfrac{x}{h_0} \le \xi_b$ 时,构件属于大偏心受压,ξ_b 为相对界限受压区高度系数,按《公路钢筋混凝土及预应力混凝土桥涵设计规范》(JTG D62—2004)表 5.2.1 采用,式(1-3-146)及式(1-3-147)中的 σ_s 应采用 f_{sd};当 $\xi > \xi_b$ 时,构件属于小偏心受压,σ_s 应按下式计算:

$$\sigma_s = \varepsilon_{cu} E_s \left(\frac{\beta h_0}{x} - 1 \right) \qquad (1\text{-}3\text{-}150)$$

式中：ε_{cu}——截面非均匀受压时，混凝土的极限压应变，当为 C50 及以下混凝土时，取 $\varepsilon_{cu} = 0.003\,3$；

$\quad E_s$——位于截面受拉或受压较小边纵向钢筋的弹性模量；

$\quad \beta$——截面受压区矩形应力图高度与实际受压区高度的比值，对 C50 及以下混凝土取 0.8。

当按式(1-3-150)计算值大于其抗拉强度设计值 f_{sd} 时，取 $\sigma_s = f_{sd}$；当 σ_s 为压应力且其绝对值大于钢筋抗压强度设计值 f'_{sd} 时，取 $\sigma_s = -f'_{sd}$。

对于大偏心受压构件，若在计算中考虑受压钢筋，则受压区混凝土的高度应满足：

$$x \geqslant 2a'$$

对于小偏心受压构件，若纵向力作用在受拉与受压钢筋合力点之间时，则应符合下列条件：

$$\gamma_0 N_d\left(\frac{h}{2} - e_0 - a'\right) \leqslant f_{cd}bh\left(h'_0 - \frac{h}{2}\right) + f'_{sd}A_s(h'_0 - a) \tag{1-3-151}$$

式中：h'_0——截面受压较小边边缘至受压较大边纵向钢筋合力点的距离，$h'_0 = h - a'$。

2. 工字形截面(图 1-3-67)

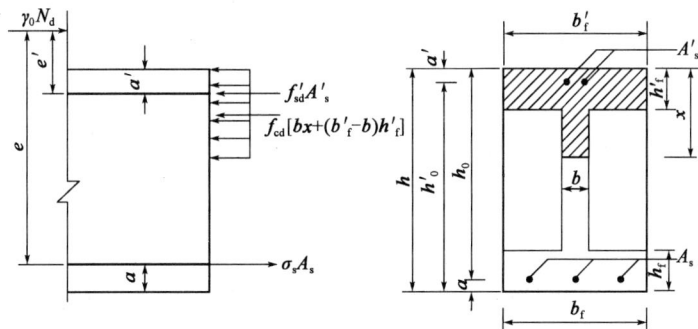

图 1-3-67 工字形截面偏心受压构件正截面抗压承载力计算

（1）大偏心受压构件

当 $x > h'_f$ 时：

$$\gamma_0 N_d \leqslant f_{cd}\left[bx + (b'_f - b)h'_f\right] + f'_{sd}A'_s - \sigma_s A_s \tag{1-3-152}$$

$$\gamma_0 N_d e \leqslant f_{cd}\left[bx\left(h_0 - \frac{x}{2}\right) + (b'_f - b)h'_f\left(h_0 - \frac{h'_f}{2}\right)\right] + f'_{sd}A'_s(h_0 - a') \tag{1-3-153}$$

式中：b'_f、h'_f——位于受压较大边工字形截面的翼缘宽度和高度；

其余符号意义同前。

截面受拉边或受压较小边纵向钢筋的应力 σ_s，以及考虑截面受压较大边受压钢筋时，受压区高度 x 应符合的条件与矩形截面大偏心受压构件一致。

当 $x \leqslant h'_f$ 时，按宽度为 b'_f 的矩形截面计算。

（2）小偏心受压构件

$$\gamma_0 N_d\left(\frac{h}{2} - e_0 - a'\right) \leqslant f_{cd}\left[bh\left(h'_0 - \frac{h}{2}\right) + (b'_f - b)h'_f\left(\frac{h'_f}{2} - a'\right)\right] + f'_{sd}A'_s(h'_0 - a)$$

$$\tag{1-3-154}$$

翼缘位于截面受拉边或受压较小边的工字形截面构件,当 $x > h - h_f$ 时,其正截面抗压承载力计算应考虑翼缘受压部分的作用。

箱形截面可简化为工字形截面进行抗压承载力计算。

二、拱肋横向稳定性验算

拱肋横向稳定性可用空间程序进行分析计算,当缺乏计算条件时,也可用近似计算方法求解,对于具有横向风撑连接的肋拱稳定验算,可按上一节中介绍的轴心受压强度—稳定验算公式或式(1-3-123)的近似公式计算。

对于无风撑连接的中、下承式拱桥,则要考虑吊杆非保向力效应对稳定的影响,当拱肋发生侧倾(横向屈曲)时,吊杆上端将同时随拱肋侧移,若桥面结构纵向整体连续并与拱肋刚性连接,则吊杆下端的横移将受到限制。侧倾吊杆的拉力将对拱肋、桥面结构产生一对向内与向外的水平分力 H(图1-3-68),前一分力对拱肋起着扶正的作用,后一分力使桥面结构产生向外的水平位移。吊杆拉力对结构产生的这种效应称为非保向力效应。

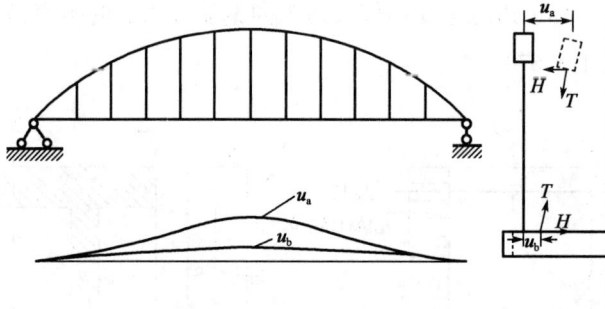

图1-3-68 侧倾吊杆力的作用图式

中承式与下承式拱桥拱肋横向失稳的模态,一般为单向侧倾型和反对称 S 形;桥面结构的模态与拱肋相似,但前者大于后者。由于拱肋受到吊杆水平分力的扶正作用,即非保向力作用,其稳定安全系数得到较大提高。下面以下承式拱桥(圆弧拱)为例,介绍吊杆非保向力效应对拱肋稳定的影响。

对于下承式拱桥,以拱肋与桥面结构侧移作为失稳模式,其中将吊杆拉力 T 简化为间距 a 范围的均布荷载 q,利用变分法得到考虑非保向力效应的拱肋临界轴向力计算公式:

$$N_{l2} = \eta \cdot N_L = \eta \cdot \frac{E_a I_y}{R^2}\left(\frac{2\pi}{a}\right)^2 \xi \qquad (1-3-155)$$

$$\eta = \frac{1}{1 - c}$$

$$\xi = \frac{1 + 2(r - 1)\left(\dfrac{a}{2\pi}\right)^2 + 3\left(\dfrac{a}{2\pi}\right)^4}{1 + 3r\left(\dfrac{a}{2\pi}\right)^2}$$

$$c = \frac{1}{\dfrac{a}{2}\left(\dfrac{a}{2\pi}\right)^2} \cdot \int_{-a/2}^{a/2} \frac{\left(1 + \cos\dfrac{2\pi\varphi}{a}\right)^2}{\cos\varphi - 1 + \dfrac{f}{R}}\,\mathrm{d}\varphi$$

式中:η——非保向力效应的影响系数;

　　N_L——不考虑非保向力效应的拱肋临界轴向力;

　　R——圆弧拱的半径;

　　a——吊杆间距;

　　c——非保向力效应的参数,考虑到拱顶 U_a 较大,亦可偏安全地取为: $c = \dfrac{3R}{4f}\left(\dfrac{a}{\pi}\right)^2$;

　　f——拱矢高;

　　φ——拱肋截面倾角。

通过计算,非保向力效应的影响系数列于表1-3-10。考虑非保向力效应后,拱肋横向稳定性提高约2.7倍,随矢跨比减小而减小。采用上述近似的非保向力效应参数计算公式,对于工程设计计算具有足够的精度,且偏于安全。

非保向力效应影响系数 η　　　　　　　　　表 1-3-10

f/l	1/3	1/4	1/5	1/6	1/7	1/8
η	3.16	2.88	2.76	2.70	2.65	2.64

三、吊杆计算

中、下承式拱桥的吊杆通常分为柔性吊杆和刚性吊杆两类。柔性吊杆只承受轴向拉力,而不承受弯矩,故按轴向受拉构件计算;刚性吊杆与拱肋及横梁的联结一般是刚性联结,吊杆上端固接在拱肋上,下端与横梁形成槽形刚架,吊杆兼受轴力和弯矩,故按偏心受拉构件计算。目前刚性吊杆已经很少使用,本节主要介绍柔性吊杆的计算方法。

吊杆计算与桥道系布置方式有关,当纵梁简支在吊杆横梁上时,吊杆力可以按简支梁法进行计算,当纵梁连续支承在吊杆横梁上时,吊杆对纵梁而言是弹性支承点,此时应按弹性支承连续梁法计算。

在计算汽车荷载和人群产生的吊杆力时,应考虑活载横向分布系数。

求得吊杆力后,就可根据吊杆所采用的钢材(高强钢丝或钢绞线)和安全系数,计算吊杆截面面积。吊杆安全系数不应小于3.0。

四、桥面系计算

对于中、下承式钢筋混凝土拱桥,桥面系通常包括横梁、纵梁、桥面板等,横梁一般由吊杆支承,而纵梁则是以横梁为支点的弹性支承连续梁,其弹性常数为支点产生单位挠度所需的吊杆拉力,该挠度值中包括拱肋和吊杆的变形,若忽略拱肋和吊杆的变形,则纵梁可近似地按刚性支承连续梁计算。

普通横梁承受桥面结构自重与活荷载,一般可按简支梁进行内力分析;桥面(肋间)横梁要承受由拱肋和桥面传来的弯矩、扭矩和剪力,受力情况复杂,通常按固端梁进行内力分析。目前,关于构件兼受弯、扭、剪时的计算方法尚不一致:欧美国家多采用"空间桁架理论"进行抗扭钢筋的计算;前苏联则采用"斜弯破坏理论",直接代入作用弯矩、扭矩和剪力,导出极限扭矩的计算公式;我国《公路钢筋混凝土及预应力混凝土桥涵设计规范》(JTG 3362—2018)介绍的计算方法是将扭矩单独考虑,将扭矩产生的剪应力和弯剪产生的剪应力叠加起来,其和不得超过混凝土的容许标定值;将抵抗扭矩所需要的配筋量与抵抗弯剪所需的配筋量相叠加。显然,这种方法忽略了弯矩、扭矩和剪力共同作用时对强度的影响,因此它是一种近似的设计计算方法,详见《公路钢筋混凝土及预应力混凝土桥涵设计规范》(JTG D62—2004)第5.5节。

通常,纵梁与吊杆、拱肋组成多次超静定结构,当跨径较小时,可采用平面杆系有限元程序进行内力计算;当跨径较大时,可采用空间有限元程序进行内力分析;然后按结构设计原理提供的方法进行配筋和验算,确保纵梁的强度和变形满足要求。

桥面板一般有连续纵梁桥面板和简支梁桥面连续两种类型,对于前者,通常要验算纵梁上翼缘的纵向挠曲,同时按单向板或双向板验算桥面板承受轮载时的局部应力;对于后者,一般须计算连接筋的受力情况。

图1-3-69所示是一个简支梁桥面连续的计算示意图,连接筋的两端嵌固在相邻两简支梁的顶板内,接头混凝土只考虑受压而不考虑其受拉。

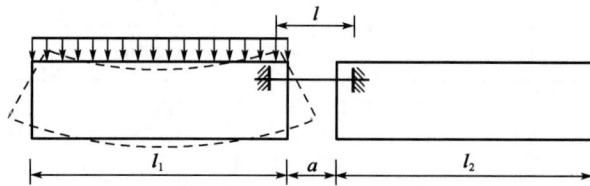

图 1-3-69　桥面连接筋在一侧简支梁受活载时变形情况

1. 弯矩计算(图1-3-70)

(1)当只有 l_1 跨承受活载作用时,由于简支梁梁端转角 α_1 及支座压缩下沉 Δ_1,连接筋 a 端的弯矩为:

$$M_a = -\frac{4EI}{l}\alpha_1 + \frac{6EI}{l^2}\Delta_1 \qquad (1\text{-}3\text{-}156)$$

式中:　l ——连接筋的计算跨度;

　　　　I ——连接筋的惯性矩;

　　　　α_1 —— l_1 跨梁端的角变位, $\alpha_1 = \dfrac{M_1 l_1}{3E_1 I_1}$;

l_1、E_1、I_1 ——简支梁 l_1 跨的跨径、弹性模量和截面惯性矩;

　　　　M_1 ——简支梁 l_1 跨的最大活载弯矩;

　　　　Δ_1 ——简支梁 l_1 跨的支座沉陷值, $\Delta_1 = \dfrac{R_1 h}{E' A}$;

E'、A、h ——简支梁 l_1 跨橡胶支座的弹性模量、面积及厚度;

　　　　R_1 ——简支梁 l_1 跨在活载作用下的支座反力。

(2)当只有 l_2 跨承受活载作用时,连接筋 a 端的弯矩为:

$$M_a = \frac{2EI\alpha_2}{l} - \frac{6EI\Delta_2}{l^2} \qquad (1\text{-}3\text{-}157)$$

式中：$\alpha_2 = \dfrac{l_2}{3E_2I_2}$；

$\Delta_2 = \dfrac{R_2h}{E'A}$。

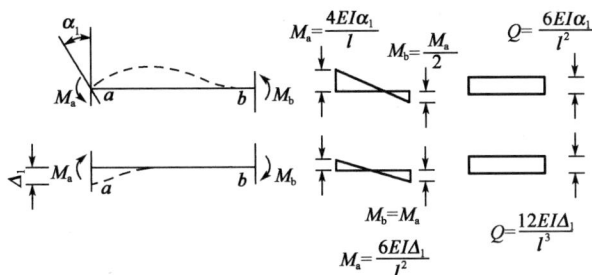

图 1-3-70　桥面连接筋在一侧简支梁受活载时变形情况产生的弯矩及剪力

（3）当相邻梁为等跨、等截面、等荷载时：

$$M_a = -\frac{2EI\alpha}{l} \qquad (1\text{-}3\text{-}158)$$

2. 连接筋锚固长度计算

$$l_m = -\frac{N}{\tau U} \qquad (1\text{-}3\text{-}159)$$

式中：N——连接筋承受的水平力，主要包括温度变化或混凝土收缩引起的纵向力及汽车制动力；

　　τ——极限黏结强度；

　　U——钢筋周长。

锚固长度 l_m 除了要满足受力需要外，还应满足构造上的要求。

3. 连接筋应力计算

$$\sigma = \frac{N}{A} + \frac{M}{W} \qquad (1\text{-}3\text{-}160)$$

式中：A、W——连接筋的截面积和截面模量，受拉时仅考虑钢筋面积而不考虑混凝土面积；受压时为钢筋和混凝土面积之和。

第五节　钢管混凝土拱桥计算

一、设计计算理论概述

钢管混凝土由钢和混凝土两种材料组合而成。由于填入管内的混凝土增强了钢管壁的稳定性，而钢管又对混凝土起套箍作用，使管内混凝土处于三向受压状态，不仅提高了钢管混凝土的抗压强度和变形能力，而且承载力也要比单纯的钢管和混凝土两者承载力之和高。

国外颁布的设计规范中,对钢管混凝土构件的承载力计算,除日本仍采用容许应力法外,大都采用极限状态设计法。对构件刚度的计算,全都采用换算刚度法。在计算表达式方面,无论强度和刚度,大都应用叠加法。

国内在钢管混凝土构件承载力计算方面,依据设计理论的不同,设计计算方法也不一样,这在《钢—混凝土组合结构设计规程》(DL/T 5085—1999)、《钢管混凝土结构技术规程》(CECS 28:2012)、《高强混凝土结构技术规程》(CECS 104:1999)和《公路钢管混凝土桥梁设计及施工指南》(四川省交通厅公路规划设计研究院)中均有体现。

钢管混凝土结构理论主要如下:

1. 统一理论

统一理论的内容是:把钢管混凝土视为统一体,是钢管和混凝土组合而成的一种组合材料。它的工作性能,随着材料的物理参数、统一体的几何参数和截面形式,以及应力状态的改变而改变,这种变化是连续的、相关的,计算是统一的。

依据统一理论,钢管混凝土是一种组合材料,在承载力计算时,应按构件整体的几何特性和统一理论给出的组合设计指标进行。

钢管混凝土组合设计指标通过有限元方法得到,即采用钢材与核心混凝土多轴应力状态下准确的本构关系,分别计算出在轴压、轴拉、受弯、受扭等荷载状态下构件工作的全过程曲线。根据全过程曲线,在确定承载力极限状态准则后,便可定出钢管混凝土承载力组合设计指标,并由一个能同时表达各种荷载情况的统一设计公式表示。当钢管混凝土构造在两种及多种荷载共同作用时,同样采用有限元方法,计算出几种内力的相关关系全过程关系曲线,由该曲线导出相关设计公式。

需要说明的是,由于材料本构关系中已经包含了钢管和混凝土相互作用的套箍力效应,因此,在组合设计指标中已包含了套箍效应。

《钢—混凝土组合结构设计规程》(DL/T 5085—1999)就是依据统一理论编写的。

2. 极限平衡理论

极限平衡理论,又称极限平衡法,它是根据结构处于极限状态时的平衡条件直接算出极限状态荷载数值的一种方法。这种方法绕过了统一理论中必须考虑的弹塑性阶段,无须确定材料的本构关系,因此概念清楚,方法简单。

极限平衡理论属承载力叠加法,它将钢管和混凝土的承载力相叠加,通过引入系数考虑钢管对混凝土的套箍增强效应(故亦称为套箍理论)。

《钢管混凝土结构设计与施工规程》(CECS 28:2012)、《高强混凝土结构技术规程》(CECS 104:1999)的理论基础是极限平衡理论。

应用上述两种理论计算得到的结果基本一致,精度相当。

钢管混凝土结构变形属正常使用极限状态,此时,钢管混凝土处于弹性阶段,套箍效应不会发生,因此,两个设计理论和相应规程对刚度取值均按刚度换算法,只是在表达方式和刚度折减上有所不同。

对于桥梁结构,通常,在计算成桥和运营阶段的结构承载能力时采用"统一理论"较合理,在计算施工阶段结构的强度和刚度时采用"极限平衡理论"比较方便。

在上述理论基础上,通过对我国20余年200余座钢管混凝土拱桥建设经验的总结,2015

年颁布了《公路钢管混凝土拱桥设计规范》(JTG/T D65-06—2015)，对公路钢管混凝土拱桥设计计算提出了相应规定。钢管混凝土拱桥采用以概率理论为基础的极限状态设计。

二、主拱承载力及变形影响因素分析

钢管混凝土拱桥是一种典型的自架设体系桥梁，利用空钢管拱具有的强度和刚度，逐根灌注管内混凝土，形成钢管混凝土拱肋。显然，钢管混凝土拱肋刚度和承载力随着管内混凝土灌注而逐渐增大，但在整个混凝土灌注阶段，拱肋刚度和承载力都是一个变值。此外，为缩短建设工期，通常在前一根管内混凝土达到设计强度的80%～90%就开始灌注下一根，因此，在施工过程中管内混凝土的刚度取值，直接影响到钢管与管内混凝土的内（应）力分配，同时也影响到施工过程中的线形控制和稳定计算。

拱桥建成以后，钢管混凝土作为组合材料，刚度取值对成桥后的内力、变形与稳定计算也有一定影响。国内外现有钢管混凝土设计规程或规范对钢管混凝土刚度取值也存在差异，如中国 CECS 28:2012 和英国 BS5400 用钢管与混凝土刚度直接叠加的计算方法，其余则对混凝土刚度进行不同程度的折减。钢管混凝土拱桥一般都为超静定结构，刚度越大，对超静定结构产生的附加内力也越大，因此，在内力计算时，应取刚度较大值，而在计算变形和稳定时，考虑管内混凝土的折减，计算结果偏于安全。

钢管初应力对钢管混凝土拱桥承载力也有影响。所谓钢管初应力，是指在形成钢管混凝土组合材料前，在钢管中存储的初始应力 σ_0。为衡量初应力大小，把初应力与钢管屈服应力 f_y 之比称之为初应力系数 β，$\beta = \sigma_0/f_y$。对哑铃形和桁式截面的钢管混凝土拱，不同的混凝土灌注顺序，在各根钢管中存储的初应力也不相同。

当钢管因部分荷载作用而产生初始应力 σ_0 和初始应变 ε_0 时，钢管混凝土工作性能发生了变化。图 1-3-71 中的曲线①为钢管混凝土轴心受压短柱平均应力 $\overline{\sigma}$ 和纵向应变 $\overline{\varepsilon}$ 的关系曲线。a 点为组合比例极限 f_{sc}^p，b 点为组合屈服点 f_{sc}^y。oa 段为钢管混凝土弹性阶段，a 点相应于钢管应力达到钢材的比例极限，b 点对应的纵向应变为 $3\,000\mu\varepsilon$，ab 段为钢管混凝土的弹塑性阶段。当钢管无初始应力时，钢管混凝土共同工作是从 0 点开始，而有初始应力时共同工作从

c 点开始。ca' 段为钢管混凝土共同工作弹性阶段，当纵向总应变达钢材比例极限 a' 点时进入弹塑性阶段。由于钢管混凝土的比例极限取决于钢材的比例极限，因此，只要纵向总应变达到 ε_p，钢管混凝土就进入弹塑性阶段。由此可见，初始应力和初始应变缩短了钢管混凝土的弹性工作阶段，提前进入弹塑性工作阶段。虽然钢管提前屈服，但核心混凝土并未达到极限应力，依靠钢管的塑性发展，达到 b' 点时核心混凝土达到极限应变，钢管初始应力延长了钢管混凝土的弹塑性工作阶段，如图 1-3-71 中的曲线②。

钢管初应力是和部分荷载相平衡的应力，占有了钢管部分承载力，并将影响钢管和核心混凝土共同受力阶段的开始和终了，导致钢管屈服阶段提前，影响钢管混凝土构件整体工作的弹塑性阶段。钢管初应力将导致钢管混凝土极

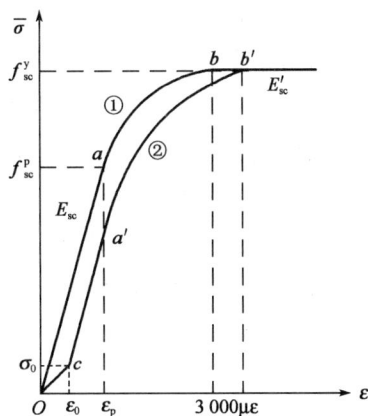

图 1-3-71　钢管初应力和初应变对轴压构件性能的影响

限承载力的降低,试验研究表明,钢管初应力使钢管屈服提前,进而影响到钢管混凝土的承载力。分析计算表明,当初应力系数在 0.6 以内,对钢管混凝土拱桥承载力影响不超过 10%。

钢管混凝土的收缩徐变不但会引起构件内力和应力的重分布,还会导致变形的增大。现有试验表明,钢管混凝土试件的长期变形要比素混凝土试件的长期变形小,管内混凝土的收缩终值远小于徐变值,这是由于处于封闭状态下管内混凝土,无法与大气交换水分的缘故。随着截面含钢率增大,钢管对混凝土徐变的约束作用增强,钢管混凝土徐变变形减小。由于徐变影响因素多,机理复杂,在徐变对承载力影响的认识方面也不尽相同,德国、日本和中国规范,通常乘以一个小于 1 的折减系数来考虑徐变的影响。

合龙温度是拱桥的一个重要计算参数,取值是否合理直接影响到钢管混凝土拱桥承载力和变形计算。迄今为止,国内对钢管混凝土拱桥合龙温度还没有一个明确的定论。影响合龙温度取值的因素较多,除了空钢管拱合龙时的大气温度外,管内混凝土水化热和组合材料的传热性能也会影响到钢管混凝土拱的温度场分布,一种方法是采用考虑管径大小、水灰比、空钢管合龙温度等因素计算合龙温度。这种方法考虑因素较多,但实际应用难度大。目前,绝大部分设计仍采用现行规范计算合龙温度。计算降温作用时,取合龙时的月平均气温再加上 4 ~ 5℃作为计算合龙温度,计算温升作用时,取合龙时的月平均气温作为计算合龙温度。钢管混凝土构件的最低温度取极端最低气温和 1 月平均气温的平均值,最高温度则取极端最高气温和 7 月平均气温的平均值。

前已述及钢管混凝土拱桥是自架设体系桥梁,钢管混凝土组合材料是逐渐形成的,因此,采用应力叠加法计算施工阶段钢管和混凝土应力,用容许应力法验算是比较合适的。在成桥阶段,应采用内力叠加法计算内力,验算结构的整体极限承载力和构件局部承载力,并考虑钢管初应力的影响。

三、钢管混凝土材料性能

与常用的混凝土、钢材等桥用材料不同,钢管混凝土属于组合材料,其性能与混凝土、钢管自身的性能以及混凝土与钢的组合情况等相关,需要理论分析与试验研究得出。

下面介绍《公路钢管混凝土拱桥设计规范》(JTG/T D65-06—2015)对钢管混凝土主要材料性能指标的规定。

1. 钢管混凝土组合轴心抗压强度

钢管混凝土设计强度应采用组合轴心抗压强度,其中,当钢管壁厚大于 16mm 时,厚板效应使卷制的钢管容易凸显钢材缺陷,降低其强度,同时壁厚大于 16mm 的钢管直径一般较大,混凝土的约束效应有所降低,影响因素更多,因此,需要进行折减。组合轴心抗压强度按式(1-3-161a)、式(1-3-161b)计算:

当 $T \leqslant 16mm$ 时

$$f_{sc} = (1.14 + 1.02\xi_0)f_{cd} \qquad (1\text{-}3\text{-}161a)$$

当 $T > 16mm$ 时

$$f_{sc} = 0.96(1.14 + 1.02\xi_0)f_{cd} \qquad (1\text{-}3\text{-}161b)$$

式中:f_{sc}——钢管混凝土组合轴心抗压强度设计值(MPa);

T——钢管壁厚(mm);

ξ_0——钢管混凝土的约束效应系数(套箍系数)设计值[见式(1-2-16)]。

2. 钢管混凝土组合抗剪强度设计值

钢管混凝土组合抗剪强度设计值按式(1-3-162a)、式(1-3-162b)计算：

当 $T \leqslant 16\text{mm}$ 时

$$\tau_{sc} = (0.422 + 0.313\alpha_s^{2.33})\xi_0^{0.134}f_{sc} \tag{1-3-162a}$$

当 $T > 16\text{mm}$ 时

$$\tau_{sc} = 0.96(0.422 + 0.313\alpha_s^{2.33})\xi_0^{0.134}f_{sc} \tag{1-3-162b}$$

式中：τ_{sc}——钢管混凝土组合抗剪强度设计值(MPa)；

$\quad\alpha_s$——钢管混凝土截面的含钢率；

$\quad\xi_0$——钢管混凝土的约束效应系数(套箍系数)设计值[见式(1-2-16)]；

$\quad f_{sc}$——钢管混凝土组合轴心抗压强度设计值(MPa)。

四、承载力极限状态计算

按照《公路钢管混凝土拱桥设计规范》(JTG/T D65-06—2015)，钢管混凝土单管主拱应进行单管受压承载力计算，哑铃形主拱需进行组合受压构件承载力计算，而桁式主拱则应分别进行单管受压和组合受压构件承载力计算。承载力极限状态计算时，钢管混凝土拱桥的安全等级定为一级。

钢管混凝土构件承载力极限状态计算按式(1-3-163)进行：

$$\gamma S \leqslant R \tag{1-3-163}$$

式中：S——作用效应的组合设计值；

$\quad R$——构件承载能力设计值；

$\quad\gamma$——桥梁结构重要性系数，持久、短暂及偶然状态时，取为 1.1；地震状态时，主拱、立柱及横撑、节点连接分别取为 0.75、0.80 和 0.85。

1. 单管受压构件

钢管混凝土轴心受压构件承载力按式(1-3-164a)进行计算：

$$\gamma N \leqslant \varphi_1 K_p K_d f_{sc} A_{sc} \tag{1-3-164a}$$

钢管混凝土偏心受压构件承载力按式(1-3-164b)进行计算：

$$\gamma N \leqslant \varphi_1 \varphi_e K_p K_d f_{sc} A_{sc} \tag{1-3-164b}$$

式中：γ——结构重要性系数；

$\quad N$——轴心受压构件轴向力设计值(10^3kN)；

$\quad\varphi_1$——长细比折减系数，取值见《公路钢管混凝土拱桥设计规范》(JTG/T D65-06—2015)第5.2.3条；

$\quad K_p$——钢管初应力折减系数，$K_p = 1.0 - 0.15\omega$，其中，钢管初应力度 ω 根据钢管初应力及其强度设计值进行计算，即，$\omega = \sigma_0/f_{sd}$；

$\quad K_d$——混凝土脱空折减系数，一般取为 0.95；

$\quad\varphi_e$——弯矩折减系数，取值见《公路钢管混凝土拱桥设计规范》(JTG/T D65-06—2015)第5.2.2条；

$\quad f_{sc}$——钢管混凝土组合轴心抗压强度(MPa)；

211

A_{sc}——钢管混凝土组合截面面积(m^2)。

2. 等截面组合受压构件

等截面主拱轴心受压承载力按式(1-3-165a)计算:

$$\gamma N \leqslant \varphi_l' \sum (K_p^i K_d f_{sc} A_{sc}) \tag{1-3-165a}$$

等截面哑铃形与桁式主拱偏心受压承载力按式(1-3-165b)计算:

$$\gamma N \leqslant \varphi_l' \varphi_e' \sum (K_p^i K_d f_{sc} A_{sc}) \tag{1-3-165b}$$

式中:γ——结构重要性系数;

N——轴心受压构件轴向力设计值(10^3kN);

φ_l'——组合构件换算长细比折减系数,取值见《公路钢管混凝土拱桥设计规范》(JTG/T D65-06—2015)表5.3.1;

K_p^i——单支钢管的最大初应力折减系数,$K_p^i = 1.0 - 0.15\omega$,其中,钢管初应力度 ω 根据钢管初应力及其强度设计值进行计算,即,$\omega = \sigma_0 / f_{sd}$;

K_d——单支钢管混凝土脱空折减系数,一般取为0.95;

φ_e'——组合构件弯矩折减系数。当拱桥跨径小于300m,其取值根据《公路钢管混凝土拱桥设计规范》(JTG/T D65-06—2015)表5.3.2确定;当拱桥跨径大于等于300m,按照《公路钢管混凝土拱桥设计规范》(JTG/T D65-06—2015)第5.3.3条进行计算;

f_{sc}——钢管混凝土组合轴心抗压强度(MPa);

A_{sc}——钢管混凝土组合截面面积(m^2)。

3. 变截面组合受压构件

对于变截面组合受压构件,需要将其等效为等截面后在按照上述方法针对 $L/4$ 截面强度进行计算,详见《公路钢管混凝土拱桥设计规范》(JTG/T D65-06—2015)第5.3.4条规定。

4. 轴心受拉构件

研究表明,钢管混凝土轴向受拉主要由钢管承受,管内混凝土使得钢管处于轴向受拉和径向受压状态。通过理论分析与试验研究,钢管混凝土轴心受拉构件承载力按式(1-3-166)计算:

$$\gamma N \leqslant (1.1 - 0.4\alpha_s) A_s f_{sd} \tag{1-3-166}$$

式中:γ——结构重要性系数;

N——轴心受压构件轴向力设计值(10^3kN);

α_s——钢管混凝土截面的含钢率;

A_s——钢管混凝土钢管截面面积(m^2);

f_{sd}——钢管钢材抗拉强度设计值(MPa)。

5. 受剪构件

钢管混凝土受剪构件承载力按按式(1-3-167)计算:

$$\gamma V \leqslant \gamma_V A_{sc} \tau_{sc} \tag{1-3-167}$$

式中:γ——结构重要性系数;

V——组合截面剪力设计值(10^3kN);

γ_V——截面抗剪修正系数。当钢管混凝土约束效应系数标准值大于等于 0.85 时，γ_V 取 0.85，小于 0.85 时，γ_V 取 1.0；

A_{sc}——钢管混凝土组合截面面积（m^2）；

τ_{sc}——钢管混凝土组合截面抗剪强度设计值（MPa）。

6. 节点

钢管混凝土桁式拱系通过主拱管（弦杆）、支管（腹杆管、横联管）等组成，其整体性和受力耐久性关键在于主管与支管之间的连接节点构造，节点形式有 X、T、Y、K、N 等。

研究与实践表明，由于管内混凝土系分期形成，节点的破坏形式也不一样。主拱管内混凝土灌注前，节点破坏主要为主拱管冲剪或塑性失效，设计通过控制其支管的内力保证节点的承载力安全。对于空心主管的节点承载力计算详见《公路钢管混凝土拱桥设计规范》（JTG/T D65-06—2015）第 5.6.1 条规定。

主拱管内混凝土灌注后，节点承载力提高，其破坏形式主要为支管压溃，因此，必须关注支管的稳定承载力。设计中需要对受压支管的径厚比进行控制，《公路钢管混凝土拱桥设计规范》（JTG/T D65-06—2015）给出了径厚比限值，并提出了因径厚比限值超标后的承载力折减系数。

7. 吊索或系杆索

中、下承式钢管混凝土拱桥吊索或系杆索的承载力主要与其抗拉强度和钢丝截面积有关，其综合安全系数与吊索或系杆索所用材料类别、验算所针对的状态（持久、短暂、偶然和地震）有关。吊索或系杆索承载力按照式（1-3-168）计算：

$$N \leqslant \frac{1}{\gamma_s} f_{pk} A_s \tag{1-3-168}$$

式中：γ_s——综合系数，按照取值；

N——吊索或系杆索受拉轴向力设计值（10^3 kN）；

f_{pk}——吊索或系杆索钢材抗拉强度标准值；

A_s——吊索或系杆索钢丝截面面积（m^2）。

五、节点及连接疲劳与主拱稳定计算

节点及连接疲劳性能、结构稳定性能直接关系钢管混凝土拱桥长期受力安全，必须予以关注。

1. 节点及连接疲劳

通过大量试验研究与实践，对管—管相贯连接、管—板顶接、管—管对接三类焊接接头必须进行疲劳验算，其他根据实际情况确定是否验算。节点及连接疲劳验算按照《公路钢管混凝土拱桥设计规范》（JTG/T D65-06—2015）第 5.7 节规定执行。

2. 主拱稳定性

钢管混凝土拱桥一般跨径较大，杆件较多，加之主拱宽跨比通常较小，施工过程及使用阶段的结构稳定性（包括面内、面外及局部）问题较突出，必须引起重视。

按照《公路钢管混凝土拱桥设计规范》（JTG/T D65-06—2015），主拱整体弹性稳定系数不得小于 4.0，局部构件稳定系数则需更高。通常需要采用空间有限元软件进行分析。

对于跨径超过 300m 的钢管混凝土拱桥，需要计入材料及几何非线性对稳定性的影响。计入材料及几何非线性影响的稳定属于第二类稳定，其实质是结构达到极限承载能力而失稳（压溃），所谓的稳定安全系数则为极限承载能力状态下的安全储备。按照《公路钢管混凝土拱桥设计规范》（JTG/T D65-06—2015），计入非线性影响后的主拱稳定安全系数不得小于 1.75。

六、正常使用极限状态计算

钢管混凝土拱桥持久状况设计应按正常使用极限状态的要求，采用作用（荷载）的短期效应组合、长期效应组合或短期效应组合并考虑长期效应组合的影响，对结构或构件的应力和挠度进行验算，并使各项计算值不超过规范规定的各相应限值。在上述各种组合中，汽车荷载效应不计冲击系数，但应考虑管内混凝土收缩、徐变的影响。

钢管混凝土拱桥在正常使用状态下处于弹性阶段，且由于构件在纵向比其他方向大得多，因此可按一般结构力学方法计算。对特大跨径的钢管混凝土拱桥，几何非线性、材料非线性引起的影响不可忽略时，应采用非线性理论进行分析。

1. 钢管混凝土主拱变形计算

钢管混凝土主拱变形根据线弹性理论进行计算。按照《公路钢管混凝土拱桥设计规范》（JTG/T D65-06—2015），钢管混凝土主拱在车道荷载（不计冲击力）作用下的最大竖向挠度（正负挠度绝对值之和）不应大于 $L/1\,000$，桥面梁（板）的最大竖向挠度不应大于 $L/800$，其中 L 为钢管混凝土拱桥的计算跨径。

钢管混凝土主拱预拱度由恒载累计变形、混凝土徐变变形和 1/2 活载变形组成。对于跨径小于 50m 的拱桥，可以根据经验将预拱度设置为 $(1/600 \sim 1/400)L$。对于跨径大于或等于 50m 的拱桥，预拱度按式（1-3-169）计算确定：

$$\delta_s = K_y \delta_j \tag{1-3-169}$$

式中：δ_s——主拱设计预拱度（m）；

$\quad \delta_j$——主拱计算预拱度（m）；

$\quad K_y$——预拱度非线性修正系数，按《公路钢管混凝土拱桥设计规范》（JTG/T D65-06—2015）第 6.2.3 条规定取值。

桥面梁（板）的预拱度根据主拱、吊索及桥面梁（板）的变形确定。

2. 钢管应力计算

钢管应力为各施工阶段的累计应力、二期恒载应力、温度应力、混凝土收缩徐变应力以及活载应力的累加。钢管混凝土构件为钢和混凝土的组合体，在持久状况下处于弹性阶段，符合平截面假定，因此，钢管应力可按材料力学方法，依据各自材料特性和施工过程采用有限元法叠加计算得出。

根据《公路钢管混凝土拱桥设计规范》（JTG/T D65-06—2015），钢管混凝土构件应力须符合式（1-3-170a）、式（1-3-170b）要求：

$$\sigma_s \leqslant 0.8 f_y \tag{1-3-170a}$$

$$\sigma_c \leqslant \frac{K_1}{K_2} f_{ck} \tag{1-3-170b}$$

式中：σ_s——钢管混凝土组合截面中的钢管应力(MPa)；

σ_c——钢管混凝土组合截面中的混凝土应力(MPa)；

K_1——钢管混凝土轴心受压构件的核心混凝土轴向抗压强度提高系数；

$$K_1 = 1 + \left[\sqrt{4 - 3(0.25 + 3.2\alpha_s)^2} - 1 \right] \alpha_s \frac{f_y}{f_{ck}}$$

α_s——钢管混凝土截面的含钢率；

K_2——管内混凝土容许应力安全系数，一般取为 1.7；

f_y——钢管钢材屈服强度(MPa)；

f_{ck}——混凝土轴心抗压强度标准值(MPa)。

正常使用状态下钢管混凝土构件组合应力和应变可按式(1-3-171a)、式(1-3-171b)计算：

组合应力：

$$\sigma_{sc} = \frac{N_{sc}}{A_{sc}} \pm \frac{M_{sc}}{W_{sc}} = \sigma_{sc}^N + \sigma_{sc}^M \tag{1-3-171a}$$

轴线线应变：

$$\varepsilon_{sc} = \frac{\sigma_{sc}}{E_{sc}} + \frac{\sigma_{sc}^N + \sigma_{sc}^M}{E_{sc}} \tag{1-3-171b}$$

正常使用状态下钢管混凝土构件钢管应力、混凝土应力可按式(1-3-172a)、式(1-3-172b)计算：

钢管应力：

$$\sigma_s = \sigma_{sc} n_s + \sigma_0 \tag{1-3-172a}$$

混凝土应力：

$$\sigma_c \approx \sigma_{sc} n_c \tag{1-3-172b}$$

以上式中：N_{sc}——钢管混凝土组合截面形成后构件中所增加的轴力设计值($\times 10^3$kN)，即扣除计算初应力 σ_0 的内力；

M_{sc}——钢管混凝土组合截面形成后构件中所增加的弯矩设计值($\times 10^3$kN·m)，即扣除计算初应力 σ_0 的内力；

W_{sc}——钢管混凝土组合截面外缘的抵抗矩(m^3)；

E_{sc}——钢管混凝土组合弹性轴压模量(MPa)；

A_{sc}——钢管混凝土组合截面面积(m^2)；

n_s——钢与钢管混凝土组合材料弹性模量比值；

n_c——混凝土与钢管混凝土组合材料弹性模量比值。

对于钢管混凝土轴心受压构件因混凝土收缩、徐变引起的应力增量值，现推导如下：

设钢管混凝土轴心受压构件初始加载龄期为 t_0，钢管、核心混凝土在初始应力 σ_0^s 和 σ_0^c 下的初始应变分别为 ε^s、ε^c。核心混凝土受到初始应力 σ_0^c 作用在计算时刻 t 的自由徐变应变为 $\varepsilon^c \varphi(t, \tau)$，在徐变过程中自由徐变应变受到钢管壁的约束导致核心混凝土应力松弛产生相对应变 $\Delta \varepsilon_s^c$（图1-3-72）。显

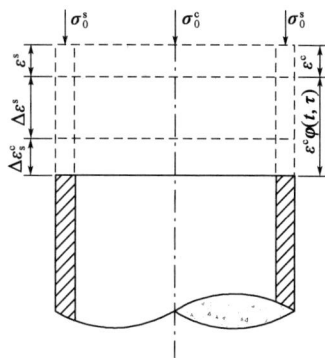

图 1-3-72　钢管与核心混凝土
在时刻 t 的变形

然,该应变的方向与弹性应变和徐变应变的方向相反,以应变增大的方向为正向。

时刻 t 钢管与核心混凝土的应变关系为:

$$\varepsilon^s + \Delta\varepsilon^s + |\Delta\varepsilon_s^c| = \varepsilon^c[1 + \varphi(t,\tau)] \qquad (1\text{-}3\text{-}173)$$

用算术符号表示为:

$$\varepsilon^s + \Delta\varepsilon^s - \Delta\varepsilon_s^c = \varepsilon^c[1 + \varphi(t,\tau)] \qquad (1\text{-}3\text{-}174)$$

式中:$\varphi(t,\tau)$——混凝土徐变系数;

$\Delta\varepsilon^s$——因核心混凝土徐变引起的钢管应变增量;

$\Delta\varepsilon_s^c$——核心混凝土自由徐变受到钢管壁约束后产生的相对应变。

在初始应力作用下,钢管与核心混凝土应变相等,即 $\varepsilon^s = \varepsilon^c$,代入式(1-3-174)有

$$\Delta\varepsilon^s = \varepsilon^c\varphi(t,\tau) + \Delta\varepsilon_s^c \qquad (1\text{-}3\text{-}175)$$

$\Delta\varepsilon_s^c$ 按式(1-3-176)计算:

$$\Delta\varepsilon_s^c = \frac{1}{E_c(\tau)}\int_{t_0}^{t}\frac{\mathrm{d}\sigma^c(\tau)}{\mathrm{d}\tau}[1 + \varphi(t,\tau)]\mathrm{d}\tau \qquad (1\text{-}3\text{-}176)$$

上式中含有对应力历史的积分,可以离散为各个时段的求和,但更多地利用积分中值定理:

$$\Delta\varepsilon_s^c = \frac{\sigma(t) - \sigma(t_0)}{E(t,t_0)} = \frac{\Delta\sigma^c}{E(t,t_0)} \qquad (1\text{-}3\text{-}177)$$

式中:

$$E(t,t_0) = \frac{E_c}{1 + \rho(t,t_0)\varphi(t,t_0)} \qquad (1\text{-}3\text{-}178)$$

老化系数 $\rho(t,t_0)$ 可以从不同的理论推导得来:

老化理论:$\rho(t,t_0) = \dfrac{1}{1 - \mathrm{e}^{-\varphi(t,t_0)}} - \dfrac{1}{\varphi(t,t_0)}$,$\rho(t,t_0) = 0.5 \sim 1$,一般取 0.8。

继效流动理论:$\rho(t,t_0) = \dfrac{1}{1 - \alpha\mathrm{e}^{-\beta\varphi(t,t_0)}} - \dfrac{1}{\varphi(t,t_0)}$,其中,$\alpha$、$\beta$ 为常数,$\alpha = 0.91$,$\beta = 0.686$。

将式(1-3-177)代入式(1-3-175),得

$$\Delta\varepsilon^s = \varepsilon^c\varphi(t,t_0) + \frac{\Delta\sigma^c}{E(t,t_0)} = \frac{\sigma_0^c}{E_c}\varphi(t,t_0) + \frac{\Delta\sigma^c}{E(t,t_0)} \qquad (1\text{-}3\text{-}179)$$

对仅有轴向外荷载且数值不变的情况下有:

$$\Delta N^s + \Delta N^c = 0 \qquad (1\text{-}3\text{-}180)$$

或

$$\Delta\sigma^c = -\frac{A_s}{A_c}\Delta\sigma^s = -\alpha\Delta\sigma^s \qquad (1\text{-}3\text{-}181)$$

式(1-3-180)中,ΔN^s、ΔN^c 分别为钢管与核心混凝土因徐变引起的轴向力增量值。

将式(1-3-181)代入式(1-3-179),并注意到 $\Delta\sigma^s = E_s\Delta\varepsilon^s$,得

$$\begin{cases} \Delta\sigma_{\mathrm{s}} = \dfrac{n \cdot \sigma_0^{\mathrm{c}} \cdot \varphi(t,t_0)}{1 + \alpha_{\mathrm{s}} \cdot n\left[1 + \rho(t,t_0)\varphi(t,t_0)\right]} \\[4mm] \Delta\sigma^{\mathrm{c}} = \dfrac{\alpha_{\mathrm{s}} \cdot n \cdot \sigma_0^{\mathrm{c}} \cdot \varphi(t,t_0)}{1 + \alpha_{\mathrm{s}} \cdot n\left[1 + \rho(t,t_0)\varphi(t,t_0)\right]} \end{cases} \tag{1-3-182}$$

式中:n——钢材与核心混凝土的模量比,$n = E_{\mathrm{s}}/E_{\mathrm{c}}$;

E_{s}——钢管弹性模量;

E_{c}——核心混凝土弹性模量;

α_{s}——钢管混凝土构件的含钢率。

3. 结构动力计算

对于大跨径钢管混凝土拱桥,应进行结构动力特性及抗风验算。

七、施工阶段的设计与计算

钢管混凝土拱桥从拱肋安装到成桥,经历拱肋安装、体系转换、钢管与钢管混凝土组合截面形成、主拱与桥道系加载等多个过程,为确保整个施工过程中截面应力、变形和稳定性满足要求,确保成桥状态目标,必须进行施工过程计算。

1. 施工过程计算的主要内容

(1)构件的制作、运输、安装过程中的应力、变形和稳定计算;

(2)与主拱拱肋形成有关的结构的设计和计算;

(3)钢管混凝土拱肋形成过程中,拱肋自身的应力、变形和稳定计算;

(4)拱上结构或桥面系的加载程序设计与相应的应力、变形和稳定计算;

(5)当采用预应力钢索做系杆的柔性系杆拱,尚应进行分阶段预加应力的设计和计算。

近年来,随着有限元程序的发展,普遍采用空间有限元程序计算钢管混凝土拱桥设计与施工阶段的内力、变形和稳定性。在计算时应注意以下几个问题。

1)计算模式问题

钢管混凝土拱桥是在空钢管拱基础上逐根灌注管内混凝土而形成的,通常为缩短工期,在前面一根管内混凝土达到 80% 左右就开始灌注下一根,因此,在计算时应能模拟施工过程,由此得到较为准确的内力和变形结果。在计算模式上,弦管和管内混凝土宜采用双单元法,即采用相同的节点坐标和编号,不同的单元编号。当采用换算截面法时,如将管内混凝土等效为钢,或将钢管等效为混凝土,均难以模拟管内混凝土的灌注过程。

2)刚度取值问题

刚度取值不仅关系到主拱变形,而且还影响到稳定和内力分析。对于钢管混凝土构件刚度,国内外规范也不尽相同,如英国 BS5400 用钢管与混凝土刚度直接叠加的计算方法,我国《高强混凝土结构技术规程》(CECS 104:99)规定,将混凝土抗弯刚度做 0.8 的折减,以考虑受弯构件在使用阶段核心混凝土受拉区开裂导致的弯曲刚度降低,轴压刚度则不折减。这种折减方法是否合理有待进一步研究。建议在计算变形和稳定时,考虑对管内混凝土的刚度折减,而计算内力时不予以折减。

2. 主拱钢管节段安装成拱计算

主拱钢管节段安装成拱过程中,需以形成的结构体系为计算模型,验算其结构强度、刚度、稳定和抗风性能,并对施工设施,包括斜拉扣挂系统、转体施工系统、提升系统等进行相应验算。

同时,需进行主拱成拱线形拟合计算,主要包括主拱节段安装过程中的挠度计算、主拱节段安装线形调整值计算,为施工过程控制提供依据。

3. 管内混凝土灌注及拱上结构安装过程计算

管内混凝土灌注过程中,重点是通过计算确定合理的管内混凝土灌注、拱上结构安装加载顺序,确保结构受力安全和几何状态符合目标要求。

第六节　拱式组合体系桥梁计算

一、拱式组合体系桥梁的受力特点与计算模式

拱梁组合体系桥结构复杂,多数情况下结构整体分析需要通过电算完成。目前一般采用有限元方法进行电算,其关键是建立合理的有限元计算模型。建立有限元计算模型时的一些基本原则如下。

(1)整体受力静力计算时,大多数拱式组合体系桥可采用平面杆系有限元模型计算;动力及整体稳定性计算应采用空间杆系有限元模型。

(2)静力计算时,对于无冗余水平约束、不存在连拱效应的简支拱梁组合桥、悬臂拱梁组合桥、连续拱梁组合桥,一般可以只取上部结构建立计算模型。对于刚架系杆拱、刚构拱梁组合体系等有冗余水平约束的结构体系,应建立包含下部结构的有限元计算模型。

(3)在杆系有限元模型中,构件通常用梁单元和杆单元模拟。各种具有抗弯能力的构件用梁单元模拟,无抗弯能力的柔性吊杆、柔性系杆用杆单元模拟。采用有限元计算时,不需要区分刚拱柔梁或柔拱刚梁。

(4)单元建立在构件的轴线位置。对于刚性相连但轴线没有交在一起的构件,可用刚臂连接(刚度很大、没有重量的梁单元)。

(5)恒载内力须根据具体施工过程确定计算方法和计算模型,活载内力可根据成桥结构的力学图式计算。

(6)有限元方法中杆单元是一种可以受拉压的单元,而实际工程中的吊杆、系杆为柔性构件,只能受拉,不能受压,因此用杆单元模拟吊杆、系杆时,如果计算结果中吊杆、系杆出现受压情况,则计算结果不正确,需注意处理。不过工程中的吊杆、系杆均有较大的初张力,一般不会出现受压情况。吊杆、系杆初张力的模拟可根据所采用计算程序的实际情况采用不同方法实现,如通过对单元施加初应变或对单元降温来模拟,不管采用哪种方法模拟,最终都相当于在吊杆、系杆单元两端的节点上施加了一对大小相等的力。

1. 拱梁组合式桥电算图式

简支拱梁组合桥如果是刚拱柔梁或采用柔性系杆,可以采用解析法计算,也可采用电算方法。其他形式的拱梁组合桥一般多采用电算方法计算。不同拱梁组合桥成桥后的有限元计算模型简图如图 1-3-73 ~ 图 1-3-79 所示。

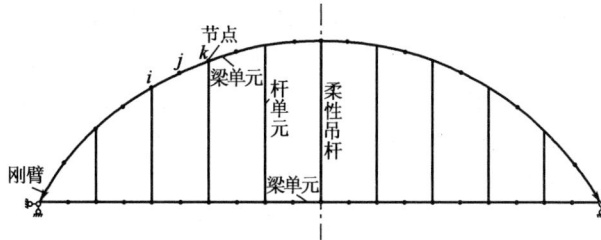

图 1-3-73　简支拱梁组合桥计算图式

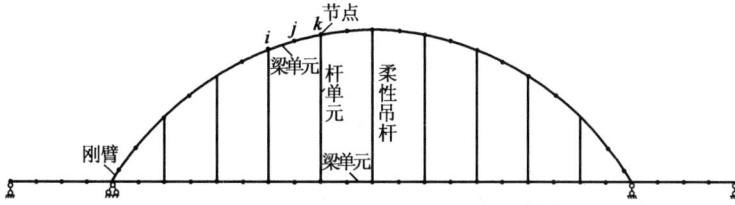

图 1-3-74　下承式连续拱梁组合桥计算图式

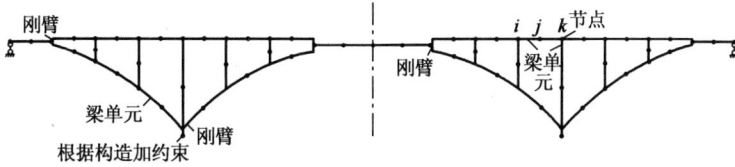

图 1-3-75　上承式连续拱梁组合桥计算图式

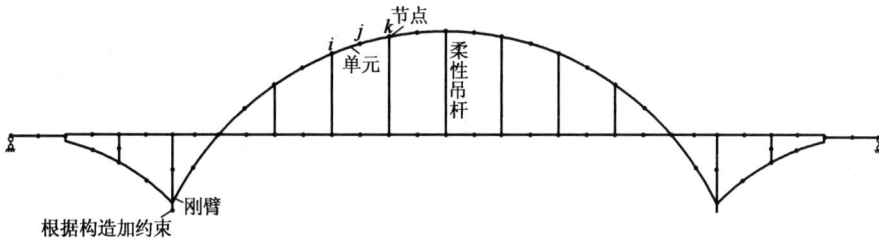

图 1-3-76　中承式连续拱梁组合桥计算图式

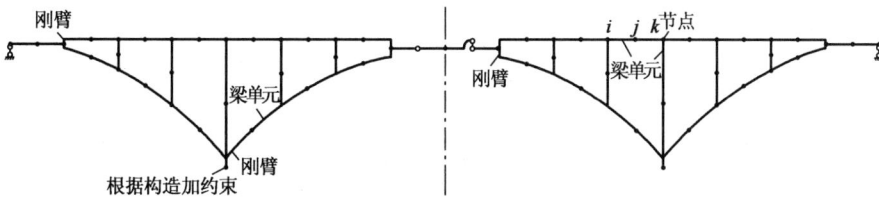

图 1-3-77　悬臂拱梁组合式桥计算图式

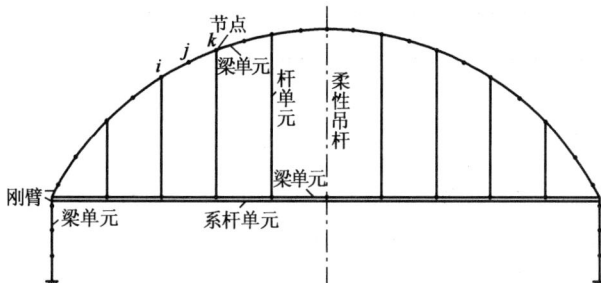

图 1-3-78　单跨下承式刚架系杆拱桥计算图式

在拱肋与纵系梁连接处的重叠部分,按拱肋轴线延长轨迹通过刚臂与梁轴线相连;当采用刚性吊杆时,吊杆与拱肋及纵梁重叠部分也可采用刚臂替代。在计算模型中,应注意梁单元刚度等计算参数的确定,拱肋单元刚度可根据拱肋材料及截面尺寸计算确定,对于钢管混凝土拱肋,应采用换算截面刚度;系梁单元刚度应根据桥面系形式确定。如果桥面系为纵横梁体系,且桥面板与纵横梁之间为刚性连接,则系梁单元刚度中除计入系梁本身的刚度外,还可计入部分桥面板的刚度,如果桥面板与纵横梁之间非刚性连接,则可不计入桥面板的刚度,只考虑桥面板的重量。

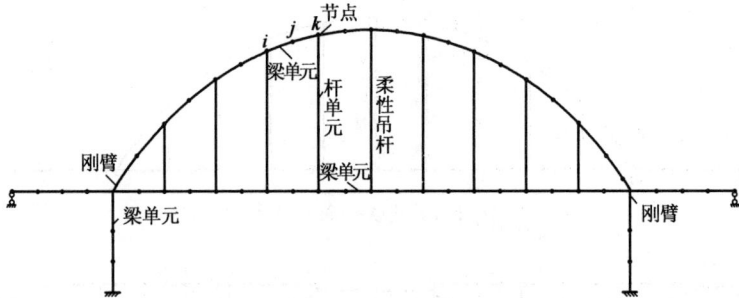

图 1-3-79　连续刚构拱梁组合桥计算图式

刚架系杆拱桥的桥面系常采用横梁上纵铺桥面板的结构形式,系杆为柔性系杆,独立于桥面系。这种情况下,桥面系的竖向抗弯刚度相对较小,桥面板为局部受力构件。安全期间,可以假定纵向两个吊杆之间的恒载及活载通过桥面板传到其相应的两个横梁上,然后通过横梁上的吊杆传递到拱肋。因此计算时可以不考虑桥面系的刚度,电算时为了便于加载计算,可以建立桥面系单元,但应注意桥面系单元的竖向抗弯刚度应取得很小,同时桥面系单元在端部(拱肋与桥墩相交位置)的顺桥向及面内转动自由度是自由的,不受桥墩的约束。系杆单元为独立的一个单元,其两端与桥墩单元相接。

2.简支刚拱柔梁的解析法计算

对于刚拱柔梁简支系杆拱桥,也可近似采用解析法计算。取系梁拉力 H 为赘余力,计算图式如图 1-3-80 所示,典型方程为:

$$\delta_{11}H + \Delta_{1p} = 0 \qquad (1\text{-}3\text{-}183)$$

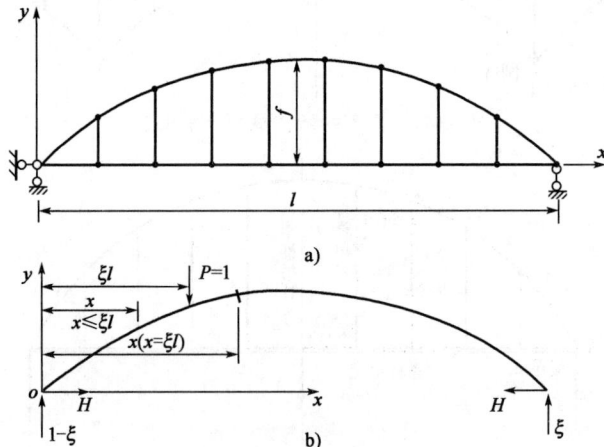

图 1-3-80　简支刚拱柔梁桥计算图式

计算 δ_{11} 时,不能忽略系梁轴向变形的影响。一般当刚拱柔梁的矢跨比 $f/l < 1/4$ 时,可略去拱肋轴向变形和剪切变形的影响。系梁拉力可按下式计算:

$$H = - \frac{\int M_H M_P \dfrac{ds}{EI}}{\int M_H^2 \dfrac{ds}{EI} + \int N_H^2 \dfrac{ds}{EA} + \dfrac{l}{E_1 A_1}} \tag{1-3-184}$$

式中: EI——拱肋的抗弯刚度;

EA——拱肋的抗压刚度;

$E_1 A_1$——系梁的抗拉刚度。

当采用钢筋混凝土系梁时,要考虑混凝土参与受拉,计算中应采用钢筋面积与假想的弹性模量之积,即 $E_1 A_1 = A_g \varepsilon \times 2.1 \times 10^5$,其中 A_g 为系梁钢筋的面积; ε 为系数,系梁配筋率为 6% 时,取 1.15;系梁配筋率为 10% 时,取 1.08。当采用预应力混凝土系梁时,计算中应采用换算的系梁面积,混凝土的弹性模量采用受压时的数值。

以 $M_H = -y$、$N_H = \cos\varphi$ 代入式(1-3-184)可得:

$$H = \frac{\int y M_P \dfrac{ds}{EI}}{\int y^2 \dfrac{ds}{EI} + \int \cos^2\varphi \dfrac{ds}{EA} + \dfrac{l}{E_1 A_1}}$$

$$= \frac{\int y M_P \dfrac{ds}{EI}}{\int y^2 \dfrac{ds}{EI}} \cdot \frac{1}{1 + \mu'} \tag{1-3-185}$$

式中: $\mu' = \dfrac{1}{\int y^2 \dfrac{ds}{EI}} \left(\int \cos^2\varphi \dfrac{ds}{EA} + \dfrac{l}{E_1 A_1} \right)$。

式(1-3-185)是刚拱柔梁系梁拉力的一般表达式,如果已知结构的几何特征,代入上式积分即可求得系梁拉力。

刚拱柔梁的拱轴线常采用二次抛物线,若拱轴线方程为 $y = \dfrac{4f}{l^2} x(l-x)$ (坐标原点取在拱脚),拱肋惯性矩和面积的变化规律分别为 $I = I_c/\cos\varphi$ 和 $A = A_c \cos\varphi$,则系梁拉力的表达式可写成:

$$H = \frac{1}{1 + \mu'} \cdot \frac{l}{f} \cdot \frac{5}{8} (\alpha - 2\alpha^3 + \alpha^4) \tag{1-3-186}$$

式中: α——参数, $\alpha = x/l$;

μ'——参数,按下式计算:

$$\mu' = \frac{15 I_c}{8 f^2} \left(\frac{1}{A_c} + \frac{E}{E_1 A_1} \right)$$

A_c、I_c——分别为拱肋拱顶截面的面积和惯性矩。

简支拱梁组合桥外部是静定的,而内部是超静定的,因此温度变化、混凝土收缩都会产生内部的附加拉力,计算时应考虑这些因素的影响,其中混凝土收缩的影响可以等效为降温处理。

温度变化或混凝土收缩引起的系梁附加水平拉力为：

$$\Delta H = \frac{\alpha l \Delta t}{\int y^2 \dfrac{\mathrm{d}s}{EI}} \cdot \frac{1}{1 + \mu'} \tag{1-3-187}$$

式中：α——混凝土线膨胀系数；

Δt——实际温差或混凝土收缩的折算温差；

其余符号意义同前。

若拱肋惯性矩按 $I = I_c/\cos\varphi$ 变化，拱轴线方程为 $y = \dfrac{4f}{l^2}x(l-x)$，坐标系如图 1-3-81a) 所示时，式(1-3-187)可简化为：

$$\Delta H = \frac{\alpha l \Delta t}{\dfrac{8 f^2 l}{15 EI_c}} \cdot \frac{1}{1 + \mu'} \tag{1-3-188}$$

当单位荷载 $P = 1$ 作用在不同位置时，可利用上式分别求出赘余力 H 和 ΔH 的各点影响线坐标，然后可利用叠加原理求出弯矩、剪力及轴力的影响线。

当 $P = 1$ 作用在左边拱肋任意截面时，由平衡条件可得：

$$\left. \begin{aligned} &\sum X = 0 : N\cos\varphi - Q\sin\varphi - H = 0 \\ &\sum Y = 0 : N\sin\varphi + Q\cos\varphi - (1 - \xi) = 0 \\ &\sum M = 0 : M + Hy - (1 - \xi)x = 0 \end{aligned} \right\} \tag{1-3-189}$$

求解式(1-3-189)，可得拱肋任意截面的内力影响线：

$$\left. \begin{aligned} N &= \frac{1 - \xi + H\cot\varphi}{\sin\varphi(1 + \cot^2\varphi)} \\ Q &= \frac{1 - \xi + H\cot\varphi}{\sin\varphi(1 + \cot^2\varphi)}\cot\varphi - \frac{H}{\sin\varphi} \\ M &= (1 - \xi)x - Hy \end{aligned} \right\} \quad (0 \leqslant x \leqslant l\xi) \tag{1-3-190}$$

当 $P = 1$ 作用在右边拱肋任意截面时，由平衡条件可得：

$$\left. \begin{aligned} &\sum X = 0 : N\cos\varphi + Q\sin\varphi - H = 0 \\ &\sum Y = 0 : N\sin\varphi - Q\cos\varphi - \xi = 0 \\ &\sum M = 0 : M + Hy - \xi(l - x) = 0 \end{aligned} \right\} \tag{1-3-191}$$

求解式(1-3-191)，可得拱肋任意截面的内力影响线：

$$\left. \begin{aligned} N &= \frac{\xi + H\cot\varphi}{\sin\varphi(1 + \cot^2\varphi)} \\ Q &= -\frac{\xi + H\cot\varphi}{\sin\varphi(1 + \cot^2\varphi)}\cot\varphi - \frac{H}{\sin\varphi} \\ M &= (l - x)\xi - Hy \end{aligned} \right\} \quad (l\xi \leqslant x \leqslant l) \tag{1-3-192}$$

温度变化及混凝土收缩在系梁中产生赘余力 ΔH,但在支点处不产生支反力,如图 1-3-81 所示。

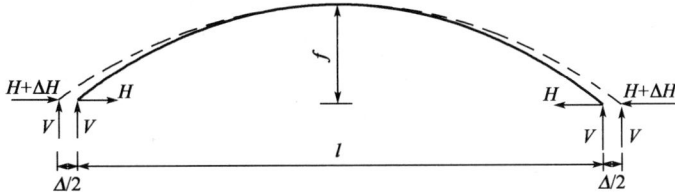

图 1-3-81　温差及混凝土收缩内力图式

由平衡条件可得:

$$\left.\begin{array}{l}\sum X = 0: N\cos\varphi - Q\sin\varphi - \Delta H = 0\\[2mm]\sum Y = 0: N\sin\varphi + Q\cos\varphi = 0\\[2mm]\sum M = 0: M + \Delta Hy = 0\end{array}\right\} \quad (1\text{-}3\text{-}193)$$

联立求解,可得温差和混凝土收缩时拱肋的内力影响线:

$$\left.\begin{array}{l}N = \dfrac{\Delta H}{\cos\varphi(1 + \tan^2\varphi)}\\[4mm]Q = -\dfrac{\Delta H\tan\varphi}{\cos\varphi(1 + \tan^2\varphi)}\\[4mm]M = -\Delta Hy\end{array}\right\} \quad (1\text{-}3\text{-}194)$$

二、吊杆、系杆、横梁、活载横向分布及体系变化的计算要点

(1)许多情况下,拱梁组合桥的吊杆在拱肋和系梁施工完成后安装,此时吊杆安装后需要张拉,通过张拉将桥面系的恒载传递到拱肋上。对于一些刚架系杆拱桥,桥面系为飘浮式桥面系,其施工过程一般是先完成拱肋施工,安装系杆及吊杆,然后吊装预制的横梁和桥面板,这种情况下,吊杆就不需要张拉,也不存在确定初张力的问题。吊杆的张拉需按照便于施工与保证结构安全的原则确定张拉次序和张拉次数。

(2)吊杆的恒载内力根据施工过程确定后,活载内力的确定与桥面系结构形式相关。当桥面系整体性差、竖向刚度较弱时,例如没有纵系梁或纵系梁竖向抗弯刚度较小,预制桥面板纵铺在横梁上时,可以偏保守地认为纵向两根吊杆之间的活载全部由这两根吊杆承担,此时吊杆活载内力可以简单地通过解析法确定。当桥面系结构整体性好、竖向抗弯刚度较大时,例如桥面系为箱梁或梁格体系时,吊杆的活载内力应通过结构整体的电算加载分析确定。

(3)吊杆的内力在活载作用下变化幅度较大,因此应注意吊杆的疲劳问题,柔性吊杆的设计最大应力不超过其材料设计强度的0.4倍。

(4)系梁的内力受结构形式、施工过程等多种因素影响,需根据实际施工过程、通过结构整体计算确定。柔性系杆需要通过主动张拉来施加荷载,张拉力的大小、张拉次数需要结合施工顺序通过计算确定。计算表明,活载作用下系杆的应力幅较小,一般认为大跨径系杆拱桥系杆的最大使用应力取值在其材料设计强度的 0.4~0.6 之间都是合理的。

（5）横梁的计算图式应根据桥面系的结构形式确定。对于无系梁约束的普通横梁，可以按简支梁或带悬臂的简支梁计算。当横梁与系梁为刚性连接时，系梁与横梁形成平面框架结构，横梁的受力较为复杂，其内力须根据实际构造确定计算图式。若拱肋为双肋拱，两肋下的系梁刚度较大，则两肋间普通横梁的受力介于两端固支梁与简支梁之间，计算时可以偏安全地取由这两种计算图式所得到的内力值，即横梁跨中截面取简支或带悬臂的简支梁的计算结果，以及与系梁相交处取两端固支梁或悬臂梁的计算结果。上承式、多肋拱的中承式与下承式拱梁组合结构的横梁，可考虑按弹性支承连续梁计算。

（6）拱梁组合桥是一种复杂的空间结构，但纵、横向构件的构造很有规律，因此计算一般仍用平面模型，空间效应通过横向分布系数反映。根据理论分析与试验验证，对于上承式拱梁组合结构，当桥宽小于跨径的 1/2 时(窄桥)，通常可以采用偏心压力法计算横向分布系数；对于双肋拱的中承式与下承式结构，可以采用杠杆法计算横向分布系数；对于多肋拱的宽桥结构，可采用弹性支承连续梁法计算横向分布系数；对于桥面系为整体箱梁的拱梁组合结构，偏载内力增大系数可以取 1.1~1.15。

第七节　拱桥墩台计算

桥梁墩台计算的基本原理和公式已在《桥梁工程(上册)》中叙述，这里不再赘述。下面主要介绍拱桥墩台的计算作用及其效应组合，以及拱桥轻型桥台和组合式桥台的计算要点。

一、作用及其效应组合

众所周知，拱桥分为有推力拱桥和无推力拱桥。无推力拱桥的墩台与梁式桥墩台类似；有推力拱桥墩台多采用重力式墩台，为混凝土或砌体结构。圬工桥涵结构应按承载能力极限状态设计，并满足正常使用极限状态的要求。正常使用极限状态一般不需要专门验算，可通过相应的构造措施来保证。

按承载能力极限状态设计时，需考虑两种作用效应的组合：基本效应组合和偶然效应组合。基本效应组合由永久作用和可变作用标准值的效应乘以不同分项系数之后相加得到效应组合设计值，偶然效应组合由永久作用标准值的效应、可变作用某种代表值的效应和一种偶然作用标准值的效应直接相加得到，与偶然作用同时出现的可变作用可根据观测资料和工程经验取用适当的代表值。

在拱桥墩台计算中，永久作用有结构重力和土的重力、土侧压力、基础的变位作用、拱的混凝土收缩影响作用和水的浮力；可变作用有活载及其影响力、汽车制动力、拱的温度变化作用、风荷载、流水压力、冰压力；偶然作用有船舶或漂浮物的撞击作用、地震作用和汽车撞击作用等。

在墩台设计验算中，应按墩台在建造时与使用期间可能同时发生的各种最不利的情况进行效应组合，得到设计值，并对墩台及其基础的强度和稳定性进行验算。在组合时，应特别注意永久作用中自重部分效应分项系数的取值，一般对结构的承载能力不利时取值较大，对结构的承载能力有利时取值较小。在验算拱桥墩台偏心和承载能力时，需要考虑自重效应分项系数的两种不同取值情况：一种情况是自重分项系数取 1.2 进行组合，此时一般是竖向力较大；

另一种情况是自重分项系数取1.0进行组合,此时一般是偏心距较大。

二、重力式桥墩的计算与验算

桥墩计算时应对顺桥向和横桥向分别进行,通常由顺桥向控制设计。

1. 顺桥向的作用及其效应组合

拱桥桥墩有普通墩和单向推力墩两种。对于普通墩,其顺桥向的计算作用如图1-3-82所示,其中包括:

(1)桥墩各部分的重力 P_1、P_2、P_3、P_4、P_5、P_6。

(2)由永久作用产生的拱桥推力 H_g 和 H_g'、竖直反力 V_g 和 V_g' 以及拱脚弯矩 M_g 和 M_g'。

(3)由活载产生的拱脚推力 H_p、竖直反力 V_p 以及拱脚弯矩 M_p。

(4)由拱圈弹性压缩引起的拱脚推力 ΔH_g 和 $\Delta H_g'$。

(5)由温度变化引起的拱脚推力 H_t 和 H_t' 以及拱脚弯矩 M_t 和 M_t',当相邻拱为等跨时则不需要考虑,如图1-3-82所示为升温。

(6)由混凝土收缩引起的拱脚推力 H_r 和 H_r' 以及拱脚弯矩 M_r 和 M_r'。

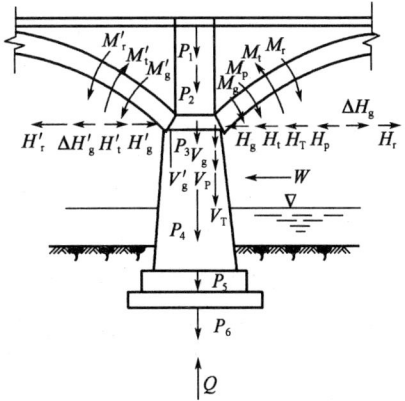

图1-3-82 拱桥桥墩受力情况

(7)由汽车制动力引起的拱脚推力 H_T 以及竖直反力 V_T(图1-3-83):

$$H_T = \frac{1}{2}H_{制动}, V_T = \frac{H_{制动}}{l}f$$

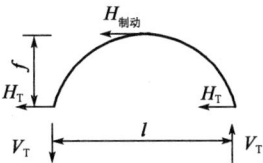

图1-3-83 制动力作用

(8)水的浮力 Q。

(9)墩身的纵向风力 W。

对桥墩最不利的加载情况是:一孔满布活载的内力(不等跨时则大跨布载,且使验算墩受到的推力 H_p 最大)+与 H_p 同方向的制动力、温度影响力、纵向风力、材料的收缩影响力+恒载内力等。

对单向推力墩,则按承受整孔(不等跨时指大跨)全部恒载的单侧受力情况进行设计计算。

2. 横桥向的作用及其效应组合

桥墩横桥向可能受到的作用包括风荷载、流水压力、冰压力、船只或漂浮物的撞击作用、地震作用等。设计时,根据相关规范规定及具体情况进行组合。

上述作用效应组合主要针对重力式桥墩而言,对于轻型桥墩还可根据具体情况考虑连拱的影响。对于肋拱有必要考虑活载对墩的偏载影响。

3. 墩身截面强度和偏心距验算

对于较矮的桥墩,一般验算墩身的突变处截面和墩底截面;对于较高的桥墩,由于控制截面不确定,则应沿墩身竖向每隔2~3m验算一个截面。

当桥墩偏心受压时,圬工桥墩应按《公路圬工桥涵设计规范》(JTG D61—2005)第4.0.5条~第4.0.10条的相关要求,进行受压偏心距限值范围内的承载力验算。

当拱桥桥墩相邻两孔的推力不相等时,需验算拱座底截面的抗剪强度。圬工构件可按《公路圬工桥涵设计规范》(JTG D61—2005)第4.0.13条验算,钢筋混凝土构件可按《公路钢筋混凝土及预应力混凝土桥涵设计规范》(JTG D62—2004)第5.5.3条和第5.5.4条的相关规定验算。

除运营阶段的验算外,对拱桥桥墩还应进行施工验算。例如:当邻孔尚未修建时,由一孔拱圈自重产生的不平衡荷载对桥墩可能是危险的,须加以验算。

除墩身验算外,还应按《公路桥涵地基与基础设计规范》(JTG D63—2007)要求进行基础的承载力和偏心距验算、基础的抗倾覆稳定性和抗滑动稳定性验算。

三、重力式桥台的计算与验算

如图1-3-84所示,拱桥桥台计算作用包括永久作用中的自重力、拱的材料收缩影响作用、水的浮力以及台后土侧压力,可变作用中的活载及其影响力(活载土侧压力),以及拱的温度影响作用和制动力,偶然作用中的地震作用等。台后土侧压力一般以主动土压力为主,其大小和压实度有关,当计算桥台前墙前端最大应力、向桥孔方向的偏心距和稳定性时,按台后填土尚未压实考虑(摩阻角取小值);当计算桥台后端最大应力、向路堤方向的偏心距和稳定性时,按台后已压实考虑(摩阻角取大值)。汽车荷载引起的土压力采用车辆荷载加载。

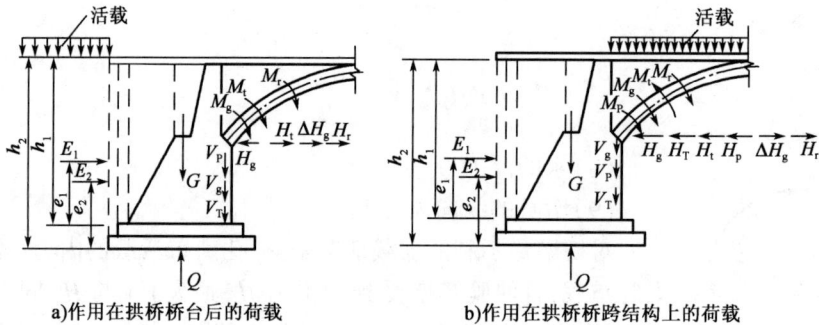

a)作用在拱桥桥台后的荷载   b)作用在拱桥桥跨结构上的荷载

图1-3-84 拱桥桥台受力情况

除布置只考虑顺桥方向外,一般按以下两种情况布置车辆进行作用效应组合。

(1)桥上满布车辆荷载与人群,使拱脚水平推力达到最大值,温度上升,制动力向路堤方向,台后按压实土考虑土侧压力,使桥台有向桥跨方向滑动的趋势[图1-3-84b)]。

(2)台后破坏棱体上布置车辆荷载,桥跨上无车辆荷载与人群,拱脚只有永久作用产生的水平推力,制动力向桥跨方向,温度下降,台后按未压实土考虑土侧压力,使桥台有向桥跨方向滑动的趋势[图1-3-84a)]。

除上述组合外,还需考虑在桥跨结构还未将荷载传递给桥台,而台后已完成填土的情况,即桥台恒载效应+桥后土侧压力效应这种组合。

对于U形桥台,当按U形整体截面(墙身及基底)验算时,可假设侧墙尾端为竖直面,且不考虑墙背与填土的外摩擦角计算土压力,破坏棱体的布载长度亦以侧墙尾端为准。

桥台台身承载力和偏心距、基底承载力和偏心距以及桥台的稳定性验算均与桥墩相同，且只需验算顺桥方向。如果 U 形桥台两侧墙宽度不小于同一水平截面前墙全长的 0.4 倍时，桥台台身截面承载力验算应把前墙和侧墙作为整体来考虑受力。否则，台身前墙应按独立的挡土墙计算。

四、拱桥轻型桥台的计算要点

与重力式桥台不同，由于拱桥轻型桥台在水平推力作用下，将绕基底产生一定的转动，因而，桥台路堤对台背以及地基对基底均产生土的弹性抗力，因此整个台身在外力作用下将由桥台自重、台后填土的静止土压力和土的弹性抗力来平衡。

拱桥轻型桥台验算的主要内容有：一是台身截面承载力验算，二是基底应力验算，三是稳定性验算。

（一）基本假定

（1）桥台只绕基底转动而无滑动。
（2）台后计算土压力是由静止土压力和桥台变位所引起的土的弹性抗力所组成。
（3）桥台本身的变形相对其变位可以忽略不计。

（二）静止土压力计算

如图 1-3-85 所示，任意高度 h_i 处的静止土压力强度 $p_{j(i)}$ 一般表达式为：

$$p_{j(i)} = \xi\gamma h_i \tag{1-3-195}$$

将台口以上的土压力化为等效节点力时，作用在台口处的集中力 W_j 为（取单位台宽）：

$$W_j = \frac{1}{3}p_{j(1)}h_1 \tag{1-3-196}$$

作用于台身部分的总静止土压力 E_j（单位台宽）为：

$$E_j = \frac{\xi\gamma h_2}{2}(2h_1 + h_2) \tag{1-3-197}$$

式中：γ——土的重度（kN/m^3）；

$\quad h_i$——填土顶面至任意一点的高度（m）；

$p_{j(i)}$——台口处的静止土压力强度；

$\quad \xi$——压实土的静止土压力系数，对于砾石、卵石，$\xi = 0.20$，对于砂，$\xi = 0.25$，对于亚砂土，$\xi = 0.35$，对于亚黏土，$\xi = 0.45$，对于黏土，$\xi = 0.55$，也可直接采用试验值。

（三）土的弹性抗力强度计算

台口处土的弹性抗力强度：

$$p_k = k\Delta \tag{1-3-198}$$

相应的桥台绕基底形心的刚体转角为 θ，于是：

$$\theta = \frac{\Delta}{h_2} \tag{1-3-199}$$

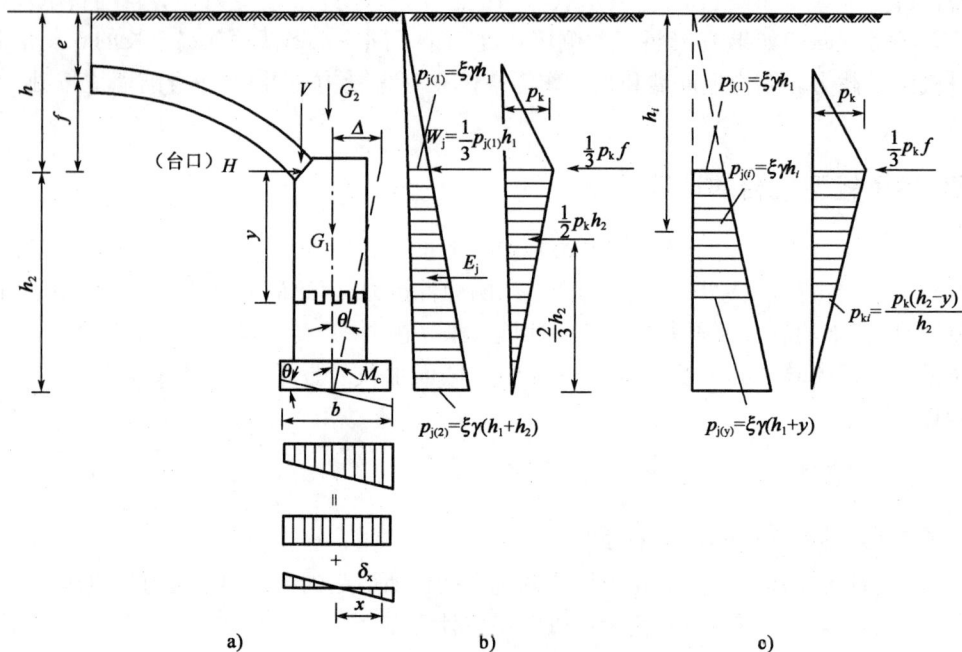

图 1-3-85　弹性抗力计算图式

距基底重心水平距离为 x 的土的弹性抗力强度为:

$$\sigma_x = k_0 \theta x \tag{1-3-200}$$

将式(1-3-198)、式(1-3-199)代入式(1-3-200)得:

$$\sigma_x = \frac{k_0}{k} \cdot \frac{x}{h_2} p_k \tag{1-3-201}$$

台背土抗力对基底形心的力矩为:

$$M_{pk} = \frac{1}{2} p_k h_2 \frac{2}{3} h_2 + \frac{1}{3} p_k f h_2 = \frac{1}{3} h_2 (h_2 + f) p_k \tag{1-3-202}$$

基底土抗力对基底重心的力矩为:

$$M_0 = \frac{I_0}{x} \sigma_x = \frac{k_0}{k} \cdot \frac{I_0}{h_2} p_k \tag{1-3-203}$$

由平衡条件可知,除土的抗力以外所有荷载对基底形心的力矩为:

$$\sum M_c = M_{pk} + M_0$$

将式(1-3-202)、式(1-3-203)代入可得到:

$$p_k = \frac{\sum M_c}{\dfrac{h_2}{3}(h_2 + f) + \dfrac{k_0 I_0}{k h_2}} \tag{1-3-204}$$

以上式中：f——拱的计算矢高；

$\qquad I_0$——基底截面惯性矩；

$\qquad h_2$、Δ——台身高度、位移(图1-3-85)；

$\qquad k$、k_0——台背土和地基土的弹性抗力系数，通过试验确定，k值也可参见表1-3-11，当为同一土质时，可取$k_0/k=1.25$；

其余符号意义同前。

台后土弹性抗力系数 k 值 表1-3-11

分　类	$k(\mathrm{kN/m^3})$	分　类	$k(\mathrm{kN/m^3})$
流塑黏性土($I_\mathrm{L} \geqslant 1$)、淤泥	100 000 ~ 200 000	坚硬、半坚硬黏性土($I_\mathrm{L} < 0$)、粗砂	650 000 ~ 1 000 000
软塑黏性土($0.5 \leqslant I_\mathrm{L} < 1$)、粉砂	200 000 ~ 450 000	砾砂、角砾砂、圆砾砂、碎石、卵石	1 000 000 ~ 1 300 000
硬塑黏性土($0 < I_\mathrm{L} < 0.5$)、细砂、中砂	450 000 ~ 650 000	密实卵石夹粗砂、密实漂卵石	1 300 000 ~ 2 000 000

(四)台身承载力验算

1. 台口抗剪强度验算(取单位宽)

据《公路圬工桥涵设计规范》(JTG D61—2005)第4.0.13条规定，砌体构件或混凝土构件直接受弯时，应按下式计算：

$$\gamma_0 V_\mathrm{d} \leqslant A f_\mathrm{vd} + \frac{1}{1.4}\mu_\mathrm{f} N_\mathrm{k} \tag{1-3-205}$$

式中：γ_0——结构重要性系数；

$\qquad V_\mathrm{d}$——剪力设计值，其值为 $V_\mathrm{d} = H - \frac{1}{3}p_\mathrm{k}f - \frac{1}{3}p_\mathrm{k(1)}h_1$；

$\qquad \mu_\mathrm{f}$——摩擦系数，采用$\mu_\mathrm{f} = 0.7$；

$\qquad A$——受剪截面面积；

$\qquad N_\mathrm{k}$——与受剪截面垂直的压力标准值，即为1m桥台宽度上的垂直力及台顶面以上土重；

$\qquad f_\mathrm{vd}$——砌体或混凝土抗剪强度设计值，按《公路圬工桥涵设计规范》(JTG D61—2005)表3.3.2采用；

其余符号意义同前。

2. 台身承载力验算

台身的强度验算按压弯构件进行，由于验算的最大受力截面不在基础顶面，所以求最大受力截面的确切位置较为复杂。为了简化计算，近似地用最大弯矩截面来代替最大受力截面。

截面最大弯矩的计算，可取拱脚中心为坐标原点，计算各力对深度y处截面重心轴的弯矩M_y，并根据$\dfrac{\mathrm{d}M_y}{\mathrm{d}y} = 0$，解得最大弯矩截面处的位置$y$，并求出最大弯矩值。

对于较矮的桥台台身(高度小于2m)，可取台身底面作为验算截面。台身承载力的验算与桥墩相同。

(五)基底应力验算

当基础设置在非岩石和岩石地基上，且合力偏心距不超过基底核心半径时，可按式

229

(1-3-206)验算。

$$\left.\begin{array}{l} \sigma_{\max} = \dfrac{V + \sum G}{A} + \dfrac{k_0 x_1}{kh_2} p_k \leqslant [\sigma] \\[4mm] \sigma_{\min} = \dfrac{V + \sum G}{A} - \dfrac{k_0 x_2}{kh_2} p_k \geqslant 0 (对非岩石地基) \end{array}\right\} \qquad (1-3-206)$$

式中:x_1、x_2——基底形心至最大和最小应力边缘的距离;

　　$[\sigma]$——地基容许承载力;

　　$\sum G$——重力的合力;

其余符号意义同前。

当基础设置在坚密岩石地基上,基底的合力偏心距 e_0 超出核心半径 ρ 时,仅按受压区计算基底最大压应力,不考虑基底承受拉力,以最大边缘压应力控制设计,其计算原理如下。

根据地基弹性抗力对基底形心的力矩等于作用在台上各力对基底形心的力矩这一原理,当不计基底拉应力时,可按如图 1-3-86 所示的计算图式计算。计算时可取单位台宽,对矩形基底截面,最大边缘压应力 σ 的计算与式(1-3-201)相似,即:

$$\sigma = \frac{ak_0}{h_2 k} p_k \leqslant [\sigma] \qquad (1-3-207)$$

基底的受压宽度 a 可根据总垂直外力 $V + \sum G$

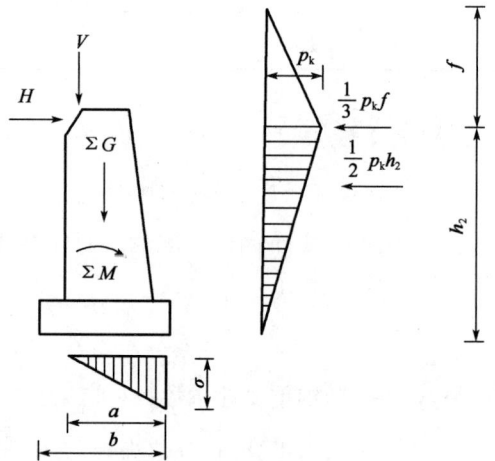

图 1-3-86　基底出现拉应力时的计算图式

应与基底土的总承载力相等的原则导得:

$$a = \sqrt{\frac{2h_2 k}{p_k k_0}(V + \sum G)} \geqslant \left.\begin{array}{ll} 0.75b & (坚岩) \\ 0.80b & (较差岩石) \end{array}\right\} \qquad (1-3-208)$$

当所有外力、静止土压力、台背和基底土抗力对基底的 b 边取矩时,得:

$$(V + \sum G)\frac{b}{2} - \sum M_c + M_{pk} - \frac{\sigma a^2}{6} = 0$$

将式(1-3-206)～式(1-3-208)代入上式,经整理后得到土的弹性抗力的最终形式为:

$$\left[3b(V + \sum G) + 2h_2(h_2 + f)p_k - 6\sum M_c\right]^2 - 8h_2 \frac{k}{k_0}(V + \sum G)^3 = 0 \qquad (1-3-209)$$

上式中各符号意义同前。

(六)稳定性验算(取单位宽度)

1. 路堤稳定性验算

当桥台向台后方向偏转时,保证台后填土不破裂的安全系数 K_c 按下式计算:

$$K_c = \frac{p_b}{p_{j(1)} + p_k} \geqslant 1.3 \qquad (1-3-210)$$

式中:p_b——台口处被动土压力强度,其值为:

$$p_b = \gamma h_1 \tan^2\left(45° + \frac{\varphi}{2}\right) + 2c \cdot \tan^2\left(45° + \frac{\varphi}{2}\right)$$

$p_{j(1)}$——台口处静止土压力强度；

p_k——台口处土的弹性抗力强度；

c、φ——土的黏聚力和内摩阻角。

2. 抗滑稳定性验算

为了保证桥台基底只有转动而无滑动，应根据荷载布置的两种情况进行抗滑稳定性验算。

（1）桥跨上布满活载（考虑静止土压力加土抗力），验算向路堤方向滑动的安全系数 K_c，即：

$$K_c = \frac{f_1(V + \sum G)}{H - E_j - p_k\left(\frac{h_2}{2} + \frac{f}{3}\right)} \tag{1-3-211}$$

式中：E_j——桥台台身部分所受的静止土压力；

f_1——圬工与地基间的摩阻系数；

H——考虑包括拱背部分静止土压力在内的水平推力。

（2）台后布置车辆荷载（考虑超载及主动土压力），验算向河心滑动的安全系数。

对于小跨径陡拱，在高路堤情况下，不应忽视这项验算。

五、拱桥组合式桥台的计算要点

组合式桥台由前台与后台两部分组成。前台可采用桩基或沉井基础，当采用多排桩基础时，宜斜、直桩相结合，前直后斜，且斜桩多于直桩；当采用多排式直桩时，宜增加后排桩长或桩数，以提高桩基抵抗前台向后转动和水平位移的能力。

组合式桥台的前台以承受拱的竖直力为主，拱的水平推力则主要由后台基底的摩阻力及台后的土侧压力来平衡。计算可采用静力平衡法或变形协调法。

采用静力平衡法时，桩基或沉井基础可承担 10% ~ 25% 的拱的水平推力，无斜桩的取低值，有斜桩的取高值。同时考虑后台沉降时对前台基桩产生的负摩阻力。

采用变形协调法时，将土视为具有随深度成正比增长的地基系数的弹性变形介质，考虑前后台共同承担拱的水平推力，其分担比例由两者的变形协调原则来确定。计算时，土的侧向地基系数 c 和竖向地基系数 c_0 与深度成正比，其比例系数参见《公路桥涵地基与基础设计规范》（JTG D63—2007），地基剪切系数 c_x 无实测资料时可按 $c_x = c_0/2$ 考虑，其中 c_0 不得小于其比例系数的 10 倍。组合桥台在地面处的水平位移通常控制在 6mm。

第四章

拱桥施工

与梁桥施工方法相似,拱桥施工方法总体上也分为有支架施工和无支架施工两大类。石拱桥、混凝土预制块拱桥和现浇钢筋混凝土拱桥,只能采用有支架施工方法修建。

钢筋混凝土拱桥的施工方法较多,除支架施工法外,还可以采用缆索吊装法、悬臂浇筑法、转体施工法和劲性骨架法施工;钢管混凝土拱桥、钢拱桥则多采用缆索吊装和转体施工法施工。劲性骨架法实际上是同时使用了缆索吊装和支架施工两种方法,即先用缆索吊装法架设拱形劲性骨架,然后围绕钢骨架浇筑拱箱(肋)混凝土,形成箱形拱圈(肋)。与有支架方法不同的是,劲性骨架法将劲性骨架埋入混凝土拱箱中,作为拱圈的一部分不再回收,而有支架法在拱圈(肋)混凝土浇筑完后拱架撤除予以回收。

本章重点介绍有支架法、缆索吊装法和转体施工法,其他方法做简略介绍。

第一节　拱架施工法

拱架施工法也称为有支架施工法,主要施工工序有材料准备、拱圈放样(包括石拱桥的拱石放样)、拱架制作与安装、拱圈及拱上建筑的砌筑等。

一、拱架

拱架是拱桥有支架施工过程中的重要临时结构,在拱桥的整个施工期间,用以支承全部或部分拱圈和拱上建筑的重量,并保证拱圈的形状符合设计要求,因此要求拱架具有足够的强度、刚度和稳定性。拱架作为一种施工临时结构,在设计和安装拱架时,要求构造简单、稳定可靠、受力清楚、装卸方便,以加快施工进度,减少施工费用。

(一)拱架的形式和构造

拱架的形式多种多样,按材料可分为木拱架和钢拱架,按结构形式可分为满布式拱架、拱式拱架和混合式拱架等。

1.满布式拱架

1)满布立杆式拱架

满布立杆式拱架以前多采用木拱架形式,但由于木拱架需要耗用大量木材,而且损耗大,目前已经很少采用。如仍需满布式拱架时,可采用钢管或碗扣式钢管搭设。

满布立杆式拱架的优点是施工可靠,技术简易,木材和铁件规格要求较低;缺点是材料用量多,且损耗率也较高,受洪水危险大。因此,满布立杆式拱架多用于可设中间支架的桥孔和不通航的河流上。

满布立杆式拱架通常由拱架上部(拱盔)、卸架设备和拱架下部(支架)三部分组成。

满布立杆式拱架(图1-4-1),上部由斜梁、立柱、斜撑和拉杆组成拱形桁架(拱盔),下部由立柱及横向联系组成支架,上下部之间放置卸架设备(木楔或砂筒等)。

立杆间距按桥梁跨径及承受拱圈重量的不同,一般为1.5~5m,拱架横桥向间距一般为1.2~1.7m。为了增强横向稳定性,拱架之间应设置横向联系(水平及斜杆)。

2)撑架式拱架

撑架式拱架(图1-4-2),是用少数框架式支架加斜撑来取代数量众多的立杆,材料用量较立杆式拱架少,构造也不复杂,而且能在桥孔下留出适当的空间,减少洪水及漂浮物的危险,在一定程度上满足通航或桥下通行的要求,因此在实际中采用较多。

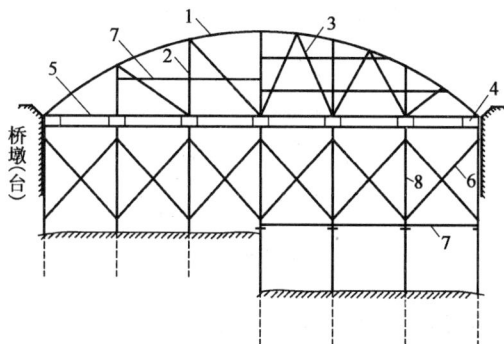

图1-4-1　满布式拱架

-弓形木;2-拱盔立柱;3-斜撑;4-卸架设备;5-水平拉杆;6-斜;7-水平杆;8-竖杆

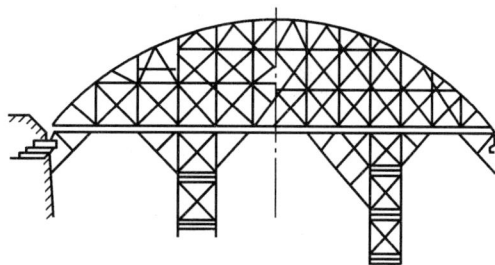

图1-4-2　撑架式拱架

2.拱式拱架

1)工字梁活用钢拱架

工字梁活用钢拱架构造形式见图1-4-3。这种钢拱架构造简单,拼装方便,可重复使用,适

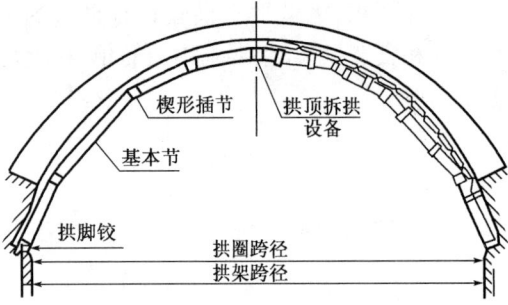

图1-4-3 工字梁活用钢拱架

用于河流需保持畅通、墩台较高、河水较深和地质条件较差的桥孔。拱架由工字钢梁基本节(分成几种不同长度)、楔形插节(由同号工字钢截成)、拱顶铰、拱脚铰等基本构件组成。工字钢与工字钢或工字钢与楔形插节,在侧面可用角钢和螺栓连接,在上下面用拼装钢板连接。基本节一般用两个工字梁横向平行组成。用基本节和楔形插节连成拱圈全长时即组成一片拱架。

利用选配工字钢长度和楔形插节节数的方法,可使拱架适用于多种曲度和跨径的拱。横桥向拱架片数,应根据拱圈宽度和重量来确定。拱片间用角钢杆件连接成整体。卸拱时,可采用拱顶复式楔、拱脚砂筒或弓形木下的木楔等卸拱设备。

2)常备拼装式桁架型拱架

常备拼装式桁架型拱架由标准节、拱顶节、拱脚节及连接杆等以钢销连接而成,再以纵横向联结系将两拱架连成一组,即可作为砌筑、浇筑或吊装一片拱肋的支架。拱架通过砂筒支承于临时支墩的拱座上,拱架由端三角、基本三角、长弦杆、短弦杆、端弦杆及钢销等组成,其上轮廓折线与主拱圈下弧的吻合可通过长弦杆、短弦杆的数量及分布位置和钢拱架拱脚支点的高程来实现,如图1-4-4所示。

3)装配式公路钢桥桁节拼装拱架

在装配式公路钢桥桁节上弦接头处加上一个不同长度的钢铰接头,即可拼成用于多种曲度和跨径的拱架。拱架两端另设拱脚节及支座,以构成两铰拱,为使完工后卸架方便,应在弓形木下设置木楔。拱架的横向稳定则需依靠各片拱架间的抗风拉杆、撑杆以及风缆等设备,拱架构造如图1-4-5所示。

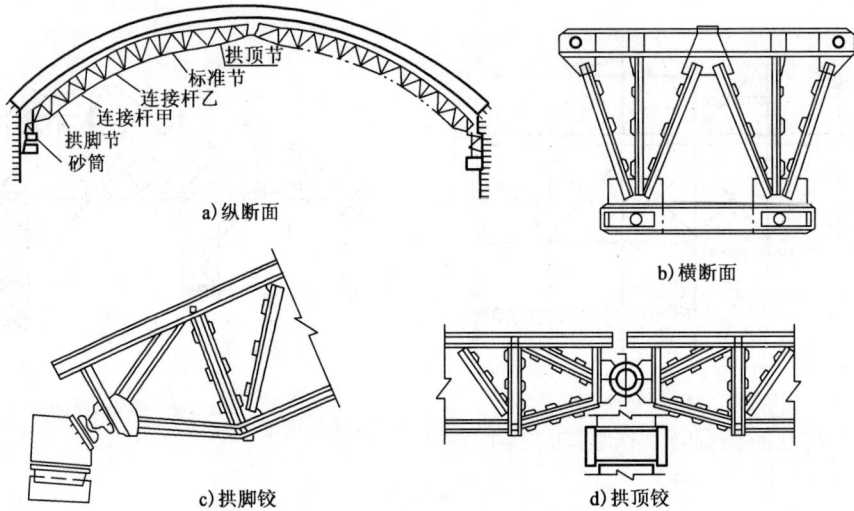

图1-4-4 常备拼装式桁架型拱架

近年来,这种拱架形式在四川、贵州等地应用较多,非常适合山区地形复杂,又需要建造拱桥的地区。

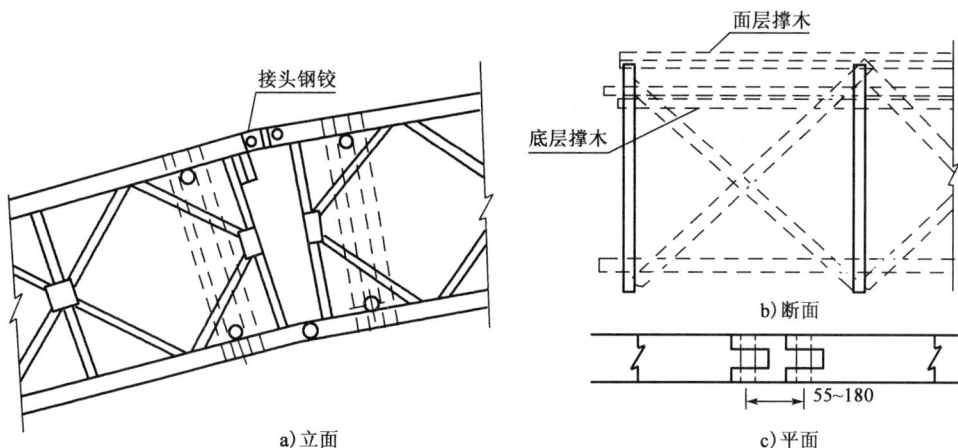

图 1-4-5 装配式公路钢桥桁节拼装拱架(尺寸单位:cm)

3.混合式拱架

混合式拱架一般由万能杆件桁架、装配式公路钢桥桁架(贝雷桁架或军用梁)与木拱盔或钢管脚手架构成拱架。桁架作为主要承重结构应满足强度、刚度和稳定性要求,木拱盔或钢管脚手架用于调整底模高程并起传力作用,卸架装置一般设置在木拱盔的立柱下端或钢管脚手架的立杆上端。

如图 1-4-6 所示为山西丹河大桥(146m 跨径石拱桥)所采用的拱架形式,由万能杆件桁架(也可用装配式公路钢桥桁架)拼装成支架,上面布置帽木、立柱、斜撑、横梁及弓形木等构成拱架。如图 1-4-7 所示为一座 60m 跨径拱桥的混合式拱架示意,它是用钢管脚手架取代帽木、立柱、斜撑、横梁及弓形木形成拱架。如图 1-4-8 所示为贵州三板桥主跨 100m 拱桥的混合式拱架示意,它是用 3 个贝雷支撑墩、扇形撑架和钢管拱盔形成拱架。

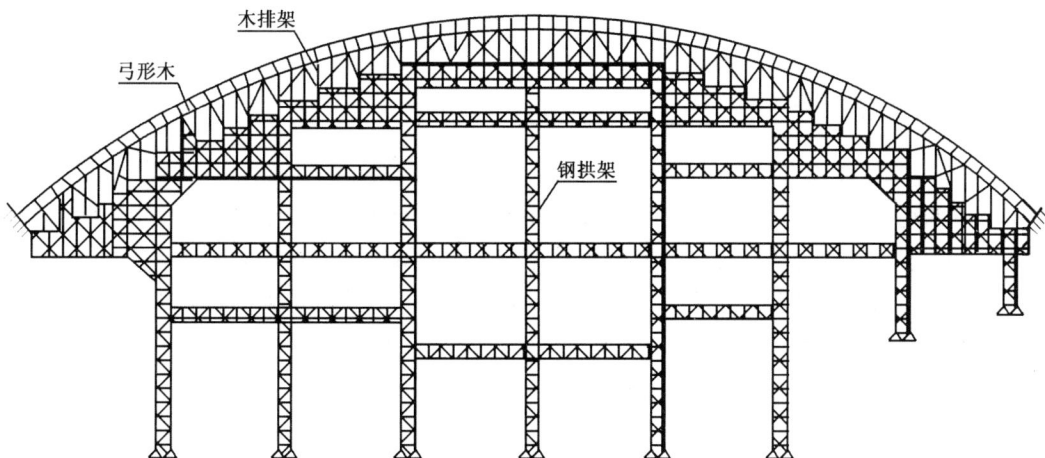

图 1-4-6 丹河大桥拱架

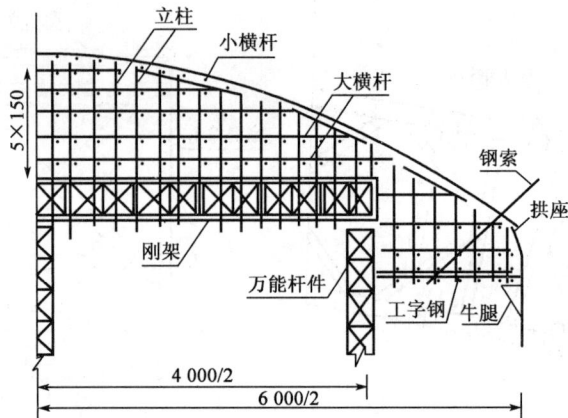

图 1-4-7　60m 跨径混合式拱架(尺寸单位:cm)

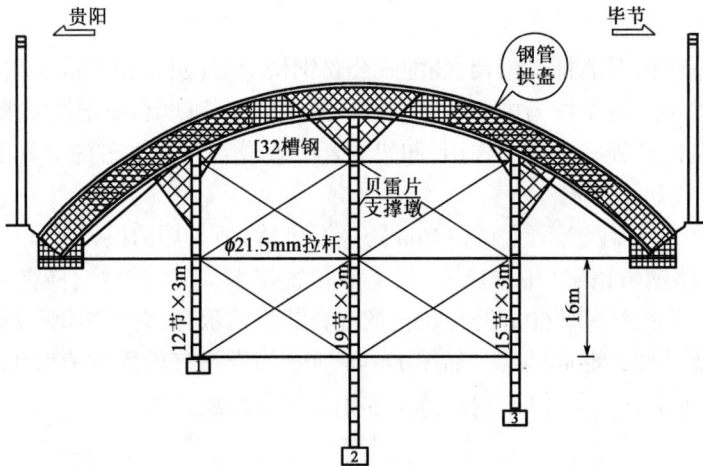

图 1-4-8　三板桥混合式拱架

(二)拱架的设计要点

1.拱架的设计荷载

(1)拱圈圬工重量。不分环砌筑时,按拱圈全部重量计入。分环砌筑时,对于小跨径拱桥,按实际作用于拱架的环层计算,一般计入拱圈总重的 60% ~ 75%;对于大跨径拱桥,分环数多,拱架高,相对刚度较小,不宜简单地以拱圈重量计算,而应根据施工工序进行整体分析。

(2)模板、垫木、拱架与拱圈之间各种材料的重量。

(3)拱架自重。排架式木拱架(包括铁件)可按 6.5kN/m^3 估算。

(4)人员、机具重量。一般可按 2.0kN/m^2 估计。

(5)横向风力。验算拱架稳定性时应考虑横向风力,可参考现行《公路桥梁抗风设计规范》(JTG/T D60-01)相关规定进行计算。风压按照当地风观测资料取值,缺乏资料时也可取为 1.0kN/m^2。拱架在风作用下的抗倾覆稳定系数应不小于 1.3。

2. 拱架的计算

除一些特殊情况外,一般拱架已有大量的设计图或使用经验可供参考,通常不必重新设计。因此,拱架设计的主要内容,在于对拱架使用中各种受力工况进行验算。

为了验算拱架各构件的受力情况,对于石拱桥和混凝土预制块砌筑的拱桥,必须分析拱石在拱架上的传力规律。作用在拱架上的拱块重量,只有在拱顶处是全部传到拱架上的;而在其他处,拱块重力将分解为垂直于斜面的正压力 N 和平行于斜面的切向力 T。此外,由于 N 的作用,使拱块与模板间产生阻力 T_0,以抵抗使拱块下滑的切向力 T。由此,切向力 T 一部分传给拱

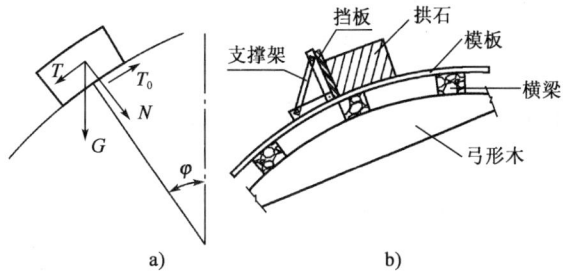

图1-4-9 立柱式和撑架式拱架计算图式

架斜梁,其余部分则继续往下传至墩台或下一根斜梁,拱块重力作用图式如图1-4-9所示。

拱架上各力的计算公式如下:

$$N = G\cos\varphi \qquad (1\text{-}4\text{-}1)$$

$$T = G\sin\varphi \qquad (1\text{-}4\text{-}2)$$

$$T_0 = \mu_1 N = \mu_1 G\cos\varphi \qquad (1\text{-}4\text{-}3)$$

式中:G——拱块重量;

μ_1——拱块与模板间的摩阻系数,混凝土拱圈采用0.47,石砌拱圈采用0.36。

作用在拱架斜面上的拱块切向力 T,当 $T \leqslant T_0$ 时,应采用 T;当 $T > T_0$ 时,应采用 T_0,$T - T_0$ 部分将传给下一个已成拱块,或由临时支承传给下一段斜梁。

按照以上分析,求出拱石作用于拱架上弦各节点上的荷载后,就可应用节点法逐次求得各杆件的内力。假定节点不能承受拉力,拱架的斜梁按压弯构件计算,斜撑、立柱按压杆计算,模板按受弯构件计算。斜夹木和横夹木作为增强稳定之用,按构造设置。

对于钢桁拱架,由于拱架的上下弦隐蔽程度不同,温差颇大,故需根据当地情况对温度作出估计,进行温度应力验算。

大跨径拱桥的拱圈(肋)自重很大,为了节省拱架材料,可采用分层浇筑法或分环砌筑法,并使先筑好的层次与拱架一起共同支承后筑的层次。理论计算和工程实践表明,先筑好的拱圈可以承担30% ~40%的自重。在计算拱圈底(环)与拱架共同工作时,由于两者的刚度相差甚大,因此可假定拱架承受全部弯矩和剪力,拱圈底(环)则仅帮助拱架承受一部分轴向压力,因此拱架必须有足够的刚度,以免底板混凝土开裂。

3. 施工预拱度计算与设置

拱架承受荷载后,将产生弹性变形和非弹性变形;当拱圈砌筑或浇筑完毕,强度达到要求而卸落拱架后,拱圈由于受到自重、温度变化及墩台位移等因素的作用,也要产生弹性下沉。为了使拱轴线符合设计要求,必须在拱架上预留施工拱度,以便能抵消这些可能产生的垂直变形。

拱架的预拱度包括以下各项:

(1)拱圈自重产生的弹性下沉,即拱架卸落后在自重作用下的弹性下沉。

(2)拱圈温度变化产生的弹性变形,即拱圈合龙温度与年平均温度差异而引起的变形。

237

（3）墩台水平位移产生的拱顶下沉，即拱架卸落后拱圈因墩台水平位移而产生的弹性下沉。

（4）拱桥在承重后的弹性及非弹性变形，即拱架在受力后产生的弹性变形、各种接头局部间隙或压陷产生的非弹性变形以及砂筒受压后产生的非弹性压缩。

（5）支架基础在受载后的非弹性下沉。

拱架在拱顶处的预拱度，可根据上述下沉与变形按可能产生的各项数值相加后得到，具体计算方法可参照相关桥规的有关内容。由于影响预拱度的因素很多，而且不可能算得很准确，故应结合实践经验对计算进行适当调整。当无可靠资料时，拱顶预留拱度也可按 $l/800 \sim l/400$ 估算（l 为拱圈的跨径，矢跨比较小时预留拱度取较大值）。

当算出拱顶预拱度 δ 后，拱圈其他点的预拱度一般可近似地按二次抛物线规律设置，如图 1-4-10a）所示。在这里需要指出的是，对于无支架或早期脱架施工的悬链线拱，裸拱圈的挠度曲线呈"M"形，即拱顶下挠而两边 $l/8$ 处上升。如果仍按二次抛物线分配预拱度，将会使 $l/8$ 处的拱轴线偏离设计拱轴线更远。为此，可以采用降低拱轴系数 m 来设置预拱度，即将原设计矢高 f 加高至 $f+\delta$，再将原设计的悬链线拱轴系数 m 降低一级（或半级），然后以新的矢高 $f+\delta$ 和新的拱轴系数计算施工放样的坐标。这种方法的效果，实际上是在拱顶预加正值，在 $l/8$ 处预留负值（或者是较小的正值），如图 1-4-10b）所示。待拱圈产生"M"形变形后，刚好符合（或接近）设计拱轴线。

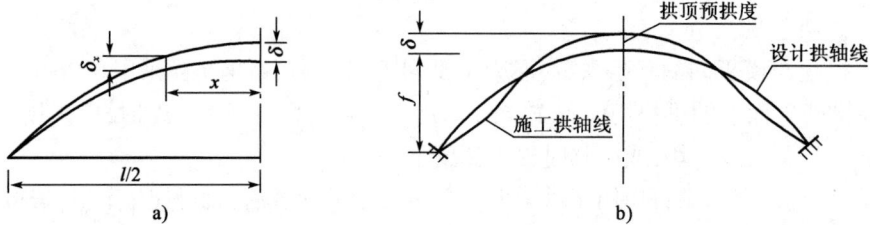

图 1-4-10　拱架预拱度的分布形式

除按二次抛物线分配以外，也可采用水平推力影响线分配。对于不对称拱桥或坡拱桥，应按拱的弹性挠度反向比例设置。

（三）拱架的制作与安装

1.满布式拱架的制作与安装

1）支架基础

支架基础必须稳固，承重后应能保持均匀沉降且沉降值不得超过预计范围。

基础为石质时，应挖去表土，将柱根处岩面凿低、凿平。基础为密实土壤时，如在施工期间不致被流水冲刷，可采用枕木、石块铺砌或混凝土作基础；如施工期间可能被流水冲刷，或为松软土质时，需采用桩基或框架结构，或其他加固措施。

2）拱架的制作及安装

拱架的弓形木及立柱等主要杆件，应采用材质较强、无损伤及湿度不大的木材。拱架制作及安装时，应以基础牢固、立柱正直、节点连接紧密为主要原则。高拱架应特别注意其横向稳定性。

拱架可就地拼装，或根据起吊设备能力预拼成组件后再进行安装。满布式拱架的制作及安装程序如下：

(1)在平台上,按拱圈拱腹弧线加预拱度放出拱模弧线,并将拱模弧线分成段,定出弓形木接头位置和排架、斜撑、拉杆的中心线。

(2)在样台上量出各杆件尺寸,制作各杆件大样。

(3)在支架及卸落设备上操平,定出拉杆水平线。

(4)安装拉杆、立柱、斜撑、夹木及弓形木等杆件。

(5)在弓形木各节点抄平(包括预拱度),准确地按拱模弧线(减去模板、垫木和横梁的高度)控制弓形木高度。

2.拱式拱架的安装

1)半拱旋转法

半拱旋转法一般是将每片拱架先组成两个半拱片,然后安装就位。架设工作分片进行。在架设每个拱片时,应先同时将左、右半拱两段拱片吊至一定高度,并将拱片脚插入墩台缺口或与预埋的拱座铰联结(图1-4-11),然后用拉索使两半拱拱架向上旋转,最后安装拱顶卸顶设备进行合龙。拱架安装示意图如图1-4-12所示。

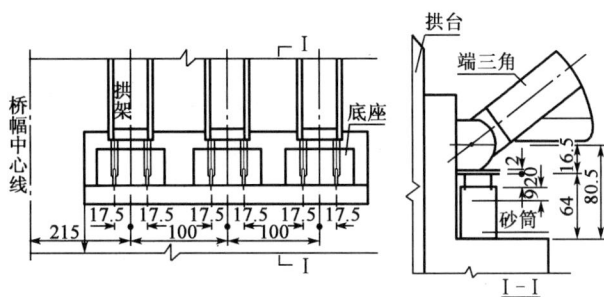

图1-4-11 拱座铰联结示意图(尺寸单位:cm)

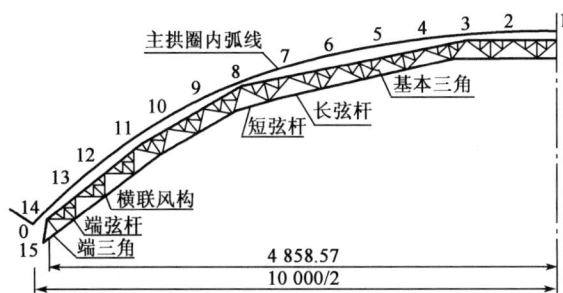

图1-4-12 拱架安装示意图(尺寸单位:cm)

2)竖立安装法

竖立安装法是在桥跨内的两端拱脚上,垂直拼成两半孔拱架,再以绕拱脚铰旋转的方法安放至设计位置进行合龙。

3)悬臂拼装法

悬臂拼装法适用于拼装式桁架型拱架。拱架逐片安装,每片拱架分段吊装,拼装时从拱脚起逐节进行,拼装好的节段用滑车组或斜拉索系吊在墩台临时塔架上,调整好高程,扣好扣索,安装缆风绳。当左右半跨拱架安装完后,在拱顶合龙,拱架全部安装完成后,上好横联,测量各点高程,最后解除索吊吊钩及扣索,如图1-4-13所示。

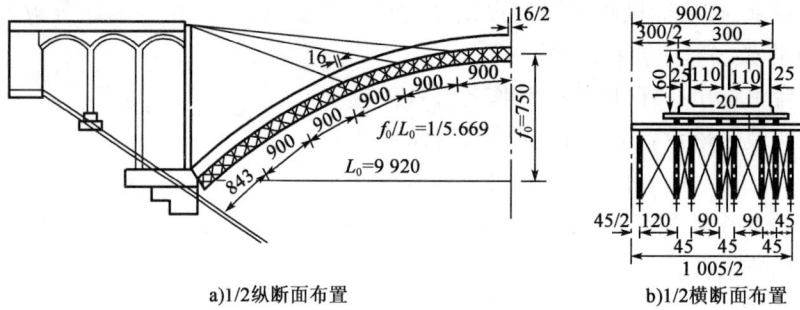

a)1/2纵断面布置   b)1/2横断面布置

图 1-4-13 　悬臂拼装法安装拱架示意图(尺寸单位:cm)

3.混合式拱架的安装

混合式拱架一般由万能杆件桁架、装配式公路钢桥桁架(贝雷桁架或军用梁)与木拱盔或钢管脚手架构成拱架。万能杆件、贝雷桁架和军用梁是广泛用于我国铁路及公路桥梁施工的一种常备式辅助结构,具有工艺简单、拼装快捷的优点,其安装应遵循以下原则:

(1)作为拱架的支墩,不仅要满足拱架结构强度和刚度的要求,而且要满足拱架结构稳定性的要求,特别是对于高墩,应加强墩与墩之间的联系,对于受力较大的压杆应进行局部加强。

(2)当采用不同类型的桁架组成拱架结构时,应保证桁架之间的连接可靠,受力明确。

(3)由于桁架结构只能承担节点力,因此拱盔与桁架之间采用纵横向分配梁过渡,保证木拱盔或钢管脚手架的作用力被分配到桁架节点上。

(4)拱脚区段的拱架存在水平力作用,在拱架安装中应加强该区段的纵向斜撑。

(5)单片军用梁(或贝雷桁架)受力后横向稳定性较差,需做好两片军用梁(或贝雷桁架)之间和每组军用梁(或贝雷桁架)之间的连接稳固工作。

(四)拱架的卸落

1.卸落时间

拱圈砌筑或现浇混凝土完毕,待达到一定强度后即可拆除拱架。

如果施工情况正常,在拱圈合龙后,拱架应保留的最短时间与跨径大小、施工期温度、养护方式等因素有关。对于石拱桥,拱圈通常需在砌筑完成后 20 ~ 30d,砌筑砂浆达到70%的设计强度或规范规定的要求后才可卸落拱架。对于混凝土拱桥,应按设计强度要求、混凝土块试压强度等具体情况确定。因施工要求必须提早拆除拱架时,应适当提高砂浆(或混凝土)的强度等级或采取其他措施。

2.卸架设备

为保证拱架能按设计要求均匀下落,必须设置专门的卸架设备。

卸架设备常采用木楔、木凳(木马)、砂筒(砂箱)等几种形式(图 1-4-14)。通常中、小跨径多用木楔或木凳,大跨径或拱式拱架多用砂筒或其他专用设备(如千斤顶等)。

木楔有单木楔和组合木楔两种构造形式。单木楔构造简单,在满布式拱架中较常使用。单木楔由两坡度 1:10 ~ 1:6 的斜面硬木块组成,其构造如图 1-4-14a)所示。落架时,用锤轻轻敲击木楔小头,将木楔取出,拱架即卸落。不足之处是敲击时振动较大,而且容易造成下落不均匀,适合于中小跨径拱桥。组合木楔由三块木楔和一根拉紧螺栓组成,如图 1-4-14b)所示。

卸架时，只需扭松螺栓，木楔在压力作用下徐徐下降，完成卸架。组合式木楔构造简单而完善，比用单木楔卸落稳定且均匀，适用于跨径在 40m 以下的满布式拱架或 20m 以下的拱式拱架。

木凳(木马)是另一种简单的卸架设备。卸架时，只要沿 I-I 与 II-II 方向锯去木凳的两个边角[图 1-4-14c)]，在拱架自重作用下，木凳被压陷，于是拱架也随之下落。一般用于跨径在 15m 以内的拱桥。

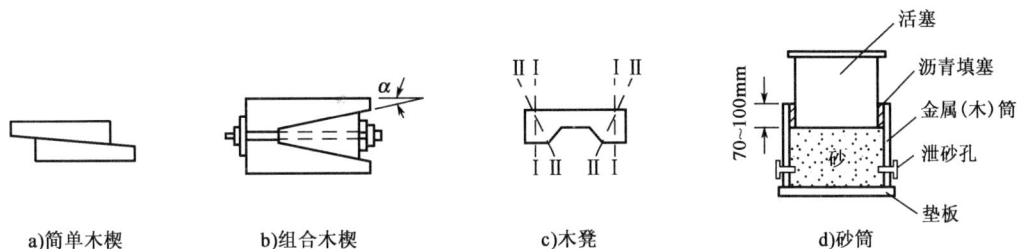

图 1-4-14　卸落用设备

拱式拱架和大跨径拱架在卸落点处的受力较大，宜采用砂筒卸架。砂筒的构造如图 1-4-14d)所示，它是由内装砂子的金属筒及活塞组成。卸落是靠砂子从筒的下部预留泄砂孔流出，因此要求砂子均匀、干燥、洁净。砂筒与顶心间的空隙应用沥青填塞，防止砂子受潮。通过砂子流出量可控制拱架卸落高度，这样就能由泄砂孔的开与关，分数次进行落架，并能使拱架均匀下落而不受振动。一般多用于跨径 50m 以上的满布式拱架和跨径 30m 以上的拱式拱架。我国跨径为 170m 的混凝土箱形拱桥所用的钢制砂筒直径达 86cm，使用效果良好。

千斤顶卸架设备可较精确地控制下降量，但费用较高。此外，还可用于调整拱圈内力。

二、拱圈施工

(一)圬工拱圈的施工

1.拱圈的放样

拱桥材料的选择应满足设计和有关规范的要求。石拱桥石料准备(包括开采、加工和运输等)是决定施工进度的一个重要环节，也在很大程度上影响桥梁的造价和质量。特别是料石拱圈，因拱石规格繁多，故所费劳动力也很多。为了加快桥梁建设速度，降低桥梁造价，减少劳动力消耗，可以用小石子混凝土取代砂浆砌筑拱石来修建拱桥。

拱圈或拱架的准确放样，是保证拱桥符合设计要求的基本条件之一。石拱桥的拱石，要按照拱圈的设计尺寸进行加工，为了保证尺寸准确，需要制作拱石样板，它是先将拱圈按 1:1 比例放出大样，然后用木板或铁锌皮在样台上按分块大小制成样板，并注明拱石编号，以利加工。样板必须保证在施工期间不发生过大变形，便于施工过程中对样板进行复查。对于左右对称的拱圈，可只放出半跨大样。常用的放样方法有直角坐标法、多圆心法等。拱弧分点越多，用这种方法放出的拱圈尺寸越精确。随着计算机图形技术的发展，目前已基本采用计算机图形放样。

直角坐标法是以拱轴线的顶点为原点(图 1-4-15)，用经纬仪放出 x-x 及 y-y 两坐标基线及 A-A、B-B、C-C、D-D 等辅助线，并以对角线校核。

按拱轴线方程计算出计入预拱度后的拱轴线及内外弧线各预定点的纵横坐标，再由经纬仪用交会法放出各点，也可用细钢丝交出各点，然后用长而细的木条(或竹条)将各点连成一平滑曲线。

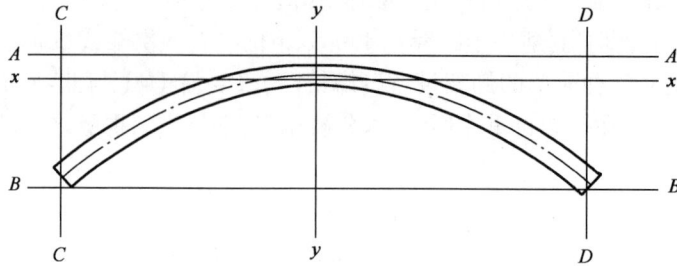

图 1-4-15   拱圈坐标法放样图

2. 拱圈的砌筑

在拱架上砌筑拱圈时,拱架将随荷载的增加而不断变形,有可能使已砌筑砌体产生裂缝。为了保证在整个砌筑过程中,拱架受力均匀,变形最小,拱圈质量符合设计要求,必须选择适当的砌筑方法和顺序。一般可根据跨径的大小,采用不同的砌筑方法。

在多跨连拱拱桥的施工中,应考虑与邻孔的对称均衡问题,以防桥墩承受过大的单向推力。当为拱式拱架时,应适当安排各孔砌筑程序;当为满布式拱架时,应适当安排各孔拱架的卸落程序。

1)拱圈按顺序对称砌筑

跨径在 16m 以下的拱圈,当采用满布式拱架施工时,可以从拱脚至拱顶一次性按顺序对称砌筑,在拱顶合龙。当采用拱式拱架时,对跨径在 10m 以下的拱圈,应在砌筑拱脚的同时,预压拱顶与拱跨 1/4 部位。

2)拱圈三分法砌筑

(1)分段砌筑

采用满布式拱架砌筑、跨径在 16m 以上 25m 以下的拱圈和采用拱式拱架砌筑、跨径在 10m 以上 25m 以下的拱圈,可采取每半跨分成三段对称砌筑方法。每段长度不宜超过 6m,分段位置一般在 1/4 点及拱顶(3/8 点)附近。当为满布式拱架时,分段位置宜在拱架节点上。如图 1-4-16 所示,先对称砌筑Ⅰ段和Ⅱ段,后砌Ⅲ段,或各段同时向拱顶方向对称砌筑,最后砌筑拱顶时合龙。

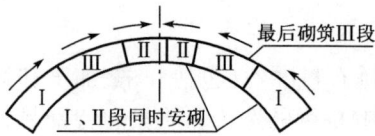

图 1-4-16   分段砌筑(跨径小于 25m)

跨径大于 25m 时,应按跨径大小及拱架类型等情况,在两半跨各分成若干段、均匀对称地砌筑。每段长度一般不超过 8m。具体分段方法应按设计规定,无规定时应通过验算确定。

分段砌筑时应预留空缝,以防拱架变形产生拱圈开裂,并起部分顶压作用。空缝数量应视分段长度而定。一般在拱脚附近、1/4 点、拱顶及满布式拱架的节点处必须设置空缝。

(2)分环砌筑

对于较大跨径石拱桥的拱圈,当拱圈较厚、由三层以上拱石组成时,可将全部拱圈分成几环砌筑,砌一环合龙一环。当下环砌完并养护数日后,砌缝砂浆达到一定强度时,再砌筑上环。按此方法砌筑时,下环可与拱架共同承担上环的重量,因而可减轻拱架荷载。其所能减轻拱架荷载的数值,需依所分环数、上下环厚度和砌缝砂浆硬化程度等情况而定。

分环砌筑时,各环的分段方法、砌筑程序及空缝的设置等,与一次砌筑完成时相同,但上下环间应以犬牙相接。

（3）分阶段砌筑

砌筑拱圈时，为争取时间和使拱架荷载均匀、变形正常，有时在砌完一段或一环拱圈后的养护期间，工作并不间歇，而是根据拱架荷载平衡的需要，紧接着进行下一拱段或下一环层的砌筑。此种前后拱段和上下环层分阶段交叉砌筑的方法，称为分段砌筑法。

不分环砌筑拱圈的分阶段砌筑法，通常是先砌几排拱脚，然后同时砌筑拱顶、拱脚及1/4点等拱段。上述各拱段砌到一定程度后，再均匀地砌筑其余拱段。

分环砌筑的拱圈，可先将拱脚各环砌筑几排，然后分段分次砌筑其余环层。在砌完一环后，利用其养护期，砌筑次一环拱脚的一段，然后砌筑其余环段。

图 1-4-17 为一孔净跨 30m、矢跨比为 1/5 的单层拱圈分阶段砌筑示例，其中在第 2 段砌筑时应在 1/4 点下方压两排拱石。

较大跨径拱圈的分阶段砌筑法，一般在设计文件中有规定，故应按设计文件的规定进行。

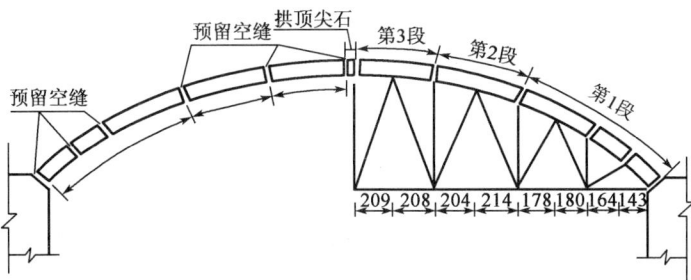

图 1-4-17　30m 单层拱圈分阶段砌筑(尺寸单位:cm)

3）预加压力砌筑

预加压力砌筑法是在砌筑前，在拱圈上预加一定重量，以防止或减少拱架弹性和非弹性下沉的砌筑方法。此法对于预防拱圈产生不正常变形和开裂较为有效。所需压重材料，以利用拱圈本身准备使用的拱石较为简便和节省。加压顺序应与计划砌筑顺序一致。砌筑时，应尽量利用附近压重拱石就地安砌，随撤随砌，使拱架保持稳定。在采用刚性较强的拱架时，可仅预压拱顶；预压拱顶时，可将拱石堆放在该段内，或当时就将该段砌筑完成。

压重材料不能利用拱石时，也可采用砂袋等其他材料。

对于刚性较差的拱架，预压须均匀地进行，不可单纯压拱顶。

4）分段支撑

分段砌筑拱圈时，如拱段倾斜角大于石块与模板间的摩擦角(约 20°)，则拱段将在切线方向产生一定的滑动。这种情况下，必须在拱段下方临时设置分段支撑，以防拱段向下滑动。分段支撑所需强度应通过计算求出。

分段支撑的构造依支撑强度而定。强度较大时，需制成三角支撑并支撑于拱架上。较平坦的拱段，可简单地用横木、立柱、斜撑木等支撑于拱架或模板上。分环砌筑时，上环也可用撑木支撑在下环的拱石上。

三角撑应在拱圈放样平台上按拱圈弧形放样制作。三角撑的构造如图 1-4-18 所示。

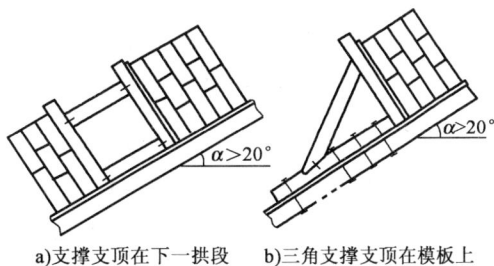

a)支撑支顶在下一拱段　b)三角支撑支顶在模板上

图 1-4-18　分段支撑

5)空缝的设置与填塞

砌筑拱圈时所预留的空缝,位置应正确,形状应规则,宽度以 3～4cm 为宜。在靠近底面和侧面处,缝宽应与周围砌缝相同,且靠空缝一面的拱石应当加工凿平。

空缝的填塞,应在所有拱段及拱顶石砌完后(刹尖封顶及预加压力封顶除外)进行;分环砌筑时,应在整环砌合后进行;当需用大力夯实空缝砂浆,以增强拱圈压力时,应在拱圈砌完且砌缝砂浆强度达到设计强度的 70% 后,拱架卸落前进行。填塞空缝宜在一天中温度较低,且两半跨对称地进行。

6)拱圈合龙

砌筑拱圈时,常在拱顶留一龙口,待各拱段砌筑完成后安砌拱顶石合龙。分段较多的拱圈和分环砌筑的拱圈,为使拱架受力对称和均匀,可在拱圈两半跨的1/4 处或在几处同时砌筑合龙。

为防止拱圈因温度变化而产生过多的附加应力,拱圈合龙应按设计规定的温度和时间进行。当设计无规定时,宜选择在接近当地年平均温度或昼夜平均温度(一般为 10～15℃)时进行。

(二)钢筋混凝土拱圈就地浇筑

1. 连续浇筑

跨径在 16m 以内的拱圈(肋)混凝土,应按拱圈全宽度从两端拱脚向拱顶对称连续浇筑,并在拱脚混凝土初凝以前完成。如预计不能在限定的时间内完成,则必须在拱脚处留一隔缝并最后浇筑隔缝混凝土。

2. 分段浇筑

对于跨径大于 16m 的拱圈(拱肋),为减少混凝土的收缩应力,避免因拱架变形产生裂缝,应采取分段浇筑的方法。拱段的长度一般为 6～15m。分段位置应以拱架受力对称、均匀和变形小为原则。拱式拱架宜设置在拱架受力反弯点、拱架节点、拱顶及拱脚处;满布式拱架宜设置在拱顶、L/4、拱脚及拱架节点处。如预计变形较小且采取分段间隔浇筑时,也可减少或不设间隔槽。间隔槽的位置应避开横撑、隔板、吊杆及刚架节点等处。间隔槽的宽度以便于施工操作和钢筋连接为宜,一般为 50～100cm。间隔槽内的混凝土,为防止延迟拱圈合龙和拱架拆除时间,可采用比拱圈强度高一级的半干硬性混凝土。

拱段的浇筑程序应符合设计规定,在拱顶两侧对称进行,使拱架变形保持均匀、尽可能最小,并应预先作出设计。分段浇筑时,各分段内的混凝土应一次连续浇筑完毕;因故中断时,应浇筑成垂直于拱轴线的施工缝。

间隔槽混凝土,应待拱圈分段浇筑完成后,且达到设计强度的 75% 和接合面按施工缝处理后,由拱脚向拱顶对称浇筑。拱顶及两拱脚间隔槽混凝土应在最后封拱时进行。封拱合龙温度应符合设计要求,如设计无规定时,宜在接近当地年平均温度或在 5～15℃时进行。

3. 箱形截面拱圈或拱肋的浇筑

箱形截面拱圈或拱肋,一般采取分环、分段的浇筑方法。分段的方法与上述方法相同。分环的方法应根据截面形式和截面高度确定,一般是分成两环或三环,特大跨径桥梁的分环数则更多。分两环浇筑时,先分段浇筑底板,然后分段浇筑腹板、横隔板与顶板。分三环浇筑时,先分段浇筑底板,然后分段浇筑腹板和横隔板,最后分段浇筑顶板。分环、分段浇筑时,应采取分环填充间隔槽的合龙方法。已合龙的环层可产生拱架作用,在浇筑上面环层时可减轻拱架负荷。分层的方法仍必须一环一环地浇筑,但不是浇完一环合龙一环,而是留待最后一起填充各环间隔槽合龙。此时,上下环的间隔缝应相互对应和贯通,其宽度一般为2m左右,有钢筋接头的间隔槽为4m左右。

如图1-4-19所示为一孔146m跨径的箱形拱圈分环(三环)和分段(9段)浇筑方法。

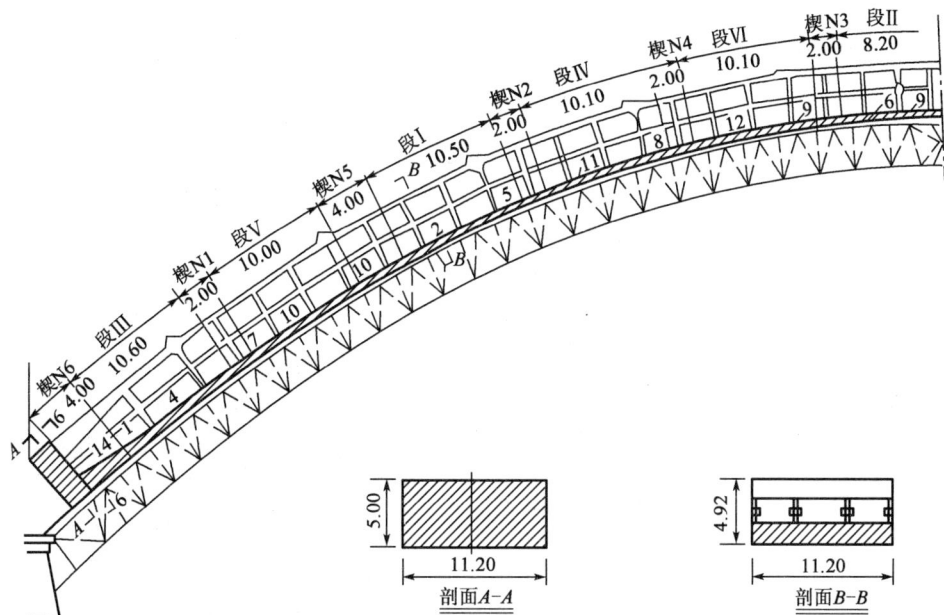

图1-4-19 箱形拱圈分环分段浇筑(尺寸单位:m)

当拱桥建设工期短,或拱架受到洪水危险时,可采取在拱架上组装并现浇的施工方法。先将预制好的腹板、横隔板和底板在拱架上组装,在焊接腹板、横隔板的接头钢筋形成拱片后,立即浇筑接头和拱箱底板混凝土。组装和现浇混凝土时,应从两拱脚向拱顶对称进行,浇底板混凝土时应按拱架变形情况设置少量间隔缝,并于底板合龙时填筑,待接头和底板混凝土达到设计强度的75%以上时,安装预制顶板盖板,然后铺设钢筋,现浇顶板混凝土。

4.拱肋联结系浇筑

当为各拱肋同时浇筑和卸落拱架的情况,各拱肋横向联结系应与拱肋浇筑同时施工并卸落拱架;当为各拱肋非同时浇筑和卸落拱架的情况时,应在各拱肋卸架后再浇筑横向联结系。

拱上立柱的柱脚、接头钢筋以及垫梁底座和拉杆的接头钢筋或钢丝束的穿孔,应在浇筑拱肋混凝土时按设计位置留置。

5.拱圈和拱肋钢筋的绑扎

1)拱脚钢筋预埋

无铰拱钢筋混凝土拱圈(拱肋)的主钢筋须伸入墩台内,因此在浇筑墩台混凝土时应按设计要求的位置和深度将其端部预埋入混凝土内。为便于预埋,主钢筋端部可截开,但须使各根钢筋的接头按规定错开。

2)钢筋接头布置

为适应拱圈在浇筑过程中的变形,主钢筋或钢筋骨架一般不应使用通长的钢筋,应在适当位置的间隔缝中设置接头。最后浇筑的间隔缝则为必设接头之处。

3)绑扎顺序

分环浇筑时,可分环绑扎。分环绑扎时,各项预埋钢筋应临时加以固定,并在浇筑混凝土前进行检查和校正。

三、拱上建筑施工

拱上砌体的砌筑,必须在拱圈砌筑合龙和空缝填塞后,经过数日养护,使砌缝砂浆强度达到70%后才能进行。养护时间一般不少于3昼夜,若跨径较大,应酌情延长。

砌筑实腹式拱的拱上砌体时,如图1-4-20所示,应将侧墙等拱上砌体分成几部分,由拱脚向拱顶对称地做台阶式砌筑。拱腹填料可随侧墙砌筑顺序及进度进行填筑。当填料数量较大时,宜在侧墙砌完后再分部进行填筑。实腹式拱应在侧墙与桥台间设置伸缩缝,使两者分开;多跨拱桥应在桥墩顶部设置伸缩缝,使两侧侧墙分开。

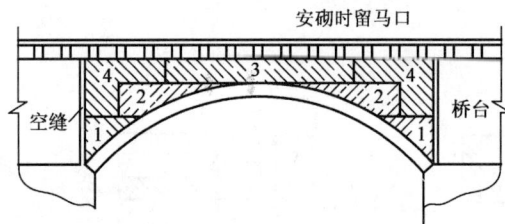

图1-4-20 砌筑实腹式拱的拱上砌体

为防止空腹拱桥的腹拱受到主拱圈卸落拱架时的变形影响,可在主拱圈砌完后,先砌腹拱横墙,然后待卸落拱架后,再砌筑腹拱拱圈。腹拱上的侧墙,应在腹拱拱铰处设置变形缝。

较大跨径拱桥桥上砌体的砌筑程序,应按设计文件的规定进行。

对于梁式拱上建筑,垫梁与立柱的浇筑顺序应按拱圈最有利的受力情况进行,梁与板应采用预制架设。

对于采用有支架施工的大跨径拱桥,为确保施工过程中支架与结构的强度、刚度、稳定性要求以及结构线形,有必要进行专门的施工控制。

第二节 缆索吊装施工法

在峡谷或水深流急的河段上,或在通航河流上需要满足船只的顺利通行,或在洪水季节施工并受漂流物影响等条件下修建拱桥,以及采用有支架方法施工将会遇到很大困难或很不经济时,宜优先考虑采用无支架施工方法。缆索吊装施工是无支架施工最常用的方法之一。

缆索吊装施工具有设备跨越能力大,水平和垂直运输灵活,适应性广,施工稳妥方便等优点,是修建大跨径混凝土拱桥和钢管混凝土拱桥的主要方法。经过长期的工程实践,此法已得到了很大发展并积累了丰富的经验。目前,缆索吊机的最大单跨跨径已超过500m,并由单跨缆索发展到双跨连续缆索,最大缆索跨径为700m + 650m(浙江钱江四桥),最大吊装达420t(重庆菜园坝长江大桥),缆索架桥设备已实现成套化生产。

采用缆索吊装的拱桥,为充分发挥缆索吊装设备的作用,拱上建筑也应尽量采用预制装配式构件,这样能有效提高桥梁工业化施工水平,并有利于加快桥梁建设速度。例如主桥全长1 250m的长沙湘江大桥(1972年建成),17孔408个拱肋节段和其中8孔76m跨径的拱上建筑预制构件(立柱、盖梁、腹拱圈等)全部由两套缆索吊机吊装安砌,仅用了65个工作日就安装完成。这在加快大桥建设速度、减少模板用量,降低桥梁造价等方面都起到了很大作用。

拱桥缆索吊装施工大致包括:拱肋(箱)的预制(或制作),移运和吊装,拱上建筑的浇筑或安装,桥面结构的施工等主要工序。

本节主要介绍缆索吊装施工的特点,其基本内容也适用于其他无支架施工方法。

一、缆索吊装设备

缆索吊装设备,按其用途和作用可以分为主索、工作索、塔架和锚固装置四个基本组成部分。其中主要机具设备包括主索、起重索、牵引索、扣索、浪风索、塔架(包括索鞍)、地锚(锚碇)、滑轮和电动卷扬机等。其布置形式可参见图1-4-21。

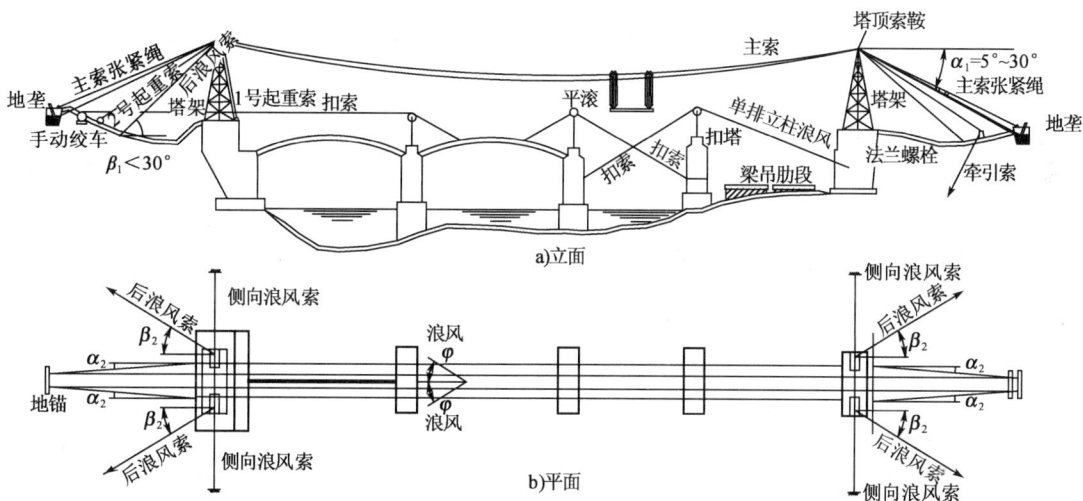

图 1-4-21　缆吊系统示例

1. 主索(承重索)

主索由钢芯或纤维芯钢丝绳组成,支承在两侧塔架的索鞍上,两端锚固于地锚,吊运构件的跑车支承于主索上。主索直径、型号和根数可根据索塔间距(主索跨度)、起吊重量等因素由计算确定。横桥向主索组数,可根据桥面宽度(两外侧拱肋间的距离)、塔架高度(塔架高度越大,横移构件的宽度范围也就相应地增大)及设备供应情况等合理选择,一般可选1~2组,每组主索一般由1~4根平行钢丝绳组成,起吊重量很大时由6~8根组成。

2. 起重索

起重索作起吊构件之用,如图1-4-22所示。受吊重拉力影响,宜选用柔软耐磨、不宜打结的钢丝绳,一端与卷扬机滚筒相连,另一端固定于对岸的地锚上。这样,当跑车在主索上沿桥跨往复运行时,可保持跑车与吊钩间的起重索长度不随跑车的移动而改变。

3. 牵引索

用来牵引跑车在主索上沿桥跨方向来回移动(水平运输),需在跑车两端各设置一根牵引索。这两根牵引索的另一端既可分别安装在两台卷扬机上,也可合拴在一台双滚筒卷扬机上,便于操作。

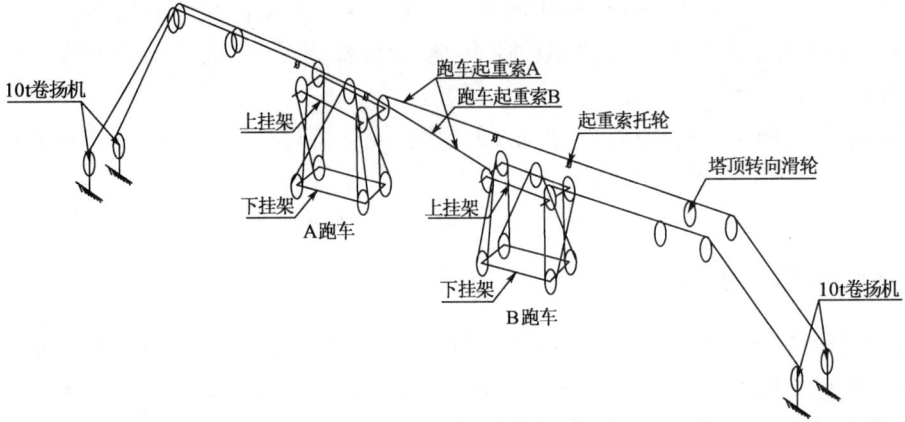

图 1-4-22　起重索构造

4.扣索

拱肋分段吊装时,为暂时固定拱肋和调整拱肋高程所用的钢丝索称为扣索。扣索的一端系在拱肋接头附近的扣环上(钢筋混凝土)或分配梁上(钢管拱肋),另一端可直接锚固在墩台、地锚或扣塔上,兼做张拉端用。钢筋混凝土拱桥节段数一般在 7 段以内,多用普通钢丝绳作扣索、卷扬机张拉;钢管混凝土拱桥跨径大、节段数多,多采用钢绞线作为扣索、千斤顶张拉,后者具有张拉行程准、节段高程容易控制的优点(图 1-4-23)。图中 S1 ~ S9 为扣索,M1 ~ M9 为锚索,扣索和锚索张拉端一般设置在扣塔上,也可设置在扣塔地锚处。

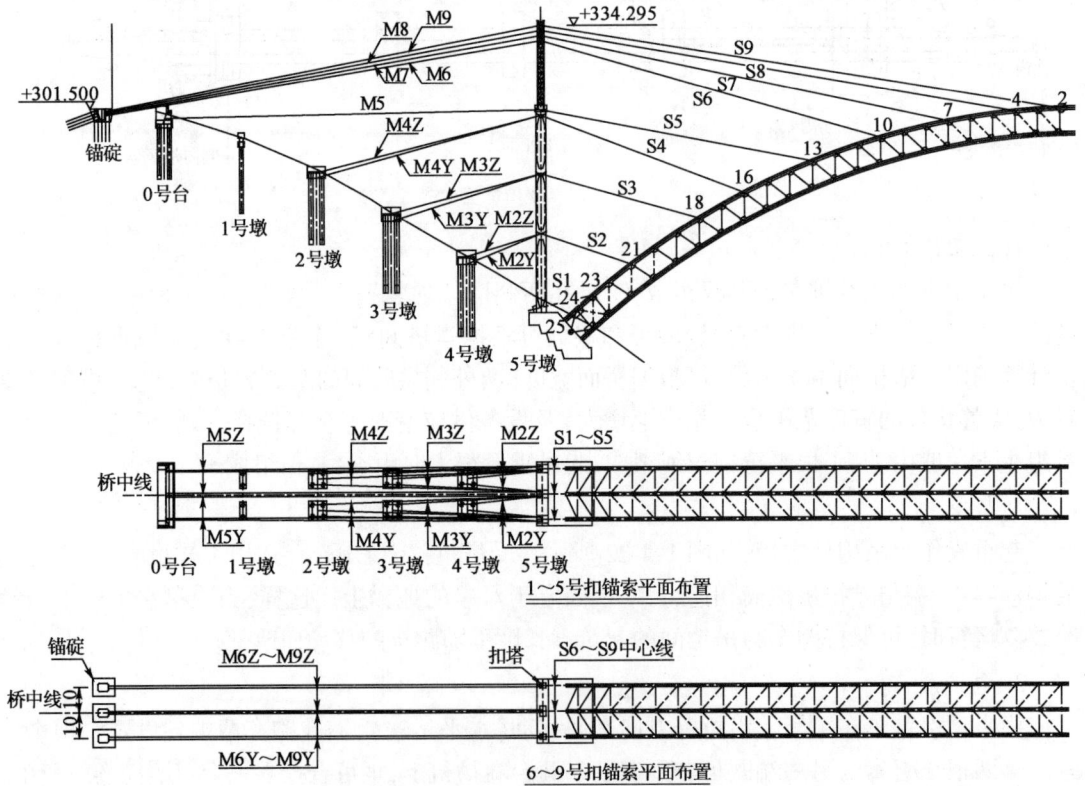

图 1-4-23　斜拉扣挂索布置示意图(尺寸单位:cm)

5. 结索

结索一般用于悬挂分索器,使主索、起重索、牵引索不至于互相干扰。它仅承受分索器(包括临时作用在它上面的工作索)的重量及自重。

6. 浪风索

浪风索亦称缆风索,其作用是保证塔架的纵、横向稳定及拱肋安装就位后的横向稳定,调整拱肋安装过程中的横向偏位。

7. 塔架及索鞍

塔架是用来提高主索的临空高度及支承各种受力钢索的重要结构,由塔脚、塔身、塔顶、索鞍、抗风绳组成,如图 1-4-24 所示。其塔身一般采用万能杆件、六四军用梁、贝雷架组成。塔顶一般采用单滑轮式索鞍,索鞍为放置主索、起重索、扣索等用,使塔架承受较小的水平力,并减小钢丝绳的磨损。塔脚用来固接钢结构或铰接钢结构。

近年来,国内不少钢管混凝土拱桥、钢拱桥的主拱安装,采用将扣塔与缆塔合一的施工方法,缆塔置于扣塔之上,两者之间为铰接,以消除缆塔偏位对扣塔的影响,仅将缆塔系统的作用力传递给扣塔,如图 1-4-25 所示。

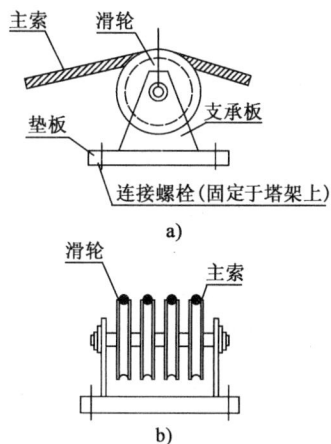

图 1-4-24　索鞍的构造

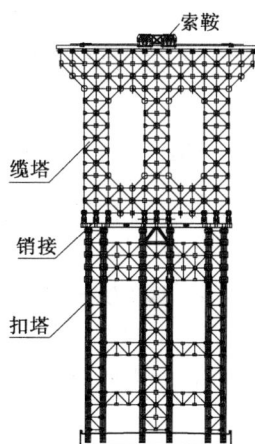

图 1-4-25　扣塔与缆塔构造图

8. 地锚

地锚亦称锚碇或地垄,用于锚固主索、扣索、起重索及绞车等。地锚的可靠性对整个缆索系统的安全有决定性影响,设计和施工都必须高度重视。按照承载能力的大小及地形、地质条件的不同,地锚的形式和构造可以是多种多样的。条件允许时,还可以利用桥梁墩、台作为锚碇,以节约材料,否则需设置专门的地锚。

9. 电动卷扬机

电动卷扬机是用做牵引、起吊等的动力装置。其速度快,但不易控制,一般多用于起重索和牵引索,也用于钢丝绳扣索的张拉。

10. 其他附属设备

如各种倒链葫芦、花篮螺栓、钢丝卡子(钢丝扎头)、千斤绳、横移索等。

缆索吊装设备的形式及规格非常多,必须因地制宜地结合各工程的具体情况合理选用。

二、拱箱(肋)预制

预制拱箱(肋)首先要按设计图的要求,在样台上用直角坐标法放出拱箱(肋)的大样。在大样上按设计要求分出拱箱(肋)的吊装节段,然后以每段拱箱(肋)的内弧下弦为 x 轴,在此 x 轴上作垂线为 y 轴,在 x 轴上每隔 1m 左右量出内外弧的 y 坐标,作为拱箱(肋)分节放样的依据。在放样时,应注意各接头的位置力求准确,以减少安装困难。这种放大样的方法需在室外宽阔的平地(如操场)上进行,费工费时,放样精度低,现大都采用 Autocad 软件或程序在计算机上放样。

拱箱(肋)的预制宜采用立式预制,便于拱箱(肋)的起吊及移运。

拱箱预制均采用组装预制。通常将拱箱分成底板、腹板、横隔板及顶板几个部分:

(1)预制腹板与横隔板块件,腹板块件长为两横隔板的间距[一般可将侧板上缘长度缩短 50mm,下缘长度缩短 90mm 左右,便于组装为折(曲)线形];

(2)在预制台座上绑扎底板纵、横钢筋,将预制好的腹板和横隔板块件安放就位,绑扎接头钢筋,浇底板混凝土及腹板与横隔板接头混凝土,组成开口箱;

(3)在开口箱内立顶板的底模,绑扎顶板钢筋,浇筑顶板混凝土,组成闭口箱。待达到设计强度后即可移运拱箱,进行下一段拱箱的预制工作。

三、吊装方法和加载程序

(一)吊装方法

采用缆索吊装施工的拱桥,其吊装方法应根据桥的跨径大小、桥的总长及桥宽等具体情况而定。

拱桥的构件一般在桥位附近预制和预拼后送至缆索下面,由起重车起吊牵引至预定位置安装。为了使端段基肋在合龙前保持一定位置,在其上用扣索临时扣住后才能松开起重索。吊装应自一孔桥的两端向中间对称进行。待其最后一节构件吊装就位,并将各接头位置调整到规定高程以后,才能放松起重索,实现合龙,最后才将所有扣索拆除。

基肋(指拱箱、拱肋或桁架拱片)吊装合龙要拟订正确的施工程序和施工细则,并坚决遵照执行。

当拱桥跨径较大时,施工稳定是关键,因此最好采用双肋或多肋合龙。对于肋拱桥,应及时安装永久性横向联结系,以提高已安装拱肋的稳定性。基肋和基肋之间必须紧随拱段的拼装及时连接。端段拱箱(肋)就位后,除上端用扣索拉住外,还应在左、右两侧各用一对缆风索牵住,以免左右摇摆(控制拱肋轴线,防止出现横向偏位)。中段拱箱(肋)就位时,必须缓慢放松起重索,务必使各接头顶紧,避免简支搁置和冲击作用。

如图 1-4-26 所示为某拱桥按五段吊装合龙成拱,图中数字为节段安装顺序,其中图 1-4-26a)中每条拱箱(肋)的节段吊装程序为:

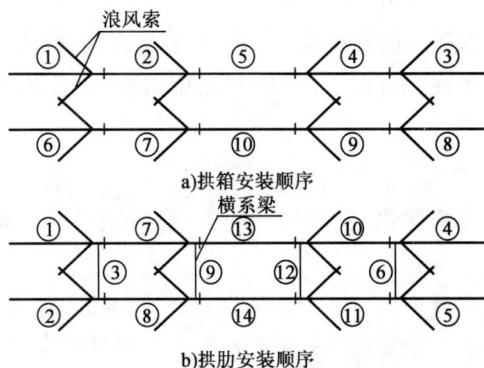

图 1-4-26　拱箱(肋)安装顺序示意图

（1）吊装左端的端段①就位，将拱座处与墩、台帽直接抵接牢靠。上部用扣索扣好，下面将风缆索拉好，然后松去吊索。

（2）吊运次段拱箱②并与端段①相接。将接头处用螺栓固定，上部用扣索扣好，下面用缆风索拉好，然后松去吊索。

（3）再按上面的程序吊装右端的端段③和中段④。

（4）最后吊运合龙段⑤至所吊孔的上空，徐徐降落并与两中段②、④的上接头相接，然后慢慢松扣，合龙成拱。

（5）当拱圈符合设计高程后，即可用钢板楔紧接头，松吊、扣索，但暂不取掉，待全部接头焊接牢固后，方可全部取掉扣、吊索。

（6）按同样的程序，进行下个拱箱⑥~⑩段的吊装合龙。

这种吊装顺序通常称为单肋合龙，适用于跨径在50m以内拱箱（肋）节段数少（通常在7段以内）的拱桥，且只需一组主索。当吊装节段数较多时（如钢管混凝土拱桥），多采用图1-4-26b)的安装顺序。需要指出的是，当缆索吊装设备只有一组主索时，除了考虑施工稳定外，还应设法尽可能减少主索的横移次数，这样就可以加快安装速度，尽早完成拱箱（肋）合龙。

（二）拱段吊运中的受力计算

在缆索吊装施工中，主拱要经历脱模起吊、悬挂合龙和施工加载三个阶段。

1. 拱肋（箱）脱模吊运过程中的验算与拱段吊点位置的确定

拱肋（箱）在预制场制成后，拆除侧模和顶模可不予验算，但将预制拱肋（箱）顶起脱离底模板时应进行脱模验算。预制拱肋（箱）脱模时一般考虑的荷载有：拱肋（箱）自重、拱肋（箱）底板和模板的黏着力、拱肋（箱）超重等。黏着力可按$1.5kN/m^2$计。脱模计算中略去拱肋（箱）曲率而近似按直梁进行计算，支点由千斤顶或吊机的吊点决定，考虑脱模是缓慢、细微地进行，故不计冲击力。

拱肋（箱）从预制场至悬挂位置，即吊运过程，亦应进行验算。与脱模计算一样，近似按直梁计算，吊点与脱模的支点一般相同，所承受的荷载减少了底板黏着力，但考虑到可能出现的撞击情况，计算中应计入1.2的吊装动载系数。

脱模和吊运时，应结合拱肋（箱）的截面形式和配筋情况，以及吊运、安装过程中的受力情况，合理选择拱肋（箱）的吊点及移动搁支点（支点）位置。一般采用两个吊点，当拱肋（箱）为上下对称配筋时，其吊点位置一般设置在离各段拱肋（箱）端头的$0.22l_s$~$0.24l_s$处，并应位于拱肋（箱）弯曲平面形心轴以上（图1-4-27），以防拱段吊运中侧翻。为此，对于圆弧拱，则要求各段拱肋（箱）的吊环离中线的距离l_a应满足下式：

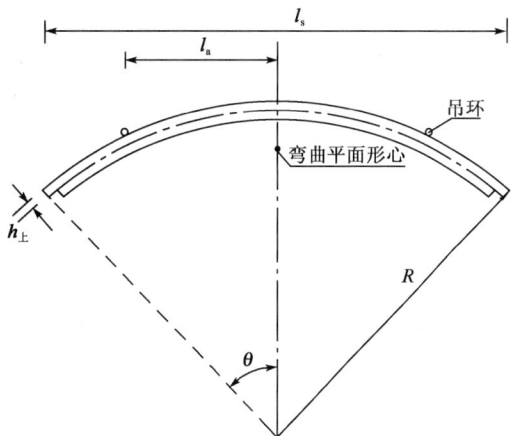

图1-4-27 拱肋吊点位置设置

$$l_a = \sqrt{(R + h_{上})^2 - \left(\frac{l_s}{2\theta}\right)^2}$$

式中: R——圆弧线半径;

$\quad$ l_s——拱段的弦长;

$\quad$ θ——拱段圆心角的一半(rad);

$\quad$ $h_上$——拱肋(箱)横截面形心至上边缘的距离。

对于悬链线拱,每段可近似按圆弧拱考虑。

当拱肋(箱)分段较长或曲率较大时,可采用四个吊点,一般两个端点位置约在离拱肋(箱)段 $0.17l_s$ 处,两中点位置均在离拱肋(箱)段 $0.37l_s$ 处,拱肋(箱)可按连续梁计算。

当拱肋(箱)采用卧式预制时,还需要验算平卧运输或平卧起吊时截面的侧向应力。

2. 拱肋(箱)悬挂时的内力计算

下面介绍三段吊装并用一根扣索悬挂边段拱肋(箱)的内力计算方法(图1-4-28),至于采用更多段的施工,其计算的基本方法与三段吊装基本相同。

(1)边段拱肋(箱)悬挂时扣索的计算

边段悬挂后,由于拱脚支承处尚未用混凝土封死,故可视为铰接,因此可根据静力平衡条件求得扣索的拉力 T_1,以及拱脚的水平反力 H_1 和竖直反力 V_1(图1-4-29):

$$T_1 \cdot h - \sum G \cdot b = 0$$

$$T_1 = \frac{b \cdot \sum G}{h}$$

$$H_1 = T_1 \cos\alpha$$

$$V_1 = \sum G - T_1 \sin\alpha$$

式中: $\sum G$——拱肋自重;

$\quad$ α——扣索与水平线间的夹角;若 α 太小则扣索拉力太大,拱箱高程的调整就比较困难,因此 $\alpha \geqslant 20°$。

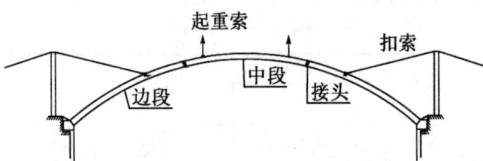

图1-4-28 分三段吊装的拱肋安装

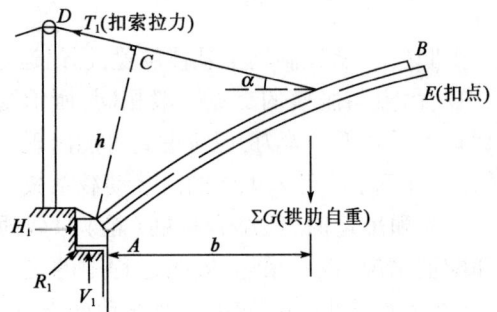

图1-4-29 边段拱肋扣索内力计算图

(2)边段拱肋(箱)悬挂时自重内力计算

拱肋(箱)在自重作用下,任意截面 i 的内力为(图1-4-30):

$\quad$ 弯矩 $\quad M_i' = V_1 \cdot x_i - H_1 \cdot y_i - G_i \cdot a_i$

$\quad$ 竖直力 $\quad Q_i' = V_1 - G_i$

$\quad$ 水平力 $\quad H_i' = H_1$

$\quad$ 轴向力 $\quad N_i' = Q_i' \sin\varphi_i + H_i' \cos\varphi_i$

式中: φ_i——截面 i 处拱轴线与水平线的夹角;

G_i——截面 i 至拱脚区段肋(箱)的自重;

a_i——G_i 与截面 i 之间的水平距离;

x_i、y_i——拱脚(支点)至截面 i 的水平与竖直距离。

在设计中,可采用分段计算的方法求出各分点截面在自重作用下的弯矩 M' 和轴向力 N',按最大内力截面进行强度验算。

(3)边段拱肋(箱)由于中段拱肋(箱)搁置于悬臂端部时所产生的内力计算

当中段拱肋(箱)吊装合龙时,多边段悬臂端部作用力大小很难准确计算。一般按中段拱肋(箱)重力的 15% ~ 25% 作为中段合龙时对边段悬臂部的作用力(R)。由图 1-4-31 可知,扣索中产生的拉力 T_2 及支点处水平反力 H_2、竖直反力 V_2 为:

$$T_2 = \frac{R \cdot l}{h}, \quad H_2 = T_2\cos\alpha, \quad V_2 = R - T_2\sin\alpha$$

求得 T_2、H_2、V_2 后,可自拱脚开始,依次计算拱肋(箱)各截面的内力。对于截面 i:

弯矩　　　　　$M_i'' = V_2 \cdot x_i - H_2 \cdot y_i$

轴向力　　　　$N_i'' = V_2\sin\varphi_i + H_2\cos\varphi_i$

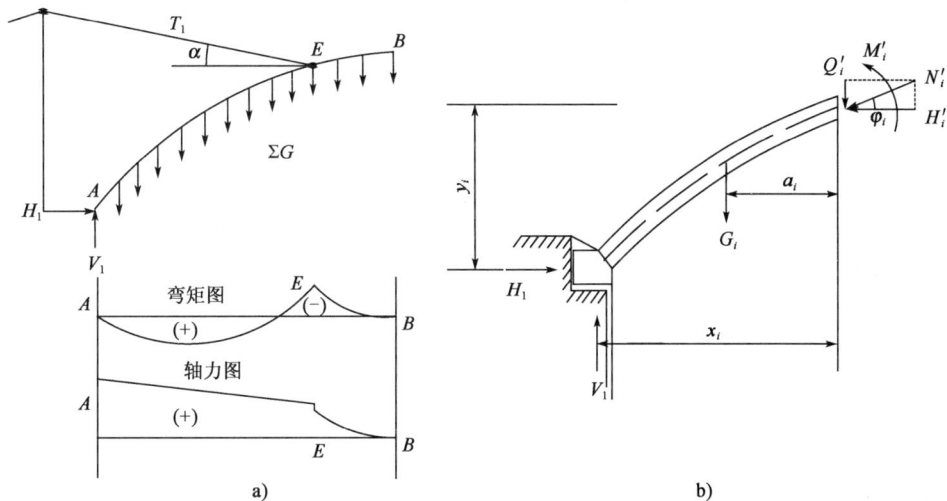

图 1-4-30　边段拱肋在自重力作用下的内力计算图

(4)边段拱肋(箱)在自重和中段拱肋(箱)重力 R 共同作用下的内力计算

将上述(2)、(3)两项所得的内力值相叠加,即可求得边段拱肋(箱)各截面的总内力为:

弯矩　　　　　$M_i = M_i' + M_i''$

轴向力　　　　$N_i = N_i' + N_i''$

计算出各截面的总内力后,即可确定最不利截面的位置及最大内力,并进行强度校核。

3. 中段合龙时的内力计算

中段拱肋(箱)在吊装合龙时,由于起重索放松过程很慢,往往在起重索部分受力情况下,接头与拱座逐渐顶紧,使拱肋(箱)受到轴向力作用。因此在设计时,虽然中段拱肋(箱)仍按简支于两边段悬臂端的梁来计算,但计算荷载则按中段拱肋(箱)自重的 30% ~ 50% 计(图 1-4-32)。

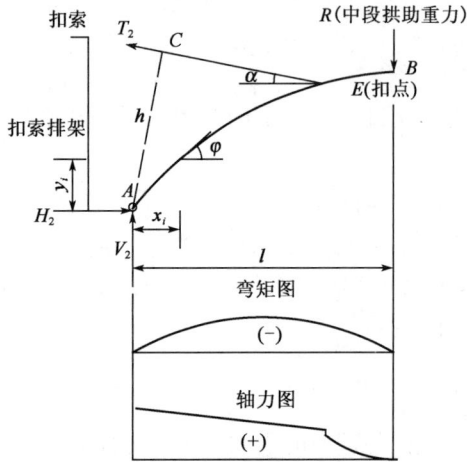

图 1-4-31　中段拱肋就位后对边段作用力计算　　　图 1-4-32　中段拱肋自重内力计算

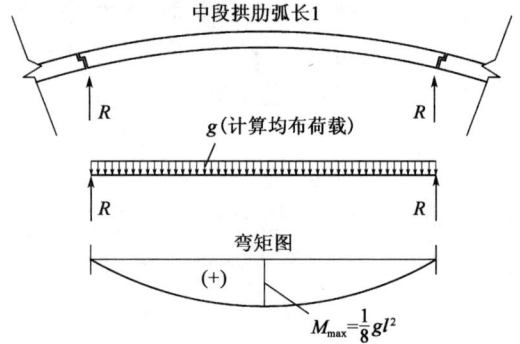

由此可得中段拱肋(箱)的计算均布荷载为:

$$g = \frac{(0.3 \sim 0.5)w}{l}$$

式中:l——中段拱肋(箱)弧长;

　　　w——中段拱肋的实际重力。

可按一般钢筋混凝土受弯构件的计算方法对拱肋(箱)进行强度验算。

拱肋(箱)在悬挂状态下需要配置钢筋,一般来说,按此阶段所配置的钢筋常常能满足拱箱在其他受力阶段的需要。为了减少本阶段的钢筋用量,可采用调整扣点位置或设双扣索等措施。

(三)加载程序设计

1.考虑施工加载程序的目的和意义

当拱箱(肋)吊装合龙成拱后,对后续各工序的施工,如拱箱之间的纵缝混凝土和拱上建筑等,如何合理安排这些工序,对保证工程质量和施工安全都有重大影响。如果采用的施工步骤不当(例如安排的工序不合理、拱顶或拱脚的压重不恰当、左右半拱施工进度不平衡、加载不对称等),都会导致拱轴线变形不均匀而使拱圈开裂,严重的甚至造成倒塌事故,因此对施工程序必须做出合理的设计。

施工加载程序设计的目的,就是在裸拱上加载时,使拱圈各个截面在整个施工过程中,都能满足强度和稳定的要求,并在保证施工安全和工程质量的前提下,尽量减少施工工序,便于操作,以加快桥梁建设速度。

2.施工加载程序设计的一般原则

对于中、小跨径拱桥,当拱圈的截面尺寸满足一定的要求时,可不进行施工加载程序设计,按有支架施工方法对称、均衡地施工拱桥上部结构。

对于大、中跨径的箱形拱桥或肋拱桥,应按对称、均衡、多工作面加载的总原则进行设计。对于坡拱桥,必须注意其特点,一般应使低拱脚半跨的加载量稍大于高拱脚半跨的加载量。

在多孔拱桥的两个邻孔之间,两孔的施工进度不能相差太远,以免桥墩因承受过大的单向推力而产生过大的位移,造成施工进度快的桥孔拱顶下沉而邻孔拱顶上冒,从而导致拱圈开裂。

图 1-4-33 为一座连续多孔等跨径(85m)的箱形拱桥的施工加载程序(闭口箱吊装)。其程序如下:

(1)先将各片拱箱吊装合龙,形成裸拱,然后将全部纵、横接头处理完毕并浇筑接头混凝土,完成第一阶段加载。

(2)浇筑拱箱间的纵缝混凝土。纵缝应分为两层浇筑,先只浇筑到大约箱高一半处,待其初凝后再浇筑其余部分。横桥向各缝齐头并进,注意下层纵缝应分段浇筑。图 1-4-33 中②、③、④、⑤各步骤为纵缝浇筑。

(3)拱上各横墙加载。先砌筑 1、2 号横墙至 3 号横墙底面高度,再砌筑 1、2、3 号横墙至 4 号横墙底面高度,最后全部横墙(包括腹拱拱座)同时砌筑完毕(左、右两半拱对称、均衡同时进行),见图 1-4-33 中⑥、⑦、⑧各步骤。

(4)安砌腹拱圈及实腹段侧墙。由于拱上横墙断面单薄,只能承受一片预制腹拱圈块件的单向推力,因此,安砌腹拱圈时,应沿纵向逐条对应安砌,直至完毕,见图 1-4-33 中⑨步骤。

(5)以后各步骤(包括主拱顶填料、腹拱顶填料、桥面系等)按常规工艺要求进行。

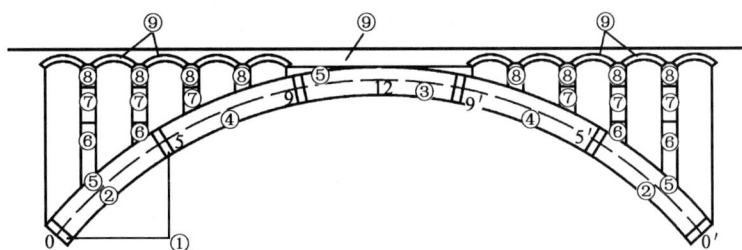

图 1-4-33 加载程序

(四)施工加载内力计算

目前施工加载程序设计一般采用影响线加载计算内力。

(1)绘制截面内力影响线。

一般计算截面有拱脚、$l_0/8$、$l_0/4$、$3l_0/8$ 和拱顶五个截面。在绘制内力影响线时,一般按不计弹性压缩的内力影响线考虑。若考虑弹性压缩影响则另进行补充计算。

(2)根据施工条件并参考类似桥梁的施工经验,初步拟定施工阶段。

(3)在左右两半拱对称地将拱圈分环、分段(对拱圈逐步形成者)、拱上结构分块并计算各部分重力。

(4)按照各施工阶段拟定加载顺序,在影响线上进行加载计算,求出各截面内力并验算。

(5)根据强度验算情况,调整施工加载顺序和范围,或增减施工阶段。

(五)施工加载挠度计算

在施工加载过程中,考虑到每分段加载均计算一次挠度比较烦琐,因此,为了简化计算,每一环加载完毕计算一次挠度。计算公式如下:

$$\Delta = q\left[\left(Y_{\mathrm{m}} + \frac{100\mu_1}{1+\mu}Y_{\mathrm{m\mu}}\right)\frac{10^{-5}L_4}{EI} + Y_{\mathrm{N}}\frac{L^2}{EI}\right]$$

式中： q——拱圈荷载,按沿拱轴线单位长度计;

Y_{m}、$Y_{\mathrm{m\mu}}$、Y_{N}——挠度系数,查《公路桥涵设计手册 拱桥(上)》附录Ⅲ表(Ⅲ)-23;

μ_1、μ——相应阶段弹性压缩系数。

以上计算出来的挠度仅供施工参考。如果计算的挠度值与施工观测值相差较大,或施工过程中出现不对称变形等异常现象时,应停止加载,分析原因,及时调整加载程序或采取其他措施;不过,有时由于施工过程中拱肋产生裂缝,材料弹性模量与计算采用值不符,或温度变化影响,计算挠度值与观测值很可能有一定的误差。

当拱肋强度、刚度较小时,施工加载计算往往需要多次反复进行,才能确定出较适当的施工加载程序。因此,应充分利用计算机进行施工加载程序设计。

近年来,四川、贵州等地相继出现大跨径混凝土拱桥采用钢拱架现浇的事例,对此,在开展施工加载程序设计时,尚应注意拱架受力,防止拱架弦杆出现拉应力值。通常情况下,只要拱架符合从拱顶到拱脚变形由大到小的变化规律,都能满足加载程序设计的要求。

第三节　转体施工法

拱桥转体施工法是一种适合单跨拱桥的施工方法。该法的基本原理是:先将拱圈或整个上部的两个半跨分别置于河岸上,利用地形或简单支架进行现浇或预制拼装,然后利用千斤顶等动力装置,将这两个半跨结构转动至桥轴位置合龙成拱。拱桥的转体施工法根据其转动方位的不同,可分为竖向转体、平面转体及平竖结合转体三种。转体施工法具有变复杂为简单、避免水上高空作业、结构受力安全可靠、施工设备少、用料省、施工速度快、费用低等优点。1987年建成的重庆巫山夔门大桥(主跨122m箱拱),首次采用无平衡重对称同步转体施工成拱的新工艺。1989年建成的重庆涪陵乌江大桥(主跨200m箱拱)也采用了转体施工工艺(图1-4-34),其形成了国家级工法。

图1-4-34　转体施工中的涪陵乌江大桥

一、竖向转体施工

竖向转体施工法，是在河岸或浅滩上将两个半跨的拱圈(肋)在桥轴竖平面内预制，然后通过在竖平面内绕拱脚旋转使拱圈(肋)合龙成拱。根据河道情况、桥位地形和自然环境等方面的条件，竖向转体施工有几种方式：在桥台处将两个半跨拱圈(肋)的轴线置于竖向，分别浇筑半跨拱圈(肋)混凝土，然后往下逐渐转体合龙成拱；或者利用河岸斜坡地形作为支架浇筑拱圈(肋)混凝土，然后由两边向河心方向旋放拱圈(肋)；或是利用河流浅滩在桥面以下俯卧预制半拱，然后向上转动合龙成拱。

竖向转体施工方法较拱架施工可节省投资和材料，但如果跨径过大，拱圈(肋)过长，则竖向转动不易控制，故一般只宜在中、小跨径拱桥中使用。

如图1-4-35所示，日本神原溪谷大桥就是采用竖向转体施工建成的。

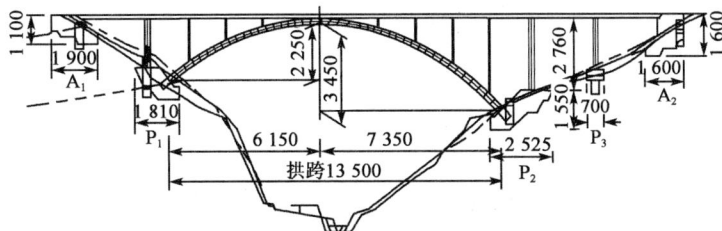

图1-4-35　神原溪谷大桥的立面示意图(尺寸单位:cm)

日本神原溪谷大桥位于美丽的神原溪谷风景区，考虑景观效应，桥梁结构采用了下承式混凝土拱桥，P_1、P_2两侧主拱为非对称拱形，拱顶的位置由施工因素决定；考虑大地震时拱肋的顶部以及拱脚部分的混凝土不至于发生剥离，故在配置钢筋时，控制混凝土的裂缝宽度在0.39mm以下，即拱肋纵向钢筋量与混凝土截面积之比在拱顶和拱脚部分分别定为1.8%、1.5%；同样，基于提高结构抗震性能的考虑，拱上加劲梁采用了预应力混凝土连续结构。

该桥采用了在两岸桥台上以竖向分别现浇两个半拱肋(滑模施工)后，以拱脚为铰心，通过扣索调整两个半拱至设计位置，最后合龙成拱的施工方法。

该桥竖转施工工艺的特点就是，在狭小的施工场地，采用滑模法施工拱肋既省力又比较安全。此外，由于拱肋沿垂直方向施工，因此可以得到填充性能良好的混凝土；不需要使用大型的架桥设备；在进行拱肋的滑模施工以及竖向转体施工时，拱肋不会产生太大的弯矩，因此无须使用预应力钢材等材料进行加固。

该桥施工过程如图1-4-36所示，图1-4-37所示为竖转施工过程中拱肋弯矩的变化情况。

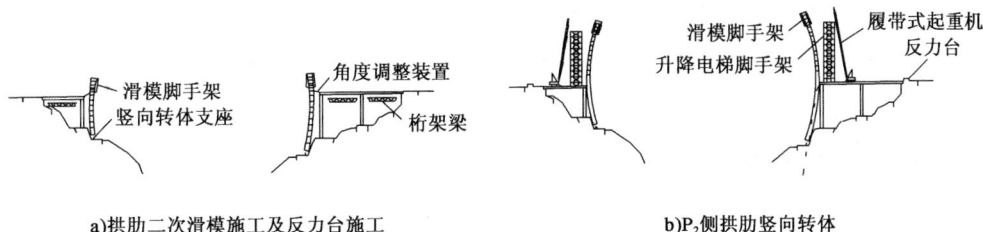

a)拱肋二次滑模施工及反力台施工　　　　　b)P_2侧拱肋竖向转体

图　1-4-36

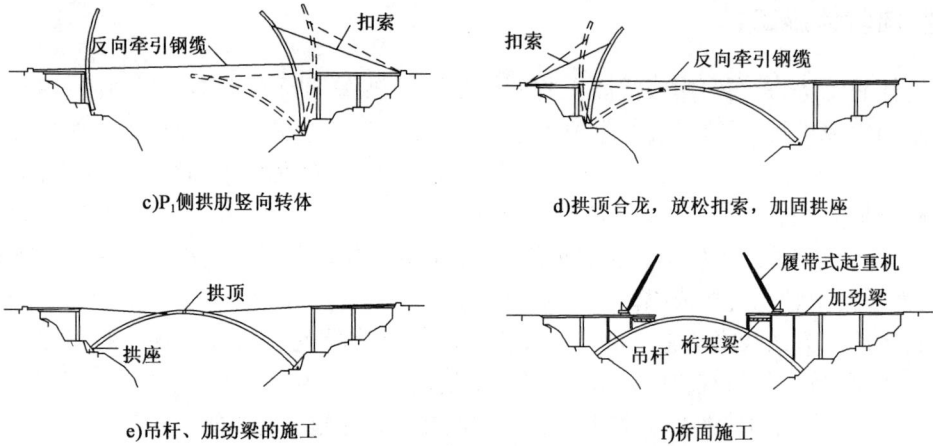

c)P₁侧拱肋竖向转体

d)拱顶合龙，放松扣索，加固拱座

e)吊杆、加劲梁的施工

f)桥面施工

图1-4-36　日本神原溪谷大桥竖转施工过程

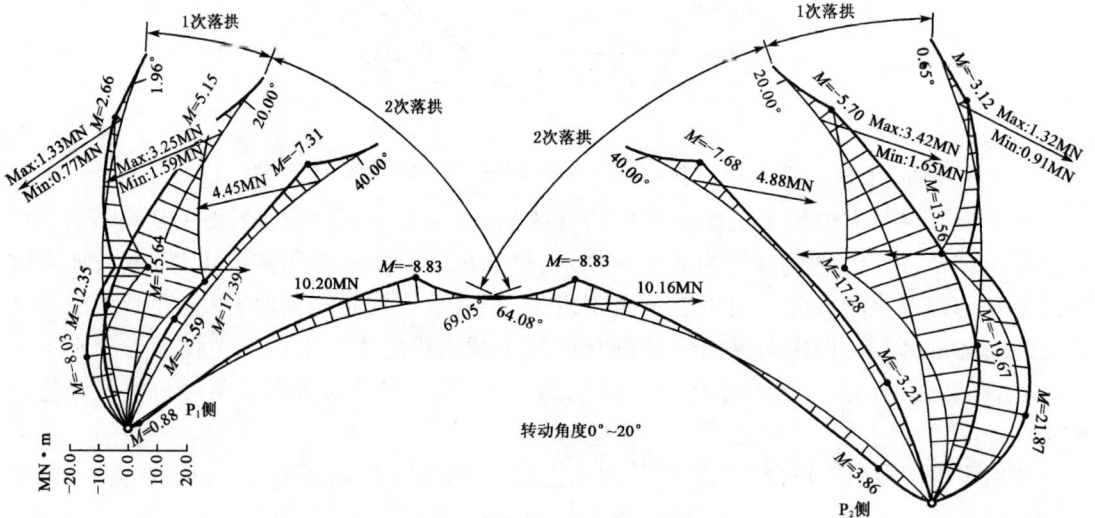

图1-4-37　日本神原溪谷大桥竖转施工过程中拱肋弯矩的变化情况(弯矩单位:MN·m)

二、平面转体施工

平面转体施工法,是将两个半跨的拱圈(肋)的桥轴线旋转至沿岸线或台后堤岸,利用地形及支架按设计高程进行现浇或预制拼装,然后在水平面内绕拱座底部的竖轴旋转使拱圈(肋)合龙成拱(图1-4-38)。平面转体施工法分为有平衡重转体和无平衡重转体两种。

(一)有平衡重转体

有平衡重转体是一种在旋转过程中自平衡的转体,对于单跨拱桥通常需要利用桥台背墙重量及附加平衡压重,以平衡半跨拱圈(肋)的自重力矩[图1-4-38a)]。有平衡重转体的转动系统由底盘、上转盘、锚扣系统、拱体结构、拉索、桥台背墙及平衡压重等组成,其特点是转体质量大(最大可达上万吨)、旋转稳妥安全、转动装置灵活可靠。有平衡重转体的主要施工步骤及内容为:

(1)底盘、转盘轴、环形滑道的制作。

(2)转盘球面磨光、涂抹润滑脂,上转盘试转。

(3)拱体结构及桥台背墙施工。

(4)布置旋转牵引或顶推驱动系统。

(5)设置锚扣系统并张拉脱架。

(6)转体、合龙成拱。

(7)放松锚扣系统,封固转盘。

a)

b)

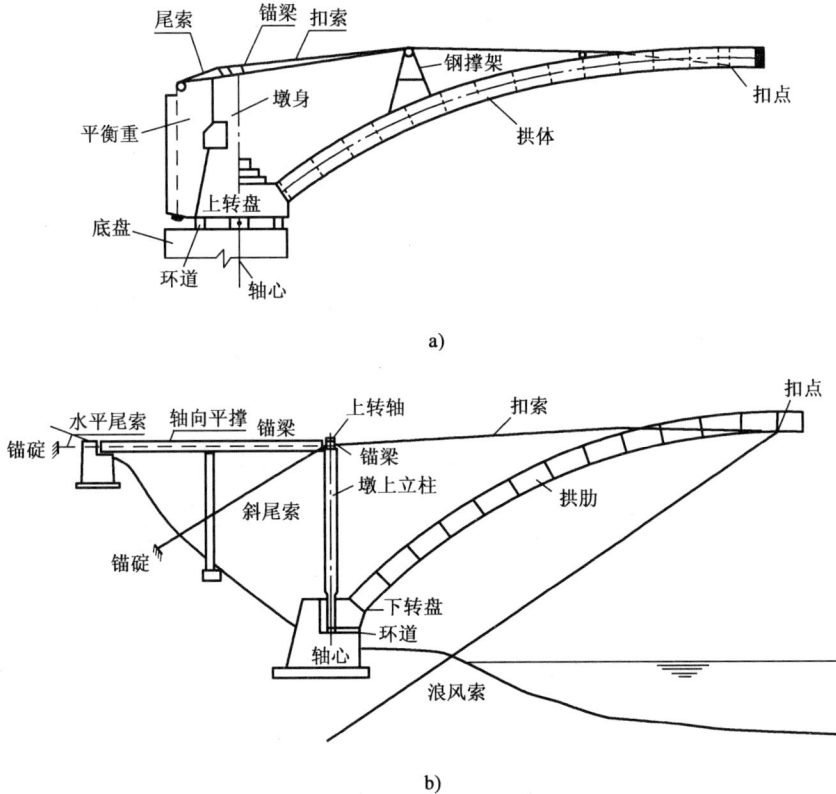

图1-4-38　平面转体系统示意图

(二)无平衡重转体

无平衡重转体,是指以两岸山体岩石的锚碇锚固半跨拱在悬臂状态平衡时所产生的水平拉力,借助拱脚处立柱下端转盘和上端转轴使拱体实现平面转动[图1-4-38b)]。本方法适用于建在地质条件好的深谷形河床上的大跨径拱桥。由于无平衡重,因此大大减轻了转动体系的重量及圬工数量。锚碇的拉力由尾索以预压力的形式储备在引桥上部的梁体内,预压力随着拱体旋转方位的不同而有所差异。无平衡重转体的转动系统由三大部分组成:锚固体系,由锚碇、尾索、水平撑、锚梁及立柱组成;转动体系,由上下转动构造、拱体及扣索组成;位控体系,常由浪风索、无级调速卷扬机、光电测试装置及控制台等组成。无平衡重转体的主要施工步骤及内容为：

(1)下转盘、下转盘轴、环形滑道的制作。

(2)旋转拱座制作、转盘试转。

(3)立柱、拱体结构施工。

(4)上转轴安装。

(5)锚固体系施工。

(6)转体、合龙成拱。

(7)放松锚扣系统，封固转盘。

不论有无平衡重转体，转体施工法的关键设备均是转动装置。目前国内使用的转体装置包括两种：以四氟乙烯滑板构成的环道平面承重转体和以球面转轴支承辅以滚轮的轴心承重转体。前者较多运用于中、小跨径桥梁，后者则在大跨或特大跨桥梁及转动体系重心较高的桥梁中应用较多。

(三)转动装置

1.聚四氟乙烯滑板环道平面承重转体装置

聚四氟乙烯滑板环道平面承重转体装置由设在底盘和上转盘间的轴心和环形滑道组成，其间由扇形板连接，具体构造见图1-4-39。

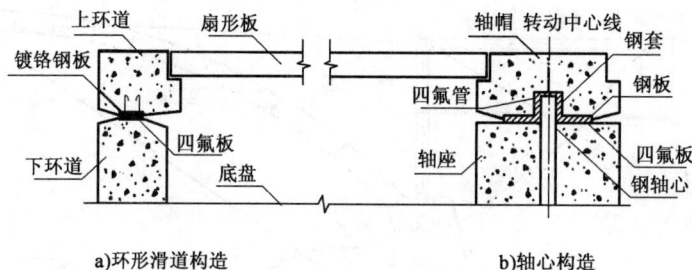

a)环形滑道构造　　　　　b)轴心构造

图1-4-39　环形滑道和轴心构造示意图

2.球面铰辅以轨道板和钢滚轮转动装置

球面铰辅以轨道板和钢滚轮转动装置是以铰为轴心承重的转动装置，其特点是整个转动体系的重心必须落在轴心铰上，球面铰既起定位作用，又承受全部转体重力，钢滚轮只起稳定保险作用。

球面铰可以分为半球形钢筋混凝土铰、球缺形钢筋混凝土铰、球缺形钢铰。前两种由于直径较大，故能承受较大的转体重力。各种球面铰和钢滚轮、轨道板的构造见图1-4-40。

拱桥转体施工方法全跨分两段且全桥宽一次合龙，减少了吊装段数，结构整体刚度大，纵、横向稳定性好。据比较，转体施工较有支架施工可节约木材60%以上，较钢塔架缆索吊装施工法节约施工用钢材70%～80%。

a)

b)

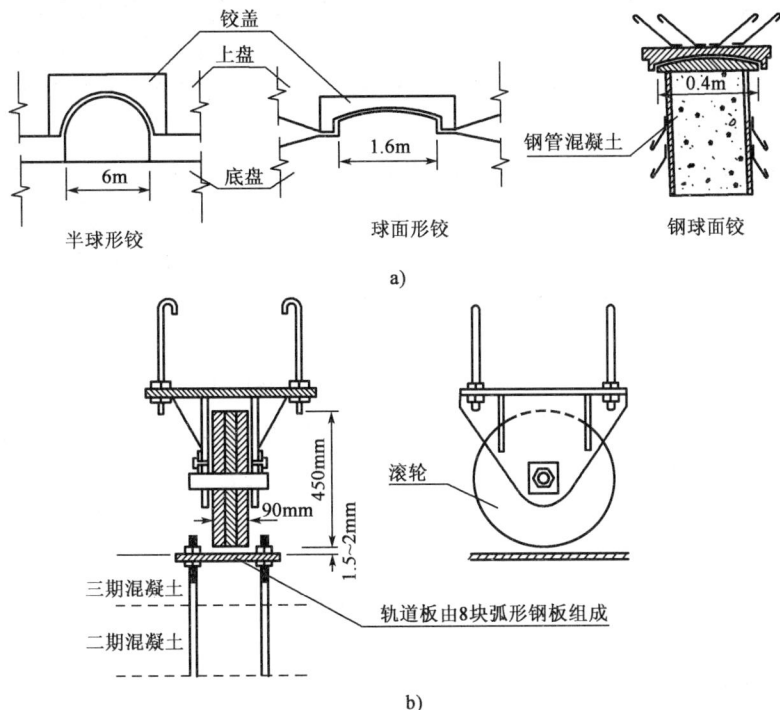

图 1-4-40 球面铰、钢滚轮和轨道板构造示意图

第四节 悬臂施工法

拱桥悬臂施工包括悬臂浇筑和悬臂拼装两种,具体方法有:①在主拱圈施工中,利用塔架、斜拉索和主拱构成斜拉悬臂体系的塔架斜拉索法;②通过斜拉索使主拱圈、拱上立柱和桥面系在施工过程中构成斜拉式悬臂桁架体系的斜吊式悬浇法;③通过设置斜压杆和钢上弦杆与主拱圈、拱上立柱构成斜压式悬臂桁架体系的斜压式悬拼法;④桁架拱桥进行悬拼施工。

一、塔架斜拉索法

塔架斜拉索法是国外采用最早、最多的大跨径钢筋混凝土拱桥无支架施工的方法。其要

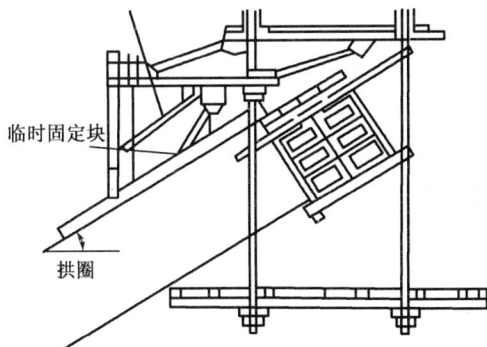

图 1-4-41 挂篮构造示意图

点是:在拱脚墩、台处安装临时的钢或钢筋混凝土塔架,用斜拉索(或斜拉粗钢筋)一端拉住拱圈节段,另一端绕向台后并锚固在岩盘上。这样逐节向河中悬臂架设,直至拱顶合龙。塔架斜拉索法,一般多采用悬浇施工,也可用悬拼法施工,但后者用得较少。

挂篮是悬臂施工必备的临时设备(图1-4-41),其基本功能与梁式桥用挂篮一致,但用于拱桥施工的挂篮还有其自身的特殊性。

由于挂篮是沿拱圈移动,故此时挂篮的移动面和停止工作面均是曲面(图 1-4-42),因此不得不在先浇筑的拱圈上设置较多的临时固定挂篮的支承块;同时,为保证挂篮水平,必须设置角度调整装置。此外,由于拱圈刚度较小,在地震和风荷载作用下,挂篮的稳定性较差,施工中有时需采取一些临时措施。

在瑞士和挪威间建造的希威尼松特桥(Svinesund)的主拱施工即为塔架斜拉索法[图 1-4-42a)],该桥主跨结构为跨径 247m、矢高 30m 的中承式拱桥。其中除主拱采用塔架斜拉索法悬臂浇筑外,BA-1 段主梁采用顶推施工、BA-2a 和 BA-2b 段主梁采用预制构件分段安装、BA-3 段主梁则为预制构件整体一次吊装[图 1-4-42b)]。

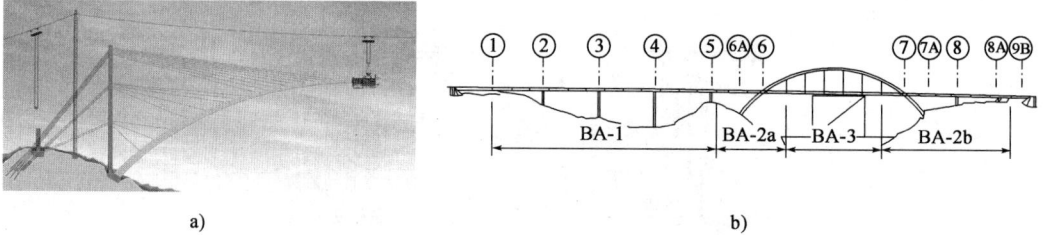

a)   b)

图 1-4-42   希威尼松特桥悬臂施工布置图

二、斜吊桁架式悬浇法

斜吊桁架式悬浇法是使用专用挂篮,结合使用钢丝束或预应力粗钢筋作为斜吊杆构件,将拱圈、拱上立柱和预应力混凝土桥面板等一起向前同时浇筑,使之边浇筑边形成桁架,并利用已浇筑段的上部作为拱圈的斜吊点将其固定。斜吊杆的力通过布置在桥面上的钢索传至岸边地锚上(也可利用岸边桥台作地锚),其施工顺序如下:

(1)在两岸引桥桥孔完成之后,于桥面板上设置临时钢索(或拉杆),在吊架上浇筑第一段拱圈,待这段混凝土达到要求强度之后,在其上设置斜吊杆,并撤去吊架,然后在其前端安装悬臂挂篮。

(2)用挂篮逐段悬臂浇筑拱圈,在挂篮通过拱上立柱位置后立刻浇筑拱上立柱及立柱间的桥面板(可采用活动支架逐孔浇筑),然后用挂篮继续向前浇筑拱圈,直至通过下一个立柱的位置,再安装前两个立柱之间桥面板上的临时钢索及斜吊杆,并浇筑新的桥面板,如此往复,每当挂篮前移一步,都要将桥面临时钢索收紧一次。

这样一边用斜吊钢筋形成桁架,一边向前悬臂浇筑,直至拱顶附近,撤去挂篮,再用吊架浇筑拱顶合龙混凝土。

采用斜吊式浇筑大跨径拱桥时,个别施工误差对整体工程的影响很大。对施工质量、材料规格和强度及混凝土的浇筑等必须进行严格的检查和控制,尤其应重视斜吊杆预应力钢筋的拉力控制、斜吊钢筋的锚固和地锚的地基反力的稳定、预拱度,以及混凝土应力的控制等。

为防止计算结果差别过大,必要时,施工前应做施工模拟试验以及预应力钢筋的锚固可靠性试验。

1974 年日本首先在跨径 170m 的外津桥上采用了这种方法(图 1-4-43)。该桥拱肋除第一段(15m)用斜吊支架现浇混凝土外,其余各段均用挂篮现浇施工。斜吊杆为预应力高强粗钢筋(ϕ32mm)。架设过程中作用于斜吊杆的力通过布置在桥面板上的临时拉杆传至岸边的地锚上(也可利用岸边桥墩作为地锚)。

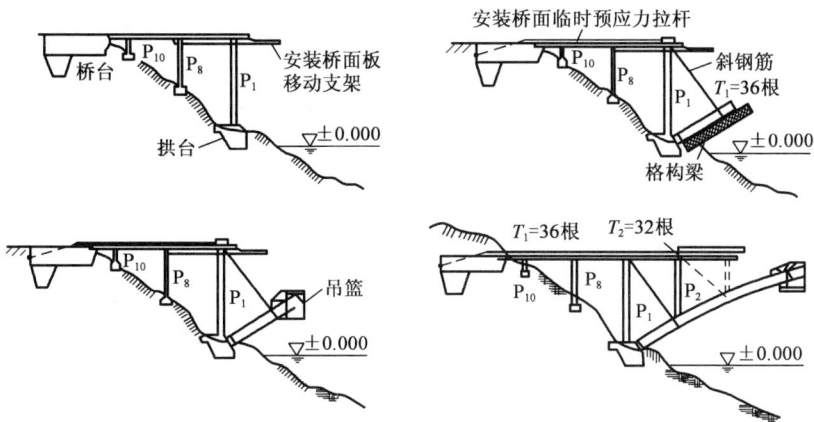

图1-4-43 斜吊式悬臂浇筑施工示意图

三、悬臂拼装法

悬臂拼装法是另一种悬臂施工方法。在悬臂拼装施工之前,拱片(圈)沿桥跨划分为若干奇数预制段,箱形拱圈的顶、底板及腹板也可再分开预制。对于非桁架型整体式拱桥,应将拱肋(箱或部分箱)、立柱通过临时斜杆和上弦杆组成临时桁架拱片。然后,再用横梁和临时风构将两个(临时)桁架拱片组装成空间框架。每段框架整体运输至桥孔,由拱脚向跨中逐段悬臂拼装至合龙(图1-4-44)。悬臂拼装过程中,悬臂结构通过桁架上弦拉杆及锚固装置固定在墩、台上,以维持稳定。以上是先形成桁架节段、组装成空间框架,再进行拼装的悬臂施工法,这种悬臂拼装施工法的吊装要求较高。另一种悬臂拼装方法是先拼拱圈再组桁架,即先悬臂组拼一段拱圈,然后利用立柱、临时斜杆和上弦杆组拼成桁架,如此逐段拼装,直至合龙。

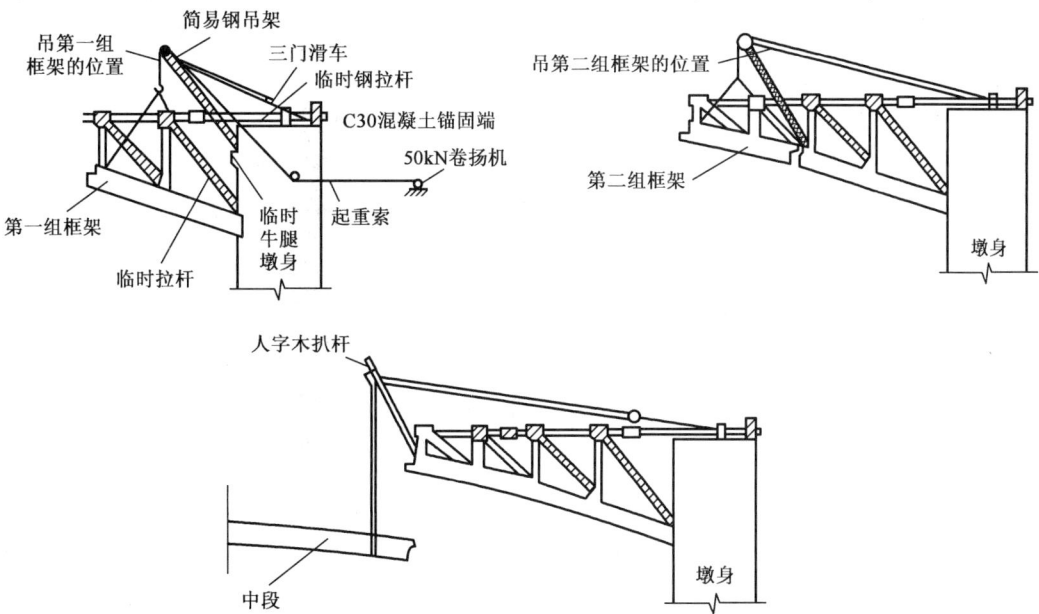

图1-4-44 悬臂拼装法施工示意图

世界第二大跨径的前南斯拉夫 KRK 钢筋混凝土箱形拱桥,也是采用悬臂拼装施工法架设的。

第五节 劲性骨架施工法

劲性骨架施工法(也称米兰法或埋置式拱架法),是用劲性钢材(如角钢、槽钢等型钢)作为混凝土拱圈(肋)的配筋,在施工过程中,先完成拱圈(肋)内的劲性钢骨拱,作为拱圈(肋)混凝土施工的拱架,然后在钢骨拱上分环、分段现浇混凝土,将钢骨拱埋入拱圈(肋)混凝土中,最终形成钢筋混凝土拱圈(肋)。该方法的优点是可以减少施工设备的用钢量,结构整体性好,拱轴线易于控制,施工进度快等。但结构本身的用钢量大,且需用型钢较多,故一般用在大跨径拱桥工程中。劲性骨架施工法是一种较老的施工方法,1942 年西班牙就采用该法建成了跨径210m 的 Esla 混凝土拱桥,但之后的发展并不是很快。近年来,因采用高强、经济的钢管混凝土等作为骨架材料,使这一方法的应用逐渐增多。

桁式拱骨架最初均采用型钢(如角钢、工字钢、槽钢等)做成。劲性型钢骨架刚度大,但用钢量也较大。为节省钢材,我国在 20 世纪 80 年代采用半刚性型钢骨架建成了多座大跨径混凝土拱桥。通过实践证明,半刚性型钢骨架虽可节省一定钢材,但其柔性较大,在混凝土拱圈形成过程中不但给施工控制带来困难,并且往往难以保证混凝土拱圈的设计线形(立面),同时在施工安全上也存在一定风险。钢管混凝土结构在桥梁上的应用,给改进劲性骨架开辟了一条新的道路。

从 20 世纪 80 年代起,随着我国大跨径混凝土拱桥的大量建造、高强经济的骨架材料(钢管混凝土)的使用,以及桥梁施工控制技术的发展,采用钢管混凝土作为劲性骨架的上、下弦杆具有刚度大、用钢量省、安全、经济的优点,使得这一施工方法在大跨径混凝土拱桥的施工中得到了广泛应用,世界上最大跨径的混凝土拱桥——跨径 420m 的重庆万州长江大桥就是采用钢管混凝土劲性骨架施工方法建成的。

采用劲性骨架进行混凝土拱桥施工的步骤为:

(1)在现场按设计图进行骨架 1:1 放样、下料及分段拼装成型,如图 1-4-45 所示。

(2)采用缆索吊装法进行骨架吊装、成拱。对于钢管混凝土骨架,成拱后采用泵送法浇筑钢管内的混凝土,以形成最终的骨架结构,如图 1-4-45 所示。

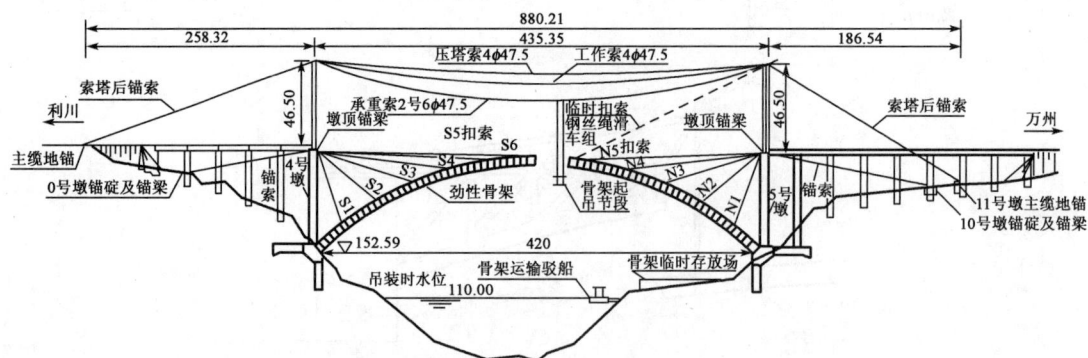

图 1-4-45 重庆万州长江大桥主拱钢骨架吊装、扣、锚体系(尺寸单位:m;高程单位:m)

（3）在骨架上悬挂模板浇筑混凝土拱圈（分环、分段、多工作面进行）。如图 1-4-46 所示即为万州长江大桥主拱混凝土纵横向分环分段浇筑情况。

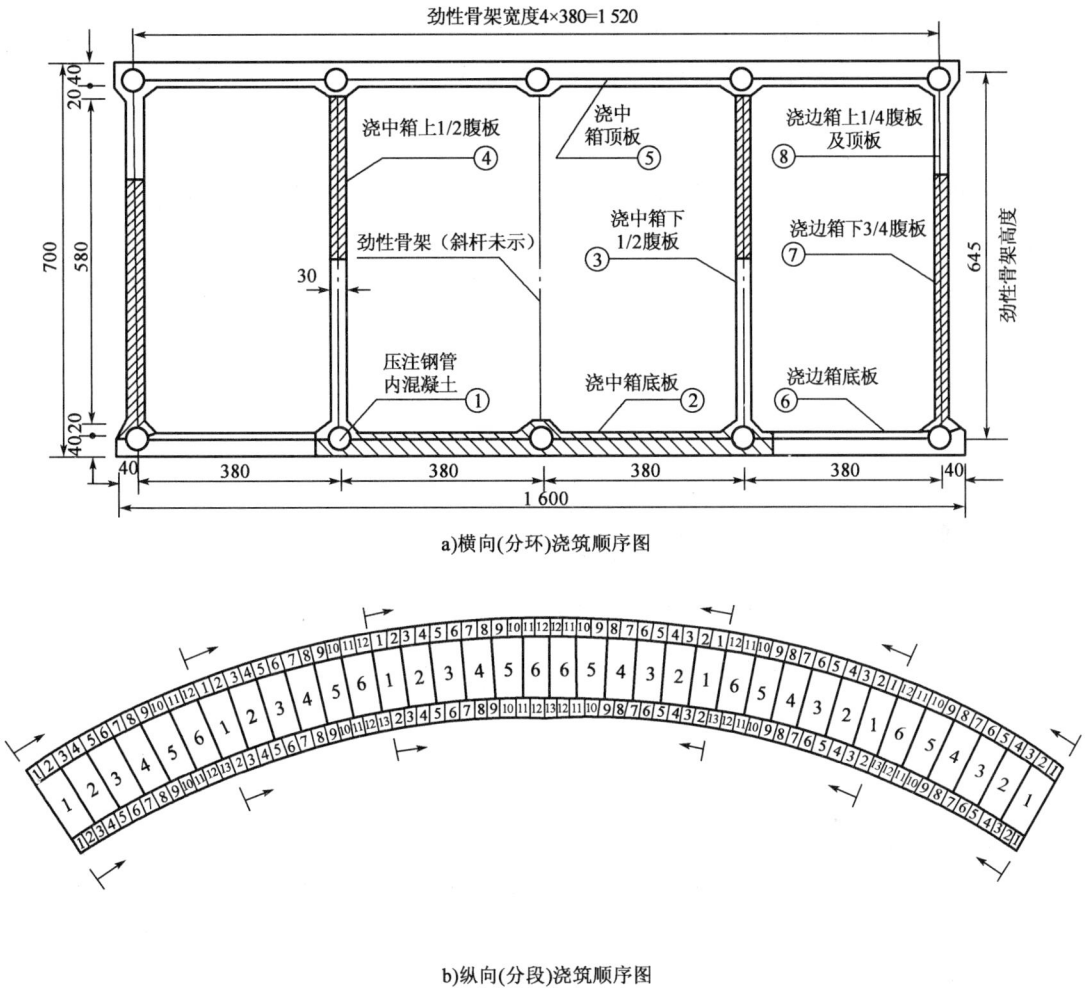

a)横向(分环)浇筑顺序图

b)纵向(分段)浇筑顺序图

图 1-4-46　重庆万州长江大桥主拱混凝土纵横向分环分段浇筑顺序图(尺寸单位:mm)

在劲性骨架上现浇拱圈过程中,由于已浇筑的混凝土逐渐参与骨架受力,骨架及其与混凝土成为一体后的结构受力状态不断变化,所以需特别注意施工控制,即骨架在混凝土浇筑与混凝土拱圈形成过程中的变形、应力与稳定控制,确保骨架在任何施工时刻的结构安全和混凝土拱圈形成后的线形符合要求。为此,应进行详细的施工加载程序设计,并采取有效的手段调整、控制骨架在混凝土浇筑过程的变形。早期采用的是锚索加载法(图 1-4-47)、水箱加载法(图 1-4-48)。锚索加载法是采用钢索在劲性骨架反弯点以上部分设置拉索,拉索的另一端和地锚连接起来,中间设拉力张紧器,在混凝土施工过程中通过对拉索施力达到对劲性骨架变形的控制。水箱加载法是在骨架吊装成拱后,在拱顶部位设置多个水箱,在拱圈混凝土的浇筑过程中,根据预先计算的加载重量向水箱内注水,把拱轴线变形和截面应力控制在设计允许范围内。与此同时,进行变形和应力监测,如发现异常,立即将实测数据输入现场计算机,进行适时分析,并提出相应的处理措施,如调整水量和浇筑速度、张紧或放松八字浪风索等。由于水箱设备较复杂,故操作也较麻烦。近些年来又出现了千斤顶斜拉扣挂调载法,该法巧妙地利用缆索吊装骨架拱时用于扣挂骨架节段的斜拉索的索力调整(用千斤顶在锚板后进行)来控制吊装高程和调整混凝土浇筑过程中拱轴变形和结构各部应力(图1-4-49,当采用钢管混凝土骨架时,则在吊装完成后首先用于调整管内混凝土浇筑时拱肋轴线的变形)。该方法最先被用于广西邕江大桥(中承式)和重庆万州长江大桥的建设。

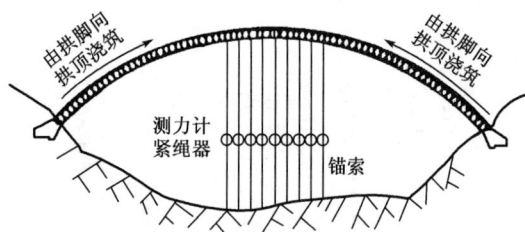

图1-4-47 锚索加载法示意图

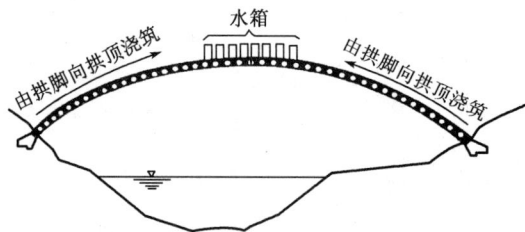

图1-4-48 水箱加载法示意图

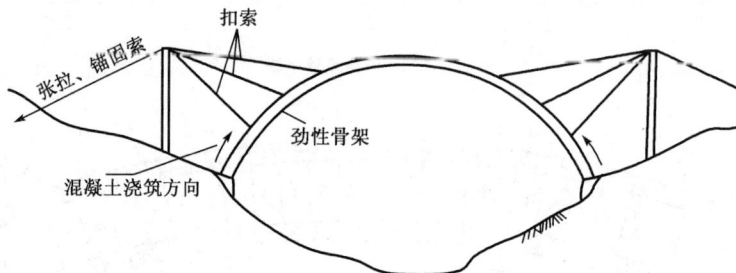

图1-4-49 斜拉扣挂系统和斜拉索力调整张拉方式示意图

在劲性骨架施工过程中,斜拉扣挂体系是关键技术之一。其中,拉索应高强、模量大、变形稳定,索长与索力调整方便、行程大、控制精度高,锚固系统安全、可靠。劲性骨架施工法是目前特大跨径混凝土拱桥施工的主要方法。当然,在实践过程中也发现该法存在空中混凝土浇筑工序多、时间长、质量控制较难等不足,有待今后进一步改进。

第六节　其他施工方法

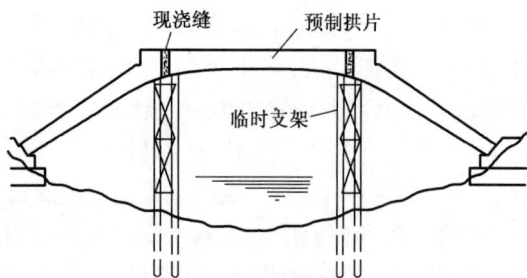

图1-4-50 拱桥少支架施工法示意图

一、少支架施工法

少支架施工法是一种采用少量支架集中支承预制件的拱桥预制安装施工方法,常用于中小跨径的整体式拱桥、肋拱桥等(图1-4-50)。与拱架施工法不同的是,少支架施工法利用了拱片(肋)预制件自身的受力能力,使其成为拱桥施工的拱架。

少支架施工拱桥的预制件长度、分段位置,取决于结构的受力与吊装能力。一般情况下预制拱片(肋)被分为奇数段,如三段或五段等,并避开受力控制截面。

少支架施工法的步骤为:预制拱片(肋)吊装就位于支架上;调整支点高程并考虑所需的预拱度;采用现浇混凝土连接拱片(肋)及其之间的横向联系;落架、拱片(肋)成拱受力;铺设桥面板及现浇桥面混凝土,或进行立柱等拱上建筑的施工。

二、大拱段提升施工法

随着跨越大江、大河和海峡桥梁建设的发展需要,采用整体或大节段提升方式建造的桥梁越来越多。除了用于梁式桥以外,大拱段提升已成大跨径拱桥架设的主要方法之一。大拱段提升安装施工是在工厂制造拱圈或拱圈节段,通过水运将其运至待安装地的下方,然后采用同步液压提升装置提升安装。

2007 年建成通车的广州新光大桥桥跨布置为 $3 \times 50m + 177m + 428m + 177m + 3 \times 50m$,其中,主桥采用主跨 428m 的下承式钢箱桁架系杆拱与三角框架组合体系飞燕式拱桥,在世界同类桥梁中居第一位。该桥主拱就是采用少支架大节段提升施工法建设的[图 1-4-51a)],即先在主跨内设置两个临时钢塔柱作为提升支点,然后通过提升装置将拱段提升到位。其中,主拱拱肋分三大段提升,两边大节段长度为 60m,提升质量约 1 164t,利用三角形桥墩和临时钢塔作为支点进行提升;中间大节段长度为 168.0m,提升质量约 2 800t,利用两个临时钢塔作为支点进行提升。安装顺序为先主拱边段,后主拱中段。

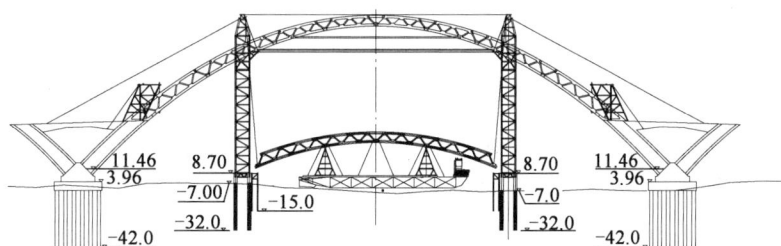

a)主拱少支架提升总体布置

b)大节段拱肋在提升区就位

图 1-4-51 新光大桥主拱提升安装施工(尺寸单位:m;高程单位:m)

三、中、下承式钢筋混凝土拱桥施工要点

普通中、下承式拱桥属于有推力体系,其拱肋施工方法与上承式拱桥基本相同。在中承式拱桥中,由拱上立柱支承的桥面部分的施工方法与上承式拱桥相同,但其桥面系与拱肋相交处

的固定横梁形状特殊,受力复杂,一般采用就地立模浇筑。

中、下承式拱桥与上承式拱桥施工的主要不同之处在于悬吊系统(包括吊杆及桥面结构)。吊杆及桥面系的施工方法应根据结构设计、技术力量、桥址自然条件、交通状况、施工设备及材料等情况来确定。

采用拱架施工时,在安装桥面系以前,应先卸落和拆除拱架。在拆除拱架之后,即可着手安装悬挂桥面系,桥面系的纵横梁可以在支架上就地浇筑,也可以采用预制拼装件。

采用就地浇筑的桥面结构,可从已建成的拱肋上挂下临时吊杆以支承模板支架及工作平台,然后立模板,绑扎钢筋,安装预理件,并浇筑混凝土。若中、下承式拱桥设计为利用预应力桥面系来平衡拱肋的推力时,必须注意在安装拱架之后,桥面纵向预应力筋张拉完毕以前,先在拱脚处设置临时拉索,待桥面纵向预应力筋张拉以后,将临时拉索拆除,再用永久性吊杆将桥面系结构悬挂在拱肋上,然后拆除桥面模板支架及工作平台与临时吊杆。

若桥面体系为预制拼装结构,则可在浮箱、驳船、桥下临时便桥或上述的悬挂工作平台上,将吊杆及桥面系横梁连接成槽形框架,然后将吊杆安装到拱肋的相应节点上。待吊杆与梁安装完毕后,再用缆索吊机安装纵梁和桥面板。也可以单独将吊杆安装到拱肋上,然后再利用缆索吊机依次吊装横梁、纵梁及桥面板。

对吊杆的耐久性与防腐蚀问题必须给予充分重视,施工中应重点控制吊杆防护和锚头防水质量,确保吊杆长期使用安全。

四、钢管混凝土拱桥施工要点

(一)钢管拱肋制作

钢管拱肋制作是钢管混凝土拱桥施工中的重要工序和施工质量控制的关键环节。钢管拱肋制作属于钢结构加工部分,钢管切割、焊接技术要求高,一般应由具有较强钢结构加工能力的单位完成,焊接工人应持证上岗。

钢管拱肋制作方式有工厂化制作和施工现场制作两种方式。究竟选择何种制作方式,应根据桥梁的结构特点、施工单位的技术水平、施工现场的运输条件、钢管拱肋的安装工艺和经济指标等综合确定。

工厂化制作的好处在于:①能使产品制作处于较稳定的生产流水线上,人员、生产设备和检测设备配置等方面能得到保障;②工厂内制作受温度变化、湿度、粉尘等不利环境的影响较现场制作方式要小得多;③可以按照规范的作业程序进行日常生产组织管理,在环保、安全和职业健康管理方面要比现场制作方式更有保证;④场地建设和制作加工所需的设备运输费用低。不足在于:成品或半成品的构件需通过陆地或水运运输到安装现场,运输费用比较高;在运输过程中,有可能发生多次装卸转运,出现部分损伤或损坏的风险性较大。

现场加工制作需要较大的生产场地,受现场施工条件的局限,大型加工设备投入、试验检测手段、环保和安全及职业健康管理等方面不如工厂化制作完善;运输和多次装卸次数少,运输成本相对较低,但增加了场地建设费用和较多的辅助施工费用。

用于钢管混凝土拱桥拱肋中的钢管有螺旋焊钢管、直缝焊钢管和无缝钢管三种。管径较大的弦管和腹杆通常采用有缝钢管,管径小的钢管宜采用无缝钢管。螺旋焊钢管和直缝焊钢管的焊接等级应达到二级和一级焊缝的要求。

螺旋焊接管加工费用较低,管节较长(一般为12~20m),成管焊缝质量容易控制,也有利于钢管与混凝土的共同作用。但螺旋焊接管的成管焊缝比直缝焊接管长,在由多管组成拱肋时,容易与其他焊缝相交叉。直缝焊接管加工设备要求较低,管节较短(通常为1.2~2.0m),运输方便,焊缝少,易于与其他焊缝错开。

将拱肋弦管加工成曲线的方法有热加工和冷加工两种方式,即热煨弯成型技术和以直代曲多段短钢管对接拟合拱轴线成型技术。热煨弯成型技术适用于管节较长的螺旋焊接管,有火焰加热煨弯和电加热煨弯两种方式。前者是利用火焰加热手段将每个节段的弦管单根在煨弯台架上分环、分段加热到一定温度时,在外力作用下使钢管塑性变形,将钢管弯制成弦管;后者是利用电磁转换设备,将电磁能转化为热能对钢管进行加热,并使用温度设备监测钢管加热温度达到可塑状态时,通过对钢管施加外部作用力,将钢管弯制成拱肋弦管。热煨弯后不得用水冷方法降温,应在空气中自然冷却,这是由于骤冷会使普通低合金钢的钢材变脆,容易发生断裂或产生焊接裂纹等。钢管弯曲应按《铁路钢桥制造规范》(TB 10212—2009)规定执行。以直代曲方法适合于用直管焊接的钢管来加工制作拱肋弦管,这种方法具有工艺简单、设备投入少、加工速度快、对钢材损伤小、施工成本低等优点,但直管连接处有凸点,拱轴线形不连续。当直缝焊接管管节较长时,也应将其弯成弧形。

钢管拱肋制作前应根据运输方式、运输条件和吊装能力确定制作单元,加工制作台必须满足每段拱肋按1:1大样放样的要求。要求台座地基基础密实、稳定,表面平整度良好,并按设计要求采用红外测距仪或精度更高的测量仪器放样,并用水准仪抄平。

对于桁式拱肋的钢管骨架,弦杆与腹杆及平联的连接尺寸和角度必须准确。连接处的间隙应按钣金展开图要求进行放样。

钢管弯制完成后,与已经加工好的其他部件,如腹杆、节点钢板、拱上立柱底座、吊杆锚箱或拱脚段转动铰等进行组装,形成单节段拱肋。单节段组装方式有卧式拼装和立式拼装两种。

卧式拼装是将钢管拱肋侧向翻转90°,把立面改为平面进行加工制作。国内钢管拱肋桁架的组装多采用卧式拼装,通常用于采用无支架缆索吊装、支架安装工艺的钢管拱桥。卧式拼装方式降低了钢管拱肋节段重心位置和拼装作业高度,便于施工操作和控制,能充分利用自动焊接和起重设备进行作业,起到了提高焊接质量和降低安全风险的作用。

立式拼装是按照钢管拱肋曲线搭设拱形工作支架,使钢管拱肋节段保持立面姿态进行零部件组装的方式。采用该方式加工制作时,由于钢管拱肋节段重心高,稳定性较差,高空作业量增加,作业难度加大,故在安全技术方面需要制订相应的措施保证拱肋在立式姿态下稳定;同时工作支架也需要专门设计,耗用的施工辅助材料较多,成本较高。立式拼装主要用于受场地使用要求限制或受安装工艺限制(如采用转体施工、支架施工或双肋悬拼吊装)的钢管拱桥。

大量工程实践表明,立式拼装的精度高于卧式拼装,因此,在条件许可的情况下,宜优先选用立式拼装。

在拱肋节段或拱片制作完成后,需将多个独立节段进行接头耦合预拼装,以检验钢管拱肋节段之间的对接精度,并对拱肋的偏差进行适当的校调。根据钢管拱桥结构的对称性,在拱肋节段加工制作时,一般只需要建立拱肋结构1/2的1:1大样,即可满足全桥钢管拱肋加工制作的需要。国内最常用的多节段组装拼接工艺主要有半拱全连续拼装工艺和半拱"$n+1$"组合拼装工艺。

当钢管拱肋制作场地有足够面积时,一般采用1:1半拱大样连续拼装工艺组装和试拼装。该工艺首先在加工制作场地地面按照1:1放出半拱大样,其次在半拱大样上搭设简易加工台座或支架,最后零部件的组装及拱肋对接试拼装均在加工制作台架上完成。当预制场地受限制,无法采用1:1半拱大样布置时,在加工制作场地可采用"$n+1$"组合方式进行钢管拱肋节段的试拼装。这里的"n"是指已完成加工制作并通过初步验收的钢管拱肋节段数,"1"表示待对接检验的节段。

在制作钢管拱肋前,加工单位应根据钢管拱肋的构造特点,制定专门的焊接工艺评定和验收标准,焊接工艺评定项目有强度试验、弯曲试验、冲击试验、硬度试验及化学成分、金相试验等,这些试验是完全针对焊缝质量的检验。考虑到焊接质量不仅包括焊缝质量,还包括焊接变形控制。经审查通过后执行。首节段制作完成后,一般应进行验收,验收合格后方可制作生产。

弦杆与腹杆及平联的连接焊缝,应沿全周连续焊接并平滑过渡,可沿全周采用角焊缝,也可部分采用角焊缝,部分采用对接焊缝。弦管管壁与肢管管壁之间的夹角大于或等于120°的区域内宜采用对接焊缝或带坡口的角焊缝。角焊缝的焊脚尺寸 h_f 不宜大于肢管管壁的2倍。对于承受拉应力的连接斜腹杆与主弦杆的焊缝,强度和质量要求较高,打磨、施焊每一道工序必须经过严格检查后才能实施。对于厂内加工的焊缝,应严格按设计要求进行质量检查和控制。

对于接头连接处无法避免的工地焊接,尤其是高空焊接,因影响焊缝质量的因素很多,故焊缝质量较难控制,在设计方面应从构造措施方面保证接头的质量。如先用内法兰接头连接拱肋节段,接头处留约40cm长的对接段,在已拼装段上附设内衬管,使对接部分的焊缝能够成为熔透焊缝。为保证工地焊缝的质量,施工单位应选派焊接技术水平高,又有高空作业经验的焊工施焊,并创造良好的焊接条件、选择合适的天气。

(二)拱肋安装

适用于钢管拱肋架设的方法较多,有缆索吊装法、转体法、少支架法和整体提升法等。

缆索吊装是钢管拱肋安装最常用的施工方法,有关缆索吊装设备的构造原理已在本章第二节进行了介绍,在此主要介绍钢管拱肋安装过程中的一些特殊情况。

钢管混凝土拱桥跨径大,为减轻节段吊装质量,减少缆索吊装设备的投入,拱肋划分的节段数往往较多,一般都在9段以上,如巫山长江大桥每条拱肋划分为22个节段加1个合龙段,而湖北恩施小河特大桥每条拱肋划分为26个节段加1个合龙段。

拱肋节段数越多,相应的拱肋线形控制难度也就越大,因此常采用千斤顶钢绞线斜拉扣挂悬拼技术,这项技术在广西邕宁邕江大桥钢管骨架的安装中应用。由于千斤顶张拉行程准确、钢绞线变形小的优点,这项技术一经提出便得到广泛应用。

采用缆索吊装法施工的关键在于扣索索力和节段预抬量的计算,而这些计算又与拱肋线形控制方法有关。目前,拱肋线形控制方法有一次扣索张拉法和多次调索张拉法两种形式。一次扣索张拉法利用扣索的弹性伸长来满足节段高程的变化,使松索成拱后的拱轴线形满足设计要求,因此在安装过程中需要预先抬高或降低节段高程;多次调索张拉法是每安装一个节段或横向联结系,都将已经安装的节段调整到设计控制位置,直到节段和横向联结系全部安装完毕。随着拱肋节段数的增多,多次调索张拉法需要调索的数量也急剧增加,每调整一根扣索都会对其他扣索产生影响,计算量和扣索调整量都相当大。现大多采用一次扣索张拉法进行拱肋线形的控制。

在塔架系统方面,早期缆索系统采用主塔和扣塔分离的形式,这种构造形式的好处在于拱肋节段吊装过程中,已经安装完毕的节段高程不受影响,线形控制比较方便;不足之处在于临时用钢量大,扣锚系统用量大。现已逐渐发展为主塔与扣塔合一,主塔与扣塔间铰接的构造方式。由于主塔与扣塔铰接,故在扣塔顶只承受主塔传递来的竖向力和少量水平力,减小了扣塔底部的弯矩。扣塔底可以设计成固接,也可设计成铰接,具体情况视塔架系统本身和扣索布置方式而定。

扣索布置方式较多:一种是通过扣塔转向索鞍在地锚上张拉与锚固,扣索与锚索(又称背索)合二为一;另外一种是扣索和锚索分离,在扣塔上分别张拉和锚固。通常,前者适合于塔底铰接,后者适合于塔底固接。

用于钢管混凝土拱桥拱肋安装的转体施工方法有平转法、竖转法以及竖转与平转相结合的施工方法。当跨径较大的钢管混凝土拱桥采用竖转法施工时,由于钢管拱肋自重较大、悬臂较长,故要求牵引力较大、牵引索也较多,有时除了悬臂自由端设置拉索外,还要增加拉索组数,采用传统的卷扬机则无法使多索同步受力,而应采用千斤顶液压同步提升系统。1999年建造的主跨175m的广西鸳江钢管混凝土拱桥,以及2001年建造的主跨235m的徐州京杭运河钢管混凝土提篮拱桥均采用了以液压同步提升技术为技术核心的竖转法。

平面转体施工法在钢管混凝土拱桥中也有应用,如主跨160m的上承式钢管混凝土拱桥黄柏河大桥和下牢溪大桥均采用了平转法施工,这两座大桥的四个半拱根据背靠的山势不同,平转的角度为180°~110°,整体平转就位后在跨中合龙。转盘由轴心(球铰)、环形滑道上板、底板等组成。球铰直径为2.2m,由两台特制的ZLD-100张拉千斤顶牵引。两桥的转体质量均达3 600t,采用千斤顶牵引也比过去的卷扬机牵引动力大,且易于控制。

广州丫髻沙大桥采用竖向转体与平面转体结合的转体施工方法,将半跨主跨和一个边跨作为一个转动单元,平转质量达13 685t,沿河岸搭设支架拼装边跨劲性骨架,并在低支架上拼装半跨主跨钢管拱肋,使竖转主跨钢管拱肋就位,然后利用边跨为平衡重,平转就位、合龙。

无论采用何种方法架设,都要经过合龙和体系转换才能成为无铰拱。钢管拱肋合龙应尽可能选择在设计合龙温度下合龙。由于钢结构必须在无应力状态下焊接,因此,必须采取临时锁定措施,将拱肋锁定。体系转换与拱桥跨径大小和施工稳定性有关。对于中小跨径的拱桥,拱肋安装过程中的稳定性一般都能满足要求,合龙时一般要求拱肋处于两铰拱状态,这样有利于调整拱肋轴线,也有利于减小拱脚处的弯矩;对于跨径较大的拱桥,拱脚处的施工临时铰将使合龙前拱肋稳定性降低,因此采用缆索悬臂拼装时,可以考虑在拼装一定节段后将临时铰固接,以提高稳定系数,后续节段的高程与线形控制可利用拱肋本身的变形来实现。但这种施工方法有可能使拱脚产生较大弯矩,施工时必须予以重视。采用平转施工的拱桥,平转时拱脚处应处于固接状态,合龙时可根据需要使其处于临时铰状态或仍处于无铰状态。

在完成主拱合龙和拱脚固接后,浇筑拱座剩余部分混凝土,达到设计强度后便可进行松索成拱施工。松索成拱应对称、均衡、分次由拱顶至拱脚进行,一般分为3~4次。理论上,松索成拱后的拱肋变形应与裸拱在自重作用下的变形一致。

(三)管内混凝土灌注

管内混凝土灌注应采用泵送顶升压注法施工,从两拱脚至拱顶对称均衡一次性压注完成。除在拱顶设置隔仓板外,其余部位一般不宜再设置隔仓板。但对于大跨径钢管混凝土拱桥,当一次性连续泵送有困难时,可设置隔仓板,采用接力泵送灌注。在拱顶设置排气孔,以保证将泵送混凝土的前端不良部分排出并使拱顶段有一定的压力,减小其收缩量,增加密实性。

管内泵送混凝土除满足强度要求外,应具有低泡、高流动性、微膨胀补偿收缩、低水化热、缓凝和早强等工作性能。坍落度不宜小于15cm,粗集料最大粒径在3cm以内。管内的混凝土强度等级一般为C40~C60。当采用C50、C60时建议采用粉煤灰混凝土,以提高工作性能和降低水化热。为补偿收缩,可以在管内混凝土中掺入一定数量的微膨胀剂。

管内混凝土压注前应先清洗管内污物,润湿管壁,泵入适量水泥浆后再压注混凝土,直至钢管顶端排气孔排出合格的混凝土时为止。管内混凝土填充密实度的检测方法应以超声波检测为主,人工敲击为辅。对检测发现异常的,应进行钻孔复检,不密实的部位采用钻孔压浆法进行补强,然后将钻孔补焊封固。

管内混凝土的灌注有先下(弦管)后上(弦管)、先上(弦管)后下(弦管)和上(下)与下(上)弦管交错灌注等多种顺序。大量计算表明,管内混凝土灌注顺序对拱肋变形影响很小,但对管内混凝土和钢管应力有较大影响。采有先上弦后下弦的灌注顺序,会在拱肋上弦混凝土中有一定的压应力储备,有利于抵消运营阶段由拱脚负弯矩引起的拱脚上弦部位混凝土拉应力;采用先下弦后上弦的灌注顺序,拱肋上弦混凝土中由拱肋结构自重引起的压应力很小,运营阶段最不利荷载工况下拱脚部位的混凝土容易出现拉应力。

此外,在灌注哑铃形腹腔内混凝土和横哑铃形桁式拱腹腔内混凝土时,宜按先弦管后腹腔的施工顺序,以防止先灌注腹腔混凝土而导致钢管压扁和爆管。

管内混凝土应在达到设计强度的85%左右时方可灌注下个钢管混凝土,使先前灌注的管内混凝土具有参与结构受力所需的强度。

(四)钢管防腐

长期裸露在大气中的钢结构桥梁,受到大气中潮湿气体和雨水等腐蚀介质影响,不断发生电化学腐蚀,导致钢材锈蚀。跨海大桥因受到海洋性气体中氯离子的侵蚀,腐蚀环境最为恶劣。处于工业区和城市的桥梁,由于大气环境较差,雨水呈酸性,故受到的腐蚀也很严重。因此,必须使用高质量的涂料防腐体系,延缓钢结构的腐蚀速度,延长钢结构桥梁的使用寿命并提高结构安全性。

目前,我国的钢管拱桥防腐体系主要采用金属热喷涂防护技术、高性能涂料和高分子复合材料防腐体系,其中以金属热喷涂防护在钢管混凝土拱桥中应用最为广泛。

1.金属热喷涂防护

根据喷涂材质不同,钢管混凝土拱桥的热喷涂防护有喷锌、喷铝和镁铝或锌铝合金复合涂层三种,其防护涂层结构可采用底漆—中间漆—面漆或底漆—面漆,金属热喷涂层是作为防锈的底漆,中间漆起封闭底漆作用,面漆主要起防腐蚀和装饰作用。

金属热喷涂前的表面处理质量对防腐质量效果起决定性作用。在金属热喷涂前必须对钢结构基体进行除锈处理,并且必须使钢结构表面形成一定的粗糙度,为喷涂金属材料提供更好的附着面积,使喷涂层明显提高附着力。《公路桥涵施工技术规范》(JTG/T F50—2011)规定,当采用喷射或抛射除锈时,除锈等级应达到 Sa2(彻底除锈)、Sa2.5(非常彻底除锈)或 Sa3(使钢材表观洁净)。

除锈等级越高(如达到 Sa3 级时),施工条件和费用也越高,对大型钢结构桥梁的除锈来说,其价值功能评估并不理想,还会造成经济上不必要的浪费。因此,桥梁钢结构除锈等级应根据桥梁设计使用年限、大气环境评测资料和腐蚀环境、钢材材质和表面状态、能适用的除锈等级和涂层材料、施工成本以及涂层维护周期等因素综合考虑。

为保证防锈和基层涂装的质量,表面预处理和底漆涂装宜在室内进行,主要是从施工环境与条件方面考虑,最好是在钢结构加工厂内进行,对于个别因条件限制在工地拼装的拱肋节段,也应搭设工棚。最后一道面漆可在成桥后进行。

采用金属热喷涂层作为钢结构防腐的底漆,有着较好的耐蚀性能,使用寿命为 20～30 年或更久。

2.涂料防腐

目前市场上的涂料种类繁多,但能用于桥梁钢结构长效防腐的涂料却很少。多数情况下,普通涂料只作为中间漆和面漆,底漆多数采用金属热喷涂或高性能涂料层,也有采用其他新材料作底漆的,如无机硅酸锌车间底漆。

采用涂料防腐,也应根据桥梁所处位置的腐蚀环境、期望的涂层使用年限、涂层成本和涂层的维修性能等确定。

涂装施工应在规定的环境条件下进行。施工环境温度过高,熔剂挥发快,导致漆膜流平性不好;温度过低,漆膜干燥慢而影响其质量。施工环境湿度过大,漆膜易起鼓、附着不好,严重的会大面积剥落。对于涂装施工环境温度,各行业的规范均有不同规定,加上我国幅员辽阔,南北温差大,如果对温度规定得太死,则不是很合适。所以对涂装施工环境温度的规定,一般应按产品说明书的规定执行较为妥当。

涂装施工环境湿度,一般应在相对湿度不大于 80% 的条件下施工为宜。但由于各种涂料的性能不同,故所要求的施工环境也略有不同。控制空气的相对湿度,并不能表示出钢材表面的干湿程度,所以施工中还应规定涂装时钢材表面的温度应高于露点温度 3℃ 以上。

对于已喷涂的表面出现裂缝、鼓泡、起皮、粉松及较大的流挂等缺陷,应进行喷涂后处理。使用扁铲铲平或局部喷砂处理,待表面粗糙度合格后重新喷涂。

3.高分子复合材料防腐体系

高分子复合材料防腐体系是采用高分子复合材料作为钢管防腐的面层,以代替金属热喷涂中的面漆。高分子复合材料是一种高性能非金属加强材料,具有以下特点:①抗腐蚀能力强,具有耐酸碱介质腐蚀、耐紫外线、耐臭氧的特性;②自重小,且具有较高的材料抗拉强度,即质强比高;③弹性变形能力和抗疲劳能力强;④具有较高的电绝缘性和较低的磁感应。

高分子复合材料防腐体系施工的关键在于能否把材料密贴在钢管表面,使其与钢管共同变形和受力。由于高分子复合材料的弹性模量、热膨胀系数与钢材不同,因此,两者协调变形的能力较差,容易造成复合材料与钢管的脱离,进而失去防护的作用。

五、拱式组合体系桥施工要点

拱式组合体系桥形式多样,有单跨、三跨及多跨结构,也有上承、中承及下承形式。因此,它们的施工方法也是多样的。

(一)少支架先梁后拱施工方法

下承式与中承式拱梁组合桥常采用少支架先梁后拱的施工方法,其主要步骤及内容为:利用桥墩承台浇筑墩顶块和横梁;在临时通航孔外设置少量支架,预制拼装或现浇纵梁与横梁,并张拉部分预应力筋;在纵、横梁组成的平面框架上对拱肋进行施工(浇筑混凝土拱肋或吊装钢管拱、灌注钢管拱混凝土);吊杆安装及张拉;桥面板施工;张拉完全部预应力筋(图1-4-52)。采用这种施工方法时,要求有强度大的纵梁,以便在此基础上分段进行拱肋施工。这种施工方法的优点可归纳为:充分利用纵梁的刚度,少支架,提供适当的桥下通航孔;纵梁分段预制(如为箱梁则预制成工字梁、槽形梁,而后联结成箱梁),吊装质量小、便于架设;拱肋合龙后即可由纵梁承担水平推力,无需其他施工措施。总而言之,当构造上有强大的纵梁时,少支架先梁后拱的施工方法既安全又方便,并能缩短工期、节约造价。

(二)无支架先拱后梁(系杆)施工方法

无支架先拱后梁(系杆)施工方法(图1-4-53),适用于下承与中承式钢管混凝土拱结构方案。这种施工方法的主要施工步骤及内容为:利用桥墩承台浇筑墩顶块、拱座及横梁;钢管拱放样焊接、整孔吊装;将钢管拱锁定在拱座的临时铰上或拱座横梁上,利用桥台、桥墩承担水平力。若桥墩承担水平推力有困难,可在钢管拱两端焊上临时锚箱,张拉临时拉索,并在拉索中间设辅助吊杆。对于三跨拱式组合桥,可以在完成边跨结构的基础上,采用浮吊架设钢管拱,通过桥台或临时拉索承担水平推力。然后,钢管拱内泵送混凝土;安装吊杆、吊装横梁;以横梁为支点张拉部分纵向预应力筋(或安装及张拉部分系杆);浇筑纵梁现浇段及桥面板施工;最后张拉全部纵向预应力筋(或张拉全部系杆)。

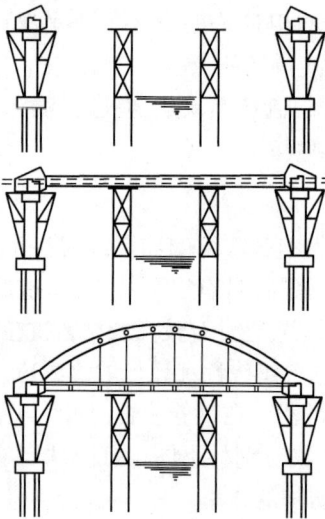

图1-4-52 少支架先梁后拱施工方法示意图

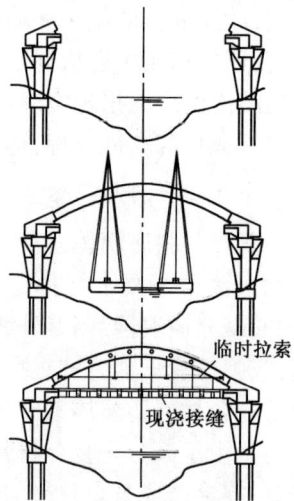

图1-4-53 无支架先拱后梁(系杆)施工示意图

如果钢管拱一次吊装有困难,可将其分为几段吊装。在桥台或桥墩上设独脚扒杆(或临时索架),采用前后拉索,前拉索及扣索扣住钢管拱边段,后拉索锚固在地上;吊装中段时利用预埋螺栓孔将接头固定,在风撑安装后焊接各接头。

无支架先拱后梁(系杆)施工方法的主要优点为:不在水中设临时支架、不影响通航,无水中支架费用;充分发挥钢管混凝土拱的作用,完成上部结构施工;适合于下承与中承式拱式组合桥。

主跨420m的重庆菜园坝长江大桥为刚构、桁架、拱三种体系以及钢和混凝土两种材料建造而成的拱式组合体系桥,其施工方法总体上就是先拱后梁(系杆),即支架+节段悬拼施工刚构,天吊+扣索施工拱肋,天吊+大节段施工系杆桁梁(图1-4-54)。

图1-4-54 重庆菜园坝长江大桥系杆桁梁安装

(三)平面平衡转体施工方法

平面平衡转体施工方法(图1-4-55),适用于三跨拱梁组合桥方案。这种施工方法的主要施工步骤及内容为:完成转盘等旋转结构施工;沿河岸或浅滩利用支架现浇或预制拼装方法,完成边跨与半跨中跨拱肋,以及由纵梁、横梁组成的平面框架的施工,张拉部分纵、横向预应力

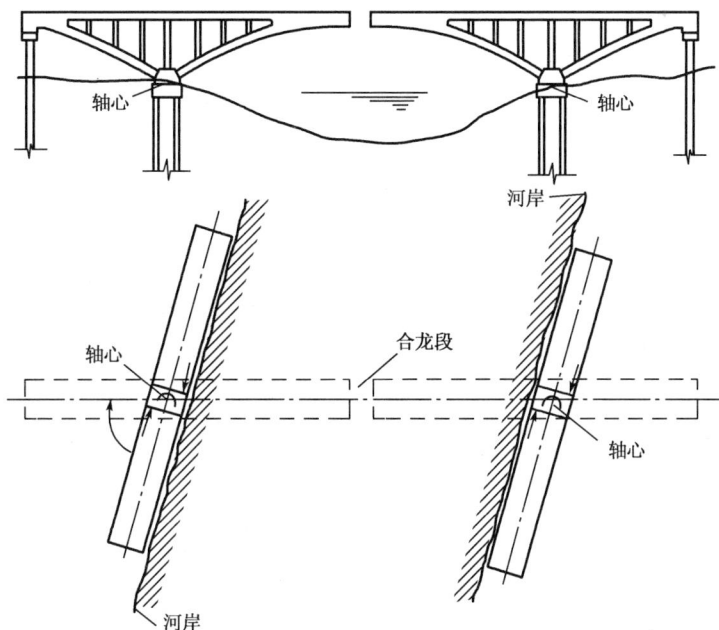

图1-4-55 平面平衡转体施工示意图

筋。对于下承与中承式结构,安装吊杆并张拉,设置临时斜拉索架并张拉斜索;结构平面转体就位,跨中拱肋、纵梁临时支撑固接;纵向预应力筋跨中连接,现浇跨中合龙段混凝土,张拉部分纵向预应力筋;若采用钢管混凝土拱肋,需灌注钢管拱内混凝土。对于下承与中承式结构,拆除斜拉索及临时索架;桥面板铺设,完成全部预应力筋张拉,封固转盘。对于三跨下承与中承式拱梁组合结构,在转体过程中中跨拱、梁依靠自身不能达到合理的受力状态,应通过临时索架及斜拉索帮助,因此须经过仔细的设计与验算。

平面平衡转体施工方法,避免了河面上高空施工及对航道干扰等问题,可以充分利用岸上施工的便利条件,从而降低了施工费用;平衡压重少或无需压重,合龙控制方便。

第五章

拱桥实例

第一节 山西晋城丹河大桥

一、概况

丹河大桥位处太行山脉南端,于山西晋城—河南焦作高速公路 K10 + 300 处跨越丹河,主桥采用净跨径 146m 的特大石拱桥,单跨跨径居世界同类桥型首位,桥梁全长 425.6m (图 1-5-1)。

桥址区为低山沟谷地貌,地形起伏大,河谷受河水切蚀,断面呈"U"形,相对高差达80.98m。晋城岸山势陡峻、基岩基本裸露,焦作岸基岩埋深约为 10m,为弱风化、微风化白云岩,属硬质岩类。焦作岸引桥有黄土、卵石及砾石覆盖层 10 ~ 14m 厚,工程条件好,利于建桥。丹河属黄河水系,发源于长治市与高平市交界的河泊村后沟,桥址上游干流长约93km,汇水面积 2 098km²,考虑到受上游汪庄水库溃坝影响,丹河 300 年一遇计算流量为

图 1-5-1 丹河大桥

$5\,660\mathrm{m^3/s}$。晋城属温带季风型大陆性气候,四季分明,年平均气温 11.0℃,年平均降水量 618m,最大风速 23m/s。

大桥在四车道高速公路上,设计行车速度 60km/h,桥面宽度 24.8m(含人行道)。

二、主桥结构

大桥桥型布置如图 1-5-2 所示。

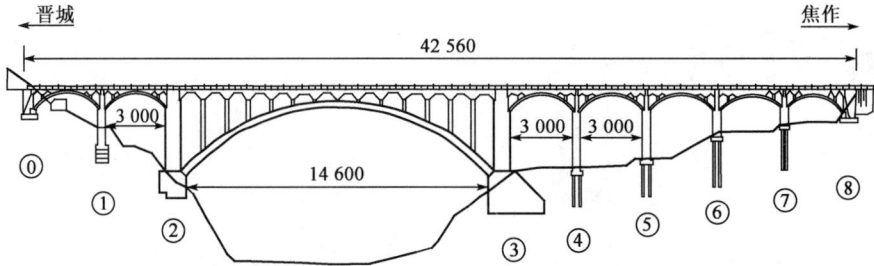

图 1-5-2 大桥桥型布置图(尺寸单位:cm)

1. 主拱圈

丹河大桥采用全空腹式变截面悬链线无铰石板拱结构。其主要参数如下:主跨净跨径 146m,净矢 32.444m,矢跨比 1/4.5,拱顶厚度 2.5m,拱脚厚度 3.5m,拱轴系数 2.30,截面变化系数 $n=0.522\,5$。

2. 拱上建筑

腹拱由 14 个等跨径腹拱组成空腹式断面(图 1-5-3),其主要参数如下:腹拱净跨径 9.40m,矢跨比 1/3.5,拱圈厚度 0.60m,腹拱圈形式为等截面悬链线石板拱。为减轻拱上建筑重力,增加结构的透视与美学效果,腹拱墩采用横向挖空形式。腹拱的构造为边孔设三铰拱,跨中设置变形缝。

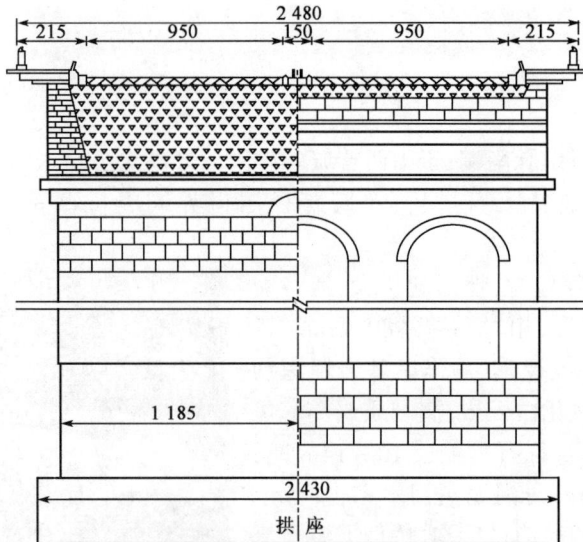

图 1-5-3 桥梁标准横断面图(尺寸单位:cm)

3. 拱上填料

丹河大桥为了减少拱上荷载,设计采用轻质填料——蒸压粉煤灰加气混凝土,具有干密度低、质量轻,砌体强度利用系数高,弹性系数大,吸水少而慢,抗冻性好,原材料广泛、价格低廉,具有可加工性,便于施工等特点。

4. 拱桥栏杆装饰艺术

丹河大桥人行道内侧采用混凝土防撞墙,外侧采用石质工艺栏杆。桥梁侧面采用主拱圈及人行道出檐措施,增加了桥梁的美学效果。

5. 施工

主拱圈采用在拱架上分环分段砌筑施工的方法。拱架为钢木联合结构,高度近80m。拱架主体为由A3钢和16Mn钢万能杆件拼成的钢拱架,钢拱架上设置落架装置——组合木楔,其上为木拱盔。

主拱圈共分五环砌筑而成,每一环又分为五个阶段共18个工作面进行砌筑。施工顺序为:在拱架上按第一至第五环的顺序依次砌筑,第一环砌筑完成后暂不合龙,保留11道预留空缝;第二环砌筑完成后,第一、二环同时合龙;第三、四、五各环在单环拱圈砌筑与合龙,主拱圈合龙完成后进行拱上横墙施工,完成后进行落架。如图1-5-4所示为丹河大桥现场施工情况。

组合木楔是本桥的落架装置。为保证拱架的安全性和拱圈的稳定性,落架采用分阶段、分步骤的落架方式。第一阶段,主拱圈完全合龙后,砌体强度达到设计强度的95%,部分落架;第二阶段,主桥腹拱墩砌筑完成后,部分落架;第三阶段,主桥腹拱砌筑完成后,完全落架。

图1-5-4　丹河大桥现场施工图

第二节　四川金沙江大桥

一、概况

该桥位于金沙江与岷江汇合口上游约12km,水深流急,枯水时水深近20m,水面宽130m,通航要求河槽内不能设置桥墩和支架,根据材料供应及施工技术设备条件,确定采用无支架吊装的拱桥方案,主孔跨径150m,矢跨比1/7;引桥跨径65m,矢跨比1/8,设计荷载为汽车—20,挂车—100,桥面行车道宽7m,两边各设宽1.5m的人行道,总宽10m,全桥长244.97m。

岸墩基础由于基岩向岸后方陡下,并落到枯水位以下,因此采用了桩基与明挖的混合式基础,将基础前半部搁置在岩石上,后半部置于5根直径1.8m的钻孔灌注桩上,且桩嵌入岩层。四川金沙江大桥总体布置如图1-5-5所示。

本桥建设前后历时三年零四个月,其中上部构造的安装时间约为半年,于1979年3月通车。

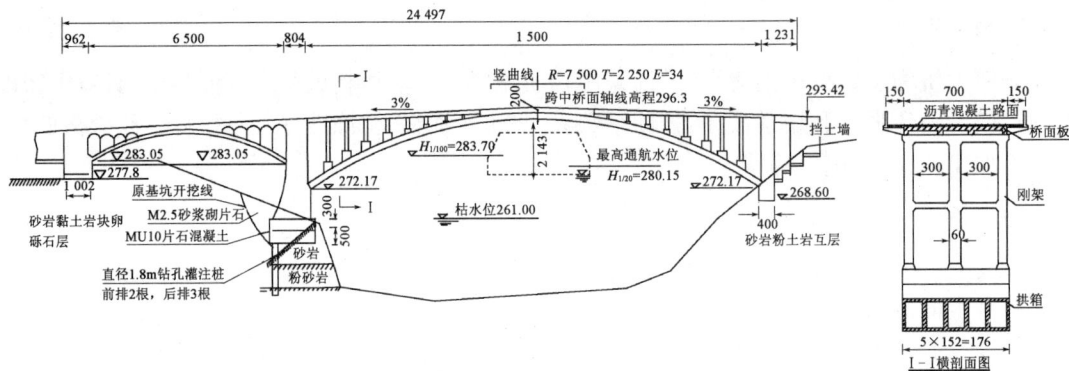

图 1-5-5　四川金沙江大桥总体布置图(尺寸单位:cm;高程单位:m)

二、设计

1. 主拱结构形式

从施工方面考虑,箱形拱的截面刚度大,稳定性好,操作安全,现浇混凝土程序较少,整体性也较好,这些优点在跨径越大时越显著,因此采用箱形截面。对于预制箱是采用闭口箱还是开口的槽形箱(图 1-5-6)下面进行了分析比较,见表 1-5-1。

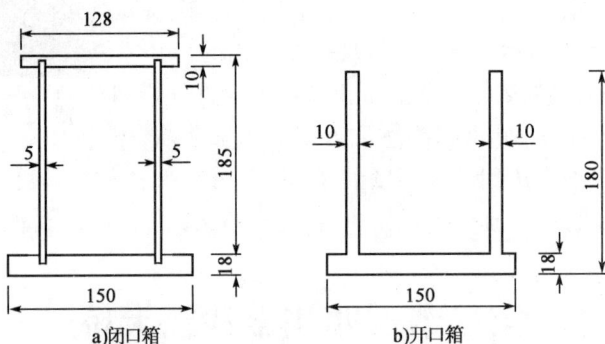

图 1-5-6　主拱箱形截面(尺寸单位:cm)

闭口箱、开口箱的几何性质比较表　　　　　　　　　　　　　表 1-5-1

几 何 性 质	截面积(m²)	惯性矩(m⁴)	截面模量($W_上$)	截面模量($W_下$)
闭口箱	0.555	0.298 5	0.267	0.408
开口箱	0.594	0.190 7	0.156 3	0.328
比较	小7%	大57%	大71%	大24%

显然,闭口箱的几何性质较开口箱好,无支架吊装的大跨拱桥,施工过程中的应力往往较大,成为控制设计的主要因素,闭口箱的惯性矩和截面模量大,其应力及配筋数量较少。

拱圈采用等截面悬链线,经用电算选择与恒载压力线最接近的拱轴系数 $m = 1.45$,拱箱用 C40 混凝土,全高 200cm,预制箱高 185cm,底板厚 18cm,全部预制;顶板预制部分厚 10cm,后期现浇加厚 15cm,共 25cm,这对减小吊装质量、调整各片拱箱顶面的平整度和整体化都是有益的。但从受力及钢筋布置来说,则不如一次全厚预制顶板合理。每个预制箱的顶、底板内各设 10 ⊉ 16 的纵向钢筋(两个边段内设 14 ⊉ 16 纵向钢筋),现浇顶板内设 φ6 钢筋网一层,侧板用 4~5cm 厚的钢筋混凝土薄板,纵横配 $\phi6$ 钢筋构成 7cm 网格,先分块平浇预制,然后与横隔板组装连接,浇筑底板及接头,再浇顶板,组合成闭合箱。主拱横截面见图 1-5-7。

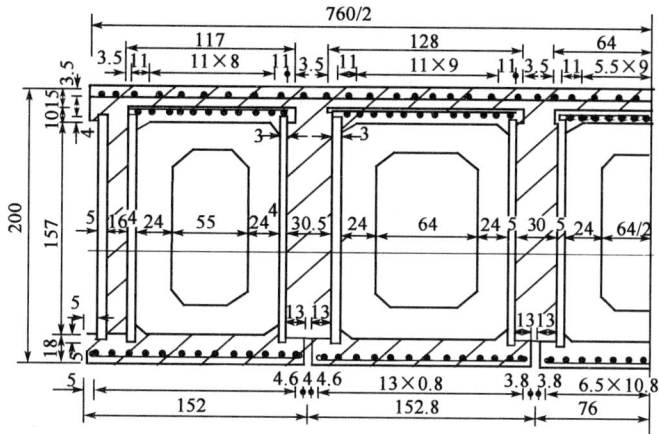

图 1-5-7　主拱横截面(尺寸单位:cm)

拱圈全宽 7.6m,宽跨比为 1/20,主要是考虑大跨拱桥拱圈圬工质量所占比重甚大,故减窄拱圈宽度,可以节省工程数量,减少吊装工作量,经济效益显著,因此采用悬挑人行道。另外,人行道悬出,有挑檐之感,建筑外形较美观。经验算,横向稳定系数 $K = 16$,纵向稳定系数 $K = 7.2$,表明其稳定性是足够的。

本桥拱圈系分片分段预制吊装,两片拱箱的横向连接如图 1-5-8 所示,两段拱箱的纵向接头如图 1-5-9 所示。为增强整个拱圈的横向稳定性,在拱圈两外侧的各段接头处加焊钢板连接。

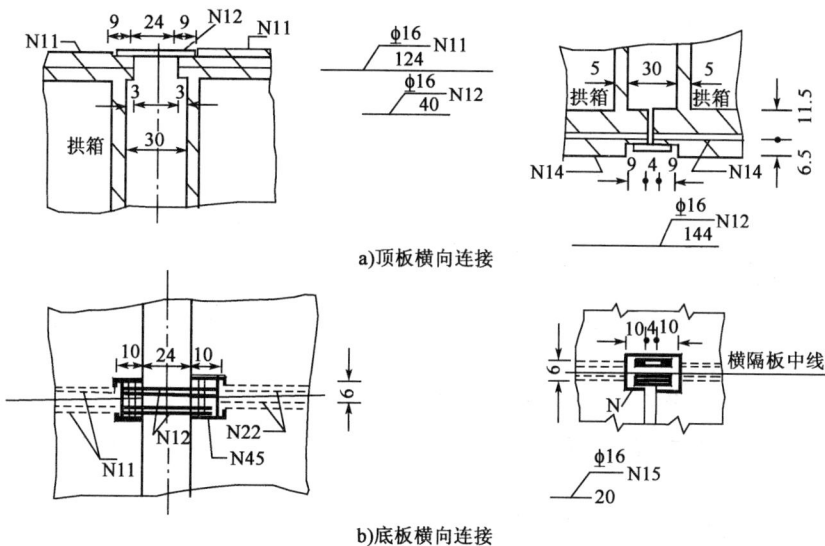

图 1-5-8　拱箱的横向接头(尺寸单位:cm)

本桥根据现有设备的吊装能力,将拱圈在横向分为 5 片,每片在纵向分为 5 段,最大吊装质量 60t(实际预制中,由于有些尺寸超厚,最大质量达 70t)。

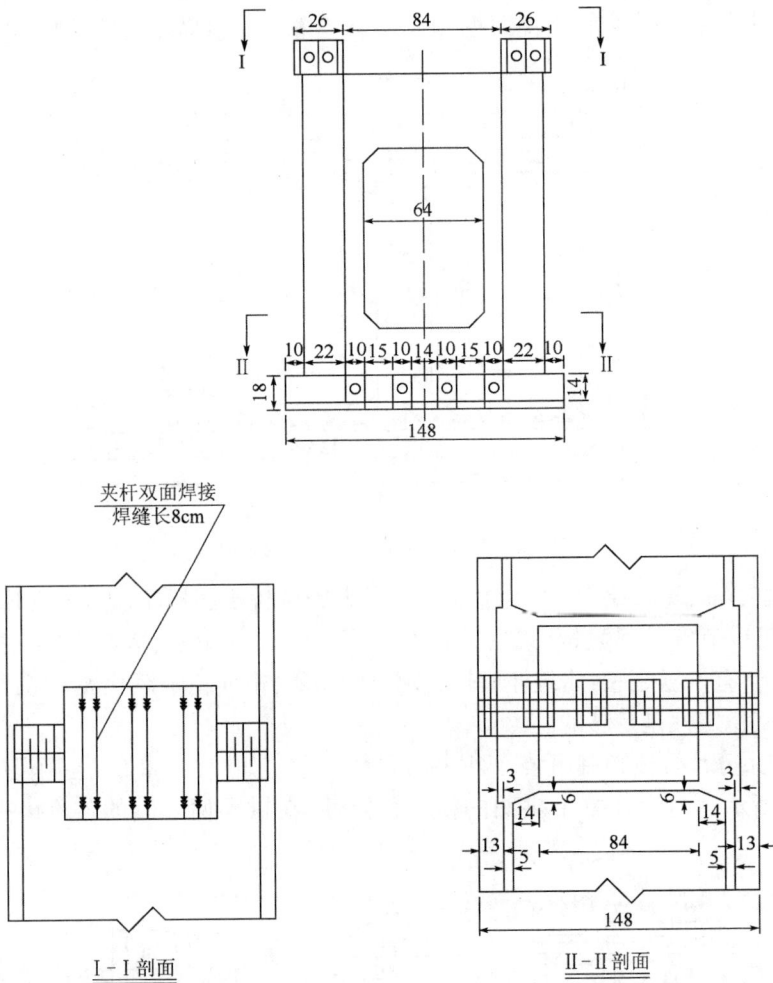

图 1-5-9　拱箱的纵向接头(尺寸单位:cm)

2.拱上建筑

拱上建筑采用轻型结构,这对于大跨拱桥很有意义,因为大跨拱桥其自重应力所占比例甚大,且由压应力控制设计,减轻拱上自重就可以减小拱圈截面,或降低应力。本桥主跨每边布置9孔净跨6m简支钢筋混凝土肋板,为主拱跨径的1/25,略偏小,主要希望减少钢筋用量,肋板有4根梁肋,各宽46cm、高60cm,板厚12cm,根部加厚到20cm,侧边有两根悬臂伸出,以支承人行道,其中部连通作为肋板的横隔梁,整个肋板是一个梁格结构,一孔肋板用混凝土13.57m³、钢筋240kg,如按10m宽桥面计算材料指标,则每平方米桥面用混凝土0.205m³、钢筋37kg,钢材用量偏多,而混凝土用量则较小。

每肋板以中线纵向划分为两块进行预制安装,肋板支承在横向刚架上,刚架由横梁及三根立柱组成,较高者中部设有1~2道横系梁,整体预制吊装,靠近拱脚的1号刚架高达15.28m,分两段预制,安装就位后进行连接,其余刚架均为整块预制,最高为2号刚架,高12.08m,质量42.3t。

刚架及肋板的构造见图 1-5-5 中的横剖面图。

刚架的柱脚与拱箱上的垫梁连接,柱脚下端于截面中部设一个 $30cm \times 30cm$ 丁头,以便搁在垫梁上,拱架调正以后,将柱四周伸出的钢筋与垫梁露出的钢筋焊接,然后浇筑接头混凝土。

每半拱上的桥面板在靠墩台端头的 4 号和 7 号刚架上设有三处钢板活动支座,目的是不让拱上建筑参与主拱圈的共同作用,减少次应力,并在该处设置伸缩缝。

3. 材料经济指标

150m 跨一孔上部结构(包括人行道)用混凝土 1 749m³,按 10m 桥宽计算,平均每平方米桥面用混凝土 1.14m³,其中拱圈用混凝土 1 114m³,约占混凝土总量的 2/3,钢材 143.4t,其中拱圈用钢 87.9t,平均每平方米桥面用钢 94kg。

三、结构计算

1. 主孔拱圈截面应力计算

对于恒载应力进行了三种不同的计算:一是按整体截面的拱圈计算,即"内力叠加法";二是考虑拱圈截面分次浇筑,逐步形成的特点,按"应力叠加法"计算;三是考虑实际压力线与拱轴线并不重合,有一定的偏离影响。故采用平面杆系有限元将拱圈离散成若干杆件元计算。三种方法计算应力的结果见表 1-5-2 ~ 表 1-5-4。

按"内力叠加法"计算的应力结果   表 1-5-2

荷 载	拱 顶		1/4 拱 跨		拱 脚	
	$\sigma_上$	$\sigma_下$	$\sigma_上$	$\sigma_下$	$\sigma_上$	$\sigma_下$
恒载	7.05	4.94	6.58	5.95	5.15	9.28
恒 + 活 M_{max}	8.98	3.51	8.96	3.76	8.96	5.95
恒 + 活 M_{min}	6.40	6.29	5.15	8.44	2.01	13.28
(恒 + 活 M_{min}) + 温降 + 收缩	7.25	5.21	5.36	8.07	1.48	15.21

注:"恒"为恒载,"活"为活载,下同。表中应力单位为 MPa。

按"应力叠加法"计算的应力结果   表 1-5-3

荷 载	拱 顶			1/4 拱 跨			拱 脚		
	$\sigma_上$	$\sigma_{上预}$	$\sigma_下$	$\sigma_上$	$\sigma_{上预}$	$\sigma_下$	$\sigma_上$	$\sigma_{上预}$	$\sigma_下$
预制拱箱吊装合龙	—	5.15	2.68	—	3.74	3.83	—	4.67	3.96
第一次现浇纵缝合龙	—	7.02	3.65	—	5.10	5.23	—	6.37	5.41
第二次现浇纵缝合龙	—	8.44	4.27	—	6.02	6.19	—	7.57	6.38
第三次现浇纵缝合龙	—	10.19	4.96	—	7.18	7.38	—	9.06	7.57
拱上建筑完成	2.06	12.30	7.73	2.84	9.96	9.48	5.27	9.96	13.03
恒 + 活 M_{max}	3.98	14.14	6.30	5.22	12.22	7.29	5.83	—	9.08
恒 + 活 M_{min}	1.40	—	9.08	1.41	—	11.97	−2.62	—	17.03
(恒 + 活 M_{min}) + 温降 + 收缩	2.25	13.50	7.99	1.62	8.59	11.6	−4.48	5.78	18.96

注: $\sigma_{上预}$ 为预制拱箱上缘应力,表中应力单位为 MPa。

荷　载	拱　顶		1/4　拱　跨		拱　脚	
	$\sigma_上$	$\sigma_下$	$\sigma_上$	$\sigma_下$	$\sigma_上$	$\sigma_下$
恒载	6.57	5.33	5.88	6.55	6.95	8.14
(恒 + 活 M_{min}) + 温降 + 收缩	6.76	5.60	4.66	8.27	0.94	14.06

三种方法计算的结果显示:控制设计的最大应力按平面杆系有限元法计算的最小,按应力叠加法计算的最大。与内力叠加法计算结果相比,按应力叠加法计算的拱脚最大应力约增大30%,拱顶最大应力约增加60%。而实测值与应力叠加法计算值较接近。

2. 拱上建筑计算

桥面肋板由面板、纵梁、横隔梁组成,是一个梁格结构,故计算应分别进行。面板按双向板计算,横隔梁按连续梁计算,纵梁在活载作用下的横向分配系数,按"偏心受压法"和"弹性支承连续梁法"进行计算比较。

排架由横梁、立柱及横系梁组成,按简化方法进行计算。横梁按两跨连续梁(加悬臂)计算;立柱承受水平力,按纵横两个方向进行计算;高立柱只计算纵向应力;矮立柱按纵横两个方向的应力进行叠加,纵向按柔性桩墩计算,横向按框架计算。

四、施工

1. 拱箱预制

先预制好侧板及横隔板,然后在土牛胎上组装拱箱,土牛胎面上浇筑有一层厚8cm的混凝土,在拱箱底板铺油毛毡一层,油毡与拱胎混凝土之间撒上滑石粉,以减小黏着力。铺设底板钢筋,组装侧板及横隔板,电焊接头固定位置,检查尺寸无误后,即浇筑底板与各侧板以及横隔板的接头,待达到一定龄期拆模后,再于箱内安装内模,浇筑顶板,每段拱箱的两个端头采用钢模板,以使接头尺寸准确。

2. 吊装设施

在预制场拱箱两端外,各铺设平车轨道一条,用龙门架提升拱箱横移至桥头引道侧边,转给另一条轨道平车纵移至引桥下游,再用滚筒走板拖拉横移到缆索下起吊位置。

缆索跨径284m,设计垂度1/13,敷设两组运输线主索,每组运输线由8根ϕ47.5mm钢丝绳组成。

仅设置一座索塔,立于一岸引桥台上,用万能杆件组拼成两桅杆式索塔,高约48m,梁桅杆间中距4m,其间采用硬连接。另一岸利用高山设置嵌入式地锚,主索与地锚相连。

扣索由两根ϕ47.5mm钢丝绳组成,拱脚段扣索通过墩台顶部引至桥台或锚碇,第二段拱箱的扣索在一岸通过塔顶引至锚碇,另一岸扣索通过锚碇轨道梁转向进入卷扬机。

八字抗风索在两岸各设四组,由ϕ15.5mm钢丝绳组成。

3. 拱箱吊装

吊装程序是先吊中央一片,其次是靠中央的两片,最后吊边箱。每片拱箱先吊拱脚段,第二段次之,最后吊拱顶段合龙。

两段拱箱正接后,上好接头螺栓,但不要旋得过紧,以利于调整。顶段拱箱运到安装位置时,缓缓放松吊点,当比设计高程高3cm时,即停止下降,此时对称放松第一、二两段的扣索,并逐渐放松顶段吊点使接头接触,安装接头螺栓,合龙后的拱箱用松索及八字抗风索作为拱轴线调整。松索的程序是按一段、二段、顶段的次序往复进行,待各接触面基本抵紧后,即暂停松索,进行接头处理。在接头缝内填塞钢板,再次松索,使其抵紧,电焊接头角钢,用环氧树脂灌缝。

本桥由于跨径较大,故单个拱箱宽度仅为跨径的1/100,针对吊装过程中横向稳定这一突出问题,采取了以下措施:对于第一片先吊的中箱,于每段接头处的侧边加设焊接钢板,增强横向稳定,待第一片安装完毕后,除有八字抗风索外,不撤除吊、扣索;用第二组运输缆索吊装第二片拱箱,完毕后做好两片之间的横向连接,然后撤除第一组运输线,吊装第三片,每安好一片,就立即进行横向联系。

全桥耗用钢材391.151t,圆木1 630.41m³,水泥3 517.7t,决算金额4 740 464元。于1979年竣工。

第三节　重庆万州长江大桥

一、工程概况

该桥位于重庆市万州区长江上游7km处,是国道主干线(成都—上海)、国道318线上跨长江的一座特大公路桥梁(图1-5-10)。

图1-5-10　重庆万州长江大桥全景

桥轴与河流正交。三峡水库蓄水后桥位处最宽江面476m,最大水深120m。万州年平均气温18.1℃,多年平均降水量1 185.4mm。桥区基岩由巨厚层砂岩与薄~中层状泥质粉砂岩、泥岩相间组成。

该桥为四车道公路(兼城市道路功能)特大桥,设计风速20m/s;地震基本烈度Ⅵ度(按Ⅶ度验算);通航净高24m,净宽不小于300m,可双向通行三峡库区规划的万吨级船队。

二、主桥结构

万州长江大桥孔跨布置为:5×30.667m(利川岸)+420m(主孔)+8×30.667m(万州

岸),大桥全长856.12m,桥面全宽24m(图1-5-11)。主桥为钢筋混凝土箱形拱桥,一孔跨江,无水下基础,拱上孔跨与引孔一致,为30.667m。

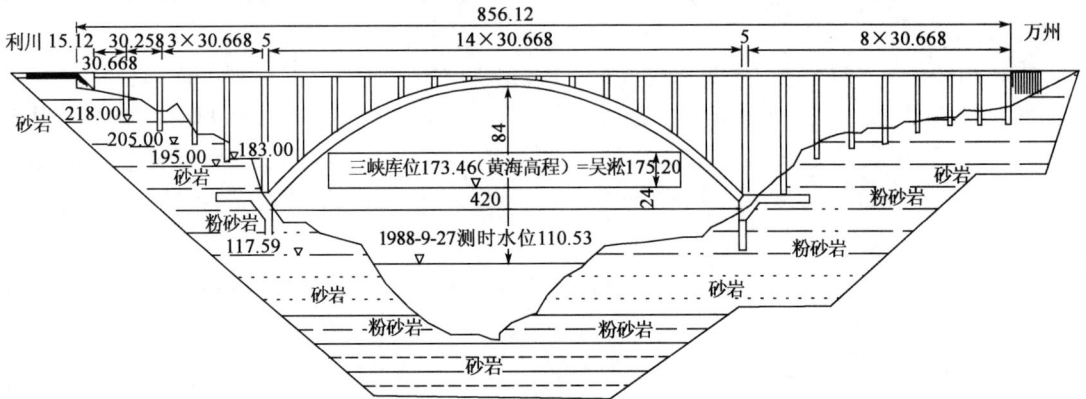

图1-5-11 万州长江大桥桥型布置图(尺寸单位:m)

1. 主拱

拱圈:净跨径420m,净矢高84m,矢跨比为1/5。拱圈横向等宽16m、高7m,内部在拱脚以上30m段长内加厚顶、底、侧板,以达到最佳受力效果。横向分为三室(图1-5-12)。

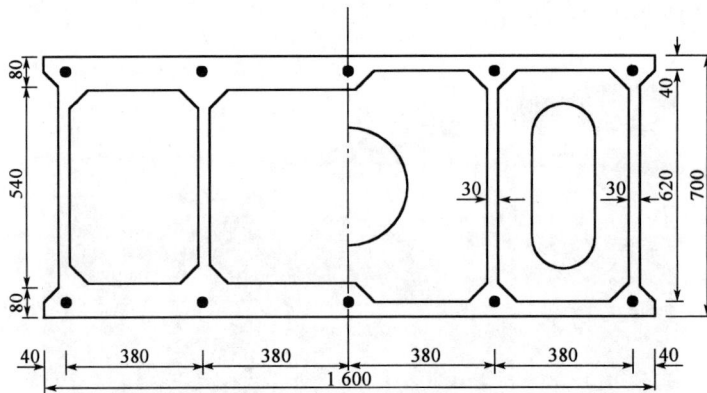

图1-5-12 拱箱构造(尺寸单位:cm)

2. 拱上构造

为了减轻拱上荷载,拱上主柱采用了钢筋混凝土双柱式变截面箱形墩方案(图1-5-13)。柱身顶部外形尺寸1.4m×2.5m(纵×横),纵向按1:100向下放坡,横向等宽不变,壁厚为25cm。柱顶设钢筋混凝土悬臂盖梁支撑T梁及桥面系,两柱之间不再设任何横系梁。引桥墩柱与拱上立柱采用同样规格。拱上立柱最高60m,引桥墩最高84m。

3. 桥台构造

桥台由拱座、水平撑、立柱三部分组成。拱座落在厚砂岩层内,以一对断面尺寸为5m×5m的混凝土水平撑穿过卸荷裂隙发育区,南岸(利川)长32m,北岸(万州)长45m,支撑到裂隙已不发育的砂岩层内(图1-5-14)。另用一对断面尺寸为5m×5m,长21m的混凝土柱竖向穿透软弱的页岩夹层,支撑在厚层砂岩内,大大减少了两岸的石方开挖与结构工程数量(降低约4 000m³),采用肋板式填心结构,可减少水化热,避免混凝土开裂。

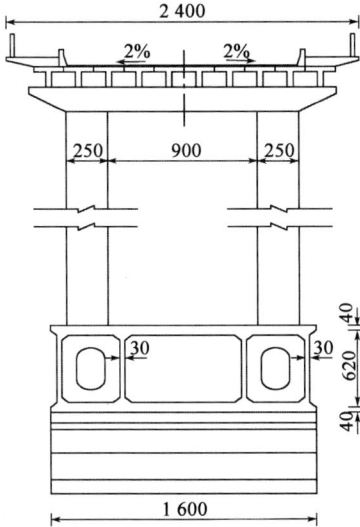

图1-5-13 拱上构造(尺寸单位:cm)

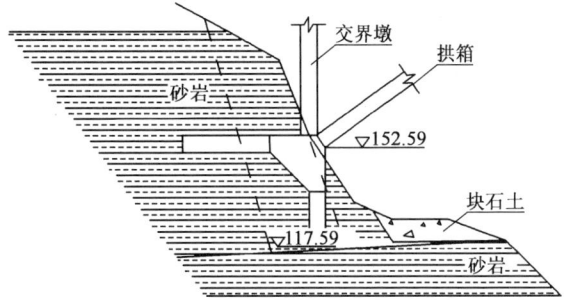

图1-5-14 南岸主拱座构造(高程单位:m)

三、主桥施工

1.钢管混凝土劲性骨架法成拱

本桥选择"钢管混凝土劲性骨架法"成拱方案,刚度大,经济节约,技术成熟可靠,是拱桥施工方法的一大突破。空钢管骨架质量轻,施工便捷。钢管混凝土劲性骨架安装就位后,先浇筑管内混凝土,再以其为支架,安装模板,浇筑混凝土,将劲性骨架浇入混凝土中,形成箱形拱圈。

骨架弦管材料选用16Mnϕ402mm×16mm热轧无缝钢管,按全桥轴长分为36节桁段,每节段长12.5m、宽15.6m、高6.8m,重约60t,最重段68t,全部骨架重2 200t。每桁段横向由5个桁片组成,间距3.8m(图1-5-15),在工厂制作完成桁架节段(全焊结构)。节段之间上、下弦杆处用法兰盘螺栓连接。每桁段由船运至工地后起吊、高空拼装。

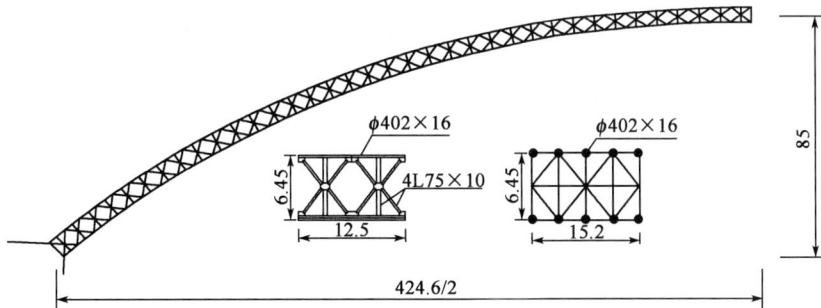

图1-5-15 劲性骨架构造(尺寸单位:m;钢管直径及壁厚单位:mm)

施工时在桥轴跨江上布设缆索吊装系统,主缆跨距435m。起重系统包括索塔、锚碇、缆索、扣索及行走系统等,扣索系统包括扣索、锚索、上锚梁、下锚梁、锚具等(图1-5-16)。安装高程由扣索系统调整。

吊装劲性骨架节段时逐段吊运、安装,从两岸拱脚向拱顶进行悬拼,直至合龙。每三节吊装段组成一个"扣索单元"、每岸各6个单元,其中第一段悬拼,第二段"临时扣",第三段"正式扣"。全桥36节段共设12组"正式扣",2组"临时扣"(两岸各一半)。

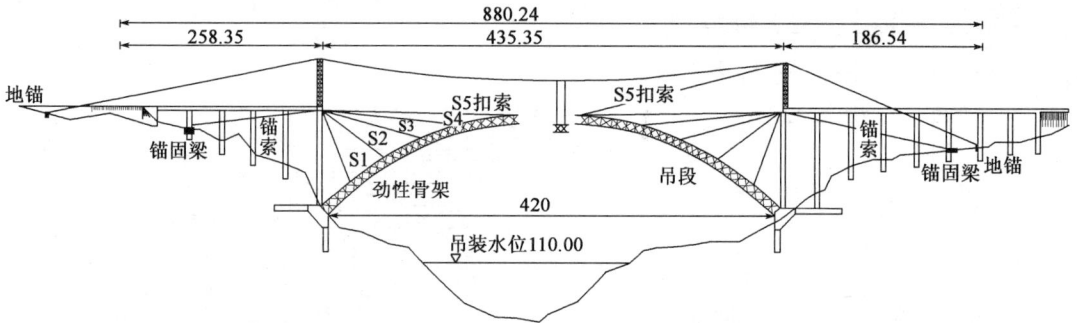

图 1-5-16 劲性骨架吊装方案、锚扣体系(尺寸单位:m)

2. 压注钢管混凝土

劲性骨架吊装合龙松扣以后,向弦管内压注 C60 混凝土。压注顺序为:先中间后两边,先下弦后上弦。在弦管拱脚压注口安装液压阀门;拱顶设隔板和排气(浆)管。每根钢管混凝土由拱脚向拱顶一次压注完成,南北岸同步、对称进行。

3. 拱箱混凝土施工及控制

劲性骨架形成钢管混凝土桁拱结构后,再浇筑 11 054m³ 拱圈混凝土外包骨架,成为钢筋混凝土箱形拱圈。靠骨架本身不能一次承受全部拱圈的混凝土重力,经多方案计算比较后采用了横向分环、纵向分段、对称同步的渐进方法浇筑拱圈混凝土。

分环程序设计:采用先中箱、后边箱;每箱先底板、后腹板(分两层)、再顶板的工序分环浇筑先后合龙,分环顺序如图 1-5-17 所示。各环间混凝土均间隔一个龄期,使先浇环的混凝土参与结构整体受力,共同承受新浇环的混凝土重力。在每一环的浇筑过程中,将拱箱沿纵向等分为6段,并设置6个工作面,在"6工作面"上对称、同步地浇筑混凝土(图1-5-18),最多允许有一个工作段的快慢差别。采用"6工作面"方法后,骨架的挠度、内力曲线比较均匀,又有较多的工作面以利施工,每工作面模板向前移动周转达80m长(拱圈弧长的1/6),相对也较经济。

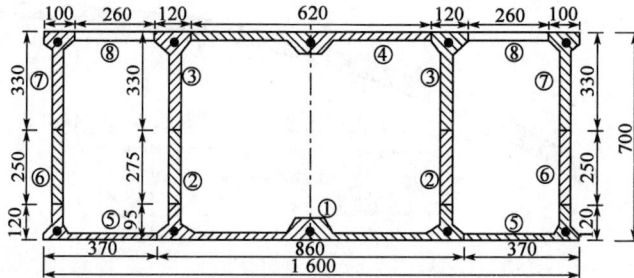

图 1-5-17 拱箱混凝土浇筑顺序(尺寸单位:cm)

四、本桥技术特点

(1)设计计算:根据有限元基本原理,提出了拱圈强度验算的非线性综合分析法,建立了施工过程非线性稳定分析方法,提出两级控制的施工控制方法和变截面空心薄壁高墩稳定计算的解析公式。

(2)施工工艺技术:钢管混凝土劲性骨架成拱方法的提出是本桥一大突破,并发展了大跨混凝土拱桥建造技术,以及大吨位、多节段缆索吊装、悬拼技术和桥用高强混凝土配制、生产、输送工艺技术,提出了"6工作面"对称同步浇筑法,不需压重,结构变形及受力均衡,发展了拱圈混凝土浇筑技术。

(3)新材料应用和新结构措施:在桥梁领域,首次采用钢管混凝土(C60高强混凝土)为拱圈材料,并形成新的复合结构;针对万州长江大桥两岸不良情况,提出了新型组合式刚架桥台的设计。

通过采用大悬臂的桥道结构、变截面空心薄壁高墩、轻型桥道系等措施,实现了拱上结构轻型化。

图1-5-18 分环分段浇筑拱箱混凝土

第四节 重庆巫山长江大桥

一、概况

巫山长江大桥位于长江三峡段的巫峡入口处,全长612.2m,主桥主跨采用460m中承式钢管混凝土拱桥(图1-5-19)。

三峡工程蓄水前,桥位处枯水期江面宽约300m,水深约70m,300年一遇计算流量为35 600m³/s,流速3.54m/s,三峡工程蓄水后,流速约0.3m/s。两岸主拱座均处于裸露的灰岩上,两岸引桥及桥台基础均位于岸坡上。桥址区段属亚热带温湿季风气候区,年平均气温18.4℃,多年平均降雨量1 049.3mm。

大桥桥面净宽净—15.0m+2×1.5m(人行道)+2×0.5m(栏杆),通航净空300m×18m,地震烈度Ⅵ度,按Ⅶ度设防,设计基本风速26.3m/s。

二、主桥结构

巫山长江大桥设计为中承式钢管混凝土双肋拱桥(图1-5-20),主孔净跨为460m,位居同类桥型世界第一,跨径组合为 $6 \times 12m$(引桥) $+492m$(主跨) $+3 \times 12m$(引桥)。桥面为预应力混凝土∏形连续梁;全桥吊杆和立柱间距为 12m,吊杆、立柱横梁及引桥墩盖梁均设计为预应力混凝土截面梁,桥面与拱肋交会处横梁为组合截面梁。

图 1-5-19 巫山长江大桥全景

1. 主桥拱座

两岸主拱座为明挖基础,均处于裸露的灰岩上,并位于卸荷带上。采用按地质构造的卸荷线开挖拱座以上土石方卸载,然后按图纸要求人工开挖基坑,再施工拱座。

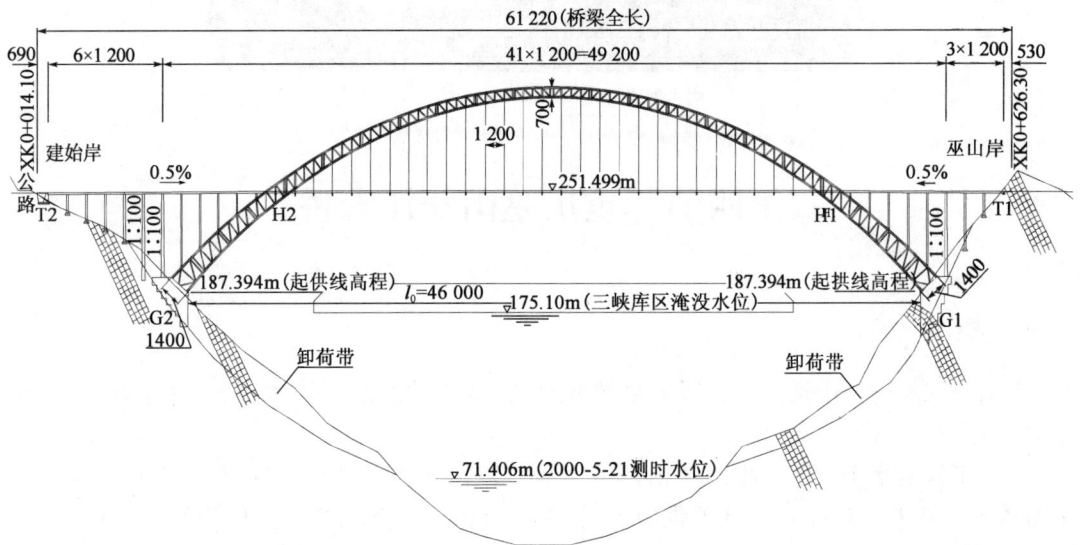

图 1-5-20 巫山长江大桥桥型布置图(尺寸单位:cm)

2. 拱肋

主桥两条拱肋为钢管混凝土组成的桁架结构,拱顶截面高 7.0m,拱脚截面高 14.0m,肋宽 4.14m(图 1-5-21),每肋上、下各有两根 $\phi1\,220mm \times 22$ (25) mm 的内灌 C60 的钢管混凝土弦杆,弦杆通过横联钢管 $\phi711mm \times 16mm$ 和竖向钢管 $\phi610mm \times 12mm$ 连接而构成钢管混凝土桁架。吊杆处竖向两根腹杆间设交叉撑,以加强拱肋横向连接。拱肋中距为19.7m,两肋间桥面以上放置"K"形横撑,桥面以下的拱脚段设置"米"形撑,每道横撑均为空钢管桁架。全桥共设横撑20道。

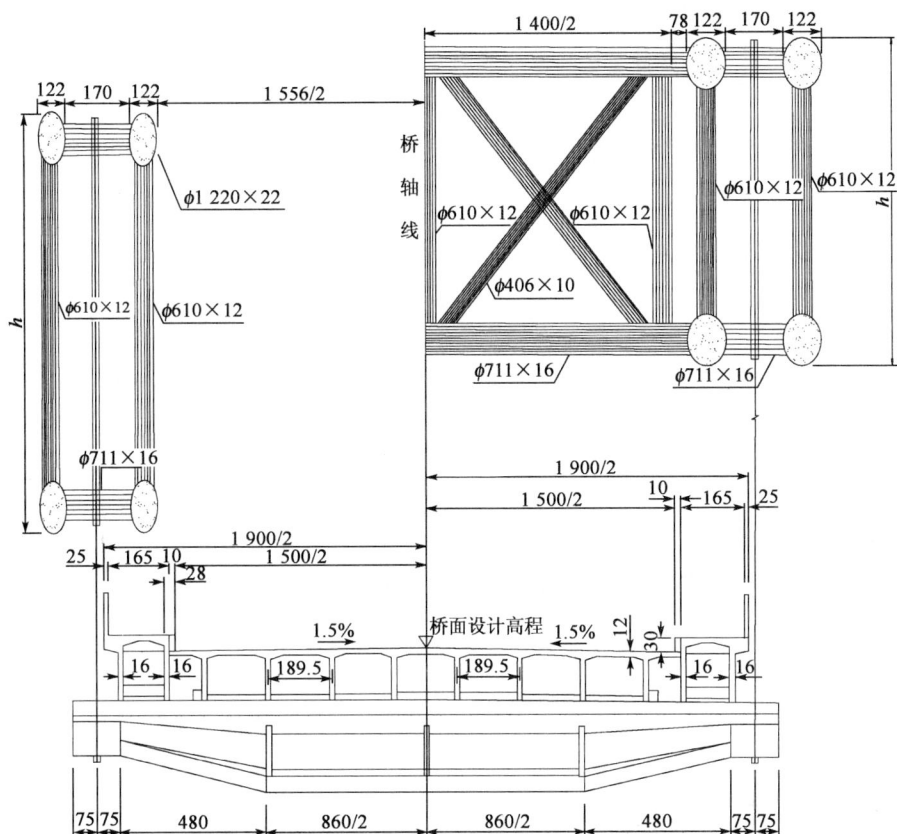

图1-5-21 主桥结构横截面(尺寸单位:cm;钢管直径及壁厚单位:mm)

3. 拱上立柱

在每条拱肋上立柱处均设有1根$\phi 920\text{mm} \times 12\text{mm}$的立柱钢管。

4. 吊杆

吊杆采用$109\phi 7\text{mm}$镀锌钢丝制成,两端采用冷铸镦头锚具,上、下两端锚具设有可调节横梁高度的螺母。吊杆钢丝外采用聚乙烯护套及哈佛管双层防护。

5. 横梁与桥面梁

吊杆横梁和钢管混凝土拱肋上的立柱横梁为预应力混凝土组合截面梁,拱肋间横梁为钢横梁。两岸肋间横梁与端吊杆横梁间设有纵向撑,以限制吊杆横梁纵向变位。

行车道梁、人行道梁均为先简支、后连续的预应力混凝土Ⅱ形连续梁。

6. 钢结构防腐

巫山长江公路大桥的防腐蚀寿命设计为30年,防腐工艺以下体系组成为:

(1)多棱角钢砂喷砂除锈达《涂覆涂料前钢材表面处理 表面清洁度的目视评定 第1部分:未涂覆过的钢材表面和全面清除原有涂层后的钢材表面的锈蚀等级和处理等级》(GB/

T 8923.1—2011)中的 Sa3 级,粗糙度为 40 ~ 80μm。

(2)热喷涂铝镁合金涂层,膜厚 160μm。

(3)喷涂环氧封闭底漆,干膜厚度 30μm。

(4)喷涂环氧云铁中间漆,干膜厚度 50μm。

(5)喷涂丙烯酸聚氨酯面漆,干膜厚度 80μm。

7. 拱肋吊装

巫山长江大桥主桥拱肋钢管桁架每肋半跨分为 11 个吊装节段,全桥两肋共 44 个吊装节段(另有 20 道横联),24 个扣段,节段的安装采用无支架缆索吊装系统吊运就位、扣索系统斜拉扣挂位置的方式。

1)无支架缆索吊装系统

无支架缆索吊装系统的吊塔设于扣塔之上,扣塔质量为 680t,钢结构质量为 6 200t,主拱圈节段最大设计吊重 126t,缆索系统设计吊重 170t,索跨 576m,索塔高 150. 22m,起吊高度 260m。为使索塔稳定,需设通长缆风绳。

2)斜拉扣挂系统

扣索分为正式扣索和临时扣索(图 1-5-22),临时扣索为 2 或 4 根 φ 47.5mm 钢绳(单肋),正式扣索分别为 4 组 6 ~ 10 根 φ15. 24 的钢绞线,均锚固于拱肋两根上弦管上。正式扣索通过塔顶索鞍(各由 20 个直径 240mm 的轮组成,曲线半径为 3 000mm),进入扣锚张拉端。

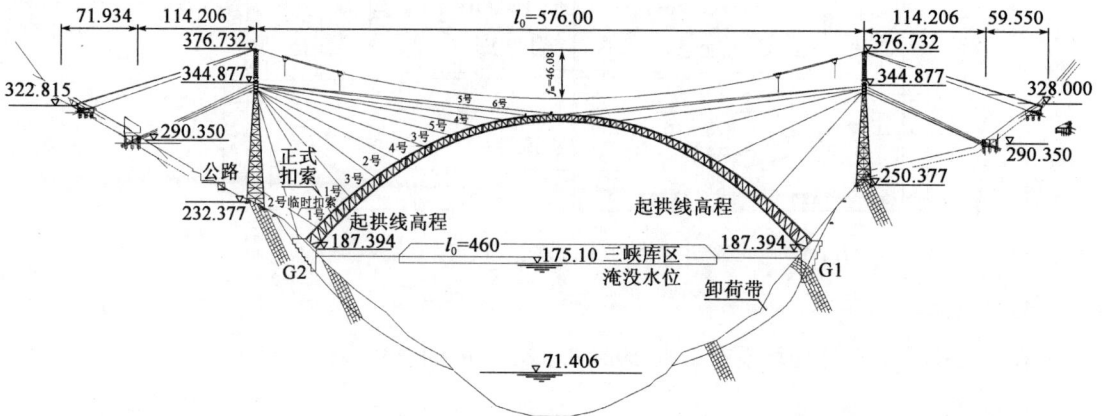

图 1-5-22 巫山公路长江公路大桥吊扣系统布置图(尺寸单位:m;高程单位:m)

正式扣索张拉端采用自主开发的低应力夹片锚固系统进行锚固。该系统获得国家专利。

3)钢管拱肋的吊装

两岸吊装顺序:巫山岸 1 号节段上游桁片→巫山岸 1 号节段下游桁片→建始岸 1 号上游桁片→建始岸 1 号节段下游桁片→交替循环进行,对称悬拼。

一岸吊装顺序:1 号节段上游桁片→1 号节段下游桁片→2 号节段上游桁片→2 号节段下游桁片→2 号节段横撑→电焊横撑接头→3 ~ 9 号节段→焊接拱脚接头形成无铰悬臂结构→10 号节段→11 号节段→瞬时合龙→正式合龙。

钢管拱肋合龙,各节段接头焊接完成形成无铰拱后,逐级松扣,仅保留 2、3 号扣索,待拱肋钢管内混凝土灌注时张拉力以控制拱肋线形。

三、主要技术特点

（1）采用钢管混凝土统一理论，以及钢管混凝土桁式拱肋节点承载力和疲劳计算方法等，完善了钢管混凝土拱桥的设计方法。

（2）拱肋采用全管桁结构、腹杆竖向与径向布置、桥面梁与拱肋联合作用等多项构造技术，提高了桥梁的整体受力性能。

（3）采用索跨576m、吊重170t、索塔高度150.22m、起吊高度260m的缆索吊机系统，解决了特大跨钢管混凝土拱桥钢管拱肋节段吊运就位安装的难题，并发展和完善了无支架缆索吊装技术。

（4）钢管内混凝土压注采用分段灌注，分别从两岸拱脚向拱顶方向按设计分段的一、二、三段顺序接力连续泵送施工，总结为"大跨径钢管混凝土拱桥钢管混凝土施工工法"，保证了大体积钢管混凝土的灌注质量。

（5）结合本桥开展的一些课题，如"化学自应力钢管混凝土应用研究""脱空缺陷对钢管混溃性能影响的研究""初始应力对钢管混凝土承载力的影响研究""钢管混凝土收缩徐变影响研究"以及"钢管桁架拱节点承载力的试验研究"，其成果应用于本桥，且为该桥型的发展奠定了技术理论基础。

第五节 湖南益阳茅草街大桥

一、概况

益阳茅草街大桥是湖南省省道S204线跨越洞庭湖区淞澧洪道、藕池河西支、南茅运河及沱江的一座特大型公路桥梁，大桥全长2 848.64m，主桥主跨采用368m三跨连续自锚中承式钢管混凝土拱桥（图1-5-23）。

图1-5-23 湖南益阳茅草街大桥全景

主桥主孔桥宽16m（2×0.5m防撞护栏＋净—15m），通航等级为Ⅳ－（1）级，通航净空为8m×60m，地震参数地震动峰值加速度为0.05g，地震动反应谱特征周期为0.35s。

二、主桥结构

1. 总体设计

主桥设计为80m+368m+80m三跨连续自锚中承式钢管混凝土拱桥,边跨、主跨拱脚均固接于拱座,两边跨曲梁之间设置钢绞线系杆(图1-5-24)。

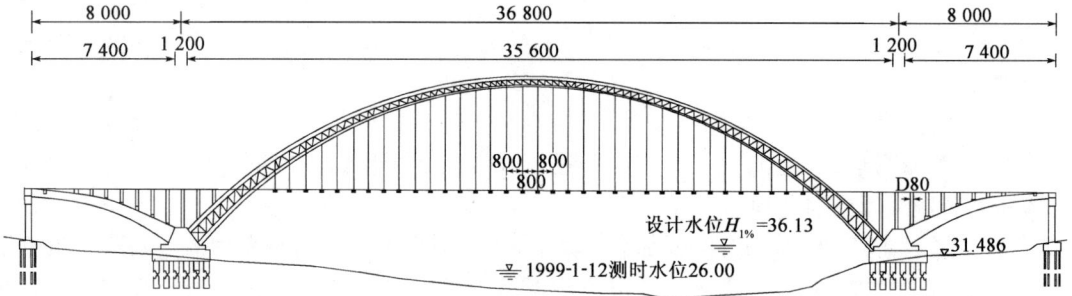

图 1-5-24 茅草街大桥桥型布置图(尺寸单位:cm;高程单位:m)

主拱拱肋所产生的水平推力由两边跨之间系杆承担。湖区修建拱式结构与环境的协调性好,做到了景观艺术与经济的完美结合。

2. 主墩基础与拱座

主桥5、8号墩是拱桥的边墩,基础按钻孔灌注摩擦桩设计,每墩为4根 $D=220$cm桩基。6、7号墩是拱桥的拱座,采用实体式钢筋混凝土墩块,在拱座内设置施工精度较高的预埋钢构件,以便拱肋安装定位。边拱拱肋、主拱拱肋最后均与拱座固接。6、7号拱座均采用26根 $D=250$cm桩基(图1-5-25)。拱座桩基础施工完后对桩基地基进行了固化处理。

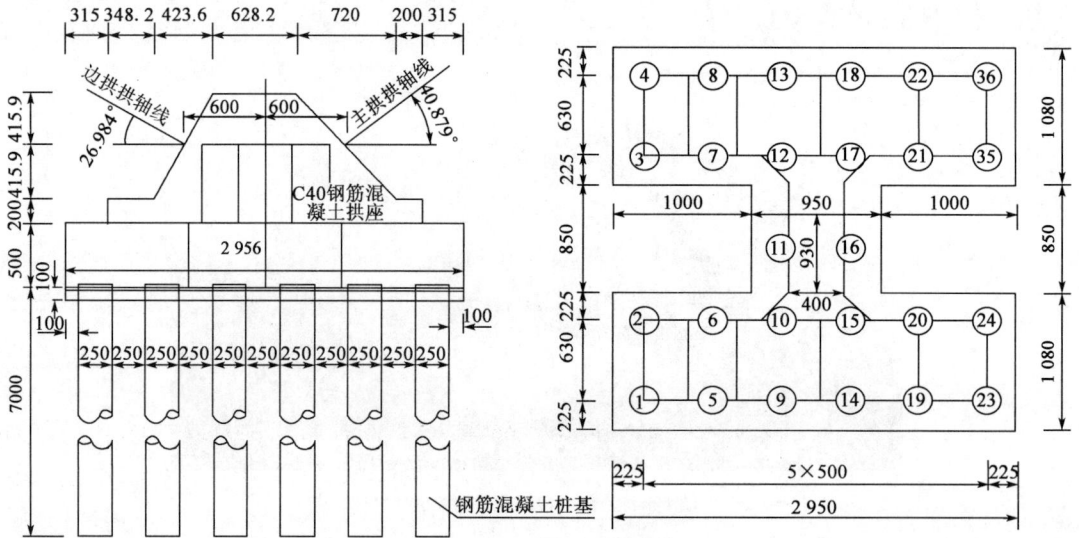

图 1-5-25 拱座基础(尺寸单位:cm)

3.拱肋与横撑

主拱拱肋采用中承式双肋悬链线无铰拱,计算跨径356m,矢跨比1/5,拱轴系数 $m = 1.543$。拱肋为钢管混凝土桁式结构,截面宽3.20m,拱脚处高度为8.00m,拱顶处高度为4.00m。每片拱肋由4根 $\phi1\,000mm \times 20(22、28)mm$ 的钢管组成,内灌注C50混凝土作为弦杆。上弦和下弦横向两根钢管之间在拱脚至桥面处用平联钢板连接,桥面以上用 $\phi650mm \times 10(16)mm$ 平联钢管连接,在平联板内及吊杆处平联管内灌注C50混凝土。上、下弦之间腹杆为 $\phi550mm \times 10(12)mm$ 空钢管。主拱肋、横撑断面如图1-5-26所示。

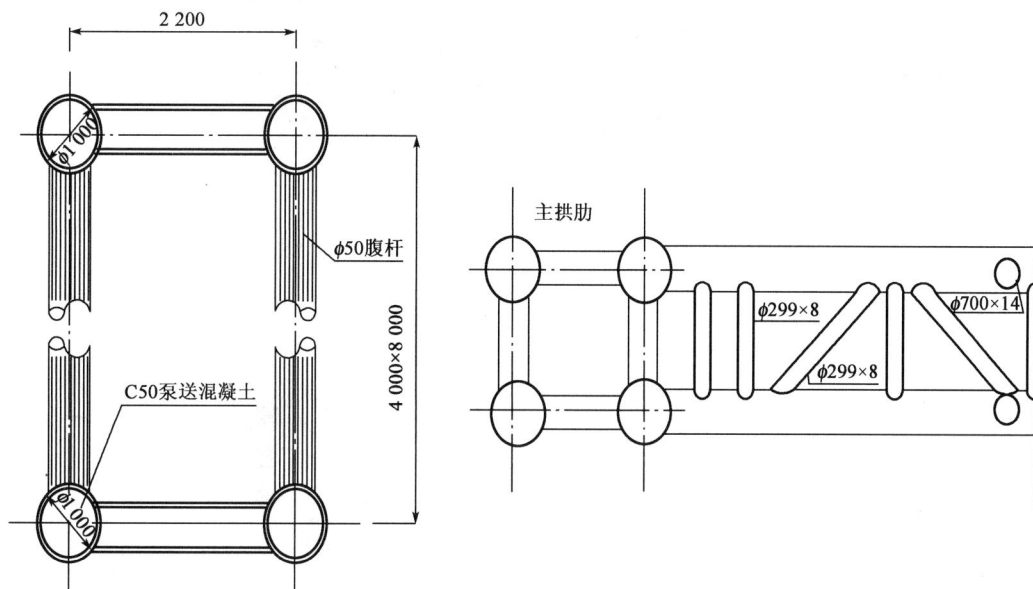

图1-5-26 主拱肋、横撑断面图(尺寸单位:cm;钢管直径及壁厚单位:mm)

两肋中心距为19.30m,共设6组"米"字横撑和6组"K"字横撑,每道横撑均为空钢管桁架,另外在拱肋与桥面交接处,设置一道肋间横撑,主拱肋共设横撑14道。

边拱拱肋采用上承式双肋悬链线半拱,计算跨径74.00m,矢跨比为1/8.5,拱轴系数 $m = 1.543$。每片拱肋由等宽变高度钢筋混凝土箱梁组成,肋宽3.2m,拱脚处肋高6.00m,拱顶处肋高4.00m,两肋间设有一组"K"字和一组"米"字钢管桁架式横撑,它们与同边拱端部固接的预应力混凝土端横梁一起,组成一个稳定的空间梁系结构,边拱拱肋与主拱拱肋轴处于同一直线上,以便传递水平力。

主拱拱肋采用无支架缆索斜拉扣挂法吊装施工,为降低工程造价,将吊塔和扣塔合二为一(图1-5-27、图1-5-28)。

4.吊杆与系杆

吊杆标准间距为8.0m,采用 $61\phi^s7mm$ 镀锌高强低松弛钢丝束,$R_y^b = 1\,670MPa$,PE防护,采用加装有位移释放装置的OVM-LZM型冷铸镦头锚,分别锚于主拱拱肋的平联钢管顶和钢横梁的下翼缘。当吊杆考虑换索时可用专用构件作为临时吊杆支承钢横梁,拆除旧吊杆,再装上新吊杆。全桥吊杆均在冷铸锚头处采用球铰与拉杆连接。吊杆钢丝外采用彩色HDPE护层防护,要求护层经 2×10^6 次循环脉冲加载试验后无明显损伤。

图 1-5-27　拱肋安装现场

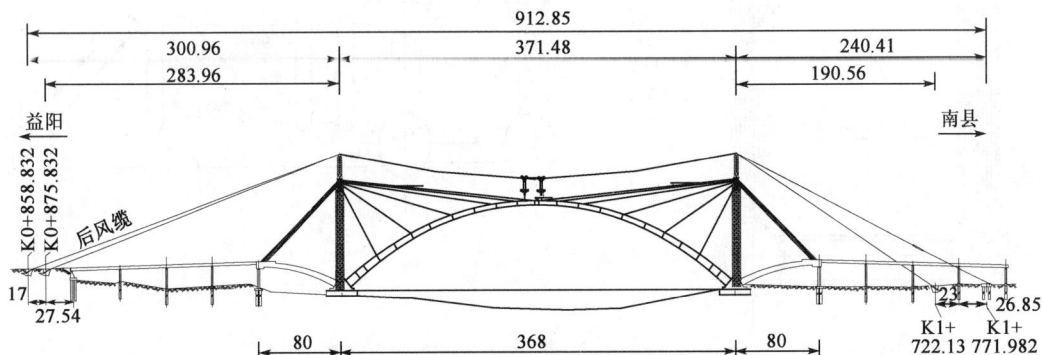

图 1-5-28　斜拉扣挂系统(尺寸单位:m)

主桥采用柔性系杆以平衡拱的绝大部分推力,系杆锚于两边拱的端横梁上,每肋共设 31φ15.24mm 环氧喷涂钢绞线,采用 OVMXG.T15 – 31 钢绞线拉索体系,R_y^b = 1 860MPa。系杆外包双层 PE 热挤塑护套,同时设置系杆保护箱防止系杆保护层破坏。为了能快捷施工、方便换索、准确定位及可靠运营,在每根横梁处设置了带简易滑动轴承的系杆支撑架。每束系杆拉索的设计索力为 4 000kN,在全部施工过程中每索只需张拉一次,成桥后再集中调整一次索力(考虑钢绞线的应力松弛等影响)。为方便换索,每边各留有一束备用束孔。

5. 桥面系

为减轻桥面系自重,茅草街大桥吊杆横梁和主拱、主拱拱肋上立柱横梁、边拱拱肋上横梁均为钢—混凝土组合截面梁。桥面板由桥面板钢纵梁、预制钢筋混凝土∏形板、现浇 8cm 厚铣削钢纤维混凝土及 5cm 厚细粒式沥青混凝土铺装层构成(图 1-5-29)。桥面板钢纵梁采用施工方便、易于维修的焊接工字钢梁,横向共设 6 组,纵向采用高强度螺栓与钢横梁连接,使桥面系形成稳定可靠的梁格体系。预制板通过纵、横向湿接缝与桥面板钢纵梁及钢横梁连接,湿接缝混凝土采用 C40 补偿收缩混凝土。8cm 厚的铣削钢纤维混凝土层计入受力截面。

为加强对钢纵横梁的防腐检查,本桥增设检查车钢纵梁轨道。

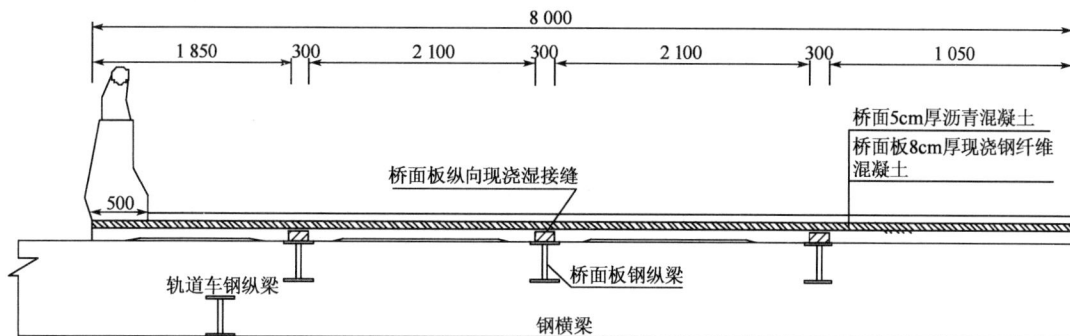

图 1-5-29 桥面系构造(尺寸单位:cm)

三、主要技术特点

(1)系统地进行了钢管混凝土拱桥设计刚度取值的研究,以行车舒适为出发点,对钢管混凝土拱桥的设计变形限值和舒适度指标提出了建议值。

(2)将背索直接锚固在边拱上,将扣塔直接布置在拱座上,省去了背索地锚和扣塔基础。

(3)系统地提出了钢管混凝土用管内高性能混凝土的要求,将新拌混凝土的泌水作为控制指标,大幅度减小了钢管混凝土拱顶的脱空。

PART 2 | 第二篇
混凝土斜拉桥

第一章

概述

第一节 斜拉桥的发展

斜拉桥又称斜张桥,属组合体系桥梁,它的上部结构由主梁、拉索和索塔三种构件组成。按照主梁所使用的建筑材料可分为混凝土斜拉桥(主梁为预应力混凝土梁)、钢斜拉桥(主梁为钢梁)、结合梁斜拉桥(主梁为钢—混凝土结合梁,又称组合梁斜梁桥)、混合式斜拉桥(主跨为钢主梁、边跨为混凝土主梁)。

图 2-1-1 为几座著名的混凝土斜拉桥的立面图。由该图看出,斜拉桥是索塔上用若干斜向拉索支承起主梁以跨越较大的河谷等障碍。拉索的作用相当于在主梁跨内增加了若干弹性支承,从而大大减少了梁内弯矩、梁体尺寸和梁体重力,同时还使桥梁的跨越能力显著提高。与悬索桥相比,斜拉桥不需很大的锚碇装置,且抗风性能优于悬索桥。由调整拉索的预拉力可以调整主梁的内力,使主梁的内力分布更均匀合理。

混凝土斜拉桥的主梁是由钢筋混凝土或预应力混凝土建成。拉索的水平分力可对混凝土主梁产生轴向预压作用,增强了主梁的抗裂性能并节省了高强钢材。斜拉桥利用主梁、拉索、索塔三者的不同组合形成不同的结构体系,以适应不同的地形和地质条件;斜拉桥便于采用悬臂法施工和架设,且安全可靠。但是,斜拉桥是一种高次超静定的组合结构,包含较多的设计变量,全桥总的技术经济合理性不能单从结构体积小、用料省,或者满应力等概念来衡量,这给选定合理的桥型方案和经济合理的设计带来一定难度,同时,拉索与主梁和索塔的连接构造较复杂,施工技术要求高。拉索索力的调整工序也较复杂,运营多年后拉索要更换。

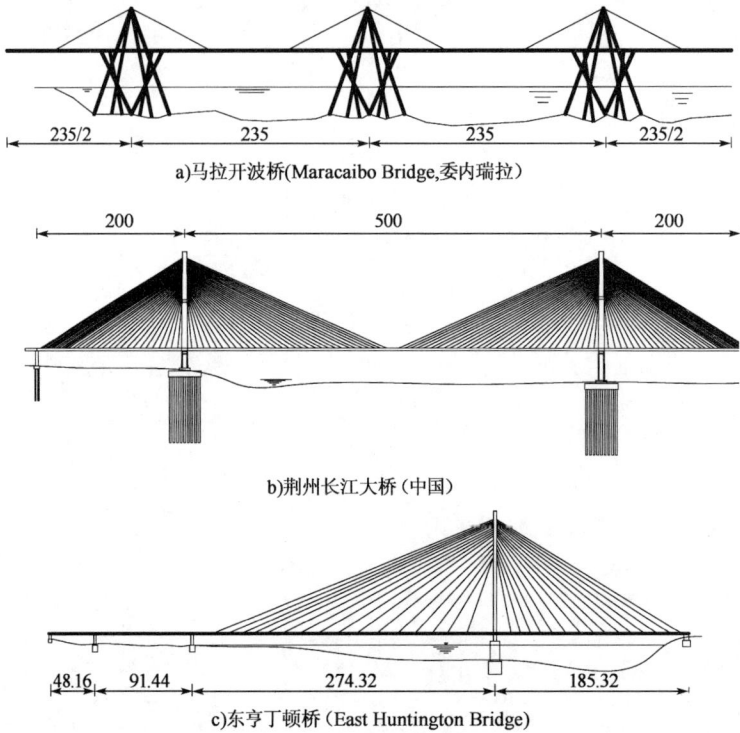

a)马拉开波桥(Maracaibo Bridge,委内瑞拉)

b)荆州长江大桥(中国)

c)东亨丁顿桥(East Huntington Bridge)

图 2-1-1　斜拉桥概貌(尺寸单位:m)

斜拉桥的构思可以追溯到 17 世纪,但由于受当时科技水平的限制,在 300 多年的漫长岁月中没有得到很大发展;又因为 19 世纪 20 年代前后修建的几座斜拉桥的坍塌事故,使斜拉桥的发展在相当长一段时期内处于被人遗弃的状态。

20 世纪 30 年代,德国工程师迪辛格(Dischinger)首先认识到了斜拉桥结构的优越性并加以发展,由他研究设计的第一座现代斜拉桥——主跨 182m 的新斯特雷姆伍特桥(Strömsund)于 1955 年在瑞典建成,见图 2-1-2。接着,在德国的杜塞尔道夫建成了主跨 260m 的杜塞尔道夫北莱茵河桥(Theoder Heuss),它们都采用了稀索和钢主梁结构,这是早期现代斜拉桥的共同特点。从此,斜拉桥得到迅速发展,至今全球已建成各类斜拉桥 400 余座,遍布 30 多个国家和地区。2009 年建成主跨 1 018m 的中国香港昂船洲大桥,是目前世界上最大跨径的混合型斜拉桥,其主跨中央部分为钢箱梁,边跨为混凝土梁。2008 年建成的中国苏通大桥是目前世界跨径最大的斜拉桥,其主桥为钢箱梁。

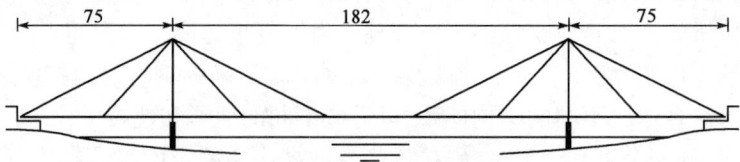

图 2-1-2　新斯特雷姆伍特(Strömsund)桥

第一座现代混凝土斜拉桥是1962年委内瑞拉建成的马拉开波桥,其跨径布置为160m +5×235m +160m,采用稀索布置[图2-1-1a)],索塔两侧仅有一对预应力混凝土拉索。进入20世纪70年代后,混凝土斜拉桥得到迅速发展。1977年法国建成的伯劳东纳桥(Brotonne bridge)主跨达320m;1983年西班牙建成的卢纳巴里奥斯桥(Luna bridge)主跨达440m,超过当时钢斜拉桥的最大跨径404m(法国的圣纳泽尔桥);1991年建成的挪威斯卡恩圣特(Skarnsundet bridge)桥,主跨530m,为当时世界上各类斜拉桥的最大跨径,至今仍保持混凝土斜拉桥的最大跨径纪录。

我国是在20世纪70年代中期开始修建斜拉桥的。首先在1975年和1976年建成了主跨分别为76m和56m的两座混凝土斜拉桥,在取得设计和施工经验后,全国各地开始修建斜拉桥。在30余年当中,已建成斜拉桥近100多座,其中很大部分是混凝土斜拉桥。我国在1993年建成了上海杨浦大桥,主跨达602m,是当时世界上最大跨径的结合梁斜拉桥;2002年建成通车的荆州长江大桥,主跨500m,是我国最大跨径的混凝土斜拉桥。中国在斜拉桥的设计、施工方面已进入世界领先水平。随着工业现代化进程的加快,为适应大跨径结构的需要,预计在我国结合梁斜拉桥及钢斜拉桥将逐渐增加。

混凝土斜拉桥在过去40多年中的发展可分成三个阶段。第一阶段:稀索布置,主梁基本上为弹性支承连续梁。第二阶段:中密索,主梁既是弹性支承连续梁,又承受较大的轴向力。第三阶段:密索布置,主梁主要承受强大的轴向力,同时又是一个受弯构件。

特别是在最近这20多年中,混凝土斜拉桥的发展异常迅速,除了跨径不断增加外,主梁梁高不断减小,主梁的高跨比从1/40左右发展到1/354,索距从60~70m减少到10m以下,主梁截面形式从梁式桥的截面形式发展到扁平的梁板式截面,最大跨径已达530m。根据国内外著名桥梁专家的研究分析,混凝土斜拉桥的最大跨径可达700m,钢斜拉桥最大跨径可达1 300m,结合梁斜拉桥(主梁为钢—混凝土结合梁)最大跨径可达1 000m。混凝土斜拉桥经济合理的跨径在200~500m之间。

第二节 斜拉桥的总体布置与结构体系

一、总体布置

斜拉桥的总体布置方案应与周围环境相协调,并综合考虑安全与经济、设计与施工、材料与施工机具、运营与管理及桥位处的地形、地质、水文、气象、地震等因素确定,宜进行多方案比较,以寻求经济合理的最优方案。

总体布置应主要解决跨径布置、拉索及主梁的布置、索塔高度与布置等问题。

(一)跨径布置

现代斜拉桥最典型的跨径布置有三种:双塔三跨式、独塔双跨式和多塔多跨式,见图2-1-3。

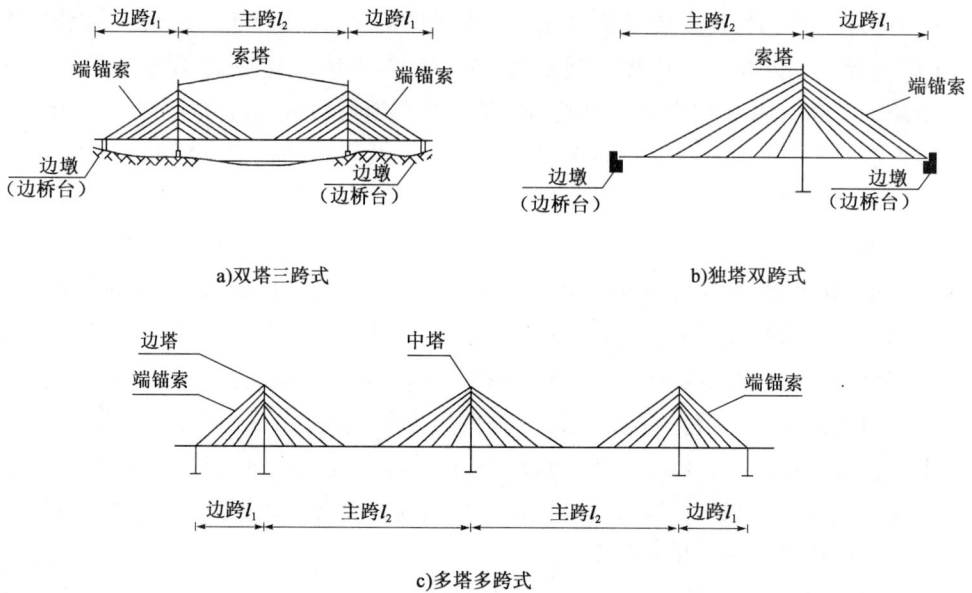

a)双塔三跨式

b)独塔双跨式

c)多塔多跨式

图 2-1-3　跨径布置

1. 双塔三跨式

双塔三跨式是斜拉桥中最常见的跨径布置方式。主孔跨径根据通航要求、水文、地形、地质及施工条件等确定。由于主孔跨径较大,故适用于跨越较大的河流及海面。从简化设计、方便施工考虑,双塔三跨式斜拉桥常采用两个边跨相等的对称布置,也可采用两边跨不相等的非对称布置。

边跨与主跨的跨径比应综合考虑全桥的刚度、拉索的疲劳强度、锚固墩承载能力等多种因素。一般来说,主跨有活载时会增加端锚索的应力;而边跨上有活载时,端锚索应力会减少。拉索的应力变化幅度则必须保持在钢拉索的疲劳强度安全范围内,所以拉索的疲劳强度是边跨与主跨跨径允许比值的判断标准。当边跨与中跨的跨径之比为 0.5 时,可对称悬臂施工至跨中合龙,施工方便,但考虑到施工时长悬臂的稳定性及提高成桥后的刚度,很多情况下跨径之比取值常小于 0.5,以使中跨有一段悬臂施工是在有后锚的情况下进行。大跨径斜拉桥为了减小中跨的跨中挠度和提高全桥的刚度,常采用较小的跨比。所以,一般情况下,双塔三跨式斜拉桥边跨与主跨的跨比可取 0.25 ~ 0.50,从经济角度考虑宜取 0.4。当边跨与主跨的跨径之比小于 0.5 时,边跨应设置端锚索(边索),以平衡两跨间的索力差,控制塔顶变位。端锚索对控制塔顶水平位移和主梁活载内力起着关键作用。如图 2-1-4a)所示的双塔斜拉桥,当中跨作用活载时[图2-1-4b)],主梁向下挠曲,中跨斜拉索的索力增加,塔柱有向主跨弯曲的趋势;在边跨,由于端锚索比跨内斜拉索刚度大,因此,端锚索索力增大很多,而其他索索力增加不多,强大的端锚索将限制塔顶向跨中移动,使中跨主梁正弯矩及挠度减少;当荷载作用在边跨时,由于有边墩及辅助墩的支承,主梁的弯矩和挠度较小,引起的塔顶水平位移也较小,从而中跨主梁负弯矩也较小(图 2-1-4)。图 2-1-5是三跨斜拉桥的活载弯矩包络图。

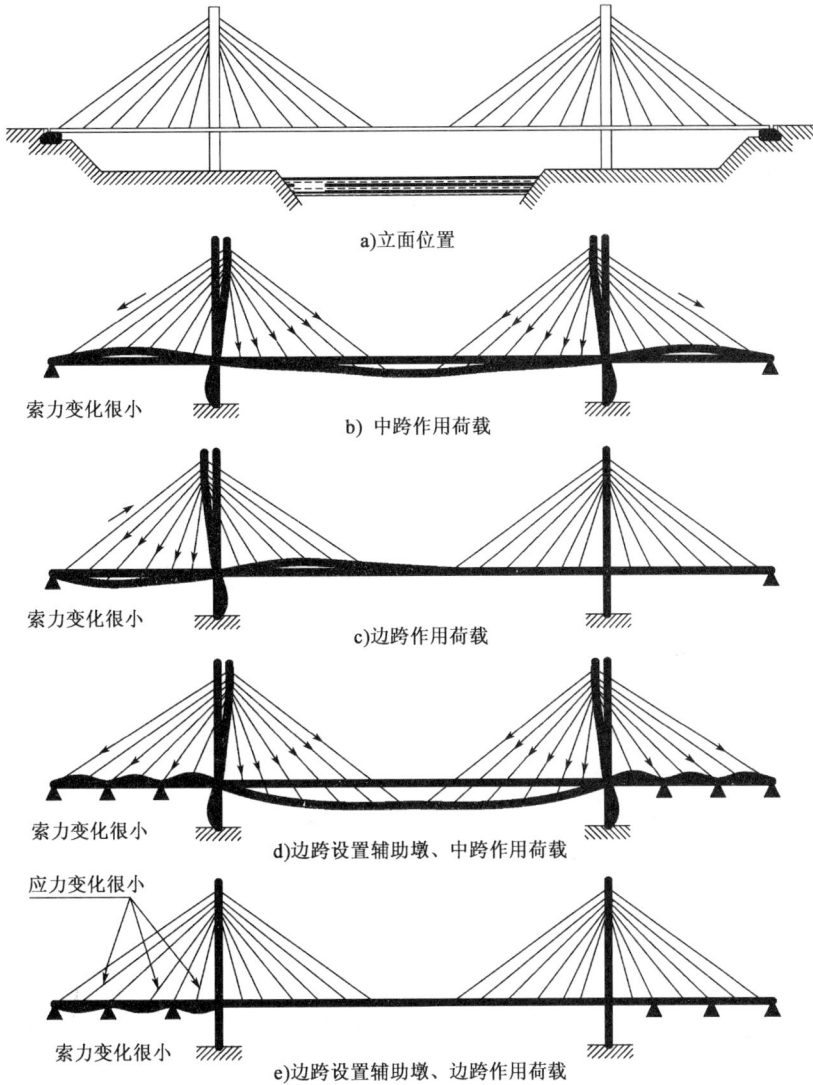

a)立面位置

索力变化很小　　　　　b) 中跨作用荷载

索力变化很小　　　　　c)边跨作用荷载

索力变化很小　　　d)边跨设置辅助墩、中跨作用荷载

应力变化很小

索力变化很小　　　e)边跨设置辅助墩、边跨作用荷载

图 2-1-4　典型双塔斜拉桥的受力

在特殊的地形条件下，可采用更小的跨比，或边跨采用地锚式。如我国郧阳汉江桥边跨与中跨比值为 0.203，跨径布置为 86m + 414m + 86m，为此，边跨两端设置了重力式平衡桥台，将部分拉索以地锚方式锚固在重力式桥台中。

2.独塔双跨式

独塔双跨式也是一种常用的斜拉桥跨径布置方式。但由于它的主孔跨径一般比双塔三跨式的小，故特别适用于

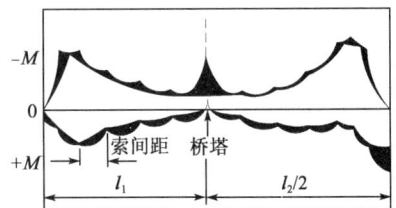

图 2-1-5　三跨斜拉桥活载弯矩包络图

跨越中小河流、谷地及作为跨线桥，或用于跨越较大河流的主航道部分，也可用主跨跨越河流，索塔及边跨布置在河流一岸的方式。

独塔双跨式斜拉桥可以采用两跨跨径相等的对称布置或两跨跨径不等的非对称布置，即

分为主跨与边跨。但两跨对称布置,由于一般没有端锚索,不能有效约束塔顶位移,故在受力与变形方面不能充分发挥斜拉桥的优势;如果用增大桥塔的刚度来减少塔顶变位则不经济。而跨径不对称布置,通过端锚索减少塔顶变位比增大索塔刚度更有效,因此独塔双跨式采用不对称布置较合理,实践中采用较多。

独塔两侧跨径不对称布置时,边跨与主跨的比值更多的是依据桥位处地基条件和地形情况及跨越能力来选择,各种比例都可能出现。一般可取 0.5 ~ 1.0。采用不对称布置时,应注意悬臂端部的压重和锚固。我国重庆石门大桥采用不对称跨径布置,边跨与主跨比值为 200m/230m = 0.87,在靠桥台 10m 范围内的主梁悬臂端设置了平衡重,使桥台始终处于受压状态。

3. 多塔多跨式

多塔多跨式斜拉桥适用于需要多个大通航孔的大江大河、宽阔湖泊或海峡上,但这种结构一般采用较少,其主要原因是中间塔顶没有端锚索来有效地限制它的变位,使结构柔性及变形增大,整体刚度差。

目前控制中塔顶在活载作用下的水平位移、减小主梁跨中弯矩和提高全桥结构刚度的主要措施有:

（1）提高主塔（特别是中塔）及主梁的抗弯刚度。例如:马拉开波桥［图 2-1-1a）］,主塔采用"A"形和"X"形框架墩,塔梁固接,使中塔具有良好的纵横向刚度和稳定性,希腊 Rion-Antirion 桥为四塔斜拉桥,主跨达 560m,采用分离式四柱的塔柱以提高塔的刚度（图 2-1-6）,在跨中设置挂孔以适应主梁温差伸缩。

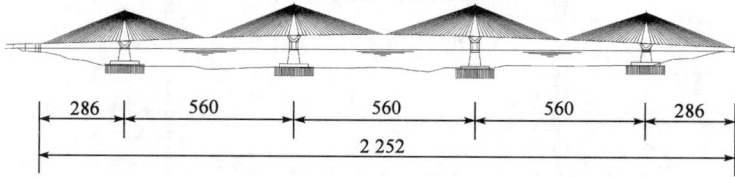

图 2-1-6　Rion – Antirion 桥四柱式塔柱（尺寸单位:m）

（2）中塔顶与边塔设置斜向加劲索。香港汀九大桥为三塔斜拉桥（图 2-1-7）,主跨 475m,在中塔顶和边塔与主梁交界点之间设置了加劲索,同时每座塔柱在桥面上、下的两侧各用一对斜撑,分别与桥面下的横梁固接,以提高中塔在活载作用下的抗弯能力,并提高了全桥的抗风能力。

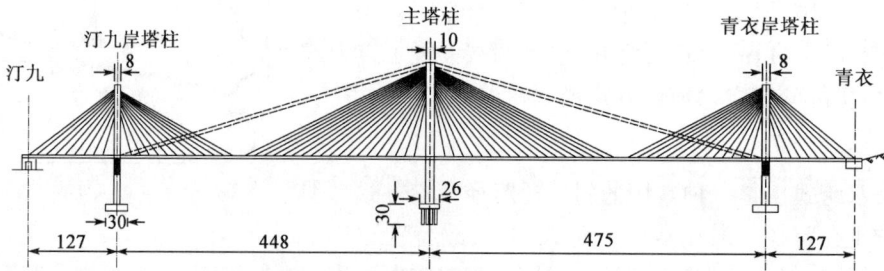

图 2-1-7　香港汀九大桥（尺寸单位:m）

（3）在端支点和各中跨中部压重。湖南岳阳洞庭湖大桥（图 2-1-8）为三塔斜拉桥,主跨 310m,为提高总体刚度,除了适当增加主梁高度、塔身纵向截面宽度和端锚索的截面面积外,还在端支点和中跨中部附加了 2 000kN 的压重,使各拉索尤其是纵索恒载索力比重增大,张紧度提高,从而较大地提高了结构的整体刚度。另外,采用不同的塔高,也提高了全桥的刚度。

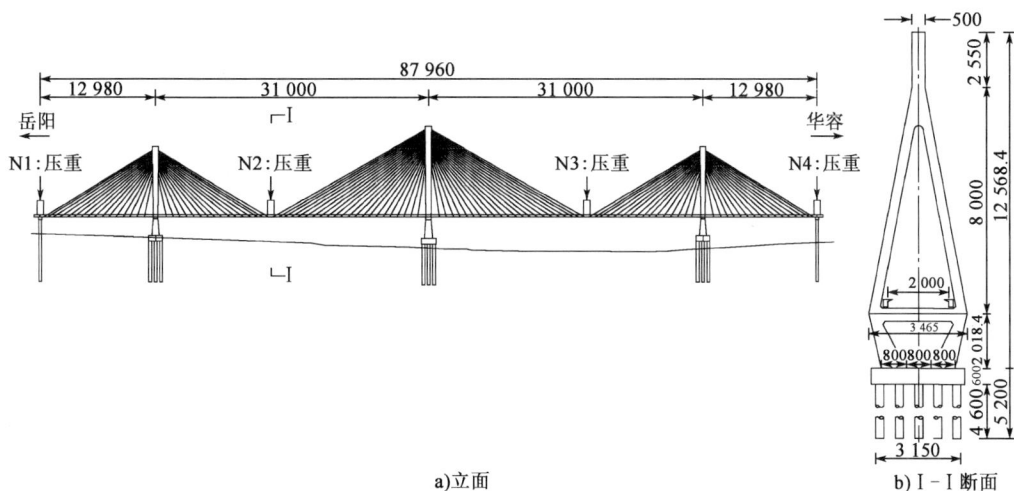

图 2-1-8　湖南岳阳洞庭湖大桥(尺寸单位:cm)

4.辅助墩及外边孔

斜拉桥是否在边孔设置辅助墩,应根据边孔高度、通航要求、施工安全、全桥刚度以及经济和使用条件等具体情况而定。当斜拉桥的边孔设在岸上或浅滩,边孔高度不大或不影响通航时,在边孔设置辅助墩,可以改善结构的受力状态,提高施工期间的安全。当辅助墩受压时,减少了边孔主梁弯矩,而受拉时则减少了中跨主梁的弯矩和挠度,从而大大提高了全桥刚度。

辅助墩的位置通常由跨中挠度影响线确定,同时考虑索距及施工要求。大量设计实践证明,边孔设置一个辅助墩后,塔顶水平位移、主梁跨中挠度、塔根弯矩和边跨主梁弯矩都大大减少,一般为原来的 40% ~65% 。当边孔加两个辅助墩后,上述这些内力和位移虽然继续降低,但变化幅度不大;加三个辅助墩后,则上述内力和位移不再有明显变化。但当边孔设在岸上或浅滩,基础工程施工难度及费用不高时,还是可以考虑加设辅助墩的。

总之,无论斜拉桥属于哪种结构体系,在边孔加设辅助墩的个数,应综合考虑结构需要和全桥的经济性加以确定。

对于大型桥梁,除主桥部分为斜拉桥外,往往还有引桥部分。为改善斜拉桥结构的受力和变形,可在边孔加设辅助墩。但由于桥面高程、边孔水深等原因使设辅助墩施工困难或造价较高时,可采用外边孔的构造形式,即将斜拉桥的主梁向前后两侧再连续延伸一孔或数孔,使斜拉桥的主梁与引桥的上部结构形成连续梁形式。这样既可减少端锚索的应力集中,又能缓和端支点的负反力,同时还可达到减少主梁和索塔的内力和位移、增强全桥刚度的目的,只是效果不如在边孔加设辅助墩明显。外边孔的长度和抗弯刚度必须精心设计和选定。若将斜拉桥的主梁和引桥的上部结构相连,则地震时将增加斜拉桥的水平惯性力,故在地震区桥梁上应慎重选用。

辅助墩及外边孔设置构造示例见图 2-1-9。

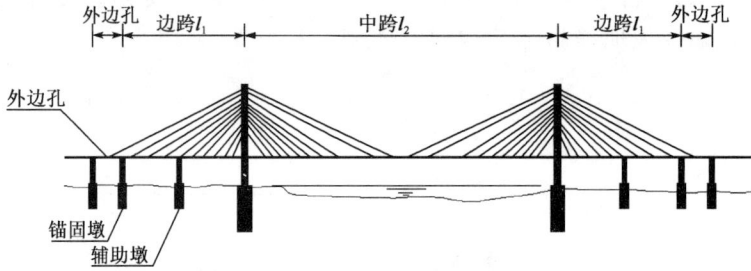

图 2-1-9 斜拉桥辅助墩的设置

(二)索塔高度

1.索塔高度的确定

索塔高度一般应从桥面以上算起,不包括由于建筑造型或观光等需要的塔顶高度。

索塔高度不仅与斜拉桥的主跨跨径有关,还与拉索的索面形式(辐射式、竖琴式或扇式)、拉索的索距和拉索的水平倾角有关。在主跨跨径相同的情况下,索塔高度低,拉索的水平倾角就小,则拉索的垂直分力对主梁的支承作用就小,从而导致拉索的钢材用量增加。反之,索塔高度越大,拉索的水平倾角越大,拉索对主梁的支承效果也越大;但索塔和拉索的材料用量也要增加,还会增加施工难度。因此,索塔的高度应由经济比较来确定。根据计算分析和已有斜拉桥设计资料的统计分析,可以用索塔高度 H 与斜拉桥主跨跨径 l_2 的比值,即高跨比 H/l_2 来表示索塔高度的大致范围,见图 2-1-10。从图中看出,对于双塔三跨式斜拉桥,H/l_2 的比值宜选用 0.18 ~ 0.25;独塔双跨式斜拉桥的 H/l_2 宜选用 0.30 ~ 0.45。通常,在经济性和施工可能的情况下,宜选用 H/l_2 的高值,以降低拉索用量和减少跨中挠度。但在特大跨径斜拉桥中,单以提高索塔高度来取得全桥刚度是不经济的,较好的选择是采用加强端锚索(边索)及地锚的方式,此时,塔高和主跨的比值 H/l_2 宜选用低值。景观要求也是决定塔高的另一因素,一般在城市或宽阔的水面上,较高的塔可以使全桥显得更加雄伟,相比之下我国斜拉桥塔高的取值比国外要高些。国内外已建斜拉桥的跨径布置及索塔高度统计资料见表 2-1-1 和表 2-1-2。

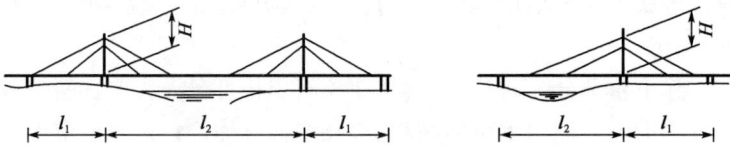

图 2-1-10 索塔的高度

国外混凝土斜拉桥跨径布置及索塔高度等统计资料　　　　表 2-1-1

桥　　名	跨径布置(m)	索塔高度(m)	边跨/主跨	高跨比 H/l_2	辅助墩	附　注
美国东亨丁顿桥	274.3 + 185.3	85.2	0.68	0.31	无	独塔双索面
法国伯劳东纳桥	143.5 + 320 + 143.5	70.5	0.45	0.22	无	双塔单索面
美国日照高架桥	164.6 + 365.8 + 164.6	73.9	0.45	0.2	无	双塔单索面

续上表

桥　名	跨径布置(m)	索塔高度(m)	边跨/主跨	高跨比 H/l_2	辅助墩	附　注
西班牙卢纳巴里奥斯桥	101.7 + 440 + 101.7	90	0.23	0.2	无	双塔双索面
美国 P-K 桥	123.9 + 299 + 123.9	57	0.41	0.19	无	双塔双索面
美国达姆岬(D-P)桥	198.17 + 396.34 + 198.17	92.2	0.5	0.23	无	双塔双索面
挪威斯卡恩圣特桥	190 + 530 + 190	101.5	0.36	0.19	无	双塔双索面
委内瑞拉马拉开波桥	160 + 5×235 + 160	42.5	0.68	0.18	无	多塔多双面

国内混凝土斜拉桥跨径布置及索塔高度等统计资料　　　　　表 2-1-2

桥　名	跨径布置(m)	索塔高度(m)	边跨/主跨	高跨比 H/l_2	辅助墩	附注
上海恒丰北路桥	77 + 73	49.97	0.95	0.65	无	独塔单索面
重庆石门大桥	230 + 200	113.00	0.87	0.49	无	
广东西樵大桥	125 + 100	48.20	0.88	0.39	无	单塔双索面
四川雅安蓉江大桥	30 + 104 + 120 + 104 + 30	51.60	0.87	0.43	无	
广东南海九江大桥	160 + 160	77.50	1.00	0.48	无	
长沙湘江北桥	105 + 210 + 105	53.72	0.50	0.26	无	双塔单索面
广州海印桥	35 + 85.5 + 175 + 85.5 + 35	57.40	0.49	0.33	无	
上海泖港桥	85 + 200 + 85	44.00	0.43	0.22	无	双塔双索面
天津永和桥	120 + 260 + 120	52.00	0.46	0.20	无	
济南黄河桥	40 + 94 + 220 + 94 + 40	51.27	0.43	0.23	无	
安徽蚌埠淮河大桥	114 + 224 + 114	53.75	0.51	0.24	无	
四川犍为岷江大桥	118 + 240 + 118	57.00	0.49	0.24	无	
武汉长江公路大桥	180 + 400 + 180	91.00	0.45	0.23	无	
湖北郧阳汉江桥	86 + 414 + 86	90.42	0.21	0.22	无	
安徽铜陵大桥	190 + 432 + 190	104.50	0.44	0.24	无	
重庆长江二桥	169 + 444 + 169	115.5	0.38	0.26	无	双塔双索面
重庆大佛寺长江大桥	198 + 450 + 198	164.68	0.44	0.38	无	
湖北鄂黄长江大桥	180 + 480 + 180	155.11	0.38	0.32	有	
湖北荆州长江大桥	200 + 500 + 200	150.00	0.40	0.30	无	
重庆奉节长江大桥	30.4 + 202.6 + 460 + 174.7 + 25.3	211.61	0.43	0.46	有	
重庆忠县长江大桥	205 + 460 + 205	247.50	0.446	0.54	无	

2.部分斜拉桥(矮塔斜拉桥)

常规斜拉桥中主梁被视为支承在斜拉索上的弹性支承连续梁。在恒载作用下主梁只承担局部弯矩,这就要求斜拉索的倾角不能太小,塔柱必须保持一定的高度(一般为主跨的0.18~

0.25)。如果塔高太低,斜拉索将不能有效地支承主梁,需要增加斜拉索的用量,同时增加造价。

如果将斜拉索视为布置在连续梁或连续刚构体外的预应力束,而塔柱视为体外预应力束的转向装置,则全桥体系就变成梁桥,塔柱就可以布置得比较低,则斜拉索只分担部分荷载,其他荷载由主梁内的预应力承担,这就成为所谓的部分斜拉桥。部分斜拉桥中塔高取值比常规斜拉桥矮,一般为主跨的 1/13 ~ 1/8,所以部分斜拉桥也被称为矮塔斜拉桥。由于塔高矮,斜拉索只承担总荷载效应的 30% 左右,其余由主梁承担。同时,斜拉索在活载作用下的应力变化幅度也较小,一般在 50MPa 以下,而常规斜拉桥斜拉索的活载应力变化幅度在 150MPa 以下。在低应力变幅下,斜拉索的疲劳问题可以大大缓解,从而可以提高钢丝的容许应力,达到节省造价的目的。因此,这种介于梁桥与索支承桥之间的桥型得到了越来越多的应用。我国已经建成包括漳州战备大桥(主跨 120m)在内的多座部分斜拉桥。芜湖长江大桥是一座公铁两用钢桁架主梁的部分斜拉桥,为了达到 312m 的跨径,用斜拉索承担了部分荷载,同时加强了钢桁架的刚度。

对于跨径为 100 ~ 250m 的连续梁或连续刚构桥,采用部分斜拉桥桥型,可以大大降低梁高,增加这种桥型的竞争能力。图 2-1-11 显示了连续梁、连续刚构、T 形刚构派生的部分斜拉桥。

(三)拉索布置

拉索是斜拉桥的主要承重构件之一。拉索对主梁有一个弹性支承作用,对整个斜拉桥的结构刚度和经济合理性起着重要作用。拉索宜采用抗拉强度高、疲劳强度好和弹性模量较大的高强钢丝、钢绞线及高强粗钢筋等钢材制作。众多拉索在梁与塔之间形成一个索面。目前,斜拉桥已从大索距的稀索发展到小索距的密索,世界各国的斜拉桥绝大多数采用密索布置。

1. 拉索在空间的布置形式

由于塔、梁、索之间的连接及支承方式不同,桥面宽度不同,索塔和主梁的形式不同,拉索索面在空间可布置成单索面和双索面,而双索面又可分为竖直双索面和倾斜双索面,见图 2-1-12。

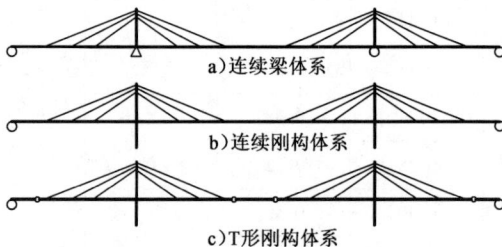

图 2-1-11 部分斜拉桥体系

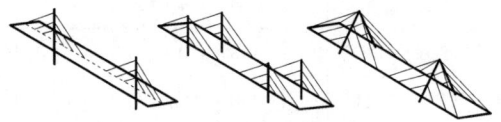

a)连续梁体系
b)连续刚构体系
c)T形刚构体系

图 2-1-12 拉索在空间的布置

拉索布置成单索面时,对抗扭不起作用,因此要求主梁应采用抗扭刚度较大的截面。采用双索面布置时,由于双索面的拉索锚固在主梁上,两个拉索面能加强结构的抗扭刚度,因此不需强调主梁采用抗扭刚度大的箱形断面。

从桥面宽度的利用率来看,布置成单索面时由于拉索下端锚固在主梁中心线上,除了保证锚固所需的构造要求之外,还要有保护拉索免受车辆意外碰撞的防护构造,因此桥面中央有一部分宽度不能作为行车道,而只能作为上、下行车道的分隔带(如重庆石门大桥采用单索面布置,中央有4.5m宽的分隔带),所以较窄的双车道桥梁不宜采用单索面布置。双索面布置在桥宽方向可以把拉索下端锚固点放在桥宽以内(一般位于人行道部分),也可放在桥面两侧的外缘。前一种布置也有部分桥宽不能利用,而后一种布置则必须设置伸臂,由锚固拉索向梁体传递剪力和弯矩。双索面斜拉桥的索塔横桥向尺寸较大,对基础的结构尺寸要求也相应加大。

从施工、养护考虑,拉索在主梁上的锚固点放在桥面宽度以内要比放在两侧外缘好。单索面布置在中央分隔带内简洁、美观,避免了双索面给人以桥面两侧拉索交叉零乱的感觉。而倾斜双索面配合A形索塔,具有良好的抗风稳定性。

由于单索面斜拉桥要求主梁有较大的抗扭刚度,而主梁的抗扭刚度与跨径成反比,因此单索面布置的斜拉桥跨径不宜过大。目前,单索面混凝土斜拉桥的最大跨径保持者是法国的艾龙河桥(Elon),主跨为400m。

在大跨径的各种斜拉桥布置中,由于结构和施工的需要,双索面布置被广泛采用,特别是倾斜双索面布置,在特大跨斜拉桥中更有竞争力。目前,世界上最大跨径的混凝土斜拉桥是主跨530m的挪威斯卡恩圣特桥,拉索索面就是采用倾斜双索面形式,取得了良好的使用效果。

2.拉索在索面内的布置形式

拉索在索面内的布置应根据设计总体构思、受力情况及美学要求等因素确定,常选用以下三种基本形式:辐射形、竖琴形及扇形,见图2-1-13。

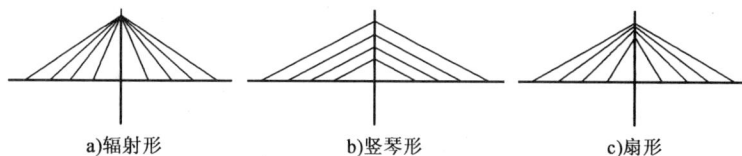

a)辐射形　　　　　b)竖琴形　　　　　c)扇形

图2-1-13 斜拉索在索面内的布置形式

(1)辐射形:拉索与水平面的平均交角较大,拉索垂直分力对主梁的支承效果好,拉索用量最省。由于拉索的水平分力在塔顶基本平衡,故索塔的弯矩较小,索塔高度比采用另两种布置形式时低。但辐射形布置所有拉索集中锚固于塔顶,使塔顶构造比较复杂,局部应力集中现象突出,给施工和养护带来困难。此外,拉索倾角不等,也使锚具、垫板的制作与安装比较复杂。同时,索塔的内力及刚度、桥梁的总体稳定性能也不如竖琴形优越。因此,辐射形拉索布置已日趋减少。

(2)竖琴形:由于所有拉索的倾角完全相同,且拉索与索塔的锚固点分散布置,使拉索与索塔、拉索与主梁的连接构造简单,易于处理。竖琴形布置拉索加强了索塔的顺桥向刚度,对减少索塔的弯矩和提高索塔的稳定性都是有利的。从外观上看,拉索平行布置外形简洁美观,无辐射形拉索的视觉交叉感。如将中间拉索用边孔内设置的辅助墩锚固,可大大减少索塔的弯矩和变形。但竖琴形布置拉索倾角较小,拉索对主梁的支承效果差,拉索总拉力大,拉索用量相应较多,又无法形成飘浮体系,对抗风、抗震不利,且难于控制中跨挠度,故拉索竖琴形布置一般仅用于中小跨径的斜拉桥中。

(3)扇形:拉索在索面内呈扇形布置,兼有辐射形和竖琴形索的优点,又可灵活地布置,与索塔的各种构造形式相配合。扇形是采用最多的一种索型,特别是在大跨径斜拉桥中,几乎都采用扇形布置形式。

随着斜拉桥跨径的不断增大,对结构的总体刚度,特别是抗扭刚度以及抗风振稳定性和抗地震稳定性提出越来越高的要求。采用扇形空间倾斜双索面布置形式是理想的选择。但是,对拉索在索塔和主梁上的锚固位置、构造要求及施工工艺要求较高,应妥善处理。

拉索在索面内的布置形式除了上述三种基本形式外,有时还可采用星形、叉形及混合形。

3. 拉索索距

拉索索距是指索面内相邻两根拉索的间距。索面内拉索根数多则索距小,拉索根数少则索距大。

拉索索距的选择应根据主梁内力、拉索张拉力、锚固构造、施工吊装能力、材料规格及经济等因素综合考虑。拉索索距的确定应结合施工方法一起考虑。

索面内拉索根数的多少有一个发展过程。早期斜拉桥采用拉索根数少而刚性大的稀索布置,索距达 15~30m(混凝土主梁)或 30~50m(钢主梁),相应的斜拉桥跨径也不大。如主跨 235m 的马拉开波桥,索塔两侧只布置一对拉索。稀索布置的主要优点是拉索索力易于调整到设计预期值。但由于索距大,主梁的弯矩和剪力也较大,因而需要较大的主梁高度。同时,拉索索力相对也较大,架设和施工较困难,拉索锚固构造也较复杂,其附近还需进行大规模的补强,耗材较多。

随着斜拉桥的不断发展,为方便施工,减少风振危险,应适应施工吊装能力及张拉条件。目前斜拉桥都趋向于索面内布置多根拉索,即拉索由早期的稀索型发展到现在的密索型。

索面内拉索根数多,使主梁由受弯为主向受轴向力为主转变,主梁弯矩的减少使梁高降低,直至主梁可采用高宽比例接近于薄板的梁板式截面形式,这样不仅取得了较好的经济效益,也大大改善了结构的动力性能,提高了结构的抗风、抗震能力,并使斜拉桥的造型更加柔细轻巧。由于索面内为多索布置,故对每根拉索索力的要求相应降低,简化了拉索锚固构造,张拉千斤顶可小型化、轻型化。尤其是多索布置与悬臂平衡的施工方法相适应,更有利于斜拉桥的施工控制。多索、密索布置使每根拉索索力和截面较小,有可能使每根拉索在工厂制索中就完成防护、配装好锚具,也使在通车条件下更换索面内任何一根拉索成为可能,而且十分方便。

但采用多索、密索布置会使每根拉索刚度相对较小,可能产生风振,导致边跨主梁可能出现较大负弯矩及端锚索刚度较小等问题。为此,必须增大端锚索刚度,将边跨拉索集中为一根端锚索或将边跨的部分拉索集中为端锚索群等。

由于采用拉索索距小的多索、密索布置优势明显,因此目前混凝土斜拉桥拉索采用密索布置较多。一般密索布置时,对于混凝土主梁,索距宜取 4~12m,钢主梁时索距宜取 8~24m。

4. 拉索倾角

拉索的倾角是指拉索与梁轴线之间的夹角。拉索的倾角与拉索受力情况有关。当索与梁之间的倾角增大时,则拉索索力减小,但塔的高度与索的长度都要增加,且此时由于索力的减小,索塔截面可相应减小。为讨论斜拉桥拉索的合理倾角,可取受力最大的边跨锚索来分析。如图 2-1-14 所示,假设索塔高度 H 及主跨的水平力 F 为不变的常数,锚索倾角 α 及边跨跨径 l_1 为可变数。此时,拉索轴力 N_c 和截面积 A_c 与 $\cos\alpha$ 值成反比,拉索长度 l_c 与 $\sin\alpha$ 成反比,则拉索的重力可用下式表示:

$$W_c = A_c l_c \gamma_c = \frac{a}{\cos\alpha\sin\alpha}$$

式中：W_c——拉索重力；

$\quad\gamma_c$——拉索材料的单位体积重力；

$\quad a$——$l_1\gamma_c/[\sigma]$；

$\quad[\sigma]$——拉索的容许应力。

由上式可知，当 α 为45°时，W_c 为最小，即拉索材料最经济。另外，由图 2-1-14 可知，索塔的轴力和主梁端支点的负反力均为 $F\tan\alpha$，当 F 不变时，α 越小，则索塔的轴力和主梁端支点负反力就越小。而梁的轴力 N 与 F 相等，与 α 无关。根据上述分析，α 应小于45°时较经济。同时，当中跨布载时，在水平力 F 的作用下，塔顶水平位移 Δ 为：

$$\Delta = \frac{F \cdot H}{E_c A_c \sin\alpha\cos^2\alpha}$$

当 α 趋近于35°时，Δ 最小，端锚索提供的支承刚度最大。

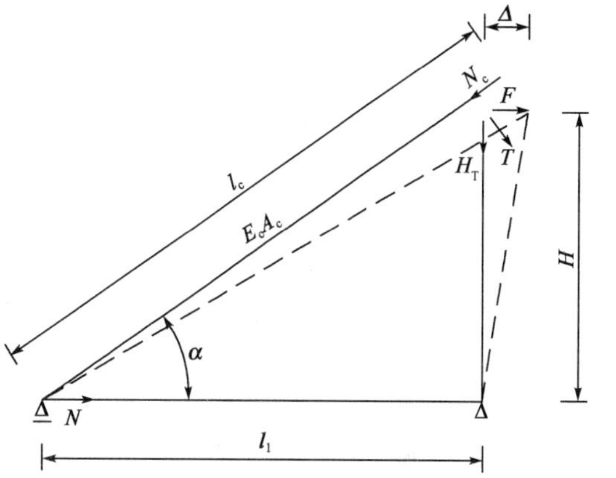

图 2-1-14　斜拉桥的边索斜倾角

根据已有斜拉桥的统计资料，无论是双塔三跨式还是独塔两跨式斜拉桥，边索倾角宜控制在25°～45°之间；竖琴形布置时较多取26°～30°；辐射形或扇形布置时，倾角在21°～30°范围内，以25°最为普遍。

(四)主梁布置

斜拉桥的主梁，不管整个斜拉桥的结构体系和支承方式如何，混凝土主梁一般有两种布置形式：连续体系和非连续体系。

1. 主梁为连续体系

无论是双塔三跨式还是独塔双跨式，主梁在斜拉桥全长范围内布置成连续体系，这时主梁为连续梁或连续刚构(拉索作为跨内的弹性支承)，为改善结构受力布置外边孔时，斜拉桥主梁梁体还与边跨或引桥的上部结构主梁相连续，见图 2-1-15。

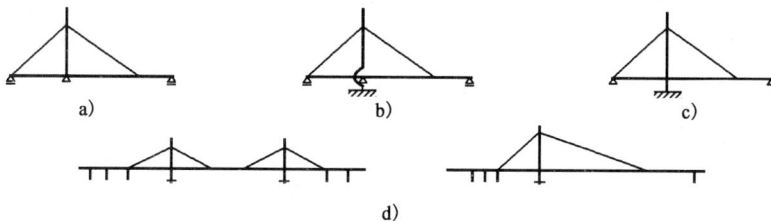

图 2-1-15　主梁布置为连续体系

2. 主梁为非连续体系

在双塔三跨式斜拉桥的主跨中央部分，带有一个简支挂孔或剪力铰，全桥的主梁布置为非连续体系，这时主梁成为单悬臂梁或 T 形刚构体系，见图 2-1-16。

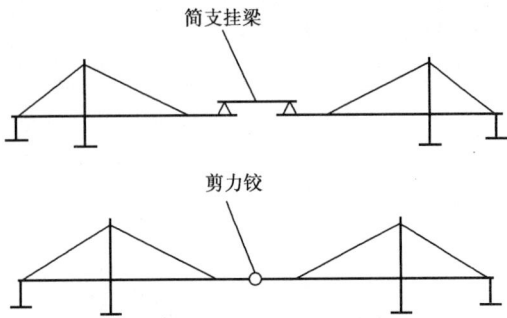

图 2-1-16　主梁布置为非连续体系

带有挂孔的主梁布置形式简化了结构体系,减少了结构的超静定次数。它能较好地适应两个索塔基础的不均匀沉降,可用于地基较差的地区。但是,主梁的非连续布置破坏了桥梁的整体性,施工时还需增加一套架设简支挂梁的设备。上海泖港桥就是在 200m 长主跨中央插入 30m 长的一个简支挂梁,形成非连续主梁体系。现代斜拉桥已经很少采用这种布置。

用剪力铰取代双塔三跨式斜拉桥主跨中央的简支挂梁,形成非连续主梁体系是另一种布置形式。剪力铰可以只传递剪力和轴向力,不传递弯矩;也可以只传递剪力和弯矩,不传递轴向力,这根据结构内力要求而定。剪力铰可以缓解温度内力的影响,但也破坏了桥面的连续性和桥梁的整体性;同时,剪力铰设计、施工和养护较困难,除非不得已,一般应尽量避免采用这种布置。主跨 440m 的西班牙卢纳巴里奥斯桥和我国湖北郧阳汉江桥(主跨 414m)都采用在双塔三跨式斜拉桥的中跨跨中设剪力铰的主梁布置形式,以满足结构受力的要求。

3. 主梁的高跨比

由于斜拉桥的结构特点,绝大多数斜拉桥的主梁梁高沿跨长是不变的。主梁梁高 h 与主跨 l_2 的比值称为主梁的高跨比,高跨比越小,则斜拉桥的主梁越柔细。早期稀索布置的斜拉桥,主梁的高跨比一般为 1/100 ~ 1/50。随着斜拉桥拉索从稀索型向多索、密索型发展,主梁的高跨比不断减小,已突破 1/300。根据世界各国斜拉桥的统计资料分析,密索布置的斜拉桥,其梁高与主跨跨径的比值一般为 1/150 ~ 1/100,较多在 1/100 左右。我国斜拉桥所采用的高跨比也从约 1/50 发展到了 1/216。

《公路斜拉桥设计细则》(JTG/T D65-01—2007)规定,斜拉桥梁高与主跨的比值一般为 1/100 ~ 1/50,对于密索体系大跨径斜拉桥,比值可小于 1/200,而单索面斜拉桥梁高与主跨比值应按抗扭刚度确定。

二、结构体系

斜拉桥是由上部结构的主梁、拉索、索塔及下部结构的桥墩、桥台四种基本构件组合成的组合体系桥梁。斜拉桥的结构体系可以根据主梁、拉索、索塔和桥墩的不同结合方式形成不同的结构体系,也可根据拉索的锚拉体系形成斜拉桥的不同结构体系。下面就从这两个方面来叙述斜拉桥的结构体系。

(一)由梁、索、塔、墩的不同结合构成四种不同的结构体系

1. 塔墩固接、塔梁分离——飘浮体系[图 2-1-17a)]

主梁除两端有支承外,其余全部由拉索作为支承,成为在纵向可稍作浮动的一根具有多点弹性支承的单跨梁。飘浮体系的主要优点是满载时,塔柱处主梁不出现负弯矩峰值;温度及混凝土收缩、徐变内力均较小;在密索情况下,主梁各截面的变形和内力的变化较平缓,受力较均

匀。地震时允许全梁纵向摆动,从而起到抗震消能作用。因此地震烈度较高的地区应优先考虑选择这种体系。

飘浮体系斜拉桥当采用悬臂施工时,塔柱处梁段需临时固接,以抵抗施工过程中的不平衡弯矩和纵向剪力。空间动力计算表明,由于拉索不能对主梁提供有效的横向支承,所以对飘浮体系必须施加一定的横向约束,通过提高其振动频率来改善动力性能。为抵抗由于风力等引起的横向水平力,一般是在塔柱和主梁之间设置板式橡胶支座或聚四氟乙烯盆式橡胶支座以限制主梁的横向位移,并能使主梁在横向形成较为柔性的约束,保持良好的动力性能。安装横向支座时应预先顶紧以施加横向约束,其构造示意见图2-1-18。

现代大跨径混凝土斜拉桥大多采用飘浮体系。美国的哥伦比亚桥、东亨丁顿桥及日照高架桥,我国的武汉长江公路桥、重庆长江二桥、铜陵长江大桥、上海南浦大桥和杨浦大桥(钢—混凝土结合梁)都采用这种体系。

2. 塔墩固接、塔梁分离,在塔墩处主梁下设置竖向支承——半飘浮体系[图2-1-17b)]

飘浮体系斜拉桥在主梁穿过桥塔位置一般通过垂直的吊索来支承主梁,如将0号吊索换成在塔柱横梁上的竖向支座,则成为半飘浮体系,主梁成为在跨内具有多点弹性支撑的连续梁,可设一个固定支座,多个活动支座,但一般均设活动支座。半飘浮体系对限制主梁纵向位移有利,同时省去了将施工临时支撑换成0号吊索的复杂工序。半飘浮体系的主梁内力在塔墩支承处出现负弯矩峰值,温度及混凝土收缩、徐变内力也较大,通常需加强支承区段的主梁截面。如在墩顶设置可调节高度的支座或支承来代替从塔柱中心悬吊下来的拉索(0号吊索),并在成桥时调整支座反力,以消除大部分收缩、徐变等不利影响,这样与飘浮体系相比,无论在经济上还是美观上都有一定优点。我国辽宁长兴岛主跨176m的双塔双索面混凝土斜拉桥、福州主跨605m的双塔双索面结合梁斜拉桥(青州闽江桥)就是半飘浮体系,主梁为连续体系,塔梁交界处设盆式橡胶支座。

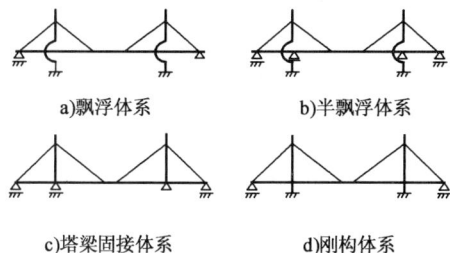

图2-1-17　斜拉桥的结构体系

a)飘浮体系　　b)半飘浮体系　　c)塔梁固接体系　　d)刚构体系

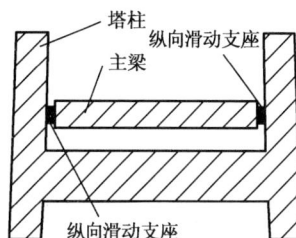

图2-1-18　主梁与塔柱之间横向约束示意图

3. 塔梁固接、塔墩分离——塔梁固接体系[图2-1-17c)]

塔梁固接并支承在桥墩上,这时主梁相当于顶面用拉索加强的一根连续梁或悬臂梁。主梁和塔柱内的内力挠度直接与主梁和塔柱的弯曲刚度比值有关。塔梁固接体系的主要优点是取消了承受很大弯矩的梁下塔柱部分,代之以一般桥墩,致使塔柱和主梁的温度内力极小,并可显著减小主梁中央段承受的轴向拉力。但当中跨满载时,由于主梁在墩顶处的转角位移导致塔柱倾斜,使塔顶产生较大的水平位移,因而显著增大了主梁的跨中挠度和边跨的负弯矩。并且上部结构的重力和活载反力均由支座传给桥墩,这就要求设置承受很大吨位的支座,故该体系一般仅用于小跨径斜拉桥。对于大跨径斜拉桥,由于上部结构反力过大,可能需要设置承受上万吨位的支座,使支座构造复杂,制作困难,且动力特性不理想,对抗风、抗震不利,故不宜采用。法国的伯劳东纳桥(主跨320m)就是采用塔梁固接体系,主梁布置成连续体系,支座用10块橡胶支座围成圆周,中心为直径800mm的连接管,管内填充环氧树脂。我国上海泖港大桥也是采用塔梁固接体系,主梁布置成非连续体系,中跨跨中有一孔30m长的简支挂梁形成单悬臂加挂梁的主梁结构体系。

4. 主梁、索塔、桥墩三者互为固接——刚构体系[图2-1-17d)]

梁、塔、墩固接,主梁成为在跨内有多点弹性支承的刚构。这种体系的优点是结构刚度大,主梁和塔柱的挠度均较小,不需要大吨位支座,最适合用悬臂法施工。但刚构体系动力性能差,尤其是在窄桥时。因此,该体系用于地震区及风荷载较大的地区时,应认真进行动力分析研究。且在固接处主梁负弯矩极大,此区段内主梁截面必须加大。为了消除固接点处及墩脚处产生的温度附加弯矩,可在双塔三跨式主梁跨中设置可以允许水平位移的剪力铰或挂梁,但这样会导致行车不顺畅,且对养护不利,所以梁、塔、墩固接体系较适合于独塔双跨式斜拉桥。我国不对称布置的独塔两跨式混凝土斜拉桥——重庆石门大桥就是采用塔、梁、墩固接的刚构体系。美国达姆岬(D-P)桥采用的是中跨跨中设铰的刚构体系。

在塔墩很高的双塔三跨式斜拉桥中,若采用双薄壁柔性墩,以适应由于温度、混凝土收缩、徐变和活载等使结构产生的水平位移,形成连续刚构体系,既能保持刚构体系的优点,又能使行车平顺舒适。我国广州海印大桥就是采用了柔性墩连续刚构体系。图2-1-19为该种体系斜拉桥的示意图。

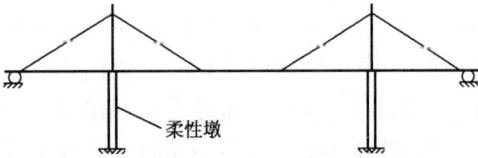

图2-1-19 柔性墩连续刚构体系

以上四种结构体系的斜拉桥都有实际桥例,由于飘浮体系具有充分的刚度,故受力比较均匀,主梁可作为等截面而简化施工,且抗风、抗震性能也较好,是现代大跨径斜拉桥使用较多的一种体系。表2-1-3是四种结构体系的比较,可供参考。

按梁、塔、墩的不同组合形成四种结构体系的斜拉桥比较 　　　　　　表2-1-3

梁、塔、墩组合关系	塔、墩固接,塔、梁分离	塔、墩固接,塔、梁分离	塔、梁固接,塔、墩分离	塔、梁、墩固接
塔、墩处主梁设支承情况	无,但必须设横向约束	有,支反力较小或设可调节高度的支座或弹簧支座	有,且需设大型支座	无
结构体系	飘浮体系	半飘浮体系	塔、梁固接体系	刚构体系
梁、塔、墩连接处截面内力	主梁内力较均匀、主梁在塔墩连接处无负弯矩峰值	主梁内力在塔墩固接支承处有负弯矩峰值	塔柱内力较小,但主要在塔梁固接处出现负弯矩峰值,比塔墩固接、塔梁分离的主梁内力大约15%	按梁、塔、墩刚度比分配内力,主梁在固接点附近内力相当大
适宜的主梁结构形式	连续体系主梁	以跨中设铰或挂梁的非连续主梁为宜	主梁跨中设铰或挂梁的非连续主梁,或连续体系主梁均可	跨中设铰或挂梁的非连续主梁,或柔性墩连续主梁

(二)按拉索的锚固体系不同而形成的三种结构体系

1. 自锚式斜拉桥

自锚式斜拉桥塔前侧的拉索分散锚固在主梁梁体上,而塔后侧的拉索除了最后边的锚固在主梁端支点处以外,其余拉索则分散锚固在边跨主梁上或将一部分拉索集中锚固在端支点附近的主梁上。自锚体系拉索的水平分力由主梁的轴力来平衡。自锚体系中,锚固在端支点处的拉索索力最大,一般需要较大的截面,并且它对控制塔顶的变位起重要作用,是最重要的一根(组)拉索,被称为端锚索或边索(背索),见图2-1-20。无论是双塔三跨式还是独塔双跨式斜拉桥,绝大多数均采用自锚体系。

2.地锚式斜拉桥

单跨式斜拉桥一般采用地锚式,这时全桥只需一个索塔。由于不存在边跨问题,故塔后拉索只能采用地锚形式,这时由拉索的水平分力引起的梁内水平轴力必须由相应的下部结构即地锚来承担。图2-1-21是一座典型的地锚式单跨斜拉桥。

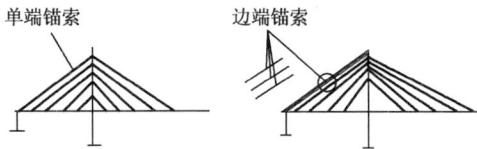

图2-1-20 自锚体系斜拉桥的端锚索

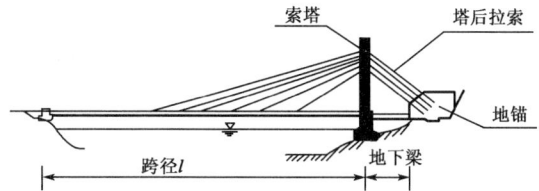

图2-1-21 地锚式斜拉桥

无论是双塔三跨式还是独塔两跨式斜拉桥,由于某种原因边跨相对于主跨很小时,可以将边跨部分拉索锚固在主梁上,而剩余部分拉索布置成地锚式。如我国主跨414m的湖北郧阳汉江桥,由于边跨与主跨之比仅为0.203,采用部分地锚式体系,塔后侧的拉索只有4根锚于极短的边跨主梁上,另21道拉索全部锚在大体积混凝土桥台(重力式平衡桥台)上。西班牙的卢纳巴里奥斯桥也采用了部分地锚式,索塔后侧的8道拉索锚固在边跨主梁上(自锚),余下的13道拉索锚在重力式大体积混凝土桥台上(地锚)。部分地锚式斜拉桥索塔两侧拉索的不平衡水平分力直接由边跨主梁传递给桥台(地锚)。

(三)锚拉体系与主梁轴力的关系

拉索作为斜拉桥主梁的弹性支承,减小了梁内弯矩,拉索索力的水平分力使主梁产生轴向力。主梁内轴向力的分布和轴力的正负号随斜拉桥拉索的锚拉体系和主梁的支承条件不同而变化。

图2-1-22是单跨地锚式斜拉桥在不同支承情况下的主梁轴力图。在图2-1-22a)中,主梁两端可活动,梁体轴力为正(受拉),而且跨中拉力大于两端拉力;在图2-1-22b)中,主梁两端固定,跨中设伸缩铰,这时轴力为负(受压),且跨中压力小于两端压力。由此看出,同是地锚式斜拉桥,由于支承条件不同,梁内轴力的正负和大小完全相反。

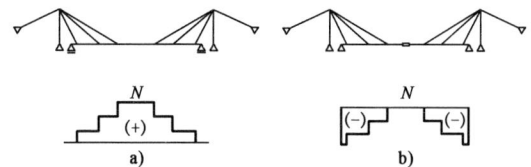

图2-1-22 单跨地锚式斜拉桥的主要轴力图

图2-1-23是三跨斜拉桥的轴力分布随支承条件的变化图。图2-1-23a)为自锚式,固定支承设在中间一个塔墩上,其余均为活动支座;图2-1-23b)为部分地锚式,桥两端设固定支座,主梁在塔墩处设伸缩铰,尾索锚固在边墩或锚固块上;图2-1-23c)也为部分地锚式,主梁全部支承在活动支座上。由图2-1-23可看出,a)和b)主梁的轴力正负和大小完全相反,c)主梁轴力有正有负,且轴力较小。所以单对上部结构而言,从经济上考虑是c)最优,b)次之,a)最差,但若将下部结构一起来考虑时,则顺序将完全倒过来。

目前国内外已建成的斜拉桥绝大部分都采用自锚体系,即如图2-1-23a)所示。除中跨跨中无索区外,主梁处于受压状态,这对抗压能力高、抗拉性能差的混凝土主梁来说,相当于施加了免费预应力,既能充分发挥高强材料的特性,又提高了梁的抗裂性,对混凝土斜拉桥是十分有利的。而地锚体系对抗拉能力较高的钢主梁较为有利,但不适合于混凝土主梁。半地锚体系主梁材料用量最省,随着跨径的增大,半地锚体系上部结构材料用量的节省,有可能抵消下部结构地锚材料的额外增加量,从而具有一定的竞争力。前面提到的主跨440m的西班牙卢纳巴里奥斯桥及我国主跨414m的郧阳汉江桥都采用了半地锚体系的混凝土斜拉桥形式。

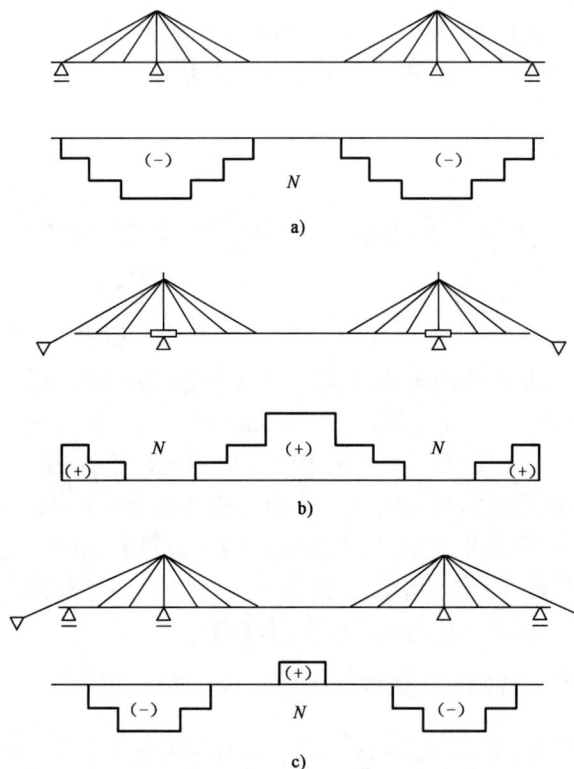

图 2-1-23 三跨斜拉桥的主梁轴力图
注:(-)压;(+)拉。

第二章
混凝土斜拉桥的构造

第一节　斜拉索的构造

　　拉索是混凝土斜拉桥的重要组成部分,必须具备抗疲劳性能、耐久性和良好的抗腐蚀性。尤其在腐蚀性环境中要选择好拉索的结构和防护形式。从构造和美学上考虑,拉索对斜拉桥都起着重要的作用。拉索施工工艺的不断进步,对斜拉桥的发展做出了重要贡献,而且拉索的造价占全桥总造价的25%～30%。因此,对斜拉索的用材、构造及防护都应予以高度重视。

　　斜拉索的构造主要由两大部分组成:锚具、钢索。钢索承受拉力,设置在钢索两端的锚具将索力传给主梁或索塔。斜拉索的索力要根据设计要求进行调整,使结构体系处于最佳工作状态。

一、钢索的种类与构造

　　目前斜拉桥所用的斜拉索均为钢索,钢索由高强度钢筋、钢丝或钢绞线外加防护套制作而成。钢索必须满足以下几个要求:组成钢索的钢丝或钢绞线要排列整齐、规则;组成的钢索断面应紧密并易于成型,使每索中的钢丝或钢绞线受力均匀;钢索的形式应便于穿过预埋管道,并易于锚固;钢索应易于防护和施工安装等。

　　我国常用的拉索体系主要有两种:一种是用热挤聚乙烯(PE)防护的平行钢丝索配以冷铸

镦头锚拉索体系;另一种是热挤聚乙烯(PE)防护的单股钢绞线组成钢绞线束,整束的外层是双层同步挤压成型的高密度聚乙烯(HDPE)防护套管,两端配有单根锚碇夹片式锚具形成群锚钢绞线拉索体系。在我国,目前大多数斜拉桥采用平行钢丝拉索,但平行钢绞线拉索的优越性已经逐渐被人们所接受,斜拉桥采用平行钢绞线拉索的比重有逐渐增大的趋势。另外,也有采用早期已建成的斜拉桥中平行钢筋索、封闭式钢缆和单股钢绞缆索等钢索形式。

几种钢索的主要类型和构造如图 2-2-1 所示。

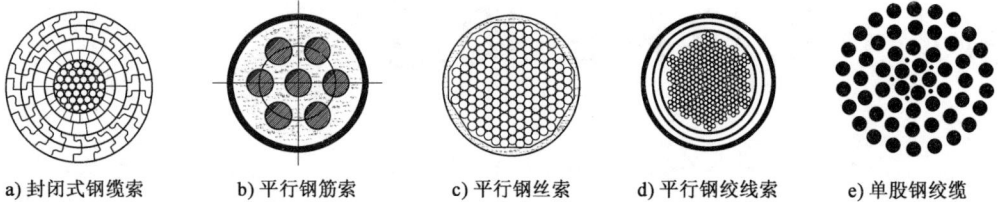

a) 封闭式钢缆索   b) 平行钢筋索   c) 平行钢丝索   d) 平行钢绞线索   e) 单股钢绞缆

图 2-2-1   斜拉索的类型和构造

1. 封闭式钢缆索

封闭式钢缆是以一根较细的单股钢绞缆为缆心,逐层绞裹断面为梯形的钢丝,接近外层时,绞裹断面为"Z"形的钢丝,相邻各层的捻向相反,最后得到一根粗大的钢缆。这种钢缆结构紧密,具有最大面积率,水分不易侵入,因此称为封闭式钢缆。封闭式钢缆使用镀锌钢丝,绞制时可以在钢丝上涂防锈脂,最外层再涂防锈涂料防护。封闭式钢缆配用热铸锚具。封闭式钢缆只能在工厂制作,盘绕后运送至现场。

目前世界上最大跨径的混凝土斜拉桥之一——主跨 530m 的挪威斯卡恩圣特桥(Skarnsundet)就采用封闭式钢缆制成的拉索。这种钢索由于制造工艺复杂,故应用的桥例并不多。

2. 平行钢筋索

平行钢筋索由若干高强钢筋平行组成,钢筋直径有 16m、26mm、32mm、38mm 等几种规格。所有钢筋在金属管道内由聚乙烯定位板固定其位置,索力调整完后,在套管内采用柔性防护。这种钢索配用夹片式群锚。平行钢筋索必须在现场架设过程中形成,操作过程复杂,而且由于钢筋的出厂长度有限(15~20m),用于大跨径斜拉桥时,钢筋接头较多,影响疲劳强度。

平行钢筋索在英国使用比较广泛,其他国家目前很少使用。

3. 平行钢丝索

钢丝索是将若干钢丝平行并拢、扎紧而成。按照钢丝的集束方式可分为平行钢丝股索(PWS)、平行钢丝索(PWC)、半平行钢丝索。钢丝采用 φ5mm 或 φ7mm 高强钢丝或高强镀锌钢丝,标准强度在 1 600MPa 以上。平行钢丝索一般配用冷铸镦头锚。

平行钢丝股索是将一定根数的镀锌钢丝平行地捆扎成股,股索的截面成六角形,所以每股的钢丝根数是一定的,为 19、37、61、91、127 等。大型的平行钢丝股索可直接单独用作拉索,大多数情况是每根拉索由多股平行钢丝股索组成。

平行钢丝索直接将钢丝平行并拢、扎紧,截面不要求是六角形,因此截面内的钢丝根数可以自由地选定。

上述两种平行钢丝索由于钢丝未经旋扭,故整索的抗拉强度和弹性模量与单根镀锌钢丝相同,没有损耗,抗疲劳性能也较好。缺点是钢索刚度较大,不易弯曲,架设困难,易引起索内的弯曲次应力。一般斜拉索在施工现场平放制作,成束后穿入聚乙烯套管或金属套管内,张拉结束后再压注水泥砂浆防护。我国早期建设的斜拉桥大部分采用这种斜拉索,由于必须现场制作,且防护效果不太好,目前已经较少使用。

为解决不能弯曲的问题,将钢丝平行并拢后同心同向进行轻度扭绞,扭绞度为 2°~4°,再用包带扎紧,最外层直接挤裹单层或双层聚乙烯索套作防护,就成为半平行钢丝索。这种索绕曲性能好,可以盘绕,具备长途运输条件,宜于工厂机械生产,质量易于保证,因此逐步取代了纯平行钢丝索。钢索扭绞后抗拉强度、弹性模量和抗疲劳性能有所降低,但扭绞度小于 4°时,损减很小。我国从 20 世纪 90 年代初开始生产成品的半平行钢丝索,最大使用索力可以达到12 000kN,近几年建造的斜拉桥几乎都使用了这种拉索。

4. 钢绞线索

钢绞线索由多股钢绞线平行或经轻度扭绞组成,其标准强度达到 1 860MPa,因此用钢绞线制作的钢索可以进一步减轻钢索的重量。钢绞线索可以平行成束,也可以扭绞一定的角度成为半平行钢绞线索。

平行钢绞线索一般在现场制作,配用夹片锚具,类似后张法预应力筋,将钢绞线逐根穿入预先安装在斜拉索位置处的套管内单根张拉,安装时起吊重量小、张拉力也小,可以采用小千斤顶张拉斜拉索,因此平行钢绞线索比较适合超长斜拉索。单根张拉钢绞线斜拉索时索力控制难度较大,有时在单根张拉形成初应力后,再用大千斤顶调整索力。由于上述原因,在小跨径斜拉桥中应用时不如半平行钢丝成品索好。我国福州的青州闽江斜拉桥(跨径 605m)即使用平行钢绞线索,采用自带 PE 包皮钢绞线穿入 PE 套筒内,张拉后套筒内灌注油脂进行多重防腐。

平行钢绞线索也可以在工厂预制好后运至工地,一般将多股钢绞线并拢后再进行一定角度的扭转使斜拉索便于盘绕,编索完成后同样在外侧挤 PE 进行保护。

5. 单股钢绞缆

单股钢绞缆以一根钢丝为缆心,逐层增加钢丝,同一层的钢丝直径相同,但逐层钢丝的扭绞方向相反,以抵抗张拉时的扭矩,最后形成一根单股钢绞缆,如图 2-2-1e)所示。

单股钢绞缆配用热铸锚。由于扭绞关系,其抗拉强度及弹性模量有所降低,截面空隙率也较大。单股钢绞缆用作斜拉桥拉索时,可采用镀锌钢丝制作,最外层应加涂防锈涂料。

单股钢绞缆只能在工厂中生产,其柔性好,可成盘运输至现场安装,但用作混凝土斜拉桥的拉索较少。

二、拉索端部的锚具

上述钢索只有在其两端配装了合适的锚具后才成为可以承受拉力的拉索,把斜拉桥桥跨结构的重力和桥上活载的绝大部分(或全部)传递到索塔上,然后由索塔传至地基。锚具必须能顺畅地将索力传给索塔和主梁。锚具是斜拉桥中极其重要的部件,它的质量和性能对整个斜拉桥结构的可靠性有着直接影响。常用的拉索锚具有热铸锚、镦头锚、冷铸锚及夹片式群锚等几种。前面三种是拉锚式锚具,可以事先装固在钢索两端。配装夹片式群锚的拉索,张拉时千斤顶直接拉钢索,张拉结束后锚具才发挥作用,所以夹片式群锚又称为拉丝式锚具。

锚具的主要构造为锚环、锚圈、锚垫板、填充固化料、防漏板及夹片等。为便于穿索、张拉,在锚具尾部须设置张拉连接器及引出杆连接等附属构造。锚具与钢索的连接头必须可靠且耐疲劳,锚具与塔柱及梁体传力关系必须顺畅。

1. 热铸锚

热铸锚构造如图 2-2-2 所示。由一个内壁为锥形的钢套筒(称为锚环)套在钢索上,然后使钢索端部的钢丝散开,在锚环中灌入熔融的低熔点合金(一般为锌铜合金),待合金凝固后就和散开的钢丝在锚环内形成一个楔形塞子。当钢索受拉时,这一塞子在锚环中越楔越紧,从而把外界拉力通过锚环传给钢索。用于张拉端的锚环,必须具有能和张拉设备相连接的内螺纹。锚头出口部分的环氧树脂可以防止金属之间的磨损腐蚀,还可缓和应力集中以及减少来自熔锌的不利影响。

热铸锚虽使用低熔点合金,但浇铸温度仍超过 400℃,对钢丝的力学性能有不利影响,故只适用于单股钢绞缆和封闭式钢缆。

2. 镦头锚

镦头锚构造如图 2-2-3 所示。钢索的每根钢丝在穿过孔板后将其末端镦粗,由于镦粗后的钢丝头已通不过板上的孔眼,故钢丝拉力就可传递到孔板上。当孔板上的孔眼数与钢索中钢丝的根数相当时,这块孔板就能锚固整根钢索。同样,用于张拉端的镦头锚须备有能和张拉设备相连接的内螺纹,如图 2-2-3 所示上半部为非张拉端(固定端),下半部为张拉端。

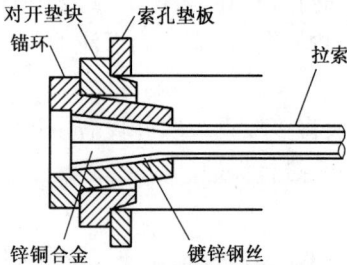

图 2-2-2　热铸锚构造

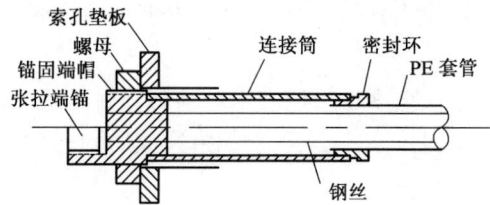

图 2-2-3　镦头锚构造

使用镦头锚时必须选用可镦性的钢丝,镦头锚适用于钢丝索,具有良好的耐疲劳强度。

3. 冷铸锚

冷铸锚是使用得较多的锚具,其构造与热铸相似,见图 2-2-4。只是在锚杯锥形腔后面增设了一块钢丝定位板,钢索中的钢丝通过锚杯后,再穿过定位板上的对应孔眼镦头就位。锚杯中的孔隙用特制的环氧混合料填充,待环氧固化后,即和锚杯中的钢丝结合成整体。环氧混合料中须加入铸钢丸,以便在混合料中形成承受荷载的构架。钢丝受拉后,由于楔形原理,铸钢丸受到锚环内壁的挤压,对索中钢丝形成啮合,使钢丝获得锚固,即冷铸锚的锚固力,由锚筒的圆锥体内腔和筒内填料的横向挤压力承受,在正常情况下墩头不受力,只是作为安全储备。

相对于 400℃ 高温下浇铸的热铸锚而言,这种锚头可在室温下浇铸,固化温度低于 180℃,故被称为冷铸锚。冷铸锚有优异的抗疲劳性能,耐疲劳应力幅度大于 200MPa,完全满足斜拉桥要求,且锚头的纵向尺寸小,可在索塔两侧或主梁侧面的较小空间内发展。冷铸锚在国外又被称为 HiAm 锚。

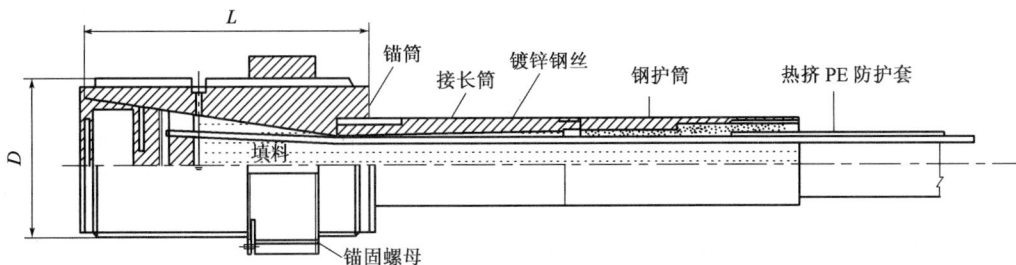

图 2-2-4 冷铸锚剖面图

4. 夹片式群锚

夹片式群锚是一种由后张法预应力体系演变来的拉索锚具形式,用于锚固钢绞线索,其构造如图 2-2-5 所示。但用作斜拉桥拉索的夹片式群锚抗疲劳性能要求高,其构造不同于一般的夹片式群锚,如钢绞线索在进入群锚的锚板前,先穿过一节钢筒,钢筒的尾端与群锚板间需有可靠的连接,待拉索的索力调整完毕后,在钢筒中注入水泥浆,这样拉索的静载由群锚承受,动载则在拉索通过钢筒时获得缓解传递,从而减轻了群锚的负担。

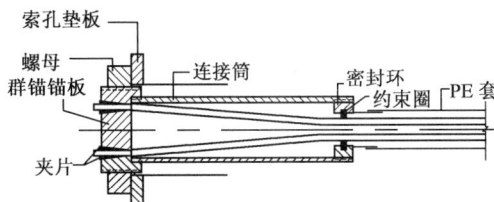

图 2-2-5 夹片式群锚构造

由后张拉预应力体系演变来的拉索锚具还有迪维达格锚、VSL 锚、弗雷西奈锚等形式。

锚具是一根拉索极为重要的部件,必须严格满足《公路斜拉桥设计细则》(JTG/T D65-01—2007)的要求。当采用新型锚具时,还必须经过耐疲劳及强度试验、锚固性能参数检验,且证明使用中不会出现滑丝、失锚现象后才能使用。

密索柔梁斜拉桥的拉索活载应力幅度很大,拉索的最关键部位是在锚头入口处,而受拉构件的疲劳强度常取决于锚头构造和浇铸材料及锚头位置上的角度变化。宜在拉索与锚具的结合部位、拉索与主梁和索塔的连接口部位设钢套管和嵌填橡胶减振材料(设置减振块),起到防水及减振作用。

三、斜拉索的应力

拉索的应力控制需要考虑三个因素,即有效弹性模量、破断强度和疲劳。

根据 Ernst 公式,拉索的等效弹性模量 E_{eg} 为:

$$E_{eg} = \frac{E}{1 + \frac{\gamma^2 l^2 E}{12\sigma^3}}$$

式中:E——拉索钢材的弹性模量;

γ——索的重度;

l——拉索的水平投影长度;

σ——拉索的应力。

若拉索的应力过低,则拉索的垂度大,索的有效模量就小,这也反映了斜拉索必须采用高强度钢材的直接原因。因而控制拉索的最小应力是十分重要的。

根据钢材的受力特性,当拉索的荷载超过破断荷载的 50% 时,钢的非弹性应变将快速增加,因而对于一般荷载组合,拉索的最大荷载只能用到它破断强度的 40%。

另外,拉索应具有足够的抗疲劳能力,即在规定的应力变幅下,拉索在承受 200 万次的荷载循环后,其强度不小于原来强度的 95%。拉索的抗疲劳能力与钢材和锚具有关,目前生产的成品拉索应力变幅为 220～250MPa。

四、斜拉索的防护

拉索都是由钢材组成,如不加防护,锈蚀将是十分惊人的。为了提高拉索的耐久性,延长拉索的使用寿命,减少养护工作,必须重视拉索的防护。在过去 50 年内,全世界修建了 300 余座斜拉桥,其中由于斜拉索的锈蚀影响,使得部分早期修建的斜拉桥结构状况损坏非常严重,尽管桥梁设计者采用了多种斜拉索的防腐办法,但许多防护方法在某种程度上是不成功的。由于斜拉索腐蚀的作用,使其使用质量均过早地衰退了。

1962 年建成的委内瑞拉著名的马拉开波桥,采用混凝土包裹的斜拉索。建成后 16 年由于斜拉索钢丝部分发生严重锈蚀而断裂,导致整根拉索突然断裂。全桥被迫全部换索。耗时两年,耗资 5 000 万美元。

1988 年建成的广州海印大桥,6 年后即发生斜拉索断裂事故,不得不又耗资 2 000 多万元全桥全部换索。

拉索的防护方法因其构造不同而不同。拉索的锈蚀主要是电化学锈蚀,因此采用的防护材料必须严格检验分析,使它不含有腐蚀钢材的成分,并要求防护层有足够的强度而不致老化和开裂,有良好的耐久性,延长使用时间。

1. 拉索索体的防护

拉索的防护方法因其构造不同可分为钢丝防护和拉索防护两个方面。

(1)钢丝的防护

钢丝的防护可以采用镀锌、镀防锈脂、涂防锈底漆等,防止钢丝在拉索施工过程中锈蚀。钢丝防护前应将表面油脂或锈迹去掉。

(2)拉索的防护

拉索防护常用的方法可归为四类:涂料保护、卷带保护、套管保护及拉索外施加塑料缠绕保护层等。对于封闭式钢缆,由于截面紧密,封闭性较好,空隙率很小,因此可以只对各组成索的钢丝镀锌,并对钢缆表面施加涂料进行防护。但对于由钢丝索组成的拉索,由于拉索空隙率大,封闭性差,故必须进行钢丝和拉索两部分防护。

国内早期建成的斜拉桥拉索防护方法主要采用拉索外多层玻璃纤维缠绕并加涂沥青或环氧树脂形成玻璃钢外壳防护,主要问题是缠绕层易老化;后来采用拉索外套钢、铝或高密度聚乙烯套管,管内压注水泥浆方法防腐,该方法的主要问题是钢索、管内填充材料、外层套管的弹性模量及膨胀系数均不同,在使用过程中造成管内填充材料、套管的破损,从而失去防腐作用。目前最常用也较有效的拉索防护方法是热挤高密度聚乙烯套管,它不仅成本低,防腐效果好,而且可以工厂化生产,在制索的同时完成拉索的防护工作。国内许多大跨径混凝土斜拉桥的拉索防护就采用这种方法,如武汉长江公路大桥拉索由 ϕ7mm 镀锌钢丝组成平行钢丝索,两端配冷铸锚,拉索防护采用 10mm 厚的高密度聚乙烯热挤索套,在制索中完成。全部拉索施工完毕后,再用缠包机在黑色聚乙烯套管外表面缠包一层带色的黏胶保护层,以加强拉索的防护体系。

PE 料的性能应符合《斜拉桥热挤聚乙烯高强钢丝拉索技术条件》(GB/T 18365—2001)的要求,其老化年限不宜低于 30 年。

近年来随着超大跨度斜拉桥的建设,斜拉索的重量越来越大,平行钢绞线斜拉索也得到越来越多的应用。目前钢绞线都做到四层防护:①钢绞线钢丝镀锌;②钢绞线涂油或石蜡;③单根钢绞线热挤 PE 护套;④整根钢绞线 HDPE 管防护,如图 2-2-6 所示。

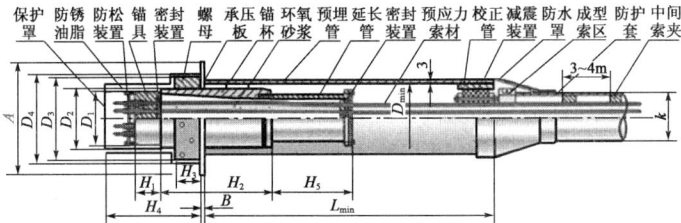

图 2-2-6　平行钢绞线拉索防护构造

2. 拉索的防撞

拉索设计必须考虑事故造成的危险,例如车辆撞击、火灾、爆炸和破坏等的防护,为此应考虑:

(1)拉索下部 2m 范围内用钢管防护,固结于桥面并和拉索管道相接。

(2)钢管的尺寸(厚度、间距)和锚固区的加强要足以抵抗火灾和破坏的危险。

(3)锚固区要予以加强,以抵抗车辆撞击。

(4)防护构件的替换不影响拉索本身,并尽可能不影响交通。

五、斜拉索的防振

随着现代材料和施工技术的发展,新一代桥梁结构往往柔性大、阻尼小,且质量轻,因此对风的敏感程度也就越来越高。尤其是大跨斜拉桥的拉索构件,极易在风的激励下产生以下几种典型的风致振动:卡门(Karman)涡激共振、尾流驰振、结冰索的驰振、风雨激振等。其中,风雨激振是目前所有拉索风致振动中最强烈的一种,它是指在风雨的共同作用下,拉索将发生的低频率、大幅度振动。虽然对这种振动产生的机理目前尚未有充分的认识,但在大体上已形成了共识,风雨振发生的必要条件为:①具有光滑的拉索表面;②风雨共同作用。

以上的振动现象,会引起拉索中应力的交替变化而造成索股疲劳,导致人们对斜拉桥的安全性产生怀疑。因此,如何有效地防止或抑制包括风雨激振在内的拉索振动现象,已成为桥梁工程师讨论的热点问题。

目前,实桥上拉索采用的防止或抑制拉索风致振动的方法有以下几种。

(1)气动控制法

气动控制法是将斜拉桥拉索原来的光滑表面做成带有螺旋凸纹、条形凸纹、V 形凹纹或圆形凹点的非光滑表面,如图 2-2-7 所示。通过提高斜拉索表面的粗糙度,使气流经过拉索时在表面边界层形成湍流,从而防止涡激共振的产生;拉索表面的凹凸纹还能阻碍下雨时拉索上、下缘迎风面水线的形成,从而防止雨振的发生。但其对塔梁在外界激励下导致索两端的支座激振(又称参数振动)无减振作用,且由于表面粗糙度的增加,会增大斜拉索对风的阻力。

(2)阻尼减振法

阻尼减振法的作用机理就是通过安装阻尼装置,提高拉索的阻尼比从而抑制拉索的振动。

它对涡激共振、尾流驰振、雨振以及由支座激励引起的拉索共振和参数振动都能起到较好的抑制作用。根据与拉索的相互关系,阻尼装置又可分为安放在套筒内的内置装置式阻尼器(图2-2-8)和附着于拉索之上的外置式阻尼器(图2-2-9)。

a) 表面凸起(Higashi-Kobe 桥) b) 表面凹坑(Tataro 桥) c) 表面缠绕螺旋线(Normandy 桥)

图 2-2-7 拉索气动措施照片

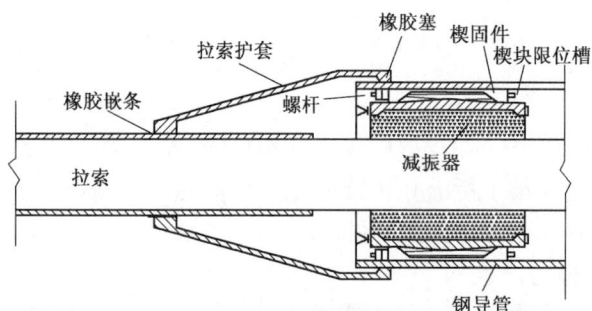

图 2-2-8 内置式阻尼器

图 2-2-9 外置式阻尼器

(3)改变拉索动力特性法

采用连接器(索夹)或辅助索将若干根索相互连接起来,辅助索可以采用直径比主要索小得多的索。其作用机理是:通过连接,将长索转换成相对较短的短索,使拉索的振动基频提高,从而抑制索的制动。这对防止低频振动十分有效,同时也能降低雨振以及单根索振动发生的概率,但对通常以高阶形式出现的涡激振动抑制作用不明显。另外,辅助索易疲劳断裂,对桥梁景观有一定影响。

法国诺曼底桥为跨越塞纳河、主跨856m的斜拉桥,就采用了这种方法,如图2-2-10所示。

图 2-2-10 诺曼底大桥辅助索

每个索面采用4道辅助索,将长索的基频提高了5倍,以避免参数振动的发生。辅助索采用4根直径15mm的钢绞线。为防止拉索振动时辅助索松弛,故对辅助索施加了一定的初张力。最长一道索的初张力为200kN,其余为150kN。

第二节 混凝土主梁构造

一、混凝土主梁的立面和横截面布置

混凝土斜拉桥的主梁受到多根拉索的支承作用,因此其受力性能不仅取决于自身的结构体系,还与索塔的刚度(因拉索两端分别与索塔和主梁相连接)、主梁与索塔的连接方法、索的刚度和索型密切相关。所以主梁的设计必须综合考虑主梁、索塔、拉索三者之间的相互关系。

(一)主梁的立面布置

1. 结构体系和布置

混凝土斜拉桥由梁、塔、索、墩四种构件的不同组合构成飘浮体系、半飘浮体系、塔梁固接体系、刚构体系四种结构体系,而此时主梁按支承方式不同分为跨内由多点弹性支承的单跨梁、连续梁、悬臂梁、T形刚构或连续刚构等。在自锚体系斜拉桥中,混凝土主梁受压;在半自锚体系(部分地锚式)中主梁主要受压;对于密索自锚式斜拉桥,混凝土主梁是以受压为主的受弯构件。

主梁采用何种结构体系和布置应根据桥位处地质、地形条件、支座吨位、施工方法、行车平顺性、抗风、抗震等因素综合分析后确定,并应结合拉索、索塔在内的整个结构体系用综合观点来考虑。在相同的条件下,由于主梁结构体系和支承条件不同,使主梁内力和变形也随之变化。图2-2-11为一座主跨330m、两边跨为135m的混凝土斜拉桥,用相同的结构尺寸,但分别采用飘浮体系、半飘浮体系、塔梁固接体系、刚构体系时的主梁弯矩、挠度和轴力图,供设计分析时参考。

2. 主梁的边跨和主跨比

主梁的边跨和主跨比值在第一章已较详细地介绍过,表2-1-2和表2-1-3列出了国内外已有混凝土斜拉桥的边跨与主跨比的统计资料。一般来说,对于独塔双跨式斜拉桥,边跨与主跨比可取0.5~1.0;对于双塔三跨式斜拉桥,边跨与主跨比值可取0.25~0.5,从经济性考虑,宜取0.4。

(1)主梁端部处理

对于主梁边跨与主跨比值小于0.5的双塔三跨式斜拉桥,为使索塔两侧的主梁断面尽可能地保持一致,以便于对称平衡施工,宜将背索集中锚固在局部加厚的端部主梁上,如图2-2-12所示。为确保安全,在边跨端横梁上压重,并将邻孔引桥搁置在边跨端部牛腿上作为平衡重,以抵消主梁端支点负反力,这种处理十分必要,并可使拉力支座仅作为意外情况下的保险措施。

(2)主梁高度沿跨长的变化

现代混凝土斜拉桥由于采用密索布置及扁平的横断面形式,主梁由受弯为主转变为受轴向力为主,并且借助于拉索的预拉力对混凝土主梁内力进行调整,使结构的最终内力状态达到预期的理想状态。

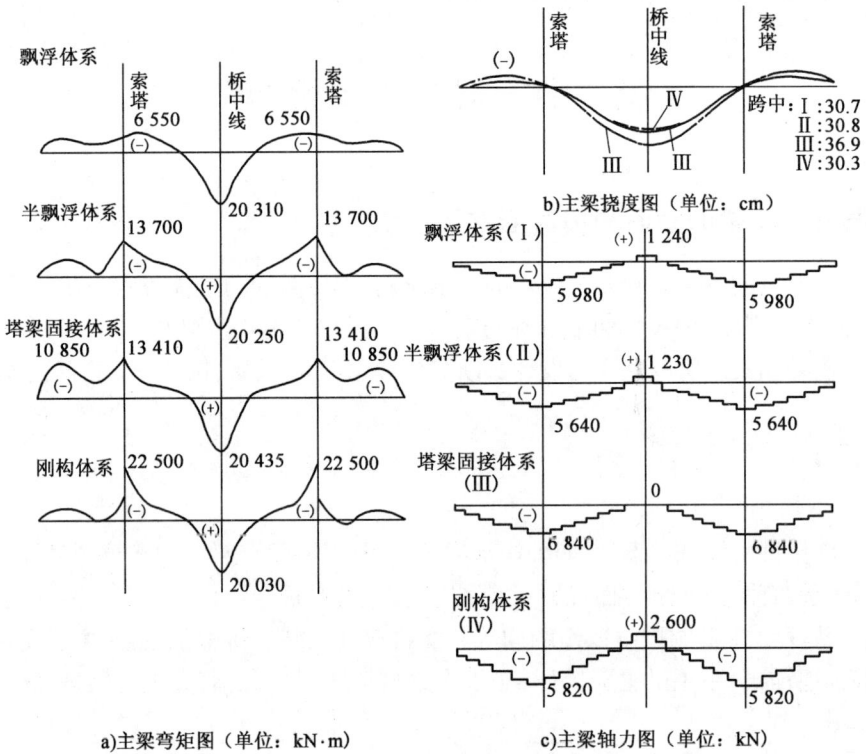

a)主梁弯矩图(单位:kN·m)　　　c)主梁轴力图(单位:kN)

图 2-2-11　四种体系主梁的弯矩、挠度和轴力图

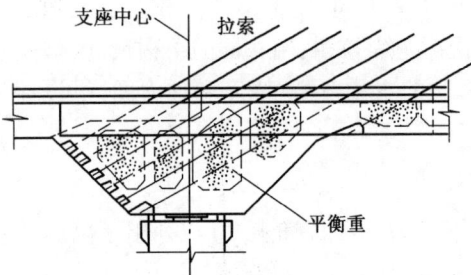

图 2-2-12　主梁端部构造图

图 2-2-13 是三跨刚性支承连续梁和斜拉桥主梁恒载弯矩对比示意图。由图看出,由于拉索的弹性支承作用,斜拉桥主梁的恒载弯矩显著减小。

一般来说,斜拉桥的主梁高度不像其他体系桥梁梁高随跨径正比例增大,而与索塔刚度、索距、索型、拉索刚度、主梁的结构体系及截面形式等密切相关,特别是与索距大小有直接关系。对于密索体系且索距沿纵向等距布置时,通常主梁可做成等高度形式以简化施工,在城市大跨径立交桥中更显出结构轻巧、主梁纤细美观的特点。

由图 2-2-13 可知,通过拉索来调整主梁各截面的弯矩,使最大值接近相等,从理论上讲,抗弯所需的主梁高度可以沿纵向不变。对于大跨径混凝土斜拉桥来说,恒载内力所占比重较大,所以国内外大跨径混凝土斜拉桥绝大多数采用等高度主梁形式,只有极少数混凝土斜拉桥的主梁在索塔处梁高逐渐变大,以适应受力和构造上的要求。如利比亚的瓦迪库夫桥梁高在索塔处由 3.5m 增大到 7m。瑞士的布里特甘特尔桥及意大利的罗马马利亚纳桥的主梁在邻近索塔处也是变高度的。

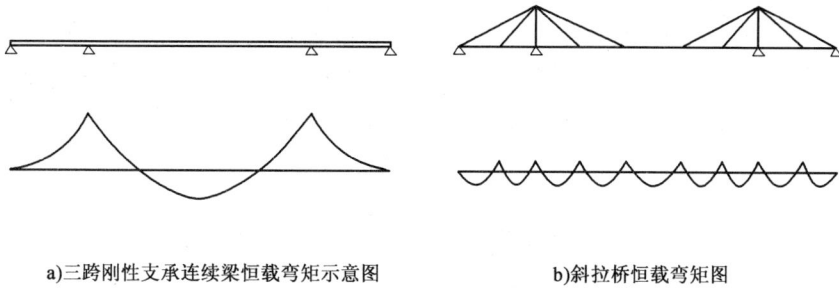

a)三跨刚性支承连续梁恒载弯矩示意图　　　　b)斜拉桥恒载弯矩图

图 2-2-13　三跨刚性支承连续梁与斜拉桥主梁的恒载弯矩对比示意图

(二)横截面布置

1. 主梁横截面形式

混凝土斜拉桥主梁截面形式的选择,除一般桥梁必须考虑的因素外,还应充分考虑抗风稳定性,特别是大跨径斜拉桥的风振问题。同时要考虑扭矩的传递、主梁对拉索索力的传递问题。主梁的截面形式要方便拉索的张拉和锚固,所以应根据拉索的布置及施工方法综合考虑,正确选择主梁截面形式。

混凝土主梁常用的截面形式有以下几种,各种截面特点见表 2-2-1。

各种截面主梁对比　　　　　　　　　　表 2-2-1

名　　称	特　　点	适 用 范 围
板式截面	构造最简单,抗风性能也好,抗扭能力较小,截面效率低	双索面斜拉桥
双主梁截面	施工方便。采用悬臂法施工时,为了减轻挂篮负荷,可将两个边主梁先行浇筑,然后在挂索后再浇筑横梁,最后再浇筑桥面板混凝土,使形成整体,共同受力	双索面斜拉桥
半封闭式双主梁	抗风性能良好,中部无底板,可减轻结构自重	双索面斜拉桥
单箱单室截面	采用斜腹板,可以改善抗风性能,又可以减少墩台宽度,且箱形截面的抗扭刚度大	单索面斜拉桥
单箱双室截面	在上述单箱的基础上增加了一道腹板,虽然增加了自重,但可减少桥面板计算跨径	单索面或双索面斜拉桥
单箱三室截面	桥面全宽可达 30～35m,但在悬臂施工时,可将截面分为三段,先施工中间箱,待挂完拉索,再完成两边边箱施工,成"品"形前进,将截面构成整体	单索面斜拉桥
三室箱形截面	中腹板间距虽小,却有利于传力,边腹板有倾角,对抗风有利	单索面斜拉桥
三角形箱形截面	三角形对抗风最有利	双索面或单索面斜拉桥

图 2-2-14 为实体双主梁截面,适用于双索面体系的混凝土主梁截面。两个分离的主梁之间由混凝土桥面板及横梁连接,拉索可直接锚固在主梁中心处,也可以锚在伸臂横梁的端部。这是一种较简单的混凝土主梁截面形式,也是近年来采用得较多的一种主梁截面形式。我国主跨 444m 的重庆长江二桥混凝土主梁就采用这种实体双主梁截面。

图 2-2-15 为板式边主梁截面形式,边主梁梁高相对于桥宽很小,两主梁之间的连接横梁

底部与主梁齐平,形成底部挖有一个个空槽的板式梁底。低高度边主梁的截面带有风嘴尖角,以适应大跨径斜拉桥的抗风要求。拉索直接锚固在边主梁的下面,以不致削弱原来就较小的主梁截面。横梁间距一般取拉索索距的一半,为 5 ~ 6m。主跨为 425m 的挪威海尔格兰特桥,混凝土主梁就是这种截面形式,梁高仅 1.2m,主梁的高跨比为 1.2/425 = 1/354。

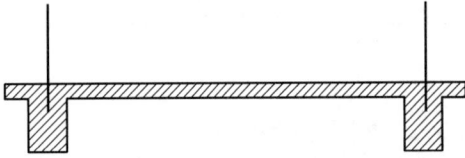

图 2-2-14 实体双主梁截面

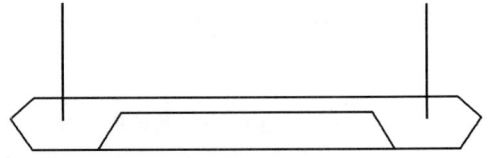

图 2-2-15 板式边主梁截面

图 2-2-16 为分离的双箱截面形式。图 2-2-16a) 为带有竖腹板的矩形箱形截面,箱梁用于承重及锚固拉索,箱梁之间设桥面系。这种截面形式的最大优点是采用悬臂施工较方便。我国上海洌港大桥主梁就采用如图 2-2-16a) 所示的分离双箱截面。但由于斜拉桥主梁截面尺寸较小,采用挖空的箱形截面节省的混凝土数量不多,而引起内模板、横隔梁钢筋布置、拉索锚固等趋于复杂,并增加施工困难和费用,所以近年来已较少采用,特别是在抗风要求高的大跨径斜拉桥中,由分离双箱截面逐步向实体双主梁截面发展,或外侧为斜腹板、内侧为竖腹板的倒梯形箱形截面[图 2-2-16b)]和三角形箱形截面[图 2-2-16c)]发展,两箱之间为整体桥面板,横截面外侧做成风嘴状以减少迎风阻力,端部加厚以锚固拉索。这种主梁截面形式有良好的抗风性能,特别适用于风荷载较大的双索面密索体系斜拉桥,如美国主跨 299m 的 P-K 桥和我国主跨 260m 的天津永和桥都采用三角形箱形截面主梁,主梁高度分别为 2.13m 和 2.0m。

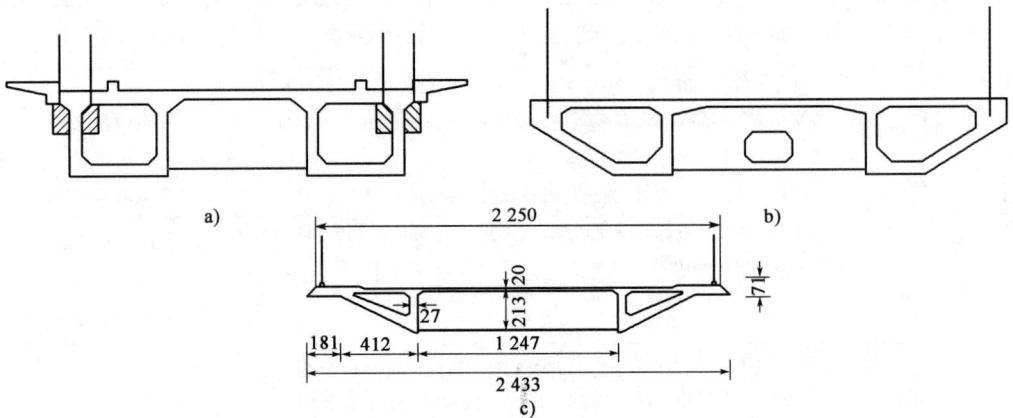

图 2-2-16 分离的双箱截面(尺寸单位:cm)

图 2-2-17 为整体箱形截面,具有较大的抗弯及抗扭刚度,既适用于双索面体系,也适用于单索面斜拉桥,但用于双索面桥与单索面桥时箱形截面应有所不同,如单箱三室截面用在双索面桥时应将两个中间竖腹板尽量拉开,使中室大于边室,以获得较大的截面横向惯性矩,如图 2-2-17b)、图 2-2-17c) 所示截面适用于双索面桥。而单箱三室截面用在单索面桥时,应将中间两个竖腹板尽量靠拢,这样才便于将拉索锚固在较窄的中室内,如图 2-2-17d) 所示截面。

图 2-2-17a) 这种单室箱截面,是一种单索面混凝土斜拉桥采用的典型主梁截面形式,箱室内部设置一组人字形加劲斜杆,以传递单索面的索力。一般加劲斜杆的纵向间距为拉索索距的一

半。桥面中央设置索面保护带,正好用作上下行车道的分隔带。倾斜的腹板虽然施工困难,但抗风性能好,外形美观,并可减少下部结构宽度。主跨320m的法国伯劳东纳桥及主跨365.8m的美国日照高架桥均采用这种形式的混凝土主梁。它已成为单索面混凝土斜拉桥的标准主梁截面形式之一。图2-2-17c)是诺曼底大桥混凝土主梁部分采用的倒梯形单箱三室截面。

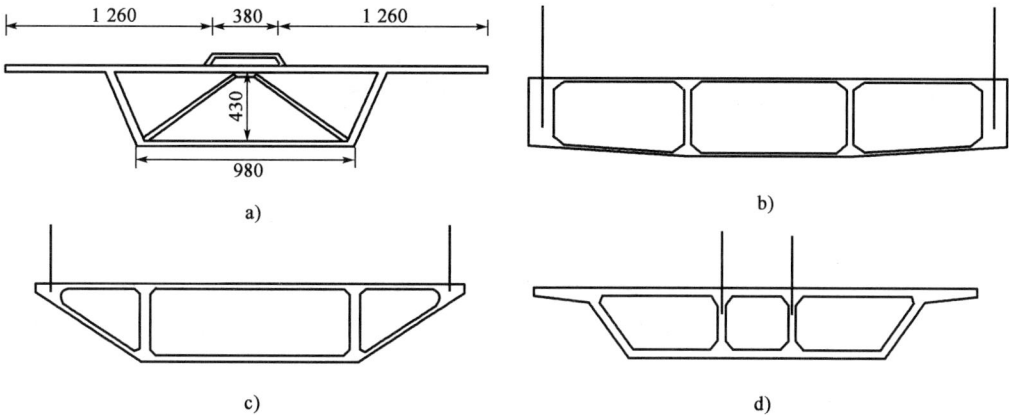

图2-2-17 整体式箱形截面(尺寸单位:cm)

图2-2-18是板式梁截面形式,其构造简单,梁高小,施工方便且抗风性能好,适用于双索面密索体系斜拉桥主梁。板式梁截面是混凝土斜拉桥中梁体最纤细的一种,也是近年来混凝土斜拉桥发展的新动态之一。用于跨径200m以内、桥宽15~20m的混凝土斜拉桥板式梁梁高可仅用50~60cm。主跨为215m的希腊埃弗里布斯(Evripos)桥采用的板式梁截面高仅为45cm,其高跨比达0.45/215 = 1/478。

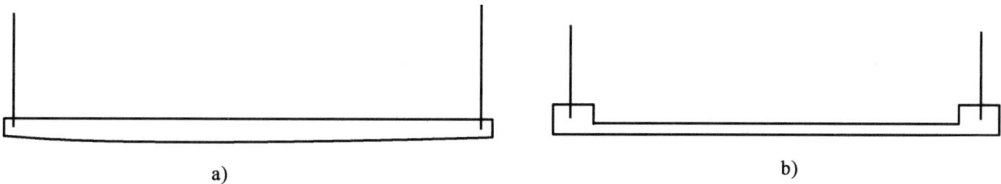

图2-2-18 板式梁截面

图2-2-19是三角形双室箱形截面。目前世界上跨径最大的混凝土斜拉桥,主跨530m的挪威斯卡恩圣特桥就采用这种主梁截面,桥宽仅13m,主梁跨宽比为40.8,已突破40,是已有斜拉桥的最大值。这种三角形双室箱梁截面不仅抗弯、抗扭刚度大,并且对抗风特别有利,既适用于双索面体系,还能适用于单索面体系。当用于单索面斜拉桥时,每道拉索的左右两股钢索在中间竖腹板的两旁通过箱室锚固在箱梁底下,在拉索锚固点处应设承重横隔梁,通过横梁将箱梁上的荷载以简支梁(双索面时)或双向伸臂梁(单索面时)的形式传递到拉索上去。三角形承重横梁分布与梁高变化是相匹配的,所以在力学上也是很合理的。

2. 横断面布置

上面叙述了混凝土主梁常用的截面形式。在设计混凝土斜拉桥时,究竟选用哪一种主梁截面形式,如何布置,应综合考虑拉索布置、主梁对斜拉桥索力的传递、扭矩传递、施工方法和抗风稳定性等因素确定。由于大量的风动试验结果表明,混凝土斜拉桥具有相当大的系统阻尼,一般抗风稳定性不控制设计,所以索面布置及施工方法是确定横截面布置的主要因素。

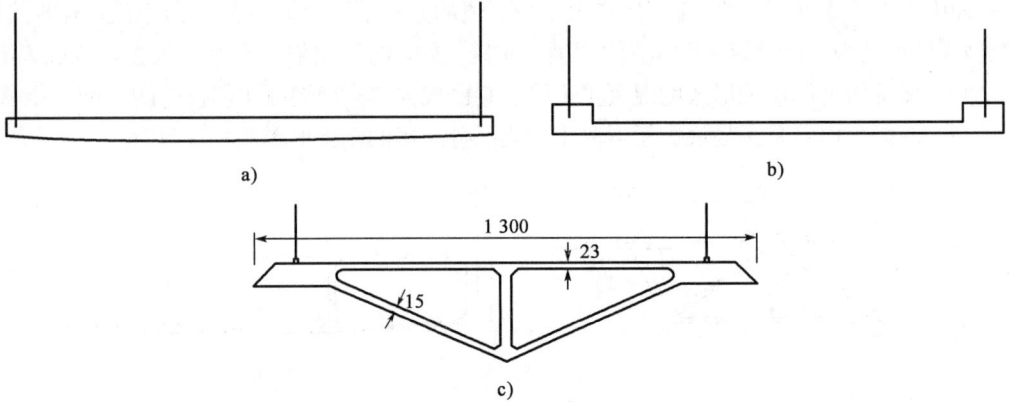

图 2-2-19　三角形双室箱形截面(尺寸单位:cm)

单索面布置大多采用整体箱梁,而双索面布置大多采用图 2-2-14 ~ 图 2-2-16 等形式。索面布置在人行道以内可减少横梁跨径,但索面必须设有防撞措施。而双索面布置在人行道以外,则抗扭刚度大。选择何种布置应根据桥宽、梁高及主梁截面形式等具体情况而定。

二、主梁主要尺寸拟定

在确定了主梁截面形式及横截面布置、主梁高度沿跨长的变化规律后,主要尺寸的拟定就是确定梁高及主梁截面尺寸、横梁尺寸及桥面板尺寸、拉索锚固点局部构造要求等,主梁主要尺寸的拟定一般按下面的步骤进行。

1. 确定主梁高度

前面已经叙述过,混凝土斜拉桥的主梁高度除极少数在索塔附近梁高变化外,通常都采用等高度梁。即使跨径和荷载相同,但由于主梁结构体系、截面形式和索距不同,混凝土主梁的梁高变化仍很大。而梁高与拉索的索距有直接关系。根据国内外混凝土斜拉桥的统计资料(表 2-2-2 及表 2-2-3),无论是独塔双跨式还是双塔三跨式,对于密索体系,梁高与主跨 l_2 的比值可取1/200 ~ 1/50。因此,必须根据设计条件进行试算,从力学和经济的角度决定适宜的梁高。

不同的主梁截面形式,梁高的取值会有所不同。如选用实体双主梁截面,且取主梁高度大于或等于横梁高,则主梁高度将取决于横向弯矩的大小,即主梁高度与桥宽和横向索距密切相关。所以,当桥面很宽,按横向弯矩要求的横梁高度很大时,也可采用两侧矮中间高的鱼腹式横梁,以降低主梁的高度(主梁高度低于横梁跨中高度)。

从提高主梁横向抗风稳定性考虑,主梁全宽 B 与主梁高度 h 比值宜大于等于8。

2. 主梁横截面全宽 B(梁宽 B)

主梁横截面全宽 B 取决于行车道与人行道宽度、拉索的布置、横截面布置及抗风稳定性等因素。从提高斜拉桥结构的抗风稳定性考虑,梁宽 B 和主跨 l_2 比值宜大于等于1/30,与梁高 h 比值宜大于等于8。

3. 确定横梁、桥面板、主梁截面各细部尺寸

一般可以根据桥面局部荷载按常规方法确定横梁和桥面板的尺寸。由主梁所承受的轴向力及构造要求确定主梁截面积大小,进而确定主梁截面各细部尺寸。

国内混凝土斜拉桥有关资料

表 2-2-2

桥 名	主跨 l_2 (m)	主梁宽 B(m)	结构体系	主梁截面形式	主梁高 h(m)	h/l_2	B/h	l_2/B	梁上标准索距(m)
辽宁长兴岛大桥	176	10	半飘浮(连续)	单箱三室	1.75	1/100	5.7	17.6	6.0
上海沥港大桥	200	12.5	塔、梁固接(带挂梁)	分离双箱	2.20	1/91	5.7	16.0	6.5
长沙湘江北大桥	210	30.1	双薄壁墩连续刚构	单箱三室	3.40	1/62	8.9	7.0	6.2
山东济南黄河大桥	220	19.5	飘浮(连续)	双倒梯形箱	2.75	1/80	7.1	11.3	8.0
天津永和桥	260	13.6	飘浮(连续)	双三角箱	2.00	1/130	6.8	19.1	11.6
广东西樵大桥	125	20.42	刚构	双实箱主梁	2.08	1/60	9.8	6.1	8.0
广东江口大桥	160	18.9	刚构	单箱四室	2.50	1/64	7.6	8.5	8.0
重庆石门大桥	230	25.5	刚构	单箱三室	4.00	1/58	6.4	9.0	7.5
安徽蚌埠淮河大桥	224	21.1	飘浮(连续)	双三角箱	2.50	1/90	8.4	10.6	8.0
四川犍为大桥	240	14.1	刚构(跨中铰)	单箱三室	2.40	1/100	5.9	17.0	8.0
鄱阳汉江桥	414	15.6	刚构(跨中铰)	单箱三室	2.00	1/207	7.8	26.5	8.0
武汉长江公路桥	400	29.4	飘浮(连续)	双倒梯形箱	3.00	1/133	9.8	13.6	8.0
重庆长江二桥	444	24	飘浮(连续)	双实箱主梁	2.50	1/178	9.6	18.5	9.0
安徽铜陵长江大桥	432	23	飘浮(连续)	板式边主梁	2.00	1/216	11.5	18.8	8.0
涪陵长江大桥	330	22.1	飘浮(连续)	板式边主梁	2.30	1/143	9.6	14.9	6.0
广东海印大桥	175	35	连续刚构	单箱3室	3.0	1/58	11.7	5.0	5.0
广东淇澳大桥	320	33	塔、梁、墩固结	单箱3室	3.49	1/92	9.5	9.7	6.1
海口世纪大桥	340	30.4	半飘浮体系	板式边主梁	2.5	1/188	12.2	11.2	6.0
武汉江汉四桥	232	23.5	塔、梁、墩固结	单箱3室	2.2	1/155	10.7	9.9	8.0
广东番禺大桥	380	37.7	飘浮体系	板式边主梁	2.2	1/172	17.1	10.1	6.0
重庆大佛寺大桥	450	30.6	连续体系	板式边主梁	2.7	1/167	11.3	14.7	8.1
湖北荆州长江大桥	500	26.5	飘浮体系	板式边主梁	2.4	1/208	11.0	18.9	8.0
长寿长江大桥	460	23.4	飘浮体系	板式边主梁	2.7	1/70	8.7	19.7	8.0
奉节长江大桥	460	20.5	半飘浮	板式边主梁	2.5	1/184	8.2	22.4	7.85
彭溪河大桥	316	27.4	飘浮体系	倒梯形主梁	3	1/105	9.1	11.5	6.0

表 2-2-3

国外混凝土斜拉桥有关资料

桥　名	主跨 l_2 (m)	主梁宽 B (m)	结构体系	主梁截面形式	主梁高 h (m)	h/l_2	B/h	l_2/B	附　注
委内瑞拉马拉开波桥	235	17.4	刚构(带挂梁)	单箱三室	5.0	1/47	3.5	13.5	双索面
利比亚威德库尔桥	282	13.0	刚构(带挂梁)	单室箱	3.5~7.0	1/80~1/40	3.7~1.9	21.7	双索面
阿根廷科林特斯桥	245	14.5	刚构(带挂梁)	分离双箱	3.5	1/70	4.1	16.9	双索面
荷兰塔伊尔桥	267	31.5	刚构(带挂梁)	分离双箱	3.5	1/76	9.0	8.5	双索面
法国伯劳东纳桥	320	19.2	塔梁固接(连续)	单室箱	3.8	1/84	5.1	16.7	单索面
美国 P-K 桥	299	24.3	飘浮(连续)	双三角箱	2.1	1/140	11.6	12.3	双索面
西班牙卢纳桥	440	22.5	刚构(跨中铰)	单箱三室	2.5	1/176	9.0	19.6	双索面
阿根廷巴拉那桥	330	17.4	塔、梁固接(连续)	单箱三室	2.9	1/113	6.0	19.0	双索面
美国东亭丁顿桥	274.3	12.2	飘浮(连续)	板式边梁	1.5	1/180	8.1	22.5	双索面
美国日照高架桥	365.8	29.0	刚构(连续)	单室箱	4.3	1/865	6.7	12.6	单索面
美国达姆岬桥	396.3	32.2	刚构(跨中铰)	双实体主梁	1.55~1.88	1/256~1/211	20.8~17.1	12.3	双索面
法国戈龙河桥	400	23.1	塔梁固接	单室箱	3.5	1/115	6.6	17.3	单索面
挪威埃尔格兰桥	425	12.0	塔梁固接	板式边梁	1.2	1/354	10.0	35.4	双索面
挪威斯卡恩圣特桥	530	13.0	飘浮(连续)	三角形双室箱	2.2	1/247	5.9	40.8	双索面

作用于主梁上的轴向力 N 的大小,主要由恒载引起,它可近似地按下式计算:

$$N = - \sum F\cos\alpha = - \sum \frac{ga}{\sin\alpha}\cos\alpha$$

式中:F——拉索的拉力(kN);

g——主梁每延米重力(10^{-2}kN/m);

a——拉索在主梁上锚固点之间的水平距离(m);

α——拉索的水平倾角。

4. 截面调试

(1)初步拟定的截面尺寸是否满足强度、刚度及稳定性要求,可以根据《公路斜拉桥设计细则》(JTG/T D65-01—2007)有关规定,编制程序利用计算机进行试算和调整,直至满足各项要求。图 2-2-20 示出了用于上海泖港大桥主梁截面调试的电算程序框图,供参考。

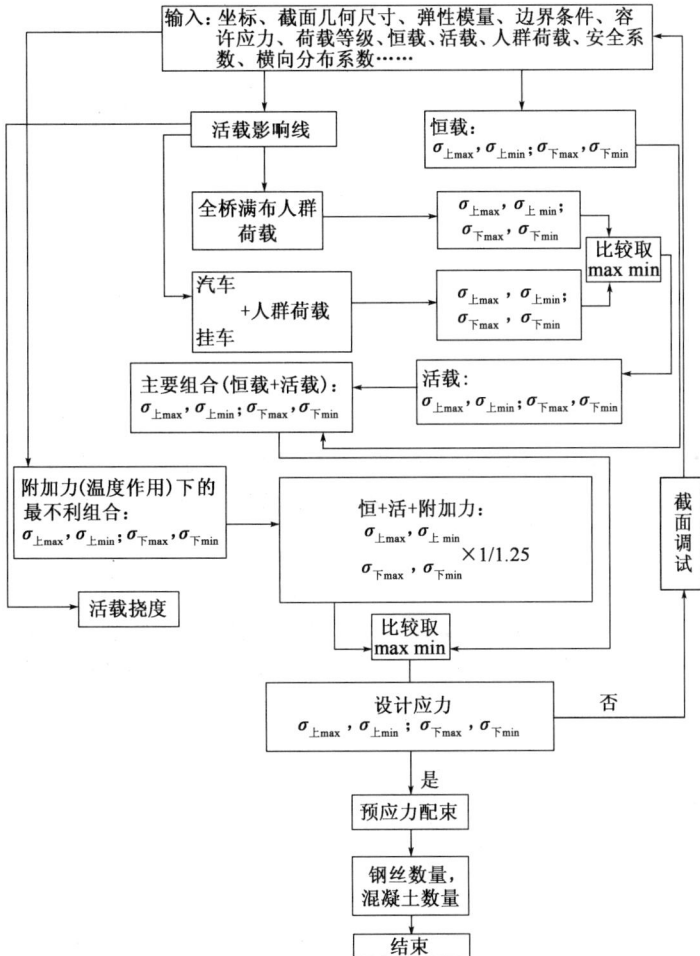

图 2-2-20 主梁截面调试的电算程序框图

(2)由验算主梁的抗扭刚度来确定梁高及主梁细部尺寸。

单索面布置的主梁高度应按抗扭刚度来确定。不同的索面布置及主梁截面形式,对扭矩(偏心力作用产生)的传递情况是不相同的。

图 2-2-21a)表示双索面有抗扭刚度的主梁体系,偏心力 P 产生的扭矩 Pe 一部分由主梁承受,一部分由拉索系统承受。由于主梁抗扭刚度的影响,使 P 力分布比较均匀。

图 2-2-21b)表示双索面但无抗扭刚度的主梁体系,偏心力 P 直接按杠杆原理分配给两个索面,梁中不产生扭矩,但 P 的分配在两个索面不如图 2-2-21a)均匀。

图 2-2-21c)表示单索面有抗扭刚度的主梁体系,活载 P 引起的扭矩 Pe 及横向风荷载引起的扭矩全部必须由主梁单独承受,这就是单索面斜拉桥采用抗扭刚度大的整体箱形截面主梁的主要原因。箱形主梁的主要尺寸往往由所需的抗扭刚度来确定。首先初步拟定箱形截面各尺寸,根据主梁扭矩计算各部件(箱形截面顶板、底板及腹板)的扭转剪应力,并与整体截面调试中由恒载、活载等产生的剪应力相叠加,计算出主拉应力,如不满足《公路斜拉桥设计细则》(JTG/T D65-01—2007)的要求,则需修改主梁截面尺寸,重复上述步骤进行调试,直到满足设计规范要求为止。

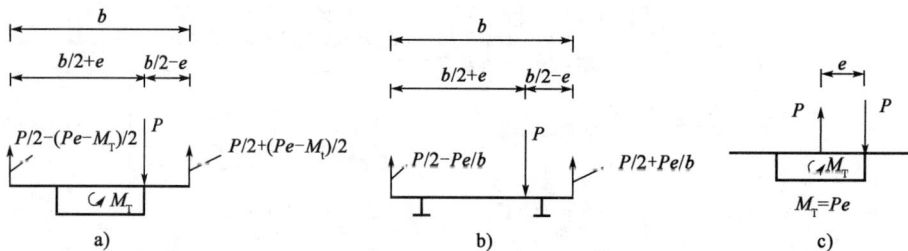

图 2-2-21　不同索面布置及主梁抗扭刚度的扭矩传递情况

三、钢束的布置

混凝土斜拉桥的主梁,无论拉索是稀索布置主梁以受弯为主,还是多索密索布置主梁以受轴向力为主,也无论主梁的结构体系是单跨梁、连续梁、悬臂梁,还是 T 形刚构或连续刚构,混凝土主梁都是一个既受轴向力又受弯受剪的构件,主梁除了设置一定数量的非预应力钢筋外,还需配置各种受力的预应力束筋。

混凝土主梁中非预应力钢筋及各种预应力束筋的配筋计算与其他混凝土梁式构件相同,但需根据斜拉桥主梁不同阶段的受力及不同部位受力的需要来配置,并符合《公路钢筋混凝土及预应力混凝土桥涵设计规范》(JTG 3362—2018)的要求。拉索与主梁的连接段(锚固区)应力状态复杂,除了取锚固点前后各半个索距的梁段用有限元法分析求解外,钢筋(束)的配置上也应予以加强。

主梁中各种钢筋(束)的布置应结合主梁结构体系、受力情况、主梁截面形式及施工方法等进行。下面主要介绍主梁中预应力束筋的布置。

1. 纵向预应力束筋布置

沿桥轴方向布置的纵向预应力束筋,可根据主梁的应力包络图配置,但由于拉索水平分力对主梁产生的轴向压力作用(自锚体系及部分地锚式斜拉桥),故纵向预应力束筋不必沿主梁通长布置而采用分段配置的方法。如在双塔三跨式混凝土斜拉桥的中跨跨中附近及边跨端部等区段,由于拉索水平分力对主梁产生的轴向压力逐渐减少[图 2-1-23a)、c)],当其不能抵消由弯矩产生的拉应力时,需配置纵向预应力束筋来承受此项拉应力,即在中跨跨中部分及边跨后锚索区段等部位纵向预应力束筋布置较多。

纵向预应力束筋沿横向的布置,对于主梁为板式梁截面形式,可沿板宽布置,中间稀,靠板两侧布置得密一些;对于实体双主梁截面,抵抗正弯矩的下缘预应力束筋可布置在主梁内,抵抗负弯矩的上缘预应力束筋可布置在主梁上缘和桥面板内;对于箱形截面,因抗弯刚度大,截面内正、负弯矩也大,需配置较多的纵向预应力束筋,可分别布置在箱梁底板或顶板内。

2. 其他预应力束筋的布置

在拉索锚固区及横隔梁设置处,有较大的局部应力,为抵抗此项局部应力,需配置横向或竖向预应力束筋。特别是在边跨端部拉索布置较集中区段,为克服拉索的横向张力,须设置横向及竖向预应力束筋。

对于较宽的斜拉桥,由于桥面板或横梁受力需要,有时必须设置横向预应力束筋。

对于单索面布置的箱形截面主梁,为了防止截面开裂而降低抗扭刚度,宜配置纵向、横向、竖向三向预应力束筋。

3. 混凝土主梁内预应力束筋布置示例

武汉长江公路大桥是一座双塔三跨式混凝土斜拉桥,跨径布置为180m + 400m + 180m,飘浮体系,双索面密索布置,主梁采用双分离梯形箱,梁高在路冠处(桥轴线处)为3.0m,双向按1.5%横坡降至两侧主梁高为2.78m,施工采用悬臂浇筑法,主梁横截面布置如图2-2-22所示。

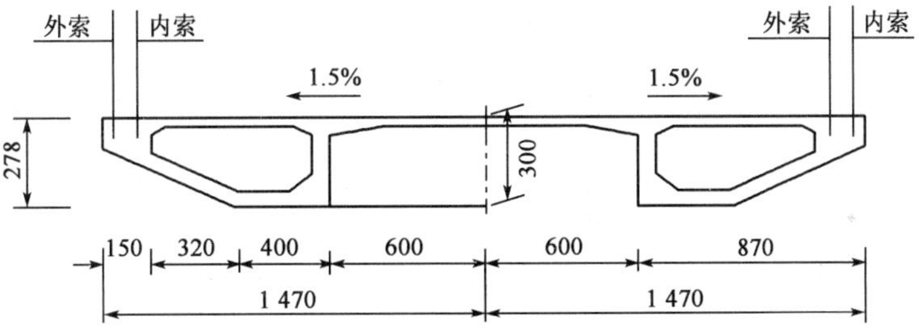

图2-2-22 武汉长江公路大桥混凝土主梁(尺寸单位:cm)

混凝土主梁中根据不同受力阶段及主梁不同部位配置了四种预应力束筋。

第一种:施工临时用纵向预应力粗钢筋。

为满足施工过程中主梁应力控制的需要,梁体内配置了78根ϕ32mm冷拉Ⅳ级粗钢筋,上缘62根,下缘16根。粗钢筋的张拉锚固及连接接头错开布置。每一节段只安排张拉其中一半,另一半在下一节段张拉,随着主梁悬臂施工,纵向预应力粗钢筋不断接长,待全桥合龙后,中跨跨中15~24号节段及边跨端部15~20号节段范围内粗钢筋的预应力作为永久预应力束筋使用,而索塔下至14号节段范围内,粗钢筋的预应力予以释放,以使该范围内主梁梁体在运营阶段压应力不超过允许值,因为该段主梁受到拉索索力的水平分力产生的轴向压力较大。预应力释放后的粗钢筋,在其管道内压浆并作为普通钢筋使用。

第二种:纵向预应力合龙束。

纵向预应力合龙束是为了满足主梁在运营阶段应力需要而配置的。根据应力要求不必通长布置,最长合龙束近150m。合龙束采用7-7ϕ5mm钢绞线,边跨上缘60束,下缘10束,布置在边跨端部合龙段;中跨上缘32束,下缘58束,布置在中跨跨中合龙段附近。

第三种:横向预应力束筋。

主梁横向全宽29.4m,为了抵抗较大的横向正弯矩配置了横向预应力束筋。主横梁中的横向预应力束筋还可抵抗拉索水平分力产生的横向张力。根据受力分析,主横梁和副横梁的内力相差不大,因此两种横梁采用相同的配束。横向预应力束筋采用12－7φ5mm钢绞线,每道横梁配置4束,是由悬浇时的各种施工荷载控制设计的。

第四种:斜腹板预应力粗钢筋

双倒梯形主梁的斜腹板,采用32mm的冷拉粗钢筋,无黏结体系。布置在拉索锚固块附近的斜腹板内,以抵抗拉索的垂直分力。

4. 预应力度

混凝土主梁预应力束筋的配置可以根据主梁受力情况、经济性原则及施工方法等因素采用不同的预应力度。

(1)对于单索面箱形截面主梁,为了防止混凝土开裂降低抗扭刚度而造成的不利影响,宜采用全预应力结构,或在主要组合作用下为全预应力结构,而在附加组合作用下混凝土允许出现少许拉应力,但不开裂,即将预应力度控制在A类区域。这样可加大预应力束筋的索界范围,不仅可以更合理地布置预应力束筋,还可降低束筋用量,提高主梁混凝土的延性。国内几座单索面斜拉桥都采用这种方法处理混凝土主梁的预应力体系。

(2)双索面布置的斜拉桥,一般主梁采用实体双主梁或双分离箱梁。由于在双主梁下缘布置正弯矩预应力束筋的位置有限,同时偏心荷载产生的扭矩基本上是由两索面承受,因此即使主梁出现允许范围内的裂缝,也不影响结构使用,所以可以采用部分预应力结构。

(3)预应力度与施工方法的关系。

如果主梁采用悬臂拼装法施工,因一般无纵向钢筋贯通接缝,故需要较高的预应力度;而如果主梁采用悬臂浇筑法施工,由于分段接缝处有搭接的纵向预应力钢筋,提高了极限状态下的安全度,并有助于克服意外情况下出现的裂缝,此时预应力度可适当降低。采用悬臂浇筑法施工的武汉长江公路大桥及吉林市临江门大桥,混凝土主梁均按部分预应力A类构件设计。

第三节　钢—混凝土结合梁构造

结合梁斜拉桥又称叠合梁斜拉桥。这种斜拉桥的主梁是由钢和混凝土两种材料组成。钢主梁、钢横梁及钢纵梁等组成钢梁桥,与混凝土桥面板通过连接构件形成一个整体结合梁,作为主梁共同受力。由于结合梁斜拉桥与混凝土斜拉桥和钢斜拉桥相比较,施工方便且造价低,所以在20世纪80年代末得到较快发展。1986年加拿大建成了主跨465m的结合梁斜拉桥——安娜雪丝桥,一直保持了7年世界最大跨径斜拉桥的纪录。我国建造结合梁斜拉桥虽起步晚,但发展迅速,在1991年和1993年建成了主跨分别为423m和602m的上海南浦大桥和杨浦大桥。

目前,国内外已建成的结合梁斜拉桥近30座,表2-2-4示出了主跨400m以上的结合梁斜拉桥简况。

钢—混凝土结合梁的构造如图2-2-23所示。虽然结合梁斜拉桥目前在我国修建不多,斜拉桥的设计规范也着重于混凝土斜拉桥部分,但由于结合梁自重力小,也相应减少了钢索用量和基础工程量;钢主梁及钢横梁可在工厂加工制作,混凝土桥面板可以预制,精度较高,质量容易控制;现场拼装简便,施工迅速,工期短,且结合梁梁高小,外观轻巧,体现了桥梁建设新技术等优点。随着跨径的增大,桥梁建设的发展和工业化程度的提高,在 21 世纪我国会修建更多的结合梁斜拉桥。

主跨在 400m 以上钢—混凝土结合梁斜拉桥简况   表 2-2-4

序　号	国　名	桥　名	主跨(m)	建成年份
1	西班牙	朗得桥(Rande)	440	1977
2	加拿大	安娜雪丝桥(Annacis)	465	1986
3	英国	达尔福达桥(Dartford)	450	1991
4	英国	赛文第二通道桥(Severn)	456	1996
5	印度	朗格里二桥(ZndHooghly)	457	1993
6	中国	南浦大桥	423	1991
7	中国	杨浦大桥	602	1993
8	中国	香港汀九桥	475	1997
9	中国	青州闽江大桥	605	2001
10	西班牙	维戈兰德大桥	400	1977
11	中国	观音岩长江大桥	436	2009

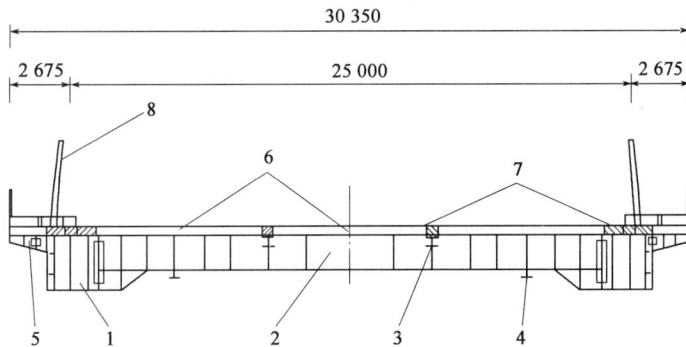

图 2-2-23　钢—混凝土结合梁构造图(尺寸单位:mm)

1-钢主梁;2-钢横梁;3-小纵梁;4-行车轨道梁;5-人行道挑梁;6-预制桥面板;7-现浇桥面板;8-斜拉索

一、总体布置

1. 结合梁结构体系

结合梁结构体系的选择与跨径关系最大。一般大跨径钢—混凝土结合梁多采用塔墩固接、塔梁分离的飘浮体系,这样可以避免结合梁在索塔位置处因负弯矩太大而使混凝土桥面板产生过大的拉应力。由于混凝土开裂将影响结合梁的整体受力,所以防止桥面板混凝土开裂是结合梁设计中最关键的问题。为了方便施工,降低结合梁梁高,大跨径结合梁斜拉桥几乎都采用密索布置。在索面形式上多采用扇形,使拉索可以集中锚固在索塔的上塔柱,并减少索塔的弯矩。国内外已建成的跨径在 400m 以上的钢—混凝土结合梁斜拉桥都采用密索飘浮体系。

2.边跨设置辅助墩及过渡孔问题

国外最近修建的几座结合梁斜拉桥和我国的南浦大桥、杨浦大桥都在边跨设置了辅助墩。设辅助墩除了可以提高斜拉桥的总体刚度、减少索塔弯矩及中跨跨中挠度外,更重要的是增加了施工期间的抗风稳定性,减少了边跨主梁尾端的弯矩。而辅助墩顶的负弯矩可通过在该处设置双链杆支座等措施予以降低。在上海南浦大桥设计中,对设不设辅助墩进行了较详细的比较设计,决定在边跨设辅助墩,收到良好效果。图 2-2-24 和图 2-2-25 示出了索塔和主梁在设辅助墩、不设辅助墩、设双链杆支座三种情况下的弯矩包络图。从图中看出,设辅助墩后,索塔根部弯矩从 500MN·m 降到 200MN·m,弯矩大大减少。从主梁弯矩包络图可明显看出,设辅助墩后,中跨跨中区及边跨尾端主梁的正、负弯矩比不设辅助墩时要小得多。

双链杆支座是一种只能受拉不承受压力的支座。辅助墩顶设双链杆支座既能降低索塔的弯矩,又能提高辅助墩顶上梁的安全储备。但双链杆支座不能严密地计算内力,这是一个非线性问题,只能求其近似解。

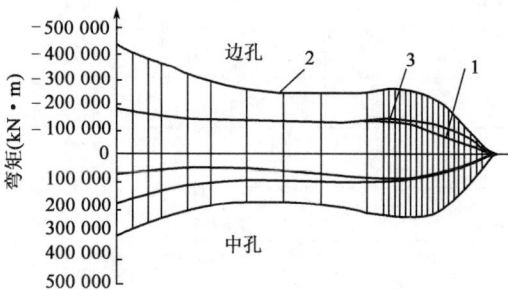

图 2-2-24　设与不设辅助墩索塔弯矩包络图
1-设辅助墩;2-不设辅助墩;3-设双链杆支座

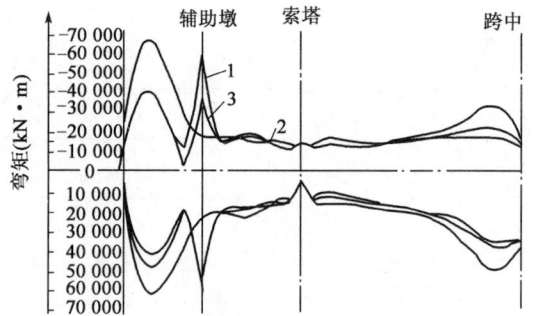

图 2-2-25　设与不设辅助墩主梁弯矩包络图
1-设辅助墩;2-不设辅助墩;3-设双链杆支座

辅助墩的设置还应结合桥址地形、地质情况、修建辅助墩难易程度及经济性比较确定。

结合梁斜拉桥在边跨主梁尾端设置过渡孔有利于边索(端锚索)的受力。如将过渡孔主梁直接压在边跨尾端主梁上,对端锚索的布置和受力会更好,也不需另设平衡重,并可避免在恒载作用下锚墩(斜拉桥尾端外边索)受拉。结合梁越过锚墩伸至引桥或外伸一定长度,可将过渡梁(可以是混凝土预制梁,也可是钢—混凝土结合梁)用铰接挂在外伸结合梁上,也可直接将过渡孔压在锚墩顶部的结合梁上,视具体情况选用。上海南浦大桥和杨浦大桥过渡孔采用混凝土梁以增加重力,并在主梁尾端密索区段按端锚索受力需要设置平衡重。参见图 2-1-12。

3.结合梁主梁节段布置

结合梁是由混凝土桥面板、钢主梁、钢横梁、钢纵梁构成的钢梁格结构及抗剪连接件组合。

一般钢梁格在工厂加工制作,混凝土桥面板可预制或现浇,先在现场悬拼钢梁格结构,然后安装或现浇混凝土桥面板。主梁节段的长度应配合密索索距布置,从有利于施工和根据桥面板受力的需要,并和横梁间距统一考虑。主梁节段不宜太长,以免导致架设钢梁格时需另增加临时拉索。而横梁间距与跨径及桥面板形式有关。主梁节段长度以能布置 1～2 根拉索、2～4 根横梁为宜。

4. 结合梁横截面布置

由于结合梁的钢主梁与钢横梁纵梁构成的钢梁格体系在单索面情况下抗扭性能差,因此结合梁一般均采用双索面布置。配合双索面布置,结合梁在横截面采用双钢主梁布置,钢主梁截面形式根据跨径、桥宽、荷载等级、抗扭及抗风等要求常采用开口实腹工字形梁、箱梁及门形梁等。

开口实腹工字形梁施工架设方便,钢梁制作简便。当采用倾斜的空间双索面时,开口工字形梁可设计成倾斜的实腹板,有利于锚固拉索的锚固箱布置。但当工字形梁内力很大时,需增大腹板和下翼缘钢板的厚度,但过厚的钢板使焊接、制作、连接处高强螺栓的布置困难,在这种情况下,可采用箱形或门形钢主梁。钢箱梁抗扭性能好,能扩大主梁的桥面有效分布宽度,但加工制作工作量大。当采用双层桥面布置时,主梁可选用桁架式结构。英国主跨 456m 的塞文二桥就是采用了钢桁架式结构。另外,还应根据两横梁之间小纵梁的根数、混凝土桥面板的布置及受力确定。

杨浦大桥的结合梁采用两个钢箱梁,而南浦大桥和加拿大的安娜雪丝桥均采用两个开口工字形钢梁。图 2-2-26 为主跨 465m 的结合梁斜拉桥主梁横截面布置图,开口工字形钢梁高 2.5m。

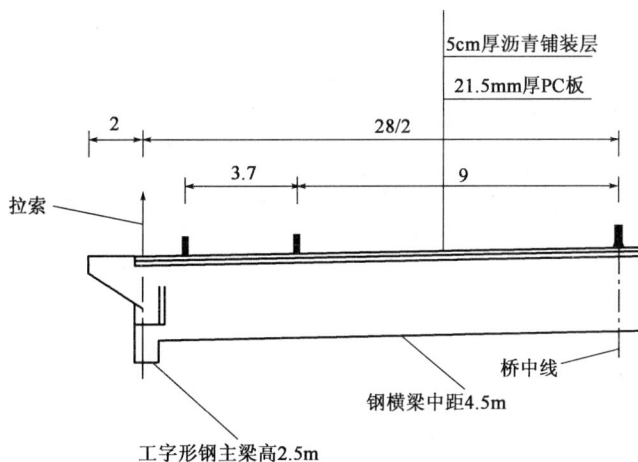

图 2-2-26　加拿大安娜雪丝桥(l=465m)结合梁主梁半截面(尺寸单位:m)

5. 混凝土桥面板

混凝土桥面板和主梁、横梁构成的钢梁格体系组成结合梁的桥面系,一方面承受桥面局部荷载,另一方面作为结合梁的一部分参与主梁整体受力。构造上将桥面板纵向跨在横梁上,使桥面局部活载产生的桥面板拉应力与作为整体主梁一部分在桥面板内产生的压应力相叠加,以防止桥面板混凝土产生过大拉应力而开裂,而当裂缝超过一定值后,就不能考虑混凝土桥面板参与钢梁整体受力作用了,且易造成钢梁及钢筋的腐蚀,这就要求设计结合梁时应十分注意预防各部分桥面板可能产生的裂缝。

桥面板是结合梁的重要部分,设计施工都应充分重视。

（1）桥面板厚度

桥面板的厚度,应根据桥面局部荷载和结合梁承受的整体荷载作用引起的总应力决定,还应考虑钢梁格形式,特别是横梁间距和荷载等级。当采用预应力混凝土桥面板时,桥面板厚度还应满足预应力管道尺寸布置的需要。一般为方便施工和设计,全桥采用等厚度桥面板。作为结合梁的一部分,桥面板还要承受拉索的水平分力(桥面板受轴向力),而越靠近索塔,拉索水平分力就越大,所以特大跨径结合梁斜拉桥应根据受力情况在近索塔段增加桥面板厚度。

（2）桥面板施工方法

混凝土桥面板可采用预制或现浇施工。采取预制吊装施工时,可减少因混凝土桥面板的收缩、徐变引起的结合梁斜拉桥的主梁内力重分布,特别是预制桥面板在良好条件下养生较长时间,可减少后期收缩和徐变变形的影响。采用预制桥面板还可加快施工进度,降低施工费用。对于跨径不太大的结合梁也可采用现场浇筑桥面板的施工方法,以增加结合梁的整体性并减少吊装工作量。

采用预制桥面板,必须通过现浇接缝混凝土将钢梁格和预制混凝土桥面板有效地结合成整体主梁——结合梁。钢梁顶面必须有抗剪连接件,预制板有外伸钢筋,接缝上还有纵横钢筋,待接缝混凝土结硬后才能将钢梁和桥面板结合成整体。

二、结合梁截面中混凝土桥面板与钢梁的连接

钢—混凝土结合梁的最大特点是由两种材料组成的结构共同承受荷载,并充分发挥各自的材料特性(如混凝土抗压性能好、抗拉强度低,钢材抗拉、抗压强度均高)。为了保证结合梁在各种荷载作用下能整体受力,应充分重视混凝土桥面板与钢梁格之间的连接构造及质量。常采用抗剪连接构件,即带头的栓钉。预先将抗剪栓钉焊接在钢梁格的顶部翼缘板(或箱梁顶板)上,桥面板的四周伸出连接钢筋,或在有抗剪栓钉位置开孔,通过现浇此处混凝土填满孔隙,混凝土结硬后即把桥面板和钢梁格连接成整体的结合梁,如图 2-2-27 所示。

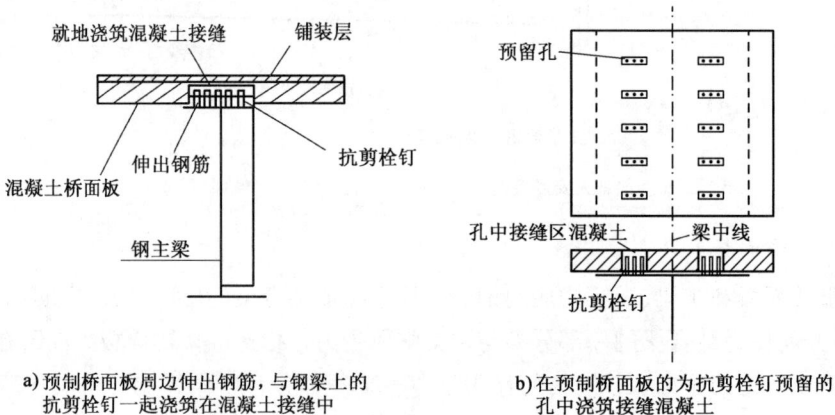

a)预制桥面板周边伸出钢筋,与钢梁上的抗剪栓钉一起浇筑在混凝土接缝中

b)在预制桥面板的为抗剪栓钉预留的孔中浇筑接缝混凝土

图 2-2-27 混凝土桥面板和钢梁格的连接构造

图 2-2-27a) 这种抗剪连接形式较图 2-2-27b) 更能保证现场浇筑质量及可靠的连接质量。

由于结合梁斜拉桥一般拉索是锚固在钢梁上,所以拉索索力的水平分力首先集中作用在钢梁上,然后由钢梁通过钢梁顶面的抗剪栓钉逐渐扩散传递到整体结合梁截面,即混凝土桥面板全部,因此,在靠近锚固点附近的截面上,混凝土桥面板中的应力在横向分布是不均匀的,主要集中在钢主梁附近一个有限的宽度范围内,这就是剪力滞后引起的有效分布宽度。所以抗剪连接构件的质量和可靠性是保证结合梁正常工作的关键。

抗剪连接构造在桥梁悬臂架设施工中可能承受最大的荷载。但因剪力滞效应限制了接缝附近混凝土桥面板的有效分布宽度,则该有效截面必须承担悬臂架设下一梁段时产生的较大的局部弯矩。所以,应选择简单、可靠并可以很快取得强度的剪切连接,才能有效而快速地进行悬臂架设施工。

采用抗剪栓钉连接还必须考虑疲劳问题和随主梁内轴力的变化而在钢梁和混凝土桥面板之间产生的内力重分布问题。

为了使抗剪连接处在桥梁设计使用寿命期内能抵抗较高的活载重复次数,必须慎重考虑焊接疲劳问题。

由于结合梁中轴力的传递是通过抗剪栓钉从钢梁传递到混凝土桥面板上的,以及混凝土的徐变,使得在架设过程中当混凝土桥面板还未达到全部强度时就已开始承受轴力,并使桥面板中的轴力向钢梁转移,这将影响钢梁和混凝土桥面板两种构件中的恒载轴向力和桥梁的最终线形,故应对混凝土桥面板和钢梁之间的连接件进行详细验算。

三、拉索在结合梁上的锚固构造

结合梁斜拉桥的拉索通常直接锚在两侧的钢主梁上,以使桥面系获得较大的抗扭刚度。拉索锚固结构是否可靠将直接影响整个斜拉桥的安全和可靠。

常用的拉索与结合梁的锚固构造有以下几种形式。

1. 拉索与开口工字形钢梁的锚固构造

拉索与开口工字形钢梁的锚固构造有以下两种布置方式。

(1)将拉索的锚固构件放在钢主梁顶面,如图 2-2-28 所示。

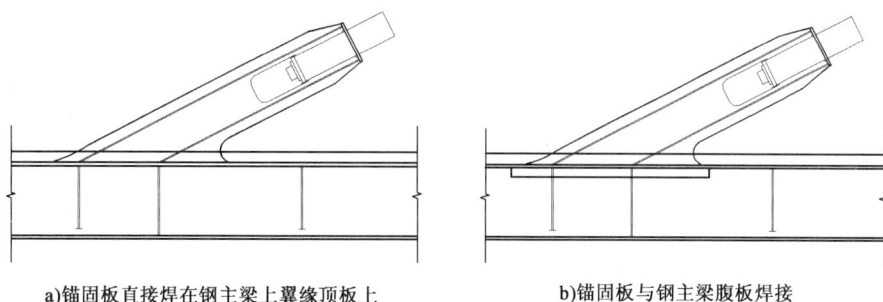

a)锚固板直接焊在钢主梁上翼缘顶板上   b)锚固板与钢主梁腹板焊接

图 2-2-28 锚固板与主梁的连接

图 2-2-28a)直接将锚固板焊在钢主梁腹板顶面的上翼缘上;图 2-2-28b)将锚固板穿过上翼缘板(在上翼缘板上开槽口)与主梁腹板相连接,上述连接形式也称锚固板连接。

图 2-2-28a)锚固构造简洁,虽然占用了部分桥面宽度,但锚固结构受力效果好,特别是对

于密索布置的斜拉桥,在安装拉索时有充分的工作位置。缺点是在钢梁上翼缘板焊接处及锚板与承受拉索锚头的筒体的焊接点处产生应力集中,且桥面板在锚固点附近混凝土易产生裂缝。

图2-2-28b)受力可靠,效果好,但锚固构造加工制作较困难,且锚固板与上翼缘焊接后需进行焊后应力消除处理,对桥面板受力也不利。

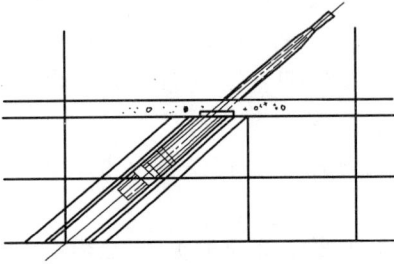

图2-2-29 拉索锚固箱构造

(2)将锚固箱布置在工字形钢主梁腹板侧面,拉索穿过上翼板到达锚固箱,锚固箱与腹板连接可采用高强螺栓摩擦连接或焊接连接。图2-2-29是南浦大桥拉索锚固箱构造,锚固箱偏心置于主梁腹板外侧,锚固箱与腹板采用焊接连接,且与主梁上、下翼缘焊接,在主梁腹板内侧还对应加强,拉索通过钢管穿过主梁上翼缘锚于主梁腹板上。拉索与结合梁采用此种连接方式对桥面板损伤小,但在施工架设时需考虑锚具对主梁偏心引起的偏心弯矩和对主梁的扭矩。

当钢主梁为箱形或门形截面时,无论锚固箱采用螺栓连接还是焊接连接,均需充分估计附近焊接区对锚固箱的影响。由于拉索的锚固力是集中作用在钢主梁上,然后才逐渐扩散传递到结合梁全截面,锚固区周围受力复杂,除应正确估计它的受力情况外,还应重视锚固构造。另外锚固构造应尽量布置在横梁附近,以减少对主梁的不利影响。

2.采用拉索锚固梁连接拉索与主梁

杨浦大桥拉索在结合梁上的锚固,采用了锚固梁构造,如图2-2-30所示。锚固梁直接承受拉索的集中锚固力,又把集中锚固力传递到钢主梁及结合梁全截面。所以,锚固梁结构本身的可靠受力和锚固梁与主梁腹板的连接可靠度是至关重要的。为此,应对不同水平倾角、直径和索力的拉索设计不同类型的锚固梁,并在满足锚固梁结构受力的基础上,进行结构形状和构造的标准化,以及结构加工工艺要求的标准化,以简化设计和施工。

由于拉索水平分力较大,如果拉索的水平分力直接作用在钢主梁腹板上,将产生过大的横向弯曲应力和变形,对主梁腹板的稳定很不利。为此,在锚固梁周围的主梁腹板上,工字钢作为竖向加劲布置在钢箱梁内侧腹板上,箱梁外侧腹板布置双肢槽钢竖向加劲和单肢槽钢横向加劲,依靠加劲和主梁腹板的组合刚度来承受拉索的水平分力,并将其传给钢主梁的上、下翼板和一定间距的钢横梁上,以改善主梁腹板的受力状况。

锚固梁与主梁腹板的连接采用摩擦型高强螺栓连接。与焊接连接相比虽增加连接材料,在工序和工艺上要复杂些,但这种连接主要通过连接面的摩阻力来承受并传递外荷载,受力均匀,无应力集中现象,且受力性能稳定,耐疲劳。

3.拉索与结合梁连接的其他形式

将钢主梁腹板做成倾斜的形状,将拉索锚于腹板上,也可采用外伸牛腿连接,在结构上将主梁与拉索锚固部分分离,这样可减小桥面宽度,改善桥梁的抗扭刚度。但两拉索之间的横梁钢材用量要增加,特别是在密索布置时增加比较显著,且安装拉索需设专用脚手平台,如图2-2-31所示。

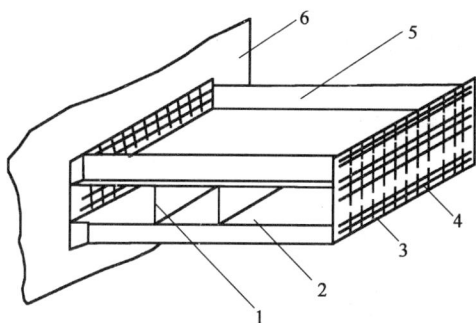

图 2-2-30 拉索锚固梁构造

1-支承肋;2-锚板;3-端板;4-高强螺栓;5-加劲肋;6-主梁腹板

图 2-2-31 拉索与结合梁连接的其他形式

第四节 索塔的构造

作用于斜拉桥主梁的恒载和活载通过拉索传递给索塔,因而索塔是通过拉索对主梁起弹性支承作用的重要构件。索塔上的作用力除索塔自身的重力外,还有由拉索索力的垂直分力引起的轴向力、拉索的水平分力引起的弯矩和剪力。此外,温度变化、日照温差、支座沉降、风荷载、地震力、混凝土收缩和徐变等都将对索塔的轴向力、剪力、扭矩和顺、横桥向的弯矩产生影响。值得注意的是,当主梁采用悬臂施工时,索塔还要承受施工阶段相当大的不平衡弯矩。对于单索面独塔斜拉桥,还应考虑抗风稳定问题。

索塔设计应满足强度、刚度和稳定性要求。索塔的结构形式及截面尺寸应根据索塔自身的强度、刚度及稳定性要求、拉索布置、桥面宽度、主梁的截面形式、下部结构及桥位处的地质、地形等综合考虑确定,同时还要考虑施工简便、降低造价及造型美观等要求。

城市中的斜拉桥,应更多地从造型、景观及与周围环境相协调等建筑艺术方面的要求来确定索塔的结构形式。斜拉桥在美学上以其柔细感取胜,这种柔细感是人们对斜拉桥梁、塔、索的整体感觉,因此索塔的形状和尺寸比例是美学设计中的一个重要课题。需要特别指出的是,在人类文明高度发达的今天,在保证结构安全的前提下,斜拉桥在美学上的效果已逐渐成为该建筑成败的关键,造型优美且与周围环境配合协调的斜拉桥往往成为该城市的标志性建筑,成为人们精神文化享受的艺术品。

索塔的顶部通常有一些附属建筑,如观光厅等旅游设施、避雷针、航空与航道用的标志灯等,设计时也应予以考虑。

一、索塔的结构形式和分类

索塔在顺桥向的形式有单柱形、A 形及倒 Y 形等几种,如图 2-2-32 所示。

单柱形索塔构造简洁,外形轻盈美观,施工方便,是常用的塔形。目前国内外大多数斜拉桥在顺桥向均采用单柱形。A 形和倒 Y 形在顺桥向索塔刚度大,有利于

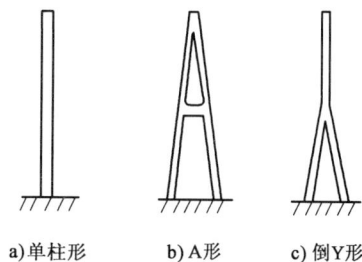

a)单柱形　　b)A 形　　c)倒 Y 形

图 2-2-32 索塔顺桥向结构形式

抵抗索塔两侧拉索的不平衡拉力,能承受较大的顺桥向弯矩,并有更良好的抗震能力,但由于施工较复杂,故这类索塔采用不多。我国山东济南黄河大桥就是一座顺桥向采用 A 形索塔的混凝土斜拉桥。

索塔在横桥向的形式有单柱形、双柱形、门形、H 形、梯形、A 形、倒 V 形、倒 Y 形、菱形(包括宝石花形)等,见图 2-2-33。

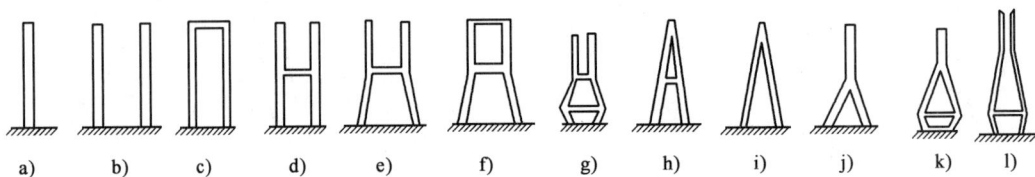

图 2-2-33　索塔横桥向结构形式

柱式塔柱构造简单,但承受横向水平荷载的能力较差。其中单柱形都用于单索面,双柱形则用于双索面。门形索塔在两塔柱之间设有横梁,抵抗横向水平荷载的能力较强,一般用于桥面宽度不大的双索面斜拉桥。A 形、倒 Y 形、菱形索塔横向刚度大,但构造复杂,施工难度较大,既适用于单索面,也适用于双索面,多用于大跨径斜拉桥中。

斜拉桥索塔顺桥向各种形式可与横桥向各种形式配合使用,以下主要介绍顺桥向单柱形与横桥向各种塔形相配合的各种索塔的特点。

顺桥向、横桥向均采用单柱形的索塔仅适用于单索面斜拉桥。这类斜拉桥可采用两种结构体系:塔梁固接,塔墩分离和塔、梁、墩固接。塔梁刚性连接、塔墩分离时,作用在主梁和索塔上的荷载通过塔梁连接处设置在塔梁下的支座传递给下部结构。塔、梁、墩刚性连接时,塔梁上的荷载通过桥墩直接传到基础中去。这类斜拉桥的抗扭由主梁提供,因此主梁多为抗扭刚度大的箱形截面,特别是梯形箱(因底板尺寸小,塔墩和基础的尺寸可相应减小)。由于索塔塔柱常设在桥面中央的分隔带上,因此增加了整个桥面的宽度。目前我国已建成的单索面斜拉桥均采用单柱形索塔。

顺桥向为单柱形而横桥向为双柱形、门形、H 形、梯形的索塔适用于双索面斜拉桥。双柱形索塔的两个塔柱间无连接构件,外观简洁轻巧,但对扭曲振动而言相对不利,特别是当两根塔柱的塔顶纵向水平位移反向时将增大主梁的扭曲振动振幅。在双柱形塔柱之间增加一或两根横梁,即形成门形、H 形或梯形索塔[图 2-2-33c)~e)]。由于横梁的存在,增强了索塔抵抗扭曲振动的能力。门形索塔的优点是可利用塔顶吊机进行预制吊装和挂索施工等,H 形索塔因为无塔顶横梁,故较为轻巧且景观较好;梯形索塔在塔柱间有两根及以上横梁,因此其横向刚度大于门形及 H 形,且塔柱的横向压屈自由长度也较小。门形、H 形、梯形索塔既可采用直塔柱,也可采用斜塔柱,或仿照菱形索塔在桥面以下将塔柱向内收敛,如图 2-2-33g)的塔形,这样可减小基础尺寸。这一类索塔适用于中等跨径斜拉桥。

顺桥向为单柱形而横桥向采用 A 形、倒 V 形、倒 Y 形和菱形的索塔,因两塔柱在索塔上部交会,故不可能发生塔顶反向的水平位移,从而增强了斜拉桥的整体抗扭刚度,常用于大跨径及特大跨径的斜拉桥。这类索塔的另一特点是既适用于单索面,又可用于双索面,当拉索布置成空间倾斜双索面时,两个索面与主梁形成一个封闭的稳定结构,抗扭刚度增大,有利于整个斜拉桥结构的抗风稳定性,并减小了活载偏心作用的影响,使主梁可采用抗扭刚度较小的双实体主梁。但是空间双索面布置的拉索锚固区构造复杂,并且为承受拉索的横桥向水平分力产生的塔柱弯矩使塔柱横向尺寸增加。当拉索布置成单索面时,A 形、倒 V 形索塔由于塔顶附近可锚固拉索的高度范围较小,故仅适用于拉索上下层数较少的斜拉桥,而倒 Y 形索塔[图2-2-33j)]有一段竖直塔柱可容纳较多的单索面拉索。倒 Y 形索塔因其结构和拉索布置上的优越性,越来越多地为现代大跨径斜拉桥所采用。菱形索塔[图 2-2-33k)、l)]是对 A 形、倒 V形、倒 Y 形索塔的改进,即在桥面以下将两塔柱向内倾斜,这样既可减小塔柱基础占用的空间,又使索塔造型更加优美。

索塔按材料的不同一般可分为钢筋混凝土索塔、钢索塔、钢—混凝土混合索塔和钢管混凝土索塔等。钢—混凝土混合索塔是指拉索锚固区采用钢锚箱,其他部位采用混凝土的索塔,一般用于较大跨径、索力很大的斜拉桥中,如江苏苏通长江大桥、杭州钱塘江大桥等,其造价较高。

钢—混凝土混合索塔具有以下优点:①减轻塔顶重力,使地震时塔柱中的轴力和弯矩减小;②使塔柱顶部施工更加容易;③钢锚箱在工厂预制,容易保证精度;④简化斜拉索锚固,明确索塔受力;⑤使检查养护更加方便;⑥通过涂装可美化桥塔外观;⑦斜拉索钢套管定位更容易,无需定位骨架。但混合索塔的钢结构需要专业工厂加工,并且高空焊接难度较大。为保证索塔整体性和钢—混结合的可靠性,有时需要布置少量预应力索,加大了索塔施工难度。

图 2-2-34 南京长江三桥

南京长江三桥索塔采用的为部分钢、部分混凝土的钢—混凝土混合索塔形式(图 2-2-34)。索塔为"人"字形塔,塔柱外侧圆曲线部分半径为 720m,高 215m,设四道横梁。为了防撞需要,其下塔柱及下横梁为钢筋混凝土结构,其他部分为钢结构。钢塔柱与混凝土塔柱之间设钢—混结合段,通过钢—混结合段的剪力键将上塔柱传递下来的荷载分配到混凝土中。

二、索塔的组成

混凝土斜拉桥的索塔一般都由钢筋、混凝土材料建造。主塔常由基础、承台、下塔柱、下横梁、中塔柱、上横梁、上塔柱拉索区锚固段及塔顶建筑等八大部分(或其中几部分),如图2-2-35a)所示。

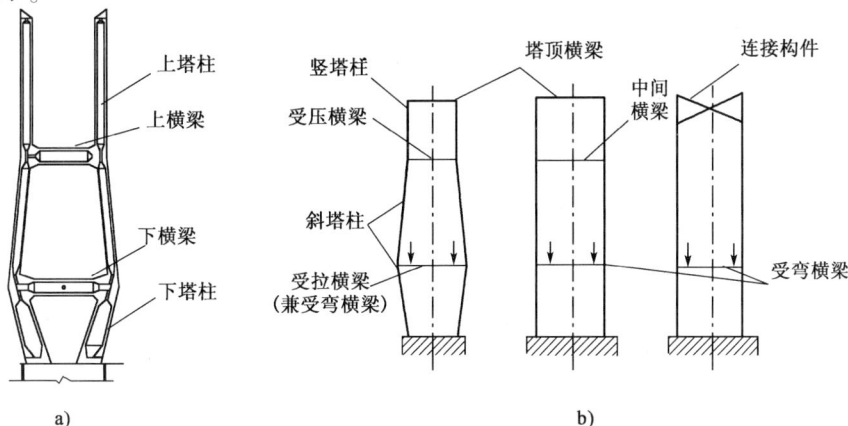

图 2-2-35 索塔的组成

塔柱是索塔的主要构件,塔柱之间设有横梁或其他连接构件,如图2-2-35b)所示。塔顶横梁及竖直塔柱之间的中间横梁是非承重横梁,只承受自身重力引起的内力。设有主梁支座的受弯横梁、竖塔柱与斜塔柱相交点处的受压横梁及反向斜塔柱相交点处的受拉横梁[位置均见图2-2-35b)]是承重横梁,除承受自身重力作用外,还承受其他的轴向力和弯矩。在设计横梁时务必要区别对待。所有的塔柱、横梁作为索塔面内的组成构件共同参与抵抗风力、地震力及偏心活载。

斜拉桥桥塔拉索锚固区是将拉索巨大集中力传递给桥塔的重要部位,为了承受这一巨大集中力,混凝土塔柱箱壁需要布设水平预应力筋。对于索塔拉索锚固区,由于拉索孔道和预应力筋孔道的削弱作用,以及预应力筋的预压力,导致该部位受力非常复杂。考虑到混凝土材料的弹性、塑性、非均匀性、孔洞削弱、预应力施工的误差等一系列因素,在设计计算中,单纯的力学分析难以全面反映结构的实际工作状态和应力分布。为此,最直接、有效的方式是采用足尺模型,进行模拟力学加载试验验证。模型试验主要包括预应力张拉试验与极限承载力试验。

三、索塔的截面尺寸

组成索塔的塔柱及横梁的截面形状和截面尺寸应根据结构强度、刚度、稳定性计算的要求,并结合拉索在索塔上的锚固构造要求和桥梁美学上的要求来确定。

1.塔柱的截面形式

从整体形式看,塔柱的截面可采用实心截面和空心截面两种,而沿塔高又可采用等截面或变截面布置。一般实心等截面塔柱适用于小跨径斜拉桥;中等跨径斜拉桥可采用实心变截面塔柱;对于大跨径斜拉桥的索塔,一般采用空心变截面塔柱。如拉索在塔上张拉,从锚头的防护、索塔结构的外观考虑,空心塔柱比实心塔柱好,如在空心塔柱内设置电动升降设备,则上下检修就更加方便了。

塔柱截面形式可分成两大类:第一类基本形式为矩形,如图2-2-36所示;第二类基本形式为非矩形截面,如图2-2-37所示。

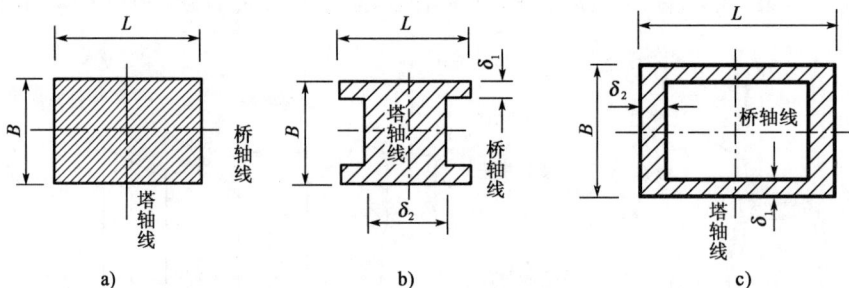

图2-2-36 矩形截面塔柱

(1)矩形截面

矩形截面塔柱一般长边与桥轴线平行,短边与索塔轴线平行,如图2-2-36a)所示。当采用实心矩形截面塔柱时,拉索一般穿过塔柱交错锚固,塔柱上部的拉索锚固区位于塔轴线两侧。在矩形实心截面拉索锚头部位各挖一槽口,塔柱截面就变成如图2-2-36b)所示的H形。当沿塔高塔柱截面变化时,一般仅变化长边尺寸 L,短边尺寸 B 保持不变。采用矩形空心截面塔柱时[图 2-2-36c)],拉索一般锚固于塔柱箱室中,通常不开槽口,而在箱室内壁增设锚固拉索用的锯齿形凸块,或在箱室内设置锚固钢横梁来锚固拉索。为增加美观且利于抗风,实心或空心矩形截面塔柱的四周常做成倒角或圆角。

（2）非矩形截面

在受力、美观和抗风等方面有必要时可采用如图 2-2-37 所示的非矩形截面塔柱。这类截面包括五角形、六角形、八角形等,在形式上既可采用实心,也可采用空心截面。

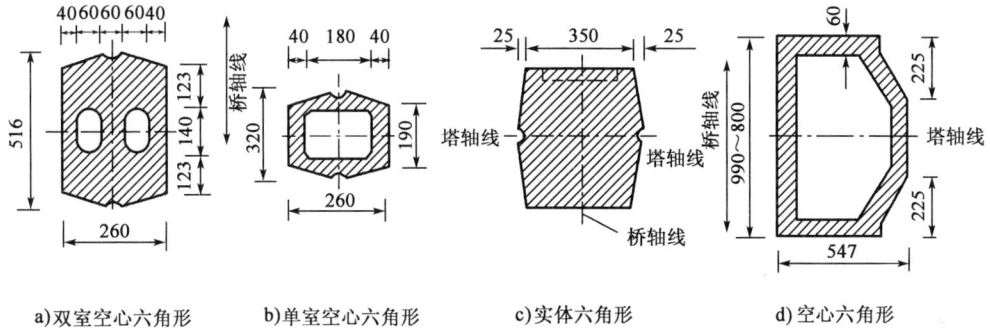

a)双室空心六角形   b)单室空心六角形   c)实体六角形   d)空心六角形

图 2-2-37 非矩形截面塔柱(尺寸单位:mm)

主跨 320m 的法国伯劳东纳斜拉桥采用如图 2-2-37a)所示的空心六角形截面单柱塔,拉索从槽口进入箱室锚固,塔柱沿塔高采用变截面,下段是双室箱形截面,上段拉索锚固区部分则变为单室箱形截面,如图 2-2-37b)所示。

主跨 175m 的广州海印大桥的塔柱为实体六角形截面,由于是单柱塔,塔柱的两个外侧均成折角形,形成对称六角形截面,如图 2-2-37c)所示。在塔柱上部的拉索锚固区设有槽口以布置拉索的锚头。

主跨 856m 的法国诺曼底大桥倒 Y 形索塔的斜塔柱采用空心六角形截面,如图 2-2-37d)所示。

需要指出的是,在箱形空心截面塔柱中一般应设水平隔板。

2. 塔柱截面尺寸

塔柱的截面尺寸应根据塔柱受力、拉索锚固区构造位置以及张拉设备所需的空间等因素决定。

表 2-2-5 列出了国内外混凝土索塔塔柱截面尺寸,表中还列出了索塔高度 H 和塔柱纵向尺寸 L 的比值,可供设计塔柱截面尺寸时参考。

3. 横梁及其与塔柱连接构件

塔柱之间的横梁(不管是承重横梁还是非承重横梁),以及塔柱之间的其他连接构件,它们的截面形式是由塔柱的截面形式决定,一般采用矩形实心截面、T 形实体截面、工字形实体截面或矩形空心截面等形式。在决定这类构件的截面形式和尺寸时,应注意与塔柱截面尺寸相配合,并考虑与塔柱的连接及施工方法等问题。承受桥面重力及受拉的横梁还要考虑是否设预应力筋的问题。

表 2-2-5

国内外混凝土索塔塔柱截面资料

索面	桥　名	主孔跨径 (m)	索塔形式 (桥面以上)	塔柱截面形式	塔柱高度 H (m)	截面尺寸 (m) L	截面尺寸 (m) B	壁厚 (cm) δ_1	壁厚 (cm) δ_2	H/L_{max}	混凝土强度等级
双索面	荆州长江大桥	500	斜腿 H 形	箱形	150.2	7.0	4.0	80	120	21.5	
	鄂黄长江大桥	480	斜腿梯形	箱形	172.3	7.0	4.8	100 / 100	150 / 100	24.6	
	大佛寺长江大桥	450	斜腿 H 形	箱形	159.2	8.8~10.2	4.2	90	1.2	15.6	
	上海南浦大桥	423	斜腿 H 形	箱形	150.0	8~10	4.0	70	70	15.0	C40
	鄱阳汉江桥	414	倒 Y 形	箱形	108.5	5.5 / 5.5	4.0 / 3.5	20 / 20	100 / 70	19.7 / 19.7	C50
	武汉长江公路大桥	400	斜腿 H 形	H 形 / 箱形	94.0 / 94.0	6.0 / 6~7	4.0 / 4.0	80 / 100	300 / 100~150	15.7 / 13.4	C50
	美国达姆岬桥	396.3	直腿梯形	矩形	132.6	4.57~9.75 / 2.21~9.75				13.6	
	海口世纪大桥	340	倒 V 形	箱形	114.1	5.5	2.5(min)	50	50	20.7	
	美国 P-K 桥	299	门形	箱形	约69	3.4	3.05~4.57	41	81	20.6	
	东营黄河桥	288	斜腿 H 形	H 形	69.7	3.4	2.8	45	160	20.5	C40
	天津永和桥	260	斜腿梯形	矩形	55.6 / 55.6	3.0 / 3.0	3.0 / 3.0	60	60	18.5 / 18.5	C50
	安徽蚌埠淮河桥	224	斜腿梯形	矩形	55.0	3.0	2.0			18.3	
	山东济南黄河大桥	220	斜腿梯形	矩形	63.4	3.0	2.0			21.1	
单索面	法国伯劳东纳桥	320	单柱型	箱形	70.5	4.8(max)	2.6	40	123	14.7	
	重庆石门大桥	230	单柱型	箱形	113.0	9.5	4~4.5	60		11.9	C50
	湘江北大桥	210	单柱型	H 形	53.7	4.6		60	270	10.2	C40

注：同一桥梁的两种塔柱截面形式分别为上段竖直塔柱和下段斜塔柱。

第五节　拉索锚固构造

拉索的强大拉力斜向集中地作用在索塔和主梁的锚固结构上,因此,拉索的锚固结构必须可靠、顺畅地将索力传递给整个索塔和主梁全截面。

拉索与主梁和索塔的连接应考虑拉索的布置(稀索、密索、单索面、双索面、拉索的构造)、主梁和索塔的截面形式与构造、拉索锚具的形式、拉索索力的大小、拉索的张拉工具与方法、梁上张拉还是塔上张拉以及主梁和索塔的结构材料等因素。

由于索塔是以受压为主的压弯构件,故多采用混凝土材料建造能充分发挥材料抗压性能高的优点,且施工方便,又便于调节索塔轴线的偏差、有利于施工控制,成型方便,维修养护简单,因此,现代斜拉桥无论是钢斜拉桥、混凝土斜拉桥,还是钢—混凝土结合斜拉桥、钢梁与混凝土混合斜拉桥,索塔采用混凝土材料居多,所以本节只介绍拉索与混凝土主梁和索塔的锚固构造。

一、拉索与混凝土主梁的锚固构造

拉索与主梁的连接部位,即拉索锚固区是主梁结构的关键部位。主梁上应有刚度很大的锚固实体(锚固块)把拉索锚固在主梁上,并能将锚固点处强大的集中力迅速、简洁地扩散到主梁全截面。如需在主梁上张拉拉索,则应考虑有足够的张拉操作空间。选择锚固构造时应考虑确保拉索与主梁连接可靠,有防锈蚀能力和避免拉索产生颤振应力腐蚀,同时便于拉索养护及更换等。

拉索在混凝土主梁上的锚固构造按拉索索面布置形式可采用以下几种布置。

1. 在主梁顶板设置锚固构造(锚固块)

在主梁顶板设置锚固构造一般适用于单索面有加劲斜杆的整体箱主梁。

锚固块以箱梁顶板为基础,向上下两个方向延伸加厚而成,拉索直接锚固在顶板与一对斜拉杆交叉点的锚固块上,见图 2-2-38。

拉索的水平分力通过锚固块传递给箱梁顶板后再扩散到主梁全截面,垂直分力则由一对加劲斜杆承受,因此,在锚固块内设一对交叉布置且通过加劲斜杆轴线的预应力筋是很必要的。

2. 在箱梁内设锚固构造

在箱梁内设置锚固构造一般用于双索面分离双箱的混凝土主梁,也适用于单索面多室整体箱主梁,其构造见图 2-2-39a)。

锚固构造位于箱梁顶板下的两个腹板之间,并与顶板、腹板固接在一起。拉索的水平分力由锚固块以轴压力方式传递给顶板再扩散到主梁全截面,垂直分力则由锚固块传给左右腹板。因此,锚固块与腹板连接处除需设置承托外,在腹板内还需设置竖向预应力筋束加强。双索面的上海泖港桥、单索面的长沙湘江北大桥等均采用这种锚固方式。

3. 在箱梁内设斜隔板锚固

这种锚固构造在箱梁内设斜向隔板,其斜度与拉索一致。拉索通过斜隔板后锚固于箱梁底板,见图 2-2-39b)。若从美观上考虑也可把锚头埋在箱梁底板内,或在斜隔板上挖槽锚固。这种锚固构造拉索的水平分力是通过斜隔板四周的箱梁顶板、腹板和底板等共同以轴压力传递给主梁,垂直分力由斜隔板两侧的腹板以剪力形式传递,因此,腹板内也需布置竖向预应力筋束加强,加强范围至少为斜隔板的水平投影长度。索力较大时可将斜隔板加强为斜隔梁,并从箱内伸臂牛腿形式延伸到箱体的两个外侧,拉索锚固在牛腿梁上。我国的红水河铁路斜拉桥主梁锚固构造就采用这种形式。这种锚固构造的使用范围与在箱梁内设锚固构造的相同。

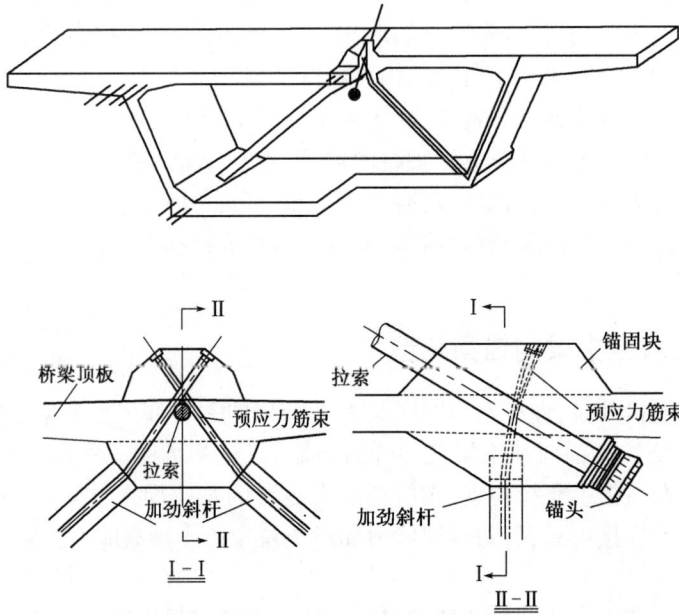

图 2-2-38 箱梁顶板锚固构造

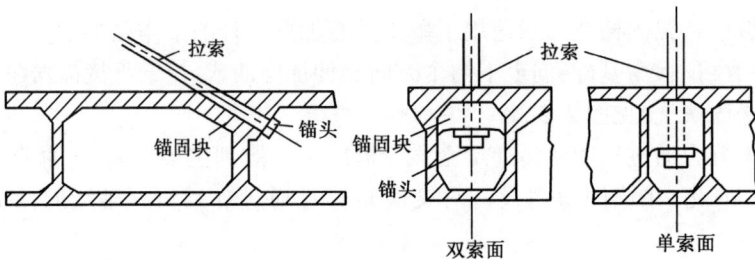

a)箱内设锚固块

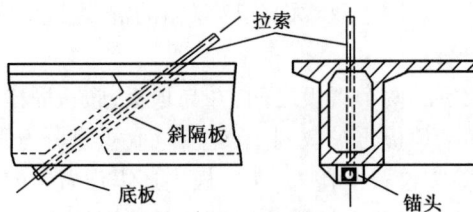

b)箱内斜隔板锚固

图 2-2-39 箱梁锚固构造

4.在梁体两侧设锚固

这是双索面斜拉桥一种非常普遍采用的锚固构造。锚固块放在主梁梁体横向两侧风嘴形实体块下面,或较厚的倾斜边腹板下面,拉索通过预埋管锚固在风嘴形实体块上或较厚的斜腹板上,如图 2-2-40 所示。拉索的水平分力通过风嘴形实体或厚实的斜腹板传递,而垂直分力则需在斜腹板内设置一定数量的竖向预应力筋束来承受。

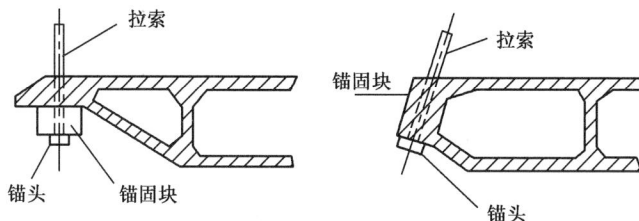

图 2-2-40 梁体两侧设锚固块

5.在梁底设置锚固块

最简单的锚固形式,适用于梁截面较小的实体双主梁或板式梁。在梁中设置与拉索倾角相同的管道,拉索穿过管道后锚固于梁底,如图 2-2-41 所示。

锚固构造设于主梁底部,可以避免削弱原来截面积就较小的边主梁,并且不干扰梁及板截面内的钢筋(束)布置。

从美观考虑,锚头也可不外露,但为了补助主梁锚固区的截面削弱,在一般区段,可采用钢锚箱和增加钢筋的办法,而在近塔柱附近,由于压力过大,还应局部加厚梁肋。

无论哪种锚固,一般斜拉索穿过主梁处应设钢套筒,如图 2-2-42 所示。套筒下端设锚垫板,上端伸出桥面一段距离以保护斜拉索不被车辆撞击,套筒上一般要焊接多道剪力环以帮助锚垫板传力。

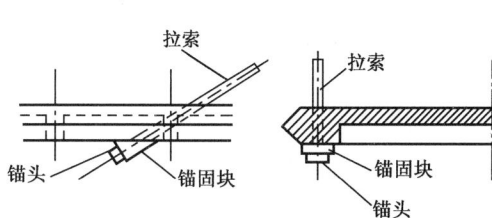

图 2-2-41 梁底设锚固块

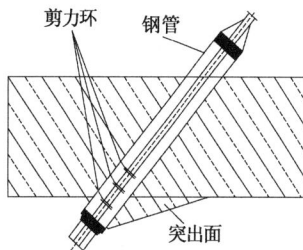

图 2-2-42 斜拉索穿过主梁处的钢套筒

钢锚箱制作应保证尺寸准确,在与拉索通过的管道一起安装时应保证空间位置准确,安装完后,管道中线与拉索轴线应一致,锚板端面应与拉索轴线相垂直。

二、拉索与混凝土塔的锚固构造

索塔与拉索的连接处,由于拉索强大的集中力作用,再加上孔洞的削弱及局部受力,因此,该处应力集中现象普遍存在。拉索在索塔上的锚固区构造应综合考虑结构受力、锚固构造要求、施工工艺要求等确定。拉索上拉索的锚固构造是将拉索的锚固集中力安全、均匀地传递到塔柱全截面的重要构造。它与拉索的布置、拉索的根数和形状、索塔的形式与构造、拉索索力的大小、拉索的架设与张拉等多种因素有关,需从设计、施工、养护维修及拉索的更换等各方面综合考虑确定。

密索布置的斜拉桥相对于稀索布置,每根拉索索力及断面积小,但索数多,一般采用每根拉索在索塔上分散锚固的锚固构造。常采用的锚固构造形式有以下几种。

1.拉索在塔柱上交叉锚固

这种锚固构造一般用于实心截面塔柱,如图2-2-43所示。先在塔柱中预埋钢管,两侧拉索交叉穿过预埋钢管后锚固在钢管上端的钢板上。它利用塔壁实体上的锯齿形凹槽或凸形牛腿来锚固拉索。可在塔上设张拉端,也可把张拉端设在主梁上。为了避免塔柱受扭,塔柱两侧的拉索应采用横向排列的双股钢索,两侧股距采用能交叉的不同值,或塔柱一侧用横排的双股索,另一侧用纵排的双股索,以达到能交叉锚固的目的。在布置时除考虑张拉拉索的施工方便、工艺要求外,还需验算塔柱抗剪,并保证塔柱轴线两侧横桥向布置的对称性。我国长沙的湘江北大桥和美国的达姆岬(D-P)桥都采用了这种索塔锚固构造。

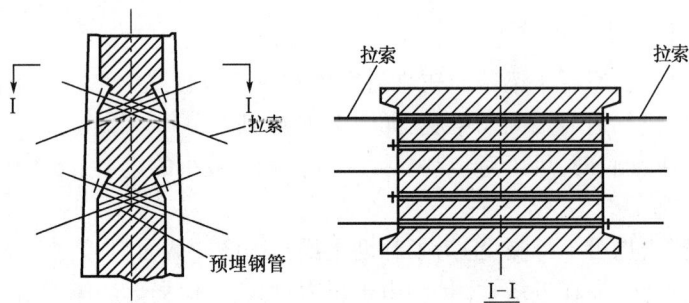

图2-2-43   拉索在塔柱上交叉锚固

2.拉索在塔柱上对称锚固

对于大跨度斜拉桥,当混凝土塔柱采用空心截面时,拉索在塔柱上的锚固常采用对称锚固的布置形式,一般有以下三种对称锚固构造。

(1)在空心塔柱壁内侧对称锚固

在塔柱的横壁上埋设钢管,拉索穿过钢管锚固在塔柱壁内侧的凸块上,形成对称锚固构造,如图2-2-44所示,塔壁中需布置平面预应力筋,用预应力筋来平衡斜拉索水平分力产生的纵桥向拉力。平面预应力筋有井字形布置和环形预应力筋两种。近年来,在一些斜拉桥的主塔中,有采用曲线预应力束的趋势,如安徽铜陵大桥主塔中,采用了每束由5根钢绞线组成的U形曲线束。环向预应力体系具有整体性好、施工张拉工序少、预应力筋效能高、工程造价低的特点。该预应力体系也存在一些不足之处:一方面施工穿索定位较困难,摩阻损失大;另一方面多根力筋之间相互干扰影响较大。

当塔柱横桥向尺寸与索力均较小,且拉索为单股索时,只需在塔柱纵壁上设置预应力筋束;当塔柱横桥尺寸较大、拉索为横排的双股钢索时,需在塔柱纵、横壁上都设置预应力筋束;当塔柱横向尺寸和索力均较大,且拉索为横排的双股钢索时,除在塔柱纵、横壁上都设置预应力筋束外,还应增加纵向中间隔板,具体布置如图2-2-44所示。

(2)采用钢锚固梁对称锚固

采用钢锚固梁对称锚固构造时将钢锚固梁支承于空心塔柱横壁内侧的牛腿凸块上,拉索

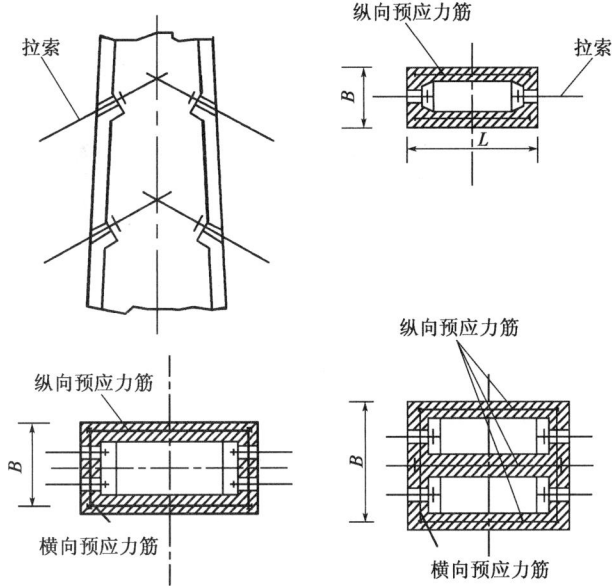

图 2-2-44 在空心塔柱壁内侧对称锚固

穿过预埋在塔壁中钢管锚固在钢锚固梁两端的锚块上,如图 2-2-45 所示。钢锚固梁本身是一个独立和稳定的构件,梁两端的刚性垂直支承可在顺桥向和横桥向做微小的移动和转动,但需在两端设纵桥向和横桥向的限位构造装置。在各种受力情况下,拉索的垂直分力由钢锚固梁的垂直支承通过牛腿凸块传给塔柱,当塔柱两侧拉索索力不等或索力相等而倾角不等时,塔柱两侧的不平衡水平分力将通过钢横梁下的支承摩阻力或顺桥向两端的限位挡块传给塔壁牛腿,再传给塔壁,使塔壁承受的水平力减小,相应地也减少了塔柱在平面框架内的局部荷载及剪力、弯矩。由于钢锚固梁两端可做微小的自由移动和转动,由温度影响引起的约束力也将是很小的。

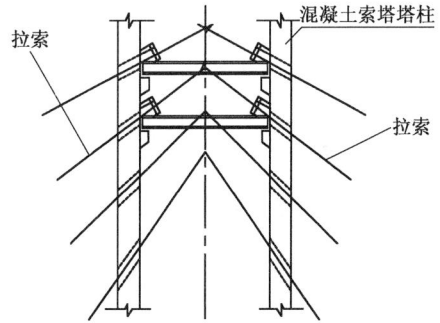

图 2-2-45 用钢锚固梁对称锚固

用钢锚固梁实现拉索在空心塔柱上的对称锚固,可使混凝土塔柱在拉索锚固区段受力明确,内力减少,不会产生水平裂缝,确保索塔和斜拉桥的长期使用和安全可靠。加拿大主跨 465m 的安娜雪丝桥和我国主跨 423m 的南浦大桥混凝土索塔锚固结构都采用了这种形式。

(3)利用钢锚箱对称锚固

利用埋设于塔柱中的钢锚箱锚固拉索,钢锚箱的构造和布置随索塔的结构形式、索面布置、索力大小而不同。

图 2-2-46 是主跨 1 088m 的苏通长江大桥混凝土索塔钢锚箱的构造图。拉索锚固于横向倒 Y 形索塔上部两个斜塔柱相交后的垂直柱段上。每层拉索的锚固箱上下焊接,通过剪力钉与混凝土塔柱连接,并设环形预应力筋束把钢锚箱夹在塔柱的两个分肢之间。每层锚的两块纵向钢板之间的两端焊有横向锚固梁,两侧各两股拉索锚固在各自的锚固箱上。两侧拉索的水平分力由纵向钢板未被挖空的部分承担,垂直分力在锚箱与混凝土的接触面上以剪力方式传递。

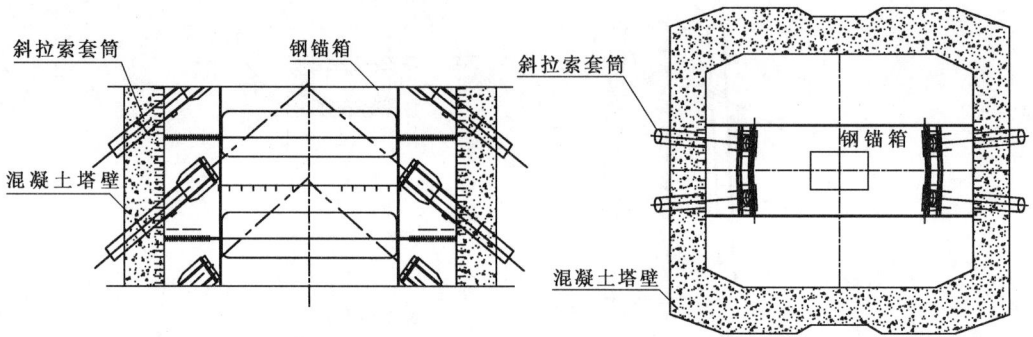

图 2-2-46　苏通长江大桥索塔上拉索钢锚箱构造图

第六节　斜拉桥的支承

作用在斜拉桥上部结构上的各种荷载都要通过支承传给下部结构。斜拉桥的支承体系包括主梁的支承和索塔的支承两种。支承的不同布置对斜拉桥的结构受力性能影响很大,在全桥的总体布置及构造设计中应予以充分考虑。斜拉桥的支承除应满足正常使用阶段的各种受力情况外,还应考虑其在环境条件较差时保持良好的工作性能,并在正常运行条件下需易于更换拉索或支座。

一、索塔的支承体系

索塔的支承体系一般可分为四种形式,如图 2-2-47 所示。

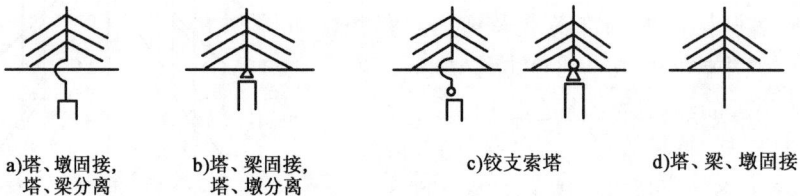

a)塔、墩固接,　　b)塔、梁固接,　　　c)铰支索塔　　d)塔、梁、墩固接
塔、梁分离　　　塔、墩分离

图 2-2-47　索塔的支承形式

(1)塔、墩固接,塔、梁分离,如图 2-2-47a)所示。索塔的塔柱下端与桥墩固接,这种形式增加了索塔的整体刚度,对施工有利,但对地基要求高。当主梁连续通过塔墩处时,可在墩顶或塔柱横梁上设置竖向、横向、顺桥向支承。现代大跨径斜拉桥绝大多数索塔均采用这种支承形式。

(2)塔、梁固接,墩、梁分离,如图 2-2-47b)所示。索塔的塔柱下端与主梁固接,并通过支座支承在桥墩顶部,这种支承形式可减小塔柱弯矩,对地基要求低,可在软土地基上建造。但在塔、梁固接处主梁出现负弯矩峰值,主梁必须加强,且索塔处主梁还需设置竖向支承,对支座吨位要求高,使支座的设计、养护、更换较困难,并且在主跨满载时因索塔随主梁挠曲变形而发生向主跨方向的倾斜,使主跨的跨中挠度和主梁负弯矩显著增大,故在大跨径斜拉桥中较少采用。主跨320m的法国伯劳东纳桥、主跨400m的法国艾龙河桥及主跨425m的挪威海尔格兰桥就是采用这种支承形式。

（3）塔、墩（或塔、梁）铰接，梁、墩分离，如图2-2-47c）所示。塔柱下端铰接于墩顶或主梁顶部，这种索塔支承形式可减少塔柱的弯矩，降低结构的超静定次数。当地基条件极差时，采用这种支承可改善地基的受力条件，但应在塔底设置大吨位的铰支承，并应在施工期间采取措施保证索塔结构的整体稳定性。

（4）塔、梁、墩固接，如图2-2-47d）所示。这种支承体系，由于索塔刚度大，对施工有利，但因温度内力较大，故在双塔三跨式斜拉桥中较少采用，一般适用于中小跨径的独塔双跨式斜拉桥。又由于其对塔墩抗震不利，宜在地基条件好、地震烈度低的地区采用。我国重庆石门大桥、美国达姆岬（D-P）桥的索塔均采用这种支承形式。

二、主梁的支承体系

斜拉桥的主梁除了以拉索作为弹性支承外，在主梁与塔的交叉部位和梁端支承部位，一般都应设置顺桥向、横桥向及竖向支承构造。拉索对主梁的支承已在本篇第一章第二节锚拉体系中阐述，这里不再赘述。

1. 竖向支承

在主梁与塔柱的交叉部位、梁端及辅助墩处，一般均需设置竖向支承。

塔墩处主梁的竖向支承方式有三种：支承于索塔上或塔柱间横梁上，支承在墩顶，或梁、塔、墩三者固接。

在塔柱位置设置竖向刚性支承将导致该处主梁产生较大的负弯矩，由混凝土收缩、徐变产生的负弯矩也较大。飘浮体系密索布置的斜拉桥在塔与主梁交叉处一般不设竖向刚性支承，而是采用拉索垂直悬吊支承，或采用等效弹性竖向支承约束，以避免在塔、梁处出现较大的负弯矩，但此时需在塔与主梁之间设置主梁的横向限位装置。设计时采用何种竖向支承，应结合水平方向的支承条件、支座的构造、主梁的抗弯刚度及拉索的布置等因素综合考虑决定。

梁端及边跨辅助墩处的竖向支承应考虑会产生正、负双向反力的受力情况，应设置双向铰接拉、压支承构造，或在梁端部支承处采用平衡压重措施，以确保竖向支承处于受正压力的支承条件。

2. 横向支承

一般在梁端及主梁与塔连接处均应设置横向支承，以共同承受横向水平力，边跨辅助墩上仅设竖向支承而不设横向支承，使辅助墩只承受垂直力而不负担横向水平力。由于竖向支承设在梁体下面两侧，故横向支承可设在梁体侧面，即位于主梁与塔柱之间，或梁体下的桥轴线上。横向固定支座只起约束横向变位的作用。横向支承一般采用板式橡胶支座。

3. 顺桥向支承

斜拉桥主梁的顺桥向支承形式的确定要考虑各种因素，如地震惯性力、温度变化、制动力、风力等引起的顺桥向移动量的大小。特别是地震惯性力随支承条件的不同变化较大，而温度变化的影响要考虑结构的温度应力和伸缩缝处的伸缩量。

以下分述四种顺桥向支承的布置形式。

（1）采用一处固定支承，其余各处均为可移动的顺桥向支承形式。

由于全部水平力由一个固定支承承受，往往只适用于规模较小的斜拉桥，而且在桥墩和桥面高度均较低的条件下采用。固定支承通常设在刚度较大的中墩上。

（2）采用多处固定支承的布置形式。这种支承形式可以分散随跨径增大而急剧加大的水平力，特别是强大的风荷载或地震力所引起的水平力。但是采用这种多处固定支承的布置形式时，应避免由于支承的约束而产生过大的温度应力和混凝土收缩、徐变引起的内力。为解决这一问题，有两种可供选择的结构布置方式：当斜拉桥桥墩较高，具备设置柔性墩的条件时，可将塔、梁、墩三者固接，形成刚架式斜拉桥，同时将桥墩设计成柔性双（单）排墩的结构形式，以桥墩的顺桥向水平柔性来适应顺桥向的约束变形要求，减少温度应力及混凝土收缩、徐变及外荷载引起的约束内力；当桥墩较低、水平刚度较大时，可在塔、梁交叉位置或梁端支点处于顺桥水平方向设置一种特殊的水平固定支承，称为阻尼减振装置，该装置对温度变化、混凝土收缩和徐变等缓慢发生的变形可作出缓慢水平移动，以起到活动支座的作用，而对风荷载、地震力等引起的急剧水平变位和水平力则起到固定支座的作用，因而由这种阻尼减振支座代替一般的固定支座可减小结构原有的刚度。顺桥向采用多处固定的支承形式适用于规模较大的斜拉桥。

（3）采用水平弹性固定支承形式，具体有两种布置方式：一是在梁端设置水平弹性固定约束构造，这样就改变了斜拉桥结构原有的自振动力性能，如自振频率降低、周期增长，从而降低了固定支承处的地震水平力；二是在索塔与梁之间设置水平拉索来降低固定支承处的水平力，并可减小索塔根部弯矩，增加斜拉桥结构的总体刚度，减小变形。

（4）采用悬浮固定支承形式。即主梁在顺桥向不设置任何水平约束支承，仅通过拉索支承在索塔上。这时顺桥向的水平力按主梁→拉索→索塔→下部结构的顺序进行传递，因此塔柱下端必须与桥墩固接。这种支承形式的优点在于主梁的整体悬浮状态和索塔的柔性大大增加了索塔顺桥向的振动周期，大幅度降低了结构对地震力的动力响应，对结构抗震极为有利。但也正因为主梁处于整体悬浮状态，使水平变形很大，应设置足够的水平伸缩构造装置，如有必要需在梁端设置纵向水平限位装置，同时应设置横向限位构造（一般在索塔处和两边跨处设置横向限位的板式橡胶支座）。

上述四种主梁在顺桥向的水平支承布置形式，特别是弹性固定支承和悬浮支承应在方案设计阶段进行结构整体分析计算。

独塔双跨式斜拉桥，一般塔墩刚度大，可在此设置顺桥向水平固定支承，通常采用单处固定的支承形式，而不用多处固定的支承布置形式，如图 2-2-48 所示。

双塔三跨式斜拉桥一般在一个塔墩上设顺桥向水平固定支承，其他均设活动支承。但这样布置后结构失去对称性，两端伸缩量也不同，使伸缩缝构造趋于复杂。另外，虽然两塔墩大致平均分担全桥的竖向力和横桥向水平力，但顺桥向集中力却集中在一个塔墩上。为此，可采用多处固定的支承布置形式，即在两个塔墩处均设置顺桥向水平固定支承，并在中跨跨中设置铰结构。由于铰接处会产生折角变形，所以此种支承布置形式必须配以密索体系且拉索要一直布置到铰结构附近，如图 2-2-49b）所示。为避免设置铰结构可在两塔墩上均设置阻尼减振支座。而当桥墩较高具备设置柔性墩条件时，可采用塔、梁、墩固接，并将桥墩设计成柔性单

（双）排墩。在结构体系分析计算结果达到要求时也可采用弹性固定支承及悬浮固定支承形式。双塔三跨式主梁顺桥向支承形式如图2-2-49所示。

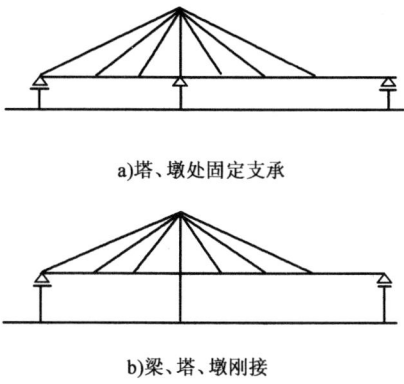

a)塔、墩处固定支承

b)梁、塔、墩刚接

图2-2-48　独塔双跨式主梁的顺桥向支承形式

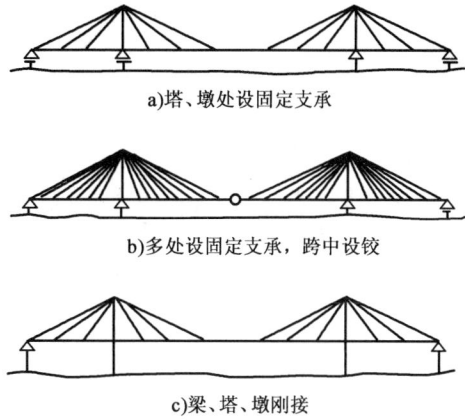

a)塔、墩处设固定支承

b)多处设固定支承，跨中设铰

c)梁、塔、墩刚接

图2-2-49　双塔三跨式主梁顺桥向支承形式

第三章
混凝土斜拉桥的计算

第一节 概　　述

　　斜拉桥是复杂的高次超静定结构,它具有空间静力特性,即索和塔对提高主梁抗扭性能的影响效应,而且在设计时还需考虑结构的非线性影响与斜拉索锚固区的局部效应等。与其他桥型的结构内力及变形的分析方法一样,在斜拉桥的内力与变形的计算中,一般把空间结构简化成平面结构的计算图式来计算,确定其内力与变形后再乘以荷载横向分布系数,即考虑结构的空间效应,当采用电算时,也可考虑双索面及塔与主梁的共同作用,直接按空间结构来分析。由于斜拉桥多数应用于大跨径桥梁,恒载占很大的比例,而空间影响主要在于活载,因此,不论采取哪种计算图式,对确定主梁的尺寸与配筋的影响是不大的,但用精确的计算图式确定索塔的内力与变形,可以取得更符合实际的结果。

　　斜拉桥存在着材料非线性影响和结构几何非线性影响。材料性质的非线性主要指混凝土在长期荷载状况下的徐变影响,例如恒载内力与地基变形引起的内力与变形在斜拉桥内的重分布问题;材料的非线性还应包括斜索锚固区局部应力考虑塑性重分布的影响等。结构几何非线性影响主要包括两方面:索的变形受到垂度的影响以及考虑主梁与塔的轴力效应的大挠度理论,这些问题的处理采取近似理论,把问题线性化,使用增量——初始应变法或预估轴力,逐次逼近计算以得到最终结果。

斜拉桥施工阶段的计算很重要,特别是主梁在施工阶段的受力条件往往起控制作用,这是由于主梁的抗弯承载力一般限制在一个较小的范围内,以便采取较小的主梁尺寸以减轻它的自重,提高跨越能力。在斜拉桥中恒活载引起的内力的平衡主要依靠索、塔及主梁的轴力来实现,因此,索力的微小偏差均能在主梁内引起较大的弯矩,这一点是施工阶段计算的重点。此外,斜拉桥施工一般采取悬臂浇筑或悬臂拼装法来实现,故施工阶段变形计算也是很重要的,通过变形计算以确定预拱度,控制桥面高程,使施工完成后的桥面成为平顺线形。为了控制好斜拉桥的内力和变形,一般要进行施工控制计算和施工监测。

斜拉桥的结构计算内容大致包括静力、稳定和动力三大类,如图 2-3-1 所示。

1. 静力方面

斜拉桥是一种高次超静定结构,其静力受力特性与一般桥梁有所不同。对于梁式桥,如果结构尺寸、材料、二期恒载确定后,结构的恒载内力也随之基本确定,无法进行较大的调整。而对于斜拉桥,在外部体系、结构尺寸、材料、二期恒载等确定后,结构的受力在很大程度上取决于斜拉索的张拉力,

$$\text{斜拉桥的结构计算} \begin{cases} \text{静力计算} \begin{cases} \text{整体计算} \\ \text{局部计算} \end{cases} \\ \text{稳定性计算} \\ \text{动力计算} \begin{cases} \text{抗风计算} \\ \text{抗震计算} \end{cases} \end{cases}$$

图 2-3-1 斜拉桥的结构计算

索力的大小以及多根索力之间的分配比例可以组成无数组索力张拉方案和对应的结构内力状态。因此,斜拉桥的设计计算首先要确定其合理的成桥状态,即以成桥时的线性和内力状态为最优,最佳状态时主梁和塔的恒载弯矩很小。其中最主要的是斜拉索的初始张力,理论和实践表明大跨径斜拉桥的初始张力占整个索力的80%以上。

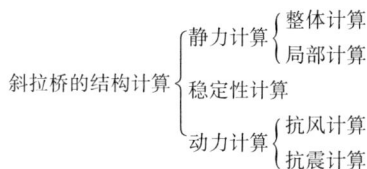

斜拉桥的活载受力性能与恒载有很大区别,恒载的状态可以通过索力进行调整,但是活载内力只与体系、截面、材料有关,而不受索力调整的影响。大跨径混凝土斜拉桥主梁的自重集度很大,斜拉索的活载索力增量很小,只占索力的20%左右,但是活载产生的主梁及塔柱弯矩远超过恒载,并成为弯矩的主要部分。同时,活载挠度是体现斜拉桥刚度的主要指标。

除上述恒载、活载外,斜拉桥设计中需要考虑的静力效应主要还有:预应力效应、温差效应、混凝土收缩徐变效应等。

当确定了理想的成桥状态后,还必须根据此状态确定各施工阶段的合理状态。按照此状态进行施工,成桥后就可以达到理想状态。

局部计算主要包括:横梁、桥面板、锚固体和需要计算局部应力的构件。

2. 稳定性方面

斜拉桥的主梁及塔柱都是偏心受压构件,必须考虑成桥和施工阶段的稳定性,跨径不大时应进行弹性稳定性计算,超大跨径斜拉桥还必须进行弹塑性稳定计算。

3. 动力方面

斜拉桥由于其高次超静定,故其结构行为表现出较强的耦合性,尤其是扭转和竖向弯曲振型经常强烈耦合在一起,因此,在动力计算时最好采用空间模型。一般的梁桥、拱桥和刚架桥设计时,首先是考虑对桥梁的恒载和使用荷载进行计算,其次是对桥梁的地震荷载和风荷载进行验算。但对于跨径较大的斜拉桥,环境荷载和使用荷载同样重要。在一些地震较频繁的国家和地区,通常是在初步设计阶段就考虑地震荷载,尤其是纵向飘浮体系的斜拉桥,其塔底的纵向弯矩有时会控制设计。在超大跨径斜拉桥中风效应也是控制设计的主要因素之一。

第二节 斜拉桥的静力计算

斜拉桥是高次超静定结构,它的结构内力计算比一般桥梁结构要复杂。在此结构中,主梁的作用如同弹性支承于斜索连接点的连续梁。结构分析的方法有以下两大类。

第一类即为所谓的古典法,也就是采用杆件结构力学中通常应用的基本方法,如力法、能量法与位移法等。上述方法可以对斜拉桥结构进行线性分析,也可以反复多次迭代来计算一些非线性问题。但是采用古典法计算斜拉桥结构一般通过人工手算的办法来完成,如采用电算,程序将很难达到通用性。而且斜拉桥结构比较复杂,在桥跨较大、索又密的情况下,计算工作量相当大,就不宜用手算来实现。

第二类方法即是利用电子计算机进行结构分析。其一,把空间结构简化成平面结构,常采用平面杆系有限元法即基于小位移的直接刚度矩阵法,将结构离散化,把索以直杆代替,在柔性索中其单元的抗弯刚度记为零,垂度对变形的影响则采用后面介绍的等效弹性模量的方法使它线性化,塔和梁用梁单元进行模拟,按小挠度理论建立结构总刚度矩阵,通过编制相应的程序,然后上机计算。计算基本可变荷载内力时,可按一行车队的荷载加载,再考虑结构的空间效应,即乘以荷载横向分布系数,然后按照规范要求,进行内力组合。其二,把斜拉桥作为空间结构来分析,可以采取有限单元法把梁作为空间受力构件,并从梁的轴线伸出刚臂以连接到斜索下端的锚固点,或者采取梁单元同时考虑把斜索作用的索面单元的空间单元作为有限单元进行计算,更为精确的计算图式可以把加劲梁作为承受轴力作用的薄板单元,再考虑索作为承受轴力的杆件单元,采用具有多单元功能的空间结构程序来分析。

局部应力分析一般先把结构按整体进行分析,然后按照圣维南假定,从整个结构中取出需要计算局部应力的块件,它的范围在局部受力区以外一倍梁高处割开作为块件计算对象,在指定边界位移(一般仍假设满足平截面假定)及受力状态的前提下按空间折板结构计算。这样的计算图式一般按弹性阶段受力来分析,分析结果局部应力高峰可能出现很高的数值,这是不符合实际情况的,由于材料塑性影响以及设有网格分布钢筋,故高峰应力将显著削平。因此,采用弹性阶段的计算结果,只能作为布筋或施加局部预应力的参考。在确定预应力的大小后,把预应力作为外力,再进行验算。

一、斜拉索的垂度效应

1.等效弹性模量

斜拉桥的拉索一般采用柔性索,斜索在自重的作用下会产生一定的垂度,这一垂度的大小与索力有关,垂度与索力呈非线性关系。拉索张拉时,索的伸长量包括弹性伸长以及克服垂度所带来的伸长,为方便计算,可以用等效弹性模量的方法,在弹性伸长公式中计入垂度的影响。

等效弹性模量常采用 Ernst 公式,推导如下:

如图 2-3-2 所示,q 为斜索自重集度,f_m 为拉索跨中 m 处的径向挠度。因索不承担弯矩,根据 m 处索弯矩为零的条件,得到:

$$T \cdot f_{\mathrm{m}} = \frac{1}{8} q_1 l^2 = \frac{1}{8} q l^2 \cdot \cos\alpha$$

$$f_{\mathrm{m}} = \frac{q l^2}{8T} \cos\alpha \qquad (2\text{-}3\text{-}1)$$

式中:T——索所受的拉力;

l——拉索左右两点之间直线距离。

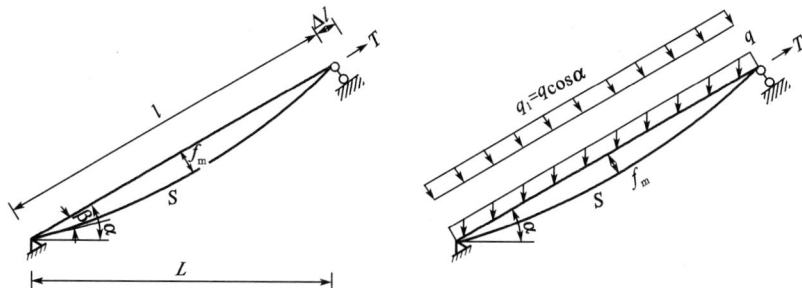

图 2-3-2 斜拉索的受力图式

索形应该是悬链线,对于 f_{m} 很小的情形,可近似地按抛物线计算,索的长度为:

$$S = l + \frac{8}{3} \cdot \frac{f_{\mathrm{m}}^2}{l} \qquad (2\text{-}3\text{-}2)$$

$$\Delta l = S - l = \frac{8}{3} \cdot \frac{f_{\mathrm{m}}^2}{l} = \frac{q^2 l^3}{24 T^2} \cos^2\alpha$$

$$\frac{\mathrm{d}\Delta l}{\mathrm{d}T} = -\frac{q^2 l^3}{12 T^3} \cos^2\alpha \qquad (2\text{-}3\text{-}3)$$

用弹性模量的概念表示上述垂度的影响,则有:

$$E_{\mathrm{f}} = \frac{\mathrm{d}T}{\mathrm{d}\Delta l} \cdot \frac{l}{A} = \frac{12 l T^3}{A q^2 l^3 \cos^2\alpha} = \frac{12 \sigma^3}{(\gamma L)^2} \qquad (2\text{-}3\text{-}4)$$

式中:$\sigma = T/A$;

$q = \gamma A$;

L——斜索的水平投影长度,$L = l \cdot \cos\alpha$;

E_{f}——计算垂度效应的当量弹性模量。

在 T 的作用下,拉索的弹性应变为:

$$\varepsilon_{\mathrm{e}} = \frac{\sigma}{E_{\mathrm{e}}}$$

因此,等效弹性模量 E_{eq} 为:

$$E_{\mathrm{eq}} = \frac{\sigma}{\varepsilon_{\mathrm{e}} + \varepsilon_{\mathrm{f}}} = \frac{\sigma}{\dfrac{\sigma}{E_{\mathrm{e}}} + \dfrac{\sigma}{E_{\mathrm{f}}}} = \frac{E_{\mathrm{e}}}{1 + \dfrac{E_{\mathrm{e}}}{E_{\mathrm{f}}}}$$

即:

$$E_{\mathrm{eq}} = \frac{E_{\mathrm{e}}}{1 + \dfrac{(\gamma L)^2}{12\sigma^3} E_{\mathrm{e}}} = \mu E_{\mathrm{e}} \quad (\mu < 1) \qquad (2\text{-}3\text{-}5)$$

斜拉索等效弹性模量与斜索水平投影长 L 的关系如图 2-3-3 所示。

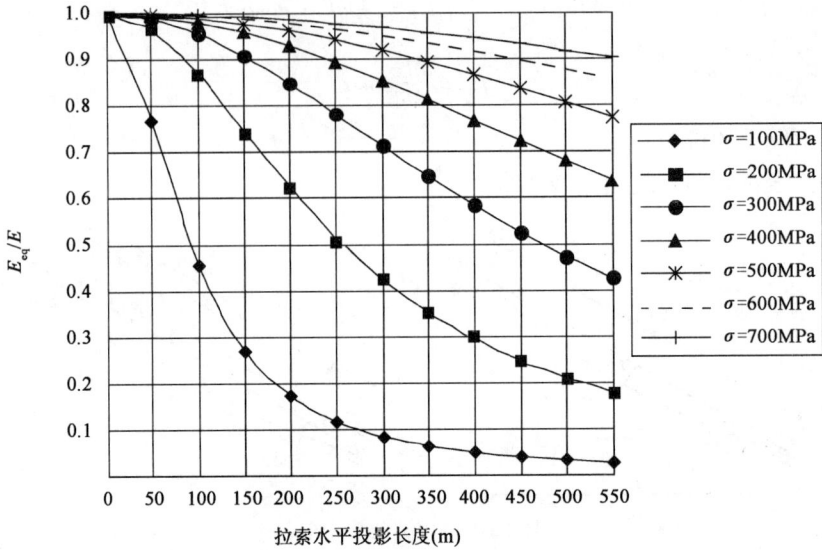

图 2-3-3 E_{eq} 与 L 的关系($E_e = 205\,000\text{MPa}$，$\gamma = 98\text{kN/m}^3$)

2. 斜拉索两端倾角修正

斜拉索两端的钢导管安装时,必须考虑垂度引起的索两端倾角的变化量 β,否则将造成导管轴线偏位。一般情况下,可按抛物线计算,即

$$\tan\beta = \frac{4f}{l} = \frac{4}{l} \cdot \frac{ql^2}{8T}\cos\alpha = \frac{q}{2T} \cdot L = \frac{\gamma L}{2\sigma} \tag{2-3-6}$$

$$\beta = \arctan\frac{\gamma L}{2\sigma}$$

当索的水平投影长度很长时($L > 300\text{m}$),按抛物线计算会带来一定的误差,因而应采用更精确的悬链线方程求解。

二、合理成桥状态的确定

斜拉桥是高次超静定结构,主梁和主塔的受力状态对索力大小很敏感,而斜拉索索力具有可调性,故斜拉桥的设计中存在一个通过优化成桥索力来优化成桥内力的合理成桥受力状态确定问题,即选择一组最优的索力是斜拉桥设计的首要问题。

为了寻求合理的成桥受力状态,国内外学者探索出了多种方法,目前应用较多的有刚性支承连续梁法、可行域法、影响矩阵法。以下分别介绍这三种调索方法。

(一)刚性支承连续梁法

刚性支承连续梁法是指成桥状态下,斜拉桥主梁的弯曲内力和刚性支承连续梁的内力状态一致。因此,可以非常容易地根据连续梁的支承反力确定斜拉索的初张力。

这种方法确定的索力可能导致索力跳跃大,不均匀,主梁的恒载弯矩虽然很小,但对于不对称结构,则会导致塔的弯矩很大,所得结果将难以应用。只有在边中跨比接近 0.5,且索距基本相同时由该方法所得的结果才有意义。

(二)可行域法(应力平衡法)

从控制主梁应力的角度看,索力过大或过小都有可能造成主梁上、下缘拉应力或压应力超限,因而其间必定存在一个索力可行域,使主梁在各种工况下各截面应力均在容许范围内。

下面介绍可行域法调索计算的过程。

主梁截面的应力控制条件可用式(2-3-7)和式(2-3-8)表示。

1. 拉应力控制条件

主梁截面上、下缘在结构自重和活载共同作用下的上、下缘最大拉应力 σ_{tl}、σ_{bl} 应满足:

$$\left.\begin{array}{l} \sigma_{tl} = -\dfrac{N_d}{A} - \dfrac{M_d}{W_t} + \sigma_{tm} \leqslant [\sigma_l] \quad (上缘) \\[3mm] \sigma_{bl} = -\dfrac{N_d}{A} + \dfrac{M_d}{W_b} + \sigma_{bm} \leqslant [\sigma_l] \quad (下缘) \end{array}\right\} \tag{2-3-7}$$

2. 压应力控制条件

主梁截面上、下缘在恒载和活载组合作用下的上、下缘最大压应力 σ_{ta}、σ_{ba} 应满足:

$$\left.\begin{array}{l} \sigma_{ta} = -\dfrac{N_d}{A} - \dfrac{M_d}{W_t} + \sigma_{tn} \leqslant [\sigma_a] \quad (上缘) \\[3mm] \sigma_{ba} = -\dfrac{N_d}{A} + \dfrac{M_d}{W_b} + \sigma_{bn} \leqslant [\sigma_a] \quad (下缘) \end{array}\right\} \tag{2-3-8}$$

以上式中:N_d、M_d——全部恒载(包括预应力)产生的主梁截面轴力和弯矩,轴力以压为正,弯矩以下缘受拉为正;

$\quad A$、W_t、W_b——主梁的面积、上缘和下缘抗弯抵抗矩;

$\quad \sigma_{tm}$、σ_{bm}——其他荷载(除恒载)引起的主梁截面上、下缘最大应力;

$\quad \sigma_{tn}$、σ_{bn}——其他荷载(除恒载)引起的主梁截面上、下缘最小应力;

$\quad [\sigma_l]$、$[\sigma_a]$——容许拉、压应力。

3. 主梁恒载弯矩可行域

在以上应力控制条件的关系式中,M_d 是通过调索达到预期的恒载弯矩,系待求值,由上式可得:

$$\left.\begin{array}{l} M_d \geqslant \left(-\dfrac{N_d}{A} - [\sigma_l] + \sigma_{tm}\right)W_t = M_{dl1} \\[3mm] M_d \leqslant \left(\dfrac{N_d}{A} + [\sigma_l] - \sigma_{bm}\right)W_b = M_{dl2} \\[3mm] M_d \geqslant \left(-\dfrac{N_d}{A} - [\sigma_a] - \sigma_{tn}\right)W_t = M_{da1} \\[3mm] M_d \leqslant \left(\dfrac{N_d}{A} + [\sigma_a] - \sigma_{bn}\right)W_b = M_{da2} \end{array}\right\} \tag{2-3-9}$$

在上式中,令

$$M_{d2} = \min(M_{dl2}, M_{da2}) \quad (控制恒载正弯矩)$$
$$M_{d1} = \max(M_{dl1}, M_{da1}) \quad (控制恒载负弯矩)$$

在主梁上施加预应力可增大可行域范围,调索最终的结果不仅应使主梁恒载弯矩全部进入可行域,而且索力分布应均匀。

(三)影响矩阵法

1. 基本概念

首先定义以下几个名词。

受调向量:结构中关心截面的 n 个指定调整值的独立元素所组成的列向量,记为:

$$\boldsymbol{D} = \{d_1 \quad d_2 \quad \cdots \quad d_i \quad \cdots \quad d_n\}^{\mathrm{T}} \tag{2-3-10}$$

式中: $d_i(i=1,2,\cdots,n)$ ——关心截面的内力值或位移值。

施调向量:结构中指定可实施调整以改变受调向量的几个独立元素所组成的列向量,记为:

$$\boldsymbol{x} = \{x_1 \quad x_2 \quad \cdots \quad x_i \quad \cdots \quad x_n\}^{\mathrm{T}} \tag{2-3-11}$$

式中: $x_i(i=1,2,\cdots,n)$ ——关心截面的内力值或位移值。

因此,现在需要采用已知的受调向量来求未知的施调向量。

影响向量:被调向量中第 i 个元素发生单位变化,引起受调向量 $\boldsymbol{D}$ 变化向量,记为:

$$\boldsymbol{A}_i = \{a_{1i} \quad a_{2i} \quad \cdots \quad a_{ii} \quad \cdots \quad a_{ni}\}^{\mathrm{T}}$$

影响矩阵: n 个施调向量分别发生单位变化时,引起的 n 个影响向量依次排列所形成的矩阵,记为:

$$\boldsymbol{A} = [\boldsymbol{A}_1 \quad \boldsymbol{A}_2 \quad \cdots \quad \boldsymbol{A}_i \quad \cdots \quad \boldsymbol{A}_n] = \begin{bmatrix} a_{11} & a_{12} & a_{1n} \\ a_{21} & a_{22} & a_{2n} \\ & \cdots & \\ a_{n1} & a_{n2} & a_{nn} \end{bmatrix} \tag{2-3-12}$$

如果认为在调整阶段结构满足线性叠加原理,根据影响矩阵的定义可知:

$$\boldsymbol{A}\boldsymbol{x} = \boldsymbol{D} \tag{2-3-13}$$

式中: $\boldsymbol{A}$ ——影响矩阵;

$\boldsymbol{x}$ ——施调向量;

$\boldsymbol{D}$ ——受调向量。

2. 成桥状态的索力优化

这里要讲的是多种目标函数对成桥状态索力优化的统一形式,但为了方便,仍以弯曲能量最小为目标函数进行推导。

结构的弯曲应变能可写成:

$$U = \int_s \frac{M^2(s)}{2EI}\mathrm{d}s \tag{2-3-14}$$

对于离散的杆系结构可写成:

$$U = \sum_{i=1}^n \frac{L_i}{4E_iI_i}({}^{\mathrm{L}}M_i^2 + {}^{\mathrm{R}}M_i^2) \tag{2-3-15}$$

式中: n ——结构单元总数;

L_i、E_i、I_i —— i 号单元的杆件长度、材料弹性模量和截面惯性矩;

${}^{\mathrm{L}}M_i^2$、${}^{\mathrm{R}}M_i^2$ ——单元左、右端弯矩。

将式(2-3-15)改写成:

$$U = {}^{L}\boldsymbol{M}^{T}\boldsymbol{B}^{L}\boldsymbol{M} + {}^{R}\boldsymbol{M}^{T}\boldsymbol{B}^{R}\boldsymbol{M} \tag{2-3-16}$$

式中：${}^{L}\boldsymbol{M}$、${}^{R}\boldsymbol{M}$——左、右端弯矩向量；

$\boldsymbol{B}$——系数矩阵，

$$\boldsymbol{B} = \begin{bmatrix} b_{11} & 0 & & 0 \\ 0 & b_{22} & & \\ & & \cdots & \\ 0 & & 0 & b_{mm} \end{bmatrix} \tag{2-3-17}$$

式中：$b_{ii} = \dfrac{L_i}{4E_i I_i}$ $(i = 1,2,\cdots,m)$。

令调索前左、右端弯矩向量分别为 ${}^{L}\boldsymbol{M}_0$ 和 ${}^{R}\boldsymbol{M}_0$，施调索力向量为 $\boldsymbol{T}$，则调索后弯矩向量为：

$$\begin{cases} {}^{L}\boldsymbol{M} = {}^{L}\boldsymbol{M}_0 + \boldsymbol{C}_{L}\boldsymbol{T} \\ {}^{R}\boldsymbol{M} = {}^{R}\boldsymbol{M}_0 + \boldsymbol{C}_{R}\boldsymbol{T} \end{cases} \tag{2-3-18}$$

式中：$\boldsymbol{C}_{L}$、$\boldsymbol{C}_{R}$——索力对左、右端弯矩的影响短阵。

将式（2-3-18）代入式（2-3-16）得：

$$\begin{aligned} U = C_0 + {}^{L}\boldsymbol{M}_0^{T}\boldsymbol{B}\boldsymbol{C}_{L}\boldsymbol{T} + \boldsymbol{T}^{T}\boldsymbol{C}_{L}^{T}\boldsymbol{B}^{L}\boldsymbol{M}_0 + \\ \boldsymbol{T}^{T}\boldsymbol{C}_{L}^{T}\boldsymbol{B}\boldsymbol{C}_{L}\boldsymbol{T} + {}^{R}\boldsymbol{M}_0^{T}\boldsymbol{B}\boldsymbol{C}_{R}\boldsymbol{T} + \\ \boldsymbol{T}^{T}\boldsymbol{C}_{R}^{T}\boldsymbol{B}^{R}\boldsymbol{M}_0 + \boldsymbol{T}^{T}\boldsymbol{C}_{R}^{T}\boldsymbol{B}\boldsymbol{C}_{R}\boldsymbol{T} \end{aligned} \tag{2-3-19}$$

式中：C_0——与 $\boldsymbol{T}$ 无关的常数。

要使索力调整后结构应变能最小，令：

$$\frac{\partial U}{\partial T_i} = 0 \quad (i = 1,2,3,4) \tag{2-3-20}$$

将式（2-3-20）代入式（2-3-19）并写成矩阵形式：

$$(\boldsymbol{C}_{L}^{T}\boldsymbol{B}\boldsymbol{C}_{L})\boldsymbol{T} + (\boldsymbol{C}_{R}^{T}\boldsymbol{B}\boldsymbol{C}_{R})\boldsymbol{T} = -\boldsymbol{C}_{R}^{T}\boldsymbol{B}^{R}\boldsymbol{M}_0 - \boldsymbol{C}_{L}^{T}\boldsymbol{B}^{L}\boldsymbol{M}_0 \tag{2-3-21}$$

式（2-3-21）给出了使整个结构弯曲能量最小时最优索力与弯矩影响矩阵的关系。用同样的方法很容易得到如下结论：

（1）如果取弯曲应变能与拉压应变能之和为目标函数，则只要在式（2-3-16）左、右端增加构件轴力与索力影响矩阵的关系项，就可方便地得出相应的最优索力方程。

（2）如果索力优化时只将结构中一部分关心截面上的内力应变能作为目标函数，则式（2-3-21）左、右端的影响矩阵用索力相应于这些关心截面内力的影响矩阵取代就可得出相应的最优索力方程。用相似的方法还可以定义许多有实际工程意义的目标函数，并通过变换得到与式（2-3-16）相似的索力优化方程。

（3）式（2-3-21）中的矩阵 $\boldsymbol{B}$ 可以看作单元的柔度矩阵对单元弯矩的加权矩阵，对变截面的斜拉桥，优化结果意味着内力将按截面的刚度分配，如果矩阵 $\boldsymbol{B}$ 可以由用户随意调整，则可根据构件的重要性和特点，人为给出各构件在优化时的加权量。当矩阵 $\boldsymbol{B}$ 为单位矩阵时，优化目标函数就变成了弯矩平方和。显然，以弯矩平方和作为目标函数，没有考虑构件的柔度对弯曲能量的吸收权，通常其优化结果不如用弯曲能量为目标函数的结果合理。

(4)用恒载和活载共同作用下的弯曲能量作为目标函数进行索力优化的结果代替式(2-3-21)中的$^L M_0$和$^R M_0$即可。

(四)无应力状态控制法

无应力状态法分析的基本思路是:不计斜拉索的非线性和混凝土收缩徐变的影响,采用完全线性理论对斜拉桥解体,只要保证单元长度和曲率不变,则无论按照何种程序恢复还原后的结构内力和线形都将与原结构一致。应用这一原理,建立斜拉桥施工阶段和成桥状态的联系。

实际结构是非线性的,实施起来需要作迭代,可按照以下步骤进行:

(1)计算成桥状态各斜拉索无应力状态下的长度S_0和主梁无应力状态下的预拱度y_0。用成桥状态的桥面线形y扣除自重、斜拉索初张力、预应力索效应和混凝土的收缩徐变等产生的变位,即可求得y_0,第一轮计算暂不包括混凝土收缩徐变的影响。

(2)以S_0作为安装过程控制量进行正装计算。根据结构受力的需要,斜拉索可以进行一次或多次张拉,在最后一次张拉时,将索由当前的长度,通过张拉调整到预定的无应力长度S_0,主梁各节点的初始高程按预拱度y_0设置。

(3)为了保证合龙时桥面弹性曲线连续,需要调索。

(4)由于施工阶段混凝土的收缩徐变和结构非线性行为的影响,由上述安装计算得到的成桥状态和预定的成桥状态之间存在差异,主要是梁的线形发生了变化,根据成桥状态的索力和线形,重新调整主梁的预拱度和无应力索长,进行下一轮迭代。

三、悬臂施工时合理施工状态的确定

斜拉桥采用悬臂法施工时,随着梁体的伸长,拉索的数量逐渐增加,后期梁体悬挂和拉索张拉必然会对前期各拉索的索力、梁体高程和应力产生影响。因而在确定了合理成桥状态的索力T[式(2-3-22)]及成桥状态梁体高程之后,必须以此为目标确定相应的施工阶段各索的初张力T_P和梁段初始安装高程。

1. 拉索初张力T_P的计算

对于一次张拉的情形,索力的相互影响可用下式表示:

第1对索力 $T_1 = b_{11} \cdot T_{1P} + b_{12} \cdot T_{2P} + \cdots + b_{1n} \cdot T_{nP} + T_{1Q}$

第2对索力 $T_2 = b_{22} \cdot T_{2P} + \cdots + b_{2n} \cdot T_{nP} + T_{2Q}$

……

第n对索力 $T_n = b_{nn} \cdot T_{nP} + T_{nQ}$

$$T = BT_P + T_Q \tag{2-3-22}$$

索力初张力为

$$T_P = B^{-1}T - T_Q \tag{2-3-23}$$

式中: T——拉索的最终索力;

           T_P——施工阶段拉索的初张力;

           T_Q——体系转换、二期恒载、徐变等引起的索力变化量;

$b_{ij}(i,j=1,2,\cdots,n)$——j号索的单位张拉索力引起第i号索的索力变化量,计算中不仅要考虑新增梁段的影响,还需考虑各种施工设备等临时荷载的影响。

拉索的索力发生变化后,修正弹性模量也发生了变化,在施工模拟计算中,这一因素必须

加以考虑。

2. 施工中各梁段高程的确定

梁体各控制点高程在施工过程中的变化情况可用下式表示:

第 1 号梁段高程 $\qquad H_1 = H_{10} + \delta_{11} + \delta_{12} + \cdots + \delta_{1n} + \delta_{1Q}$

第 2 号梁段高程 $\qquad H_2 = H_{20} + \delta_{22} + \cdots + \delta_{2n} + \delta_{2Q}$

$\cdots\cdots$

第 n 号梁段高程 $\qquad H_n = H_{n0} + \delta_{nn} + \delta_{nQ}$

$$H = H_0 + \delta + \delta_Q \qquad (2\text{-}3\text{-}24)$$

施工中梁体的初始高程为:

$$H_0 = H - \delta - \delta_Q \qquad (2\text{-}3\text{-}25)$$

式中: $\qquad H$——成桥后主梁各控制点的设计高程;

$\qquad H_0$——施工中主梁各控制点的安装初始高程;

$\qquad \delta_Q$——体系转换、二期恒载、收缩、徐变等引起的高程变化量;

$\delta_{ij}(i,j=1,2,\cdots,n)$——$j$ 段梁安装或浇筑、预应力筋张拉及拉索张拉后引起 i 点高程的变化值,当 $i=j$ 时,尚需考虑悬浇过程中挂篮负重变形的影响。

在确定了各索的初张力和梁体各控制点的初始高程之后,需作施工模拟计算,以确保施工过程中梁和塔的应力不超限,并确认成桥后恒载弯矩在可行域内。

四、斜拉桥的活载内力计算

斜拉桥的活载内力常用内力影响线来求解最不利组合活载所产生的最大内力。在求解最大内力时,应对属于同一截面的弯矩、轴力和剪力三条影响线中的任一条施加以最不利活载,其余的两条则施加相应的活载。下面叙述斜拉桥影响线的绘制。

1. 直接加载法求杆件内力影响线

求算影响线坐标值的方法很多,最简单的方法就是在主梁上逐点施加单位力而获得影响线。设有一单位力,自左至右沿桥面移动,可将各次分别施加在各节点的单位力与整体结构刚度矩阵 K 和位移列阵 σ 组成位移方程组,解此方程组,即得结构各节点的位移。将此位移代入相应杆件的单元刚度矩阵,解之得杆件内力和支点反力的二维数组,该数组的每一行代表着每加一次单位力所得的有关数据,则数组的每一列,就是相应位移或所求内力的影响线坐标值。

2. 用强迫位移法求斜拉桥杆件内力影响线

从原理上来说,用强迫位移法求斜拉桥某个截面内力影响线时,只需在这个截面所求内力方向上施加单位变位。如求 N 时在 x 方向;求 Q 时在 y 方向;求 M 则施加一单位角变位。斜拉桥杆件由此变位产生的弹性变位曲线,就是所求内力影响线。

按照强迫位移法作影响线在直接刚度法中只需将某根单元固定,然后作所求力素 S_i 方向上相应的单位位移,产生节点力 $\bar{S}_{ij}^e$,再放松节点,即将 $-\bar{S}_{ij}^e$ 作为荷载作用于结构,建立平衡方程式,以此确定的位移未知量 u_k、v_k 及 θ_k,即为荷载 P_{xk}、P_{yk} 及 M_k 作用于荷重弦的点 K 时对力素 S_i 的影响量,用公式表示如下:

$$S_i = u_k P_{xk} + v_k P_{yk} + \theta_k M_k \qquad (2\text{-}3\text{-}26)$$

或者用矩阵表示:

$$S_i = - [P_{xk} \quad P_{yk} \quad M_k] \begin{Bmatrix} u_k \\ v_k \\ \theta_k \end{Bmatrix} \qquad (2\text{-}3\text{-}27)$$

上式力与位移方向一致,所以取负号。

当确定杆件轴力 N_{ij} 影响线时,只需令 $\bar{u}_{ij}^e = 1$,而其余位移分量等于零,代入式(2-3-26)或式(2-3-27)得到:

$$\begin{Bmatrix} \bar{X}_i \\ \bar{Y}_i \\ \bar{M}_i \\ \bar{X}_j \\ \bar{Y}_j \\ \bar{M}_j \end{Bmatrix} = \bar{K}_{ij}^e \begin{Bmatrix} 1 \\ 0 \\ 0 \\ 0 \\ 0 \\ 0 \end{Bmatrix}$$

将节点力以结构坐标系表示,并乘以负号作为节点荷载:

$$F_{ij}^e = - T^{-1} \bar{S}_{ij}^e \qquad (2\text{-}3\text{-}28)$$

以此代入平衡方程式,所得变形即影响量。

五、斜拉桥的温度内力计算

斜拉桥结构体系是一个高次超静定结构,因此温度内力必须计算。一般情况下,温度变化产生的内力,可归纳为下列两种情况。

1. 杆件两边缘发生的均匀温度

认为主梁上、下缘及索塔左、右侧的温度变化均相等,只与斜拉索温度变化不相等。这主要是考虑到斜拉索的结构尺寸比主梁及索塔结构尺寸小得多,同时斜拉索材料导热性能比主梁及索塔的大得多,因而斜拉索的温度变化幅度要比主梁及索塔温度变化幅度大得多。这样,它们之间就产生了温度差异。所以,该项计算主要是为了考虑整个环境温度的变化对由两种不同材质的构件组成的斜拉桥的影响。

2. 杆件两边缘发生不均匀温度变化

这种计算主要是考虑日照所造成的主梁上下缘之间、索塔左右两侧之间温度变化不同的影响。

按第一种情况计算时,只需求出两个温度变化值,即主梁和索塔的温度变化值及斜拉索的温度变化值。按第二种情况计算时,需求出 5 个温度变化值,即主梁上缘和下缘的温度变化值、索塔左侧和右侧温度变化值及索温变化值。为此,需向当地气象站了解历年最高气温 t_2 和历年最低气温 t_1,选定桥梁合龙气温 t_0,则体系温差等于 $t_2 - t_0$ 或 $t_1 + t_0$。如没有杆件两边缘不均匀温差资料,可设温度梯度为常数,取梁上、下缘的温差为 $\pm 5℃$,索塔左右两侧日照温差为 $\pm 5℃$,拉索与主梁索塔间的温度差为 $\pm 10 \sim \pm 15℃$。例如济南黄河大桥温度变化按四组考虑,即体系温差 $\pm 20\%$,梁上、下温差 $\pm 5℃$,塔的日照温差 $\pm 5℃$,索梁温差 $\pm 10℃$。

根据温度影响分析,其原理与影响线做法的原理是相同的。将杆件固定,计算在温度影响下单元的节点力,然后以节点力乘以负号作为荷载,作用于结构,确定了平衡方程式的荷载项 P,解出变形未知量,即为温度影响所引起的变形。将结构变形以单元坐标系表示,并回代单元刚度矩阵与位移列阵的乘积方程,再加上单元固定条件下由温度引起的初始力,得到由温度影响引起的杆件内力。

六、考虑混凝土徐变影响的恒载内力计算

在预应力混凝土斜拉桥中,考虑徐变影响的恒载内力重分布计算,可近似地忽略主梁及塔内的钢筋影响来进行。由于斜拉索是钢构件,它没有徐变特性,因此,斜拉桥的徐变内力重分布不同于一般的钢筋混凝土结构。另外,斜拉桥的塔架和主梁不可能一次浇筑形成。因此,在考虑混凝土徐变影响时,应计入混凝土各节段加载龄期差异的影响。

按《公路钢筋混凝土及预应力混凝土桥涵设计规范》(JTG 3362—2018),其徐变系数 $\phi(t,t_0)$ 可计算如下:

$$\phi(t,t_0) = \phi_0 \beta_c(t-t_0) \tag{2-3-29}$$

$$\phi_0 = \phi_{RH} \cdot \beta(f_{cm}) \cdot \beta(t_0) \tag{2-3-30}$$

$$\phi_{RH} = 1 + \frac{1 - RH/RH_0}{0.46(h/h_0)^{1/3}} \tag{2-3-31}$$

$$\beta(f_{cm}) = \frac{5.3}{(f_{cm}/f_{cm0})^{0.5}} \tag{2-3-32}$$

$$\beta(t_0) = \frac{1}{0.1 + (t_0/t_1)^{0.2}} \tag{2-3-33}$$

$$\beta_c(t-t_0) = \left[\frac{(t-t_0)/t_1}{\beta_H + (t-t_0)/t_1}\right]^{0.3} \tag{2-3-34}$$

$$\beta_H = 150\left[1 + \left(1.2\frac{RH}{RH_0}\right)^{18}\right]\frac{h}{h_0} + 250 \leqslant 1\,500 \tag{2-3-35}$$

以上式中: t_0——加载时的混凝土龄期(d);

t——计算考虑时刻的混凝土龄期(d);

$\phi(t,t_0)$——加载龄期为 t_0,计算考虑龄期为 t 时的混凝土徐变系数;

ϕ_0——名义徐变系数;

β_c——加载后徐变随时间发展的系数;

f_{cm}——强度等级 C20 ~ C50 混凝土在 28d 龄期时的平均立方体抗压强度(MPa);

$$f_{cm} = 0.8f_{cu,k} + 8,\quad f_{cm0} = 10\text{MPa}$$

RH——环境年平均相对湿度(%),$RH_0 = 100\%$;

h——构件理论厚度(mm),$h = 2A/u$,A 为构件截面面积,u 为构件与大气接触的周围长度;

h_0——$h_0 = 100\text{mm}$;

t_1——$t_1 = 1\text{d}$。

计算徐变内力重分布的方法很多,这里介绍目前用得较多的采用直接刚度法按换算弹性模量来计算的方法。

1. 换算弹性模量 $E(\phi)$

假设混凝土构件受长期荷载作用,当不计收缩影响并考虑应力随时间而变化时,其变形公式可表示为:

$$\varepsilon(t) = \frac{\sigma(\tau_0)}{E}[1 + \phi(t,\tau)] + \int_{\tau_0}^{t} \frac{\partial\sigma(\tau)}{\partial\tau} \times \frac{1}{E}[1 + \phi(t,\tau)]d\tau$$

上式亦可改写为:

$$\varepsilon(t) = \frac{\sigma(\tau_0)}{E}[1 + \phi(t,\tau)] + \frac{\sigma(t) - \sigma(\tau_0)}{E}[1 + \phi(t,\tau_0)\rho(t,\tau_0)]$$

式中:$\rho(t,\tau_0)$——加载龄期为 τ_0 计算至时间 t 的龄期系数,其值为:

$$\rho(t,\tau_0) = \frac{\int_{\tau_0}^{t} \frac{\partial\sigma(\tau)}{\partial\tau}\phi(t,\tau)d\tau}{[\sigma(t) - \sigma(\tau_0)]\phi(t,\tau_0)} < 1 \tag{2-3-36}$$

当徐变系数按式(2-3-36)取值时,$\rho(t,\tau_0)$可按数值积分法确定。实用计算中为了方便起见,徐变系数可考虑滞后弹性影响取值,而其随时间变化规律可近似地按老化理论确定:

$$\rho(t,\tau_0) = \frac{1}{1 - e^{-\phi(t,\tau_0)}} - \frac{1}{\phi(t,\tau_0)}$$

取: $$E(\phi) = \frac{E}{1 + \rho(t,\tau_0)\phi(t,\tau_0)} = \frac{1 - e^{-\phi(t,\tau_0)}}{\phi(t,\tau_0)}E = \gamma(t,\tau_0)E \tag{2-3-37}$$

得到用换算弹性模量 $E(\phi)$ 计算徐变变形的公式:

$$\varepsilon(t) = \frac{\sigma(\tau_0)}{E}[1 + \phi(t,\tau_0)] + \frac{\sigma(t) - \sigma(\tau_0)}{E(\phi)} \tag{2-3-38}$$

前项指初始应力引起的弹塑性变形,后项指应力增量引起的弹塑性变形,用换算弹性模量 $E(\phi)$ 来计算得到。

2. 用直接刚度法按换算弹性模量来计算徐变内力重分布

按直接刚度法计算徐变内力时,是将弹性体系的单元刚度矩阵变为徐变体系的单元刚度矩阵,当引进换算弹性模量 $E(\phi) = \gamma(t,\tau_0)E$ 后,节点力与位移的关系可表达为:

$$S_{ij} = \gamma(t,\tau_0)K\sigma \tag{2-3-39}$$

式中:$S_{ij} = [X_i \quad Y_i \quad M_i \quad X_j \quad Y_j \quad M_j]^T$;

$\sigma = [u_i \quad v_i \quad \theta_i \quad u_j \quad v_j \quad \theta_j]^T$。

从单元坐标系变换到结构坐标系的变换矩阵与徐变体系和弹性体系的坐标系是一致的。故整体结构刚度形成时,应将弹性体系单元刚度矩阵乘以 $\gamma(t,\tau_0)$,后再集合组装,便成了徐变体系的整体刚度矩阵 K_ϕ。

在徐变内力重分布计算中,其关键是如何处理平衡方程的右端荷载项 P_ϕ,也就是节间荷载和初始力怎样移置于节点的问题。当划分单元时,应注意使每一个单元只由一种加载龄期的混凝土所组成,然后将各节点固定,计算各单元从加载龄期为 τ_0 到时间 t 的徐变反力,再放松节点形成节点荷载。

七、斜拉桥非线性问题分析

斜拉桥属于柔性结构,在荷载作用下变形较显著,用建立在小位移基础之上的经典线性理论计算时,会带来一定的误差。几何非线性理论是将平衡建立在结构变形后的位置上,因而更能反映结构的真实受力状态。一般桥梁结构受力后的变形很小,用线性理论分析误差极小,但用线性理论计算斜拉桥这种相对柔性的结构,所带来的误差常常不可忽略。

几何非线性理论有大位移小应变的有限位移理论和大位移大应变的有限应变理论两种,在非偶然荷载作用下,桥梁工程中的几何非线性问题一般都是有限位移问题。

建立以杆系结构有限元有限位移理论为基础的大跨径桥梁结构几何非线性分析总体方程时,应考虑三方面因素的几何非线性效应:

(1)单元初始内力对单元刚度矩阵的影响。包括单元轴力对弯曲刚度的影响以及弯矩对轴向刚度的影响,通过引入单元初应力刚度矩阵的方法来考虑。

斜拉桥的主梁与索塔一般都是以受压为主的构件。前者以承受拉索的水平分力为主,后者以承受拉索的垂直分力为主。在考虑非线性影响后,主梁的挠度和索塔的位移将使弯矩有增大趋势。从图2-3-4的简单图式可以理解,直杆 AB 中的 m 点产生挠曲位移 δ 后,在轴力 P 和弯矩 M 的作用下,m 点的弯矩变为 $M + \delta P$。对通常跨径的斜拉桥来说,非线性影响并不太大,一般只有百分之几的增幅,可以不予考虑。但是对于跨径较大或刚度较小的斜拉桥来说,就有必要考虑其影响了。例如德国的 Speyer 桥(跨度 181m + 275m 钢斜拉桥,1975 年),在考虑非线性影响后弯矩增大达 18%,因此必须引起注意。

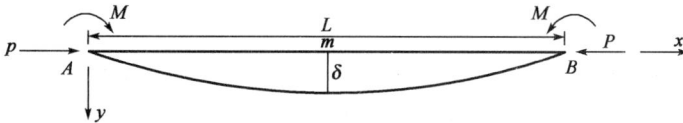

图 2-3-4　轴向受力杆件图式

(2)大位移对结构平衡方程的影响。对于这个问题,有 T. L 列式法和 U. L 列式法等各种不同的处理方法。前者将参考坐标选在未变形的结构上,通过引入大位移刚度矩阵来考虑大位移问题;后者将参考坐标选在变形后的位置上,让节点坐标跟结构一起变化,从而使平衡方程直接建立在变形后的位置上。

(3)拉索垂度的影响。斜拉索刚度中计入垂度的影响,按前述方法引入 Ernst 公式,通过等效模量法来考虑垂度效应。

有限元方法都是首先进行单元分析,建立单元刚度方程和单元刚度矩阵,然后根据平衡、物理和协调三个条件,将单元刚度矩阵汇总为总体刚度矩阵,并引入边界条件,可以得到描述柔性结构受力变形特征的总体刚度方程:

$$(\boldsymbol{K}_T + \boldsymbol{K}_G + \boldsymbol{K}_L)\boldsymbol{\delta} = \boldsymbol{P} \tag{2-3-40}$$

或

$$\boldsymbol{K}(\boldsymbol{\delta})\boldsymbol{\delta} = \boldsymbol{P}$$

式中:$\boldsymbol{K}_T$——结构弹性刚度矩阵;

$\boldsymbol{K}_G$——结构初应力刚度矩阵;

$\boldsymbol{K}_L$——结构大位移矩阵(对于 U. L 列式法,省略此项);

$\boldsymbol{\delta}$——结构位移列阵;

$\boldsymbol{P}$——结构荷载列阵。

从式(2-3-40)中可以看出,这是一个非线性方程组,结构的总体刚度矩阵 $\boldsymbol{K}$ 由三个分矩阵组成,其中 $\boldsymbol{K}_G$ 和 $\boldsymbol{K}_L$ 与待求的结构位移和内力有关,因此需采用迭代的方法进行求解。对于非线性问题,常用的求解方法是 Newton – Raphson 法(牛顿—拉夫逊迭代法,即 N-R 法)。其迭代公式为:

$$\boldsymbol{K}(\boldsymbol{\delta}_n)\Delta\boldsymbol{\delta}_{n+1} = \Delta\boldsymbol{P}_n \qquad (2\text{-}3\text{-}41)$$

$$\boldsymbol{\delta}_{n+1} = \boldsymbol{\delta}_n + \Delta\boldsymbol{\delta}_{n+1} \qquad (2\text{-}3\text{-}42)$$

式中:$\Delta\boldsymbol{P}_n$——第 n 级迭代的增量荷载列阵,由于 $\boldsymbol{\delta}$ 发生了变化,故结构总体刚度矩阵 $\boldsymbol{K}$ 一般要在每次迭代后根据计算结果重新形成,以跟踪结构的平衡位置和实际的受力状态,此计算过程一般由计算机完成。

各刚度矩阵的具体内容和非线性方程组的具体迭代算法可参考其他书籍。

八、斜拉桥的空间分析

大跨径斜拉桥一般设计为斜索面,而且斜拉索在主梁上的锚固点一般也不会通过主梁的扭转形心,当考虑斜拉桥同时受到多个方向的荷载时,只采用平面分析显然是不够的,还需要对斜拉桥进行空间结构分析。使用有限元法对斜拉桥进行空间分析时,需要对结构进行空间静力离散。主梁通常被简化为"鱼刺梁"模型,斜拉索被简化为空间杆单元,桥塔通常被简化为空间梁单元。每根斜拉索采用一个杆单元模拟,主梁和桥塔采用梁单元,在斜拉索和主梁之间使用主从节点。

1. 空间杆单元

空间杆单元有两个节点,每个节点有 3 个平动自由度,可以考虑重力和温度两种荷载类型,空间杆单元包含几何刚度的切线刚度矩阵如下:

$$\boldsymbol{K}^e = \begin{bmatrix} EA/L & & & & & \\ 0 & N/L & & & & \\ 0 & 0 & N/L & & & \\ -EA/L & 0 & 0 & EA/L & & \\ 0 & -N/L & 0 & 0 & N/L & \\ 0 & 0 & -N/L & 0 & 0 & N/L \end{bmatrix} \qquad (2\text{-}3\text{-}43)$$

式中:E——单元的弹性模量;

　　A——单元面积;

　　L——单元的长度;

　　N——单元的轴力。

2. 非线性空间梁单元

每个梁单元有两个杆端节点,每个节点有三个平动自由度和三个转动自由度。节点位移矢量为:

$$\boldsymbol{\delta}_{be}^e = \begin{bmatrix} u_i & v_i & \omega_i & \theta_{xi} & \theta_{yi} & \theta_{zi} & u_j & v_j & \omega_j & \theta_{xj} & \theta_{yj} & \theta_{zj} \end{bmatrix}^T \qquad (2\text{-}3\text{-}44)$$

空间梁单元可以是空间任意方位的,第三个节点(K 节点)是用来给空间梁单元定位的。梁单元的每个节点有三个正交方向的力(一个轴力和两个剪力)和三个正交方向的力矩(一个扭矩和两个弯矩),最大应力可以由轴向力和弯矩组合而成。梁单元的基本荷载有三个方向的惯性荷载、节点力和梁单元的内部荷载。

空间梁单元的弹性刚度矩阵和几何刚度矩阵分别如式(2-3-45)和式(2-3-46)所示。

$$\boldsymbol{K}_{E} = \begin{bmatrix}
\dfrac{EA}{L} & 0 & & & & & & & & & & \\
0 & \dfrac{12EI_z}{L^3} & & & & & & & & & & \\
0 & 0 & \dfrac{12EI_y}{L^3} & & & \text{对} & & & & & & \\
0 & 0 & 0 & \dfrac{GJ_d}{L} & 0 & & & & & & & \\
0 & 0 & -\dfrac{6EI_y}{L^2} & 0 & \dfrac{4EI_y}{L} & & & & & & & \\
0 & \dfrac{6EI_z}{L^2} & 0 & 0 & 0 & \dfrac{4EI_z}{L} & & & & & & \\
-\dfrac{EA}{L} & 0 & 0 & 0 & 0 & 0 & \dfrac{EA}{L} & 0 & \text{称} & & & \\
0 & -\dfrac{12EI_z}{L^3} & 0 & 0 & 0 & -\dfrac{6EI_z}{L^2} & 0 & \dfrac{12EI_z}{L^3} & & & & \\
0 & 0 & -\dfrac{12EI_y}{L^3} & 0 & \dfrac{6EI_y}{L^2} & 0 & 0 & 0 & \dfrac{12EI_y}{L^3} & & & \\
0 & 0 & 0 & -\dfrac{GJ_d}{L} & 0 & 0 & 0 & 0 & 0 & \dfrac{GJ_d}{L} & & \\
0 & 0 & -\dfrac{6EI_y}{L^2} & 0 & \dfrac{6EI_y}{L} & 0 & 0 & 0 & \dfrac{6EI_y}{L^2} & 0 & \dfrac{4EI_y}{L} & \\
0 & \dfrac{6EI_z}{L^2} & 0 & 0 & 0 & \dfrac{2EI_z}{L} & 0 & -\dfrac{6EI_z}{L^2} & 0 & 0 & 0 & \dfrac{4EI_z}{L}
\end{bmatrix}$$

$$(2\text{-}3\text{-}45)$$

$$\boldsymbol{K}_{\sigma} = N \begin{bmatrix}
0 & & & & & & & & & & & \\
0 & \dfrac{6}{5L} & & & & & & & & & & \\
0 & 0 & \dfrac{6}{5L} & & & & & & & & & \\
0 & 0 & 0 & \dfrac{I_z+I_y}{AL} & & & & & & & & \\
0 & 0 & -\dfrac{1}{10} & 0 & \dfrac{2l}{15} & & & & & & & \\
0 & -\dfrac{1}{10} & 0 & 0 & 0 & \dfrac{2l}{15} & & & & & & \\
0 & 0 & 0 & 0 & 0 & 0 & 0 & & & & & \\
0 & -\dfrac{6}{5L} & 0 & 0 & 0 & -\dfrac{1}{10} & 0 & \dfrac{6}{5L} & & & & \\
0 & 0 & -\dfrac{6}{5L} & 0 & \dfrac{1}{10} & 0 & 0 & 0 & \dfrac{6}{5L} & & & \\
0 & 0 & 0 & -\dfrac{I_z+I_y}{AL} & 0 & 0 & 0 & 0 & 0 & \dfrac{I_z+I_y}{AL} & & \\
0 & 0 & -\dfrac{1}{10} & 0 & -\dfrac{L}{30} & 0 & 0 & 0 & \dfrac{1}{10} & 0 & \dfrac{2L}{15} & \\
0 & \dfrac{1}{10} & 0 & 0 & 0 & -\dfrac{L}{30} & 0 & -\dfrac{1}{10} & 0 & 0 & 0 & \dfrac{2L}{15}
\end{bmatrix}$$

$$(2\text{-}3\text{-}46)$$

由于斜拉索的下端和主梁的形心之间采用了主从约束,故下面介绍节点主从约束的位移处理。

从节点 i 和主节点 j 之间的位移如下式所示:

$$UX_s = UX_m + RY_m \Delta Z - RZ_m \Delta Y \qquad RX_s = RX_m$$
$$UY_s = UY_m + RZ_m \Delta X - RX_m \Delta Z \qquad RY_s = RY_m$$
$$UZ_s = UZ_m + RX_m \Delta Y - RY_m \Delta X \qquad RZ_s = RZ_m$$
$$\Delta X = X_s - X_m \qquad \Delta Y = Y_s - Y_m \qquad \Delta Z = Z_s - Z_m$$

上式中,下角标 m、s 各表示主节点和从节点,UX、UY、UZ 表示整体坐标系 X、Y、Z 轴方向的位移,RX、RY、RZ 表示绕整体坐标系 X、Y、Z 轴旋转的转角位移。

在采用空间梁单元分析斜拉桥时,除了平面杆系程序分析中应该注意的几个问题外,还要注意以下几个问题:

(1)梁单元主惯性轴空间方位的确定。梁单元主惯性轴的空间方位如果不对,将会导致失之毫厘、差之千里的结果。

(2)主从节点的概念比较抽象,应该仔细体会,具体可参考有关文献。利用主从节点,可以方便地实现梁单元之间的半铰接、全铰接和局部间断(例如模拟纵向飘浮体系的斜拉桥)等情况。另外,对于一些刚臂的处理也可以使用主从节点,只要灵活应用主从节点就可以完成诸多特殊结构的分析,切记主从节点之间的约束是相对于结构坐标的。

(3)模拟单元之间非完全刚性约束的另一种方法就是采用释放自由度法,具体的理论可以参考有关文献,此处不再赘述。在释放自由度之前必须注意的是确认释放的自由度是单元的哪个节点的什么方向的自由度,释放的自由度是相对于单元坐标系的,因此只有首先必须明确单元的方位,才能做到有的放矢。

九、塔、梁、索截面计算

1. 塔的截面计算

塔柱一般为偏心受压杆件,塔柱的纵向控制截面一般在塔底,图 2-3-5 表示塔柱纵向弯矩和轴力包络图。塔柱的横向一般应按框架计算,通常在转折点处都必须验算。在塔柱横向计算时还应同时计算横梁,横梁一般为预应力构件,应验算横梁中点及横梁与塔柱交接截面。

2. 主梁截面计算

主梁除跨中局部区段外,大部分为偏心受压构件。恒载作用下的主梁弯矩很小,而活载作用下,主梁在塔根处产生较大的负弯矩,而跨中产生较大的正弯矩,图 2-3-6 表示了主梁弯矩和轴力包络图。主梁从跨中向塔根斜拉索水平分力产生的轴向力逐渐加大,形成"免费"的预应力,所以主梁一般靠近塔根区段不需要配置预应力筋,而只在跨中局部区段配置预应力筋。

虽然成桥状态下主梁需要配置的预应力筋很少,但是为了配合悬臂施工,一般需配置施工预应力筋。在每个施工循环中,刚完成混凝土浇筑时主梁承担负弯矩,而在斜拉索张拉后主梁承担正弯矩,因此,施工预应力筋基本采用中心配置。

3. 斜拉索计算

斜拉索为受拉构件,一般用高强钢材制成。由于主梁的刚度较小,斜拉索在活载作用下应力变化幅度较大,这就使疲劳问题成为斜拉索截面计算中的控制因素。目前钢索的疲劳破坏机理研究还很不完善,影响钢索疲劳强度的因素主要有平均应力值、应力变化幅度、应力变化的频率等。我国斜拉桥设计规范主要验算斜拉索的最大应力值和应力变化幅度,斜拉索在所有使用荷载作用下的应力不应超过高强钢丝标准强度的 0.4 倍,而最大应力变化幅度不应超过 200MPa。上述两个条件中的任何一个不满足时均应增加斜拉索的面积,或改变结构体系降低应力变化幅度。

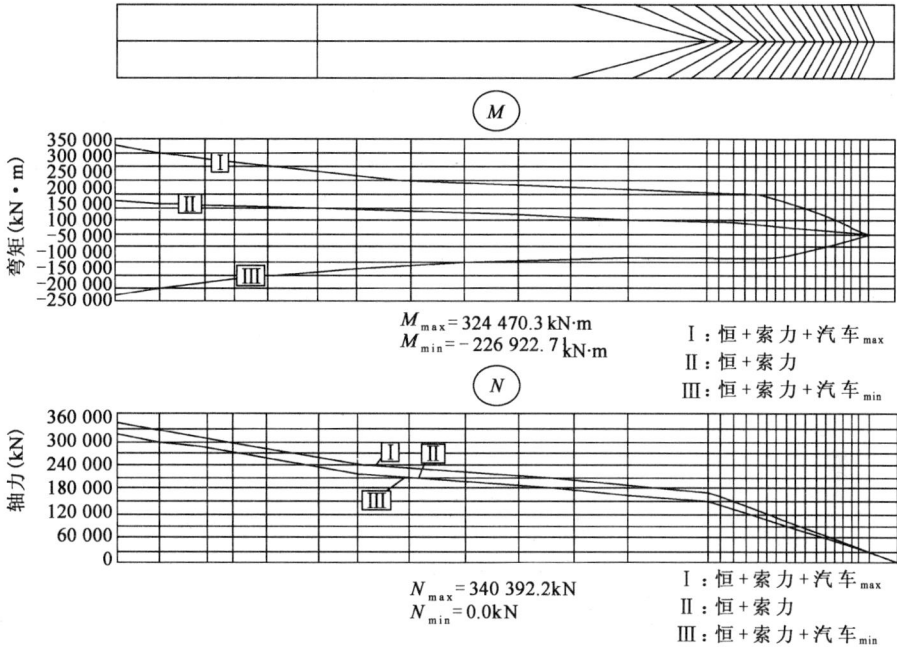

$M_{max} = 324\ 470.3\ \text{kN·m}$
$M_{min} = -226\ 922.7\ \text{kN·m}$

I:恒+索力+汽车$_{max}$
II:恒+索力
III:恒+索力+汽车$_{min}$

$N_{max} = 340\ 392.2\text{kN}$
$N_{min} = 0.0\text{kN}$

I:恒+索力+汽车$_{max}$
II:恒+索力
III:恒+索力+汽车$_{min}$

图 2-3-5 塔柱纵向弯矩和轴力包络图

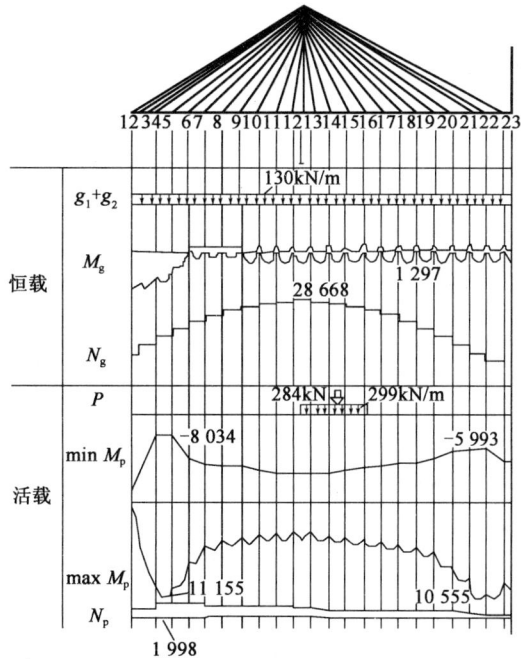

图 2-3-6 斜拉桥主梁恒载内力和活载内力包络图

第三节　斜拉桥的稳定性及局部应力分析

一、斜拉桥的稳定性

在外荷载作用下,斜拉桥的梁和塔都承受很大的压力,当压力达到一定值时,斜拉桥就可能产生如图 2-3-7 所示的平面内失稳或出平面的空间失稳。这类稳定可以进行近似的手算分析,但是现代大跨径斜拉桥必须借助计算机进行空间稳定性分析。稳定性分析分为弹性稳定分析和弹塑性稳定分析,前者认为材料在达到临界力时仍处于弹性阶段,而后者认为材料在达到屈服极限时退出工作,产生内力重分布,结构在新的内力平衡基础上继续负荷,直至所有构件达到屈服而使结构丧失承载能力,因此,弹塑性稳定分析被称为极限承载力分析。弹性稳定分析相对较简单,但有时不能反映实际情况;而弹塑性稳定分析计算复杂。下面介绍几种稳定计算的实用方法。

1. 斜拉桥平面屈曲临界荷载的近似方法

当斜拉桥塔的刚度远远大于拉索的刚度时,它的屈曲形式如图 2-3-7a)所示,塔基本上不变形;反之,则出现如图 2-3-7b)所示的屈曲形式。无论是哪种形式,根据理论分析,主梁的屈曲可近似简化为一根两端铰支的弹性支承连续梁[图 2-3-8a)]。这样它的临界轴力 N_{cr} 就可按敞开式桁架桥上弦杆的临界轴力计算公式计算。

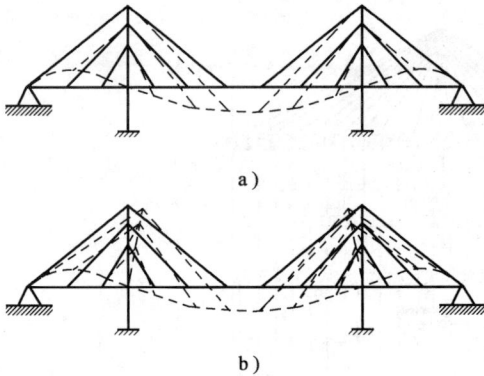

图 2-3-7　斜拉桥的屈曲

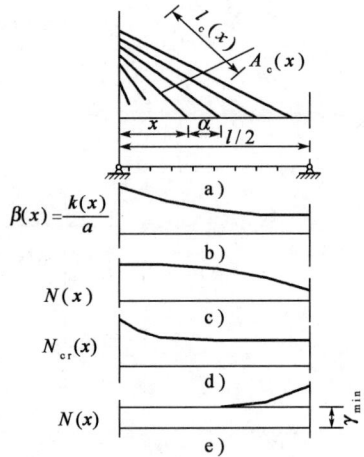

图 2-3-8　斜拉桥屈曲的近似计算

现在的问题是如何确定拉索的弹簧刚度 $k(x)$。$k(x)$ 是沿主梁纵向变化的[图 2-3-8b)],但考虑到主梁的轴力也以相同的方式变化[图 2-3-8c)],可近似地假设主梁轴力沿跨长不变,且支承在刚度沿跨长不变的弹簧支承上。实际计算表明,取 $x = l/4$ 处拉索的弹簧刚度 k,计算主梁的名义临界轴力 N_{cr}[图 2-3-8d)],并以这个名义临界轴力 N_{cr} 与该点实际轴力 $N_{1/4}$ 的比值 $N_{cr}/N_{1/4}$ 作为整个桥的屈曲安全度 ν,有很好的精度。为了安全起见,也可沿梁长多算几个界面,取最小的 γ_{min} 值作为整个桥的屈曲安全度[图 2-3-8e)]。

$$N_{cr} = \sqrt{\frac{EIk}{a}} \qquad (2\text{-}3\text{-}47)$$

式中:I——主梁惯性矩;

a——斜拉索间距;

k——弹簧刚度。

拉索的弹簧刚度 k 可参见图 2-3-9,按下式计算:

$$k = \frac{1}{\delta_1 + \delta_2} = \lambda \frac{E_c A_c \sin^2\alpha}{l_c} \qquad (2\text{-}3\text{-}48)$$

式中:δ_1、δ_2——当 A 点作用一铅垂单位荷载 $F=1$ 时,由拉索伸长和塔弯曲时所引起的 A 点竖向挠曲位移,它们可分别根据索的伸长 δ_c 和塔 B 点的水平位移 f 求出;

$\quad\quad\alpha$——拉索与梁的夹角;

$\quad\quad\lambda$——按下式计算:

$$\lambda = \frac{1}{1 + \frac{\cos^2\alpha\gamma h}{3l_c}}$$

$$\gamma = \frac{E_c A_c h^2}{E_t I_t}$$

$\quad\quad l_c$——拉索长度;

$\quad\quad A_c$、E_c——拉索的面积和弹性模量;

$\quad\quad\gamma$——索塔刚度比;

$\quad\quad E_t I_t$——塔的弯曲刚度。

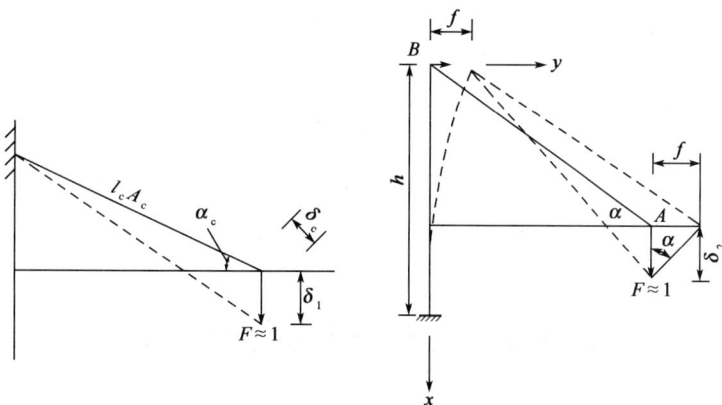

图 2-3-9 拉索的弹簧刚度

分析表明,当 $\gamma \leqslant 1$ 时,可忽略塔的变形对 k 的影响。当 $\gamma \geqslant 59$ 时,只要用欧拉公式验算塔的稳定性即可。

2.塔、墩的稳定性计算

当塔、墩单独作分析时,应研究以下两种情况:全桥加载时的最大垂直荷载和塔、墩相应位移;由于中跨加载引起的最大位移和相应的垂直力。后者是塔、墩设计的临界情况。为了计算方便,可将变截面塔柱等效地变换为等截面柱,然后与墩组成阶梯形单悬臂柱,计算具有初位移的悬臂柱的临界荷载。

3. 塔柱及箱梁在横向荷载作用下的弯压稳定计算

塔柱及箱梁在风荷载作用下为压弯构件,属于第二类稳定问题,实质上是构件的强度问题。按《公路钢筋混凝土及预应力混凝土桥涵设计规范》(JTG 3362—2018),计算偏心受压构件时,当 $l_0/i > 17.5$ (i 为弯矩作用平面内截面的回转半径),应考虑构件在弯矩作用平面内的挠度对轴力偏心距的影响。此时,应将纵向力对截面重心轴的偏心距 e_0 乘以偏心距增大系数 η:

$$\left. \begin{aligned} \eta &= 1 + \frac{1}{1\,400 e_0/h_0} \left(\frac{l_0}{h} \right)^2 \zeta_1 \zeta_2 \\ \zeta_1 &= 0.2 + 2.7 \frac{e_0}{h_0} \le 1.0 \\ \zeta_2 &= 1.15 - 0.01 \frac{l_0}{h} \le 1.0 \end{aligned} \right\} \tag{2-3-49}$$

式中:l_0——构件的计算长度;

$\quad e_0$——轴向力对截面重心轴的偏心距;

$\quad h_0$——截面有效高度,对于圆形截面取 $h_0 = r + r_s$;

$\quad h$——截面高度,对于圆形截面取 $h = 2r$,r 为圆形截面半径;

$\quad \zeta_1$——荷载偏心率对截面曲率的影响系数;

$\quad \zeta_2$——构件长细比对截面曲率的影响系数。

二、主梁及塔柱、索锚固区的局部应力

混凝土斜拉桥拉索在主梁及塔柱锚固区有很大的局部应力,如处理不当,很容易产生裂缝。为此,在锚固区应采取构造措施,把预应力作为外力进行局部应力验算。目前采用的计算方法是有限元法,可假设不计钢筋影响,把预应力作为外力进行局部应力验算。计算中一般不计材料的非线性,作为弹性体来考虑,因此所得计算结果在某些部位可以达到较高的数值。实际上,由于材料塑性影响,局部应力将有调整,一般低于按弹性材料计算的结果。计算图式视锚固体的构造而定。由于在锚固处截面上的变形与应力不按平截面规律分布,故可以取锚固点前后各一个梁高或半个梁宽的节段作为锚固体,按平面力单元、薄壳单元或空间六面体单元划分该块件。

第四节　斜拉桥的动力计算

一、斜拉桥的风振问题

(一)风对桥梁的影响

风以一定的速度在桥梁两边绕流而过,就形成对桥梁的动压力。沿桥梁表面的动压力分布与桥梁形状及流态有关,动压力分布不匀就形成压力差,其合力就是风对桥梁的作用力。风力对桥梁结构可以构成三种基本振动:竖向弯曲振动,侧向弯曲振动,扭转振动。在实际结构

物上可能有几种振动的组合影响,如竖向与扭转振动的耦合,甚至竖向、侧向和扭转振动的耦合。

对风力影响的分析除考虑可能引起破坏的临界风速外,还应考虑到低风速时的共振,因为振幅超过一定限速将使人感到不适,使材料产生疲劳。

一般在分析时都将风的作用分为静力作用(又称常定风力)和动力作用(又称非常定风力)两种情况来考虑。风的静力作用是指结构受到等速风流和不随时间变化的风向作用,这种情况在实际中是不存在的。自然风的紊流(风速和风向的变化)、绕过物体时产生的涡流等则属于风的动力作用。下面分别对两种作用的影响进行介绍。

1. 静力作用

风的静力作用是假定风流是稳定的均匀流,由于斜拉桥跨径与梁高之比很大,因此近似地假定风的流态沿桥长不变,于是将三维问题简化为二维问题来处理,而在风的作用力中只考虑三个分量,被称为风的三分力。

设有桥梁横截面如图 2-3-10 所示,当风力与桥梁水平线成 α 角的攻角作用时,其作用力的分量为方便起见,可转移到水平线与垂直线上来研究。此时风力

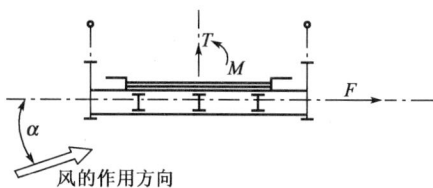

图 2-3-10 风的三分力

被分解为三个分量,即顺风向的阻力或称拉力 F,垂直于桥梁水平面的升力 T,升力对桥梁重心产生的升力矩 M。这三项力素的计算式可表达为:

$$\left. \begin{aligned} F &= \frac{1}{2}\rho v^2 C_F A \\ T &= \frac{1}{2}\rho v^2 C_T A \\ M &= \frac{1}{2}\rho v^2 C_M AB \end{aligned} \right\} \tag{2-3-50}$$

式中: ρ——空气密度;

v——风速;

A——桥梁单位长度的迎风面投影面积;

B——桥面宽度;

C_F、C_T、C_M——拉力、升力和升力矩的无量纲系数,它们是攻角 α 的函数,桥梁横截面流线型越好,系数值越小。

三分力中升力 T 的危害最大,因它不仅可将梁向上吸,而且还会产生一个升力矩,当风力增大时,F、T、M 都会增大;当 F 增大时,会发生侧倾失稳;当 C_M 为相当大的负值时,会发生静力的扭转发散失稳。

C_F、C_T 和 C_M 系数一般可根据以往类似截面的数据选用,然后用风洞试验修正。图 2-3-11 为一种截面形式不同尺寸比例的风洞试验结果,图中左边的 C_T 和 C_M 曲线其斜率是正的,即 $\dfrac{dC_T}{d\alpha}$ 或 $\dfrac{dC_M}{d\alpha} > 0$,虽然产生振动,但振幅有一定限度,而在图中右边的 C_T、C_M 曲线斜率是负的,即 $\dfrac{dC_T}{d\alpha}$ 或 $\dfrac{dC_M}{d\alpha} < 0$,将使攻角有加大的趋势,使振幅增大。研究表明,最好使 $\dfrac{dC_T}{d\alpha}$ 或 $\dfrac{dC_M}{d\alpha} = 0$,

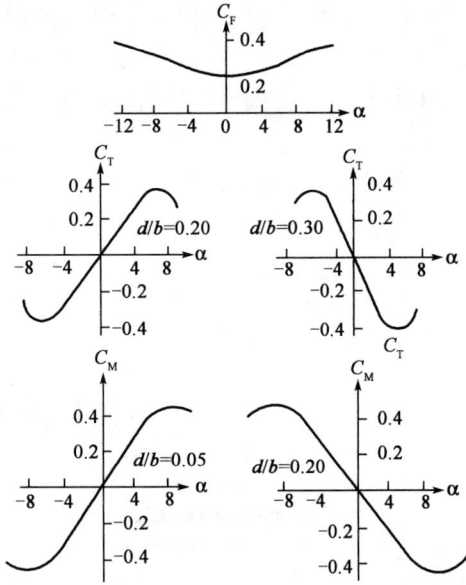

图 2-3-11　C_F、C_T、C_M 与 α 的关系曲线

或使曲线较为平缓,则结构受风力影响小。

在斜拉桥中由于上面有拉索吊挂,因此对向下的吸力较能抵抗,而对向上的吸力则会使索力减小,无法限制桥梁的跳动,因此要设法减小或消除桥面上的局部真空。

混凝土梁比钢梁质量大,所以较难被吸起,因而较稳,但不能过分强调梁体质量的作用,因为一方面它对临界风速的影响只有平方根的作用,另一方面梁的质量很大时对抗震不利,这在动力分析时应予以综合考虑。

2. 动力作用

空气气流实质上是非常定的,其速度和方向随时间而变化。即使是常定风力,通过振动的桥梁其流态也会是非常定的。我们研究的风振问题,就是斜拉桥在非常定的空气动力作用下的振动问题。从振动类型来看,可分为涡流激振和自激振动两类。

1) 涡流激振——共振

当稳定的层流吹向障碍物时,风力将分流绕过其断面而形成交替周期性的涡流脱落,它又称为卡尔曼涡流街(图 2-3-12)。涡流脱落将产生周期性的空气作用力,由这种上下交替的作用力所产生的涡流频率与风速成正比,当风速达到某一程度,涡流频率和桥梁的固有频率(弯曲频率 f_B 或扭转频率 f_T)一致时,将发生共振,称为涡流激振。

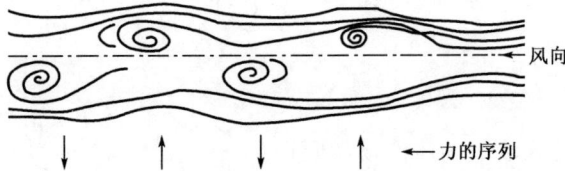

图 2-3-12　卡尔曼涡流街

涡流激振还没有完善的理论计算方法,主要通过风洞试验选择挠动最小的截面形式,从而减小它的影响。共振是一种强迫振动,仅发生在很窄的风速范围内,高于或低于临界风速时,振动都将急剧减弱。

同样,在紊流风(阵风)作用下也有类似的激振现象。由于阵风是断续的,故形成的振动称为抖动。此外,在斜拉桥的加劲桁架中由于其构件组成较复杂,虽然它接触的不是紊流,但在桁架内部造成紊流,同样产生紊流中所见的反应,这也属于抖振。

由于发生涡振和抖振的风速有一定范围,其振幅也是有一定范围的,故也可称它们为有限振动。

2) 自激振动

自激振动有两种:一是驰振,二是颤振。以后者为主。

驰振是升力的 C_T-α 曲线为负斜率时引起的,它一般形成桥梁的纯弯自激振动。空气力如同负阻尼力一样向桥梁输入能量,当此能量在风速超过临界值时,空气能量超过阻尼的消耗,形成发散性振动,这主要发生在斜拉索和非流线型截面的主梁上。

颤振主要发生在比较扁平但还不够扁平的主梁截面上。这种梁的升力曲线虽具有正斜率,但升力矩曲线可以是负斜率的,于是产生扭转性的颤振。即使升力矩曲线的斜率也是正的,仍会发生耦合形式的弯扭颤振。在弯扭变形中,主梁从空气中吸取能量,并在超过一定的临界风速时形成发散性的自激振动,超过越多,发散越快,并出现不稳定的问题,因此被称为空气动力不稳定问题。

当风速超过上述任何一种自激振动的临界风速时,振幅就会无限地扩大而导致桥梁破坏。因此,设计者必须尽可能地提高桥梁本身的临界风速。为此,首先要选择很好的流线型截面,使 η 值$\geqslant 0.5$,加大桥梁宽高比($B/h \geqslant 8$);其次,最好使扭转与竖向挠曲频率之比 $\varepsilon = f_\mathrm{T}/f_\mathrm{B} \geqslant 1.5$。当然桥梁的质量越大则情况越好。

3)斜拉索的雨振

近期在日本名港西大桥的观测中,首次发现被称为"雨振"的斜拉索风振,这是一种下雨时才能见到的风振现象,如图 2-3-13 所示。下雨时当风的作用方向与斜拉索的下坡一致时,在斜拉索的表面就会形成上下两条流水通道。雨振即为由于这些流水通道的形成,使斜拉索的截面变为对空气动力不稳定时所发生的振动。在以后的几座斜拉桥上陆续证实发生有这种振动,其最大振幅达 0.6m。雨振有以下一些鲜明的特征:

(1)它是在风速为 6 ~ 18m/s 的范围内所发生的一种有限振动。

(2)发生的斜拉索振动频率处于 3Hz 以下的范围内。

(3)易受紊流影响,紊流强度达 15% 时有可能不发生雨振。

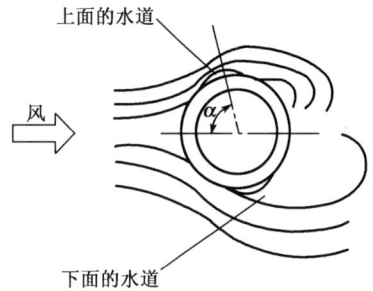

图 2-3-13　雨振的形式

(4)结构阻尼增加后振幅即减少,如附加有对数衰减率为 $\delta = 0.2 ~ 0.3$ 的结构阻尼后即可止振。

(二)风洞试验

关于风振问题的计算,目前尚无纯理论的完善方法,因此,对一些大型悬吊结构,往往需要借助风洞试验来取得结构抗风振的特性,这里仅就试验方法和试验成果做一介绍。

1.试验方法

风洞试验可根据试验的要求和风洞的大小,做全桥的或节段的模型试验,必要时兼做两种模型。在模型中有下列形式。

(1)静力模型:静力模型试验的目的在于测定风的静力作用时的有关参数,如 C_F、C_T、C_M 等。

模型除正确地按外形比例缩小外,它们之间的一些有关无量纲参数(如弯曲自振频率、质量和质量惯性矩等)应满足动力相似性。原型和模型之间还必须满足重心和扭转轴方面的相似性。这种模型一般是节段模型,节段模型必须有一定长度,或设有端板以防止端部气流形成。模型安装在风洞中时,其支点和风洞外的称量工具相接,使风产生的垂直分力和水平分力以及风力对某一轴的力矩可以分开计量,然后在不同的风速和攻角的作用下进行试验。

通过静力模型试验可以在几种横截面形式中选出最好的一两种。

(2)动力模型。动力模型试验的目的在于了解风动力作用下的结构性能,反映实桥的运动惯性力及弹性力、振动频率和变形等,以预测桥梁整体的风动力特性。

动力模型要放在弹性的支承上,使模型能模拟实桥的垂直俯仰运动。一般用可调节的弹簧将模型吊起。模型的惯性与弹性特性也要与原桥相似。模型可以是全桥的或节段的两种。

全桥模型的比例在1/500~1/300之间,可以反映实桥自由振动的振型和频率,以及在风中的振动状况,但全桥模型试验费用较贵。

节段模型长度一般为2~4m,由于实桥的振幅不是很大,因此,模型的比例尺不宜过小,一般说来窄桥宜用1/20~1/15,宽桥则宜用1/30~1/25。节段可用8根弹簧吊起,通过与桥址处相似的风力作用下,观察其振动状态和测得有关数据。关于模型的具体设计方法可参阅有关专门资料。

2.试验成果举例

在斜拉桥设计中,曾有一些桥梁通过风洞试验取得良好的效果,现举例如下。

1)珠海淇澳大桥

本桥为跨径40.5m+136m+320m+136m+40.5m的预应力混凝土连续梁单索面斜拉桥,主梁采用准三角形三室单箱截面。由于桥位处为台风多发地区,风环境较为严峻,设计时利用风洞对成桥状态与最不利施工阶段(边跨已合龙,中跨处于在跨中合龙前的状态)进行了全桥模型试验。

试验委托西南交通大学在中国空气动力研究与发展中心低速所的"FL-13直流式低速风洞"第一试验段中进行。该试验段具有宽12m、高16m的切角矩形截面,段长25m,段中稳定风速为20m/s。模型的缩尺比例为1/100。为了检验模型与实际桥梁之间的动力相似性,模型制成后先在风洞内进行动态试验以保证试验精度。

试验分均匀流与紊流两种流场进行。紊流的产生利用在模型前方7m处设置格栅。模型桥面处的紊流经测定约为11.0%,与实桥海上情况接近。对两种流场的试验,来流方向在平面上均分为三种情况:$\beta=0°$、$\beta=15°$与$\beta=30°$,β为来流方向与桥梁纵轴垂线在平面上的偏角。

通过三种β值与两种流场的各种组合,得出以下的试验结果与评价:

(1)颤振:当成桥状态与最不利施工阶段的试验风速分别达到10.7m/s(相当于实桥风速107m/s)与9.9m/s(相当于实桥风速99m/s)时,均未出现发散性的颤振或气动失稳现象。由于上述风速均远高于设计中考虑的验算风速,故本桥不存在颤振风险。

(2)涡振:除了风速约为1m/s时的均匀流对施工阶段出现了极微小的涡振之外,所有其他情况均未出现可观测到的涡振现象。

(3)抖振:紊流作用下的抖振响应较均匀流作用下的要大得多。成桥状态以主梁的竖向响应为主,而横向响应不足竖向的10%。施工阶段也以竖向响应为主,但相应的横向响应也比较大。所有的扭转响应均很小,因而可以忽略不计。

(4)施工阶段的振幅:当风速达到43.4m/s(相当于12级台风)时,中跨最长伸臂端的竖向全振幅将约为70cm,而横向全振幅仅约19cm。在8级大风(17.2~20.7m/s)时,竖向与横向全振幅将分别减少为7cm与6cm。根据以上的振幅值可以判明:本桥在施工阶段的抗风能力可以满足设计要求。

2)福州青州闽江大桥

福建地处我国东南沿海，是太平洋强台风的频繁侵袭地区，大桥自激振动检测风速应不小于70m/s。大桥的主梁为结合梁，设计中采用了钻石形桥塔、倾斜索面、带外螺旋线的索套管、索端设阻尼器等结构设施，力求提高大桥的抗风稳定性，但由于主跨达605m，主梁自身结构在最不利状态下的抗风性能仍不能满足要求，因此必须采用气动措施来提高其抗风能力。气动措施最后通过风洞试验确定。节段模型试验中，共试验了4种类型的措施：①主梁外侧设导流板；②主梁外侧设风嘴；③桥面边栏杆顶设抑流板；④主梁桥面板下设3道纵梁。

经综合比选，选择在主梁外侧设导流板的措施。由节段模型的风洞试验得知，不设导流板时，在不利的+3°攻角下，主梁的颤振临界风速为55m/s，不能满足大桥试验风速要求；在增设尺寸合适的导流板后，主梁的颤振临界风速提高到74m/s，提高了34%，满足了检验风速的要求。

二、斜拉桥的地震问题

(一)桥梁抗震计算介绍

地震时地面运动可用强震仪以加速度时程曲线(两个水平、一个竖向)的形式记录，在工程应用中简称地震波记录。桥梁结构在地震波激励下的强迫振动是随机振动，求解结构地震反应是相当复杂的。在桥梁抗震计算中，早期采用简化的静力法，20世纪50年代后发展了动力法的反应谱理论，近20年来对重要结构物采用动力法的动态时程分析法。

1. 静力法

假定结构的各部分具有与地震动力相同的振动，即不考虑结构本身的动力特性，它作为刚体不发生变形，结构只作用着惯性力，惯性力作为静力作用在结构上。

$$p = \ddot{\delta}_g m = \ddot{\delta}_g \frac{W}{g} = KW$$

式中：$\ddot{\delta}_g$——地面运动加速度；

m、W——结构物的质量和重力；

K——地面运动加速度峰值与重力加速度g的比值。

2. 动力法——反应谱理论

静力法没有科学地考虑地面运动的特性和结构物的动力特性，可能会导致对结构抗震能力的错误判断。在收集了大量地震加速度资料和查明地震动力特性的情况下，可形成以不同单质量体系的周期为横坐标，以不同阻尼比为参数绘制出的位移y_{max}、相对速度$\dot{y}_{max}$、绝对加速度$|\ddot{y} + \ddot{\delta}_g|$的谱曲线，简称反应谱。图2-3-14所示为美国EL-Centro波求得的$\dot{y}_{max}$反应谱。

(1)设计加速度反应谱

阻尼比为0.05的水平设计加速度反应谱S_{max}(图2-3-15)由下式确定：

$$S = \begin{cases} S_{max}(5.5T+0.45) & (T<0.1s) \\ S_{max} & (0.1s \leq T \leq T_g) \\ S_{max}(T_g/T) & (T \geq T_g) \end{cases}$$

式中:T_g——特征周期(s);

T——结构自振周期(s);

S_{max}——水平设计加速度反应谱最大值。

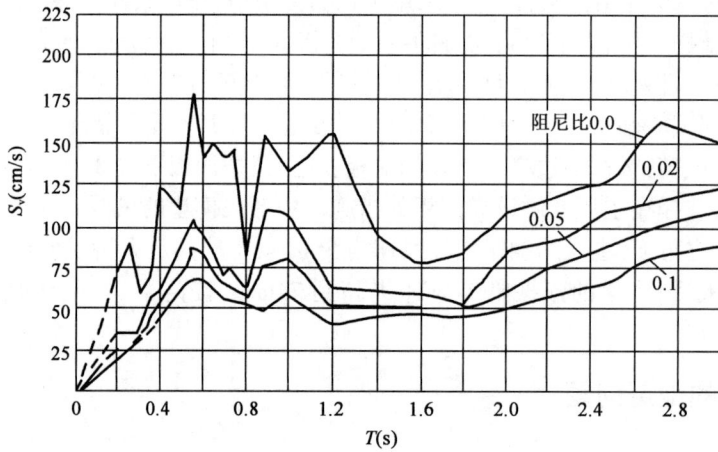

图 2-3-14 El-Centro(南北水平分量)波的 $\dot{y}_{max}$ 反应谱

水平设计加速度反应谱最大值 S_{max} 由下式确定:

$$S_{max} = 2.25C_iC_sC_dA \qquad (2\text{-}3\text{-}51)$$

式中:C_i——抗震重要性系数;

C_s——场地系数,按表 2-3-1 取值;

C_d——阻尼调整系数;

A——水平向设计基本地震动加速度峰值。

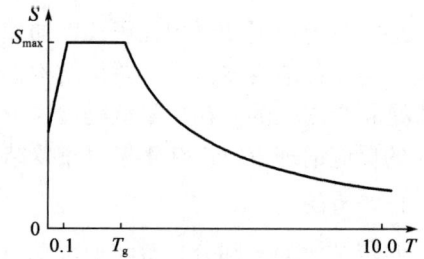

图 2-3-15 水平设计加速度反应谱

场 地 系 数 C_s 表 2-3-1

抗震设防烈度 场地类型	6	7		8		9
	0.05g	0.1g	0.15g	0.2g	0.3g	0.4g
Ⅰ	1.2	1.0	0.9	0.9	0.9	0.9
Ⅱ	1.0	1.0	1.0	1.0	1.0	1.0
Ⅲ	1.1	1.3	1.2	1.2	1.0	1.0
Ⅳ	1.2	1.4	1.3	1.3	1.0	0.9

特征周期 T_g 按桥址位置在《中国地震动反应谱特征周期区划图》上查取,根据场地类别,按表 2-3-2 取值。

设计加速度反应谱特征周期调整   表 2-3-2

区划图上的特征周期 (s)	场 地 类 型 划 分			
	Ⅰ	Ⅱ	Ⅲ	Ⅳ
0.35	0.25	0.35	0.45	0.65
0.40	0.30	0.40	0.55	0.75
0.45	0.35	0.45	0.65	0.90

注:本表引自《中国地震动参数区划图》(GB 18306—2001)中的表 C1。

阻尼调整系数,除有专门规定外,结构的阻尼比 ζ 应取 0.05,式(2-3-51)中的阻尼调整系数 C_d 取 1.0。当结构的阻尼比按有关规定取值不等于 0.05 时,阻尼调整系数 C_d 应按下式取值。

$$C_d = 1 + \frac{0.05 - \xi}{0.06 + 1.7\xi} \geq 0.55$$

(2)竖向设计加速度反应谱

竖向设计加速度反应谱由水平向设计加速度反应谱乘以下式给出的竖向/水平向谱比函数 R。

基岩场地:

$$R = 0.65$$

土层场地:

$$R = \begin{cases} 1.0 & (T < 0.1\mathrm{s}) \\ 1.0 - 2.5(T - 0.1) & (0.1\mathrm{s} \leq T < 0.3\mathrm{s}) \\ 0.5 & (T \geq 0.3\mathrm{s}) \end{cases}$$

式中:T——结构自振周期(s)。

应用反应谱计算结构地震反应时,首先要计算结构的动力特性和各阶振型参与系数,然后按各阶振型对某项反应的贡献程度进行线性叠加,得出这次反应的最大值。反应谱方法的整个计算过程目前均由计算机程序实现,目前最成熟的、应用最广泛的是 SAP-V 程序和美国地震研究中心编制的 NEABS(Nonlinear Earthquake Analysis of Bridge Systems)程序。

反应谱方法的特点是可以用较少的计算量获得结构的最大反应值。它的不足之处在于:不能考虑多点激振(所有支承处只能假定地震动力完全相同)、不能进行非线性地震反应分析、不能给出发生反应的全过程、长周期结构(例如大跨飘浮体系斜拉桥)采用规范设计反应谱计算所得的地震反应结果偏大。总的来说,在中、小桥的抗震设计和大跨度桥梁的地震反应估算中,反应谱方法是一种简便有效的方法。

3. 动力法——时程分析法

对重要建筑物、大跨桥梁应采用多节点、多自由度的结构有限元动力计算图式,直接输入地震加速度时程,对结构进行地震时程反应分析。此法归纳为求解运动方程:

$$\boldsymbol{M}\ddot{\boldsymbol{\delta}} + \boldsymbol{C}\dot{\boldsymbol{\delta}} + \boldsymbol{K}\boldsymbol{\delta} = -\boldsymbol{M}\ddot{\boldsymbol{\delta}}(t) \tag{2-3-52}$$

式中:$\boldsymbol{M}$、$\boldsymbol{C}$、$\boldsymbol{K}$——结构的质量、阻尼、刚度矩阵;

$\boldsymbol{\delta}$、$\dot{\boldsymbol{\delta}}$、$\ddot{\boldsymbol{\delta}}$——节点位移、速度、加速度;

$\ddot{\boldsymbol{\delta}}(t)$——地面加速度时程。

方程的右端项为地震水平地面加速度引起的激振力。因此时程分析法的关键是要知道桥址处在相应的设计概率水平时会发生多强的地震、地震发生的能量衰减规律、地震发生的持续时间及场地的加速度时程等。考虑到地震发生的随机性,这些参数通常用确定性或概率论方法估计。即所谓"桥址地震危险性分析"或称"地震安全性评估",通常由国家地震局或省级地震局承担。计算时输入地震波(地震加速度时程)。常用的地震波有:El-Centro(美国,1940年)、Toft(美国,1952年)、天津波、海城波等,使用这些波时,先要根据桥址地区基本烈度将加速度幅值予以调整。

目前,时程分析中的计算程序不少,如 SAP-V 程序中的动力分析部分可进行反应谱分析计算、强迫振动计算、振型叠加分析及时程分析等,但它们均限于线弹性分析,ADINA 和 NON-SAP 程序可进行桥梁结构空间非线性地震反应分析(但在边界条件处理上缺少桥梁上常用的橡胶支座、橡胶伸缩缝等模块),而同济大学研制的桥梁空间非线性地震反应分析软件,即 NSRAP 程序,具有以下功能:有多点激励功能,可在不同基础位置及不同土层深度输入不同波形的地震波;可对结构进行几何非线性和材料非线性分析;可考虑桩、土—结构相互作用;带有橡胶支座、伸缩缝单元线性和非线性模块。

(二)斜拉桥的抗震措施

(1)首先在体系选择上,在地震区不宜采用 T 形刚构式的梁、墩固接体系。而尽量采用悬浮体系,其消能效应大。为了增强对横向摆动的阻尼作用,以采用 A 字塔和两个斜索面为宜。如用门式塔,则两个腿柱对倾,也可增加抗震性能。

(2)设剪力销。这是为保证在悬浮的主梁上行车稳定而设的控制位移器。它的截面按制动力设计而无需过强,以便在地震发生到某一烈度时切断此销,好让主梁悬浮并按周期 t 运动。当 $t \geqslant 5\mathrm{s}$ 时,地震力的增减系数 β 可从 2.35 下降到 0.2 以下。美国 P-K 桥的剪力销被切断后,其周期长达 12s,因此这是很有效的。剪力销一般设在一端桥台上,另一端设大位移伸缩缝(P-K 桥为 60cm)。

(3)设挡块。为了避免塔根开裂或破坏,必须设法限制塔顶和主梁的位移。塔顶位移只有通过斜索与主梁来加以限制。为此可设挡块来限制主梁的位移。挡块可设在桥台上,也可设在塔墩上。

(4)设辅助墩。设在边孔中的辅助墩在恒载作用下是没有反力的。但当边孔上有活载时它便受压,而在中孔上有活载时它便受拉,故又被称为拉力墩,设在此墩上的拉杆在地震时,由于主梁纵向振幅很大,拉杆可能被拉断,但在拉断前拉杆提供了水平向的约束力和恢复力。

(5)设减振和隔振装置。通过减振、隔振装置来消耗地震能量,同时阻止振动在结构上的传播,或者施加外部的能量以抵消地震作用对结构的影响。国内外使用的减振、隔振装置如图 2-3-16 所示。

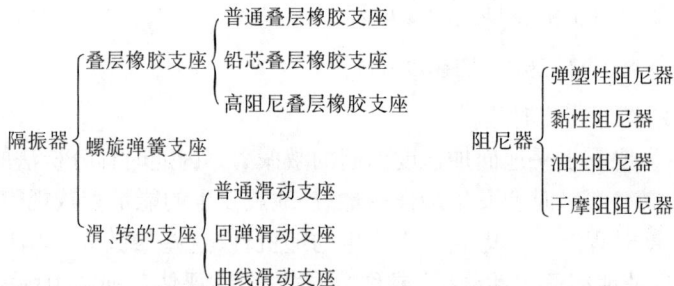

```
                    ┌ 普通叠层橡胶支座
          ┌ 叠层橡胶支座 ┤ 铅芯叠层橡胶支座              ┌ 弹塑性阻尼器
          │            └ 高阻尼叠层橡胶支座              │ 黏性阻尼器
 隔振器 ┤ 螺旋弹簧支座                        阻尼器 ┤ 油性阻尼器
          │            ┌ 普通滑动支座                  └ 干摩阻阻尼器
          └ 滑、转的支座 ┤ 回弹滑动支座
                        └ 曲线滑动支座
```

图 2-3-16　国内外使用的减振、隔振装置

目前至少有 200 多座桥梁采用了基础隔振和部分隔振的方法。

（三）地震时程响应分析实例

宜宾长江公路大桥位于四川省宜宾市，主桥桥跨布置采用29.3m＋33m＋119.95m＋460m＋119.95m＋33m＋29.3m双塔双索面预应力混凝土斜拉桥。每个边跨设两个辅助墩，全桥共4个辅助墩。从菜园沱岸（南岸）往罗锅沱岸（北岸），墩台编号分别为0号、1号、2号、3号、4号、5号、6号、7号，主墩为3号、4号墩，辅助墩为1号、2号、5号和6号墩。主梁采用半飘浮体系，在主梁与索塔下横梁间设置弹性水平索。

索塔采用H形、箱形断面。自承台顶面至索塔顶，菜园沱岸（南岸）索塔高159.93m，罗锅沱岸（北岸）索塔高172.52m，各设上、下两道横系梁。菜园沱岸承台平面外形尺寸为32.5m×32.5m，由21根桩径为2.5m群桩组成，桩长75～82m，卵石土层厚47～72m，桩基进入强～微风化泥岩。罗锅沱岸承台平面外形尺寸为27.0m×27.0m，由20根桩径为2.5m群桩组成，桩长40.5～45.5m，桩周地层为弱～微风化泥岩。北岸设置的主桥、引桥交界墩，采用薄壁空心墩，空心墩顺桥向宽4m，横桥向全宽15.7m，从承台顶至墩顶高29.125m，墩身截面为圆端形，分两室，薄壁厚度为80cm，承台平面外形尺寸为19.2m×9.7m，厚度为5m，基础由8根直径为2.2m群桩组成，桩长21m，桩周地层为强～微风化泥岩。辅助墩采用桩柱式墩，墩、桩的直径为2.2m，墩高7.5～45.67m，桩长25～28.77m。1号、2号墩的桩周地层为松散～密实的卵石土，5号和6号墩的桩周地层为强～微风化泥岩。

全桥共有152对斜拉索，按扇形布置，索距在主梁上为6.0m、3.0m。主梁采用C60混凝土，索塔采用C50混凝土，斜拉索采用环氧喷涂钢绞线。

对于大跨径桥梁的抗震问题，首先是要确定一个经济合理的抗震设计标准。根据本桥的重要性及地震的随机性，参照国内外一些大桥的抗震设计标准，本桥以100年超越概率10%（P_1概率）的"中震"标准地震检算结构强度，以100年超越概率5%（P_2概率）的"大震"标准地震检算结构位移。

表2-3-3给出了P_1＝10%概率地震作用下，结构重要截面的内力。

重要截面的内力（$P_1=10\%$）　　　　　　　　　　　表2-3-3

截面位置	纵向＋竖向输入		横向＋竖向输入	
	弯矩（N·m）	轴力（N）	弯矩（N·m）	轴力（N）
菜园沱岸塔柱底	9.93×10^8	4.75×10^7	9.17×10^8	6.24×10^7
罗锅沱岸塔柱底	1.43×10^9	5.32×10^7	1.38×10^8	1.26×10^7
1号墩底	2.96×10^6	7.63×10^6	1.35×10^7	7.43×10^6
2号墩底	4.36×10^6	5.89×10^6	2.06×10^7	5.61×10^6
5号墩底	1.18×10^7	6.43×10^6	7.11×10^6	7.54×10^6
6号墩底	1.15×10^7	8.86×10^6	4.77×10^6	1.19×10^7
7号墩底	2.63×10^8	5.59×10^6	5.66×10^8	5.00×10^6
主梁主跨跨中	5.08×10^7	1.35×10^7	5.23×10^7	9.11×10^6
菜园沱侧边跨跨中	9.93×10^8	3.07×10^7	1.70×10^7	9.28×10^6
罗锅沱侧边跨跨中	1.43×10^9	3.00×10^7	1.72×10^7	9.34×10^6

表 2-3-4 给出了 $P_2 = 5\%$ 概率地震作用下,结构重要截面的位移反应。

重要截面的位移反应($P_2 = 5\%$)　　　　　　表 2-3-4

截面位置	纵向 + 竖向输入		横向 + 竖向输入	
	顺桥位移(m)	竖向位移(m)	横桥位移(m)	竖向位移(m)
菜园沱岸塔柱顶	0.173 1	0.003 339	0.046 5	0.003 339
罗锅沱岸塔柱顶	0.165 71	0.003 715	0.042 6	0.003 715
菜园沱主梁梁段	0.137 34	4.97×10^{-4}	0.008 955	5.55×10^{-4}
罗锅沱主梁梁段	0.142 88	3.35×10^{-4}	0.007 58	4.02×10^{-4}
主梁主跨跨中	0.143	0.201 16	0.005 474	0.270 47
菜园沱侧边跨跨中	0.136 12	0.043 37	0.007 483	0.046 477
罗锅沱侧边跨跨中	0.141 7	0.043 37	0.006 873	0.046 652
1 号墩底	0.007 714	0.002 446	1.09×10^{-9}	0.002 724
2 号墩底	0.016 486	0.001 8	5.01×10^{-9}	0.001 505
5 号墩底	0.320 75	0.003 823	3.72×10^{-7}	0.003 691
6 号墩底	0.260 85	0.005 065	1.39×10^{-7}	0.006 013
7 号墩底	0.068 25	0.000 297	2.31×10^{-7}	0.000 341

1. 计算结果分析

(1)采用反应谱法和时程分析法两种方法对宜宾长江公路大桥进行地震反应分析,两种方法的计算结果接近,说明计算得到的结构内力和变形能够反映实际地震作用下的结构反应。

(2)对于大跨径斜拉桥,应该采用反应谱法、时程分析法同时计算,结构内力和变形以这两种方法计算结果的较大值作为抗震设计的依据。本桥反应谱法的内力计算结果稍大于时程分析法的结果,结构的地震内力建议采用反应谱法的计算结果。

(3)反应谱法和时程分析法的计算结果均表明宜宾长江公路大桥桥塔地震反应规律同其他斜拉桥一致,只是两塔反应不一致,罗锅沱塔的地震反应要高于菜园沱塔。

2. 减振讨论

大跨径斜拉桥的地震反应与塔梁之间的连接方式密切相关。不同塔、梁连接方式将导致主梁惯性力的传递途径不同,从而使结构的地震反应发生很大变化。对于大跨径斜拉桥,塔、梁处采用弹性约束体系或阻尼约束体系,或两者并用,是理想的抗震结构体系。宜宾长江公路大桥选用弹性索体系作为抗震结构体系,抗震的概念设计是可行的。

塔、梁间的连接选择弹性索约束体系,则弹性索的刚度取值很重要。在纵向地震波作用下,弹性索刚度大,则纵飘频率高,塔底内力大,塔顶和主梁位移小;弹性索刚度低,则纵飘频率低,塔底的内力小,塔顶和主梁的位移大。因此,在大跨度斜拉桥抗震设计时,需要对弹性索刚度进行合理取值,以使结构的变形和内力合理。

塔底弯矩总体上随顺桥向弹性约束刚度的加大而增大,塔、梁约束刚度值一般为 $1.0 \times 10^5 \sim 1.5 \times 10^5 \text{kN/m}$。以苏通长江大桥为例,由其结构的地震响应反算得到的弹性约束刚度为 $2.6 \times 10^4 \text{kN/m}$。宜宾长江公路大桥根据设计所采用的弹性索刚度得出的 $k = 1.8 \times 10^5 \sim 4.4 \times 10^5 \text{kN/m}$,同以上数值相比偏大。

表 2-3-5 给出了宜宾长江公路大桥在 100 年超越概率 5% 纵向 + 竖向地震作用下,改变弹

性索刚度,按时程分析法计算塔底内力及梁端的位移情况。若弹性索刚度改变为现设计的0.1倍,塔底弯矩值降低21%,剪力降低33%,轴力基本上没有变化,梁端位移增大135%,但位移值尚在可接受的范围内。也可通过适当增大伸缩缝宽度来解决梁端位移问题。

弹性索刚度变化对桥梁地震反应的影响

表2-3-5

弹性索刚度	塔底弯矩(N·m)	塔底剪力(N)	塔底轴力(N)	梁端位移(m)	塔顶位移(m)
设计值	1.21×10^9	2.59×10^7	1.53×10^7	0.134 1	0.200 1
0.5倍设计值	1.18×10^9	2.57×10^7	1.53×10^7	0.165 0	0.246 0
0.1倍设计值	0.96×10^9	1.73×10^7	1.60×10^7	0.315 8	0.393 3

宜宾长江公路大桥可以采用降低弹性索刚度措施来减小地震反应,或者采用弹性索+阻尼器体系,增加结构阻尼,加大耗能,来实现减小地震反应的目的。

3. 抗震验算

采用恒载内力值与反应谱法(超越概率10%)计算得到的地震内力值进行极限承载力组合,截面承载力检算结果表明:宜宾长江公路大桥在100年超越概率10%的地震作用下,辅助墩、主塔、交界墩的底部截面均满足极限承载能力要求。

在100年超越概率5%地震作用下,塔顶顺桥向位移为20.01cm,横桥向位移为27.91cm(时程分析结果);主梁梁端顺桥向位移为14.29cm,横桥向位移为0.9cm(反应谱分析结果)。位移数值不大,在可接受的范围内。

可以认为,宜宾长江公路大桥斜拉桥的抗震性能满足要求,结构能够经受场地地震,不会倒塌。

第四章

混凝土斜拉桥的施工

斜拉桥的施工方法是多种多样的,了解斜拉桥的施工对于完善设计具有非常重要的作用。根据国内外的工程实践,斜拉桥基础、墩台和索塔的施工与其他桥型基本相同,但主梁结构施工,有其特殊性。斜拉桥属于高次超静定结构,所采用的施工方法和安装程序与成桥后的主梁线形及结构恒载内力有着密切的关系,在施工阶段随着斜拉桥的结构体系和荷载状态的不断变化,结构内力和变形亦随之不断发生变化。为确保斜拉桥在施工过程中结构的受力状态和变形始终处在合理、安全的范围内,成桥后主梁的线形符合预期的设计效果,结构本身又处于最优的受力状态,在施工过程中必须进行严密的施工控制。

第一节　主　梁　施　工

混凝土斜拉桥主梁的施工方法,除考虑现有的施工技术水平及施工设备、桥址地质、水文等因素外,还应考虑斜拉桥的结构体系、索型、索距和主梁截面形式等。有时结构设计往往由施工内力控制,所以主梁施工方法的选择应符合设计要求,并尽量采用先进合理的施工技术和施工设备。

一、主梁常用施工方法

一般大跨径混凝土斜拉桥上部结构主要采用悬臂浇筑或悬臂拼装的施工方法,对于中小跨径的斜拉桥,可根据桥址处的地形条件和结构本身的特点,采用顶推法、平转法或支架法等施工方法。

1.顶推法

顶推法的特点是施工需在跨间设置若干临时支墩,顶推过程中主梁要反复承受正、负弯矩。该法较适用于桥下净空小、修建临时支墩造价较低、支墩不影响桥下通航、主梁能反复承受正负弯矩作用的情况。对混凝土斜拉桥而言,一般是在拉索张拉前顶推主梁,临时支墩间距如不能满足主梁负担自重弯矩能力时,为满足施工需要,要在主梁内设置临时预应力束,这在经济上并不合算。

2.平转法

平转法是分别在两岸或一岸顺河流方向的矮支架上现浇主梁,并在岸上完成所有的安装工序,即包括落架、张拉、调索,然后以塔墩为圆心,整体旋转到桥位合龙。该法适用于桥址地形平坦、塔身较低和适合整体转动的中小跨径斜拉桥。

3.支架法

支架法施工主梁就是在桥孔位置搭设满布式支架,在临时支墩之间设置托架或劲性骨架,然后立模现浇混凝土主梁,或者在临时支墩上拼装预制梁段的施工方法。

支架法施工的优点是施工简单方便,且能确保主梁结构满足设计形状要求。但只能用于桥下净空低、搭设支架方便且不影响桥下交通的情况,或跨径和规模较小的斜拉桥主梁的施工,如城市立交桥和净高较低的岸跨主梁施工。我国天津永和桥主梁施工就是采用支架法拼装施工的。

悬臂浇筑或悬臂拼装的施工方法在后面作详细介绍。

二、主梁施工临时固接措施

在斜拉桥主梁悬臂施工过程中,索塔两侧的梁体因自重荷载的不平衡将产生一定的倾覆力矩,且两侧斜拉索张拉索力的不对称也将产生一定的不平衡力矩。当飘浮和半飘浮体系的斜拉桥采用悬臂浇筑法进行主梁施工时,为确保结构在施工阶段的稳定,施工过程中必须将塔、梁临时固接,并按设计合龙程序中的规定,按步骤予以解除;将塔、梁固接体系转换为梁的连续体系。

塔、梁临时固接措施,一般采用在索塔下横梁上设置四个混凝土临时支座,支座内放置大直径螺纹钢筋,钢筋的下端预埋在下横梁中,上端锚固在主梁 0 号块的横隔梁内,钢筋的直径、数量和埋置深度均由计算确定。为便于拆除,可在支座内设置硫黄砂浆夹层。此法结构简单,安全可靠,但拆除较困难,见图 2-4-1。

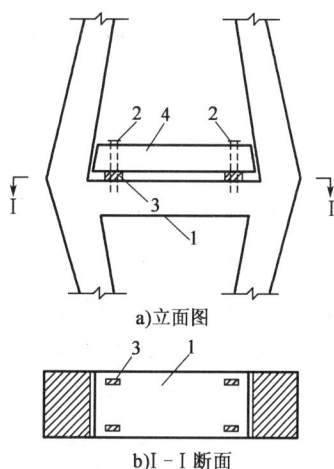

a)立面图

b)I-I 断面

图 2-4-1 临时固接支座布置示意图
1-下横梁;2-锚筋;3-临时固接支座;4-主梁 0 号块

三、主梁悬臂浇筑法施工

悬臂浇筑法主要用在预应力混凝土斜拉桥上。其主梁混凝土的悬臂浇筑与一般预应力混凝土梁式桥基本相同。这种方法的优点是结构的整体性好,施工中不需用大量施工支架,不需要大吨位悬臂吊机和运输预制节段块件的驳船,不影响桥下交通,施工不受水位等因素的影响;但其不足之处是在整个施工过程中必须严格控制挂篮的变形和混凝土收缩、徐变的影响,相对于悬臂拼装法而言其施工周期较长。

主梁悬臂施工采用的挂篮形式很多,各有特色,归纳起来可分为后支点挂篮、劲性骨架挂篮、前支点挂篮三种,其中前支点挂篮因结构合理,能充分发挥斜拉索的效用而使用最为普遍。后支点挂篮和劲性骨架挂篮应用较少,有时应用于单索面斜拉桥主梁的施工中。

前支点挂篮也称牵索式挂篮(图2-4-2),利用待浇梁段斜拉索作为挂篮前支点支承力,施工过程中将挂篮后端锚固在已浇梁段上,它能充分发挥斜拉索的效用,由斜拉索和已浇梁段来共同承担待浇节段的混凝土梁段的重量。待主梁混凝土达到设计强度后,拆除斜拉索与挂篮的连接,使节段重力转换到斜拉索上,再前移挂篮。前支点挂篮的优越性在于它使后支点挂篮中的悬臂梁受力变成为简支梁受力,使节段悬浇长度及承重能力均有较大地提高,加快了施工进度。其不足之处是在浇筑一个节段混凝土过程中要分阶段调索,工艺复杂,挂篮与斜拉索之间的套管定位难度较大。

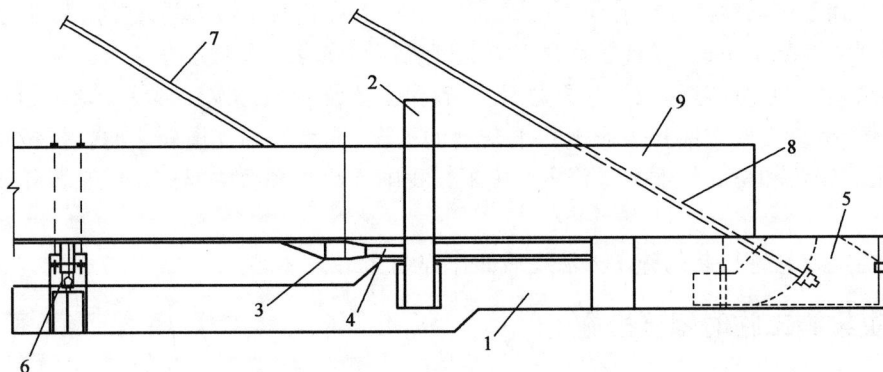

图2-4-2　钢箱式前支点挂篮

1-纵梁;2-C形挂梁;3-水平止推座;4-水平止推杆;5-转动锚座;6-后锚座系统;7-斜拉索;8-前支点斜拉索;9-待浇梁段

四、主梁悬臂拼装法施工

预应力混凝土斜拉桥悬臂拼装法是先在塔柱区现浇一段放置起吊设备的起始梁段,然后用适宜的起吊设备从塔柱两侧依次对称安装预制节段,使悬臂不断伸长直到合龙。非塔、梁、墩固接的斜拉桥采用悬臂拼装法施工时,需采取临时固接措施,方法与悬臂浇筑法相同。由于主梁是预制的,墩塔与梁可平行施工,因此可以缩短施工周期,加快施工进度,减少高空作业。主梁预制混凝土龄期较长,收缩和徐变影响小。梁段的断面尺寸和浇筑质量容易得到保证。但该法需配备一定的吊装设备和运输设备,要有适当的预制场地和运输方式,安装精度要求较高。

主梁在预制场的预制应考虑安装顺序,以便于运输。预制台座按设计要求设置预拱度,各梁段依次串联预制,以保证各梁段相对位置及斜拉索与预应力管道的相对尺寸。预制块件的长度划分以梁上水平索距为标准,并根据起吊能力决定,采用一个索距或将一个索距梁段分为有索块和无索块两个节段预制安装,块件的预制工序、移运和整修均与一般预制构件相同。

块件拼装基本程序如下:

(1)主梁预制块件按先后顺序,从预制场通过轨道或驳船运至桥下吊装位置。

(2)通过起吊工具将块件提升至安装高程。

(3)进行块件连接与接缝处理,接头有干接头和湿接头两种。

(4)张拉纵向预应力筋。

(5)进行斜拉索的挂索与张拉,并调整高程。

对于一个索段主梁分两个节段预制拼装的,在一般情况下,安装有索块后,挂索并初张至主梁基本返回设计线,再安装无索块。主梁悬臂拼装过程如图 2-4-3 所示。

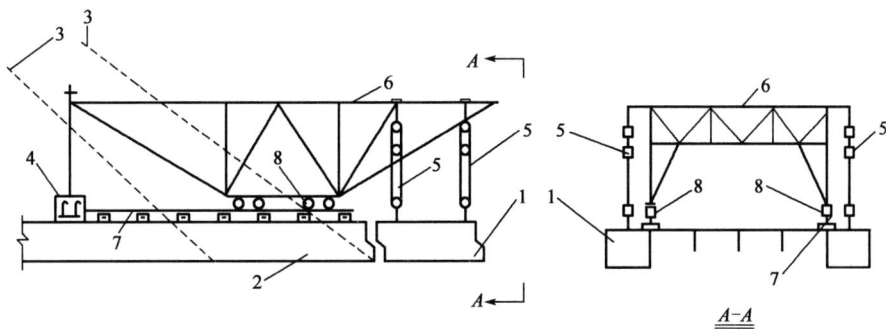

图 2-4-3 主梁悬臂拼装示意图

1-待拼梁段;2-已拼梁段;3-拉索;4-后锚螺旋千斤顶;5-起重滑轮组;6-钢制悬吊门架;7-门架引走轨道;8-平车

第二节 混凝土索塔施工

典型的塔、墩固接混凝土索塔的施工方法基本上与高墩或烟囱相同,但由于索塔的形式多种多样,故索塔多数是变截面的,且有时还是斜塔柱(A 形、倒 Y 形或菱形),索塔上设有众多的拉索锚固点,要考虑拉索锚固点位置和预埋件位置的精度,根据索塔结构的布置,塔柱间常有横梁或横向连接构件,并且索塔施工还要配合拉索的安装和张拉,设置必要的工作平台和起重设备等,因此,增加了拉索施工的难度。

一、混凝土索塔施工顺序

混凝土斜拉桥可先施工墩、塔,然后施工主梁和安装拉索,也可索塔、拉索、主梁三者同时并进。典型的塔、墩固接混凝土索塔的施工可按图 2-4-4 的施工顺序进行。

二、塔柱的施工

1.塔柱的施工方法

混凝土索塔施工按施工模板提升方法可分为整体模板逐段提升法、翻转模板法、爬模提升法和滑模法四种。上述四种方法均可实现无支架施工。整体模板逐段提升法在设备能力满足要求的情况下，能同爬模提升法一样适用于各种塔形。滑模法因滑模提升要求在混凝土凝结时间不长的时间内进行，此时混凝土还未达到较高的强度，对向外倾斜的索塔而言，在模板滑升到位后，由于材料设备和模板自重的作用，将使新浇混凝土内侧出现拉应力而引起开裂，故多用于垂直塔柱。

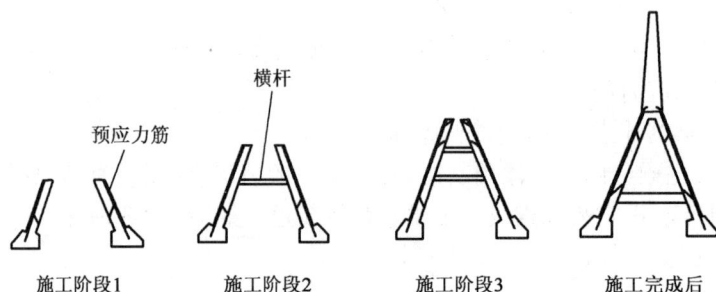

图 2-4-4　混凝土索塔施工顺序

（1）整体模板逐段提升法

对于截面尺寸相同，外观质量要求一般的混凝土索塔施工，可采用整体模板逐段提升法。施工时先制作和组拼模板，分块组装，模板下端夹紧塔壁以防止漏浆，然后进行混凝土全模板高度浇筑，混凝土达到规定的设计强度后，将模板拆成几块后提升并组装，继续施工。单面整体提升模板可分为组拼式钢模和自制钢模。模板一次浇筑，分节高度一般在 3～6m。

整体模板逐段提升法施工简便，在无吊机的情况下，可利用索塔内的劲性骨架作支撑，用手拉葫芦提升。但在索塔截面尺寸变化较大，混凝土接缝质量要求高的情况下，其使用有一定的局限性，目前此法已很少采用。

（2）翻转模板（交替提升多节模板）

每套翻转模板由内外模、对拉螺杆、护栏及内工作平台等组成，不必另设内外脚手架。模板分节高度及分块大小，根据起重设备吊装能力和塔柱构造要求确定。一般情况下，每套模板沿高度方向分为三节，每节高度为 1～3m。施工时先安装第一层模板，浇筑混凝土，完成一个基本节段的施工；再以已浇的混凝土为依托，拆除已浇节段下两节模板，顶节不拆，向上提升并接于顶节之上，安装对拉螺杆和内撑，完成第二层模板安装。如此由下至上依次交替上升，直至达到设计的施工高度为止。

翻转模板系统依靠混凝土对模板的黏着力自成体系，制造简单，构件种类少，模板的大小可根据施工能力大小灵活选用。混凝土接缝较易处理，施工速度快，能适应各种结构形式的斜拉桥索塔施工，目前被大量使用，特别是折线形索塔使用翻转模板施工更有优势，但此类模板本身不能爬升，要依靠塔吊等起重设备提升翻转循环使用，对起重设备要求较高。典型的翻转模板布置如图 2-4-5 所示。

（3）爬模提升法（自备爬架的提升模板）

爬模系统一般由模板、爬架及提升系统三大部分组成，根据提升方式不同又可分为倒链手动爬模、电动爬架拆翻模、液压爬升模等几种。

爬模系统所配模板一般采用钢模，且沿竖向将模板分为 3～4 节，模板分节高度根据塔柱构造特点、混凝土浇筑压力、爬架本身提升能力等因素确定，一般分节高度为 1.5～4.5m。

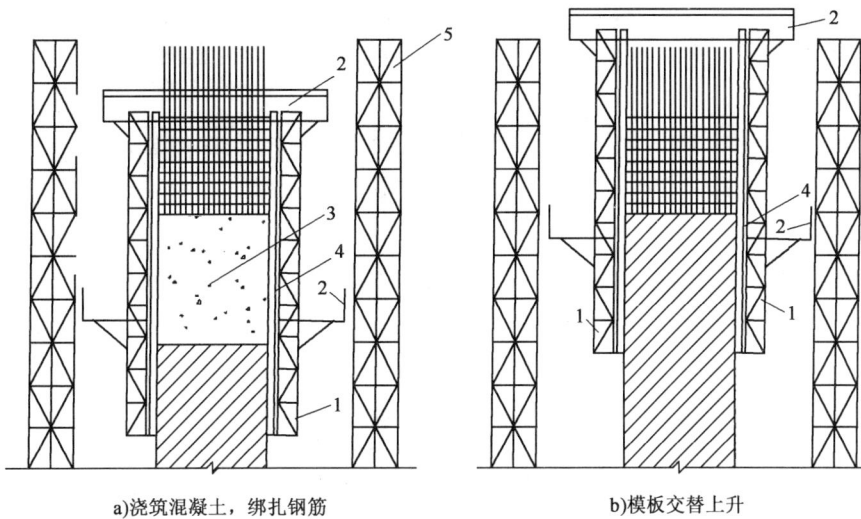

a)浇筑混凝土，绑扎钢筋　　　　　b)模板交替上升

图 2-4-5　翻转模板布置示意图
1-模板桁架;2-工作平台;3-已浇墩身;4-外模板;5-脚手架

爬架可用万能杆件组拼,亦可采用型钢加工,主要由网架和联结导向滑轮提升结构组成。爬架沿高度方向分为两部分,下部为附墙固定架,包括两个操作平台;上部为操作层工作架,包括两个以上操作平台。爬架总高度及结构形式根据塔柱构造特点、拟配模板组拼高度及施工现场条件综合确定,常用高度一般在 15~20m 之间。

爬架提升系统由爬架自提升设备和模板拆翻提升设备两部分组成。爬架自提升设备一般可采用倒链葫芦、电动机或液压千斤顶,模板拆翻提升设备则可采用倒链葫芦、电动葫芦或卷扬机。要求提升速度不可太快,以确保同步平稳。

爬模施工前须先施工一段爬模安装锚固段,俗称爬模起始段。待起始段施工完成后拼装爬模系统,依次循环进行索塔的爬模施工。根据爬模的施工特点,无论采用何种提升方式,相对其他施工方法均有施工速度快、安全可靠、对起重设备要求不高的特点。但此法对折线形索塔适应性较差,故一般在直线形索塔施工中应用较为广泛。

液压爬模的顶升运动通过液压油缸对导轨和爬架交替顶升来实现。导轨和爬模架两者之间可进行相对运动。在爬模架处于工作状态时,导轨和爬模架都支撑在埋件支座上,两者之间无相对运动。退模后就可在退模留下的爬锥上安装受力螺栓、挂座体及埋件支座,通过调整上下换向盒舌体方向来顶升导轨。待导轨顶升到位,就位于该埋件支座上后,操作人员可转到下平台去拆除导轨提升后露出的下部埋件支座、爬锥等。在解除爬模架上所有拉结之后就可以开始顶升爬模架,这时候导轨保持不动,调整上下舌体方向后启动油缸,爬模架就相对于导轨向上运动。通过导轨和爬模架这种交替附墙提升对方,爬模架沿着墙体上升,直到坐落于预留爬锥上,就这样实现逐层提升。爬升原理详见图 2-4-6。

(4)滑模施工法

滑模施工法是将工作平台与模板组拼成可自动沿塔柱向上滑移的整体装置,利用已浇筑混凝土中预埋的钢材(常用劲性骨架)安装滑升装置,使模板与工作平台可以逐渐向上滑动。滑模法施工能连续不断地浇筑塔柱混凝土,因此施工工期最短。

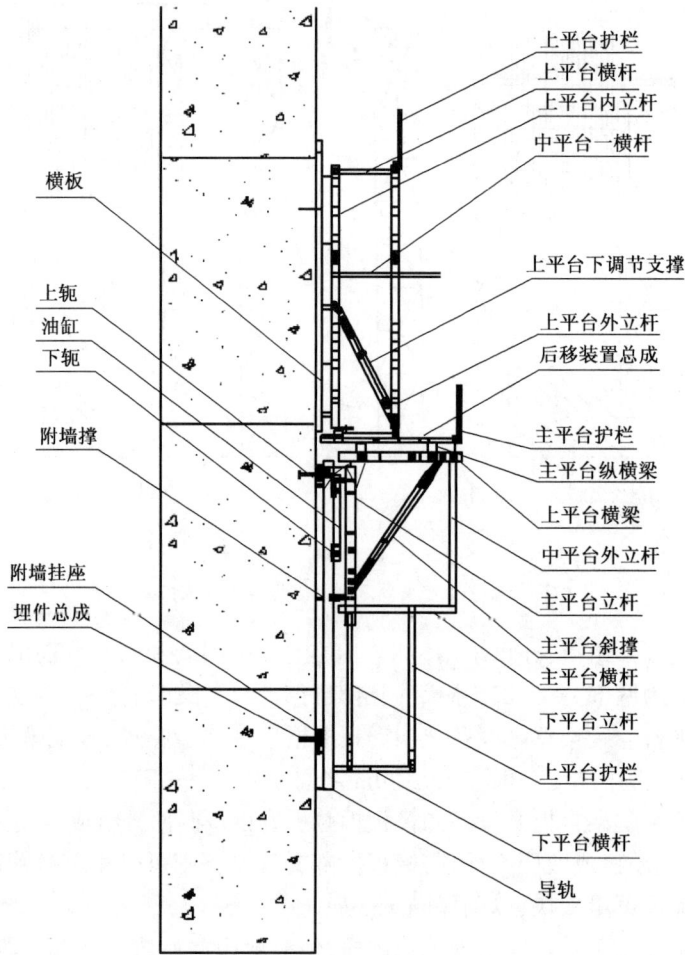

图 2-4-6　液压爬模爬升原理图

2. 混凝土索塔施工注意事项

(1)塔柱截面常沿高度变化,如 A 形、倒 Y 形的塔柱轴线还是倾斜的,为了保证轴线、截面尺寸达到一定精度要求,应考虑每隔一定高度设置临时的横向支撑杆(塔柱内倾时设受压支架,塔柱外倾时设受拉条),以保证塔柱的受力、变形和稳定性。

(2)在索塔上除了有拉索锚固张拉部位的凹槽缺口外,通常还有用作检查的走道,以及出于美观考虑等的截面变化区,在模板设计时应充分考虑这些因素。

(3)索塔上除了设置本身施工需要的平台外,还应设置为架设和张拉拉索用的脚手平台。

(4)由于索塔混凝土是就地浇筑,随着高度的增大,对于施工用的机具、材料、起吊设备的搬运、拉索架设等宜采用爬升式塔吊作为起重设备,并设置升降设备。用塔吊和混凝土斗或混凝土泵车输送混凝土浇筑,如采用管道输送混凝土,应特别注意混凝土的配合比设计、泵送设施的布置、泵送混凝土施工工艺的特点等,并采用高性能泵车,以确保索塔泵送混凝土的质量达到设计要求。

(5)索塔施工是高空作业,要有充分可靠的安全措施,防止上、下层作业的落物事故。

三、横梁的施工要点

一般横梁采用支架法就地浇筑混凝土,但在高空中进行大跨径、大断面、高等级预应力混凝土的施工,难度较大。

桥梁施工时应考虑模板支撑系统,防止支撑系统的连接间隙变形、弹性变形、支承不均匀沉降变形;混凝土横梁和塔柱与钢支撑不同的线膨胀系数的影响;日照温差对钢和混凝土的不同时间差效应等产生的不均匀变形的影响,以及相应的变形调节措施。

每次浇筑混凝土的供应量应保证在最先浇筑的混凝土初凝前完成全部浇筑,并应采取有效措施防止在早期养护期间及每次浇筑过程中由于支架的变形引起混凝土横梁开裂。

第三节　斜拉索施工

成型拉索包括由钢丝(或钢绞线)组成的钢索和两端的锚具两部分,而不同种类和构造的钢索两端需配装合适的锚具后才成为可以承受拉力的拉索。

配装热铸锚、冷铸锚、镦头锚这三种锚具(统称为拉锚式锚具)的拉索可以事先将锚具装固到钢索两端预制成拉索,这些拉索可以在专门的预制厂制作,然后盘运到桥梁工地,或在桥梁工地现场制作,拖拉到桥位进行挂索和张拉,这些拉索有单股钢铰缆、封闭式钢缆、半平行钢绞线索、半平行钢丝索、平行钢丝索即平行钢丝股索等。这类拉索可称作预制索或成品索。

配装夹片群锚的拉索,张拉时直接张拉钢索,待张拉结束后锚具才发挥作用,因此配装夹片群锚的平行钢筋索及平行钢绞线索必须在桥梁现场架设过程中制作,故可称为现制索。

一、拉索的制作

1. 制索工艺流程

制索工艺流程一般为:钢丝除锈→调直→应力下料→防护油漆→穿锚→镦头→浇锚→烘锚,拉索防护→超张拉→标定。

若采用高密度聚乙烯管作拉索防护时,应在钢丝成索后即穿聚乙烯管,然后再穿锚。应力下料时,同索钢丝索须在同一温度下下料,以防止温差过大影响钢丝长度的精度。

2. 索长计算

计算索长是为得出制作钢索的下料长度。首先求出每一根拉索的长度基数 L_0,然后对这一基数进行若干修正,即可得到钢丝的下料长度 L,根据国家标准《斜拉桥热挤聚乙烯高强钢丝拉索技术条件》(GB/T 18365—2001),拉索在设计温度时无应力下料长度,对于冷铸锚可用下式计算:

$$L = L_0 - \Delta L_e + \Delta L_f + \Delta L_{ML} + \Delta L_{MD} + 2L_D + 3d$$

式中:L——钢丝下料长度;

L_0——每根拉索的长度基数,是该拉索上下两个索孔出口处在拉索张拉完成后锚固面的空间距离(图2-4-7);

ΔL_e——初拉力作用下拉索弹性伸长修正值;

ΔL_f——初拉力作用下拉索垂度修正值;

ΔL_{ML}——张拉端锚具位置修正值,如图 2-4-7 所示,最终位置可设定螺母定位于锚杯的前 1/3处;

ΔL_{MD}——锚固端锚具位置修正值,如图 2-4-7 所示,可设定螺母定位于锚杯的1/2 处;

L_D——锚固板厚度;

$3d$——拉索两端所需的钢丝镦头长度,d 为钢丝直径。

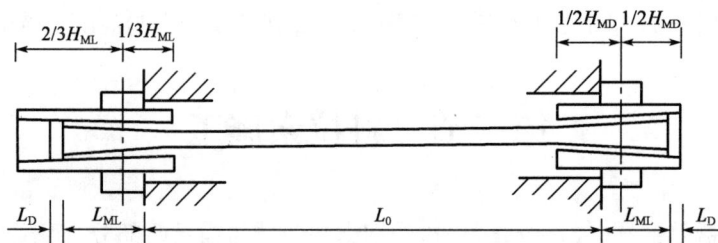

图 2-4-7　钢丝下料长度计算

对于采用夹片群锚(也称拉丝式锚具)的拉索,下料长度不计入镦头长度,而应加上满足张拉千斤顶工作所需的拉索操作长度 ΔL_s,则上述公式变为:

$$L = L_0 - \Delta L_e + \Delta L_f + \Delta L_{ML} + \Delta L_{MD} + 2L_D + \Delta L_s$$

弹性伸长量和垂度修正值可分别按下列公式计算:

$$\Delta L_e = L_e \frac{\sigma}{E}$$

$$\Delta L_f = \frac{m^2 L_x^2 L_0}{24T^2}$$

式中:σ——拉索设计应力;

$\quad E$——拉索弹性模量;

$\quad T$——拉索设计拉力;

$\quad L_0$——拉索长度基数;

$\quad L_x$——L_0 的水平投影;

$\quad m$——拉索每单位长度质量。

如组成拉索的钢丝下料时的温度和桥梁设计中取定的标准温度不一致,则在下料时应加以温度修正。如采用应力下料,则还应考虑应力下料修正。温度修正和应力下料修正可根据具体情况考虑决定。

对于大跨径斜拉桥,拉索的制作宜和挂索协调进行,随时注意上一阶段的挂索情况,根据反馈的信息,对下一阶段的拉索长度作出是否需调整的决定。

二、拉索的安装

斜拉索的安装也称为挂索,就是将拉索架设到索塔锚固点和主梁锚固点之间的位置上。

由于斜拉桥的结构特性,挂索一般是从短索到长索。

斜拉桥所用的拉索,根据设计要求,可能是成品索或现制索,挂索的方式也各不相同。

1. 成品索挂索

成品索无论是在专门工厂制造后成盘运输到工地,还是在工地附近制成的,都可以直接利用吊机将拉索起吊,借助卷扬机将拉索两端分别穿入主梁上和索塔上的预留索孔,并初步固定在索孔端面的锚板上完成挂索,或者设置临时钢索作为导向缆绳,并用滑轮牵引完成挂索,其主要安装方法有卷扬机组安装法(吊点法)、吊机安装法、分步牵引法、脚手架法等。

(1)卷扬机组安装法

斜拉索卷扬机组安装方法称为吊点法安装,主要利用卷扬机组安装。

拉索上桥面后,从索塔孔道中放下牵引绳,连接拉索的前端,在离锚具下方一定距离设一个吊点,索塔吊架用型钢组成支架,配置转向滑轮。当锚头提升到索孔位置时,采用牵引绳与吊绳相互调节,使锚头尺寸准确,牵引至索塔孔道内就位后,穿入锚头固定,如图2-4-8所示。

该方法施工简便、安装迅速,缺点是起重索所需的拉力大,斜拉索在吊点处弯折角度较大,故一般适应较柔软的短拉索。

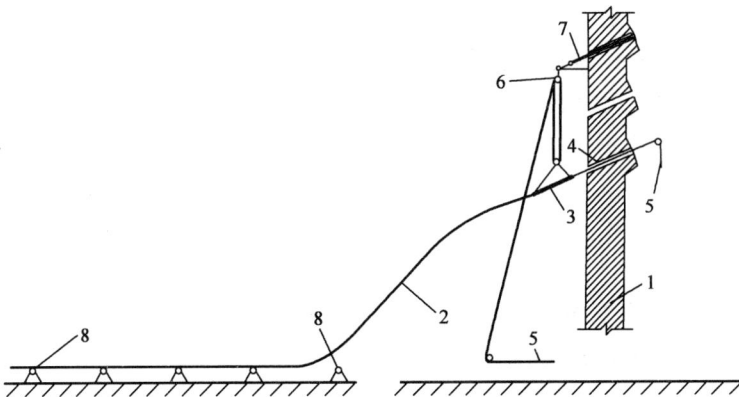

图2-4-8 吊点法安装拉索
1-索塔;2-待安装拉索;3-吊运索夹;4-锚头;5-卷扬机牵引;6-滑轮;7-索孔吊架;8-滚轮

(2)吊机安装法

吊机安装法是采用索塔施工时的提升吊机,用特制的扁担梁捆扎拉索起吊。拉索前端由索塔孔道内伸出的牵引索引入索塔拉索锚孔内,下端用移动式吊机提升,如图2-4-9所示。吊机法操作简单快速,不易损坏拉索,但要求吊机有较大的起重能力。

(3)分步牵引法

根据斜拉索在安装过程中索力递增的特点,而分别采用不同的工具,将拉索安装到位。首先用大吨位的卷扬机将索张拉端从桥面提升到预留孔外,然后用穿心式千斤顶将其牵引至张拉锚固面。在这个阶段前半部,采用柔性张拉杆——钢绞线束,利用两套钢绞线夹具系统交替完成前半部牵引工作;牵引阶段的后半部,根据索

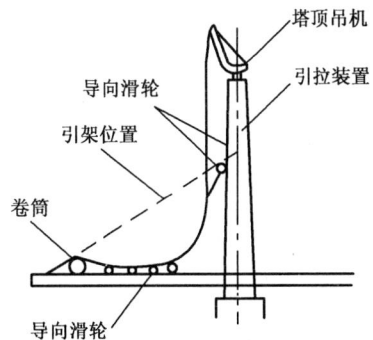

图2-4-9 塔顶吊机法安装拉索

力逐渐增大的情况,采用刚性张拉杆分步牵引到位。

分步牵引法的特点是牵引功率大,辅助施工少,桥面无附加荷载,便于施工。

由于长索质量大,长度大,挂索时垂度大,故需要吊机和卷扬机的牵引力也大。因此,施工前应先计算卷扬机的牵引力及连接杆的长度。通常根据短索、中索、长索制订不同的挂索方案。挂索过程中还应校验计算值是否符合实际情况,并以先期挂索的实际情况对下一根较长索的牵引力和连接杆长度及时进行调整。

斜拉索安装时,为克服索的自重所需牵引力(拖拽力)的计算方法有两种,即伸长位移法和悬链线简化法。伸长位移法同时考虑了索的弹性伸长和垂度影响,而悬链线简化法在计算索的长度时,用抛物线代替悬链线来计算曲线长度。

伸长位移法:根据拉索的长度 L ,上下两端索孔锚板的中心几何距离 L_0,可以按下式估算出牵引力为 T 时拉索上端离塔柱相应索孔锚板端面的距离 ΔL:

$$\Delta L = L_0 - L + \frac{w^2 L_x^2 L_0}{24 T^2} - \frac{TL}{AE}$$

式中:ΔL——牵引力为 T 时拉索上端离塔柱上相应索孔锚板端面的距离(牵引绳的长度);

  L——斜拉索的长度;

  L_0——上下两端索孔锚板中心的几何距离;

  w——拉索单位长度重力;

  L_x——L_0 的水平投影;

  T——牵引力;

  A——钢丝截面面积;

  E——弹性模量。

根据上式可计算出在不同牵引绳的长度下所需要的牵引力。

悬链线简化法:由理论分析可知,当矢跨比小于 0. 15 时,可以用抛物线代替悬链线来计算曲线长度。

拉索的垂度公式:

$$f_m = \sqrt{\frac{3(L - L_0)L_0}{8}}$$

张拉水平力:

$$H = \frac{w L_0^2 \cos\alpha}{8 f_m}$$

牵引力:

$$T = \frac{H}{\cos\alpha}$$

式中:f_m——计算垂度值;

  H——张拉水平力;

  α——拉索与水平面的夹角;

其余符号的意义与伸长位移法中相同。

2. 现制索挂索

现制索即拉索是在挂索过程中完成制索的,先在拉索上方设置一根粗大的钢缆作为导向索,将拉索的聚乙烯防护套管(或其他拉索防护套管)悬挂在导向索上,然后逐根穿入钢绞线(或高强钢筋),用单根张拉的小型千斤顶调整好每根钢绞线(或高强钢筋)的初应力,最后用群锚千斤顶整体张拉,完成制索、挂索和张拉全过程。

现制索还有用其他方式制索挂索的,如美国主跨 396.34m 的达姆岬(D-P)桥,拉索采用高强度平行钢筋索,配装迪维达格锚具,拉索防护采用钢套管,内压水泥浆。拉索施工即制索、挂索、张拉采用满布脚手架,脚手架由拆装式杆件组拼而成,沿两个索面布置,平行钢筋束的每根螺纹钢筋在钢套管以外的扩散部位都各自带有波纹套管,并分别用迪维达格千斤顶张拉后用螺母固定。

在长索挂索施工时,应尽可能避免发生钢丝绳旋转和扭曲的现象。由于长索对牵引力要求高,故必须经计算挂索设备满足要求后方可施工。在将拉索锚具引拉进入拉索预埋钢套管及拉出拉索套管时,均应将千斤顶严格对中,并应由导向装置来调整拉索以不同的角度进入管道,防止拉索锚具碰撞、损伤,影响施工。

三、拉索的张拉

拉索的张拉是拉索完成挂索施工后导入一定的拉力,使拉索开始受拉而参与工作。通过对拉索的张拉,可以对拉索及桥面高程进行调整。所以拉索的张拉工艺、索力及高程的控制是斜拉桥施工的关键,应按照设计单位的要求进行,并将施工控制的实际结果迅速反馈给设计单位,以便及时调整,指导下一步的施工。由于每根拉索的张拉力很大,且伸长量也大,千斤顶和座架等均是大型的设备,因此,张拉位置选择在索塔一侧还是主梁一侧,应根据千斤顶所需的张拉空间和移动空间等决定。

为减少索塔和主梁承受的不平衡弯矩、扭矩及方便施工,应尽量采用索塔两侧平衡、对称、同步张拉或相差一个数量吨位差的张拉施工方法。必要时,也可考虑单边张拉,但必须要经过仔细的计算。

拉索的张拉包括悬臂架设时最外一根拉索的初次张拉、内侧紧邻一根拉索的二次张拉、主梁合龙后的最终张拉,以及施工中间的调整张拉等。工作平台等的设置,要适应以上各种张拉情况。如在主梁一侧张拉时,则需要有能够在主梁下面自由移动的吊篮式工作平台。

通过张拉对索力进行调整,索力的大小由设计单位根据各个不同的工况,经过计算后给出,张拉拉索时应准确控制索力。对于长索的非线性影响、大伸长量及相应的各种因素的影响,在设计与施工时都应充分考虑,并采取有效的技术措施。

1. 拉索张拉方法

(1)用千斤顶直接张拉

在拉索的主梁端或者索塔端的锚固点处安装千斤顶直接张拉拉索。这种方法较简单直接,是普遍采用的方法,但需在索塔内或主梁上有足够的千斤顶张拉空间。

(2)用临时钢索将主梁前端拉起

依靠主梁伸出前端的临时钢索,将主梁吊起,然后锚固拉索,再放松临时钢索使拉索中产生拉力。用此法张拉拉索虽然不需要大规模的机具设备,但由于只靠临时钢索有时不能满足主梁前端所需的上移量,最后还需要其他方法来补充拉索索力,所以此法较少采用。

(3)在支架上将主梁前端向上顶起

原理同用临时钢索将主梁前端拉起的方法,只是由向上拉改为向上顶,但这种方法仅适用于主梁可用支架来架设的斜拉桥。如果主梁前端在水面上时也可采用浮吊将主梁前端吊起或利用驳船的浮力将主梁前端托起。

国内几乎都采用液压千斤顶直接张拉拉索的施工工艺。

2.索力测量

为了施工中准确测量、调整索力,必须掌握测定索力的方法。由于测量数据会有一定的误差,故要求反复多次进行测定。测定索力的方法很多,如千斤顶油压表、测力盒、应变仪、拉索伸长量、拉索的垂度、主梁线形、拉索的频率振动法、测力传感器测定索力等,这里主要介绍三种常用的测定索力的方法。

(1)千斤顶油压表

拉索用液压千斤顶张拉时,由于千斤顶张拉油缸中的液压和张拉力有直接的关系,因此只要量得油缸中的液压就可求出索力。但张拉用的千斤顶油压表要用精密压力表事先标定,求得压力表的液压和千斤顶张拉力之间的关系。用此法测定索力的精度可以达 $1\% \sim 2\%$。

也可用液压传感器测定千斤顶的液压,液压传感器感受液压后输出相应的电信号,接受仪表收到信号后即可显示压强或经换算后直接显示出张拉力。电信号可由导线传入,因此能进行遥控,使用也更方便。

由于液压换算索力简单方便,因此这种方法是施工过程中控制索力最实用的一种方法。

(2)测力传感器

用测力传感器测定索力的原理是:拉索张拉时,千斤顶的张拉力是由连接杆传到拉索锚具的,如果将一个穿心式测力传感器套在连接杆上,则张拉拉索时,处于千斤顶张拉活塞和连接杆螺母之间的传感器,在受压后输出电信号,就可在配套的二次仪表上读出千斤顶的张拉力。

这类测力传感器通常需专门设计,由专业厂生产,方可收到良好的效果,其精度一般为 $0.5\% \sim 1.0\%$。

(3)频率振动法

频率振动法是根据拉索索力和振动频率之间的关系求得索力。

对于跨径较小的斜拉桥,由于索力小,故可用人工激振测得拉索频率。为消除由频率推算索力过程中其他因素的影响,可先在预拉台座上对每一种规格和长度的拉索,在指定的索力范围内,逐级测定其频率和索力的关系。在实际斜拉桥的索力测定时,根据实测的频率,对照相应的索力和频率的相关关系,可求得索力。

对于大跨径斜拉桥,由于拉索既长质量又大,对拉索已不可能用人工激振来获得理想的振态,也不适宜预先进行实索标定来求得频率和索力的相关关系。根据研究分析,可用精密的拾振器,通过频谱分析,根据功率谱图上的峰值,能够判定拉索的各阶段频率。频率得到后,就可根据索力与频率的关系求得索力。

用振动频率法求索力,应注意索的边界条件对索力的影响。索力和频率之间的函数关系为:

对于柔性索

$$T = \frac{4WL^2}{n^2 g}f_n^2$$

对于两端铰接的刚性索

$$T = \frac{4WL^2}{n^2 g}f_n^2 - \frac{n^2 EI\pi^2}{L^2}$$

式中:W——拉索每延米重力(N/m);

　　L——拉索的计算长度(m);

　　f_n——第 n 阶自振频率(s^{-1});

　　T——拉索的拉力,假定沿索长均匀分布(N);

　　n——拉索长度内的半波个数;

　　g——重力加速度(m/s^2);

　　EI——拉索的抗弯刚度。

用以上公式求索力时,首先要精确测定频率,特别是低阶频率,能测出一阶频率最好;第二要根据拉索的边界条件准确设定拉索的计算长度。一般来说,由于拉索两端通常未进行铰接处理,且拉索又有一定的抗弯刚度及近端部设置了减振圈,因此拉索的计算长度比实际长度 L_0 要短些。

采用频率振动法测定索力,设备可重复使用,整套仪器携带、安装方便,测定结果可信,特别适用于对索力进行复测及测定活载对索力的影响。

第四节　斜拉桥的施工控制与调整

斜拉桥是高次超静定结构,可能有各种不同的应力组合。可以通过对拉索索力在一定范围内的调整,使结构中恒载内力分布更合理。一般斜拉桥设计总是使拉索应力和主梁中的弯矩尽可能的均匀。

斜拉桥采用不同的施工方法和架设程序,对成桥后的主梁线形和结构中恒载内力的分布情况会有不同的影响。此外,斜拉桥的结构体系和荷载状态随着施工的进展不断变化,各施工阶段发生的应力和变形的误差,如果不加以有效地管理和控制,累计起来也会影响成桥后的线形和应力。拉索中的应力过大或不足同样会使结构应力分布和主梁线形与设计不符。如果竣工后斜拉桥拉索索力、主梁内力和线形与设计相差较大,就会影响桥梁的安全使用。为了确保斜拉桥在施工过程中结构受力状态和变形处于设计值的安全范围内,成桥后的主梁线形符合预期的目标,并使结构处于理想的受力状态,就必须对各施工阶段发生的误差及时进行调整,这就是斜拉桥的施工控制与调整所要解决的问题。

斜拉桥的施工控制和调整是一个系统工程,贯穿于施工的全过程,主要包括以下两个方面：

（1）对于选定施工方法的每个施工阶段进行详细的理论计算，以求得各个施工阶段的施工控制参数。

（2）对于在实际施工中因各种原因实测值和理论计算值出现的不一致问题，应采取一定的方法在施工中予以控制和调整。

下面从三个方面来介绍斜拉桥的施工控制和调整。

一、斜拉桥施工的理论计算

斜拉桥施工计算时，应对主梁架设期间的施工荷载给予准确的识别。施工计算时的计算图式应按不同的施工阶段拟定，并考虑该施工阶段所有的作用荷载。对于宽跨比较小的窄桥，施工计算采用平面结构分析方法足以满足实际施工架设中施工控制和调整的需要。对于宽桥或位于平曲线上的斜拉桥以及某些特殊问题，如0号段临时固接处的局部应力等，施工计算宜按空间结构进行分析。拉索垂度对结构的非线性影响，无论跨径大小均应考虑，通常按拉索换算模量法公式考虑这项的影响。施工计算中，对于地震、风荷载、混凝土的收缩、徐变及温度变化的影响，按《公路斜拉桥设计细则》（JTG/T D65-01—2007）的规定考虑。施工理论计算方法有以下几种。

1. 倒拆法

倒拆法是从斜拉桥的成桥状态出发（理想的恒载状态出发），用与实际施工步骤相反的顺序，进行逐步倒退计算来获得各施工阶段的控制参数，根据这些参数对施工进行控制与调整，并按正装顺序施工。成桥后，理论上斜拉桥的恒载内力和主梁线形便可达到预定的理想状态。倒拆法是斜拉桥施工计算中广泛采用的一种方法。

原则上倒拆法无法计算混凝土徐变对结构的影响，因为徐变计算在时间上只能是按顺序进行的，而倒拆法在时间上是逆序的。对于大跨径斜拉桥，施工计算若不考虑混凝土收缩、徐变的影响，会使计算发生较大偏差，一般可用迭代法解决这个问题。

2. 正算法

正算法就是按斜拉桥的施工顺序，依次计算出各施工阶段架设时的内力和位移。并依据一定的计算原则，选定相应的计算参数作为未知变量，通过求解方程得到相应的控制参数。一般来说，只要计算参数选得恰当，结构按正算法求得的控制参数和施工顺序进行施工，成桥后理论上斜拉桥的恒载内力和主梁线形应与预定的理想状态基本吻合。

施工中如不得已需改变施工步骤或施工荷载时，正算法可很方便地进行修改计算，而倒拆法却需重新计算，而且斜拉桥各施工阶段的控制参数必须在倒拆法计算全部完成后才能得到。因此，正算法更为灵活方便。

采用悬臂施工法的斜拉桥运用正算法进行施工计算时常用的设计原则有：

（1）刚性支撑连续梁法。

（2）五点（四点）为零法。

（3）零弯矩悬拼法。

上海的南浦大桥和杨浦大桥是按五点（四点）为零法原则进行计算的；广东九江大桥是按零弯矩悬拼法进行施工计算的。

二、施工控制管理和施工测试

1. 施工控制管理

施工控制是一个高难度的施工技术问题,但不是孤立的施工技术问题,它涉及设计、施工、监理等单位的协作与配合。斜拉桥设计细则中,已经明确地把通过实际测量来修改设计参数的施工控制方法作为实现设计目标的必要措施。施工过程中设计为施工提供理论指导,同时通过对施工过程实测资料的收集对设计参数进行修正。由此可见,施工控制过程中的管理工作显得尤为重要,通过严格高效的管理,使得设计、施工更好地结合起来,保证施工控制程序正常运转。

为确保斜拉桥施工控制工作正常进行,一般情况下,大多数斜拉桥在施工时都聘请工程技术人员专职负责施工过程中的施工控制工作,并由业主、设计、施工、监理等联合成立施工控制工作小组,制订施工控制纲要、施工控制工作细则、各阶段施工控制目标。为了使施工控制的各个步骤程序化,施工控制工作小组可根据具体的施工进度安排制订施工控制工作程序。

桥梁的施工控制和调整是国内外研究的一个重要课题,它包括数据采集系统和数据分析处理系统,需在桥上埋设各类传感器和设置监控系统,并把采集到的数据进行分析处理,以确定下一阶段的工作,因此,施工控制管理工作非常重要。

(1)正确计算恒载重力

为了准确控制整个施工过程,应将各施工阶段出现的荷载(主梁及施工机具设备等的重力)不遗漏地全部归纳计算,并将各个阶段产生的内力、应力、索力及位移等计算结果作为施工详细设计的计算数据列出,便于在施工过程中进行检验校对,指导施工。计算中所用的施工荷载应尽可能地接近实际情况,以求得精确的恒载重力。

(2)对施工管理人员的要求

施工管理人员应熟悉上述设计计算数据,并掌握这些数据与各施工阶段结构内力和变形之间的关系。施工管理人员还应掌握各种重要因素对结构引起的影响,如荷载关系(自重力、预应力、索力、施工临时荷载)、刚度关系(混凝土各龄期的弹性模量、拉索的换算弹性模量)、温度变动关系、地基沉降及基础转动关系等。

(3)严格按设计要求施工

因成桥后的应力状态与施工过程密切相关,因此,施工应严格按设计规定的施工阶段和工作内容进行,如因实际情况变化,确实需要变动原设计的施工程序时,则应根据变更后的施工程序、施工荷载或架设方案重新进行施工计算,求得相应的施工控制参数的理论值,以保证理论计算与实际施工相一致。

(4)严格进行各施工阶段的各项测试

施工管理首先应掌握各施工阶段的受力和变形情况,为此应及时完成各项施工测试工作,并与设计计算值作充分的比较与研究。测试工作应以短间隔的频率进行,以掌握随时间变化引起的变动,特别是荷载变化较大的施工阶段。在夜间测定主梁线形时必须同时测量斜拉桥各构件的温度,当梁、索、塔之间存在温差时,对测量数据应进行温度补偿处理。

(5)实测值与设计值的比较

如实测值与设计计算值有较大偏离时,除了应分析发生偏离的原因外,还应分析其对最终变形和应力设计值的影响,以便决定对拉索张力的调整措施及主梁待浇节段的高程修正值。同时,还应进行拉索的最佳调整以取得变形、应力和索力等的均衡。

施工管理控制应严格,无论是在架设、安装或制造与浇筑过程中,都应进行应力和变形的双控。变形控制方面主要是控制拉索的长度、索塔的垂直度以及主梁的线形等。管理控制的严格与否往往直接影响到主梁线形和拉索索力的偏离程度的大小。在进行上述管理时,要采集大量的计算数据和实测数据,并进行分析研究,因此宜采用计算机进行施工管理以迅速和合理地处理并分析各种数据。

2. 施工测试

为获得施工控制与调整的第一手资料,须进行各项测试工作,包括变形测试、应力测试和温度测试三个方面。

(1)变形测试

变形测试主要是测试主梁的挠度、主梁轴线的偏离和索塔塔柱水平位移的变化情况。一般使用精密水准仪、经纬仪、倾角仪等测量仪器来测试变形。

(2)应力测试

应力测试主要是测定拉索索力、支座反力、主梁和塔柱应力在施工过程中的变化情况。一般用千斤顶油压表、测力传感器、频率振动法等测定拉索索力,测试主梁和塔柱应力可使用各种应变仪(应变片)或测力计等仪器。

(3)温度测试

观测梁、塔、拉索的温度及主梁挠度、塔柱位移等随气温和时间变化的规律。可用热电偶测量气温。

对于斜拉桥整体结构升温或降温,温度变化对主梁挠度的影响可根据季节温差进行修正。而日照温差对主梁挠度的影响较大,特别在主梁悬臂长度增大时。如果在施工过程中考虑日照温差的影响,既增加工作量,又不易符合实际情况,因此,一般采用在一天中日照温差对结构变形影响最小时测试主梁的挠度,如清晨日出之前。

三、施工控制与调整

1. 施工控制与调整的原则

施工控制通常是指对拉索张拉力的控制调整和对主梁高程的控制,以使成桥后结构内力及外形达到设计预期值。但施工实践证明,单纯控制索力或高程虽是片面的,但两者同时控制又很难实施。一般来说对于采用悬臂施工的斜拉桥,在主梁悬臂架设阶段,确保主梁线形的和顺、准确是最重要的,在这个施工阶段应以主梁高程控制为主。而在二期恒载施工时,为保证结构的整体内力和变形理想状态,拉索张拉时应以索力控制为主。

以高程控制为主并不是只控制主梁高程,而不考虑拉索索力的偏差。施工中应根据结构本身的特性及不同的施工方法,采用相应的控制措施。假如主梁刚度较小,拉索索力的变化会引起主梁悬臂端挠度的变化较大时,则拉索张拉时应以高程测量进行控制。而当主梁刚度较大或主梁与桥墩刚接,拉索索力变化很大时,主梁悬臂端挠度却很有限,施工中应以拉索张拉力进行控制,然后根据高程的实测情况对索力进行适当的调整。

悬臂施工的斜拉桥,主梁高程和线形的控制主要是通混凝土浇筑前放样高程的调整(悬臂浇筑施工时)或通过预制块之间接缝转角的调整(悬臂拼装法施工时)来实现。

2.施工控制与调整的方法

桥梁施工控制与调整的技术是目前国内外工程技术人员研究的一个重要课题,在国内许多桥梁施工中也在实施,设计和施工人员必须予以充分重视。由于各种因素的影响,斜拉桥施工中出现的理论计算值与施工实测值会有偏离,如不加以有效地控制与调整,随着主梁悬臂施工长度的增加,主梁高程最终会明显地偏离设计值,对全桥合龙造成困难,并将影响成桥后的结构内力和桥面线形。因此必须对偏离予以处理,对索力进行调整。下面简单介绍斜拉桥施工控制与调整的几种方法。

(1)一次张拉法

一次张拉法即在施工过程中每一根拉索拉到设计索力后不再重复张拉。对于施工中出现的主梁悬臂端挠度和塔顶水平位移实测值与理论计算值之间的偏差不用索力来调整,而通过与下一梁段的接缝转角进行调整,或任偏差自由发展,直至跨中合龙时挠度的偏差用压重等方法强迫合龙。

一次张拉法由于对已施工完的主梁高程和索力不再调整,主梁线形较难控制,故对构件的制作质量要求较高。且跨中采用强迫合龙将扰乱结构理想的恒载内力状态,但一次张拉法施工简单,操作方便。

(2)多次张拉法

多次张拉法是在整个施工过程中,对拉索进行分批张拉,最后达到设计索力,使结构在各施工阶段的内力较为合理,梁和索塔的受力处于大致平衡状态,即梁、塔只承受轴向力和数值不大的弯矩。主梁的线形主要用于一定范围内调整拉索索力(多次张拉拉索)来加以控制。

(3)设计参数识别、修正法

设计参数识别、修正法是根据施工中结构应力和挠度等的实测值,对斜拉桥的主要参数,如混凝土的收缩及徐变系数、主梁的抗弯刚度 EI、构件重力等进行估计,然后把修正过的设计参数反馈到控制计算中,求得新的施工索力和挠度的理论期望值,以此消除理论计算值与实测值偏差中的主要部分。

(4)卡尔曼滤波法

卡尔曼滤波法对斜拉桥施工控制与调整的理论依据是最优随机控制原理的一个重要特例,即最优终点控制问题。其基本原理是:斜拉桥恒载索力一般是根据刚性支承连续梁的原则制订的,并由此逐步计算出各施工阶段的设计索力及相应挠度,然而按此索力进行施工,到某一施工阶段由于各种因素影响必然产生挠度偏差值,内力状态也将出现偏差。若要使梁体内力达到刚性支承连续梁的内力状态,必须改变原设计索力,才能使挠度达到预定值。现以挠度预定值作为状态变量,以索力调整值作为控制变量,以结构内能最小化作为控制指标,代入最优终点控制问题计算程序中,即可求得使挠度达预定值时应作的索力调整值。以此类推,一直控制、调整到施工合龙。使主梁的线形和结构内力达到预期的目标。

卡尔曼滤波法除能简单有效地控制结构的内力和变形外,还能较正确地预报下一阶段结构的表现,并与实测值比较以检查施工中可能出现的问题,确保施工安全。所以该法是一个相当有效的施工控制与调整方法,已在斜拉桥施工中得到广泛应用。

除了上述方法外,灰色系统理论,最小二乘法、人工神经网络、遗传算法等都已在斜拉桥施工控制中得到应用。图 2-4-10 是某桥施工控制与调整的管理方法实例,可供参考。

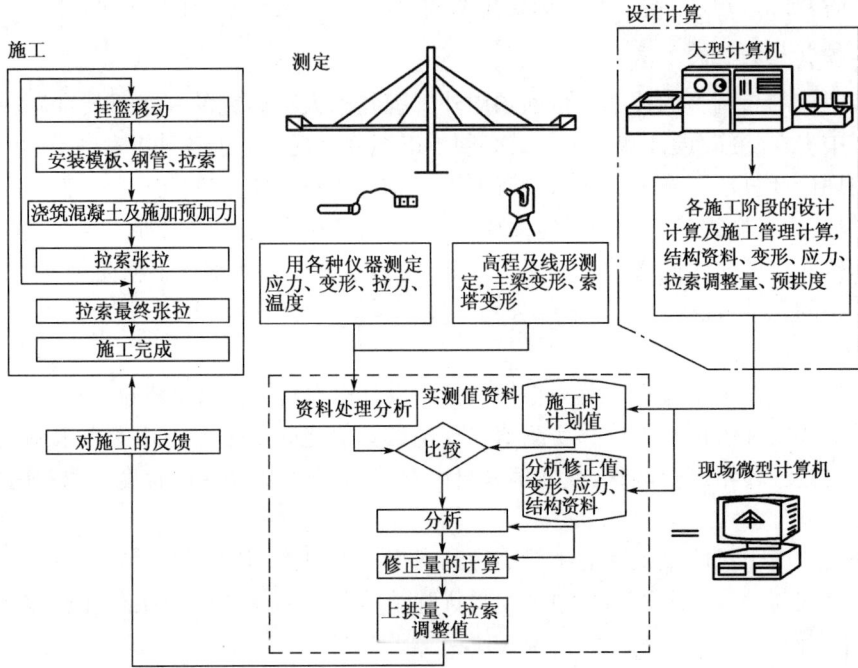

施工

挂篮移动

安装模板、钢管、拉索

浇筑混凝土及施加预加力

拉索张拉

拉索最终张拉

施工完成

对施工的反馈

测定

用各种仪器测定应力、变形、拉力、温度

高程及线形测定,主梁变形、索塔变形

设计计算

大型计算机

各施工阶段的设计计算及施工管理计算,结构资料、变形、应力、拉索调整量、预拱度

资料处理分析

实测值资料

施工时计划值

比较

分析修正值、变形、应力、结构资料

现场微型计算机

分析

修正量的计算

上拱量、拉索调整值

图 2-4-10　施工控制与调整的管理方法实例

混凝土斜拉桥实例

第一节　山东济南黄河大桥

一、概况

此桥在山东省济南市北郊跨越黄河,全长 2 022.4m,主桥是混凝土斜拉桥,其体系为密索的五跨连续混凝土箱梁,分跨为 40m + 94m + 220m + 94m + 40m,全长 488m(图 2-5-1)。其余 1 534.4m 的两端引桥为 51 孔 30m 跨径的先张法预应力槽形组合梁。

桥面全宽 19.5m,设计荷载为汽车—20 级,挂车—100 级,人群 3.5kN/m²。另外用 218t 大型平板车验算。

主桥桥面有 0.45% 的双向纵坡。

在方案设计时分析了斜拉桥、T 形刚架、连续梁、桁架悬臂梁和钢桁梁后,选出跨越能力大、造价低的混凝土斜拉桥和 T 形刚架桥做进一步比较。最后选定结构受力合理、跨越能力大、材料省的混凝土斜拉桥。

二、主桥分跨及构造形式

混凝土斜拉桥的分跨及体系也是进一步做了多种比较才选定密索、纵向 A 形墩、五跨连续的飘浮体系。

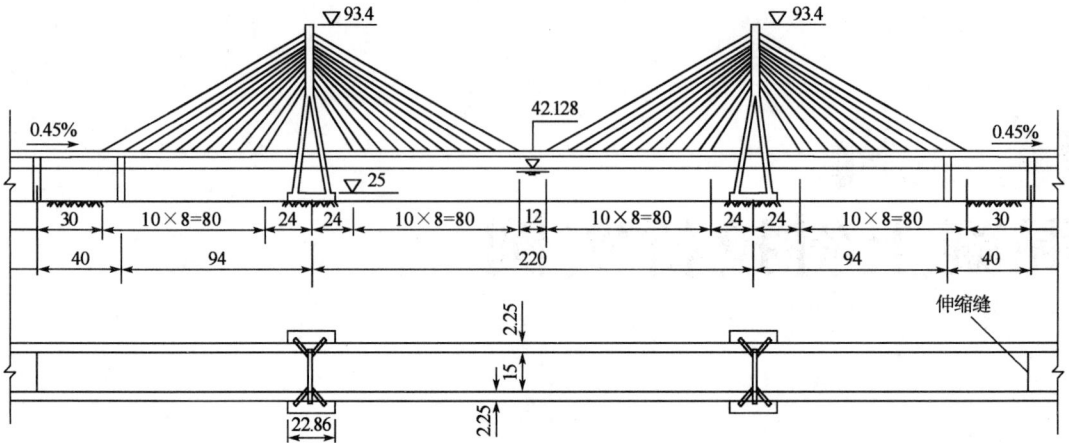

图 2-5-1　山东济南黄河桥(尺寸单位:m;高程单位:m)

所采用的体系中边跨 94m 也是在一般的边中跨比例 0.4~0.5 之间,经 100m 和 94m 两种跨径,用电算比较而定的,为中跨的 0.43。两侧增加各一孔连续副孔(40m)的目的是将主桥布满主河槽,并由于梁的连续性,可起锚孔作用,约束边孔变形,减少边墩负反力。

每个索塔在一个平面内的拉索为 11 对,成扇式分布,另外在索塔中心处有一根拉索,因此全桥共有 46 对拉索。主梁上的索距为 8m,这是经过 6m、8m、12m 和 14m 四种节间的比较才确定的。拉索用 67~121 根直径 5mm 的镀锌高强钢丝平行编制成束,每根拉索由 4~8 束组成。

索塔是钢筋混凝土结构,与桥墩形成一个整体。塔墩横向构造如图 2-5-2 所示,为门式构造,但在塔顶 23m 以下直到桩基承台顶面有 11.5:1 的斜度,使拉索能锚固于行车道与人行道之间,而塔柱又不占桥面宽度。为了横向稳定性,设有三根横系梁。索塔纵向在拉索锚固区部分为单柱,其下分为两根斜柱,形成 A 形塔墩(图 2-5-1),这种构造形式能更好地抵抗不平衡弯矩,从而节省材料和增加悬臂施工时的安全性。

主梁横截面为带斜腹板的分离式箱梁,两箱之间用桥面及横隔梁联系(图 2-5-3)。梁高

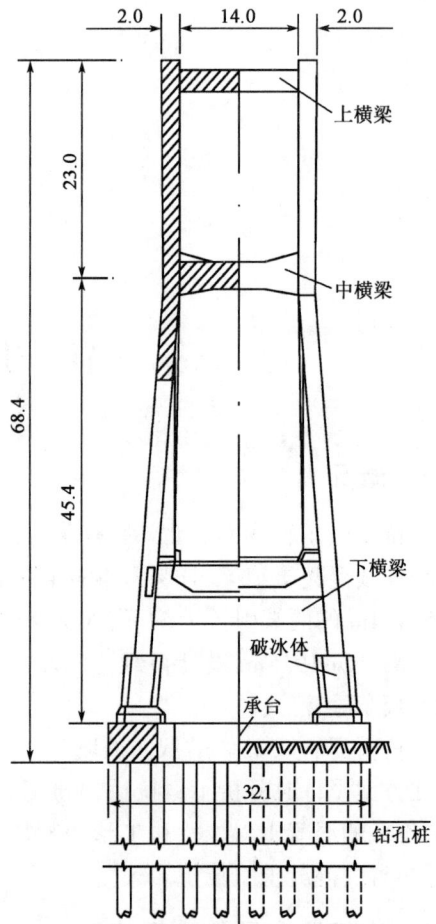

图 2-5-2　山东济南黄河桥墩台构造(尺寸单位:m)

2.75m,为中跨的1/80。拉索锚固在三角箱的外端,人行道挑出在主梁之外。主梁混凝土用C45,在纵、横、竖向皆有预应力束筋(图2-5-4)。除少数纵向长索为弗氏锚外,其余纵、横向索皆为固定端用镦头锚,张拉端用弗氏锚。

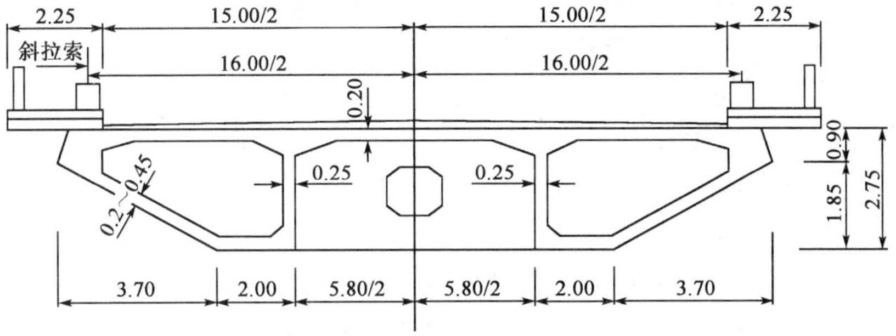

图2-5-3 山东济南黄河桥横断面(尺寸单位:m)

主孔连续主梁除索塔支点外,其余各支点皆用盆式橡胶支座。索塔支点处用竖直拉索将主梁吊起,形成飘浮体系。

拉索与主梁的锚固见图2-5-4,这是通过主梁顶板,锚于预留的锚箱中,在桥面上设有索座。拉索锚头采用冷铸镦头锚(图2-5-5),即在钢丝镦头锚的基础上,外面加一锚杯,中间填充环氧树脂、锌粉和钢球。这种锚头与国外称为 HiAm(高抗疲劳之意)的锚类似,它具有一个锚头中钢丝数多、能承受很大应力变化幅度的优点。

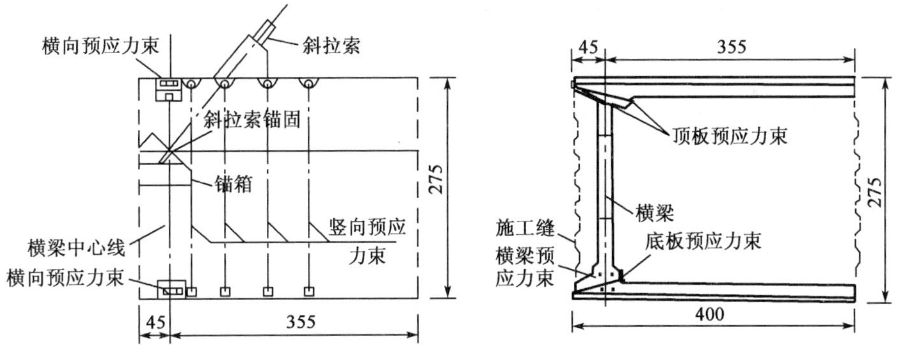

图2-5-4 拉索与主梁锚固(尺寸单位:cm)

三、施工方法及恒载内力计算

索塔采用万能杆件拼装的脚手架逐段现浇。

主梁在中孔和边孔采用悬臂现浇方法,每段浇筑长度为4m。墩顶段用承台上的扇形支架现浇。副孔部分则搭临时支架现浇。

上部结构的施工分为59个阶段进行,各阶段的工作内容见表2-5-1。

恒载安装阶段内力按所分的施工阶段计算,是采用内力平衡法。在计算中有下列特点:

(1)各拉索在各自的施工阶段一次拉至设计最佳初始拉力,以后不再调整。

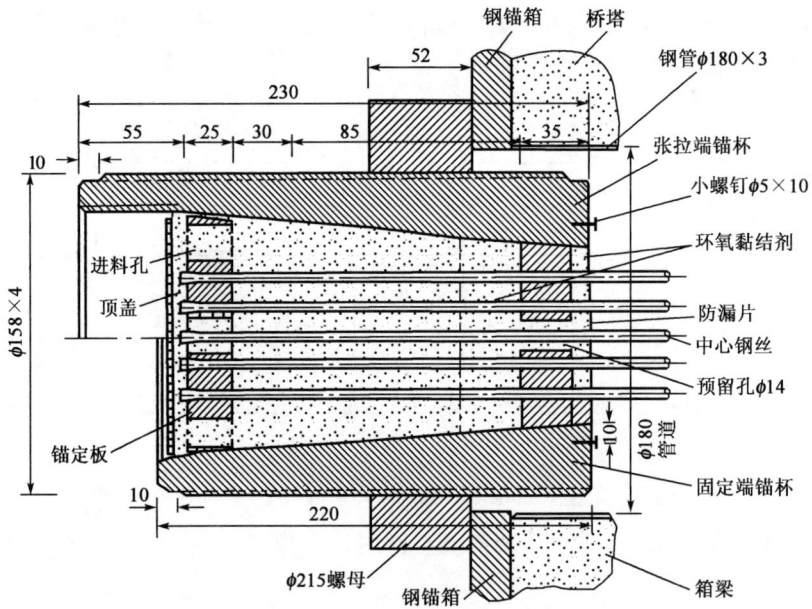

图 2-5-5 拉索锚头(尺寸单位:mm)

(2)为了充分利用拉索初始拉力对主梁内力和高程的作用,在一期恒载中除主梁自重力外,还加上人行道和栏杆自重力,约占恒载的 93%。

上部结构施工各阶段施工内容   表 2-5-1

阶　　段	工　作　内　容
1-A	桥塔建成,用扇形支架浇筑墩顶 0 号段箱梁,张拉纵向、竖向、横向预应力束,架挂篮
1-B	浇筑 1 号段、2 号段箱梁,张拉纵向、横向预应力束,移挂篮
1-C	悬筑 3 号段、4 号段箱梁,张拉纵向、竖向、横向预应力束
2	张拉纵向预应力束,张拉 1、2 号(第一对)拉索,张拉横向预应力束,拆排架
3	移挂篮
4	悬筑 5 号段、6 号段(4m)箱梁,张拉横向预应力束
5	张拉纵向预应力束,移挂篮
6	悬筑 7 号段、8 号段(8m)箱梁,张拉纵向、竖向、横向预应力束
7	张拉 3、4 号拉索,张拉横向预应力束
38 ~ 52	重复 3 ~ 7 步骤,直至张拉 21、22 号拉索和张拉横向预应力束
53	拆除纵向临时预应力束,移挂篮
54	悬筑 45 号段、46 号段箱梁,边孔墩顶箱梁(39 号段)加压重,张拉横向预应力束,拆挂篮,拼中跨跨中挂篮
55	利用支架浇筑副孔 47 号段箱梁,同时安装边孔和副孔支座,张拉纵、横向预应力束
56	张拉 23 号拉索(或直索),拆除索塔下横梁上的临时支座
57	桥面铺装(或压重)
58	浇筑 48 号段合龙段,张拉纵向预应力束,拆中跨跨中挂篮
59	拉索防护

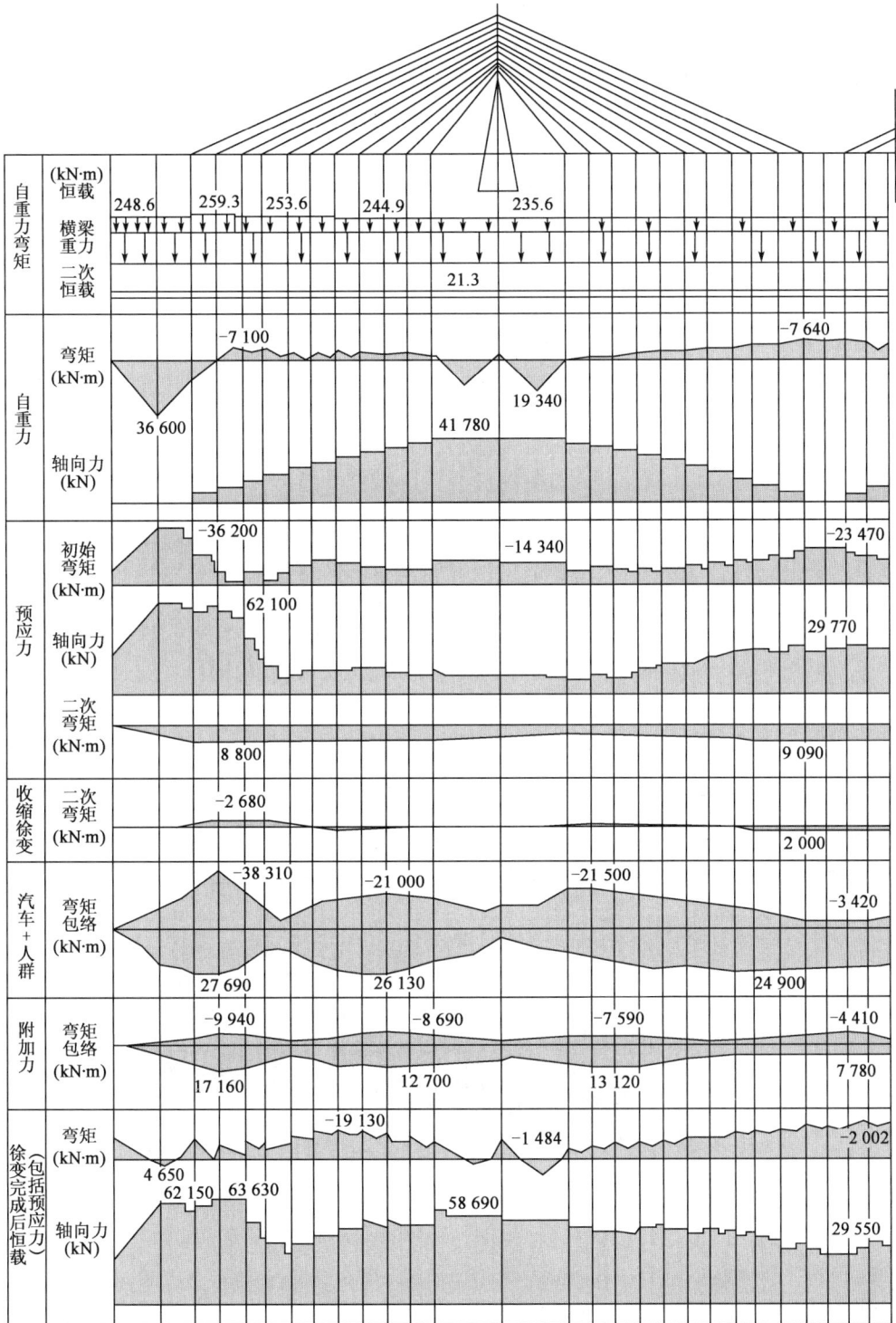

图 2-5-6　各项内力图

(3)二期恒载的桥面铺装也在中跨合龙前施工,以减小跨中弯矩。

(4)中跨合龙段用千斤顶顶开一定距离,然后用工字钢与主梁中的预埋槽钢焊接形成支撑骨架,待温度变化对合龙口间距和高程影响最小时浇筑混凝土。

(5)恒载徐变内力计算中发现,由于施工期间弹性支承约束不大,徐变内力很小,绝大部分内力是合龙后产生,且在合龙后一年半时间就基本完成。因此可以考虑简化为按一个统一加载龄期计算合龙后的混凝土内力即可。

在施工阶段实地量测索力、主梁高程、塔的位移和温度变化等数据,从而调整初始拉力,使主梁高程和内力保持在允许范围内。此桥自重力超重9.7%,因此初始拉力增大了3.1%。

四、活载及其他影响

活载内力及挠度按平面杆系有限元法计算。其空间影响则用杠杆法计算的横向分布系数加以考虑。

温度影响计算了四种情况:体系温差±20℃,梁上、下缘温差+5℃,塔日照温差±5℃,索、梁温差±10℃。

计算的各项内力见前页图2-5-6。

主桥上、下部结构折合每平方米桥面的经济指标为:混凝土2.68m³/m²,钢材188.2kg/m²(其中斜索和预应力筋分别为30.5kg/m²和19.5kg/m²)。

第二节　湖北荆州长江公路大桥

一、概况

荆州长江公路大桥位于湖北省荆州市,全长4 177.61m,由北汊通航孔桥、三八洲桥、南汊通航孔桥组成。北汊通航孔桥主桥主跨采用500m混凝土斜拉桥(图2-5-7)。

图2-5-7　荆州长江公路大桥全景

桥位处江面宽约2 350m,江中有三八洲将桥位河段分为南北两汊,其中北汊宽约700m,南汊宽约450m,三八洲宽约1 100m。覆盖层为黏土、砂、卵石、砾砂,基岩为泥岩、粉细砂岩,基岩埋深116~128m。多年平均气温16.3℃,设计基本风速21.0m/s。

大桥采用四车道高速公路标准,桥面宽度21.5m;设计速度100km/h;地震基本烈度Ⅶ度;北汊通航净高18m、净宽不小于500m。

二、北汉桥主桥结构

主桥为 200m + 500m + 200m 双塔双索面 PC 斜拉桥(图 2-5-8),采用全飘浮体系,主梁采用预应力混凝土肋板式连续梁。斜拉索索面按扇形布置,每一扇面由 31 对斜拉索组成,索塔上横梁下设一对 0 号斜拉索。索塔采用 H 形结构。

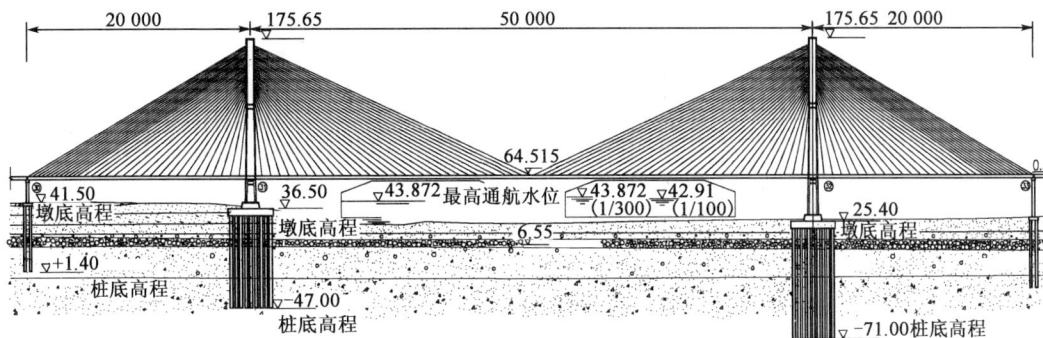

图 2-5-8 北汉桥桥跨布置(尺寸单位:cm;高程单位:m)

1. 索塔基础

两索塔基础均采用 22 根直径 2.5m 钻孔桩,为摩擦桩。承台直径 33.0m,厚 6.0m(图 2-5-9)。采用双壁钢围堰施工,内径 33.2m,外径 36m,壁厚 1.4m,高 23.7m,分四节,每节分 6 片。封底混凝土厚 4 ~ 5m。

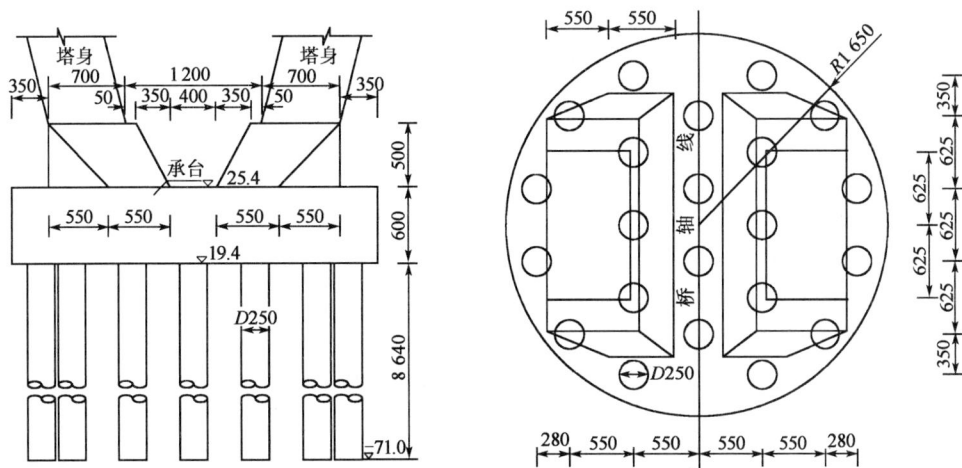

图 2-5-9 索塔基础(尺寸单位:cm;高程单位:m)

2. 索塔

北汉桥索塔高度达 150m,为抗风安全宜选择空间型的索塔,南汉桥主桥为 300m 主跨高低塔斜拉桥,考虑到与南汉高低塔景观上的协调性,北汉桥采用 H 形索塔(图 2-5-10)。

北塔承台以上高 139.15m,南塔承台以上高 150.25m。下塔柱下均设有 5m 高的塔座。横梁高 4m,下横梁为 6m,塔身及横梁均为空心截面。上塔柱高 54.35m,顺桥向长 7.0m,横桥向宽 4.0m;由上横梁下缘至塔底,索塔顺桥向尺寸呈直线变化,北塔由 7m 变为 12.0m,南塔由 7.0m 变为 12.73m。索塔横桥向宽在下横梁顶面以上为 4.0m,下横梁顶面以下为 7.0m。索塔壁厚顺桥向为 1.2m,横桥向为 0.8m。上塔柱拉索锚固段采用了环向预应力。

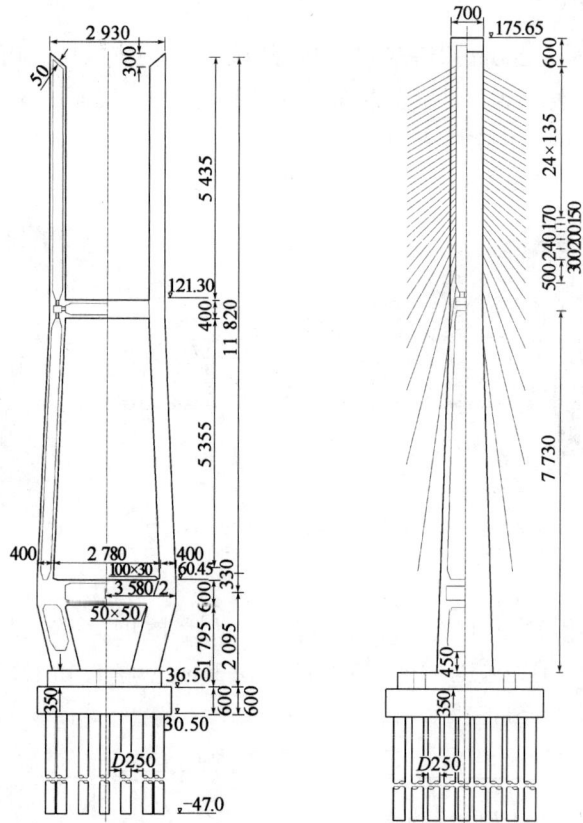

图 2-5-10　索塔(尺寸单位:cm;高程单位:m)

3. 主梁

主梁采用预应力混凝土肋板式。梁顶宽 26.5m,底宽 27.0m,双主肋高度 2.4m,标准梁段肋宽 1.8m,桥面板厚度 32cm(图 2-5-11)。为了消除边墩支座的负反力并增加结构刚度,两边跨自梁端起长 68m 范围内采用加大主肋宽度的方法施加压重。由于塔下主梁承受巨大的轴向压力,塔下共 52.0m 长的梁段肋宽增加至 2.4m。除上述节段外,其余节段均为标准节段。主梁中设置了 126 道横梁(每对拉索处设一道),横梁厚度为 30cm。

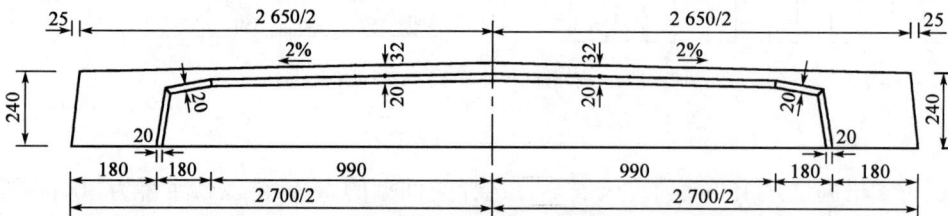

图 2-5-11　主梁(尺寸单位:cm)

4. 斜拉索

斜拉索采用 PES7 热挤聚乙烯拉索,PESM7 冷铸镦头锚锚固体系。拉索最小间距 4m,标准间距 8m,第一对斜索与塔下直索间距 11.5m,拉索最小倾角 23.554°。全桥采用 PES7-139

到 PES7-283 等 8 种规格的斜拉索。设计最大索力为 7 510kN。

5. 主梁施工

根据成桥状态确定的梁索布置,主梁共分为 128 个悬臂现浇节段,采用挂篮对称悬浇施工,边跨不设支架现浇段和合龙段,直接由挂篮施工至交接墩。中跨设 2.8m 合龙段,采用临时刚性连接,水箱压重并与施工过程同步卸载的方法施工。

6. 材料用量

该桥混凝土用量:77 272m³,钢材用量:11 107t,造价:4.0 亿元,于 2002 年 9 月建成通车。

三、主要技术特点

(1)主跨 500m 预应力混凝土斜拉桥,跨径居亚洲第一,世界第二。采用肋板式轻型断面,主梁质量仍超过 5 万 t,拉索对数达 126 对,技术难度大。是国内首座跨径达 500m 的肋板式断面预应力混凝土斜拉桥。

(2)主梁采用双主肋断面,预应力设计时根据各截面在施工阶段和成桥阶段应力变化情况,将部分后期束放在施工阶段张拉,有效地避免了后期张拉过长的预应力连续束,提高了预应力的效率,减少了预应力钢束的数量,较好地解决了布束空间受限的问题。

(3)对 C60 高强混凝土的配合比设计和工作性能进行了深入研究,在本桥中得到了成功的应用,为高强混凝土的研究及应用提供了借鉴。

(4)采用黏性剪切型拉索减振装置,对拉索的风振有良好的减振效果。

(5)为适应温度引起的主梁伸缩及地震位移,500m 主跨与三八洲桥之间设置了伸缩量 1 360mm 的大位移伸缩缝。

第三节 宜昌夷陵长江大桥

一、概况

夷陵长江大桥位于宜昌市葛洲坝水利枢纽大坝下游约 7.6km,全长 3 246m,主桥主跨采用 2×348m 三塔混凝土斜拉桥(图 2-5-12)。

图 2-5-12 夷陵长江大桥全景

桥址属山区与平原区的过渡段,桥位区四周地势较高,多年平均水位宽 730m,最大水深 23m,河床纵向深泓变化起伏 5~6m。设计流量 92 700m³/s,流速 4.39m/s。基岩为砂岩、黏土质粉砂岩,以中细砂岩为主。宜昌市处于中亚热带和准亚热带的交汇地带,降水量多,水资源丰富。年平均气温16.8℃,历年平均降雨量1 157.4mm。

　　大桥采用四车道城市快速路标准,桥面宽度23m;设计速度60km/h;设计基本风速23.53m/s;通航净高≥18m,净宽≥125m;地震基本烈度Ⅵ度。

二、主桥结构

　　主桥采用三塔单索面混凝土加劲梁斜拉桥,孔跨布置为:两个主跨均为348m,两端边跨各长120m,其间设有两个辅助桥墩,分隔成三跨。桥梁全长936m,为目前国内最大跨度的三塔混凝土斜拉桥(图2-5-13)。

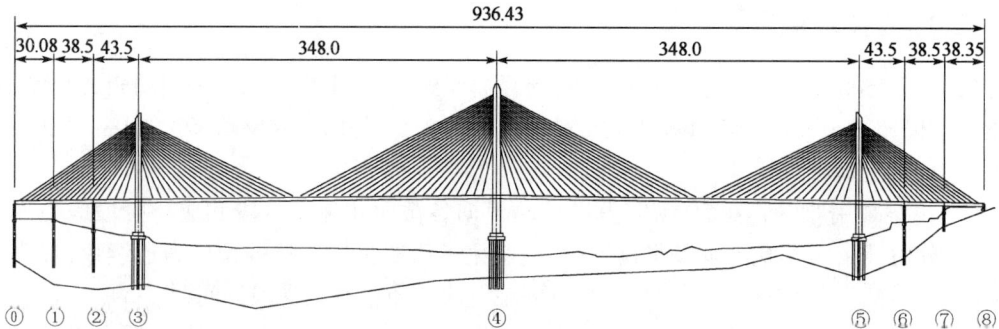

图2-5-13　主桥桥跨布置(尺寸单位:m)

　　桥宽23.0m,主梁梁高3.0m,宽跨比1∶15,高跨比1∶116;全桥3个主塔,塔高不等,采用钻石形钢筋混凝土结构;斜拉索为单索面置于桥面中央,斜拉索均由两根组成,间距1.2m,全桥共236根斜拉索;主塔基础均采用高桩承台钻孔桩;桥面铺装采用4cm SMA13II + 4cm SMA13 I沥青混凝土;全桥采用在中塔处塔、梁、墩固接的纵向约束结构体系。

　　1. 索塔基础

　　主塔基础均采用钻孔灌注桩,钻孔桩穿过深浅不等的强弱风化层,嵌固在微风化基岩中。中塔基础(4号墩)采用16根直径2m的钻孔灌注桩,承台尺寸16m×16m,厚度3m,塔座尺寸13m×14.8m,高度3m,采用行列式排列,桩间距离按2d考虑,即4m,桩长43.0m(图2-5-14)。

　　南(5号墩)、北(3号墩)边塔墩基础采用11根直径2.0m的钻孔灌注桩,承台尺寸14m×16m,厚度3m,塔座尺寸11m×16m,高度3m,钻孔桩采用梅花形式布置,共三排,每排分别为4、3、4根,桩长北边塔为44.0m,南边塔为34.0m,每桩施工时以进入微风化砂岩3.0m为原则,以保证有可靠的承载能力(单桩)。

　　中塔基础地处江心,是全桥唯一的一座深水基础,基岩埋深较浅,为便于嵌岩固接桩的施工。施工方案改变了此前在长江中习以为常的深水围堰法,使用简便节省的平台套箱方案,具有工期短、用料省的技术优势。

　　2. 索塔

　　三座主塔中的两座边塔等高,中塔高出边塔19.5m。两座边塔采用高度较低的布置,既使南边跨的长度较好地适应了地形,又使北边跨不致干扰与城市道路的匹配。三塔在造型上基本相仿,塔身上段为适应中心索面的格局而采用倒置的Y字形构造,整座主塔像一柄竖立的长剑,直插天际。三塔并列直立于宽阔的江面,极具标志性的作用,成为宜昌市新的景观。

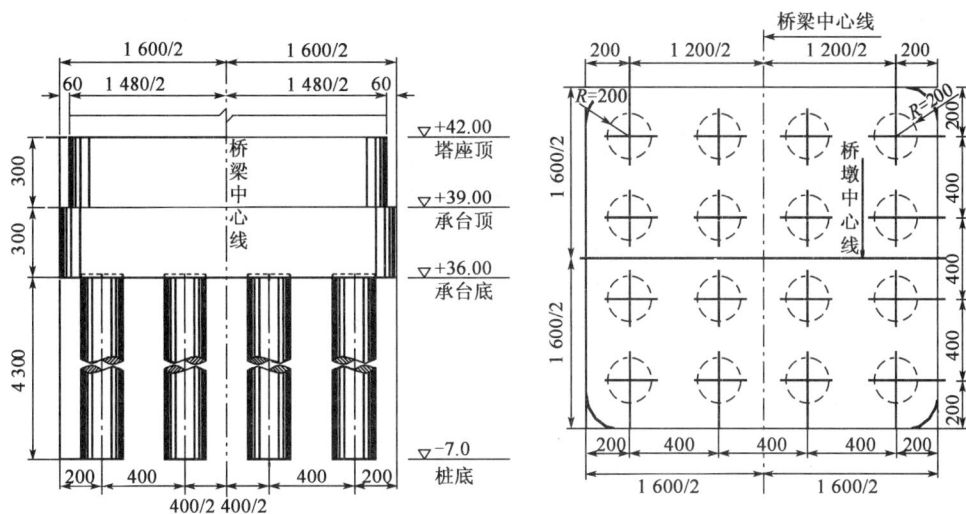

图 2-5-14　中塔基础(尺寸单位:cm)

主塔为钢筋混凝土结构(图 2-5-15)。中、边主塔除下横梁结构、塔底宽度不同,其余结构

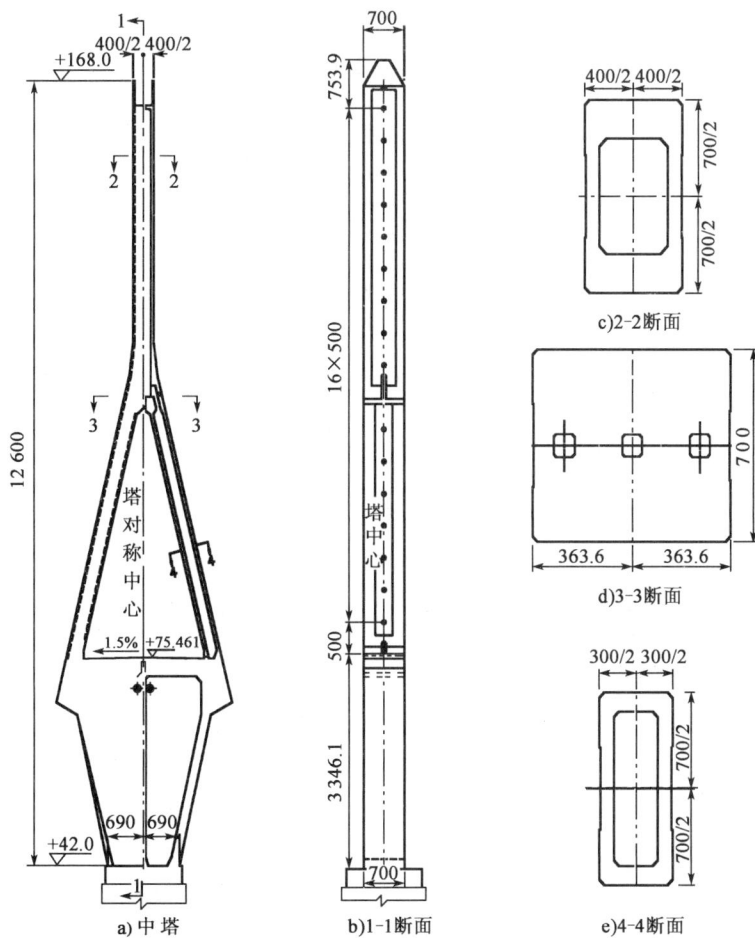

a)中塔　　b)1-1断面　　c)2-2断面　　d)3-3断面　　e)4-4断面

图 2-5-15　索塔中塔(尺寸单位:cm)

只是高、宽度等方面尺寸的差异。中塔在纵向顾及刚度的要求采用厚度7m。南、北边塔纵向厚度采用5.5m以增大柔性,下塔段采用薄腹板封闭的空腔结构,目的是在高洪流情况下,不给漂流物或小型船有疏堵的空间。

图2-5-16 主桥施工

中塔高出两座边塔19.5m,承担着主跨桥长56%的荷载,并与主梁固接,成为对全桥的纵向水平约束和抗扭转的刚性节点。索锚区施加井格式预应力,预应力采用直径为32mm的精轧螺纹粗钢筋。主塔施工以爬模为主,以传统的万能杆件构架为辅的方法进行(图2-5-16)。施工步骤中在中塔柱中间加横撑,并对塔柱施以一定的顶推力,以抵消因塔柱倾斜而产生的自重弯矩。

3. 主梁

主梁采用单箱三室截面,三向预应力混凝土结构(图2-5-17)。主梁全桥外轮廓尺寸一致,梁高3.0m,顶板宽23.0m,底板宽5.0m,两侧悬臂板悬臂长度3.5m。主梁边跨长约90m区段为压重段,压重集度约40t/m。

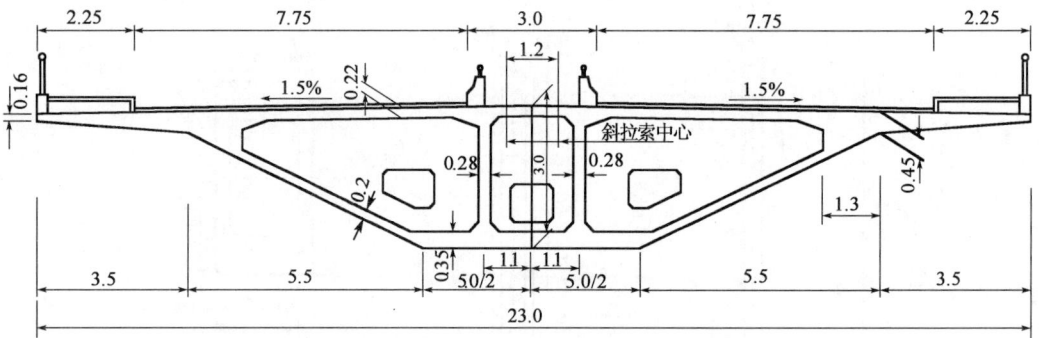

图2-5-17 混凝土主梁(尺寸单位:m)

主梁边跨与边塔处0号块共长131m,中塔处0号块长度22m,均采用膺架现浇施工。两主跨间的主梁采用预制节段悬拼施工。

主梁预制悬拼梁段间隔40m左右设一道50cm宽湿接缝,其余均为干接缝。除合龙段外,一个348.0m的主跨共设7个湿接缝。两个湿接缝间长约40m的梁段在同一台座上预制,以确保预制块件之间的匹配性,减小悬拼的施工误差。

施工累积误差通过湿接缝及时清除,尽量避免通过垫片调整线形,这是保证大跨预应力混凝土斜拉桥悬拼施工质量的重要技术措施。

梁体预制块长度分别为4.0m、3.5m(有湿接缝处)、3.0m(合龙段),预制块均为等截面,顶板厚22cm,底板厚35cm,合龙处8m长梁体因纵向预应力束起弯,底板厚度增至40cm。直腹板厚28cm,斜腹板厚20cm,悬臂板根部厚45cm,最外侧厚16cm;中塔处主梁截面局部加强;边跨现浇段因设压重、辅助墩,截面变化较多。一个预制块件顶板设8个剪力键,直腹板设6个、斜腹板设2个;湿接缝两端梁体不设剪力键。

主梁采用C55混凝土,三向预应力体系,纵向预应力分3大类:预应力粗钢筋、体内钢绞线束、体外钢绞线束。其中,预应力粗钢筋采用精轧螺纹粗钢筋,直径32mm,$R_y^b = 750$MPa,主跨全断面共40根,为预制块件悬拼的结合施加压力。边跨数量减半,为逐段现浇时承担施工荷载。体内钢绞线采用高强度低松弛钢绞线,直径15.24mm,$R_y^b = 1\,860$MPa;体外钢绞线规格与斜拉索所用的钢绞线相同,单根钢绞线直径15.24mm,体外钢绞线紧靠主跨底板布置。在主跨合龙前张拉一半体内钢绞线,合龙后再张拉另外一半体内钢绞线和全部体外钢绞线。体外钢绞线采用分段锚固以减小钢绞线"平均应变"带来的不利影响。横向预应力采用规格为4孔扁锚直径15.24mm的体内钢绞线束,以抵抗梁体横向负弯矩。竖向预应力采用精轧螺纹粗钢筋,直径32mm,$R_y^b = 750$MPa。只布置在斜拉索锚固处,以传递斜拉索的竖向分力,满足局部受力需要。

4. 斜拉索

斜拉索为平行钢绞线拉索体系,采用全封闭新构造,无黏结锚具。单根镀锌钢绞线内注油性蜡,外包HDPE护层封闭。钢绞线强度$R_y^b = 1\,770$MPa,容许应力$[\sigma] = 0.45R_y^b$。斜拉索共有6种规格:27~47股,全桥边塔18对,中塔23对,共236根。平行钢绞线斜拉索是一种具有四层防护的全封闭体系。它的突出优点是将施工与成索于一体的便捷构造。施工时单根张拉,调整索力时整索张拉。外套有螺纹线的钢绞线斜拉索有更优越的防腐蚀防紫外线照射和抗风雨振性能。经济上因其能充分发挥钢绞线具有的高强度优势,施工辅助环节单一,在总体上其所花费用不比平行钢丝索高。

5. 主梁架设和施工控制

主梁预制节段,经斜坡式下河码头装船运至桥下,再由安装在桥面上的架梁吊机进行吊装(图2-5-18)。梁块起吊到位后先进行试拼,待其位置符合要求后,再将块件移开40~50cm后进行匹配面涂胶,胶层涂完后立即拼装到位。合龙块湿接缝采用微膨胀混凝土、换重浇筑的施工工艺。

在施工过程中,当前张拉的斜拉索的索力一般控制在与理论值相差±1%范围内,测量的前5对斜拉索的索力与理论值一般控制在5%以内。3个塔的塔顶偏位与理论值的差值都控制在1cm以内,其中4号塔塔顶偏位与理论值仅相差1mm。主梁合龙实现了毫米级的合龙精度。

图2-5-18 桥面吊机完成预制梁吊装

三、主要技术特点

(1)边跨采用多孔连续结构以提高三塔体系斜拉桥的刚度。系统研究了三塔体系的受力特点,解决了三塔体系刚度较两塔低而带来的一系列新问题,提出了合理的结构体系,不仅使本桥方案可行,而且非常经济。

(2)双主跨同时合龙新技术。每个主跨设一个合龙段,每个合龙段设两条湿接缝。两主跨共设两个合龙段、四条湿接缝。双主跨同时顺利合龙,未采取任何强迫措施,实现了精确合龙。

(3)创造了预应力混凝土箱梁节段预制拼装最长世界纪录。主梁采用节段预制拼装法施工,取得了质量易于保证,施工速度快,工期短、投资省的效果。其348m的拼装跨径为世界之最，最大双伸臂桥梁全长383m，亦无先例。

(4)首次采用全封闭式新型钢绞线斜拉索体系。该体系具有施工方便，不需大型起吊设备，防腐性能优越，易于更换的特点。

第四节　福州青州闽江大桥

一、概况

青州闽江大桥位于福州市马尾，是福州市区至长乐国际机场的关键工程。大桥全长1 185m，主桥主跨为605m的双塔双索面结合梁斜拉桥(图2-5-19)，是目前世界上已建成的跨径最大的结合梁斜拉桥。

图2-5-19　福州青州闽江大桥全景

桥址处水面宽1 000m，平均水深5~10m，最大水深30m左右，横截面呈不对称的"W"形。最大洪水流速3.13m/s，设计流量48 900m³/s。覆盖层总厚度55~72m，基岩为花岗岩。桥址区平均气温19.6℃，历年极端最高气温39.9℃，历年极端最低气温-1.7℃，相对湿度为77%，极大风速45m/s，最大风速40m/s，抗震设计按Ⅶ度设防。

大桥桥面宽度29m，设计速度80km/h，设计基本风速34m/s，通航净高43m，净宽≥600m。

二、主桥结构

主桥跨径布置为250m+605m+250m=1 105m(图2-5-20)，双塔双索面结合梁斜拉桥。两端各设一跨径为40m的简支过渡孔，主梁伸入过渡孔8.5m，过渡孔其余部分配以跨径31.5m的预制T梁。

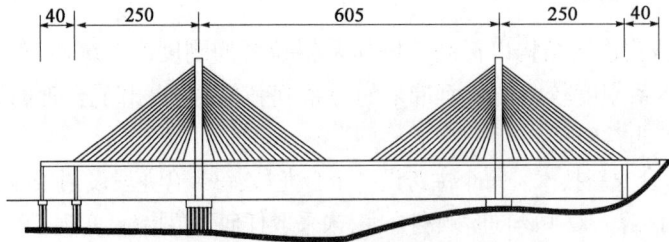

图2-5-20　主桥桥跨布置(尺寸单位:m)

大桥结构支承体系为:顺桥向仅在 2 号塔墩处设置纵向约束、其余墩位处不设纵向约束;横桥向在每墩处均设约束,在 2 号及 3 号塔墩处通过塔梁间设置的侧向抗风支座加以约束,在 1 号及 4 号墩处通过设单向支座加以约束;竖向在每墩处设盆式橡胶支座。伸缩缝设于两过渡孔梁端。

(一)主塔基础

1.2 号主塔基础及其防撞

该处是主副航道的划分点,墩位处水深 10m 左右,覆盖层在高程 −48m 以上的为含泥沙类土、−60 ~ −68m 为密实卵石、−68m 以下为花岗岩。一般冲刷线在高程 −19.5m,局部冲刷线高程为 −29.5m。基础采用直径 2m 的钢管桩 43 根,顺、横桥向桩距均为 5m,桩长约 70m,承台横桥向长 45m,顺桥向宽 25m,厚 7m(图 2-5-21)。采用吊箱围堰施工。

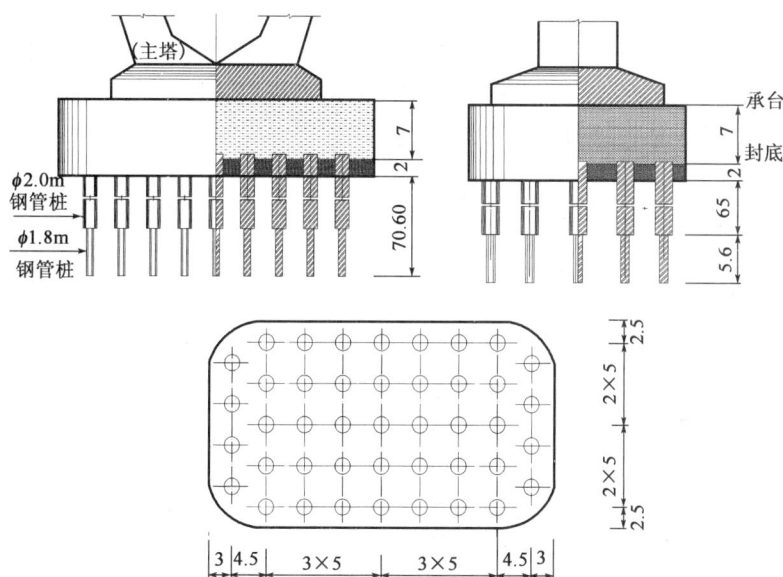

图 2-5-21 2 号塔基础(尺寸单位:m)

2 号主塔墩位于深水区,需考虑船撞力,由于桩基自身不足以抵抗船撞力,需另设防撞结构。为了不因防撞设施的施工而延误总工期,设计采用分体防撞墩来抵抗船撞力。船撞力的方向来自主墩下游港区,分体防撞墩设于主墩的下游。分体防撞墩为直径 18.5m 双壁钢围堰,顶节为钢筋混凝土结构,内填砂土、碎石,并在主墩承台除下游侧以外的周边设置 $D300mm \times 1500mm$ 的橡胶护舷结构来吸收船撞能量,以降低撞击对船体及主墩的损害。

2.3 号主塔基础

3 号主塔位于西门礁上,礁石呈坡形,该处大部分地方基岩外露,局部有不到 1m 厚的覆盖层,岩石强度很高,无较大裂隙现象。基础采用直径 3m 钻孔桩 14 根。顺桥向及横桥向桩距为 3m,桩长约 6m,承台直径 26m,厚 7m(图 2-5-22)。施工中采用微爆破法成孔,采用双壁钢围堰法施工。

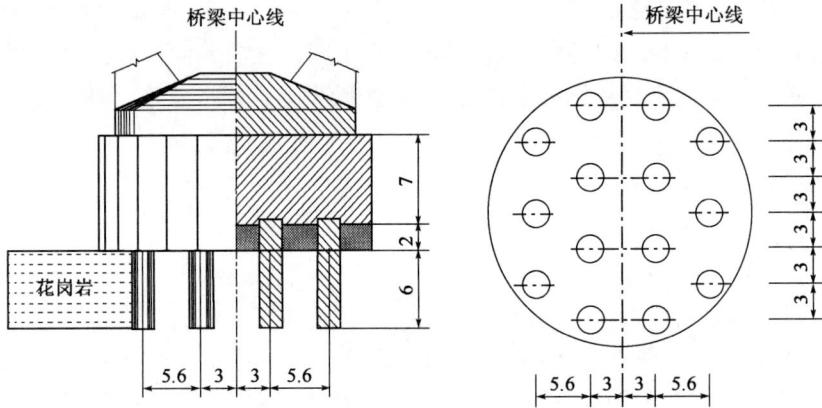

图 2-5-22　3 号塔基础(尺寸单位:m)

(二)主塔

主塔设计为钻石形钢筋混凝土结构(图 2-5-23),采用 C50 混凝土,塔高 175.5m,桥面以上塔高 130m,桥面以下塔高 45.5m。桥面以下设一道下横梁,桥面以上 64m 处设一道上横梁,两道横梁将塔柱分为上塔柱、中塔柱、下塔柱三部分。

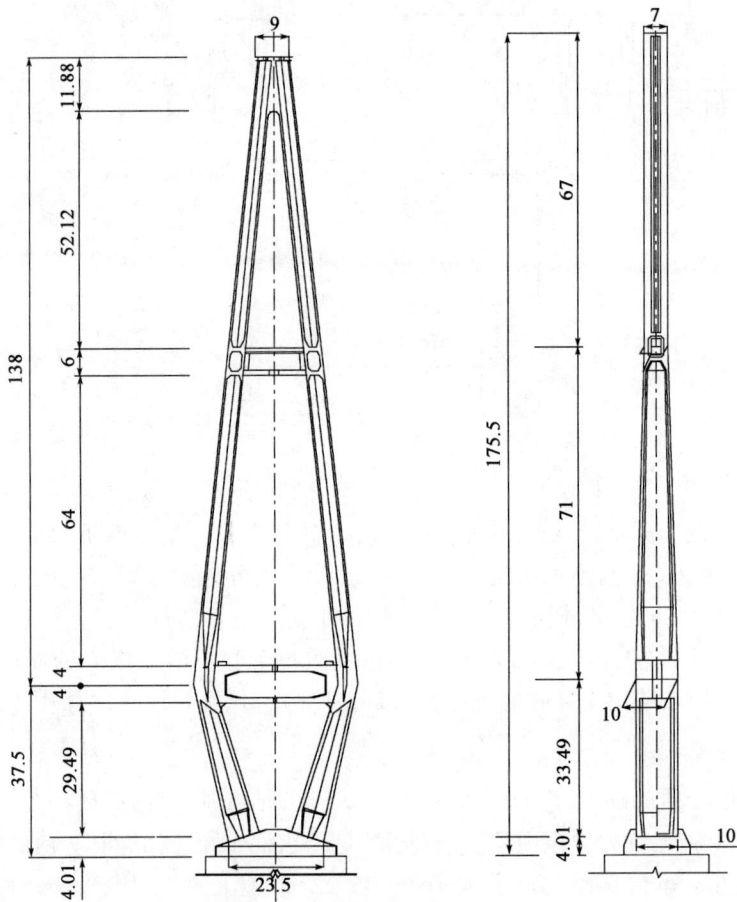

图 2-5-23　主塔构造(尺寸单位:m)

上塔柱高67m,顺桥向宽7.0,横桥向宽4.5m,为单箱单室截面,顺桥向壁厚0.75m,横桥向壁厚1.8m。中塔柱高71m,顺桥向宽7.0~10.0m,横桥向宽4.5m,为单箱单室截面,顺桥向及横桥向壁厚0.75m。下塔柱高37.5m,顺桥向宽10m,横桥向宽4.5~8m,为单箱单室,顺桥向及横桥向壁厚均为1.0m。塔柱在上、下游外侧留有景观凹槽,槽宽1.6m,槽深0.3m,以增强景观效果。

上横梁梁高6.0m,单箱单室截面,壁厚均为0.8m,配置24束19-7φ5预应力钢绞线锚固于主塔外侧壁上;下横梁梁高为8.0m,单箱双室截面,腹板厚0.6m,顶、底板厚1.0m,配置96束19-7φ5预应力钢绞线锚固于主塔外侧壁上。

斜拉索在塔上的锚固方式采用在塔柱上直接设锚槽的方式,斜拉索通过锚头锚固于塔壁的锚固槽内。塔柱斜拉索锚固区布置预应力粗钢筋,用以抵抗塔柱箱形截面上四壁的拉应力。

(三)主梁

主梁为钢主梁与钢筋混凝土板共同受力的结合梁(图2-5-24),两者通过剪力钉相结合。组合梁梁高为2.7m(钢主梁中心处)、2.97m(桥梁中心线处)。钢主梁断面为"I"字形,横桥向两主梁中心间距27m。

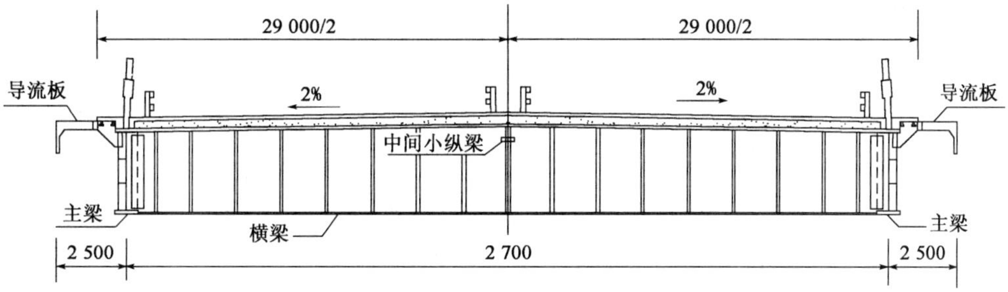

图2-5-24 主梁(尺寸单位:mm)

1.桥面板

桥面板设计采用分块预制吊装、板间设现浇缝的方式,除主梁梁端1.15m为现浇混凝土板外,其余部分均为预制钢筋混凝土板,板厚25cm,预制板顺桥向设锯齿形剪力键。单块预制桥面板的C60混凝土,质量36t。

在主跨192m范围内及两边跨各93m范围内桥面板中布置有纵向预应力,预应力采用强度为$R_y^b = 1860MPa$的7-φ15.2钢绞线,主跨布置有52束,两边跨各布置有40束。

为了减少混凝土收缩、徐变对结构的影响,每块预制板在拼装之前,要求保证6个月以上的存放时间,同时,现浇接缝要求采用微膨胀混凝土。为保证预制板与钢梁顶缘之间的密贴,在钢梁上边缘粘贴有1cm厚橡胶带,一是防止砂浆外溢,二是防止水汽侵入锈蚀钢梁。

2.钢梁

钢梁主要由钢主梁(纵梁)与钢横梁构成,钢横梁之间另设有通长的小纵梁。钢主梁上采用锚拉板的斜拉索锚固构造形式。钢梁的材质为符合英国标准BS 4360的Grade 50级结构钢。

(1)钢主梁(纵梁)

钢主梁长1123m,共有两片,中心间距27m。每片主梁断面均为腹板外侧布置有两条纵向加劲肋的 I 字形断面,断面全高 2.45m。每片主梁的 I 形断面板件组成分为两类:一类上缘板 36mm×800mm,下缘板 70mm×800mm,腹板厚 16mm,两条纵向加劲肋均为 24mm×260mm,此类断面的主梁对称布置在 605m 跨跨中范围;另一类上缘板 50mm×800mm,下缘板 80mm×800mm,腹板厚 28mm,两条纵向加劲肋均为 24mm×260mm,此类断面的主梁布置其余的部分。主梁梁段间工地采用 M30 的高强度螺栓连接。主梁纵向的竖向曲线通过梁段拼接接缝上、下缝之间的间隙差值来实现。设计中考虑主梁受压后梁段长度将减小,在主梁梁段间的每处工地接缝中都增加了 6.5mm 的压缩预增量,以补偿长度损失。单段主梁最大质量约 30t(含拉索下锚点结构)。

(2)钢横梁

全桥范围内共有 257 片横梁。每片横梁两端分别支承在两片主梁上,横梁间距 4.5m。横梁共有两种断面形式:一种为 I 形断面,另一种为箱形断面。根据各横梁所在位置的受力构造情况,横梁共分为 8 种类型。所有横梁两端与主梁间均采用 M24 高强度螺栓工地连接,且翼缘板均不拼接。单片横梁的最大吊重约 78t。

(3)小纵梁

横梁在安装过程中由于其跨径较大,为保证在上部受压区的侧向稳定,在横梁中部设置了全桥通长的小纵梁,中部小纵梁同时也为混凝土桥面板现浇缝提供模板作用。为满足边孔压重的需要,在主梁两端的各 6 个横梁节间内还设置有 96 片小纵梁,小纵梁两端用 M24 高强度螺栓连接在横梁下部。小纵梁均为 I 形断面,梁高 0.5m。

(4)锚拉板

本桥斜拉索在主梁上的锚固方式采用了锚拉板结构形式,为国内首次采用(图 2-5-25)。锚拉板分上、中、下三部分:上部锚拉板的两侧焊于锚管外侧,下部直接用焊缝与主梁上翼缘顶面焊连,中部除了需安装锚具外,尚需连接上、下两部分,为了补偿开孔部分对锚拉板截面的削弱,以及增强其横向的刚度,在锚拉板的两侧焊接了加劲板。

图 2-5-25 锚拉板

该构造形式索力的传递途径:通过锚管端部承压将拉索力传递至锚管上,锚管通过两侧熔透焊缝的剪切将索力传递至锚拉板和其上的加劲肋,再通过拉板及加劲肋的受拉使其内力向下传递,最后通过拉板与主梁上翼缘间的熔透缝及主梁上翼板的 Z 向受拉将内力传递至主梁中。这种结构传力途径明确,构造简单,工地施工作业方便。

3.剪力钉

桥面板通过布置在钢主梁及钢横梁顶的剪力钉与钢梁结合。剪力钉采用 φ22 圆头焊钉,ML15 钢,长 160mm。

全桥剪力钉均为工厂焊接,剪力钉的检验、焊接工艺、焊接质量检验及生产焊接控制均应满足有关规范要求。剪力钉按单钉承载力 5t,疲劳剪力幅 2.5t 设计。

4.压重区

本桥压重采用两种措施:一为直接在边跨钢梁的端部区域设预制混凝土压重块;二为钢梁

伸出边墩 8.5m,在过渡孔内布置 12 片长 31.5m 的预应力混凝土 T 梁用以压重。

(四)斜拉索

斜拉索长度长(最长达 312m,不含锚具)、质量大(单根斜拉索的质量最大为 32.2t),考虑到运输、安装及更换方便,斜拉索采用平行钢绞线斜拉索体系。该体系斜拉索具有多层防护,即:钢绞线镀锌层、油性蜡、单根钢绞线 HDPE 护套层、整根斜拉索 HDPE 外套管层(最外层 HDPE 护套外表面采用螺旋线以抑制风雨振),斜拉索钢绞线锚固方式采用夹片群锚体系。

斜拉索呈空间扇形索面布置,斜拉索在塔上(塔中心线处)竖向间距 2m,在梁上纵桥向索距除梁端加密为 3.5m、5m、9m 外,其余均为 13.5m。斜拉索选用 8 种截面,分别为 $27\phi15$、$34\phi15$、$37\phi15$、$43\phi15$、$48\phi15$、$55\phi15$、$75\phi15$、$83\phi15$。全桥共有 168 根斜拉索,钢绞线共重 1 821t。

(五)主梁安装

主梁采用悬臂安装法,首先从主塔处逐段对称向外双伸臂安装至边跨梁段完成(图 2-5-26),然后转换为单悬臂安装主跨剩余梁段,最后进行主跨合龙梁段的安装。

主梁的安装工序:

(1)利用桥面吊机安装钢主梁、钢横梁、小纵梁形成平面框架;

(2)初张拉相应的斜拉索;

(3)吊装相应的预制桥面板并完成相应的桥面板间现浇缝;

(4)在现浇缝混凝土强度达到设计要求后调整斜拉索索力;

(5)吊机前移进入下一节段的循环。

图 2-5-26 主梁安装

主梁在安装过程中,塔、梁间采用临时固接,在主跨合龙之后立即解除临时固接,结构转换为成桥状态体系,考虑到主梁安装过程中台风的影响,为确保安装过程中结构的受力安全,在边跨跨中部位设有临时墩,在台风来临前将临时墩与主梁临时连接。

三、主要技术特点

(1)主跨跨径采用 605m 的结合梁斜拉桥,在国内外同类型桥梁中位居世界第一。

(2)采用单片工字形钢主梁结构,主梁高度仅 2.7m,非常纤细,梁高与主孔跨度之比为 1/224,达到国际先进水平。

(3)斜拉索锚固系统首次在国内采用将斜拉索锚拉板直接焊接在钢主梁顶板上的先进技术。

(4)斜拉索采用先进的新型钢绞线体系。

(5)斜拉索索距增大到 13.5m,简化了主梁结构,方便了主梁制造,减少了斜拉索根数。

(6)全面研究了大桥的抗风性能,在主梁上采用增设导流板的气动措施,满足了检验风速的要求,提高了抗风稳定性,满足了受力要求。

第五节　日本多多罗大桥

一、概况

多多罗大桥位于日本本州—四国联络线的西线—尾道今治线的中央部位,是连接生口岛(广岛县)和大三岛(爱媛县)的一座特大桥梁,跨越西濑海的多多罗崎 1000 多米的海峡,桥下净空 26m,最大水深 50m,大桥于 1999 年建成通车。

二、设计标准

跨径布置:270m + 890m + 320m = 1 480m。
设计车速:80km/h。
车道:双向四车道(9.5m×2) + 人行道(2.5m×2)。
设计基准风速:主梁:46.1m/s;塔:54.4m/s;索:53.7m/s。

三、设计要点

1. 结构体系

如图 2-5-27 所示,多多罗大桥是一座三跨连续混合箱梁斜拉桥,边跨布置因地形原因是不对称的,其边、主跨之比分别为 0.3 和 0.34,由于边跨较小,在荷载作用下边跨将产生上拔力。所以在两边跨端部各布置了一段预应力混凝土主梁,在靠近生口岛侧,PC 梁长 105.5m,靠近大三岛侧 PC 梁长 62.5m,同时两边跨还分别布置了两排和一排辅助墩。桥梁其余部分都是钢箱梁。

主梁的支承体系采用了弹性固定于双塔的方案。

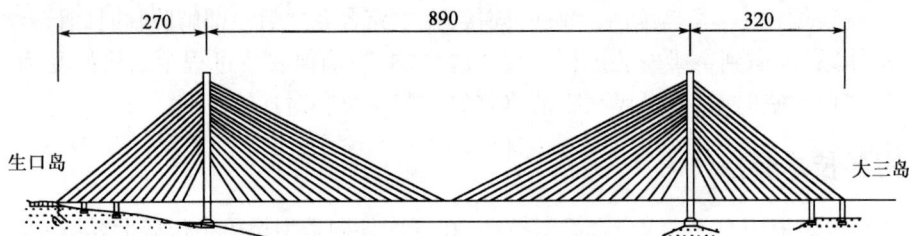

图 2-5-27　多多罗大桥立面(尺寸单位:m)

2. 主梁

如图 2-5-28 所示,根据风洞实验,钢箱梁选定带有风嘴的扁平三室宽箱梁,梁高 2.7m,梁高与主跨径之比为 1/330,梁相对纤细,轴压力起控制作用。斜拉索与梁连接的锚固构造,设置在腹板之外和风嘴的下部,以利安装、调索、维修和保养。

预应力混凝土梁的外形与钢箱梁相同,因其有收缩徐变等问题,由此造成的影响在设计中应予重视。钢箱梁与 PC 梁结合部位如图 2-5-29 所示,结合部位采用高流动性混凝土填实,确保两者紧密结合。

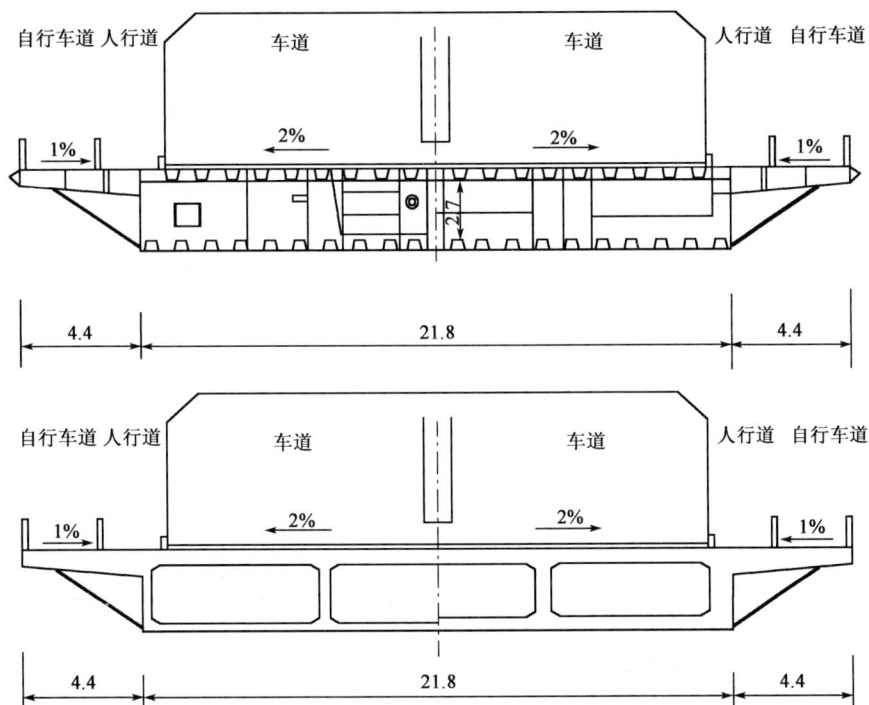

图 2-5-28 主梁断面(尺寸单位:m)

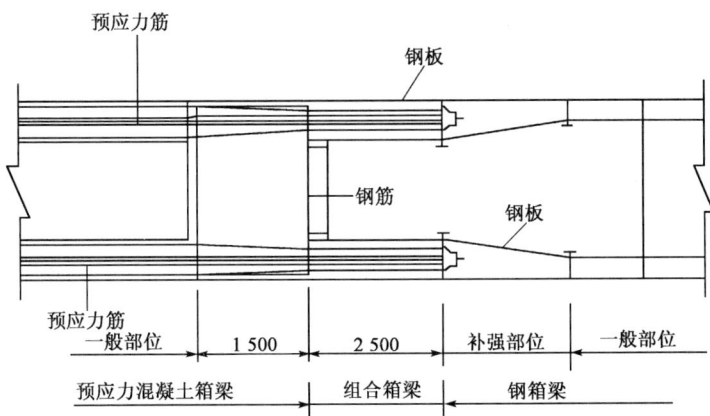

图 2-5-29 钢箱梁与预应力混凝土梁的连接(尺寸单位:mm)

3.索塔

索塔经美学设计和多方案比较,采用了现在的双子形钢塔,如图 2-5-30 所示。塔柱的断面形式为矩形并切去四个角隅以利抗风。截面尺寸为(12.0~5.6)m×(8.5~5.9)m。塔高220m,共23段,段与段之间用高强螺栓连接。

4.主塔基础

主塔基础直接支承在风化的花岗岩上,采用沉井基础,尺寸为43.0m×25.0m,2号主墩基础水深33m,沉井高39m,3号基础水深13m,沉井高19m,桥基处最大流速为4n mile/h。

431

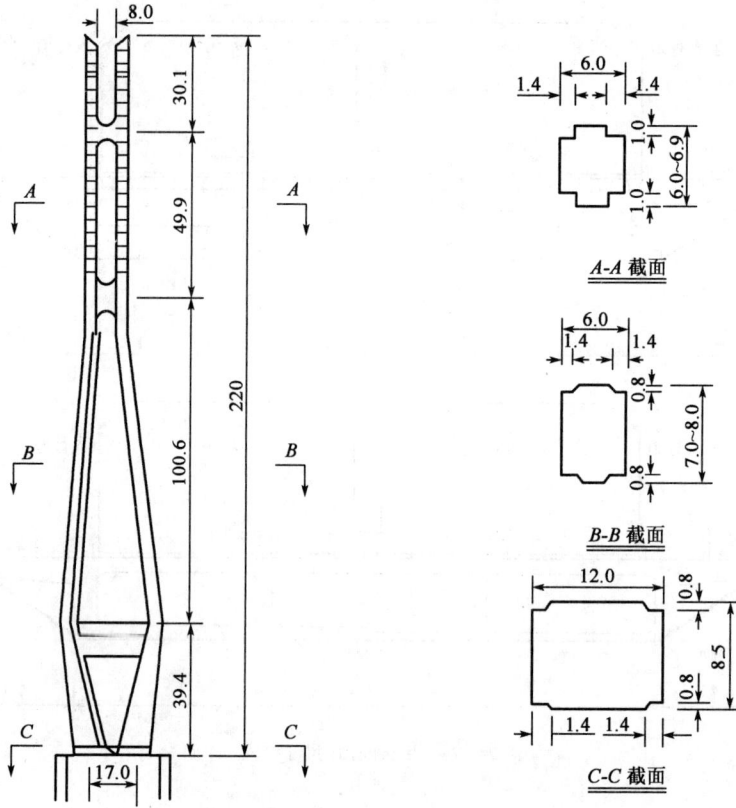

图 2-5-30   索塔构造(尺寸单位:m)

参 考 文 献

[1] 中华人民共和国行业标准. JTG D60—2004 公路桥涵设计通用规范[S]. 北京:人民交通出版社,2004.

[2] 中华人民共和国行业标准. JTG 3362—2018 公路钢筋混凝土及预应力混凝土桥涵设计规范[S]. 北京:人民交通出版社股份有限公司,2018.

[3] 中华人民共和国行业标准. JTG D61—2005 公路圬工桥涵设计规范[S]. 北京:人民交通出版社,2005.

[4] 中华人民共和国行业标准. JTG D63—2007 公路桥涵地基与基础设计规范[S]. 北京:人民交通出版社,2007.

[5] 中华人民共和国行业标准. JTJ 041—2000 公路桥涵施工技术规范[S]. 北京:人民交通出版社,2000.

[6] 中华人民共和国行业标准. CECS 28:2012 钢管混凝土结构技术规程[S]. 北京:中国计划出版社,2012.

[7] 国家建筑材料工业局. 钢管混凝土结构设计与施工规程[M]. 上海:同济大学出版社,1989.

[8] 四川省交通厅公路规划勘察设计研究院. 公路钢管混凝土桥梁设计与施工指南[M]. 北京:人民交通出版社,2008.

[9] 毛瑞祥,程翔云. 公路桥涵设计手册 基本资料[M]. 北京:人民交通出版社,1995.

[10] 顾懋清,石绍甫. 公路桥涵设计手册 拱桥(上册)[M]. 北京:人民交通出版社,1994.

[11] 顾安邦,孙国柱. 公路桥涵设计手册 拱桥(下册)[M]. 北京:人民交通出版社,1997.

[12] 江祖铭,王崇礼. 公路桥涵设计手册 墩台与基础[M]. 北京:人民交通出版社,1997.

[13] 中华人民共和国行业标准. JTJ 027—1996 公路斜拉桥设计规范(试行)[M]. 北京:人民交通出版社,1996.

[14] 中华人民共和国行业标准. JTG/T D65-01—2007 公路斜拉桥设计细则[M]. 北京:人民交通出版社,2007.

[15] 中华人民共和国交通部. 中国桥谱[M]. 北京:外文出版社,2003.

[16] 中国公路学会桥梁与结构工程分会. 面向创新的中国现代桥梁[M]. 北京:人民交通出版社,2009.

[17] 范立础. 桥梁工程(上册)[M]. 北京:人民交通出版社,2001.

[18] 顾安邦. 桥梁工程(下册)[M]. 北京:人民交通出版社,2000.

[19] 邵旭东. 桥梁工程[M]. 2版. 北京:人民交通出版社,2007.

[20] 姚玲森. 桥梁工程[M]. 2版. 北京:人民交通出版社,2008.

[21] 项海帆,潘洪萱,张圣成,等. 中国桥梁史纲[M]. 上海:同济大学出版社,2009.

[22] 万明坤,项海帆,秦顺全,等. 桥梁漫笔[M]. 北京:中国铁道出版社,1997.

[23] 专题情报资料:大跨钢筋混凝土拱桥[M]. 北京:交通部公路科学研究所,交通部科学技术情报研究所,1982.

[24] 王序森,唐寰澄. 桥梁工程[M]. 北京:中国铁道出版社,1995.

[25] 李国豪. 桥梁结构稳定与振动[M]. 北京:中国铁道出版社,1996.

[26] 黄绳武. 桥梁施工及组织管理(上)[M]. 北京:人民交通出版社,1999.

[27] 项海帆,刘光栋. 拱结构的稳定与振动[M]. 北京:人民交通出版社,1991.

[28] 项海帆. 高等桥梁结构理论[M]. 北京:人民交通出版社,2001.

[29] 杨稚华,谢邦珠. 万县长江公路大桥的设计与施工[J]. 西南公路,1997(3).

[30] 顾安邦,刘忠,周水兴. 万县长江大桥混凝土时效和几何、材料等非线性因素影响分析[J]. 重庆交通学院学报,1999,18(4).

[31] 俞同华,林长川,郑信光. 钢筋混凝土桁架拱桥[M]. 2版. 北京:人民交通出版社,1984.

[32] 金成棣. 预应力混凝土梁拱组合桥梁——设计研究与实践[M]. 北京:人民交通出版社,2001.

[33] 钟善桐. 钢管混凝土结构[M]. 北京:清华大学出版社,2003.

[34] 陈宝春. 钢管混凝土拱桥设计与施工[M]. 北京:人民交通出版社,1999.

[35] 顾安邦,张永水,牟廷敏,等. 巫山长江大桥设计、施工关键技术[C]. 第24届国际桥梁技术大会论文集,美国,2006.

[36] 严国敏. 现代斜拉桥[M]. 成都:西南交通大学出版社,1996.

[37] 林元培. 斜拉桥[M]. 北京:人民交通出版社,1996.

[38] 铁道部大桥工程局桥梁科学研究所. 斜拉桥[M]. 北京:科学技术文献出版社,1992.

[39] 刘士林,梁智涛,侯金龙,等. 斜拉桥[M]. 北京:人民交通出版社,2002.

[40] 刘秉仁,李守善,万珊珊,等. 济南黄河公路桥设计与施工[J]. 土木工程学报,1982,15(3).

[41] 向中富. 肋拱横向稳定性研究[J]. 重庆交通学院学报,1992(2).

[42] 杜国华,毛时昌,司徒妙龄. 桥梁结构分析[M]. 上海:同济大学出版社,1994.

[43] 张联燕,程懋芳. 桥梁转体施工[M]. 北京:人民交通出版社,2002.

[44] 陈明宪. 斜拉桥建造技术[M]. 北京:人民交通出版社,2006.

[45] 范立础. 桥梁抗震[M]. 上海:同济大学出版社,1997.

[46] 尼尔斯丁·吉姆辛. 缆索支承桥梁——概念与设计[M]. 2版. 金增洪,译. 北京:人民交通出版社,2002.

[47] 刘士林,向中富. 特大跨径石拱桥研究与实践[M]. 北京:人民交通出版社,2006.

[48] 陈宝春. 桥梁工程[M]. 北京:人民交通出版社,2009.

[49] 魏红一. 桥梁施工及组织管理(上)[M]. 2版. 北京:人民交通出版社,2008.

[50] 陈宝春. 钢管混凝土拱桥[M]. 北京:人民交通出版社,2007.

[51] 中华人民共和国行业标准. JTG/T F50—2011 公路桥涵施工技术规范[J]. 北京:人民交通出版社,2011.

[52] 中华人民共和国行业推荐性标准. JTG/T D65-06—2015 公路钢管混凝土拱桥设计规范[S]. 北京:人民交通出版社股份有限公司,2015.

[53] 中华人民共和国行业标准. JTG D60—2015 公路桥涵设计通用规范[S]. 北京:人民交通出版社股份有限公司,2015.

[54] 中华人民共和国行业推荐性标准. JTG/T D60-1—2014 公路桥梁抗风设计规范[S]. 北京:中国标准出版社,2004.

人民交通出版社股份有限公司 公路教育出版中心
土木工程/道路桥梁与渡河工程类本科及以上教材

一、专业基础课

1. 材料力学(郭应征) ······ 25 元
2. 理论力学(周志红) ······ 29 元
3. 理论力学(上册)(李银山) ······ 52 元
4. 工程力学(郭应征) ······ 25 元
5. 结构力学(肖永刚) ······ 32 元
6. 材料力学(上册)(李银山) ······ 49 元
7. 材料力学(下册)(李银山) ······ 45 元
8. 材料力学(石晶) ······ 42 元
9. 材料力学(少学时)(张新占) ······ 36 元
10. 弹性力学(孔德森) ······ 20 元
11. 水力学(第二版)(王亚玲) ······ 25 元
12. 结构动力学讲义(第二版)(曾庆元) ······ 36 元
13. 土质学与土力学(第五版)(袁聚云) ······ 35 元
14. 土木工程制图(第三版)(林国华) ······ 39 元
15. 土木工程制图习题集(第三版)(林国华) ······ 25 元
16. 土木工程制图(第二版)(丁建梅) ······ 39 元
17. 土木工程制图习题集(第二版)(丁建梅) ······ 22 元
18. ◆土木工程计算机绘图基础(第二版)(袁果) ······ 45 元
19. ▲道路工程制图(第五版)(谢步瀛) ······ 46 元
20. ▲道路工程制图习题集(第五版)(袁果) ··· 28 元
21. 交通土建工程制图(第二版)(和丕壮) ······ 39 元
22. 交通土建工程制图习题集(第二版)(和丕壮) ······ 22 元
23. 工程制图(龚伟) ······ 38 元
24. 工程制图习题集(龚伟) ······ 15 元
25. 现代土木工程(付宏渊) ······ 36 元
26. 土木工程概论(项海帆) ······ 32 元
27. 道路概论(第二版)(孙家驷) ······ 20 元
28. 桥梁工程概论(第三版)(罗娜) ······ 32 元
29. 道路与桥梁工程概论(第二版)(黄晓明) ······ 40 元
30. 道路与桥梁工程概论(第二版)(苏志忠) ······ 49 元
31. 公路工程地质(第四版)(窦明健) ······ 30 元
32. 工程测量(胡伍生) ······ 25 元
33. 交通土木工程测量(第四版)(张坤宜) ······ 48 元
34. ◆测量学(第四版)(许娅娅) ······ 45 元
35. 测量学(姬玉华) ······ 34 元
36. 测量学实验及应用(孙国芳) ······ 19 元
37. ◆道路工程材料(第五版)(李立寒) ······ 45 元
38. ◆道路工程材料(第二版)(申爱琴) ······ 48 元
39. ◆基础工程(第四版)(王晓谋) ······ 37 元
40. 基础工程(丁剑霆) ······ 40 元
41. ◆基础工程设计原理(袁聚云) ······ 36 元
42. 桥梁墩台与基础工程(第二版)(盛洪飞) ······ 49 元
43. ▲结构设计原理(第三版)(叶见曙) ······ 59 元
44. ◆Principle of Structural Design(结构设计原理)(第二版)(张建仁) ······ 60 元
45. 混凝土结构设计原理(薛兴伟) ······ 45 元
46. ◆预应力混凝土结构设计原理(第二版)(李国平) ······ 30 元
47. 专业英语(第三版)(李嘉) ······ 39 元
48. 土木工程材料(孙凌) ······ 48 元
49. 岩体力学(晏长根) ······ 38 元
50. 道路与桥梁设计概念(程国柱) ······ 42 元

二、专业核心课

1. ◆路基路面工程(第五版)(黄晓明) ······ 65 元
2. 路基路面工程(何兆益) ······ 45 元
3. ◆▲路基工程(第二版)(凌建明) ······ 25 元
4. ◆道路勘测设计(第四版)(许金良) ······ 49 元
5. ◆道路勘测设计(第三版)(孙家驷) ······ 52 元
6. 道路勘测设计(裴玉龙) ······ 38 元
7. ◆公路施工组织及概预算(第三版)(王首绪) ······ 32 元
8. 公路施工组织与概预算(靳卫东) ······ 45 元
9. 公路施工组织与管理(赖少武) ······ 35 元
10. 公路工程施工组织学(第二版)(姚玉玲) ······ 38 元
11. ◆桥梁工程(第二版)(姚玲森) ······ 62 元
12. 桥梁工程(土木、交通工程)(第四版)(邵旭东) ······ 65 元
13. 桥梁工程(上册)(第三版)(范立础) ······ 54 元
14. 桥梁工程(下册)(第三版)(顾安邦) ······ 49 元
15. 桥梁工程(第三版)(陈宝春) ······ 49 元
16. 桥涵水文(第五版)(高冬光) ······ 35 元
17. 水力学与桥涵水文(第二版)(叶镇国) ······ 46 元
18. ◆公路小桥涵勘测设计(第五版)(孙家驷) ······ 35 元
19. ◆现代钢桥(上)(吴冲) ······ 34 元
20. ◆钢桥(第二版)(徐君兰) ······ 45 元
21. 钢桥(吉伯海) ······ 53 元
22. ▲桥梁施工及组织管理(上)(第三版)(魏红一) ······ 45 元
23. ▲桥梁施工及组织管理(下)(第二版)(邬晓光) ······ 39 元
24. ◆隧道工程(第二版)(上)(王毅才) ······ 65 元
25. 公路工程施工技术(第二版)(盛可鉴) ······ 38 元
26. 桥梁施工(第二版)(徐伟) ······ 49 元
27. ▲隧道工程(杨林德) ······ 55 元
28. 道路与桥梁设计概论(程国柱) ······ 42 元
29. ◆桥梁工程控制(向中富) ······ 38 元
30. 桥梁结构电算(周水兴) ······ 35 元
31. 桥梁结构电算(第二版)(石志源) ······ 35 元
32. 土木工程施工(王丽荣) ······ 58 元
33. 桥梁墩台与基础工程(盛洪飞) ······ 49 元

三、专业选修课

1. 土木规划学(石京) ······ 38 元
2. 道路规划与设计(符锌砂) ······ 46 元
3. ◆道路工程(第二版)(严作人) ······ 46 元
4. 道路工程(第三版)(凌天清) ······ 42 元
5. ◆高速公路(第三版)(方守恩) ······ 34 元

注:◆教育部普通高等教育"十一五"、"十二五"国家级规划教材
▲建设部土建学科专业"十一五"规划教材

6. 高速公路设计(赵一飞) ……………… 38 元
7. 城市道路设计(第二版)(吴瑞麟) …… 26 元
8. 公路施工技术与管理(第二版)(廖正环) …… 40 元
9. ◆公路养护与管理(第二版)(侯相琛) …… 45 元
10. 路基支挡工程(陈忠达) ……………… 42 元
11. 路面养护管理与维修技术(刘朝晖) …… 42 元
12. 路面养护管理系统(武建民) ………… 30 元
13. 道路与桥梁工程计算机绘图(许金良) …… 31 元
14. 公路计算机辅助设计(符锌砂) ……… 30 元
15. 交通计算机辅助工程(任　刚) ……… 25 元
16. 测绘工程基础(李芹芳) ……………… 36 元
17. GPS 测量原理及其应用(胡伍生) …… 28 元
18. 现代道路交通检测原理及应用(孙朝云) …… 38 元
19. 公路测设新技术(雒　应) …………… 36 元
20. 道路与桥梁检测技术(第二版)(胡昌斌) …… 40 元
21. 特殊地区基础工程(冯忠居) ………… 29 元
22. 软土环境工程地质学(唐益群) ……… 35 元
23. 地质灾害及其防治(简文彬) ………… 28 元
24. ◆环境经济学(第二版)(董小林) …… 40 元
25. 桥位勘测设计(高冬光) ……………… 20 元
26. 桥梁钢—混凝土组合结构设计原理
　　(黄　侨) …………………………… 26 元
27. ◆桥梁建筑美学(第二版)(盛洪飞) …… 30 元
28. 桥梁检测与加固(王国鼎) …………… 27 元
29. 桥梁抗震(第三版)(叶爱君) ………… 26 元
30. 钢管混凝土(胡曙光) ………………… 38 元
31. 大跨度桥梁结构计算理论(李传习) …… 18 元
32. ◆浮桥工程(王建平) ………………… 36 元
33. 隧道结构力学计算(第二版)(夏永旭) …… 34 元
34. 公路隧道运营管理(吕康成) ………… 22 元
35. 隧道与地下工程灾害防护(张庆贺) …… 45 元
36. 公路隧道机电工程(赵忠杰) ………… 40 元
37. 地下空间利用概论(叶　飞) ………… 30 元
38. 建设工程监理概论(张　爽) ………… 35 元
39. 建筑设备工程(刘丽娜) ……………… 39 元
40. 机场规划与设计(谈至明) …………… 35 元
41. 公路工程定额原理与估价(第二版)
　　(石勇民) ………………………… 39.5 元
42. Theory and Method for Finite Element Analysis
　　of Bridge Structures(刘　扬) …… 28 元
43. 公路机械化养护技术(丛卓红) ……… 30 元
44. 舟艇原理与强度(程建生) …………… 34 元

四、实践环节教材及教参教辅

1. 土木工程试验(张建仁) ……………… 38 元
2. 土工试验指导书(袁聚云) …………… 16 元
3. 桥梁结构试验(第二版)(章关永) …… 30 元
4. 桥梁计算示例丛书—桥梁地基与基础(第二版)
　　(赵明华) ………………………… 18 元
5. 桥梁计算示例丛书—混凝土简支梁(板)桥
　　(第三版)(易建国) ……………… 26 元
6. 桥梁计算示例丛书—连续梁桥(邹毅松) …… 58 元
7. 桥梁计算示例丛书—钢管混凝土拱桥
　　(孙　潮) ………………………… 32 元
8. 结构设计原理计算示例(叶见曙) …… 40 元

9. 土力学复习与习题(钱建国) ………… 35 元
10. 土力学与基础工程习题集(张　宏) …… 20 元
11. 道路工程毕业设计指南(应荣华) …… 34 元
12. 桥梁工程毕业设计指南(向中富) …… 35 元
13. 道路勘测设计实习指导手册(谢晓莉) …… 15 元

五、研究生教材

1. 路面设计原理与方法(第三版)(黄晓明) …… 68 元
2. 沥青与沥青混合料(郝培文) ………… 35 元
3. 水泥与水泥混凝土(申爱琴) ………… 30 元
4. 现代无机道路工程材料(梁乃兴) …… 42 元
5. 现代加筋土理论与技术(雷胜友) …… 24 元
6. 道路规划与几何设计(朱照宏) ……… 32 元
7. 高等桥梁结构理论(第二版)(项海帆) …… 70 元
8. 桥梁概念设计(项海帆) ……………… 68 元
9. 桥梁结构体系(肖汝诚) ……………… 78 元
10. 高等钢筋混凝土结构(周志祥) ……… 27 元
11. 工程结构数值分析方法(夏永旭) …… 27 元

六、应用型本科教材

1. 结构力学(第二版)(万德臣) ………… 30 元
2. 结构力学学习指导(于克萍) ………… 22 元
3. 结构设计原理(黄平明) ……………… 47 元
4. 结构设计原理学习指导(安静波) …… 35 元
5. 结构设计原理计算示例(赵志蒙) …… 40 元
6. 工程力学(喻小明) …………………… 55 元
7. 土质学与土力学(赵明阶) …………… 30 元
8. 水力学与桥涵水文(王丽荣) ………… 27 元
9. 道路工程制图(谭海洋) ……………… 28 元
10. 道路工程制图习题集(谭海洋) ……… 24 元
11. 土木工程材料(张爱勤) ……………… 39 元
12. 道路建筑材料(伍必庆) ……………… 37 元
13. 路桥工程专业英语(赵永平) ………… 44 元
14. 工程测量(朱爱民) …………………… 30 元
15. 道路工程(资建民) …………………… 30 元
16. 路基路面工程(陈忠达) ……………… 46 元
17. 道路勘测设计(张维全) ……………… 32 元
18. 基础工程(刘　辉) …………………… 26 元
19. 桥梁工程(第二版)(刘龄嘉) ………… 49 元
20. 工程招投标与合同管理(第二版)
　　(刘　燕) ………………………… 39 元
21. 道路工程 CAD(第二版)(杨宏志) …… 35 元
22. 工程项目管理(李佳升) ……………… 32 元
23. 公路施工技术(杨渡军) ……………… 64 元
24. 公路工程试验检测(第二版)(乔志琴) …… 55 元
25. 工程结构检测技术(刘培文) ………… 52 元
26. 公路工程经济(周福田) ……………… 22 元
27. 公路工程监理(朱爱民) ……………… 33 元
28. 公路工程机械化施工技术(徐永杰) …… 22 元
29. 城市道路工程(徐　亮) ……………… 29 元
30. 公路养护技术与管理(武　鹤) ……… 58 元
31. 公路工程预算与工程量清单计价(第二版)
　　(雷书华) ………………………… 40 元
32. 基础工程(第二版)(赵　晖) ………… 32 元
33. 测量学(张　龙) ……………………… 39 元

教材详细信息,请查阅"中国交通书城"(www.jtbook.com.cn)
咨询电话:(010)85285867,85285984
道路工程课群教学研讨 QQ 群(教师) 328662128　　桥梁工程课群教学研讨 QQ 群(教师) 138253421
交通工程课群教学研讨 QQ 群(教师) 185830343　　交通专业学生讨论 QQ 群　　　　　　 433402035